• 高等政法院校专业主干课程系列教材 •

 **劳动法与社会保障法**

（第六版）

主　编　谢德成

副主编　曹　燕

撰稿人　(以撰写章节先后为序)

　　　　郭　捷　穆随心　涂芳宁

　　　　曹　燕　吴丽萍　谢德成

　　　　张　姝　张　琳　梁高峰

中国政法大学出版社

2023 · 北京

作者简介

郭　捷　女，1955 年 12 月生，山西永济市人。西北政法大学教授、博士生导师，兼任中国社会法学研究会副会长、陕西省人大法制工作委员会委员、陕西省法学会社会法学研究会会长。主要研究方向为社会法学。发表专业学术论文 30 余篇、法学教育研究论文 10 余篇；主编司法部统编教材《劳动法学》《劳动法与社会保障法》等教材。主持并完成国家社科基金项目 2 项、省部级科研课题 5 项。先后获省政府优秀科研成果奖 2 项，国家级、省政府优秀教学成果奖 3 项。

谢德成　男，1962 年 7 月生，陕西西安市人。西北政法大学教授，社会法研究所所长，兼任中国社会法学研究会常务理事及劳动法研究分会副会长，陕西省人民政府法律顾问，陕西省人力资源和社会保障厅法律顾问，陕西省人大常委会、西安市人大常委会立法咨询专家。长期从事经济法学与劳动法学的教学与研究，先后在 CSSCI 核心期刊及重要期刊上发表劳动法专业学术论文和法学教育研究论文 40 余篇，其中有 9 篇论文被《中国社会科学文摘》、中国人民大学报刊复印资料，《经济法学 劳动法学》《劳动经济与劳动关系》《中国高校文科学术文摘》等转载或者复印。主持并完成国家社科基金项目 2 项，主要参与国家社科基金项目 2 项，主持省部级项目 2 项。

曹　燕　女，北京市人。2006 年毕业于中国人民大学，法学博士。现为西北政法大学教授、劳动与社会保障法学学科负责人和硕士研究生导师组组长，兼任中国社会法学研究会常务理事。主要研究方向为劳动法学。近年来发表学术论文 20 余篇，多篇论文被中国人民大学报刊复印资料、新华文摘等作全文复印或者转摘。

吴丽萍　女，1965 年 7 月生，重庆市人。1988 年毕业于西南政法学院，1991 年 4 月毕业于重庆大学，获硕士学位。现为西北政法大学副教授、硕士研究生导师，先后发表学术论文 20 多篇，参编教材 5 部。

梁高峰　男，1971 年 7 月生，陕西咸阳市人。法学博士。西北政法大学副教授、硕士生导师。主要研究方向为劳动法学、社会保障法学、比较劳动法等。先后在《社会科学家》等学术期刊上发表专业学术论文近 20 篇。主持完成国家社科基金项目 1 项，陕西省财政厅科研项目 1 项。

徐芳宁 女，1975 年 6 月生，陕西宝鸡市人。2001 年西北政法学院硕士研究生毕业。西北政法大学副教授。主要研究方向为社会保障法学、劳动法学。近年来发表论文 10 余篇，参编教材 2 部。

张　姝 女，1973 年 11 月生，吉林省吉林市人。中国科学技术大学教授，法学博士。长期从事社会保障法学、劳动法学的教学和研究工作，先后在《光明日报》《法学》《当代法学》《政治与法律》《社会科学战线》等期刊发表论文 20 余篇，其中数篇被中国人民大学复印资料全文转载。主持承担国家级、省部级社会科学基金项目 5 项。曾获全国社会保障论坛优秀论文奖及省政府优秀科研成果奖。

张　琳 女，1977 年 12 月生，陕西西安市人。西北政法大学讲师，法学博士。主要从事劳动法学和社会保障法学的教学和研究工作。近年来先后发表学术论文和教改论文近 10 篇，参编教材 1 部，参与国家社会基金项目 2 项，参与省部级等其他项目多项，主持校级科研教改项目 2 项。

穆随心 男，1968 年 12 月生，陕西兴平市人。陕西师范大学教授、硕士生导师，法学系主任，法学博士。兼任陕西省社会法学研究会常务理事，陕西省法学会法律文化研究会副会长，西安市人大常委会首批特聘立法专家。我国台湾政治大学、韩国国立忠北大学、美国芝加哥肯特法学院短期、长期访问学者。主要从事劳动法学和社会保障法学的教学和研究。近年来发表专业学术论文 20 余篇，主编教材 1 部，参编教材 4 部。主持国家社科基金项目 2 项，参与国家社科基金项目 2 项，主持省部级项目 5 项，主持校级教研项目 4 项。

出 版 说 明

质量是高等院校的生命线，教学工作始终是学校的中心工作。多年来，我校始终把人才培养作为根本任务，弘扬老延大"政治坚定、实事求是、勇于创新、艰苦奋斗"的优良传统，不断改革进取，提高教学质量，为全国特别是西北地区经济社会发展和民主法制建设培养了大批高素质的专门人才。近年来，学校按照适度稳定规模、合理调整结构、充实办学条件、全面提高质量的工作原则，进一步深化教育教学改革，狠抓教学与管理工作，正在向着"法学特色鲜明、多学科协调发展、在国内有重要影响的高水平教学研究型大学"的目标迈进。

教材作为反映教育思想、教育观念以及教学改革成果的重要载体，是我校新一轮课程建设的重点。为了适应培养德、智、体全面发展的基础扎实、知识面宽、实践能力强、富有创新精神的人才目标的要求，学校决定紧紧抓住实施"质量工程"的有利时机，与中国政法大学出版社合作，启动新一轮的教材建设工作。

本轮教材建设工作围绕各专业的核心课程进行，命名为"高等政法院校专业主干课程系列教材"，由长期从事教学工作、教学经验丰富，具有教授、副教授职称的教师承担编写任务。我们力求教材具有较强的科学性、系统性、新颖性和适应性，也希望这套教材能够为进一步提高学校的教育教学质量打下坚实的基础。

西北政法大学本科教材编审委员会

第六版说明

改革开放 40 多年来，随着经济体制的转变，我国的劳动关系发生了许多新变化，呈现出许多新特点，社会保障法的地位、功能、制度体系得以巩固。劳动法学、社会保障法学的相关理论研究日渐繁荣，其制度安排也正通过国家立法逐步表现出来，并且不断得以发展完善。

自本教材第五版修订以来，相关法律法规及配套规定的不断出台，我国劳动与社会保障立法进入了一个新的发展阶段。如 2021 年 6 月 10 日中华人民共和国第十三届全国人民代表大会常务委员会第二十九次会议通过的《全国人民代表大会常务委员会关于修改〈中华人民共和国安全生产法〉的决定》，自 2021 年 9 月 1 日起施行；2020 年 12 月 25 日最高人民法院审判委员会第 1825 次会议通过的《最高人民法院关于审理劳动争议案件适用法律问题的解释（一）》（法释〔2020〕26 号），自 2021 年 1 月 1 日起施行；2019 年 12 月 4 日国务院第 73 次常务会议通过的《保障农民工工资支付条例》，自 2020 年 5 月 1 日起施行；2018 年 06 月 13 日国务院发布的《关于建立企业职工基本养老保险基金中央调剂制度的通知》（国发〔2018〕18 号）；2020 年 6 月 22 日人力资源社会保障部、财政部、税务总局发布的《关于延长阶段性减免企业社会保险费政策实施期限等问题的通知》，等等。

"劳动法与社会保障法"是我校课程体系改革之重要课程，我们力图在保证学科体系相对完整的基础上，实现教材编写的有效整合；力求更紧密地结合中国劳动与社会保障关系发展的实际，科学地研究和介绍劳动法与社会保障法的理论和制度，恰当、合理地吸收理论界的有关成果，并在第一时间将最新立法精神、核心内容、知识理论清楚完整地体现出来，及时反映立法动态，努力帮助法学专业学生及其他自学劳动法与社会保障法的人士学好本门课程，使他们能够用上最新、最好的教材。

本次修订的《劳动法与社会保障法》（第六版）正是以上述思路为导向，根据西北政法大学教材建设规划，经学院教材委员会审议通过的立项教材。本书由谢德成任主编，曹燕任副主编，总体框架由主编拟定。

本次修订撰稿分工为（以撰写章节先后为序）：

郭捷　前言，第一、二、三、四章；

穆随心　第五章，第六章第四、五节；

徐芳宁　第六章第一、二、三节，第十、十八章；

曹燕　第七章；

吴丽萍　第八、九、十一章；

谢德成　第十二、十三、十四章；

张琳　第十五、十六章；

梁高峰　第十七章。

全书由主编统一终审定稿。

本教材参阅了国内劳动法学、社会保障法学界一些著名学者的理论、观点，限于教材性质，对有些观点作了引注，对有些观点则未予注明，但均在教材的参考文献中予以列明，在此谨表歉意。同时，中国政法大学出版社的各位编辑付出了辛勤的汗水，在此表示感谢。

由于编者水平有限，本教材中仍存在一些问题与不足，期望得到批评和指正。

编　者

2023 年 10 月

第五版说明

改革开放 30 多年来，随着经济体制的转变，我国的劳动关系发生了许多新变化，呈现出许多新特点，社会保障法的地位、功能、制度体系得以巩固。劳动法学、社会保障法学的相关理论研究日渐繁荣，其制度安排也正通过国家立法逐步表现出来。

2007 年 6 月 29 日，《中华人民共和国劳动合同法》在第十届全国人民代表大会常务委员会第二十八次会议上通过，自 2008 年 1 月 1 日起施行；2007 年 8 月 30 日，《中华人民共和国就业促进法》在第十届全国人民代表大会常务委员会第二十九次会议上通过，自 2008 年 1 月 1 日起施行；2007 年 12 月 29 日，《中华人民共和国劳动争议调解仲裁法》在第十届全国人民代表大会常务委员会第三十一次会议上通过，自 2008 年 5 月 1 日起施行；2008 年 9 月 18 日，国务院公布施行《中华人民共和国劳动合同法实施条例》；2010 年 10 月 28 日，《中华人民共和国社会保险法》在第十一届全国人民代表大会常务委员会第十七次会议上通过，自 2011 年 7 月 1 日起施行。随着相关法律配套规定的不断出台，我国劳动与社会保障立法进入了一个新的发展阶段。

"劳动法与社会保障法"是我校课程体系改革之重要课程，我们力图在保证学科体系相对完整的基础上，实现教材编写的有效整合；力求更紧密地结合中国劳动与社会保障关系发展的实际，科学地研究和介绍劳动法与社会保障法的理论和制度，恰当、合理地吸收理论界的有关成果，并在第一时间将最新立法精神、核心内容、知识理论清楚完整地体现出来，及时反映立法动态，努力帮助法学专业学生及其他自学劳动法与社会保障法的人士学好本门课程，使他们能够用上最新、最好的教材。

本次修订的《劳动法与社会保障法》（第五版）正是以上述思路为导向，根据西北政法大学教材建设规划，经学院教材委员会审议通过的立项教材。本书由谢德成任主编，曹燕任副主编，总体框架由主编拟定。

本次修订撰稿分工为（以撰写章节先后为序）：

郭捷　前言，第一、二、三、四章；

穆随心　第五章，第六章第四、五节；

徐芳宁　第六章第一、二、三节，第十、十八章；

曹燕　第七章；

吴丽萍　第八、九、十一章；

谢德成　第十二、十三、十四章；

张姝　第十五、十六章；

梁高峰　第十七章。

全书由主编统一终审定稿。

本教材参阅了国内劳动法学、社会保障法学界一些著名学者的理论、观点，限于教材性质，有些观点作了引注，有些观点则未注明，但均在教材的参考文献中予以列明，在此谨表歉意。同时，中国政法大学出版社的各位编辑付出了辛勤的汗水，在此表示感谢。

由于编者水平有限，本教材中仍存在一些问题与不足，期望得到批评和指正。

编　者
2017 年 5 月

第四版说明

改革开放 30 多年来，随着经济体制的转变，我国的劳动关系发生了许多新变化，呈现出许多新特点，社会保障法的地位、功能、制度体系得以巩固。劳动法学、社会保障法学的相关理论研究日渐繁荣，其制度安排也正通过国家立法逐步表现出来。

2007 年 6 月 29 日，《中华人民共和国劳动合同法》在第十届全国人民代表大会常务委员会第二十八次会议上通过，自 2008 年 1 月 1 日起施行；2007 年 8 月 30 日，《中华人民共和国就业促进法》在第十届全国人民代表大会常务委员会第二十九次会议上通过，自 2008 年 1 月 1 日起施行；2007 年 12 月 29 日，《中华人民共和国劳动争议调解仲裁法》在第十届全国人民代表大会常务委员会第三十一次会议上通过，自 2008 年 5 月 1 日起施行；2008 年 9 月 18 日，国务院公布施行《中华人民共和国劳动合同法实施条例》；2010 年 10 月 28 日，《中华人民共和国社会保险法》在第十一届全国人民代表大会常务委员会第十七次会议上通过，自 2011 年 7 月 1 日起施行。随着相关法律配套规定的不断出台，我国劳动与社会保障立法进入了一个新的发展阶段。

"劳动法与社会保障法"是我校课程体系改革之重要课程，我们力图在保证学科体系相对完整的基础上，实现教材编写的有效整合；力求更紧密地结合中国劳动与社会保障关系发展的实际，科学地研究和介绍劳动法与社会保障法的理论和制度，恰当、合理地吸收理论界的有关成果，并在第一时间将最新立法精神、核心内容、知识理论清楚完整地体现出来，及时反映立法动态，努力帮助法学专业学生及其他自学劳动法与社会保障法的人士学好本门课程，使他们能够用上最新、最好的教材。

本次修订的《劳动法与社会保障法》（第四版）正是以上述思路为导向，根据西北政法大学教材建设规划，经学院教材委员会审议通过的立项教材。本书由郭捷任主编，谢德成任副主编，总体框架由主编拟定。

本次修订撰稿分工为（以撰写章节先后为序）：

郭捷　前言，第一、二、三、四章；

穆随心　第五章，第六章第四、五节；

徐芳宁　第六章第一、二、三节，第十、十八章；

吴丽萍　第七、八、十一章；

梁高峰　第九章；

谢德成　第十二、十三、十四章；

张姝　第十五、十六章；

曹燕　第十七章。

全书由主编统一终审定稿。

本教材参阅了国内劳动法学、社会保障法学界一些著名学者的理论、观点，限于教材性质，有些观点作了引注，有些观点则未注明，但均在教材的参考文献中予以列明，在此谨表歉意。同时，中国政法大学出版社的各位编辑付出了辛勤的汗水，在此表示感谢。

由于编者水平有限，本教材中仍存在一些问题与不足，期望得到批评和指正。

编　者
2012 年 6 月

前　言

为了使学生与其他读者更好地了解、学习、探讨本课程的基本内容，研究劳动法学与社会保障法学涵盖的基本制度与法学原理，现就学科的研究对象、学科体系、学习目的与要求等，作以下简要的说明。

一、劳动法学的研究对象与学科体系

（一）劳动法学的研究对象

任何种类的科学都具有各自独特的研究对象，作为法学这种社会科学重要组成部分的劳动法学自然也有其独特的研究对象。如何确定劳动法学的研究对象，我们认为应遵循这样的原理："每一门科学都是分析某一个别的运动形式或一系列互相关联和互相转化的运动形式的。"[1] 这一原理昭示人们，要确定劳动法学的研究对象，就应明确劳动法学所分析的"个别运动形式"以及与这种运动形式相联系又相区别的运动形式。据此认识，劳动法学的研究对象主要是劳动法产生、发展和实践的运动规律及其与邻近法律部门的关系。对前者加以分析研究，将有助于我们深刻认识劳动法的规律，并将其上升到理论高度，从而实现对现行劳动法的进一步完善；对后者加以分析研究，并上升到理论层次，将有助于确立劳动法（学）的独立地位。所以，劳动法产生、发展及其实践的运动规律和劳动法与邻近法律部门的关系，都是劳动法学的研究对象。

劳动法学研究的范围是十分广泛的，研究的内容有：第一，劳动法的基础理论和基础知识；我国现行的各种劳动法律规范、法律制度；我国劳动法的历史沿革和发展趋势；劳动法在实施中的状况和经验教训；外国劳动立法和国际劳动立法概况；对未来劳动法发展趋势的科学预测等。但在这些内容中，应以我国现行劳动法制及劳动法实践中出现的新情况、新问题为研究重点。第二，虽然邻近法律与劳动法相关的问题都应在劳动法学的研究之列，但应以其中联系最紧密的内容为重点，如宪法、民法、行政法、经济法、民诉法、刑法、仲裁制度、律师制度中涉及的劳动法的内容。

在学习中，我们还应正确认识劳动法学与劳动法的关系。劳动法学依托于劳动法而存在，并以劳动法为主要研究对象，两者是相互依存、相互促进的关系。劳动法学伴随着劳动法的产生而产生，随劳动法的发展而发展，推动了劳动法的发展与不断完善；而劳动法的发展又促进了劳动法学的繁荣。当然两者既相互联系又相互区别：劳

---

[1]　［德］恩格斯：《自然辩证法》（单行本），人民出版社 1971 年版，第 227 页。

动法是指调整劳动关系以及与劳动关系有密切联系的其他社会关系的法律规范的总称，是国家法律体系中的一个法律部门；劳动法学是研究劳动法和劳动法实践以及与邻近法律部门关系的一门社会科学，是劳动法的理论形态，是对劳动立法和实践的理论概括和升华，其内容更为丰富。所以，在学习中，我们不能把劳动法学与劳动法完全等同起来，也不能把两者完全割裂开来，应当将劳动法学的理论研究性学习与劳动法的实践运用性学习有机地结合起来。

（二）劳动法学的学科体系

每一门学科都有自己的体系，劳动法学也不例外。劳动法学的体系，是指劳动法学作为一门法学学科的整体构成及其各部分内容之间的有机联系。

劳动法学体系是由其研究对象决定的，并且是以它所依托的劳动法为基础而形成的。主要参照劳动法的结构，按照劳动法理论的逻辑联系并兼顾阐述、学习的方便来安排的。

劳动法学体系在本书体现为上编的十二章内容。第一章，旨在阐明劳动法的概念及调整对象，劳动法的理论基础，劳动法的地位与作用，劳动法的基本原则及劳动法渊源与体系架构等一般原理；第二章，阐述劳动法的产生和发展，包括劳动法的起源，外国及中国的劳动立法概况，国际劳动立法的产生、发展、形式和主要内容；第三章，论述劳动法律关系的一般规定及其特殊表现与要求。前三章是对劳动法一般理论问题的概括，也可以说是劳动法学的总则部分。总则部分的学习为其他各章的学习奠定理论基础，起着指导性作用。第四章至第十二章，是对各项劳动制度、劳动规范的理论概括，目的是通过分析研究具体法律制度，指导劳动法治实践和劳动法制建设。这些内容属于劳动法学的分则部分，具体为：第四章，就业促进制度；第五章，劳动合同制度；第六章，集体合同制度；第七章，工作时间与休息休假制度；第八章，工资基准制度；第九章，劳动安全卫生基准制度；第十章，劳动争议处理制度；第十一章，劳动保障监察制度；第十二章，违反劳动法的法律责任。由此看来，分则部分的内容安排建之于劳动法的制度体系，学习中应注意理论联系实际，结合劳动法治实践中的问题或具体案例进行讨论与研究。

二、社会保障法学的研究对象与学科体系

（一）社会保障法学的研究对象和范围

与确立劳动法学研究对象的原理相同，本书认为，社会保障法产生、发展及其实践的运动规律和社会保障法与邻近法律部门的关系，是社会保障法学的研究对象。社会保障法学的研究范围较为广泛：首先，要研究社会保障法学的基础理论和知识、我国现行的各种社会保障法律制度和起阶段性作用的政策文件、我国社会保障法的历史沿革与发展趋势、社会保障法的实施现状、外国社会保障法律制度、市场经济的发展对社会保障法提出的新要求、对未来社会保障法发展趋势的科学预测。需强调的是，社会保障法的研究要以我国现行的社会保障法律制度及实践中出现的新情况、新问题作为研究重点。其次，要研究邻近的法律部门与社会保障法相关的问题，但应以其中彼此联系最紧密的内容为重点，如对宪法学、民法学、劳动法学、经济法学、人权法学中涉及社会保障法的内容要加以重点研究。另外还应研究经济学、社会学对社会保障制度产生和发展的影响。

（二）社会保障法学的学科体系

社会保障法学的体系安排在本书中体现为下编的第十三章至第十八章。第十三章是对社会保障法学基本问题的概述，阐明社会保障的概念与社会保障法的调整对象、基本原则、地位与作用；第十四章阐述社会保障法的产生与发展，包括社会保障法的起源、外国社会保障立法概况、我国社会保障制度的建立和发展。这两章是对社会保障法律制度的一般问题进行理论上的概括和总结，是社会保障法学的总论部分。总论部分对其他各章的学习起指导性作用。第十五章至第十八章，是对四项最重要的社会保障法律制度的理论概括，属于社会保障法学的分论部分，具体为：第十五章，社会保险法律制度；第十六章，社会救助制度；第十七章，社会福利制度；第十八章，社会优抚制度。这四大制度构成了国家的社会保障法律体系。由于我国目前社会保障法律制度不够完善，国家面临的立法任务很重，所以在学习中要特别注重探索符合我国国情的社会保障法制建设与实施方法。

三、劳动法学与社会保障法学的学习目的与学习方法

（一）学习劳动法学与社会保障法学的意义和目的

随着我国社会主义市场经济体制的确立与发展，劳动法与社会保障法的功能与作用越来越被政府和人民所认识和重视，近年来，国家立法机构已经明确提出将劳动法与社会保障法作为社会法门类的重要法律，加快立法工作。与此相适应，劳动法学与社会保障法学的学科地位也在加速上升，近两年来各高等院校的法学专业普遍开设了劳动法学与社会保障法学的课程；面临市场经济的挑战，司法部门和相关政府部门已开始重视这类专业人才的培养与引进，企业与劳动者也开始有了自觉学习和研究这类法律的意识。

具体来讲，学习与研究劳动法学与社会保障法学是社会主义市场经济的需要。市场经济活动必须有与之相适应的法律加以规范、引导、制约和保障，建立健全社会主义市场经济法律制度，是市场经济存在和发展的重要前提。劳动法与社会保障法作为市场经济法律体系的重要组成部分，对市场经济发展的作用不言而喻。一方面，通过学习充分认识劳动法对于保护劳动者合法权益，调整、维护用人单位和劳动者之间稳定和谐的劳动关系，建立、维护适应社会主义市场经济的劳动制度有着极其重要的作用；社会保障法在稳定社会生活秩序、调节经济运行、保护社会劳动力、促进人力资源的合理配置等方面发挥着其他任何法律都不可替代的作用。另一方面，通过系统研究劳动法与社会保障法的制度体系与实践运动规律，为我国的劳动法制与社会保障法制建设提供理论依据，并最终推进我国经济的发展和社会的进步。

（二）学习劳动法学与社会保障法学的方法

学习任何一门科学，方法都是灵活多样的，不应要求统一的模式。这里仅就本课程学习的总的指导思想和一般要求作一些说明。

学习劳动法学与社会保障法学，要以马列主义、毛泽东思想、邓小平理论、"三个代表"重要思想和科学发展观为指导，树立人本主义法治理念，理论联系实际，结合社会主义市场经济发展中遇到的实际问题，进行劳动法制建设与社会保障法制建设的探索性研究。

1. 坚持辩证唯物主义和历史唯物主义。这就要求在学习中做到客观地、全面地看问题，从社会基本矛盾，即从生产力与生产关系、经济基础与上层建筑的矛盾运动去考察劳动法制与社会保障法制的建设与实施，找出其科学、有效的运动规律。

2. 建立社会主义市场经济观念。学习和研究劳动法学与社会保障法学，要以社会主义市场经济的需求作为衡量的标尺，凡是与社会主义市场经济运行不相适应的观念、理论和法律制度都应进行深刻的变革，要有理论创新的意识和精神。

3. 进行深入调查研究。劳动法学与社会保障法学是实践性很强的应用学科，只有通过进行广泛深入的社会调查研究，才能了解实践中出现的新情况、新问题，并在研究解决对策的基础上，不断地发展和完善劳动法学与社会保障法学。

4. 遵循历史和逻辑相统一的原则。学习中遵循历史和逻辑相统一的认识方法，可以使我们对劳动法与社会保障法的本质、产生、现状和发展趋势有科学的认识，从而掌握劳动法与社会保障法的规律与精神实质。

5. 注意运用比较法学的方法。市场经济国家在法律制度方面有许多相通的地方，因此，在学习中要有意识地将外国的劳动立法与社会保障立法同我国的相应制度进行比较研究，借鉴其合理有益的思想与做法，用以指导我们的学习与研究。

6. 把教材与相关法律条文结合起来学习。教材是对条文内涵的具体解释和理论阐发，条文是对教材理论的高度浓缩与概括，只有将两者结合起来，才能收到更好的学习效果。

此外，课前预习、课堂认真听讲、课后研读、注重案例分析和专题讨论等也是行之有效的学习方法。

四、教材编写的一点说明

劳动法学与社会保障法学本为相互独立的两门学科，但本教材却将两者分别编写在上编和下编，共为一书。之所以这样，是考虑到下列两点原因：一方面是现行课程设置的需要。现行各高校法学专业教学计划中多是将劳动法学与社会保障法学作为一门课程设置，因此，为了教学上的方便，本书便将劳动法学与社会保障法学并为一本教材。另一方面是因为劳动法与社会保障法有很深的渊源关系。劳动法与社会保障法的构成内容中有相互重叠和交叉的部分，例如，社会保险法是社会保障法的主要制度之一，但由于它的适用对象主要是工资劳动者，因而又是劳动法所包含的内容。故为了处理好教学内容的设置和照顾有限的课时安排，采用了本书的编写体例。当然，随着课程设置与课程内容体系的改革，反映学科独立性的教材编写也应该是独立的。

编者

2009 年 6 月

目 录

上 编

上　编　<<<

第一章

劳动法概述

第一节　劳动法的概念及调整对象

一、劳动的含义

劳动法以劳动关系为主要调整对象，劳动关系产生于劳动过程之中，因而想要认识劳动关系，就必须先了解什么是劳动。

劳动是人们利用劳动资料改造劳动对象，使之符合人类需要的有意识、有目的的活动，是劳动关系的前提。马克思在《资本论》中对"劳动"的一般含义作过精辟的阐述：劳动是劳动力的使用（消费），是制造使用价值的有目的的活动，"是人以自身的活动来引起、调整和控制人与自然之间的物质变换的过程"。[1] 劳动对于人类社会具有特殊的基础性作用。首先，劳动创造人类本身，劳动对于人类的形成有决定性的作用；其次，劳动是人类生活的基本条件，是人类社会从低级阶段向高级阶段发展所必需的先决性条件。

劳动的实现，必须以劳动力和生产资料相结合为前提。劳动力是指人所具有的并在生产使用价值时运用的体力与脑力的总和。根据不同劳动岗位的要求，劳动者脑力和体力支出的比例和形式不同。劳动力受劳动者心理、年龄和素质等因素的影响，劳动力是劳动的载体，在市场中有交换的需求和价值，因此其具有商品属性。但劳动力不同于一般商品，其特殊性在于，劳动力与劳动力所有者不能分离，劳动力须以劳动者人身为载体，劳动具有双重属性。马克思、恩格斯从两个方面来考察劳动：一方面是劳动的物质规定性，它体现着劳动者（劳动力）与自然界的关系，即劳动是使用价值的创造过程，是人们利用生产工具（劳动资料）改造劳动对象、创造社会财富的活动。在任何时候，劳动者（劳动力）与生产资料的结合，在质量上都有一定的要求，在数量上都要成一定的比例。这一层面的问题就成为劳动经济学研究的主要内容。另一方面是劳动的社会规定性，即劳动的社会性质，它体现着人们在劳动过程中产生的一定的社会关系。在劳动力与生产资料分别归属于不同主体的社会条件下，于二者结合实现劳动过程中必然产生劳动力所有者（劳动者）与

---

[1]　［德］马克思：《资本论》（第1卷），人民出版社1975年版，第201~210页。

劳动力使用者（用人单位）之间的各种各样的关系，对一定范围的社会关系的规定与调整，使劳动法成为一个独立的法律部门。

【资料链接】

劳动者、生产工具（劳动资料）、劳动对象、生产资料之间的关系

任何劳动都必须具备以下三个基本要素：①人的劳动；②劳动对象；③劳动资料。在以上三个要素中，劳动者起着能动的主体作用，构成生产的主观条件。可以把劳动者的劳动称为活劳动。可以把劳动对象、劳动资料合称为生产资料，构成生产的客观条件。可以把生产资料称为死劳动或物化劳动。

劳动法上的劳动，除了有其一般含义外，还有其特定的内涵。我国台湾地区的劳动法学家史尚宽在其《劳动法原论》一书中讲到："广义的劳动谓之有意识的且有一定目的之肉体的或精神的操作。然在劳动法上之劳动，须具备下列条件：①为法律的义务之履行；②为基于契约关系；③为有偿的；④为职业的；⑤为在于从属的关系。"由此得出："劳动法上的劳动为基于契约上义务在从属的关系所为之职业上有偿的劳动。"在我国大陆也有学者在分析劳动法意义上的劳动时，将其定义为"专指职工为谋生而从事的，履行劳动法规，集体合同和劳动合同所规定义务的集体劳动"。[1] 所以，并不是所有劳动都是劳动法上的劳动，生产资料与劳动力的自我结合形成的自我劳动，如家务劳动、个体劳动、农民劳动则不属于劳动法上的劳动；公益劳动，如公益活动中义工的劳动，也不属于劳动法上的劳动。

二、劳动法的概念

（一）劳动法的学理概念

对于劳动法的概念，中外学者有不同的主张与说法。德国著名的劳动法学家、德国联邦政府劳动法典委员会成员 W. 杜茨教授提出："劳动法是关于劳动生活中处于从属地位者（雇员）的雇佣关系的法律规则（从属地位劳动者的特别法）的总和。"[2] 日本著名的劳动法学家沼田稻次郎教授指出："劳动法乃是以从属劳动关系所产生的一切法律关系为对象的法律。"[3] 《牛津法律大词典》对"劳动法"的解释为："劳动法是与雇佣劳动相关的全部法律原则和规则，大致和工业法相同，它规定的是雇佣合同和劳动或工业关系法律方面的问题。"[4] 英国劳动法学者艾利森·邦、马纳·撒夫指出："在英国法中，雇佣法是最具活力且最具争议的领域。说其最具争议，是因为人们对这类法律应当如何冠名都无法达成一致的意见。那些名称为劳动法、雇佣法或者工业法的书，其实都包括了很多相同内容，即：个体雇佣法——规范个体雇员与用人单位关系的法律，集体劳动法——规

---

〔1〕 王全兴：《劳动法》，法律出版社1997年版，第49页。

〔2〕 ［德］W. 杜茨：《劳动法》，张国文等译，法律出版社2005年版，第1~2页。

〔3〕 转引自常凯：《劳动法》，高等教育出版社2011年版，第6页。

〔4〕 转引自常凯：《劳动法》，高等教育出版社2011年版，第6页。

范用人单位与雇员组织（工会）的法律，还有一些职业卫生安全的法定管制。"[1] 旧中国法学界对劳动法较有代表性的解释是："劳动法为关于劳动之法。详言之，劳动法为规定劳动关系及附随一切关系之法律制度之全体。"[2] 这里的"劳动关系"是指"谓以劳动给付为目的的受雇人与雇佣人间之关系"，这里的"附随一切关系"是指"关联于受雇人职业上之地位而发生之一切关系"，包括集体合同关系、工会关系、劳动保护关系、劳动保险关系、劳动争议关系、职业介绍关系以及国际劳动关系等。[3] 尽管如此，可以肯定的是，中外学者对劳动法的概念在以下内容的认定基本上是一致的：劳动法是由工厂法逐渐发展而来的；劳动法是调整劳动关系的法，是法律体系中的一个重要部门；劳动法除了调整劳动关系外，还调整与劳动关系有密切联系的其他社会关系。因此可将"劳动法"定义为：劳动法是调整劳动关系和与劳动关系有密切联系的其他社会关系的法律规范的总称。近年来，各类教材、著作虽有表述上的不同，但无实质性差异。

值得一提的是，常凯教授在其主编的 2011 年版的《劳动法学》中对"劳动法"的概念界定具有独到之处："劳动法是调整劳动关系的法律规范的总和，劳动法所调整的劳动关系，包括个别劳动关系、集体劳动关系和社会劳动关系。"同时认为：这种劳动关系是广义的劳动关系，在广义的劳动关系中，市场经济初期仅仅作为劳动关系的"附随关系"或与之"密切联系的"的集体劳动关系和社会劳动关系，已经成为劳动关系的本体关系的主要构成。

针对常凯教授的新的提法，郭捷教授在其主编的 2014 年版的全国法律硕士专业学位研究生统编教材《劳动法学》中认为，撇开"集体劳动关系"、"社会劳动关系"的地位，常凯教授这一新表述依然是同劳动法学界对劳动法的定义是一致的。原因在于：劳动法是由工厂法逐渐发展而来，是对劳动者倾斜保护之法，已成为现代各国法律体系中一个重要法律部门；劳动法以劳动关系为其规范与调整的基础性对象，这种劳动关系是个别劳动关系，是最本原的劳动关系，是劳动法产生、对劳动者作倾斜保护的根源；劳动法除了调整劳动关系外，还调整与劳动关系密有切联系的其他社会关系，包括集体劳动关系和社会劳动关系，集体劳动关系和社会劳动关系皆由个别劳动关系发展而来，是为个别劳动关系服务的。因此，该书依然将"劳动法"定义为：

劳动法是调整劳动关系以及与劳动关系密切联系的其他社会关系的法律规范的总称。我们同意郭捷教授的提法，其根本原因在于：（个别）劳动关系是劳动法调整的基础性对象，集体劳动关系和社会劳动关系的存在都是以（个别）劳动关系为基础的。因此，我们也将"劳动法"定义为：劳动法是调整劳动关系以及与劳动关系密切联系的其他社会关系的法律规范的总称。

【思考】

"劳动关系和与劳动关系有密切联系的其他社会关系"与"劳动关系及其附随关系"有本质区别吗？

---

[1]　转引自常凯：《劳动法》，高等教育出版社 2011 年版，第 6 页。
[2]　史尚宽：《劳动法原论》，世界书局 1934 年版，第 1 页。
[3]　史尚宽：《劳动法原论》，世界书局 1934 年版，第 122 页。

（二）我国劳动法的立法概念

对劳动法的立法概念可作狭义和广义理解。劳动法一般是从广义上作理解和使用的，它包括一个国家的劳动法典（狭义劳动法）和与劳动法典实施相配套的一系列劳动法规和规章。

就我国而言，狭义上的劳动法，是指由国家最高立法机关颁布的关于调整劳动关系以及与劳动关系有密切联系的其他社会关系的全国性的、综合性的法律，即第八届全国人民代表大会常务委员会第八次会议于 1994 年 7 月 5 日通过，自 1995 年 1 月 1 日起施行的《中华人民共和国劳动法》。广义上的劳动法，是指调整劳动关系以及与劳动关系有密切联系的其他社会关系的法律规范的总称，包括：①宪法中相关的劳动规范；②法律中相关的劳动规范；③行政法规中相关的劳动规范；④部委规章中相关的劳动规范；⑤地方性法规和地方政府规章中相关的劳动规范；⑥经我国政府批准的国际劳工公约中相关的劳动规范；⑦规范性劳动法律、法规解释；⑧其他，如国际惯例等。

三、劳动法的调整对象

任何法律都是以特定的社会关系作为调整对象的，劳动法当然也不例外。与劳动法的定义相一致，大多数中外学者认为，劳动法以劳动关系为主要调整对象，同时也调整与劳动关系有密切联系的其他社会关系。

（一）劳动关系是劳动法调整的基本社会关系

1. 劳动关系的含义。正如上文所提到的，在劳动过程中，人们不仅要与自然界发生关系，而且彼此之间也必然发生一定的联系，我们把这种联系称为劳动关系。"劳动关系"，也被称为"劳资关系""劳雇关系""劳使关系"等。我国大陆的学者一般只使用"劳动关系"的概念，意在强调这种关系的社会主义性质，强调这种关系既包括公有制也包括私有制，以区别于"劳资关系"。

【资料链接】

我国台湾著名劳动法学家黄越钦认为："劳动关系"是以劳动为中心展开，着重以劳动力、劳动者为本位的思考；"劳资关系"含有对立意味，因为劳方资方的界限分明，其所展开的关系自然包含一致性与冲突性在内；"劳雇关系"以雇佣的法律关系为基础，重点在权利义务之结构；"劳使关系"则已将所有的价值意味予以排除，只剩下技术性含义。[1]

广义的劳动关系，是指劳动主体在实现集体劳动过程中于彼此之间发生的各种社会关系。它可分为两大类：一类是劳动者在集体劳动过程中与其他劳动者或其他组织产生的关系等；另一类是劳动者在实现集体劳动过程中与所在单位发生的关系。这两类劳动关系并不全由劳动法调整，劳动法所调整的劳动关系仅限于后者，亦称狭义的劳动关系。在劳动过程中，劳动者之间的关系、用人单位之间的关系、个体工商户的家庭成员之间基于共同劳动所发生的关系等，都不是劳动关系，均不由劳动法调整。因此，劳动法中所称的劳动

―――――――――

[1] 黄越钦：《劳动法新论》，中国政法大学出版社 2003 年版，第 19 页。

关系是指劳动力所有者与劳动力使用者在实现劳动过程中发生的关系。例如，甲建筑公司在为某企业施工时，其职工乙不慎掉落一工具，将同组的职工丙砸伤。在此例中，甲公司与乙、丙之间的关系属于狭义的劳动关系，受劳动法调整；甲公司和某企业之间的关系以及乙、丙之间的关系属于广义的劳动关系，不受劳动法调整。

2. 劳动关系的特征。作为劳动法调整对象的劳动关系与其他社会关系相比较，具有以下特征：

（1）劳动关系的主体，一方是劳动者（劳动力所有者），另一方是用人单位（劳动力使用者）。劳动者是劳动力所有者，包括所有自愿参加社会劳动的劳动者。用人单位是生产资料所有者或经营管理者，在我国，用人单位包括企业、一定范围的个体经济组织和一定范围的国家机关、事业单位、社会团体。劳动者的劳动力与用人单位提供的生产资料相结合以完成劳动过程，是劳动关系产生的条件。劳动者运用自己的生产资料进行劳动，不产生劳动法中的劳动关系。劳动者的劳动力与用人单位提供的生产资料相结合，是一种"他我结合"，"他"指的是用人单位的生产资料，"我"指的是劳动者的劳动力，而二者的结合以劳动力所有权与使用权相分离为前提。比如农村村民的联产承包、个体劳动者的劳动，由于这种情况下的劳动力与生产资料的结合是自我结合，因而不能将其纳入劳动法的调整范围。但是如果个体劳动者聘请了帮工、带了学徒，此时就产生了生产资料和劳动力的"他我结合"，产生了劳动关系。

（2）劳动关系必须产生于劳动过程之中。只有劳动者进入用人单位，接受用人单位的安排，在劳动组织内与生产资料结合，使劳动对象发生形态的变化、位置的转移以及价值的增加，才会发生现实的劳动关系。这里所说的劳动过程，是指活劳动（劳动力）与物化劳动的交换过程，而不是指物与物交换的实现过程。前者是劳动法的调整范围，后者则属于民法学研究的范畴。劳动者与用人单位的生产资料相结合生产某种劳动产品，在生产过程中，劳动者和用人单位形成劳动关系，而生产出来的劳动产品在市场上出售时所形成的买卖关系，虽然也与劳动有关，但不是在实现劳动过程中发生的关系而是流通关系，其是由民法调整的民事关系，而不是由劳动法调整的劳动关系。[1] 例如，农民在市场上出售自己生产的粮食而与买主之间发生的关系，作家把自己的劳动成果交给出版社出版而与出版社之间发生的关系，工人将自己的工资存入银行而与银行之间发生的关系等关系就不属于劳动关系。

（3）劳动关系兼有人身关系和财产关系的双重性质。劳动首先表现为人体的一种生理机能，是人的脑、神经、肌肉感官等的耗费。劳动力存在于劳动者肌体内，须臾不能分离。劳动者在向用人单位提供劳动力时，也将其人身在一定限度内交给了用人单位，劳动力的支付过程也就是劳动者生命（生存）的实现过程。劳动法最初就是从维护劳动者生存权出发来调整劳动关系的。因此，就其本来意义上说，劳动关系是一种人身关系。正是由于其人身性，决定了劳动关系不能被简单地视为契约关系。此外，劳动关系又具有财产关系的属性。劳动是人们谋生的主要手段，即使在社会主义条件下，人们也还需要通过劳动来换取生活资料，因此劳动关系也必然体现为劳动力的让渡与劳动报酬的交换关系。作为一种财产关系，民法所调整的是主体之间因交换物化了的劳动（劳动成果）而发生的关

---

[1] 任扶善：《世界劳动立法》，中国劳动出版社 1991 年版，第 4 页。

系；而劳动法所调整的是因活劳动与物化劳动相交换而发生的关系。

（4）劳动关系具有纵向关系（隶属关系）和横向关系（平等关系）相互交错的特征。一般而言，纵向关系代表的是隶属关系，横向关系代表的是平等关系。劳动关系虽然产生在经济组织内部劳动者与经营者之间，但具有某些横向关系和纵向关系的特征。首先，随着我国劳动用工制度的改革和劳动力市场的确立，劳动力配置由国家集中的一元统配决策，转变为用人单位与劳动者个人进行双向选择。因此，经济组织内部的劳动关系，是按照平等协商的原则建立起来的，可以说是一种横向关系。其次，劳动关系一经确立，劳动者必须进入用人单位，使自己的劳动力归用人单位支配，并须服从用人单位的指挥，听从调配，遵守该单位的劳动纪律和规章制度。这就在用人单位与劳动者之间形成了一种职责上的隶属关系，劳动关系又体现为一种纵向关系。

（5）劳动关系以劳动的给付为主要内容。用人单位与劳动者建立劳动关系的主要内容就是劳动者向用人单位提供劳动力、给付劳动，与之相对应，用人单位应向劳动者支付工资作为对价。

3. 劳动关系的种类。依据不同的标准，劳动关系有多种分类方法。在不同国家或同一国家的不同时期，可以有不同的分类标准。比较典型的分类有：

（1）以生产资料所有制为标准进行分类。在我国，可以将劳动关系划分为全民所有制劳动关系、集体所有制劳动关系、股份制企业劳动关系、外商投资企业劳动关系等。

（2）以劳动关系确立方式为标准进行分类。在西方市场经济国家，劳动关系全部是以合同方式建立起来的。在我国，《劳动法》实施前，在企业、事业单位、社会团体中存在合同劳动关系和非合同（干部人事制度下）劳动关系，而且两种劳动关系所适用的法律规范有许多不同。

在我国，上述以不同标准划分的各种劳动关系，其在运行方式、内容、存在范围、受国家控制干预程度等方面，还有一定的差别。随着我国社会主义市场经济的深入发展以及我国劳动法制的不断完善，上述两种分类会逐渐失去存在的必要性。

（3）以劳动关系所在产业为标准进行分类。例如，将劳动关系划分为工业劳动关系、商业劳动关系、农业劳动关系、服务业劳动关系等，甚至还会进一步划分为建筑业、运输业、矿产业等类型的劳动关系。这种划分有利于按行业特色和要求制定相应的劳动标准。

（4）以劳动关系的特征为标准进行分类。按此分类方法可将劳动关系划分为标准劳动关系和非标准劳动关系，这是最具实践意义的分类。这种分类对我国劳动法的发展和完善具有十分重要的意义。标准劳动关系是最典型的劳动关系，其完全符合劳动关系的构成要件，并适用全部劳动基准和集体合同的规定。随着市场经济的发展，劳动关系出现弹性化趋势，多种灵活就业方式应运而生，因此形成的劳动关系在劳动时间、收入报酬、工作场地、职业培训、岗位安排、保险福利等方面不同于标准的劳动关系。《劳动合同法》注意到了标准劳动关系和非标准劳动关系的区别，开始对非标准劳动关系的部分类型加以规范，以特别规定的方式对由劳务派遣、非全日制用工形成的非标准劳动关系进行规范。有学者认为，政府放松管制以至取消对劳动力市场的控制，非全日制工人、临时工、家庭工等非规范性就业的工人大量增加。这些非规范性就业工人的工资低，缺乏社会保障。因此，以牺牲劳工的利益来追求经济的发展，已经成为许多国家公共政策的出发点。

（5）以劳动关系是否具有涉外因素为标准进行分类。按此分类方法可将劳动关系划分为国内劳动关系和国际劳动关系。由于大量的双边协议、多边协议和国际公约的存在和执行，共同劳动力市场正在形成，劳工标准已经打破国界，但对劳动法和劳工标准的执行仍然有国界，所以就形成了国内劳动关系和国际劳动关系。

【资料链接】

欧盟劳动关系分为三类：因执行国际劳动立法（包括国际劳工公约、双边协议、多边协议）而发生的劳动关系；因执行欧盟统一劳动立法而发生的劳动关系；发生在成员国之间的劳动关系。

4. 我国劳动法调整的劳动关系的范围。

（1）劳动法调整的劳动关系的范围。

第一，各类企业的劳动关系和在个体经济组织中形成的劳动关系是劳动法规范调整的主要对象。这里的企业包括各种所有制形式、各种行业、各种法律形态的企业。《劳动法》实施后，在企业中统一实行劳动制度，不再并行人事制度；统一实行劳动合同制，不再并行"固定工"制度。因此，在同一用人单位内，各种不同的身份界限随之被打破。用人单位内的全体职工被统称为劳动者，他们都应当按照劳动法的规定，通过签订劳动合同来明确各自的工作内容、岗位等。

【资料链接】

1. 企业。企业是以一定数量的生产资料和劳动者的结合为前提，以营利为目的，从事生产经营活动的经济组织。按照不同的标准，企业有多种分类。按照企业的经济成分来划分，我国目前有国有企业、集体企业、私营企业、股份制企业和外商投资企业等；按照企业的法律形态来划分，我国目前有法人企业（公司）、非法人企业（合伙企业、个人独资企业等）。无论是什么性质的企业，也无论企业招用的是管理人员、技术人员还是生产工人，都必须依法通过签订劳动合同确立劳动关系。由此就在企业与劳动者之间产生了劳动法律关系。企业是最基本的劳动法用人单位主体。

2. 个体经济组织。个体经济组织是依法经工商行政管理部门核准登记，并领取营业执照从事工商业生产、经营活动的个体单位，亦被称为个体工商户。个体经济组织以个人或家庭劳动为基础，法律允许他们雇用一定数量的帮工或招收学徒，这就有可能在个体经济组织与帮工、学徒之间产生了劳动关系。

第二，国家机关、事业组织、社会团体通过与劳动者签订劳动合同建立的劳动关系归劳动法调整。这一部分劳动关系具体包括：①国家机关、事业组织、社会团体与其所用工勤人员的劳动关系；②实行企业化管理的事业组织与其职工形成的劳动关系；③其他劳动者通过签订劳动合同与国家机关、事业组织、社会团体建立的劳动关系。

【资料链接】

1. 国家机关。国家机关是依法设立的行使国家管理职能的机构。国家机关的工作人员统一实行公务员制度，但对那些不在管理岗位上的办事人员和后勤服务人员的招用和管理，也统一按照劳动法律规范进行。国家机关与劳动者通过签订劳动合同确立劳动关系的，其就与劳动者形成了劳动法律关系，国家机关则成为劳动法中的用人单位。这里需要说明的是，在我国特殊国情下，依据《宪法》及《公务员法》，国家机关除了包括各级人民代表大会及其常务委员会机关、各级行政机关、各级审判机关、各级检察机关、各级军事机关外，还包括中国共产党机关、政治协商机关、参政党机关和参政团体机关（中央一级包括：中华全国总工会、中国共产主义青年团中央委员会、中华全国妇女联合会、中国文学艺术界联合会、中国作家协会、中国科学技术协会、中华全国归国华侨联合会、中国法学会、中国人民对外友好协会、中华全国新闻工作者协会、中华全国台湾同胞联谊会、中国国际贸易促进委员会、中国残疾人联合会、中国红十字会总会、中国人民外交学会、中国宋庆龄基金会、黄埔军校同学会、欧美同学会、中国思想政治工作研究会、中华职业教育社、中华计划生育协会）。《公务员法》的实施对象包括中国共产党各级机关、中国人民政治协商会议各级委员会机关、各民主党派机关和工商联机关。

2. 事业单位。根据《事业单位登记管理暂行条例实施细则》的规定，事业单位是指国家为了社会公益目的，由国家机关举办或者其他组织利用国有资产举办的，从事教育、科研、文化、卫生、体育、新闻出版、广播电视、社会福利、救助减灾、统计调查、技术推广与实验、公用设施管理、物资仓储、监测、勘探与勘察、测绘、检验检测与鉴定、法律服务、资源管理事务、质量技术监督事务、经济监督事务、知识产权事务、公证与认证、信息与咨询、人才交流、就业服务、机关后勤服务等活动的社会服务组织。这里所说的从事社会事业活动，是指进行这方面的实际的、具体的活动，如各种教育单位的教学活动、科技单位的科研活动等，而不包括这方面的各级文化、教育、科技国家机关主管部门的行政管理活动。随着政府公共服务职能的分化，事业单位的情况也发生了很大变化，大致有四类：第一类是其服务对象基本上面向社会的事业单位，如学校、基础性科研所等；第二类是实行企业化管理的事业单位，如出版社、杂志社、应用研究科研所等；第三类是直属于某一国家机关，并直接为国家机关的决策等提供服务的事业单位，如直属于某一国家机关的研究中心、研究所等；第四类是法律、法规授权的具有公共事务管理职能的事业单位，如劳动监察机构等。

3. 社会团体。社会团体是由中国公民自愿组成，为了实现会员共同意愿，按照其章程开展活动的非营利性社会组织，包括各类使用学会、协会、研究会、促进会、联谊会、联合会、基金会、商会等称谓的社会组织。依照我国目前的法律法规，社会团体大致有四类：第一类是由国务院机构编制管理机关核定，并经国务院批准免予登记的团体，如工会、共青团、妇联等使用行政编制或由中央机构编制部门直接管理机构编制的人民团体和群众团体机关等。这一类社团中的工作人员是参照公务员序列加以管理的。第二类是参加中国人民政治协商会议的人民团体，如党派团体（包括民革、民盟、九三学社、民主建国会、民主促进会等民主党派）等。第三类是其一般性的服务对象面向会员的社会团体，如一般的学会、协会、研究会等。第四类是机关、团体、企业事业单位内部经本单位批准成立、在本单位内部活动的团体。

第三，未纳入劳动法调整的劳动关系。依照《劳动法》的规定，国家机关、事业组织、社会团体中的非合同劳动关系（现行的干部人事制度下的劳动关系，包括参照实行公务员制度的工作人员，如工会、共青团、妇联等社会团体的机关工作人员以及事业单位的工作人员等）、农村集体经济组织的劳动关系以及现役军人、家庭保姆、自然人用工等劳动关系，都不属于劳动法的调整范围。

（2）劳动法调整的劳动关系范围的发展。自《劳动法》实施以来，《劳动法》调整的劳动关系的范围有扩大的趋势，尤其是 2007 年 6 月 29 日第十届全国人大常委会第二十八次会议通过，并于 2008 年 1 月 1 日起施行的《中华人民共和国劳动合同法》、2008 年 9 月 18 日国务院公布施行的《中华人民共和国劳动合同法实施条例》，在较大程度上肯定了这一趋势。当前《劳动法》调整的劳动关系包括：

第一，中华人民共和国境内的企业、个体经济组织、民办非企业单位等组织的劳动关系。中华人民共和国境内的企业、个体经济组织、民办非企业单位等组织的劳动关系都是劳动法的调整对象。

【资料链接】

民办非企业单位是指企业事业单位、社会团体和其他社会力量以及公民个人利用非国有资产举办的，从事非营利性社会服务活动的社会组织。它是不同于我国国家机关、企业、事业组织和社会团体的独立的社会组织。在我国，国家不负担民办非企业单位的经费并且允许其存在一定的盈利（但规定只能用于单位发展）以保证业务活动的正常运行，所以民办非企业单位也有别于市场运作的企业。根据《民办非企业单位登记管理暂行条例》（1998 年 9 月 25 日国务院令第 251 号）的规定，我国的民办非企业单位主要有各类民办学校、医院、文艺团体、科研院所、体育场馆、职业培训中心、福利院、人才交流中心等。基于这类单位"企业化管理"的实质，将其内部的劳动关系纳入劳动合同法加以调整。

第二，国家机关的劳动关系。国家机关与其所雇用的工勤人员之间的劳动关系是劳动法的调整对象。

第三，事业单位的劳动关系。将事业单位的劳动关系有条件地纳入劳动法的调整对象范围。2003 年最高人民法院发布司法解释《关于人民法院审理事业单位人事争议案件若干问题的规定》，规定事业单位与劳动者之间的部分争议按《劳动法》规定处理，但司法解释的效力只是解决法院对这类案件的程序问题，对这类案件的实体问题处理还是适用人事方面的法律法规。一些法规对此进行了统一，如深圳规定国家机关、事业组织招用的人员除公务员或者参照享受公务员待遇的人员外均适用劳动法规。《劳动合同法》对此问题从两个方面予以解决，一方面将法律、法规授权的具有公共事务管理职能的事业单位以外的其他事业单位与其劳动者的劳动关系纳入《劳动合同法》加以调整，进而将其纳入劳动法的适用范围。另一方面对这些劳动关系的法律调整，作了一定的特殊规定："事业单位与实行聘用制的工作人员订立、履行、变更、解除或者终止劳动合同，法律、行政法规或者国务院另有规定的，依照其规定；未作规定的，依照本法有关规定执行。"这样，事业单位中劳动关系的法律适用明确分为三类：①参照公务员管理的工作人员的劳动关系，适用《公务员法》；②实行聘用制的工作人员的劳动关系，有特别规定的从其规定；③工勤人员及实行聘任制无特别规定的人员的劳动关系，适用《劳动合同法》。

【资料链接】

1. 《最高人民法院关于人民法院审理事业单位人事争议案件若干问题的规定》第 1 条规定，事业单位与其工作人员之间因辞职、辞退及履行聘用合同所发生的争议，适用《劳动法》的规定处理。第 2 条规定，当事人对依照国家有关规定设立的人事争议仲裁机构所作的人事争议仲裁裁决不服，自收到仲裁裁决之日起 15 日内向人民法院提起诉讼的，人民法院应当依法受理。一方当事人在法定期间内不起诉又不履行仲裁裁决，另一方当事人向人民法院申请执行的，人民法院应当依法执行。第 3 条规定，本规定所称人事争议是指事业单位与其工作人员之间因辞职、辞退及履行聘用合同所发生的争议。

2. 《劳动争议调解仲裁法》第 52 条规定，事业单位实行聘用制的工作人员与本单位发生劳动争议的，依照本法执行；法律、行政法规或者国务院另有规定的，依照其规定。

第四，社会团体的劳动关系。社会团体的劳动关系的法律适用分为三类：①参照公务员管理的工会、共青团、妇联等的工作人员的劳动关系，适用《公务员法》；②工会、共青团、妇联等的工勤人员的劳动关系，适用《劳动法》；③工会、共青团、妇联等人民团体和群众团体以外的其他社会团体与其劳动者的劳动关系，适用《劳动法》。

第五，由劳务派遣、非全日制用工形成的部分类型的非标准劳动关系。劳务派遣、非全日制用工形成的部分类型的非标准劳动关系是劳动法调整对象。

第六，个人承包经营的劳动关系。个人承包经营中的劳动关系有条件地被纳入劳动法调整对象。在个人承包经营中，承包个人招用了劳动者，一旦违反了《劳动合同法》的规定，视为劳动者是与发包人建立了劳动关系，发包人要承担赔偿责任。

第七，不具备合法经营资格的用人单位劳动关系。不具备合法经营资格的用人单位的劳动关系已被纳入《劳动合同法》的适用范围，进而被纳入《劳动法》的适用范围。例如，我国《工伤保险条例》第 66 条规定，无营业执照或者未经依法登记、备案的单位以及被依法吊销营业执照或者撤销登记、备案的单位的职工受到事故伤害或者患职业病的，由该单位向伤残职工或者死亡职工的近亲属给予一次性赔偿，赔偿标准不得低于本条例规定的工伤保险待遇；用人单位不得使用童工，用人单位使用童工造成童工伤残、死亡的，由该单位向童工或者童工的近亲属给予一次性赔偿，赔偿标准不得低于本条例规定的工伤保险待遇。对于这类案件的处理程序，也是按照劳动争议来解决的，伤残职工或者死亡职工的近亲属就赔偿数额与单位发生争议的，以及前款规定的童工或者童工的近亲属就赔偿数额与单位发生争议的，按照处理劳动争议的有关规定处理。

第八，依法成立的会计师事务所、律师事务所等合伙组织和基金会与其劳动者的劳动关系。依法成立的会计师事务所、律师事务所等合伙组织和基金会与其劳动者的劳动关系是劳动法的调整对象。

【资料链接】

在我国，会计师事务所、律师事务所等机构遍布，实践中，律师、会计师与其执业机构的关系界定一直不清晰，各地各法院对此也处理不一，《劳动合同法实施条例》明确将依法成立的会计师事务所、律师事务所等合伙组织和基金会与其劳动者形成的劳动关系纳入劳动法调整范围。

农村劳动者、现役军人、家庭保姆、自然人用工等性质的劳动关系仍不属于我国劳动法的调整范围。

5. 劳动关系、劳务关系的区别。劳务关系主要包括加工承揽关系、运输关系、保管关系、建设工程承包关系、委托关系、居间关系等。在实践中，区别劳动关系、劳务关系有着十分重要的意义，因为劳务关系属于民事关系，由民法调整，而对于劳动者的保护当然是劳动法规定得更全面。虽然二者有着密切的联系，都是由当事人一方提供劳动力给他方使用，由他方支付劳动报酬，实践中往往难以对二者加以区分。但是二者又有着本质的区别：①双方当事人及其关系不同。劳动关系的当事人一方是劳动者，另一方是用人单位；劳务关系的当事人一方或双方既可以是法人，也可以是其他组织和自然人。劳动者必须加入用人单位，成为其中一员，并且遵守单位的规章制度，双方存在支配与被支配的关系，劳动者作为用人单位的劳动组织成员而与用人单位有组织上的从属关系。劳务提供者无须加入另一方，双方不存在支配与被支配的关系，不存在组织上的从属关系，劳务提供者自行组织和指挥劳动过程，基本反映的是一次性使用与被使用劳动力的商品交换关系。例如，个人家庭请人装修住房、制作家具等，某银行和某清洁公司之间关于清洁服务的协议，为家庭提供劳务的钟点工与其雇主之间的协议都是劳务关系，而不是劳动关系。②劳动风险的责任承担不同。作为劳动关系当事人一方的用人单位组织劳动，享有劳动支配权，因而其有义务承担劳动风险责任；而劳务提供者风险自担。③劳动报酬的支付方式不同。基于劳动关系发生的劳动报酬，其支付方式特定化为一种持续的、定期的支付；基于劳务关系发生的劳动报酬是劳务费，其支付方式一般为一次性劳务价格支付。④劳动过程中的关注点与要求不同。劳务提供方应当向劳务接受方提供的是劳务行为的物化或非物化成果，在此接受方关注的是劳动成果。而劳动关系虽然也涉及具体的劳动数量和质量，对劳动成果也有一定的要求，但劳动关系的目的在于劳动过程的实现，而不单纯是劳动成果的给付，因此，劳动关系强调的是劳动过程和劳动条件。例如，在工厂的流水线上工作的职工，每个劳动者所提供的劳动只是劳动的过程，一般不要求劳动者提供劳动成品，只要付出了劳动就应当获得劳动报酬；而劳务合同一般要求提供的是劳动的成果，如前面所述的家庭装修、家具制作等，家庭装修者或家具制作者要按照约定提供装修效果或制作出家具，必须有劳动成果产生，其才能获得劳务费用。

此外，在区分一般劳动关系和劳务关系，判断劳动者是否为用人单位的成员时，除前述的区分理论外，还可以考虑以下因素：①劳动者所从事的劳动是临时的，还是由单位性质决定的正常岗位劳动；②劳动者与用人单位的关系是否具有一定的稳定性；③劳动者为用人单位劳动所取得的收入是否是其劳动收入的主要来源。如果劳动者所从事的是正常岗位劳动，与用人单位关系稳定，其从用人单位中获得的收入为其主要生活来源，就应当确认双方是劳动关系。

【资料链接】

2005 年《劳动和社会保障部关于确立劳动关系有关事项的通知》（劳社部发［2005］12 号）以规章的形式确认了认定劳动关系的标准：

1. 用人单位招用劳动者未订立书面劳动合同，但同时具备下列情形的，劳动关系成立：①用人单位和劳动者符合法律、法规规定的主体资格；②用人单位依法制定的各项劳动规章制度适用于劳动者，劳动者受用人单位的劳动管理，从事用人单位安排的有报酬的劳动；③劳动者提供的劳动是用人单位业务的组成部分。

2. 用人单位未与劳动者签订劳动合同，认定双方存在劳动关系时可参照下列凭证：①工资支付凭证或记录（职工工资发放花名册）、缴纳各项社会保险费的记录；②用人单位向劳动者发放的"工作证""服务证"等能够证明身份的证件；③劳动者填写的用人单位招工招聘"登记表""报名表"等招用记录；④考勤记录；⑤其他劳动者的证言等。

（二）与劳动关系密切联系的某些社会关系也是劳动法的调整对象

与劳动关系密切联系的某些社会关系，也可称为劳动附随关系或附随劳动关系。劳动关系是劳动法调整的基本对象，除此之外，劳动法还调整与劳动关系有密切联系的某些其他社会关系。这些社会关系本身虽然并不是劳动关系，但与劳动关系有着密切的联系。它的当事人一般有一方是劳动者或者用人单位，另一方则是劳动关系当事人之外的与劳动关系运行紧密相连的主体，如劳动行政部门、工会、用人单位团体、职业培训机构、职业介绍机构、劳动争议处理机构、社会保险经办机构等。认定社会关系与劳动关系有密切联系，主要基于以下三点：①劳动关系发生的前提。例如，劳动人事行政部门、用人单位主管部门与用人单位在职工招用和调配方面的社会关系；职业培训单位与劳动者、用人单位之间在就业前培训方面的社会关系；职业介绍机构与劳动者、用人单位之间在职业介绍方面的社会关系等。②劳动关系发展、变化所产生的直接后果。例如，社会保险机构与失业人员、退（离）休人员、死亡职工遗属之间在社会保险方面的社会关系等。③劳动关系产生、变更、消灭而附带的社会关系。例如，工会与用人单位、职工之间在保护职工合法权益方面的社会关系；劳动争议调解、仲裁机构与用人单位、职工之间在处理劳动争议方面的社会关系；劳动监察机构与用人单位之间在劳动监察方面的社会关系等。对于符合以上三点中的任何一个因素的社会关系，都可确定其与劳动关系有密切联系。就其性质而言，这些关系可以概括为以下几个方面：

1. 劳动行政关系，即行政机关和经授权具有行政职能的有关机构与用人单位及其团体、劳动者及其团体和劳动服务主体之间由于执行劳动行政职能而发生的社会关系。

2. 劳动服务关系，即劳动服务主体与用人单位和劳动者之间由于为劳动关系运行提供社会服务而发生的社会关系。具体包括因劳动就业、职业培训、社会保险、劳动保护等服务活动所产生的社会关系。

3. 劳动团体关系，即劳动者团体（工会）与用人单位团体之间、劳动者团体（工会）与其成员或用人单位之间、用人单位团体与其成员或劳动者之间，由于协调劳动关系和维护劳动关系当事人利益而发生的社会关系。

4. 处理劳动争议方面的关系，即劳动争议处理机构与用人单位、劳动者之间由于调处和审理劳动争议而发生的社会关系。

第二节　劳动法的地位与作用

一、劳动法的地位

劳动法的地位，指劳动法在我国社会主义法律体系中的地位。法学界的多数学者认为，我国劳动法既不是民法的一部分，也不从属于经济法，亦不是行政法的内容，而是同刑法、民法、诉讼法、经济法、行政法等处于同等的法律地位。它是我国整个法律体系的重要组成部分，是一个独立的法律部门。本书亦持这样的观点。

【资料链接】

早在 1956 年，董必武同志在中国共产党第八次全国代表大会上的发言就曾指出："党的第七次代表大会以后，特别是开国 7 年来，党领导的人民民主法制工作是有显著成绩的。我们不仅已经有了国家根本法——宪法，而且有了许多重要法律、法令和其他各项法规。现在的问题是，我们还缺乏一些急需的较完整的基本法规。"当时国家领导人把劳动法看作是急需制定的基本法律之一。

从我国现行立法体系来看，国家立法机构是将劳动法作为大社会法类的基本法之一来确立的。劳动法之所以是一个独立的法律部门，其主要依据为：

（一）劳动法有自己特定的调整对象

划分法律部门的主要依据是法律调整的社会关系所特有的性质和内容，如前所述，劳动法调整特定的劳动关系和与劳动关系密切联系的其他社会关系。将劳动法与其他部门法相区别的根本点在于劳动关系的特殊性和特殊内容。这些关系不仅有人身关系和财产关系的内容，也具备平等关系与隶属关系的特征。这是其他任何一个法律部门都无法加以调整和替代的。

（二）劳动法有自己特有的基本原则

有关劳动法的基本原则，我国《劳动法》虽然对此没有明确的条文规定，但从立法的指导思想和执法的行为准则来讲，可以将劳动法的基本原则概括为：维护劳动者合法权益与兼顾用人单位利益相结合的原则；贯彻以按劳分配为主体的多种分配方式与公平救助相结合的原则；坚持劳动者平等竞争与特殊劳动保护相结合的原则；实行劳动行为自主与劳动标准制约相结合的原则；坚持法律调节与三方对话相结合的原则。这些原则与民法的平等自由原则，经济法的宏观、微观经济协调原则以及行政法的依法行政原则有着明显的不同之处。

（三）劳动法有自己完整的独立体系

从劳动法规的构成形式来看，劳动法律既有劳动法典，又有单行法规；既有实体法，又有程序法；还有对劳动法执行的监督、检查法。从劳动法的内容来看，在总则部分规定了劳动法的目的、原则、作用、适用范围及劳动者的基本权利等；在分则部分规定了就业促进、劳动合同与集体合同、工作时间与休息休假、工资、劳动安全卫生、特殊劳动保护、社会保险与职工福利、劳动争议的处理及劳动监督检查等内容。《劳动法》的总则与

第一章

分则构成了一个完整的法规体系。

（四）司法实践中劳动法早已被确认为一个独立的法律部门

劳动法作为独立的法律部门，其诞生并非始于我国，劳动法是从 19 世纪初开始，为了适应社会经济发展的客观需要，国家对雇佣关系进行干预，并经过工人阶级的长期斗争，逐步从传统民法中独立出来并发展成为一个独立的法律部门的。随着劳动制度的改革和社会主义市场经济体制的确立，我国于 1994 年 7 月 5 日颁布了《中华人民共和国劳动法》，从而奠定了劳动法作为一个独立的法律部门的地位。

（五）劳动法与相邻法律门类的关系

劳动法是宪法统领下的一个具体的法律部门，这一法律部门主要是将宪法关于劳动者权利的规定予以具体化和可操作化。宪法中关于劳动者权利的相关规定是劳动法上的权利规定的基本法理依据。民法奉行的是私有财产权神圣不可侵犯、契约自由和过失责任三大原则；劳动法对民法的三大原则进行了重大修正，即这些原则如果与劳动者生存权利的保障相冲突，则后者处于优先适用的地位。经济法调整的是由于国家干预和纵向管理经济而形成的，以国家为一方主体同其他各方主体之间的特定经济关系，而且，经济法以追求经济发展为目标；而劳动法主要是调整劳动者与用人单位之间的劳动关系，劳动法以保护劳工为目标。劳动法与社会保障法的关系密切，社会保险是二者交叉的部分，二者的立足点都是保护弱势群体，实现社会公平和社会安定，但二者又是相互独立、相互并列的两个法律部门，其调整对象和调整方法是不同的。行政法主要是对国家行政机关行政管理予以规范约束；劳动行政是国家行政管理的一个内容，劳动行政法即指劳动法与行政法结合的产物。刑法是规定犯罪和刑罚的法律；劳动犯罪和刑罚是刑法的一个内容，劳动刑法即指劳动法与刑法结合的产物。

【资料链接】

民法与劳动法的发展变迁是一个延续的历史过程，在这个演变过程中所展现出来的内容是丰富多彩的。这个历史变迁的过程昭示着这两个法律部门的成长轨迹，其间也昭示着二者之间若即若离、藕断丝连的紧密关系。我们很难通过简单的考察就能拨开云雾见晴天，但通过多视角的透视，我们可以得出一些规律性的结论，这些结论对民法、劳动法，乃至整个法律制度的未来发展都具有重要的指导意义。

1. 劳动法在历史渊源上与民法如出一辙，现代劳动法的独立发展也并没有彻底否定其对民法基本精神（如崇尚自由）的继承性。因此不论是法律制度的未来发展，还是法学研究的进一步繁荣，都存在一些共同的东西供其相互借鉴。劳动法同民法的变异性决定了两个法律部门独立存在的必要性。劳动法的变异过程实质上就是"法律社会化""私法公法化"的过程。这些具有革命性意义的法律运动，说明法律必须适应生活，随着它所调整的社会运动的主流向前发展。满足现实生活的法律需求是法律发展的动力，也是法律永葆青春和活力的关键所在。

2. 一种法律概念、法律观念、法律原则（如契约自由）往往具有巨大的影响力，甚至相当于一种魔力，因为"难于用语言清楚表达的思考是法律赖以获得其生命力的隐秘的根基"。[1] 但是，任何法律概念、观念和原则都不是不可跨越的鸿沟，其都可以也应当随着社会的发展而发展。提出新概念，更新传统观念，突破既定的原则，为法律的发展奠定观念基础，是法律发展的要求，也是法学研究的任务。

3. 现代法律制度之间的影响和作用是相互的，法律的调整和整合功能也必须通过法律整体才能得以充分实现，任何一个法律部门都会在不同侧面对法律的发展作出贡献。劳动法的诞生与成长不仅受益于民法，同时也对民法乃至整个法律体系的发展作出了巨大贡献。对此，我国的法学界并没有予以足够的重视。[2]

二、劳动法的作用

劳动法以规范劳动行为、调整劳动关系为主要内容，并以保护劳动者的合法权益为立法宗旨。劳动行为是社会的基本行为，劳动关系是社会关系中的核心部分，而劳动者则是这部分关系中的主力军。劳动关系若能够得到科学合理的调整，就会形成稳定和谐的氛围；劳动者的合法权益若能够得到有力的保障，便会产生极大的劳动积极性和创造性，这些正是促进社会生产力发展和推进社会进步的必要条件。反之，如果这部分的社会关系调整不好，就有可能引发和激化矛盾，进而直接阻碍生产力的发展，影响社会的安定团结。由此可见，劳动法对社会、经济的发展起着重要作用。劳动法在我国实际生活中的作用可以概括为以下几个方面：

（一）保护劳动者的合法权益，调动劳动者的生产积极性和创造性

在我国社会主义市场经济条件下，从劳动关系的主流看，虽然劳动者与用人单位在根本利益上是一致的，但二者不可避免地存在着具体利益的矛盾与冲突。用人单位作为独立面向市场的主体，在市场竞争机制的驱动下，不得不考虑以最小的成本获取最大限度的利润，这样就很容易在劳动待遇、劳动条件等方面侵犯职工的权益，从而挫伤劳动者的生产积极性。为此需要用法律来保护劳动者的合法权益，确立劳动者主人翁的地位。从劳动法产生和发展的历史可以看出，它的主要任务就是保护劳动者的利益。劳动法的宗旨在于：①确认劳动力为劳动者所有，赋予劳动者在劳动关系中与用人单位同等的法律地位；②规定劳动者享有就业与选择职业、获得劳动报酬、休息休假、劳动安全与卫生、社会保险和福利待遇等权利；③规定用人单位负有向劳动者提供劳动待遇、劳动条件与生活条件等义务，从而使劳动者的权益获得法律保障。劳动者的权益若能依法得以实现，在以按劳分配原则为主体所建立的分配机制的激励下，在国家、企业、劳动者的利益共同体中，劳动者的生产积极性和创造性便能得到充分的发挥。

（二）合理组织社会劳动，提高劳动生产率

解放生产力、发展生产力，消灭剥削、消灭贫穷，实现全社会成员的共同富裕，是我国社会主义的本质所在。劳动力是生产力的决定性要素，合理地组织社会劳动，不断改进劳动组织，充分发挥劳动者在劳动过程中的主观能动性，就可以不断地提高劳动生产率和经济效益，促进生产力的发展。劳动法在这一方面的促进作用具体表现为：①通过规范劳

〔1〕 ［美］伯纳德·施瓦茨：《美国法律史》，王军、洪德、杨静辉译，中国政法大学出版社 1997 年版，第 64、65、137、139、140 页。

〔2〕 冯彦君："民法与劳动法：制度的发展与变迁"，载《社会科学战线》2001 年第 3 期。

动力市场，确立劳动合同制度，促进人才合理流动，使劳动力资源得以合理配置，使劳动力与生产资料的结合趋于最佳状态。②通过实行职业技能开发制度和职业资格证书制度，确保和不断提升劳动者队伍的整体素质，以适应现代化大生产的要求。③通过实行按劳分配和其他激励制度，充分调动劳动者的生产积极性和创造性。劳动者主观能动性的充分发挥，是推进科学技术发展的根本动力。④通过保障劳动者在生产过程中的安全与健康，并要求用人单位不断改善劳动条件，使劳动者在生产力系统的运行上能够正常发挥作用，也使劳动过程能够得以顺利实现。⑤通过要求合理组织劳动过程，巩固劳动纪律，从而为提高劳动生产率创造组织条件。总之，劳动法从保护劳动者的利益出发，最终实现调整劳动关系和促进社会生产力发展的目的。

（三）规范劳动力市场，完善市场运行的法律保障体系

我国实行社会主义市场经济体制，市场经济要求一切生产力要素进入市场，以市场作为资源配置的基础手段。其中，劳动力市场是市场经济的一个重要组成部分，劳动力的开发、配置和使用趋向社会化、商品化，通过市场竞争机制使劳动力与生产资料的结合处于最佳状态，才能创造出最优的劳动效益。然而，由于劳动力商品的特殊性，使劳动力市场不同于其他生产力要素市场，在运行中，其除须遵循市场经济的一般法律原则外，还需要用劳动法对劳动力市场加以具体规范，包括界定供求主体与中介主体资格，规范市场行为，明确劳动主体的权利、义务与责任等。近年来，我国劳动力市场确立和发展的实践证明，没有相应的法律规范，就不能发挥市场运行的积极效应。劳动法作为我国社会主义市场经济法律体系的一个重要组成部分，它的颁布与实施，填补了我国市场经济法律保障体系的空白。劳动法对劳动力市场的具体作用主要有：①确认劳动者享有就业和选择职业的权利，明确劳动关系供求双方及市场中介机构的法律地位，保证主体具有相应的行为能力和责任能力。②规范劳动合同制度，要求建立劳动关系须签订劳动合同，即以劳动合同作为确立劳动关系的法律形式，为劳动关系的供求双方相互选择及其享受权利、履行义务提供法律条件。③实行各种劳动标准制度，如工时休假、工资保障、劳动安全卫生及特殊劳动保护制度等，使在市场中确立的劳动关系中的劳动者的基本权益能够得到保障。④实行统一的社会保险制度，为劳动者的合理流动和劳动力再生产提供基本保障。⑤实行集体协商、调解、仲裁等制度，为预防和化解劳动争议、保障劳动力市场顺利运行提供有效的法律手段。

（四）维护和发展稳定和谐的劳动关系，促进社会安定团结

社会安定是一个国家政治稳定、经济繁荣和社会进步的重要前提。没有这个前提，改革的深化以及经济的持续、稳定发展，都不可能顺利进行。而劳动关系的存在与发展，是直接关系到社会安定的重要因素，劳动法的功能就在于通过规范劳动行为，使主体双方在各自的权利义务范围内，沿着法律设定的轨道进行合作与联系，从而形成稳定和谐的劳动关系，以有利于社会的安定团结。劳动法的这一作用，首先是其产生和发展的历史背景对此给予了证明。劳动法是资本主义社会劳资矛盾激化和工人运动不断高涨的产物，它以限制资本家对工人的剥削程度为主要内容，从而缓和了阶级矛盾，协调了劳动关系。在我国社会主义发展的现阶段，劳动法的这一作用也得到了验证。我国的社会主义公有制决定了劳动者与用人单位之间在根本利益上是一致的，但是存在着非对抗性的矛盾，特别是在物质利益方面还存在着矛盾和冲突。随着我国市场经济的进一步发展，非公有制背景下的劳

动者与用人单位之间也存在诸多矛盾。如果这些矛盾与冲突能及时得到化解、处理，就能使劳动关系保持协调与稳定，否则就会影响社会的安定，因此，我们必须高度重视和充分发挥劳动法对社会安定的保障作用。

此外，劳动法与社会进步的关系还在于，劳动者的劳动权利是获得生存权的必要条件。劳动法对劳动者基本权利的保护是符合国际人权理论的。在历史上，人权理论与人权保障运动是影响劳动立法的重要力量。例如，人权理论中提出的职业自由、反对强迫劳动、男女平等、保护弱者、缩短工作时间、实行社会保险等内容，都是劳动法的立法依据和目标。劳动法对劳动者劳动权利保护的程度，被看作是衡量一个国家人权保障的标志。我国《劳动法》《劳动合同法》等法律规范的颁布和实施，是我国人权保障制度化、法律化的又一个重要标志。

第三节　劳动法渊源及其体系架构

一、劳动法的渊源

劳动法的渊源，亦称劳动法的形式，是指劳动法律规范的具体表现形式。它表明劳动法律规范以什么形式存在于法律体系中。我国劳动法渊源按其效力层次与范围不同，可以分为以下几类：

1. 宪法。宪法是一个国家的根本法，它具有最高的法律权威和法律效力。我国宪法关于劳动者基本权利义务的规定及与劳动问题相关的经济制度是我国劳动立法的基础和最高法律依据，同时又是劳动法律规范的一种表现形式。

2. 法律。法律包括全国人民代表大会制定和修改的基本法及全国人民代表大会常务委员会制定和修改的其他法律，其效力仅次于宪法。作为劳动法律，在我国有《劳动法》（狭义劳动法），它是调整劳动关系的基本法；有单项法律，如《劳动合同法》《就业促进法》《劳动争议调解仲裁法》《社会保险法》等；还有涉及劳动关系的其他法律，如《妇女权益保障法》《安全生产法》《职业病防治法》《公司法》等。

3. 行政法规。这是指由国务院根据宪法和法律的有关原则所制定、发布的各种劳动行政法规，其法律效力具有普遍性，是当前我国调整劳动关系的重要依据。劳动行政法规在我国为数较多，涉及面也较广，如《禁止使用童工规定》《工伤保险条例》《劳动保障监察条例》《残疾人就业条例》《劳动合同法实施条例》。

4. 部委规章。部委规章指国务院劳动行政部门单独或会同有关部门制定的专项劳动规章。如《工伤认定办法》《最低工资规定》《劳动人事争议仲裁办案规则》《劳动人事争议仲裁组织规则》等多个配套规章等，这些都是调整劳动关系的重要规范。

5. 地方性法规和地方性规章。地方性法规是指省、自治区、直辖市以及设区的市的人大及其常委会制定的规范性文件。地方性规章是指省、自治区、直辖市人民政府及设区的市的人民政府制定的规范性文件，如《天津市就业促进条例》《陕西省就业促进条例》《湖北省就业促进条例》等。地方性法规或规章中有关劳动问题的规定均属于劳动法渊源的范畴。

6. 国际劳工公约。国际劳工组织通过的劳工公约经我国政府批准，便在我国产生法律效力，应保障其实施。这包括 1984 年 5 月我国承认的旧中国政府批准的 14 个国际劳工公约和 1984 年以来新批准的公约等，如 2002 年 6 月 29 日批准的《禁止和立即行动消除最恶劣形式的童工劳动公约》（第 182 号公约）、2005 年 8 月 28 日批准的《1958 年消除就业和职业歧视公约》（第 111 号公约）、2015 年 8 月 29 日正式对中国生效的《2006 年海事劳工公约》等。

7. 规范性劳动法律、法规解释，是指法定对劳动法律、法规有解释权的国家机关，就劳动法律、法规在执行中的问题所作的具有普遍约束力的解释。例如，《最高人民法院关于审理劳动争议案件适用法律若干问题的解释》是调整劳动关系的重要规范。

8. 其他，如特别行政区法律、国际惯例等。《立法法》第 95 条规定，地方性法规、规章之间不一致时，由有关机关依照下列规定的权限作出裁决：①同一机关制定的新的一般规定与旧的特别规定不一致时，由制定机关裁决；②地方性法规与部门规章之间对同一事项的规定不一致，不能确定如何适用时，由国务院提出意见，国务院认为应当适用地方性法规的，应当决定在该地方适用地方性法规的规定；认为应当适用部门规章的，应当提请全国人民代表大会常务委员会裁决；③部门规章之间、部门规章与地方政府规章之间对同一事项的规定不一致时，由国务院裁决。根据授权制定的法规与法律规定不一致，不能确定如何适用时，由全国人民代表大会常务委员会裁决。

二、劳动法体系

劳动法体系是指按照一定标准将劳动法律规范的内容分类组合，形成结构严密、形式完整的有机统一体。对于劳动法体系，经过多年来学者们的研究和探讨，目前我国劳动法学界已基本达成共识，具体来说，劳动法体系包括下列制度：

1. 就业促进制度。充分的就业和稳定的就业形势，是保障人民生活、维持社会经济发展和社会安定的重要条件，因而为世界各国劳动法所规定。就业促进制度的主要内容有：就业促进方针、就业促进的责任主体、我国政府就业促进的法定职责和主要措施等。

2. 劳动合同制度。劳动合同是市场经济国家确立劳动关系的基本法律形式，因而劳动合同制度成为世界各国劳动法的核心内容。劳动合同制度包括有关劳动合同的形式、种类、主要条款、订立、变更、解除及违约责任的规定。

3. 集体谈判与集体合同制度。集体谈判是劳动者以工会或集体谈判团体的名义，与雇主就改善劳动条件、提高劳动待遇及处理劳动关系问题进行谈判、交涉的一种制度，我国称之为集体协商。当谈判达成一致意见时，其成果体现就是订立集体合同。集体谈判与集体合同制度是缓和劳资矛盾、协调劳动关系、维护正常的劳动秩序与生产秩序的有效手段，因而为各国法律所认可，并成为劳动法的重要内容之一。集体谈判制度主要包括谈判的主体、对象和程序，在谈判过程中对劳动者谈判权的保护以及政府有关部门在谈判中的作用等内容。集体合同制度一般包括集体合同的订立、变更、解除、形式及效力等内容。

4. 劳动基准制度。劳动基准是国家为了保护劳动者的利益而制定的有关劳动条件与劳动待遇的最低标准。用人单位只能高于劳动标准为劳动者提供劳动条件和劳动待遇，而不能低于劳动标准约定劳动条件和劳动报酬。劳动标准制度具体包括以下四项内容：

（1）工作时间和休息休假。包括规定日工作时间和周工作时间的最长限度；规定休息日、法定节假日和年休假；限制延长工作时间；等等。

（2）工资。规定工资分配原则和用人单位的分配自主权；规定最低工资标准的确定及工资的支付形式和支付时间；等等。

（3）劳动安全与卫生。规定用人单位和劳动者必须执行的劳动安全与卫生规程及标准；规定伤亡事故和职业病的统计报告和处理制度；规定劳动安全卫生管理制度；等等。

（4）特殊劳动保护。特殊劳动保护的对象是女职工和未成年工，其内容包括规定女职工的"三期"保护和禁忌从事的劳动范围；规定未成年工禁止从事的劳动范围和定期健康检查制度。

5. 社会保险制度。社会保险一般包括退休（养老）保险、疾病保险、工伤保险、失业保险和生育保险，目的是使劳动者在年老、患病、工伤、失业、生育等情况下能够获得物质帮助和补偿。它是劳动者生活保障权的体现，因而成为各国劳动法的重要内容。社会保险制度一般规定社会保险的种类，社会保险基金的筹集、管理和运营，社会保险待遇的享受范围、条件和标准等内容。

6. 劳动争议处理制度。劳动争议处理是协调劳动关系、化解劳动关系矛盾、矫正劳动关系扭曲的重要途径。劳动争议处理制度主要包括劳动争议处理机构、劳动争议处理机构的受案范围、劳动争议处理程序等规定。

7. 劳动保障监察制度。劳动保障监察是指享有监察权的国家专门行政机关依法对用人单位执行劳动法律、法规的情况进行监督检查的活动，以确保劳动法的切实贯彻实施。劳动保障监察制度主要规定劳动保障监察机构及其职权、劳动保障监察范围、劳动保障监察程序及劳动保障监察处理等内容。

8. 法律责任。法律责任是指有关单位或个人违反劳动法律、法规及劳动合同时应当承担的法律后果。劳动法中的法律责任按主体划分一般包括四类：用人单位违反劳动法的法律责任、劳动者违反劳动法的法律责任、劳动服务机构违反劳动法的法律责任、劳动行政部门和其他有关主管部门及其工作人员违反劳动法的法律责任。

第四节　劳动法的基本原则

一、劳动法的基本原则及其概念

法律的基本原则是立法的指导思想和执法的行为准则。劳动法的基本原则是国家在劳动立法中所体现的指导思想和在调整劳动关系以及与劳动关系密切联系的其他社会关系时应遵循的基本准则。劳动法的基本原则集中体现劳动法的本质和基本精神，主导整个劳动法体系。

劳动法的基本原则应当符合四个条件：①它必须贯穿劳动法律条文的始终，体现劳动立法的核心和灵魂。②它必须是执法的基本准则，具有劳动法律规范的最高效力，各项劳动法律制度和劳动法规的内容都不得与劳动法基本原则相抵触，对于违背劳动法基本原则的行为，劳动法要追究违法行为人的法律责任。③它必须在指导劳动立法和约束劳动执法的活动中具有相对的稳定性。随着劳动关系的不断变化，劳动法律规范的某些条文可以进行修改，但只要国家的政治经济制度不变，劳动法的基本原则也就不会改变，以保证阶段性劳动法律规范之间的连续性。④它必须对劳动立法、劳动守法和劳动执法具有普遍的指导意义，有利于指导劳动法的实施，在没有具体法律依据时，可根据劳动法基本原则来分析和处理劳动法律事务。劳动法基本原则只有符合这四个方面的条件，才能发挥其在劳动法律体系中的凝聚和统帅功能，在劳动立法中的依据和准则功能，以及在劳动执法中的指导和制约功能。

首先，劳动法基本原则的确认依据是宪法。宪法是国家的根本大法，是确立劳动制度的最高法律依据，因而劳动法的基本原则应依据宪法而确立，包括宪法中关于国家政治制度、经济制度的规定和公民劳动基本权利的规定，同时还应以基本劳动政策作为宪法依据的补充性依据。其次，劳动法的基本原则还应以我国将长期处于社会主义初级阶段这个基本国情对劳动法所提出的基本要求为依据，即劳动法的基本原则必须来源和植根于现实，并正确反映劳动领域的基本现状和发展根本。最后，劳动法的基本原则还应以对劳动者实行倾斜保护理论为依据。尽管劳动法对用人单位的权利也要加以保护，但这并不是劳动法的立法宗旨，劳动法是以对处于弱势地位的劳动者实行倾斜保护为理论基础的，并以此构筑劳动法的基本原则。

二、劳动法基本原则的内容

根据我国社会主义市场经济制度和劳动法的基本要求，结合法律部门基本原则的确认依据，我们认为劳动法的基本原则应为以下五项：

（一）维护劳动者合法权益与兼顾用人单位利益相结合的原则

维护劳动者的合法权益是劳动法的立法宗旨。一般而言，资本主义国家的劳动法是限制资本家对劳工剥削的法，社会主义国家的劳动法则是保护劳动人民利益的法，都是从劳动立法宗旨来讲的。我国《劳动法》第1条规定："为了保护劳动者的合法权益，调整劳动关系，建立和维护适应社会主义市场经济的劳动制度，促进经济发展和社会进步，根据宪法，制定本法。"劳动法强调保护劳动者合法权益的基础在于：①劳动者作为劳动关系的一方当事人，与对应的用人单位主体相比较，属于弱者，为了防止以强凌弱，国家法律对劳动者予以特别保护，从而使双方主体处于平等的法律地位。②市场经济条件下，市场竞争机制中的用人单位均有追求最大利润的欲望，因而容易发生侵犯劳动者权益的行为或事件，这就要求使用法律来抑制用人单位的侵权行为，保护劳动者的合法权益。③用人单位的权利往往由主体组织法加以规定。劳动法赋予劳动者的权利与主体组织法赋予用人单位的权利相互制衡，才能使权利的行使在法律规定的范围内进行，以防止滥用权利现象的发生。

维护劳动者合法权益原则在我国劳动法中体现在三个方面：①法律、法规明确规定了劳动者应享有的基本权利和在各个劳动环节中的具体权利。例如，《劳动法》第3条第1款规定："劳动者享有平等就业和选择职业的权利、取得劳动报酬的权利、休息休假的权利、获得劳动安全卫生保护的权利、接受职业技能培训的权利、享受社会保险和福利的权利、提请劳动争议处理的权利以及法律规定的其他劳动权利。"同时，《劳动法》《劳动合同法》在劳动合同与集体合同、工作时间与休息休假、工资、劳动安全卫生、职业培训、劳动争议等章节中，将劳动者的权利更加具体化。②《劳动法》《劳动合同法》具体规定了用人单位必须履行的劳动义务，如遵守工时制度、限制加班加点、提供劳动安全卫生保护、支付劳动保障费用、不得低于当地最低工资标准支付工资等。③在特定情形下，当用人单位利益和劳动者利益保护出现冲突时，应注重保护劳动者的利益。这些规定，都体现了维护劳动者合法权益这一立法指导思想。

劳动法在突出体现保护劳动者合法权益的同时，也兼顾维护用人单位的利益：①从法律中权利义务相一致的原则来讲，劳动者享受劳动权利是以履行劳动义务为前提的。法律不允许任何主体只享受权利而不履行义务，或者只履行义务而不享受权利。劳动者只有在全面履行劳动义务的条件下，才能充分享受法律赋予的权利。例如，我国《劳动法》第3条第1款规定了劳动者应享有的基本权利，第2款规定了劳动者的基本义务。②劳动法适应市场经济的客观要求，在维护用人单位利益方面也有具体的规定。例如，《劳动法》和《劳动合同法》都规定，用人单位享有招收录用职工的自主权；享有依法自主确定本单位的工资分配方式和工资水平权；在劳动者严重违纪，或者不能胜任工作，或者患病及非因工负伤超过医疗期限，以及在用人单位生产经营状况发生严重困难等情况下，享有解除劳动合同的权利等。这些都是为维护用人单位的利益作出的规定。而用人单位提高了效益，得到了发展，又为劳动者各项权利的实现打下了基础。但必须明确的是，对用人单位利益的保护，在劳动法视野里只能是"兼顾"，即应建立在对劳动者保护的前提上，劳动法的最终目的还是为了保护劳动者。

（二）贯彻以按劳分配为主体的多种分配方式与公平救助相结合的原则

按劳分配是我国经济制度的一项重要内容，也是我国劳动法的一项基本原则。我国《宪法》规定："……社会主义公有制消灭人剥削人的制度，实行各尽所能、按劳分配的原则。"我国《劳动法》规定："工资分配应当遵循按劳分配原则，实行同工同酬。"

各尽所能、按劳分配、同工同酬的基本要求是：①每一个具有劳动能力的公民，都有平等的权利和义务，都应尽自己的能力为社会劳动。②用人单位应以劳动为尺度，按照劳动的数量和质量给劳动者支付劳动报酬。即用人单位通过对职工个人劳动技能、劳动条件、劳动强度、劳动贡献的全面考核，确定对职工个人的工资分配。③劳动者不分性别、年龄、民族和种族，其等量劳动（包括数量、质量与贡献）应当取得等量报酬。

按劳分配与分配上的平均主义是不相容的。平均主义是手工业和小农经济的思想要求，贯彻按劳分配原则本身就意味着反对在分配上搞平均主义。长期以来，由于在计酬标准和管理水平方面的一些问题，平均主义思想在分配上表现得相当突出，如前些年普遍存在的"吃大锅饭"现象，近些年出现的"红眼病"，都是平均主义分配思想的反映。因此，在我国分配制度中，要真正贯彻按劳分配原则，应当注意做到：①要体现奖勤罚懒、奖优罚劣；②要体现多劳多得、鼓励多做贡献；③要体现效益分配优先，兼顾公平；④要体现脑力劳动与体力劳动、复杂劳动和简单劳动之间的差别。此外，在贯彻按劳分配原则时，还要求正确处理生产与生活的关系，也就是在发展生产的基础上，逐步提高劳动报酬和福利待遇。

在贯彻按劳分配原则的同时，要求兼顾公平救助原则。公平救助原则主要体现在社会保险制度上。我国《宪法》第45条规定："中华人民共和国公民在年老、疾病或者丧失劳动能力的情况下，有从国家和社会获得物质帮助的权利。国家发展为公民享受这些权利所需要的社会保险、社会救济和医疗卫生事业。"我国《劳动法》第70条规定："国家发展社会保险事业，建立社会保险制度，设立社会保险基金，使劳动者在年老、患病、工伤、失业、生育等情况下获得帮助和补偿。"物质帮助权是指劳动者在暂时或永久丧失劳动能力时，有获得物质帮助的权利，以使劳动者本人及其家属能够获得基本的生活保障。物质帮助权是劳动报酬权的延伸或补充。我国劳动法还规定了劳动者退休养老保险、患病或非因工负伤保险、因工伤残或患职业病保险、失业保险及生育保险的制度。所有的劳动者均可按照法律、法规规定的条件和标准享受社会保险待遇。

公平救助原则的实现程度受制于按劳分配原则的贯彻程度，只有真正贯彻按劳分配原则，调动广大劳动者的劳动积极性，创造出更多、更丰富的物质财富，才能使公平救助原则得到充分的体现。

（三）坚持劳动者平等竞争与特殊劳动保护相结合的原则

建立劳动者平等竞争机制，是发展社会主义市场经济、提高劳动生产率的客观要求，也是公民在法律面前一律平等原则的重要体现。我国劳动法首先明确规定了劳动者有平等的就业和选择职业的权利，即公民不论性别、民族、出身及财产状况等，有权参与就业，并通过劳动获取劳动报酬；有权参与平等竞争，选择适合自己特点的职业和用人单位；有权利用国家和社会所提供的各种就业保障条件，以提高就业能力和增加就业机会。其次，劳动者在劳动报酬、劳动安全卫生保护、劳动保险、职业培训、劳动争议处理等方面一律平等地受劳动法律、法规的保护，劳动者不论民族、种族、性别、职业、职务、劳动关系的所有制性质及用工形式等情形，其在劳动法上的法律地位一律平等，劳动法所直接规定或要求达到的劳动标准都一律适用，禁止对任何劳动者在劳动方面的歧视行为。例如，《国务院办公厅关于做好农民工进城务工就业管理和服务工作的通知》要求各地区、各有关部门取消对企业使用农民工的行政审批程序，不得干涉企业自主合法使用农民工，逐步实行暂住证一证管理。

劳动法在坚持劳动者平等竞争原则的同时，还必须注重对特殊劳动者的劳动保护。由于劳动者在生理方面和社会方面的种种原因，在劳动者中不可避免地形成一些特殊劳动者群体，为了使他们真正与其他劳动者处于平等的法律地位，必须给他们以特殊劳动保护。因此，特殊劳动保护制度便成为世界各国劳动法的一项重要内容。我国劳动法予以特殊保护的对象是女职工、未成年工、残疾劳动者、少数民族劳动者及退役军人劳动者等。《劳动法》规定："残疾人、少数民族人员、退出现役的军人的就业，法律、法规有特别规定的，从其规定。""国家对女职工和未成年工实行特殊劳动保护。"同时，劳动法律、法规在就业、从事职业、安全卫生、解除劳动合同等方面针对不同的特殊劳动者群体分别作了不同的保护规定。例如，在劳动就业方面，对退役军人、残疾人、少数民族劳动者及妇女劳动者，均作了特别保护规定；在从事职业方面，对女职工、未成年人规定了禁止用人单位安排其从事有害健康的繁重体力劳动和有毒有害的工作；在劳动安全卫生保护方面，作出了对女职工的"三期"给予特别保护的规定和对未成年工实行定期体格检查的规定；在解除劳动合同方面，规定了女职工孕期、产期、哺乳期内，用人单位不得解除劳动合同的规定；等等。这些具体保护规定，为特殊劳动者群体实现劳动权提供了法律保障。

（四）实行劳动行为自主与劳动标准制约相结合的原则

法律赋予劳动关系当事人以意思自治权、行为自主权，是社会主义市场经济的客观要求。市场经济的建立和发展完善，需要有一个完整的市场体系，即包括商品市场、资本市场和劳动力市场为主的各生产要素市场。资本主义市场经济的形成过程已经表明，只有在劳动力成为商品、劳动者作为劳动力所有者进入市场的条件下，才会产生市场经济。在劳动力市场中，用人单位作为劳动关系的一方当事人是独立面向市场的主体，享有用人自主权，即按照自己的需要和意愿去寻找、确定劳动关系的另一方当事人；劳动者作为劳动力的所有者，按照择业自主、就业自愿的原则成为劳动关系的另一方主体。用人单位与劳动者经过互相选择，在平等自愿、协商一致的基础上，通过签订劳动合同确立劳动关系。在离开劳动力市场进入劳动过程之后，用人单位由于生产过程的分工和竞争的需要，享有法律赋予的劳动管理自主权、劳动分配自主权及辞退权等，劳动者则是自愿接受这些条件而成为单位集体劳动的一员。这些都充分体现了劳动行为自主的原则。

在实行劳动行为自主的同时，必须同时看到，劳动法律关系当事人之间在职责上的从属关系和劳动力人身性质的特点，因此要求国家制定劳动标准，明确规定劳动的基本条件，以制约用人单位的行为，保护劳动者的合法权益。我国劳动法规定的工作时间制度、最低工资制度、女职工和未成年工的特殊劳动保护制度等内容，均属于劳动标准，它们是用人单位必须向劳动者提供的最低劳动条件和劳动待遇。如果用人单位违反劳动法的这些规定，给劳动者造成侵害，要承担相应的赔偿责任；对用人单位的个人直接责任者，要分情况给予行政制裁、民事制裁，甚至追究其刑事责任。

（五）坚持法律调节与三方对话相结合的原则

在我国社会主义市场经济体制下，劳动力资源的配置以市场为手段，劳动关系的确立与运行要求以法律制度作保障，在劳动关系运行中出现的当事人之间的冲突与矛盾也必须依据劳动法律、法规处理，这些都是不言而喻的。但是劳动关系的多变性与复杂性及劳动标准的基准性特点，又使劳动者、用人单位、政府三方代表的协商对话机制成为劳动法的原则。

劳动法中所称的三方性原则，是指政府、工会组织、用人单位组织三方在平等的基础上，通过一定的组织机构和运作机制，共同对有关劳动关系的重大问题（劳动立法、经济与社会政策的制定、就业与劳动条件、工资水平、职业培训、社会保障、职业安全与卫生、劳动争议处理以及对产业行为的规范与防范等）进行规范和协调处理。[1]

【资料链接】

从历史上看，三方机制的形成，也是工人运动的结果。工业化初期，罢工被禁止，工人自发组织的工会被视为非法组织，工会领袖被捕入狱。但19世纪这种压制工人运动的做法遭受了失败，罢工运动依然存在，甚至激烈的劳资冲突已对西方国家统治者的地位产生了威胁。例如，1895年，德国发生了一次严重的矿井事故，引起德国各主要采矿区发生大规模的罢工运动。雇主和国家为了对付游行示威的工人而出动了军队，反而却使矛盾愈加尖锐。最后帝国政府派出官员，极力劝说煤矿企业主同意让每个矿山的工人选出自己的代表，同雇主就有关劳动条件的所有问题进行协商，终于平息了此次争端，并由此找到了一种杜绝以后劳资间激烈冲突发生的有效方式。经过长期的斗争与磨合，在德国非常缓慢地出现了协调劳资矛盾的规则和事实上的行为方式，同时出现了一部国家法律，它允许矛

---

[1] 国际劳工组织1976年第144号《三方协商促进履行国际劳工标准公约》对三方机制的定义是：政府（通常以劳动部门为代表）、雇主和工人之间就制定和实施经济与社会政策而进行的所有交往和活动。

盾产生并能够缓解矛盾，国家也开始承担起为雇佣劳动制定框架性条件的角色。[1]

三方性原则是由国际劳工组织率先提出的，是国际劳工组织为缓解劳资对抗、防止社会矛盾激化而用来稳定和协调劳动关系的措施。三方性原则是国际劳工组织行动的基本原则，也是国际劳工组织与联合国其他机构相比其所具有的独特之处：①从组织形式上看，国际劳工组织实行"三方机制"，即国际劳工大会、国际劳工局理事会及所属各委员会、区域会议等国际劳工组织机构的活动，均由会员国政府、雇主和工人三方代表参加，三方代表享有独立平等的发言权和表决权。②从活动内容上看，制定国际劳工标准是国际劳工组织的主要行动手段。国际劳工标准无论是以公约的形式还是建议书的形式制定，都是在充分听取政府、雇主、工人三方代表意见，并经过三方代表讨论通过后发布的。

三方性原则得到了西方市场经济国家的普遍认同，已成为世界多数国家劳动法的一个基本原则。

【资料链接】

多数欧洲国家建立的三方机构是经济社会委员会（或理事会），如法国的经济社会委员会由 200 人组成，雇主和工会代表各 45 人，另有政府、其他社团代表和有关专家。近年来，欧洲等地区还出现了跨国性三方机制，如欧盟委员会、欧洲工联和欧洲雇主组织三方通过举行洲际协商谈判和签订相应协议以调节全欧劳动关系问题，这类地区跨国性三方机制的出现是地区经济一体化发展的结果，也是应对经济全球化挑战的需要。日本的三方机构称为"产业劳动恳谈会"，加拿大的三方机构称为国家劳资关系委员会。苏联、东欧国家在苏联解体和东欧剧变后，也普遍建立起了国家一级的三方性机构。例如，俄罗斯的三方机构是"调节社会劳动关系三方委员会"；一些东欧国家建立了"全国利益调解（或协调）委员会"；[2] 三方性机制在发展中国家也得到发展。在一些国家还存在着就某一问题或事项而设立的专业性组织，如澳大利亚的全国职业安全与卫生委员会，新加坡的全国工资理事会，英国的咨询、调整与仲裁局，德国的劳动法院，法国的专业法庭（劳工法庭或社会法庭），日本的劳动争议调解委员会（由雇主、工会和公益组织如大学、研究所、新闻界三方组成，由公益组织代表担任委员长）等。

在我国劳动法中，三方性原则也得到了相应的体现。现行的《劳动法》《工会法》《集体合同规定》《劳动合同法》《就业促进法》《劳动争议调解仲裁法》等法律、法规、规章规定了三方机制运作的基本框架。具体包括：①我国在 1990 年就已经批准了国际劳工组织于 1976 年通过的《三方协商促进实施国际劳工标准公约》（第 144 号公约）和同名建议书。国务院提请审议的说明指出，批准这项公约旨在建立一项工作程序，以便就涉及劳动者权益的国际劳工公约的制定、批准、实施及其监督检查等，进行国家一级的政府、雇主和工会组织代表间的协商，使各方意见都能得到充分反映。②《工会法》第 34 条第 2 款规定："各级人民政府劳动行政部门应当会同同级工会和企业方面代表，建立劳动关

---

[1] 德国工联劳动力市场和国际社会政策部部长布克哈特·冯·赛根在中德三方机制研讨会上的发言。
[2] 参见"国外三方机制与工会（中）关于三方机制的主体、机构和活动"，载《工人日报》2005 年 8 月 19 日。

系三方协商机制，共同研究解决劳动关系方面的重大问题。"这是我国第一部明确实行三方协商机制的法律。③在劳动基准的制定过程中，也逐步实行三方合作原则。例如，2004年原劳动和社会保障部颁布的《最低工资规定》第8条第1款规定："最低工资标准的确定和调整方案，由省、自治区、直辖市人民政府劳动保障行政部门会同同级工会、企业联合会/企业家协会研究拟订，并将拟订的方案报送劳动保障部。方案内容包括最低工资确定和调整的依据、适用范围、拟订标准和说明。劳动保障部在收到拟订方案后，应征求全国总工会、中国企业联合会/企业家协会的意见。"④《集体合同规定》《劳动合同法》《就业促进法》《劳动争议调解仲裁法》等法律、法规、规章规定了三方性原则。例如，《劳动合同法》第5条规定："县级以上人民政府劳动行政部门会同工会和企业方面代表，建立健全协调劳动关系三方机制，共同研究解决有关劳动关系的重大问题。"《劳动争议调解仲裁法》第8条规定："县级以上人民政府劳动行政部门会同工会和企业方面代表建立协调劳动关系的三方机制，共同研究解决劳动争议的重大问题。"同时，三方性原则也在我国的法治实践中得以运用：首先，建立了国家级协调劳动关系的三方机制。2001年8月，由劳动和社会保障部、中华全国总工会、中国企业联合会（中国企业家协会）三方组成了国家级协调劳动关系三方会议制度，使中国的劳动关系协调工作有了一个较为规范和稳定的工作机制，并开展了卓有成效的工作。其次，我国省级三方机制全部得以建立，大部分省、自治区、直辖市在市（地）一级普遍建立了三方机制，有的地方的三方机制建立已延伸到县（市）、乡镇（街道）和村（社区）。2002年8月，全国建设系统建立了协调劳动关系的三方会议制度，这是全国第一个行业性最高层面的劳动关系协调机制，标志着产业性三方机制的启动。国家协调劳动关系三方会议一般每年举行2次。

当然，三方性原则的贯彻运用在我国仍然存在着很大的不足。具体表现在：①与三方机制相关的法律不完善；②劳动者与用人单位双方主体的代表性须进一步增强；③三方机制运行的社会影响力不大；④通过三方机制解决问题的针对性有待提高。[1] 对此，我们应坚持从国情出发，吸收借鉴其他市场经济国家的有益经验，不断完善有中国特色的三方机制，以促进劳动关系的和谐发展。

---

[1] 汪洋："我国协调劳动关系三方机制现状、问题及改革思路"，载《经济研究参考》2006年第44期。

第二章
劳动法的产生与发展

劳动法以市场经济为其存在的基础，产生于资本主义社会。随着资本主义生产关系的发展及工人运动的高涨，劳动法在自由资本主义时期和垄断资本主义时期均得到了发展，并趋于完善。社会主义国家也非常重视发挥劳动法的功能与作用。市场国际化的发展趋向，使国际劳动法成为各国劳动法的重要组成部分。

第一节　劳动法的起源

自从有了国家与法，劳动关系作为生产关系的重要组成部分，就成为法的调整对象的一部分。但调整劳动关系的专门法——劳动法，却是在人类社会发展到一定的历史阶段才开始出现的。

在资本主义社会以前没有专门调整劳动关系的法律。在古代奴隶社会，奴隶完全没有人身自由，奴隶主占有生产资料并完全占有奴隶。在封建社会，劳动者也没有完全的人身自由，其不能摆脱对剥削者的人身依附，因而劳动者与劳动力使用者之间的关系，不只是单纯的劳动关系，更包括人身和财产的所有关系。所以，在古代各国的法律中，虽然已经有了调整劳动关系的规范，但这些规范并不能离开调整其他社会关系的法律而存在。

专门调整劳动关系的法律起源于资本主义社会。资本主义的产生和发展需要两个前提：一是广大的农民和手工业者被剥夺生产资料后沦为可以"自由"出卖其劳动力的劳动者，二是剥削者手里积累了大量货币资本。在资本主义发展初期，资本势力还不够强大，单凭经济的强制还不能使资本家获取最大限度的剩余劳动，因而需要凭借国家权力来给予保护，于是出现了历史上最早的"劳工法规"。具体来讲，在资本主义制度产生最早的英国，为了强制被剥夺了土地的农民从事雇佣劳动以满足新兴的工场手工业对劳动力的迫切需要，英国政府曾经颁布过许多强迫劳动的法律。同时，英国政府为了帮助资本家加强剥削工作，还制定了许多强制工人接受苛刻劳动条件的法律。14世纪到18世纪中叶，欧洲其他资本主义国家也先后制定了类似的法律，以保障资本家能够榨取工人更多的剩余劳动。当时人们把这种"血腥立法"统称为"劳工法规"。"劳工法规"虽然是调整资本主义劳动关系的法律，但其还不是现代意义上的劳动法，因为其与现代意义上的劳动立法的宗旨背道而驰。

【资料链接】

1. 英国亨利八世时期曾明文规定，对流浪者给予鞭打；如再度流浪，则予以逮捕；三度流浪就要将其当作重罪犯人或社会敌人处死。

2. "劳工法规"中有些规定是延长工作时间的，有些规定是限制最高工资的。

3. "劳工法规"，"自始就是为了剥削工人，并且在进行中总是直接和工人居于敌对地位的关于工资雇佣劳动的立法"。[1]

现代意义上的劳动法是在 18 世纪产业革命以后，劳资关系日趋紧张，工人运动不断高涨的条件下产生的。它是以限制资本家对劳动者的剥削程度为内容的法规。

18 世纪产业革命以后，随着大工业的兴起，资产阶级的势力大大加强，而大多数的劳动者，由于其生产资料被剥夺，在失业和饥饿的胁迫下，不得不接受资本家规定的一切苛刻条件。在这种情况下，用法律来规定有利于资本家的劳动条件已经没有必要，于是资本主义国家对劳动关系采取了"自由放任"的不干预政策。资本家为了最大限度地获取剩余价值，通过经济手段强制把工人的日工作时间延长到 14 小时或 16 小时，甚至 18 小时，这种远远超过了工人生理界限的日工作长度，加上极端恶劣的工作环境，极大地损害了工人的健康，导致工人的伤亡事故和职业病经常发生，死亡率猛增，工人的平均寿命日趋缩短。工人们为了保卫自己的生存权利，在 18 世纪中叶以后，就自发地组织起来和资本家进行斗争，除采取破坏机器、罢工等方式外，还要求政府颁布法律来限制工作日长度。随着工人阶级斗争的日趋高涨，加上受 17~18 世纪启蒙运动和法国大革命的影响，某些社会政治力量也同情和支持工人的要求，迫使资产阶级国家不得不制定法律来限制资本家对工人的剥削程度。

1802 年英国议会通过的《学徒健康与道德法》，规定纺织童工的最低年龄为 9 岁，纺织厂不得雇用 9 岁以下的学徒；童工每天工作不得超过 12 小时，而且工作时间限于清晨 5 时至晚间 9 时之间，禁止童工做夜工。《学徒健康与道德法》是资产阶级"工厂立法"的开端，而"工厂立法"与以前的"劳工立法"有了质的变化，它的目的是保护工人利益，因此其是现代意义上的劳动法产生的标志。在此后的几十年中，英国议会又陆续通过了几项法规，对童工的年龄作了进一步的限制，并将限制工作时间的适用对象由童工扩大到了女工。1847 年，英国颁布的《十小时工作法》规定，13~18 岁的童工以及女工的日工作时间不得超过 10 小时。此后，"工厂立法"逐渐适用于英国的一切大工业。

以英国立法为开端，在其他工业发达的资本主义国家也先后出现了"工厂法"。德国于 1839 年颁布了《普鲁士工厂矿山规则》，该法规定禁止未成年工从事每天 10 小时以上的劳动或者夜间劳动。法国于 1841 年和 1879 年分别颁布法律，对限制童工工作时间、限制女工工作时间和发放女工工资等问题作了规定。1848 年，美国加利福尼亚州颁布了一项禁止 9 种工厂使用 12 岁以下儿童的法律。瑞士于 1848 年颁布了第一个限制成年人工作时间的法律。

基于上述内容，可以说，现代意义上的劳动法起源于 19 世纪初期的"工厂立法"，是从以英国为首的一些西欧资本主义国家开始的，因为"工厂立法"在一定程度上体现了劳动法对劳动者保护的要旨。劳动法是工人阶级为了维护自身利益而进行长期斗争的结果。

[1]　[德] 马克思：《资本论》（第 1 卷），人民出版社 1968 年版，第 814 页。

第二节   外国劳动立法概况

一、资本主义国家的劳动立法

资本主义国家劳动立法的进程可分为两个阶段，即自由资本主义时期和垄断资本主义时期。

（一）自由资本主义时期的劳动立法

19 世纪中叶以后，资本主义社会的自由竞争已占据主导地位，各国相继进入自由竞争的资本主义阶段。随着资本主义经济的发展和各国工人运动的普遍高涨，再加上"工厂法"的产生，各国对劳动法的作用更加重视，进而颁布了许多"工厂法"。例如，德国于 1891 年颁布了《德意志帝国工业法》，法国于 1847 年制定了《劳动保护法》，英国分别于 1910 年、1908 年制定了《工厂及作业场法》和《煤矿业限制法》，俄国于 1882 年制定了《雇佣童工、童工劳动时间和工厂监察机构法》等，这些都是这一时期"工厂立法"的重要成果。从立法的国家来看，在这一时期，除了西欧几个主要的资本主义国家以外，其他一些资本主义国家，如意大利、俄国、比利时、奥地利等国也先后颁布了限制工作时间和改善劳动条件的法律；有些附属国和殖民地，如澳大利亚、新西兰、加拿大和印度等，也都在 19 世纪末颁布了类似的法律。

自由资本主义时期的劳动立法在内容和范围上，较之初期阶段，有了较大的进步，具体表现在：

1. 进一步缩短了劳动时间并扩大了限制劳动时间的适用范围。例如，英国于 1847 年颁布了《十时间法》，规定纺织工业的女工和童工实行每日 10 小时工作制；1867 年和 1878 年的两项法律又把以前工厂法的规定推广到雇佣 50 人以上的所有工业企业，也就是说"工厂法"的适用范围逐渐扩大。在同一时期，法、德等国也颁布了类似的法律。

2. 增加了改善劳动条件的一些规定。例如，法国的《劳动保护法》，英国的《煤矿业限制法》，俄国的《雇佣童工、童工劳动时间和工厂监察机构法》等，分别规定了限制童工、女工从事夜间工作，改善工厂矿山的安全卫生条件，建立工厂检查制度等内容。这在一定程度上反映了工厂法内容的不断充实。

3. 出现了工资保障方面的法律。首先是限制资本家对工人任意罚款和扣发工资的行为，后来发展到实行最低工资法。例如，沙皇俄国被迫废止了罚款的法律；英国在 20 世纪初设立劳资协商会来议定某些产业和地方的工人的最低工资标准；澳大利亚和新西兰也相继采用由仲裁委员会决定最低工资的办法，而且新西兰 1894 年的《最低工资法》是世界上最低工资立法的开端。

4. 产生了承认工会组织合法地位的法律。英国议会早在 1824 年就废除了 1800 年实行的禁止工人组织工会的法律，承认工人有组织工会和罢工的权利；1859 年、1871 年和 1875 年又三次修正和补充了有关工会和罢工的法律。法国于 1864 年解除了罢工的禁令，于 1884 年承认工人有组织工会的自由。其他一些国家也有类似的规定。

5. 出现了社会保险法。使社会保险成为劳动法的内容这一立法活动是从德国率先开始的。1883 年俾斯麦政府为了缓和国内阶级矛盾，分化国际工人运动，颁布了《劳工疾病保险法》；次年又实行了《工人赔偿法》，其内容包括劳动者疾病保险、残废和老年保险、雇主对工人伤亡事故承担直接责任等。英国也于 1897 年颁布了《工人赔偿法》，之后又实行了健康和失业保险。

6. 出现了解决劳资纠纷的法律。新西兰于 1890 年通过立法，成为第一个对劳资纠纷实行强制仲裁的国家。其他先进的工业国家也先后在劳动立法中规定了解决劳资纠纷以及处理纠纷的法律程序。

总之，在自由资本主义时期，劳动法有了一定的发展，其表现为"工厂立法"的适用范围越来越广，内容越来越充实，逐步摆脱了资本主义经济发展初期的"工厂立法"的范畴。但是"工厂立法"发展的进程比较缓慢，而且很不平衡、不稳定，此时的劳动法不但其效力范围有限，而且对劳动法的贯彻实施还缺乏必要的保障。

（二）垄断资本主义时期的劳动立法

19 世纪末 20 世纪初，在一些发达的资本主义国家，随着生产的集中，垄断代替了自由竞争，资本主义开始进入垄断资本主义阶段。这一时期，资本主义社会所固有的各种矛盾进一步尖锐，其中雇佣劳动与垄断资本之间的矛盾也更加激化。在不断高涨的工人运动的压力下，资产阶级不得不作出让步。因此，这一时期以改良主义作为主要方法，资产阶级劳动立法得到广泛而迅速的发展。

垄断资本主义时期，劳动法的内容和范围都比以前有了进一步的充实和扩大。过去的"工厂立法"多半带有片面性，只涉及劳动关系的一些主要方面，而这一时期的劳动法内容逐步增加，基本上包括了劳动关系的一切方面，如劳动合同、集体谈判与集体协议、学徒培训、劳动报酬、工作时间、女工与童工、安全与卫生、社会保障、工会组织、劳动纠纷的处理等方面。过去的"工厂立法"主要适用于工业无产阶级，这一时期的劳动法一般扩大了适用范围，包含了所有的经济部门，如工业、交通、商业等部门的工人和职员。这样就使劳动法成为一个内容比较完备、范围比较广阔的独立的法律部门。

需要指出的是，在垄断资本主义阶段，特别是在第二次世界大战期间和以后的一段时间内，资产阶级劳动法的发展经历了一个曲折和反复的过程。当工人运动高涨时，劳动法就得到了重视和发展；而在工人运动受到镇压处于低潮时，资本主义国家就通过立法剥夺和限制劳动者的权利。例如，德国法西斯政权建立后于 1934 年颁布的《国民劳动秩序法》取消了工会和工厂委员会，确认雇主和职工之间是主仆关系，职工须绝对服从雇主；1938 年，德国法西斯政权又颁布法律，授权雇主可以延长工时至 14 小时甚至 16 小时，而且无须给予职工以附加报酬。第二次世界大战爆发后，德、意、日等法西斯国家还实行了强制劳动制度。英、美、法等资本主义国家在二战前经济大萧条时期，采取了一些比较开明的法律措施。美国于 1935 年颁布了《国家劳动关系法》，承认工人有罢工权，工会有代表工人同雇主订立集体合同的权利；同年，美国还颁布了《公平劳动基准法》，规定工人的最低工资标准和最高工时限制以及超过标准工时的工资支付办法。英国在此期间颁布了关于缩短女工和青工工时，实行年休假制度以及改善安全卫生条件等方面的法律。于同时期，法国也颁布了类似的法律。第二次世界大战爆发后，各国为了适应"战时"的需要，均大大降低了已有的法定劳动条件。二战以后的一段时间内，英、美、法等国还多次实行"冻结"工资的政策，致使工人的实际工资水平不断下降。

然而，不论是镇压工人运动，还是恶化劳动条件，垄断资产阶级都不能抑制工人运动的高涨趋势，各国的罢工运动逐年增多，并且越来越具有长期性和群众性。在罢工斗争的推动下，各资本主义国家的劳动立法从总体上讲还是得到了发展，特别是进入 20 世纪六七十年代以来，由于经济发展和安定的社会环境，一些主要资本主义国家相继制定和修订了一系列改善劳动条件的法律。例如，美国颁布了关于同工同酬、综合就业与训练、就业机会均等的法律；英国颁布了关于雇佣保障、社会保障、劳动卫生与安全等法律；法国颁布了关于改善劳动条件、男女同酬、限制种族歧视等法律；意大利颁布了关于雇佣平等、工人保护、工资保障等法律；加拿大颁布了《劳工标准法》；日本重新修订了《劳动标准法》《工会法》和《劳动关系调整法》，并制定了关于最低工资、劳动安全与卫生、就业措施、失业保险、职业训练、女工福利等法律。

　　20 世纪末以来，世界格局发生了深刻的转变，如苏联解体，冷战结束，经济（进而政治、文化）全球化，工业化向信息化快速发展，贫富差距拉大和两极分化加深，失业和贫困化加剧，社会条款之争，强资本、弱劳工问题日益突出等，这一切使得劳动法的发展面临诸多冲击和挑战。

【资料链接】

　　所谓"社会条款"，是指发达国家主张的在国际贸易与投资协议中加入保护关于人权、劳工权益和环境等问题的专门条款。一旦缔约方违反该条款，其他缔约国有权予以贸易制裁。"社会条款"之争的核心问题集中在两个方面：①发展中国家的劳动力低成本究竟是属于劳动力倾销还是其所拥有的比较优势？②将劳工标准与国际贸易挂钩的本质，究竟是贸易保护主义的表现还是改善劳工状况的举措？发展中国家认为这是发达国家的变相贸易保护主义而予以反对，在各类劳工组织内部对此也有不同意见。

　　当代资本主义国家劳动法呈现出以下特点：[1]　①劳资关系相对缓和。整个 19 世纪乃至 20 世纪的大部分时间，各国劳动法都深深打上了阶级斗争、劳资冲突和东西意识形态藩篱的烙印。21 世纪劳资关系的主要特征，正随着全球意识形态的退潮逐渐浮现。工业革命以来曾经被认为是劳资间互动基础的阶级"斗争"正逐渐消失，以"合作"为本质的劳资关系体制则逐渐形成。展望 21 世纪，劳资问题的核心正由过去的工资斗争转趋务实，即劳资政三方通过合作共同提升工作环境的品质，落实工作环境权。②劳资关系以社会保障体系为基础。马克思预言资本主义行将灭亡的基点即强资本和弱劳工的极端对立，而资产阶级改变自己命运和促进资本主义经济发展的主要工具即为社会保障的制度安排。第二次世界大战结束后，解决劳动问题的主要手段逐渐超越单纯劳动法的范畴，借由社会法来建立社会保障体系成为普遍的发展趋势。尤其是在 21 世纪全球化与信息化的时代中，高度竞争、变动不居的劳资关系，使得社会保障体系的建立成为劳资关系和谐发展的首要前提。③经济全球化对劳动法发展的冲击和挑战。在全球化的时代环境中，不仅在国际上经济竞争激烈，国内市场也向世界进一步开放。全球经济一体化带来的资本，劳动力的跨国、跨地区流动等都对过去以国内为基础范围的各国劳资关系形成诸多冲击和挑战，各国劳动立法无法回避这些问题。④信息化造成的结构性影响。随着信息化的推进，劳动者的

---

[1]　主要参见黄越钦：《劳动法新论》，中国政法大学出版社 2003 年版，第 6~10 页。

劳动场所更加分散、工作时间更为灵活，雇佣关系之双务关系逐渐复杂，深刻影响劳资关系的组成与结构，不仅仅是工会的组织动员方式、劳资关系的运行规则在不断推陈出新，甚至在雇主与劳动者的劳动合同制度上也已经形成较明显的转变，劳资关系体制受到重大影响，建立松散而自由的劳资关系是信息化时代的常见形态。例如，放松对劳动法的管制政策[1]、工会的组织动员遇到难题等，在西方国家的劳动法实践中已是现实。

二、社会主义国家的劳动立法

社会主义劳动法是在无产阶级取得革命胜利、劳动人民掌握国家政权的条件下开始出现的。劳动法典是社会主义国家劳动立法的基本形式，它首先始于苏联。

在国内战争和外国干涉期间，苏联的国内苏维埃政权于 1918 年通过了第一部《苏俄劳动法典》，把十月革命后颁布的各项劳动法令用法典形式固定下来。该法典共 17 章 190 条，对集体合同、劳动合同、内部劳动规则、工资、工时、女工和未成年工、工会、劳动保护、劳动保险以及劳动争议处理等方面都作了规定。此外，为了适应战时共产主义时期的需要，其规定实行普遍义务劳动制。《苏俄劳动法典》于 1922 年作重新修订并予以颁布，取消了普遍义务劳动制，全面实行劳动合同制，并把职工在劳动方面取得的成果加以巩固和扩大。

《苏俄劳动法典》一直沿用到 20 世纪 60 年代末。1970 年，苏联最高苏维埃主席团又通过了《苏联和各加盟共和国劳动立法纲要》（以下简称《劳动立法纲要》），共 15 章 107 条，每章都专门规定劳动立法的一个方面。具体包括：总则、集体合同、劳动合同、工作时间与休息时间、劳动报酬、劳动纪律、劳动的安全与卫生、妇女劳动、未成年人劳动、在职培训的优待、劳动争议、工会与职工参加生产管理、国家社会保险、遵守劳动立法的监督检查和附则。各加盟共和国依照《劳动立法纲要》的精神，结合本加盟共和国的具体情况，分别通过了新的劳动法典。20 世纪 80 年代以来，苏联最高苏维埃主席团先后通过了两项法令，对《劳动立法纲要》作了修订。除制定与修订劳动法典之外，苏联最高苏维埃主席团还发布了一些单行劳动法规，如 1972 年的《标准内部劳动规则》、1974 年的《劳动纠纷审理程序条例》、1983 年的《劳动集体法》、1989 年的《工会及其权利和活动保障法》等。苏联在 1981~1985 年和 1986~1990 年的经济社会发展基本方针中还提出了劳动立法的发展方向：①合理使用劳动资源，提高社会生产效率和职工的劳动生产率及完成工作的质量；②巩固劳动纪律和生产秩序，节约劳动时间，改善劳动保护和对劳动者的社会保障；③加强对劳动量和消费量的监督，改进工资制度，扩大运用集体形式的劳动组织和提高劳动报酬，增进人民福利；④加强工会和劳动集体组织在社会主义劳动竞赛中的作用，吸引劳动者参加生产管理。当然，由于随后苏联的解体，这些发展规划都未能付诸实施。

第二次世界大战以后，东欧各社会主义国家相继成立。各国在工人阶级掌握政权以后，均颁布了一系列改善劳动条件、解决就业、实行工人监督等法令，之后又相继制定并

---

[1]　管制与放松管制之间有一个相对的平衡。管制对于保护处于弱势而需要国家干预的劳动者而言是必要的，而对于那些本身具有劳动条件谈判能力的劳动者而言则需要放松劳动法的管制。西方国家的劳动法在面对这两种劳动者时是予以区别对待的。

颁布了内容比较完备的劳动法典。例如，阿尔巴尼亚于 1947 年颁布了《劳动法典》，并于 1966 年进行了修订；匈牙利于 1950 年颁布了《劳动法典》，并于 1972 年重新修订；保加利亚于 1951 年颁布了《劳动法典》，并于 1977 年修订后重新颁布；捷克斯洛伐克、南斯拉夫于 1965 年先后颁布了"劳动法典"；东德也于 1977 年颁布了新的《劳动法典》。当时的东欧各社会主义国家，除颁布劳动法典之外，还分别制定了一系列单行劳动法规，以配合劳动法典调整劳动关系。

此外，在亚洲的各社会主义国家也都先后颁布了劳动法典，如蒙古于 1941 年颁布《劳动法典》，并于 1973 年对该法典重新修订后颁布；越南于 1947 年发布劳动法令，于 1976 年制定并颁布了《劳动法典》；朝鲜人民民主共和国于 1946 年颁布《劳动法典》，于 1978 年对其作修改后重新颁布。

1989 年以来，东欧剧变、苏联解体引起了其劳动法某些内容的巨大变化。东欧各苏联成员国根据其实际情况，或者废除了原先的劳动法典；或者废除了其中部分条款，并在其原先的劳动法典中增加了新的内容。但是，社会主义劳动法作为一种新型的劳动法律制度，在劳动法的发展历史上具有重要意义。

第三节　中国劳动立法概况

一、旧中国的劳动立法

（一）中国工人阶级争取劳动立法的斗争

中国产业工人是在 19 世纪中叶开始出现的。随着外国资本主义在华企业的增多和中国民族资本主义的发展，到 1919 年，中国产业工人已达 200 万人左右。在半殖民地半封建社会的背景下，中国工人阶级深受帝国主义、封建主义和资本主义三座大山的剥削与压迫，其劳动条件之恶劣和生活境遇之悲惨，在世界各国的工人中是罕见的。当时，工人每日劳动时间一般为 12 小时，有的行业的工人劳动长达 16 小时甚至 20 小时，工人的工资很低，劳动条件十分恶劣，工厂根本没有劳动保护设施，导致大量工人患职业病，工伤事故不断发生。此外，工人的人身自由没有保障，当时企业里出现了"养成工""包身工"等，其人身自由都不同程度地受到限制。

为了保卫自己的生存权利，中国工人阶级自发地开展了反对资本家剥削和帝国主义侵略的斗争。1879 年、1882 年、1884 年、1890 年、1891 年在上海、香港、福州等地都发起了罢工斗争。斗争的主要目标是要求增加工资，反对延长工时，克扣工资等，其中 1884 年在香港的广东工人反对法国侵略者挑起中法战争，继而发展为反对一切外国侵略的斗争，被英国侵略者的报纸称为"香港有史以来最严重的一次暴动"。在 1895～1913 年，中国工人阶级进行了更多的罢工斗争，其罢工规模和水平不断扩大和提高。

五四运动以后，特别是 1921 年中国共产党成立以后，中国工人阶级的斗争进入了一个崭新的阶段，罢工斗争风起云涌。据不完全统计，在 1918～1926 年，工人罢工次数达 1232 次，参加人数达 1 613 291 人。1921 年 8 月，中国共产党成立了中国劳动组合书记部，将其作为公开领导中国工人运动的总机关。中国劳动组合书记部在中国工人阶级为争取劳动立法的斗争中起了巨大作用，作出了重大贡献。1922 年 5 月 1 日在广州召开了第一次全国劳动大会，大会通过了中国共产党提出的"打倒帝国主义""打倒军阀"等政治口号，通过了《八小时工作制案》。同年 6 月，中国共产党发表了对于时局的主张，提出斗争目标 11 条，其中包括废止压制罢工的刑律和制定保护童工、女工的法律以及关于一般工厂卫生、工人保险法的要求。1922 年 8 月，中国劳动组合书记部利用北洋军阀吴佩孚宣布恢复国会制定宪法的机会，举行了争取劳动立法运动，拟定了《劳动立法原则》，制定了《劳动法案大纲》。在《劳动立法原则》中，其提出了保障政治自由、改良经济生活、参加劳动管理和劳动补习教育等四项立法原则。《劳动法案大纲》的内容共 19 条，主要有：①承认劳动者有集会结社权。②承认劳动者有同盟罢工权。③承认劳动者有缔结团体契约权。④承认劳动者有国际联合权。⑤劳动者每日昼间的劳动时间不得超过 8 小时，夜工不得超过 6 小时，每星期应予以其连续 24 小时之休息。⑥18 岁以下之男女劳动者及剧烈劳动之劳动时间，不得超过 6 小时。⑦禁止超过法定工作时间延长劳动时间；没有特别事故，须得工会之同意，始可延长之。⑧农业劳动者之工作时间，虽得超过 8 小时，但对于超过时间之工资，须以 8 小时制为标准而计算之。⑨以法律保障农民（不掠夺他人之劳动者）之生产品价格，由农民代表提出，以法律规定之。⑩剧烈有害卫生及法定工作时间外之劳动，不得使 18 岁以下之男女劳动者为之。⑪对于需要体力之女子劳动者，产前产后均予以 8 个星期之休假，其他女工应予以 5 个星期之休假；休假中女工的工资照给。⑫16 岁以下之男女工，不得雇佣。⑬为保障劳动者之最低工资，国家应制定保障法；制定此项法律时，应许可全国劳动总工会代表出席。⑭公私企业或机关之工资均不得低于最低工资。⑮各种劳动者，有由产业工会或职业工会选举之代表参加政府之经济机关、企业机关及政府所管理之私人企业或机关之权。⑯国家对于全国公私各企业，应设立劳动检查局。⑰国家对于劳动者，应予以其完全参加劳动检查局之权利。⑱一切保险事业规章之订立，均应使劳动者参加之，避免政府、公共及私人企业或机关中劳动者所受之损失；其保险费完全由雇主或国家分担之，不得使被保险者负担。⑲各种劳动者，在 1 年劳动期间中，应有 1 个月之休假，半年中应有 2 个星期之休假，其期间内享有领工资之权。⑳国家以法律保障男女劳动者享受补习教育之机会。《劳动立法原则》和《劳动法案大纲》得到了广大工人的响应和拥护，并以此作为争取劳动立法的斗争纲领。其后，在 1925～1927 年间分别召开的第二、三、四次全国劳动大会上，都提出了劳动立法的具体要求。历次大会的要求虽然未被北洋军阀控制下的国会和政府所通过，但它们却对以后的劳动立法活动产生了积极影响。

（二）北洋政府的劳动立法

在强大的工人运动斗争的压力下，伴随着中国劳动组合书记部所发起的劳动立法运动，再加上社会各界的同情和支持，北洋政府被迫于 1923 年由农商部公布了《暂行工厂规则》，对最低就业年龄、限制最高工时、保护女工和童工、义务教育和工厂检查等内容作了规定。尽管这个《暂行工厂规则》的内容远远低于《劳动立法原则》和《劳动法案大纲》拟定的标准，但它毕竟是在强大工人运动斗争压力下所产生的我国第一个劳动立法，标志着中国劳动法的产生。此外，北洋政府还颁布了《矿工待遇规则》《煤矿爆炸预防规则》《国有铁路职员征缴特别保证金规则》等法令。不过上述这些法规都是徒有虚名，并未付诸实施。

（三）广州、武汉国民政府的劳动立法

在中国共产党的积极帮助下，1923年11月，孙中山对国民党进行了改组，确定了"联俄、联共、扶助农工"三大政策。1924年1月，在广州召开了有中国共产党人参加的国民党第一次全国代表大会。1925年在广州成立了国民政府，1926年国民政府迁至武汉。1924年11月，孙中山以大元帅的名义颁布了《工会条例》，其中规定了工人与雇主团体立于对等之地位，工会有言论、出版及办理教育事业之自由；赋予了工会对雇主之团体契约权、罢工权等。1926年1月，在广州召开的国民党第二次全国代表大会上通过的《工人运动决议案》中，提出要实行8小时工作制，制定最低工资标准，保护女工、童工，改良工厂卫生，厉行工人教育等。同年8月，国民政府还公布了《劳工仲裁条例》《国民政府组织解决雇主雇工争执仲裁条例》等法律文件。这些法令对于工人运动的发展和工人权益的保护起着积极的作用。这是因为，广州、武汉国民政府在当时是革命政权，是以"扶助农工"为劳动立法宗旨的，这与后来蒋介石的南京国民政府是有本质区别的。

（四）南京国民政府的劳动立法

南京国民政府是蒋介石于1927年发动"四·一二"反革命政变后建立的政权。该政府在成立后，即于1927年7月9日成立劳动法起草委员会，着手编纂劳动法典，但该劳动法典的编纂并未完成。后来南京政府的立法院决定不采用法典形式，而采取单行法规的形式颁布劳动法律。在其后的10年内，南京国民政府先后颁布了13项法律，主要有：1929年颁布的《工会法》和《工厂法》，1930年颁布的《劳动争议处理法》和《团体协约法》，1931年颁布的《劳动契约法》和1936年颁布的《最低工资法》等。这些劳动法规使南京国民政府的劳动立法初具规模。

抗日战争时期，国民党政府以"非常时期"为借口，于1941年颁布了《非常时期工会管制暂行办法》，1943年又修正公布《工会法》，加强了对工会的控制，取消了工人的罢工权利。与此同时，针对抗战时期出现的通货膨胀、物价飞涨、工资贬值、技术工人减少、技工跳厂等问题，南京国民政府制定了一系列有针对性的法律。其中比较完整的是有关职工福利方面的四项规定，即《职工福利金条例》（1943年1月26日）、《职工福利金条例施行细则》（1943年5月30日）、《职工福利委员会组织规程》（1943年10月23日）和《工人福利社设立暂行办法》（1943年10月23日）。

（五）革命根据地的劳动立法

中国共产党从成立时起，就十分重视劳动立法工作。自1930年建立了以瑞金为中心的革命根据地以后，人民政权便开始制定劳动法规。1930年1月，由江西省行政委员会制定的《赤色工会组织法》，是最早的革命根据地的劳动法规。该法规共11部分47条，规定了工会的性质和任务等重要内容。1930年6月，全国苏维埃区域代表大会通过了《劳动保护法》，共8章44条，对工作时间、休息时间、工资、工会、社会保险等作了规定。1931年11月7日，在瑞金召开的中华苏维埃工农兵第一次全国代表大会通过了《中华苏维埃共和国劳动法》，同年12月1日经中央执行委员会颁布，自1932年1月1日起生效。《中华苏维埃共和国劳动法》是在第二次国内革命战争时期内农村革命根据地最重要、最完备的劳动立法。该法适用于一切企业和机关的雇佣劳动者，其内容包括总则、雇佣手续、集体合同与劳动合同、工作时间、休息时间、工资、女工、青工及童工、劳动保护、中华全国总工会、社会保险、劳动争议及处理等共11章75条。由于《中华苏维埃共和国劳动法》规定的劳动条件标准过高，与当时工业落后且正处于武装斗争中的革命根据地的实际情况不相适应，以致其在执行中遇到很多实际困难。因此，中央执行委员会于 1933 年 4 月组织劳动法起草委员会，重新起草《中华苏维埃共和国劳动法》，修改后的新法于 1933 年 10 月 15 日公布实施。

《中华苏维埃共和国劳动法》的颁布与实施，对保障劳动者的基本权利，促进革命发展和根据地建设起了积极作用。但由于该劳动法规定的标准仍然过高，脱离实际，再加上"左倾机会主义"的影响，所以该劳动法并未得到充分的实施。

抗日战争时期，在总结革命根据地劳动立法工作经验的基础上，劳动立法的指导思想变得更加明确，进而制定了一系列符合当时实际情况的劳动法规。这些法规主要有：《陕甘宁边区施政纲领》《晋察冀边区施政纲领》《陕甘宁边区劳动保护暂行条例》等，对发展生产、保护劳动者的利益起到了积极作用。

解放战争时期，各根据地基本沿用了抗日战争时期的劳动法规。1945 年，晋察冀边区就工人工资标准、奖励技术发明和中小学教职员待遇等内容作出了规定。1948 年 8 月，在哈尔滨召开的第六次全国劳动大会上通过了《关于中国职工运动当前任务的决议》。该《决议》提出了劳动立法的建议：劳动时间一般实行 8~10 小时工作制，企业实行民主管理，实行合理的工资制（必须保障职工最低的生活水平），注重劳动保护及女工、青工特殊保护，并规定了劳动保险，失业救济，劳动契约，集体契约，劳动争议处理，工会等内容。这一建议成为当时劳动立法的总纲领，也为新中国建立初期制定劳动法律提出了基本原则和规范。此后制定的主要劳动法规有：东北行政委员会的《东北公营企业战时暂行劳动保险条例》（1948 年 12 月），太原市军管会的《太原国营公营企业劳动保险暂行办法》（1949 年 7 月），上海市军管会的《关于私营企业劳资争议调处程序暂行办法》（1949 年 8 月），东北旅大行政公署的《关于颁布旅大地区工会与企业工厂签订集体合同基本要点的命令》（1949 年 6 月），华北人民政府的《关于在国营、公营工厂企业中建立工厂管理委员会与工厂职工代表会议的实施条例（草案）》（1949 年 8 月）等。

二、新中国的劳动立法[1]

（一）国民经济恢复时期的劳动立法

从中华人民共和国成立到 1952 年底为国民经济恢复时期。依据国民经济恢复时期继续完成新民主主义革命和恢复国民经济的中心任务以及《中国人民政治协商会议共同纲领》的有关规定，国家制定了一些重要的劳动法规，使新中国的劳动立法有了一个良好的开端。

在保障职工民主权利方面：1950 年 2 月 28 日中央人民政府政务院财政经济委员会公布了《关于国营、公营工厂建立工厂管理委员会的指示》，要求实行工厂管理民主化；1950 年 4 月 3 日政务院公布了《关于废除各地搬运事业中封建把持制度暂行处理办法》，同年 3 月燃料工业部发出了《关于全国各煤矿废除把头制度的通令》，在纺织业中则通令废除对工人的"抄身制度"；1950 年 6 月 29 日中央人民政府公布施行《中华人民共和国工会法》，这是新中国成立初期制定的一项重要的劳动法律，它对保障工会的法律地位和

---

[1] 不包括实行不同制度的我国台湾地区、香港特别行政区和澳门特别行政区。

发挥工会作用起到了重要作用。

在救济和安置失业人员方面：劳动部于 1950 年 5 月 20 日发布了《关于失业技术员工登记介绍办法》；政务院于 1950 年 6 月 7 日发布了《关于救济失业工人的指示》，劳动部随即于同年 7 月 1 日发布了《救济失业工人暂行办法》；1952 年 8 月 6 日政务院发布了《关于劳动就业问题的决定》，同年 8 月 30 日政务院劳动就业委员会发布了《关于失业人员统一登记办法》。这些法规对于救济和安置当时旧社会遗留下来的 400 万城市失业人员和在经济结构改组过程中产生的新失业人员等方面起到了巨大作用。

在劳动保护方面：政务院财政经济委员会 1950 年 5 月 3 日发布了《关于全国公私营厂矿职工伤亡报告办法》，1951 年 12 月 31 日重新制定发布了《工业交通及建筑企业职工伤亡事故报告办法》；劳动部 1950 年 5 月 31 日发布了《工厂卫生暂行条例（草案）》，1951 年 10 月颁布了《关于搬运危险性物品的几项办法》，1952 年 12 月公布了《关于防止沥青中毒办法》等，以保护劳动者在劳动过程中的安全与健康。

在劳动保险方面：1951 年 2 月 26 日，政务院公布了《中华人民共和国劳动保险条例》，并于 1953 年进行了修改，这是新中国成立初期又一项重要的劳动法规。

在处理劳资争议方面：在新中国成立前夕，即于 1949 年 7 月全国工会工作会议通过了中华全国总工会提出的三个文件，即《关于劳资关系暂行处理办法》《关于私营工商企业劳资双方订立集体合同的暂行办法》《劳资争议解决程序的暂行规定》，并于同年 11 月公布。这三个规范性文件在其实施后，对当时调处劳资关系中的问题起到了应有的作用。1950 年 11 月 6 日，劳动部制定了《劳动争议解决程序的规定》，由政务院批准公布施行。1950 年 6 月 16 日，劳动部公布了《市劳动争议仲裁委员会组织及工作规则》。1950 年 4 月 29 日，劳动部还发布了《关于在私营企业中设立劳资协商会议的指示》。

（二）第一个五年计划时期的劳动立法

1953 年，我国进入第一个五年计划的经济建设时期。1954 年 9 月 20 日，第一届全国人民代表大会第一次会议通过了《中华人民共和国宪法》。该宪法对调整劳动关系的基本原则作了规定，而这些规定确立了当时我国劳动立法的基本原则，对于我国劳动立法的发展而言具有重要的指导意义。这一时期以《宪法》为依据制定了许多重要的劳动法规，主要包括：为了巩固劳动纪律，1954 年 7 月政务院公布的《国营企业内部劳动规则纲要》；为了改革不合理的工资制度，国务院 1956 年 7 月公布的《关于工资改革的决定》和《关于工资改革中若干具体问题的规定》，以及同年 12 月颁布的《关于公私合营企业工资改革中若干问题的规定》；为了保护劳动者在劳动过程中的安全与健康，国务院 1956 年 5 月同时通过了三大规程和一个决定，即《工厂安全卫生规程》《建筑安装工程安全技术规程》《工人职员伤亡事故报告规程》《关于防止厂矿企业中矽尘危害的决定》。

（三）我国劳动立法的低谷时期

1957~1976 年，是我国劳动立法处于低谷的时期。1956 年，我国对生产资料私有制的社会主义改造基本完成，同年 9 月，党的第八届全国代表大会提出了国家进行经济建设的主要任务，并且指出制定系统的比较完备的法律、健全法制，是国家的迫切任务之一。1957 年初，起草《中华人民共和国劳动法》的准备工作开始，但是此后不久就开始了反右斗争和"大跃进运动"。在"左"倾错误思想的指导下，起草《劳动法》的准备工作被迫停顿下来，其他劳动法规的制定工作也停滞不前。随着 1963~1965 年期间的国民经济的恢复与发展，劳动立法工作也有所复苏。1963 年国务院颁发了《关于加强企业生产中安全工作的几项规定》，1964 年劳动部颁发了《企业计时奖励工资暂行条例（草案）》，1965 年国务院颁发了《关于改进临时工的使用和管理的暂行规定》和《关于企业、事业单位的干部和工人调动问题的若干规定》等。这些法规对保护劳动者的利益、调动劳动者的生产积极性起到了积极作用。

在"文化大革命"时期，极"左"思潮泛滥，社会主义法制遭到践踏，劳动立法工作再次陷于停顿状态，已有的劳动法律、法规也得不到贯彻实施。这一时期，国务院仅就改革临时工和轮换工制度，调整部分人员工资，加强工资基金管理及加强安全卫生管理等问题发布了一些通知。

（四）改革开放以来的劳动立法

党的十一届三中全会以后，我国进入了以经济建设为中心、对内实行改革、对外实行开放的新时期。改革开放以来的十几年是我国经济建设取得重大成就的时期，也是我国法制建设的黄金时期。我国的劳动立法工作也形成了一个蓬勃发展的局面，尤其是 1982 年的《宪法》在劳动方面作了多项原则性规定，为制定各项具体的劳动法制度提供了依据。在这一时期制定的主要的劳动法律、法规有：

1. 劳动就业方面。1981 年 10 月中共中央、国务院颁布的《关于广开门路、搞活经济、解决城镇就业问题的若干决定》，规定了"三结合"的就业方针；1986 年 7 月国务院发布了《国营企业实行劳动合同制暂行规定》与《国营企业招用工人暂行规定》；1990 年 1 月劳动部发布了《职业介绍暂行规定》；1991 年国务院发布了《全民所有制企业招用农民合同制工人的规定》；1992 年劳动部发布了《境外就业服务机构管理规定》等。

2. 工资制度方面。1985 年 1 月国务院发布了《关于国营企业工资改革问题的通知》及试行办法，1991 年劳动部等联合发布了《城镇集体所有制企业工资同经济效益挂钩办法》，1993 年 11 月劳动部发布了《关于加强企业工资总额宏观调控的实施意见》，1993 年五部委联合发布了《国有企业工资总额同经济效益挂钩规定》，1993 年 11 月劳动部发布了《企业最低工资规定》等。此外，国家对工资基金的管理、工资总额、工资税收及岗位技能工资制等问题也作了相应规定。

3. 劳动保护方面。在劳动安全卫生标准方面，国务院发布的主要法规有：1982 年的《矿山安全条例》，1984 年的《国务院关于加强防尘防毒工作的决定》，1987 年的《化学危险物品安全管理条例》，1989 年的《特别重大事故调查程序暂行规定》，1991 年的《企业职工伤亡事故报告和处理规定》等。在特殊劳动保护方面的法规有：1988 年国务院发布的《女职工劳动保护规定》，1990 年劳动部发布的《女职工禁忌劳动范围的规定》，1991 年国务院发布的《禁止使用童工规定》。此外，国家于 1991 年、1992 年分别颁布了《中华人民共和国未成年人保护法》和《中华人民共和国妇女权益保障法》。在工时制度方面的规定有：1994 年 2 月国务院发布的《国务院关于职工工作时间的规定》规定了 44 小时工作周，1995 年 3 月将其改为 40 小时工作周。

4. 劳动保险方面。国务院发布的主要法规有：1978 年的《国务院关于安置老弱病残干部的暂行办法》和《国务院关于工人退休、退职的暂行办法》，1980 年的《国务院关于老干部离职休养的暂行规定》，1986 年的《国营企业职工待业保险暂行规定》，1991 年的《国务院关于企业职工养老保险制度改革的决定》，1993 年的《国有企业职工待业保险规定》和《企业职工养老保险基金管理规定》等。

5. 工会与企业民主管理方面。1986 年 9 月，中共中央、国务院发布了《全民所有制工业企业职工代表大会条例》；1992 年 4 月，全国人大通过并颁布了新的《中华人民共和国工会法》。此外，在《中华人民共和国全民所有制工业企业法》和《中华人民共和国城镇集体所有制企业条例》中，也对职工参加民主管理作了重要规定。

6. 职业技能方面。1981 年中共中央、国务院发布了《关于加强职工教育工作的决定》，1985 年劳动人事部发布了《关于就业训练若干问题的暂行办法》，1986 年国家劳动总局发布了《技工学校工作条例》，1987 年劳动人事部发布了《关于实行技师聘任制的暂行规定》，1990 年劳动部发布了《劳动部关于高级技师评聘的实施意见》和《工人考核条例》，1991 年国务院发布了《国务院关于大力发展职业技术教育的决定》，1993 年劳动部发布了《职业技能鉴定规定》等。

7. 劳动纪律方面。1982 年 4 月国务院发布了《企业职工奖惩条例》，1986 年 7 月国务院发布了《国营企业辞退违纪职工暂行规定》。

8. 外商投资企业与私营企业劳动管理方面。1980 年 7 月国务院发布了《中外合资经营企业劳动管理规定》，1986 年劳动人事部发布了《劳动人事部关于外商投资企业用人自主权和职工工资、保险福利费用的规定》，1989 年 9 月劳动部发布了《劳动部关于私营企业劳动管理暂行规定》等。《劳动法》颁布后，劳动部和对外贸易经济合作部联合制定了《外商投资企业劳动管理规定》。

9. 劳动争议处理方面。1987 年国务院发布《国营企业劳动争议处理暂行规定》；1993 年 7 月，国务院在总结 6 年来的实践经验的基础上又颁布了《中华人民共和国企业劳动争议处理条例》，后来又制定了劳动争议处理机构组织规则和活动规则。

10. 劳动监察方面。1982 年国务院颁布了《矿山安全监察条例》和《锅炉压力容器安全监察暂行条例》，1993 年 8 月劳动部发布了《劳动监察规定》。

1994 年 7 月 5 日，第八届全国人民代表大会常务委员会第八次会议审议通过了《中华人民共和国劳动法》。这是我国第一部劳动法典，它确立了我国社会主义市场经济条件下劳动力市场的基本法律原则，为保护劳动者的合法权益、稳定劳动关系、开展劳动法对外交流与合作提供了法律保障。为了有效地贯彻执行《劳动法》，劳动与社会保障部（原劳动部）先后制定了一系列配套的劳动规章。这些规章主要有：《职业指导办法》《劳动监察员管理办法》《企业经济性裁减人员规定》《企业职工患病或非因公负伤医疗期规定》《违反和解除劳动合同的经济补偿办法》《集体合同规定》《工资支付暂行规定》《就业训练规定》《未成年工特殊保护规定》《劳动部关于企业实行不定时工作制和综合计算工时工作制的审批办法》《职业培训实体管理规定》《矿山安全监察员管理办法》《企业职工生育保险试行办法》《违反〈中华人民共和国劳动法〉行政处罚办法》等。

特别是在 1995 年以后，我国又颁布了一些重要法律、法规，如 1999 年国务院颁布了《失业保险条例》；2001 年 10 月 27 日第九届全国人民代表大会常务委员会第二十四次会议通过了《中华人民共和国工会法》的修正案；同年，全国人大常委会又通过了《中华人民共和国职业病防治法》；2002 年全国人大常委会通过了《中华人民共和国安全生产法》；2002 年，《禁止使用童工规定》施行；2004 年 1 月，《工伤保险条例》施行；2004 年 5 月 1 日，《集体合同规定》施行；2004 年 12 月 1 日，《劳动保障监察条例》施行；

2005 年国务院下发《国务院关于进一步加强就业再就业工作的通知》，进一步完善了积极的就业政策；在总结东北三省试点经验基础上，国务院下发《国务院关于完善企业职工基本养老保险制度的决定》，对建立长效机制作出了规定；2006 年 1 月国务院下发《国务院关于解决农民工问题的若干意见》，进一步明确了政策框架和工作要求；2006 年 10 月，国务院批转了《劳动和社会保障事业发展"十一五"规划纲要（2006~2010 年）》，明确了发展目标、主要任务以及保障措施。

2007 年以来，我国劳动立法进入一个新的发展阶段。2007 年是我国劳动立法中的一个里程碑，在这一年里，国家先后通过了三部重要的劳动法律，分别是：第十届全国人民代表大会常务委员会第二十八次会议于 2007 年 6 月 29 日通过，自 2008 年 1 月 1 日起施行的《中华人民共和国劳动合同法》；2007 年 8 月 30 日第十届全国人民代表大会常务委员会第二十九次会议通过，自 2008 年 1 月 1 日起施行的《中华人民共和国就业促进法》；第十届全国人民代表大会常务委员会第三十一次会议于 2007 年 12 月 29 日通过，自 2008 年 5 月 1 日起施行的《中华人民共和国劳动争议调解仲裁法》。此外，《中华人民共和国社会保险法》于 2010 年 10 月 28 日通过，自 2011 年 7 月 1 日起施行。这四部法律分别完善了我国的劳动合同法律制度、就业促进法律制度和劳动争议处理法律制度，标志着我国已经初步建立了适应社会主义市场经济体制需要的劳动立法体系。除了这四部法律外，其他的重要法律法规有：2007 年 2 月 25 日国务院发布的《残疾人就业条例》；2007 年 7 月国务院制定下发的《国务院关于开展城镇居民基本医疗保险试点的指导意见》；2007 年 12 月 14 日国务院颁布的《职工带薪年休假条例》；2008 年 9 月 18 日国务院公布施行的《中华人民共和国劳动合同法实施条例》；2009 年 1 月 1 日实施的《劳动人事争议仲裁办案规则》；2009 年 12 月 28 日发布的《国务院办公厅关于转发人力资源社会保障部、财政部城镇企业职工基本养老保险关系转移接续暂行办法的通知》。

2010 年以来，出台的法律法规等规范性文件主要有：2010 年 1 月 20 日人力资源和社会保障部颁布的《劳动人事争议仲裁组织规则》；2010 年 7 月 12 日通过的《最高人民法院关于审理劳动争议案件适用法律若干问题的解释（三）》；2010 年 12 月 20 日修订并发布的《工伤保险条例》（2011 年 1 月 1 日起施行）；2011 年 2 月的《中华人民共和国刑法修正案（八）》增设拒不支付劳动报酬罪；最高人民法院《关于审理拒不支付劳动报酬刑事案件适用法律若干问题的解释》（2013 年 1 月 23 日起施行）；2013 年 1 月 16 日发布的《最高人民法院关于审理劳动争议案件适用法律若干问题的解释（四）》（2013 年 2 月 1 日起施行）；2012 年 12 月 28 日修订并发布的《劳动合同法》（2013 年 7 月 1 日起施行）；2014 年 1 月 24 日发布的《劳务派遣暂行规定》（2014 年 3 月 1 日起施行）；2014 年 2 月 24 日人力资源社会保障部、财政部发布的《城乡养老保险制度衔接暂行办法》（2014 年 7 月 1 日起施行）；2014 年 2 月 21 日国务院发布并施行的《关于建立统一的城乡居民基本养老保险制度的意见》；2014 年 2 月 21 日国务院发布的《社会救助暂行办法》（2014 年 5 月 1 日起施行）；《全国人民代表大会常务委员会关于修改〈中华人民共和国安全生产法〉的决定》由中华人民共和国第十二届全国人民代表大会常务委员会第十次会议于 2014 年 8 月 31 日通过，自 2014 年 12 月 1 日起施行；2014 年 9 月 12 日国务院发布并施行《国务院关于进一步做好为农民工服务工作的意见》；《人力资源社会保障部关于修改〈就业服务与就业管理规定〉的决定》经 2014 年 12 月 1 日人力资源社会保障部第 52 次部务会讨论通过，自 2015 年 2 月 1 日起施行；2015 年 1 月 3 日国务院发布《国务院关于机关事业单位工作人员养老保险制度改革的决定》，自 2014 年 10 月 1 日起实施；中共中央、国务院 2015 年 3 月 21 日发布并施行《中共中央、国务院关于构建和谐劳动关系的意见》；2015 年 7 月 28 日国务院办公厅印发《关于全面实施城乡居民大病保险的意见》；2016 年 3 月 28 日人力资源社会保障部印发《关于执行〈工伤保险条例〉若干问题的意见（二）》；2016 年 4 月 14 日人力资源社会保障部、财政部印发《关于阶段性降低社会保险费率的通知》；2016 年 7 月 6 日人力资源和社会保障部发布《人力资源和社会保障事业发展"十三五"规划纲要》；2016 年 11 月 28 日人力资源社会保障部印发《关于城镇企业职工基本养老保险关系转移接续若干问题的通知》；2017 年 1 月 19 日国务院办公厅发布《生育保险和职工基本医疗保险合并实施试点方案》；2017 年 2 月 16 日人力资源社会保障部、财政部印发《关于阶段性降低失业保险费率有关问题的通知》；《最高人民法院关于审理劳动争议案件适用法律问题的解释（一）法释〔2020〕26 号》于 2020 年 12 月 25 日由最高人民法院审判委员会第 1825 次会议通过，于 2020 年 12 月 29 日公布，自 2021 年 1 月 1 日起施行。此前原有的四个法释同期被废止；2021 年 6 月 10 日，中华人民共和国第十三届全国人民代表大会常务委员会第二十九次会议通过《全国人民代表大会常务委员会关于修改〈中华人民共和国安全生产法〉的决定》，自 2021 年 9 月 1 日起施行；等等。

　　《劳动法》及配套劳动法律、法规的制定，标志着我国劳动立法的加强，加速了我国社会主义市场经济体制下的有中国特色的社会主义劳动法律体系的发展与完善。

第四节　国际劳动立法

一、国际劳动立法的产生与发展

　　采取国际劳动立法的形式来改善各国工人劳动状况的思想，早在 19 世纪初期就已经在欧洲出现。当时，由于产业革命的开展，西欧各国工业迅猛发展，市场范围不断扩大，国际竞争日趋激烈。有些关心劳动问题的思想家开始认识到，工人劳动状况的彻底改善单靠本国的劳动法是不够的。如果其他国家不采取同样的保护劳工的法律，实行劳工保护法的国家就会由于其所生产的商品中人工成本的增加而导致其在国际市场上处于不利的地位，由此提出了制定国际劳动法的主张，以便各国共同遵守。

　　19 世纪前半期，首倡国际劳动法的思想家主要是英国空想社会主义者欧文和法国社会活动家大卫·李格兰。由于他们体察到资本主义制度的种种弊病，对工人产生了同情心，所以他决心致力于社会改革事业，而提倡国际劳动立法就是他们活动的一个方面。1818 年，英国人欧文上书"神圣同盟"会议，提出制定国际劳动法的建议，法国人布朗基等人也提出了这种想法。但是，系统地提出国际劳动立法主张的则是法国人大卫·李格兰。1838~1859 年，李格兰多次向法、德、英等国上书，建议其制定国际劳动法律，但均遭到各国政府的拒绝，并受到一些学者的非议，他的做法在当时被认为是"妨害契约自由""侵犯国家主权"。

　　直到 19 世纪后半期，由于各国工人运动日益壮大，各国的无产阶级已经形成一种国际势力，同时法国革命所鼓吹的人道主义思想的影响日益扩大。这时许多政治家和理论家对制定国际劳动法的必要性有了更清楚的认识,各国工会的会议和国际工作会议也多次讨论制定国际劳动法的问题。在这种形势下,各国政府不得不考虑国际劳动立法的问题。

瑞士是最先同意制定国际劳动法的国家。1880 年,瑞士政府根据联邦会议的决定,正式发出通知邀请各工业国政府开会讨论签订国际劳动公约的问题。但是由于多数国家态度冷淡,不愿意参加,会议未能举行。这次的行动虽然失败了,但这毕竟是第一次由官方正式提出国际劳动立法问题,因而其引起了各国和各方人士的普遍重视。经过半个多世纪的努力,到 19 世纪末,国际劳工立法运动才首次产生实际效果。1889 年,瑞士政府再一次向欧洲各国发出通知,邀请各国于次年 5 月前往瑞士首都伯尔尼开会,讨论制定国际劳动法的问题。除俄国外其他各国都表示赞同,但在会议举行前 3 个月,德皇威廉为了缓和国内无产阶级的斗争,下令首相俾斯麦召集国际会议,讨论保护工人的问题。各国政府出于对德国的畏惧,不得不表示同意。于是正在筹备中的国际劳动法会议从瑞士的伯尔尼转移到德国的柏林召开。

柏林会议于 1890 年 3 月召开,有 15 个国家参加。会议讨论通过了下列议案:规定星期日休息,明确童工的最低年龄,限定青年工每日的最多工时,禁止女工、童工从事危险工作,限制女工、童工做夜工,保护矿工,实施公约的办法。但由于该会议通过的议案内容过于空泛,而且缺乏国际公约的效力,所以并没有将其付诸实施。然而,柏林会议是第一次由各国政府正式派遣代表讨论国际劳动立法的会议,因此,对于促进国际劳动立法的产生而言仍然具有重要意义。

柏林会议以后,一些赞成国际劳动法的社会活动家、经济学家和工会领袖,决定组织成立国际劳动法协会。1900 年,国际劳动法协会在巴黎正式成立。协会的宗旨是:①联合一切相信国际劳动法是必要的人;②组织国际劳动机关;③赞助各国研究劳动法,传播有关劳动法的消息;④提倡制定关于劳动状况的公约;⑤召开国际大会讨论劳动法。

1901 年,国际劳动法协会在瑞士的巴塞尔召开了第一次代表大会;1902 年,国际劳动法协会在德国科隆召开了第二次代表大会;1905 年,国际劳动法协会正式起草两个公约并提交给由瑞士政府发起召开的伯尔尼国际会议讨论并得以通过,即《关于禁止工厂女工做夜工的公约》和《关于使用白磷的公约》。这两个公约是世界上最早的国际劳动公约,经缔约国批准即在缔约国内发生效力,标志着国际劳动立法的正式开始。1913 年,国际劳动法协会又起草了《关于禁止未成年工做夜工公约》和《关于女工和未成年工每日最多工作时间公约》,准备提交给 1914 年国际会议批准,但因第一次世界大战爆发,会议未能举行。

第一次世界大战的爆发,暂时中断了国际劳动立法的进程,但是战争结束后,很快就产生了一个新的国际劳动立法机构——国际劳工组织。

二、国际劳工组织的成立与发展

(一)国际劳工组织的产生

第一次世界大战期间,交战双方各国以及中立国的工会组织都坚持要求在战后制定的和约中必须包括改善工人工作条件的条款。第一次世界大战结束后,参战国于 1919 年初在巴黎召开和平会议。在巴黎和会第一次预备会议上,各参会国决定组织一个国际劳工委员会,以便考察各国工人的状况,研究必需的国际劳动立法,并建议组织一个永久性的机构。据此决议，由英、美、法、日、意等国推派 15 名代表组成委员会，并由当时的美国劳动联合会主席甘柏斯任委员长。委员会经过多次讨论，拟订了《国际劳工组织章程草案》和一个包括 9 项原则的宣言，于 1919 年 4 月提交和会讨论通过，并被编入《凡尔赛和约》第 13 篇，即"国际劳动宪章"。1919 年 6 月，国际劳工组织正式宣告成立，当时《凡尔赛和约》还未签订，国际联盟还未产生，而作为国际联盟的一个附设机构的国际劳工组织却先告成立。1919 年 10 月，国际劳工组织在华盛顿召开了第一届国际劳工大会，制定了最初的 6 个国际劳工公约和 6 个国际劳工建议书，任命了理事会。法国社会党人阿尔培特·多玛被任命为首任国际劳工局长。

国际劳工组织是当今世界上历史最久、规模最大的国际组织之一。从 1919 年成立到今天，已经有近 100 年的历史。在此期间，它经历了三个发展阶段：第一阶段，1919～1939 年，它是国际联盟的一个带有自治性的附设机构；第二阶段，1940～1945 年，即第二次世界大战期间，国际联盟已经解体，它便作为一个独立的国际组织继续存在；第三阶段，从 1946 年到现在，由于二战后联合国成立，为便与联合国签订协议，其成为联合国的专门机构之一。

在过去的 90 余年中，国际劳工组织的成员国不断增加。1919 年刚成立时仅有 39 个国家参加，1946 年其与联合国建立联系时才有 45 个成员国，而在近 50 年中，成员国的数量迅猛增加，除了最初的资本主义国家及其附属国之外，东欧各国以及大批新独立的发展中国家也都先后参加该组织。截至 2016 年底，国际劳工组织的会员国已有 185 个。

中国是国际劳工组织的创始成员国，1944 年起其又成为该组织的常任理事国。国际劳工组织对旧中国劳动法的制定曾起过一定的作用。新中国成立以后，由于台湾国民党政府继续占据着我国在国际劳工组织中的席位，我国拒绝参加该组织的活动。1971 年 10 月联合国恢复了中华人民共和国的合法席位，同年 11 月 16 日，国际劳工组织理事会恢复了新中国的席位。

（二）国际劳工组织机构

国际劳工组织是一个由各会员国组成的国际性的政府间组织，下设有国际劳工大会、理事会和国际劳工局。

1. 国际劳工大会。国际劳工大会是国际劳工组织的最高权力机关，也是国际劳动立法的决策机关，大会由各成员国委派的代表团组成。大会遵循三方性原则组成，即各国代表团均由 4 名代表组成，其中政府代表 2 名，工人代表和雇主代表各 1 名，各代表权利平等，每一位代表可有顾问陪同。大会每年至少举行 1 次，一般在每年的 6 月份举行。大会下设 5 个常设性委员会，即总务委员会、财政委员会、公约与建议书实施委员会、提案委员会、资格审查委员会。大会的主要工作是：听取国际劳工局长的报告；通过关于劳工事务的国际公约和建议书，并审查这些公约和建议书在各国的执行情况；批准理事会提交的预算；批准接纳新会员国；选举理事会成员；等等。

2. 理事会。理事会是国际劳工组织的执行机构。理事会也是遵循三方性原则构成，即理事会由 56 人组成，其中政府理事 28 人，工人和雇主理事各 14 人。在政府理事中，有 10 名常任理事由所在常任理事国（中、美、英、法、俄、日、德、巴西、印度、意大利）委派，不需要进行选举，其余 18 名理事从参加大会的政府代表中选举产生。工人理事和雇主理事也从参加大会的相应代表中选举产生。理事会每届任期 3 年，每年举行 3 次会议。理事会选举主席 1 人，副主席 2 人，每年改选一次。理事会的主要职责是：协调该组织的各项活动，召开各种会议，并确定会议议程和进行必要的技术准备；任命国际劳工局局长；制定每年的预算计划；决定设立国际劳工组织某些机构及召开各种会议，并确定所设机构的成员和职能；等等。

3. 国际劳工局。国际劳工局是国际劳工组织的常设机构，也是大会的理事会及其他会议的秘书处，对理事会负责。国际劳工局的主要职责是：起草公约、建议书及有关文件和报告，以作为大会和专门会议所必需的背景材料，并执行大会和理事会的决议；征聘和指导隶属国际劳工组织并在世界各地进行技术合作的专家；发行各种专门性出版物和期刊；与各国政府有关部门、工人和雇主组织保持联系并进行合作；促进公约的有效实施。国际劳工局设在日内瓦，设局长总管其事，并派遣国际公务员和技术援助专家在世界各国工作。

除上述机构外，国际劳工组织还设有一些技术性委员会来协助国际劳工局进行工作。

三、国际劳动立法的原则与内容

严格来讲，国际劳动立法既来源于国际劳工组织的劳动立法，也来源于联合国和区域性组织（尤其是欧盟）的文件及有关的双边条约。例如，针对国际劳工组织的八项国际劳工公约所涉及的"核心劳动标准"，在联合国《经济、社会及文化权利国际公约》中的第三部分的第 6~11 条作了规定，在《公民权利和政治权利国际公约》的第 8 条和第 22 条中也作了规定。但是，毋庸赘言的是，国际劳工组织的劳动立法是国际劳动立法最主要的来源。

（一）国际劳工组织的立法原则

国际劳工组织进行国际劳动立法所遵循的原则，在第二次世界大战以前所遵循的是 1919 年《国际劳动宪章》中所列的 9 项原则，二战后主要遵循的是 1944 年通过的《费城宣言》所提出的 10 项原则。

《国际劳动宪章》提出的 9 项原则是：①在法律上和事实上，人的劳动不应视为商品；②工人和雇主都有结社的权利，其宗旨必须合法；③工人应该得到足以维持适当生活程度的工资；④工厂的工作时间以每日 8 小时或者每周 48 小时为标准；⑤工人每周至少有 24 小时的休息时间，并尽量把星期日作为休息日；⑥工商业不得雇佣 14 周岁以下的童工，保护 14~18 周岁的男女未成年工；⑦做同等工作的男女工应得到同等的报酬；⑧各国法律规定的劳动标准，适用于合法居住该国的外籍工人，以做到待遇平等；⑨各国设立监察制度（监察人员中应有妇女），以保障劳动法的实施。这些原则中的大部分内容都在战前制定的国际劳工公约和建议书中得以体现。

《费城宣言》，即《关于国际劳工组织的目标和宗旨的宣言》所提出的 10 项原则是：①充分就业和提高生活标准；②保证工人从事最能充分发挥技能与获得成就的职业；③提供训练和包括异地就业、异地居住在内的迁移以及工作调动的方便；④关于工资、收入、工作时间和其他劳动条件方面的政策，应能保证将进步的成果公平地分配给一切人，将维持最低生活的工资给予一切正在就业的并需要此种保护的人；⑤承认集体谈判，发展劳资双方合作；⑥扩大社会保障措施；⑦充分保护各行业工人的安全和健康；⑧保护儿童福利和妇女的劳动；⑨提供充分的营养、居住条件和文化娱乐设施；⑩提供教育和保证职业机会均等。《费城宣言》中规定的目标和原则是国际劳工组织战后各项活动的主要依据，特别是制定国际劳工公约和建议书所应遵循的基本原则。

（二）国际劳动立法的形式与内容

1. 国际劳工组织国际劳动立法的形式。

（1）国际劳工组织章程。国际劳工组织的成员有义务遵守国际劳工组织章程。该章程在其序言和附件《费城宣言》里，确认了处理劳动问题的总原则。

（2）国际劳工公约和建议书。这是国际劳动立法的最主要形式。国际劳工公约和建议书有其独特之处，主要表现在：①公约和建议书都是经国际劳工大会以出席代表的2/3多数票通过，而不要求一致通过，并且国际劳工大会是遵循三方性原则成立的，即国际劳工大会中的政府代表、雇主代表和工人代表都有独立的表决权。②公约和建议书的法律效力不同，公约一经成员国批准，便在该国产生法律效力，批准国应承担相应的法律义务。而至于建议书，仅供成员国在立法时或采取其他措施时加以参考，不需要批准，也没有遵守和执行建议书内容的义务，不过这种间接影响的作用越来越大。③对公约的解释，由国际法院裁决。《国际劳工组织章程》第37条第1款规定，对章程本身和任何公约的内容"在解释上发生任何问题或争执，应提交国际法院裁决"。

（3）国际劳工组织的决议和会议结论。对于那些目前尚不宜制定公约或建议书的劳动关系问题，或者一些技术性问题，采用的是决议和会议结论形式，其权威性不如公约和建议书。但因其对问题进行了深入详细的分析，并指出解决问题的切实可行的意见，因而受到了成员国的重视。

（4）对国际劳工组织章程以及公约的解释和"判例法"。这些都是国际劳工组织立法的辅助形式。

2. 其他国际劳动立法的形式。主要包括联合国文件，尤其是联合国关于人权问题的某些文件、区域性组织的文件、双边条约等。国际条约如《经济、社会及文化权利国际公约》和《公民权利和政治权利国际公约》中有关劳动法的内容。双边条约，即两个国家之间的劳动协议，如意大利和法国之间的《劳动力市场协议》。多边条约，即三个以上国家之间的劳动协议。后来，德国等国家加入了意法间订立的《劳动力市场协议》，该协议演变成为多边协议，为后来欧盟统一劳动力市场奠定了基础。中德双边协议，如2001年中国政府与德国政府签订了《社会保险协定》，这是我国政府与外国政府签订的第一个双边社会保障协议。

3. 国际劳动立法的内容。上述国际劳工立法的主要内容包括：关于劳动者基本权利的规定；关于就业政策、职业介绍、职业保障方面的规定；关于最低工资、工资保障的规定；关于工作时间和休息时间的规定；关于各类职业安全与卫生的规定；关于童工和未成年工保护的规定；关于疾病、年老、失业及综合性社会保障方面的规定；关于集体谈判与集体合同的规定；关于劳动争议调解与仲裁的规定；关于劳动检查与劳动行政方面的规定；等等。此外，还有关于移民工人、土著工人、非本部领土工人、海员、渔民、内河航运工人等特殊问题的规定。有关上述内容的规定已经形成了一个相当完整的国际劳工组织法律体系。其中涉及劳动者基本人权方面的内容被称为"核心劳动标准"，包括结社自由权、集体谈判权、平等就业权、反对强迫劳动、禁止使用童工及男女同工同酬等内容。这些"核心劳动标准"主要体现在以下四大类的8项国际劳工公约中。

（1）关于自由结社与集体谈判的公约，包括：①1948 年《结社自由及保护组织权公约》（Freedom of Association and Protection of the Right to Organize Convention，1948，第 87 号公约）；②1949 年《组织和集体谈判权利的原则应用公约》（The Right to Organizeand Collective Bargaining Convention，1949，第 98 号公约）。

（2）关于废除强迫劳动的公约，包括：①1930 年《强迫劳动公约》（Forced Labor Convention，1930，第 29 号公约）；②1957 年《废止强迫劳动公约》（Abolition of Forced Labor Convention，1957，第 105 号公约）。

（3）关于平等权方面的公约，包括：①1958 年《消除就业和职业歧视公约》［Discrimination（Employment and Occupation）Convention，1958，第 111 号公约］；②1951 年《男女工人同工同酬公约》（Equal Remuneration Convention，1951，第 100 号公约）。

（4）关于禁止使用童工方面的公约，包括：①1973 年《准予最低就业年龄公约》（Minimum Age Convention，1973，第 138 号公约）；②1999 年《禁止和立即行动消除最恶劣形式的童工劳动公约》（Prohibition and Immediate Action to Eliminate The Worst Forms of Child Labor Convention，第 182 号公约，于 2000 年 11 月 19 日生效，亦被纳入核心劳动标准中）。

自 1983 年第 69 届国际劳工大会起，新中国开始参加国际劳工组织的活动并陆续批准了 25 个国际劳工公约。这包括 1984 年中国政府对旧中国时期的 14 个公约予以重新承认。在 1983 年中国恢复国际劳工组织的活动后，至 2016 年 11 月，其新批准的 12 个公约是：①《残疾人职业康复和就业公约》（1987 年批准）；②《男女工人同工同酬公约》（1990 年批准）；③《三方协商促进履行国际劳工标准公约》（1990 年批准）；④《作业场所安全使用化学品公约》（1994 年批准）；⑤《就业政策公约》（1997 年批准）；⑥《准予就业最低年龄公约》（1998 年批准）；⑦《劳动行政管理公约》（2001 年批准）；⑧《建筑业安全卫生公约》（2001 年批准）；⑨《禁止和立即行动消除最恶劣形式的童工劳动公约》（2002 年批准）；⑩《消除就业和职业歧视公约》（2005 年批准）；⑪《职业安全和卫生及工作环境公约》（2006 年批准）；⑫《2006 年海事劳工公约》（2015 年批准）。

欧洲国家是多数国际劳工公约的发起国，意大利和西班牙是批准国际劳工公约最多的国家。上述 8 大国际劳工公约中，我国只批准了其中 4 个，即 1951 年《男女工人同工同酬公约》（第 100 号公约）、1973 年《准予最低就业年龄公约》（第 138 号公约）、1999 年《禁止和立即行动消除最恶劣形式的童工劳动公约》（第 182 号公约）和《消除就业和职业歧视公约》（第 111 号公约）。以上事实表明，我国现行的劳动标准与国际通行的"核心劳动标准"有一定差距，这与我国作为国际劳工组织的创始国和国际劳工组织的常任理事国的地位很不相称。一方面，我们应参照国际核心劳工标准，不断发展和完善中国劳动立法，从而使我国劳动者的合法权益得到进一步保护；另一方面，我们应当从我国国情出发，采取切实适合我国国情的具体做法。

第三章
劳动法律关系

以劳动权为重心的劳动法律关系，既具有法律关系的一般规定性，同时也在其表现形式以及主体、内容、客体的构成要素方面均有一定的特殊性。对劳动法律关系特殊性的揭示与研究，是劳动法学的基本理论问题之一。

第一节　劳动法律关系概述

现实的社会物质生活关系是复杂多样的，国家对不同性质、不同内容的社会关系分别制定与之相适应的法律规范，从而形成了各种不同的法律关系，劳动法律关系便是其中的一种。

一、劳动法律关系的概念

劳动法律关系是指劳动者与用人单位之间，在实现劳动过程中依据劳动法律规范而形成的劳动权利与劳动义务关系。它是劳动关系在法律上的表现，是劳动关系为劳动法调整的结果。比如，某自然人在某企业参加了工作，劳动法对之进行调整，就在该自然人与该企业之间产生了劳动法律关系，即劳动者在进入用人单位后有义务遵守劳动纪律，完成劳动任务，并有权获取劳动报酬，受到劳动保护，享受劳动保险等待遇；用人单位有权要求劳动者遵守劳动规章制度，完成劳动定额，并有义务按照法律规定或约定支付劳动报酬，为劳动者提供劳动保护及劳动保险等。任何一方不履行或不完全履行劳动义务，都会产生一定的法律后果。

劳动法律关系与劳动关系是两个既有联系又有区别的不同概念。它们之间的联系表现在两个方面：①劳动关系是劳动法律关系产生的基础，劳动法律关系是劳动关系在法律上的表现形式，是实际劳动关系的法律外衣。因而在制定劳动法时，必须考虑现实劳动关系的法律要求，脱离现实要求的法律是不会产生积极效果的。②劳动法律关系不仅仅反映劳动关系，而且当其形成后，便给具体劳动关系带来积极的影响，劳动法律关系构成劳动法律规范与实际劳动关系之间发生作用和影响的中介。劳动法律关系是劳动法律规范在指引、调整劳动关系的过程中所形成的权利义务关系，是社会内容和法的形式的统一。

劳动法律关系与劳动关系的区别在于：①劳动关系是生产关系的组成部分，属于经济基础的范畴；劳动法律关系则是思想意志关系的组成部分，属于上层建筑的范畴。②劳动关系的形成以劳动为前提，发生在现实社会劳动过程之中；劳动法律关系的形成则是以劳动法律规范的存在为前提，发生在劳动法律规范调整劳动关系的范围内。③劳动关系的内容是劳动，劳动者提供劳动力，用人单位使用劳动力，双方形成劳动力的支配与被支配的关系，如果没有相应的法律规范调整，就不会形成法律上的权利义务关系；劳动法律关系的内容是法定的权利义务，双方当事人必须依法享有权利并承担义务，如果任何一方当事人不履行自己应尽的义务，侵犯对方的权利或者损害对方的利益，另一方当事人有权请求法院强制其履行义务，以维护自己的合法权益。④劳动关系的范围大于劳动法律关系的范围，即并非所有的劳动关系都能成为劳动法律关系，只有那些经过劳动法律规范承认的劳动关系才可能构成劳动法律关系。⑤劳动关系不具有法律效果；劳动法律关系具有法律效果。⑥劳动关系属于内容范畴；劳动法律关系属于形式范畴。

二、劳动法律关系的法律特征

从劳动法律关系与民事法律关系、行政法律关系的区别进行考察，劳动法律关系具有以下法律特征：

1. 劳动法律关系的主体间具有平等性和隶属性交错共存的特点。劳动法律关系的主体一方是劳动者，另一方是用人单位。在劳动法律关系建立时，劳动者和用人单位都是平等主体，双方是否建立劳动法律关系及如何建立劳动法律关系，应由双方依法平等协商确定，也就是说，在劳动力市场上，由双方依法自我判断，作出双向选择。同时，在劳动法律关系确立后，劳动者必须进入用人单位，使自己的劳动力归用人单位支配，并必须服从用人单位的指挥，这就使双方形成了一种职责上的隶属关系。劳动者与用人单位之间的平等性和隶属性交错的特点，与民事法律关系主体之间的平等性及行政法律关系之间的隶属性相区别，是劳动法律关系的主要特征之一。

2. 劳动法律关系的内容体现了国家与当事人的双重意志。劳动法律关系是按照劳动法律规范规定、集体合同规定及劳动合同的约定形成的。劳动法律关系首先是由双方当事人在平等、自愿的基础上缔结的，具体的劳动权利与劳动义务也允许由双方当事人通过劳动合同与集体合同进行协商议定（通过劳动合同与集体合同），但双方当事人在缔结劳动法律关系、确定劳动权利义务时，不得违背国家法律和行政法规的强制性规定。比如为了保障劳动者的合法权益，在工时休假、最低工资待遇、劳动保护条件、社会保险待遇等方面，国家法律均有基准规定，这就要求当事人的意志不得违背国家意志，必须在国家法律、法规许可的范围内确定具体的劳动权利和义务，以形成劳动法律关系。劳动法律关系的这一特征区别于民事法律关系，在民事法律关系中，当事人意思自治是其根本特征。

3. 劳动法律关系的客体表现为兼有人身性与财产性的特定的劳动行为和财物。双方当事人及国家法律对劳动行为和财物的具体要求与规范，都是围绕劳动力的让渡、劳动力的使用、劳动力的保护等方面进行的。而劳动力的人身依附性和其作为商品的财产性，决定了作为劳动法律关系客体的行为与财物有别于作为民事、行政法律关系客体的行为与财物。这也是劳动法律关系区别于其他法律关系的显著特征。

4. 劳动法律关系是围绕劳动者的保护而展开的。在劳动者参加劳动法律关系后，劳动力的所有权与使用权发生了分离。由于劳动力的发挥是以劳动者的人身健康为基础的，劳动报酬的获得及用人单位的经营利益都要以劳动者的生命安全和身体健康为前提，因此，在劳动法律关系中，对劳动者的保护处于核心和基础的地位。

第二节　劳动法律关系的主体

　　劳动法律关系是由劳动法律关系主体、劳动法律关系内容和劳动法律关系客体这三个基本要素构成的，缺一不可。本节主要阐述劳动法律关系的主体。

　　劳动法律关系的主体是指参与劳动法律关系、享受劳动权利和承担劳动义务的当事人，包括劳动者和用人单位。

一、劳动者

（一）劳动者的法律含义

　　劳动法中的劳动者是指达到法定年龄，具有劳动能力，以从事某种社会劳动获取的收入为主要生活来源的自然人。他们是依照法律或合同的规定，在用人单位的管理下从事劳动并获取劳动报酬的劳动关系当事人。劳动者包括本国人、外国人和无国籍人。劳动法律关系中对劳动者的称谓很多，如"职工""职员""工人"等。

　　自然人参与劳动法律关系并成为合法主体，必须具备一定的条件并取得劳动权利能力和劳动行为能力，不具备法定资格的自然人则不能成为劳动关系中的合法当事人。国家法律赋予本国公民相应的劳动权利能力和劳动行为能力。

（二）劳动者的劳动权利能力和劳动行为能力的概念

　　劳动者的劳动权利能力与劳动行为能力，是劳动者（即自然人）参与劳动法律关系必须具备的资格，不具备这一资格的劳动者则不允许参加劳动法律关系，不能成为合法主体。劳动权利能力是指劳动者依法享受劳动权利和承担劳动义务的资格，它是劳动者参与劳动法律关系成为主体的前提条件。[1]　劳动行为能力是指劳动者能以自己的行为参与劳动法律关系，实际享受权利和履行义务的能力。它是劳动者作为劳动法律关系主体的基本条件，不具备劳动行为能力的劳动者，就不能够实际参与劳动法律关系，也不能享受权利和承担义务。

　　根据我国法律规定，劳动者要具有劳动权利能力与劳动行为能力应当具备如下条件：

　　1. 达到法定年龄。关于劳动者的就业年龄，世界各国的劳动法都有规定，一般规定在 14 周岁到 16 周岁之间。我国劳动法将就业年龄规定为 16 周岁，禁止招用未满 16 周岁的未成年人；某些特殊职业，如文艺、体育和特种工艺单位，确需招用未满 16 周岁的人（如演员、运动员）时，须报县级以上劳动行政部门批准。

　　2. 具有劳动能力。劳动者的劳动能力属于自身生理因素，而不是由法律规定的。根据自然人的生理状况，劳动者的劳动能力一般表现为三种情况，即有完全劳动能力、有部分劳动能力和无劳动能力。具体来讲，因生理状况不能劳动的，视为无劳动能力的人；因生理状况不能提供正常劳动，但又没有完全丧失劳动能力的，视为有部分劳动能力的人；身体健康、智力健全的人则是有完全劳动能力的人。

　　只有达到法定年龄，具有完全劳动能力或部分劳动能力的劳动者，法律才赋予其劳动

---

〔1〕　劳动者的劳动权利能力应当具有平等性，这是现代市场经济的必然要求，更是社会文明的标志。基于此，劳动者的劳动权利能力不应该因种族、肤色、性别、宗教、血统、社会出身、城乡、地域等方面的不同而有所区别。

权利能力和劳动行为能力。反之，达不到法定年龄的劳动者，即使具有劳动能力，也不能参与劳动法律关系而成为主体。同时，无劳动能力的人，无论是生来就没有劳动能力，还是后来因丧失劳动能力而离开劳动岗位，都不具备主体资格。

劳动者的劳动权利能力与劳动权利是两个不同的概念。劳动权利能力不是劳动权利本身，它只是享有劳动权利的前提。劳动权利是具体权利、主观上的权利，如取得劳动报酬权、享受物质帮助权、参加民主管理权等；而劳动权利能力则是抽象权利、客观上的权利，是劳动者实际取得劳动权利的一种资格。有劳动能力的劳动者具有相同的劳动权利能力，但其运用劳动权利能力取得具体劳动权利的结果则各不相同，因为劳动权利的实现要受到劳动者劳动能力所表现出来的脑力、体力等因素的制约。

（三）劳动者劳动权利能力与劳动行为能力的特点

劳动者的劳动权利能力与劳动行为能力与民事权利能力和民事行为能力的不同点，具体表现在以下四个方面：

1. 劳动者的劳动权利能力和劳动行为能力是统一的。劳动者达到法定就业年龄并具有劳动能力，就同时享有劳动权利能力和劳动行为能力，反之，其就不能享有劳动权利能力与劳动行为能力。因此，劳动者的劳动权利能力与劳动行为能力同时产生，同时消灭。而劳动者的民事权利能力从出生之日起即开始享有，直到死亡之日终止，不受任何条件限制，劳动者的民事行为能力则受年龄与健康条件的限制。

2. 劳动者的劳动权利能力与劳动行为能力具有不可分割性。劳动者的劳动权利能力和劳动行为能力只能由劳动者本人亲自实施。法律不允许他人代理劳动者行使劳动权利能力和劳动行为能力，他人代理劳动者行使劳动权利能力和劳动行为能力的行为，是无效和非法的。而在民事法律关系中，年满 8 周岁而未满 18 周岁的智力正常的未成年人是限制行为能力人，8 周岁以下的人以及精神病人为无民事行为能力人，仍然享有民事权利能力，可以由他们的法定代理人代理或协助其参与民事法律关系。即使是年满 18 周岁的劳动者也可以委托他人代理自己行使民事行为能力，参与民事法律关系。

3. 劳动者劳动权利能力与劳动行为能力的运用要受到劳动者劳动能力所表现出来的各种因素差别的限制，如文化水平、劳动技能、健康状况及年龄、性别、人身自由等。正因为如此，对女职工和未成年工的特殊劳动保护制度才成为劳动法的重要内容。这一特征也决定了劳动者必须不断提高自身的劳动素质，以适应劳动过程的客观要求，这样才能实现宪法与劳动法赋予劳动者的各项权利。

4. 劳动者在运用劳动权利能力和劳动行为能力实现劳动权利时，其已经参加了某一种劳动法律关系，此时其一般就没有条件再参加另一种劳动法律关系。即使该劳动者可以参加另一种法律关系，条件也十分严格。例如，劳动者在退休后，如果其继续从事有偿社会劳动且领取养老金，由此形成的关系不属于劳动法调整范围内的劳动关系，应将其视为民事劳务关系，而非劳动法律关系。劳动者的民事权利能力与民事行为能力并不限定在一种民事法律关系中，一个劳动者可以同时参加法律允许的各种民事法律关系。

二、用人单位

（一）用人单位的概念和种类

用人单位是我国对劳动法律关系中与劳动者相对的一方主体的独特称谓，许多国家通常将之称为雇主或雇用人。用人单位是指依法招用和管理劳动者，并按法律的规定或劳动合同的约定向劳动者提供劳动条件，进行劳动保护，并支付劳动报酬的劳动组织。用人单位既包括中国境内的企业、个体经济组织、民办非企业单位、依法成立的会计师事务所、律师事务所等合伙组织和基金会等，也包括与劳动者建立劳动关系的国家机关、社会团体和事业单位。

（二）用人单位劳动权利能力和劳动行为能力的概念

用人单位作为劳动法律关系的一方当事人，也必须具备一定的条件，并取得劳动权利能力和劳动行为能力。劳动权利能力是指用人单位依法享有用人权利和承担用人义务的资格，它是用人单位参与劳动关系成为合法主体的前提条件。用人单位不同，其劳动权利能力的范围也不同。这种制约因素通常表现为国家允许用人单位使用劳动力的限度和要求用人单位提供劳动条件和劳动待遇的限度。在我国现阶段，制约用人单位劳动权利能力范围的主要因素有：

1. 职工编制定员。一般用人单位应根据生产经营规模、工作岗位需要来编制用人计划，报上级主管部门和劳动部门审核批准后执行。这就使单位的用人自主权受到了一定的限制。随着市场经济的深入发展，用人单位的用人自主权不再受编制限制，而国家机关、事业单位和社会团体的用人自主权仍要受此限制。

2. 职工录用基本条件。如职工的年龄、户口、职业资格证书等条件，就是对单位任用什么样的劳动者的制约因素。随着市场经济的深入发展，诸如户口等不公平的用人条件逐渐消失。

3. 最低工资标准。用人单位不得低于当地最低工资标准向劳动者支付工资。

4. 工时休假制度与劳动安全卫生标准。用人单位不得违反劳动法律、法规延长工作时间或侵犯劳动者的休息权，也不得提供低于国家规定的标准或集体合同规定的劳动保护条件。

5. 社会保险。用人单位必须按国家法律、法规规定为劳动者支付各项保险费用。

6. 社会责任。例如，在我国现阶段，法律虽然赋予企业以用人自主权，但对于国家安置的退役军人，也须予以接受并安排工作等。

劳动行为能力是指用人单位依法能够以自己的行为实际行使用人权利和履行用人义务的资格。它是用人单位依法参与劳动法律关系、享受权利和履行义务的基本条件。用人单位的劳动行为能力，主要表现为为职工提供劳动条件和劳动待遇的能力。为此要求用人单位：首先，其要有必要的可独立支配的财产，其中最主要的是生产资料，单位占有一定的生产资料是吸收劳动力的先决条件；其次，其要有一定的工作场所和组织机构。只有具备上述条件，用人单位才能在一定分工和协作的条件下实现劳动力与生产资料的结合，并遵循统一的劳动规则，从而顺利完成劳动过程。

（三）用人单位劳动权利能力与劳动行为能力的特点

用人单位的劳动权利能力、劳动行为能力与其民事权利能力、民事行为能力相比较，有受国家的较严格干预的特点。这是由劳动力市场的特殊性和用人行为的社会性决定的。法律虽然赋予了单位用人自主权，但这种自主权必须在服从国家意志的前提下行使，包括录用、辞退、提供劳动条件和劳动待遇等，均须按照法律规定行使。相对而言，单位的民事权利能力与民事行为能力中的意思自治的成分较大。

第三章

第三节　劳动法律关系的内容

劳动法律关系的内容是指劳动法主体依法享有的劳动权利和承担的劳动义务，即劳动者与用人单位之间的相互权利和义务。

一、劳动权利与劳动义务的含义

（一）劳动权利

劳动权利是指劳动法主体依法能够为一定行为和不为一定行为或要求他人为一定行为和不为一定行为，以实现其意志或利益的可能性。它表明：①在劳动法规定的范围内，权利主体有权作出一定行为（包括作为和不作为），以实现其意志和利益。②在劳动法规定的范围内，权利主体有权要求义务主体作出一定行为（包括作为与不作为），以保证实现或不影响实现其意志和利益。③在劳动法规定的范围内，权利主体由于他人行为而使其权利不能实现或权益受到侵害时，有权请求国家有关机关对其予以保护。

（二）劳动义务

劳动义务是指劳动法主体根据法律的规定，为满足权利主体的要求，在劳动过程中履行某种行为的必要性。它意味着：①义务主体要依据法律作出一定行为（包括作为与不作为），以保证国家利益和权利主体的权利得以实现。②义务主体应自觉履行法定义务，如不履行或不完全履行该义务就要受到法律的制裁。

劳动义务是实现劳动权利的条件，与劳动权利形成对立统一关系，权利以义务为条件，义务以权利为前提。劳动权利与劳动义务是相互对应的，即劳动法律关系主体双方既享有一定的权利，又承担一定的义务。

二、劳动者的劳动基本权利

绝大多数国家的宪法和劳动法对公民的劳动基本权利都作了相应的规定。我国《劳动法》第3条第1款规定："劳动者享有平等就业和选择职业的权利、取得劳动报酬的权利、休息休假的权利、获得劳动安全卫生保护的权利、接受职业技能培训的权利、享受社会保险和福利的权利、提请劳动争议处理的权利以及法律规定的其他劳动权利。"我国劳动者的基本权利可以概括为以下几个方面：

（一）就业权

就业权，也称狭义的劳动权或工作权，是指具有劳动能力、达到法定就业年龄的劳动者有获得劳动机会的权利。它是劳动基本权利的核心，主要包括四个方面：①劳动作为权利，标志着劳动是自由的，是否就业、从事何种职业，均由劳动者自己选择，对不愿意就业的劳动者不得加以强迫。②每个劳动者参加劳动的机会是平等的，在平等的基础上展开竞争，不允许任何人以任何方式妨碍公民就业；劳动者就业不因民族、种族、宗教、信仰不同而受歧视；妇女享有与男子平等的就业的权利。③国家有义务通过各种途径创造就业条件，帮助劳动者就业。④任何用人单位不得滥用解雇权。用人单位必须依法解除劳动合同，凡是滥用解除权的行为均属无效行为，行为人应受法律的追究。

（二）劳动报酬权

劳动报酬是指劳动者参加社会劳动，按其劳动的数量和质量，从用人单位处取得报酬。通过劳动取得报酬是劳动者的一项劳动基本权利，其内容包括报酬协商权、报酬请求权和报酬支配权。具体表现为：①劳动者参加了社会劳动，用人单位须以劳动为尺度，按照劳动者劳动的数量和质量支付劳动报酬；②同工同酬，不分劳动者的性别、年龄、民族、种族，等量劳动获得等量劳动成果，就应当得到等量劳动报酬；③劳动者的工资标准一般预先在劳动合同中加以规定，当劳动者按照用人单位的要求完成了劳动任务，用人单位须按合同规定的标准与时间向劳动者支付工资；④劳动者在法定工作时间内提供了正常的劳动，用人单位就不得低于当地最低工资标准向劳动者支付工资；⑤禁止用人单位随意克扣、拖欠、拒付劳动者工资；⑥劳动报酬是劳动者的主要生活来源，国家应保证在发展生产的基础上不断提高劳动者的劳动报酬标准。

此外，还应通过工资协商机制、工资支付保障制度等机制，充分实现劳动者的报酬协商权和报酬请求权。

（三）劳动保护权

劳动保护权，亦称劳动者职业安全权，是指劳动者在职业劳动中其人身安全和身心健康能够获得保障，从而免遭职业危害的权利。劳动保护权的基础是人的生命和健康的权利，劳动保护权是最基本人权的体现。其具体内容有：①单位必须按照国家的劳动安全卫生规程标准，配备劳动安全设施和发放劳动保护用品；②单位必须依法给予女职工和未成年工以特殊的劳动保护；③单位有责任对全体职工进行全面的安全生产教育，并建立健全安全生产管理制度；④单位劳动卫生条件极为恶劣，危害劳动者身体健康的，劳动者有权拒绝投入生产劳动，直到劳动条件得到改善；⑤因劳动安全卫生条件恶劣，致劳动者伤、残或患职业病的，单位有义务给予治疗，并承担由此产生的一切费用；⑥单位有责任在发展生产的基础上不断改善劳动条件和提高劳动保护标准。

此外，休息权也属于广义的劳动保护权范畴。休息权是指劳动者经过一定时间的劳动之后，获得充分休息的权利。我国《宪法》第43条规定："中华人民共和国劳动者有休息的权利。国家发展劳动者休息和休养的设施，规定职工的工作时间和休假制度。"《劳动法》统一规定了劳动者的公休假日、法定节日、年休假等休假制度，并对用人单位安排劳动者加班加点作了严格的限制。此外，国家要在发展生产的基础上，逐步增设疗养院、休养院、文化宫、俱乐部、运动场、图书馆等场所，使劳动者在休息权的享受方面能获得更加丰富的内容。

（四）接受职业技能培训权

职业技能培训是指对具有劳动能力的未正式参加工作的劳动者和在职劳动者进行技术业务知识和实际操作技能的教育和训练，包括就业前的培训和在职培训。就我国目前劳动者接受职业技能培训权的内容来看：①就业前的劳动者有权通过各种途径使自己获得专业知识和技能，从而为就业创造条件。国家鼓励和帮助劳动者实现这一权利，如举办、扶持和发展技工学校、职业高中、高等职业教育及各种类型的职业培训班等。②在职劳动者有权利用业余时间参加各类学校学习，以丰富科学文化知识和提高专业理论水平，用人单位应对职工学习给予鼓励和支持。③有条件的单位应根据实际需要有计划、多渠道地加强对整个职工队伍知识、技能方面的训练，以适应现代化生产过程的要求。随着《就业促进法》的实施，接受职业技能培训权可被纳入就业权范畴。

（五）生活保障权

生活保障权，亦称享受社会保险权或物质帮助权。它是指劳动者暂时或永久丧失劳动能力时，有权依法获得物质帮助，以保证劳动者在生、老、病、死、伤、残等情况下，本人及其直系亲属的生活需要。我国是社会主义国家，我国《宪法》第45条规定："中华人民共和国公民在年老、疾病或者丧失劳动能力的情况下，有从国家和社会获得物质帮助的权利……"这就为劳动者的生活保障权提供了法律依据。劳动者的生活保障权，体现在我国劳动制度中的有：退休保险待遇、疾病保险待遇、工伤保险待遇、失业保险待遇及生育保险待遇。随着我国经济的不断发展，劳动者生活保障权的范围会更加扩大，待遇标准也会逐步提高。

（六）结社权与集体协商权

结社权是指狭义的团结权，广义的团结权包括结社权（狭义）、团体交涉权（集体谈判权）、争讼权三项权利。我国现行法律中规定了劳动者的结社权与集体协商权。结社权是法律赋予劳动者能够通过代表自己利益的团体（工会）来保护其经济与社会利益的权利。结社权的基础在于，在个别劳动关系中的劳动者始终处于劣势、弱者地位，唯有通过团结组成工会组织，才能形成与雇主利益抗衡的力量，使失衡的劳动关系得以改善和协调。我国宪法没有明确规定劳动法意义上的结社权，只是从公民基本权利的角度出发，宽泛地规定了公民的结社权，但是从法律价位上，在劳动法和工会法中具体确认了劳动者的结社权。

集体协商权，在多数国家称之为集体谈判权或团体交涉权，它是指代表劳动者的工会代表与雇主或雇主组织的代表进行谈判协商，从而签订有关劳动条件的集体协议（合同）的权利。集体协商权的意义在于：劳动者通过工会的力量与用人单位在平等的基础上进行协商，确立集体劳动条件与待遇，故其所形成的权利义务关系能较为真实地反映集体合同双方主体的意思，从而弥补劳动合同的不足，以避免个别劳动合同中的不合理或不平等条款，并在此基础上进一步为劳动者争取更好的劳动条件与待遇。

（七）合法权益保护权

合法权益保护权，亦称提请劳动争议处理权，是指劳动者有权在自己的合法权益受到侵害时，通过申请调解、提请仲裁和提起诉讼来排除侵害行为，并使由此而受到的损失得到补偿。

三、劳动者的基本劳动义务

劳动者的基本劳动义务有完成劳动任务、提高劳动技能、执行劳动安全卫生规程、保守企业商业秘密、遵守劳动纪律和职业道德以及法律规定的其他义务等。

四、用人单位的用人权

1. 招收录用职工权。用人单位有权依照国家规定和本单位需要择优录用职工，并有权自主决定招工方式、数量、条件和招工时间。用人单位除依法承担一定的社会责任外，有权根据生产岗位的需要和劳动力市场的供求关系，通过平等协商，依法签订劳动合同，从而确立单位与劳动者之间的劳动法律关系，明确双方的权利和义务。其他任何上级部门和领导不得进行非法干预，不得迫使用人单位招收不符合录用条件的劳动者。

2. 合理组织调配权。用人单位有权根据自身的生产规模、生产特点，自行决定内部机构设置和人员配备。我国企业面对在旧体制下形成的机构臃肿、结构不合理、人员素质低、职工对企业缺乏责任感的现象，有权本着"精简、效能、减员"的原则，自行确定内部机构设置、调整劳动组织和人员定编，将劳动合同关系中的平等竞争、双向选择、优胜劣汰机制运用到企业的各级组织机构中，采用合同方式对人员聘用实行定岗和目标管理，使各种组织机构按照合同机制运行，实现企业劳动力资源与生产资料的优化配置。当然，在行使此项权利时还应考虑对特定劳动者的特殊保护问题，如对于老职工、女职工、因工伤残职工、转业复退军人及残疾人等，应依法优先录用，以保障他们劳动权利的实现。

3. 劳动报酬分配权。用人单位有权制定本单位的工资形式及奖金、津贴的分配办法；有权组织各种形式的考核以确定职工的工资级别和等级标准；有权通过民主程序制定职工工资晋升条件、标准和时间。当然，用人单位确定的职工工资标准，不得低于当地政府所制定的最低工资标准。

4. 劳动奖惩权。用人单位有权依法制定和实施劳动规章制度；应当建立健全奖惩制度，有权决定奖惩条件和奖惩办法，但不得违反国家法律法规。

5. 辞退职工权。辞退职工权是用人单位用人自主权的有机组成部分。它与招收录用职工权相配合，解决职工"进—出"的问题。用人单位有权按照劳动法规定的条件和程序，通过解除劳动合同裁员的方式来实现辞退职工的权利。

五、用人单位的义务

用人单位的义务主要包括：应当如实告知劳动者工作内容、工作条件、工作地点、职业危害、安全生产状况、劳动报酬以及其他与订立和履行劳动合同直接相关的情况，如支付劳动报酬、提供约定的劳动条件、提供符合法定标准的安全卫生条件、安排劳动者休息休假、提供必要的职业培训机会、依法交纳社会保险费用等。

第四节　劳动法律关系的客体

劳动法律关系的客体[1]是指劳动法律关系中主体的劳动权利和劳动义务所共同指向的对象，具体表现为一定的劳动行为和财物。

劳动行为是指劳动者和用人单位在实现劳动过程中所实施的行为。它包括劳动者与生产资料结合直接从事生产活动的行为，职员完成单位所交付的工作任务的行为，以及用人单位对全部劳动过程实行劳动管理的行为。在劳动法律关系中，劳动行为的方式、质量、数量都具有重要的法律意义。

财物是指劳动法律关系中体现双方当事人物质利益的实物与货币，如劳动报酬、劳动保护、劳动保险及福利待遇等具体劳动法律关系中的客体。

劳动法律关系的客体也是劳动法律关系中不可缺少的要素，没有客体，劳动权利和劳

---

[1]　关于劳动法律关系的客体，我国劳动法学界存在不同观点。有的认为客体是劳动行为，有的认为客体是劳动活动，有的认为客体是劳动力，还有的将客体分为基本客体与辅助客体。

动义务就无从谈起，也就不能形成劳动法律关系。

第五节　劳动法律关系的产生、变更和消灭

一、劳动法律关系产生、变更和消灭的概念

劳动法律关系的产生是指劳动法主体之间为实现一定的劳动过程，依照劳动法律规范设立的劳动权利与劳动义务关系。例如，在某劳动者参加用人单位的招工考试合格后，双方依法签订劳动合同，从而在相互之间形成法律上的劳动权利义务关系。

劳动法律关系的变更是指劳动法主体间已经形成的劳动法律关系，由于一定客观情况的出现而引起劳动法律关系中某些要素的变化。例如，某职工提出调换工作的要求，在征得所在单位的同意后，会引起劳动权利和劳动义务的变更。需要指出的是，劳动法律关系的变更指的是原来确定的权利内容和义务内容的变更，劳动者和用人单位的主体地位并未发生改变。劳动法律关系主体的变更不属于劳动法律关系的变更，而是原来劳动法律关系的消灭和新的劳动法律关系的产生。

劳动法律关系的消灭是指劳动法主体间的劳动法律关系依法解除或终止，即劳动权利和劳动义务的消灭。例如，经过双方协商或单方依法解除劳动合同，以及劳动合同期限届满，均可引起劳动权利义务关系的消灭。

二、劳动法律事实

劳动法律关系的产生、变更或消灭，都是由一定的法律事实引起的。所谓劳动法律事实，是指劳动法规定的能够引起劳动法律关系产生、变更或消灭的一切客观情况。例如，劳动法律关系的产生，必须由一定的法律事实才能引起。劳动者和用人单位所享有的劳动权利能力与劳动行为能力仅仅是可以依法参与劳动法律关系的资格，它只是一种可能性，要使这种可能性变为现实，即在劳动者与用人单位之间建立一定的劳动法律关系，必须要经过双方协商、达成一致意见并签订劳动合同才能实现。这种协商一致并签订劳动合同的行为就是法律事实，它是引起这一具体劳动法律关系产生的原因。同样地，劳动法律关系的变更或消灭，也都只有通过一定的法律事实才能引起。可见，劳动法律规范、法律事实和劳动法律关系之间的关系是：劳动法律规范是确认法律事实的依据；法律事实是引起劳动法律关系产生、变更、消灭的原因；劳动法律关系则是劳动法律规范所规定的法律事实的结果。

三、劳动法律事实的分类

依据我国劳动法的规定，能够引起劳动法律关系产生、变更和消灭的法律事实是多种多样的，按照它们的发生是否以行为人的意志为转移，可以将其分为行为和事件两大类。

（一）行为

行为是指劳动法规定的，能够引起劳动法律关系产生、变更和消灭的人的意志活动，包括作为与不作为。按照行为是否符合法律规定，可以将行为分为合法行为和违法行为。按照行为的主体，可以将其分为劳动法律行为（用人单位和劳动者行为）、劳动行政行为、

劳动服务行为、劳动团体行为、劳动争议处理行为（主要是指仲裁行为和司法行为）。例如，各级人民法院对当事人不服仲裁而提起诉讼的劳动争议事件所作的裁定与判决，也能引起一定的劳动法律后果，因而有关的裁定与判决也是法律事实。

（二）事件

作为劳动法律事实的事件，是指不以行为人的意志为转移的客观现象。事件包括自然现象和社会现象。自然现象是指如地震、洪水以及劳动者的人身伤残、疾病、死亡等情形。《劳动合同法》规定，劳动者死亡，或者被人民法院宣告死亡或者宣告失踪的，劳动合同终止。社会现象是指如战争、动乱等情形。这些事件虽然不以人的意志为转移，但在一定条件下，它们能够引起劳动法律关系的产生、变更和消灭。

第四章

就业促进制度

第一节　就业与就业促进

一、就业的内涵

关于就业促进，首先要正确地界定就业的内涵。就业是指具有劳动能力的劳动者在法定劳动年龄内自愿从事某种具有一定劳动报酬或经营收入的社会劳动。[1] 从劳动者权利的角度而言，劳动者依法享有的劳动权，只有通过就业才能实现。在就业之前，劳动权仅仅是一种主观权利；通过就业，劳动者与生产资料相结合，劳动权才能成为客观现实的权利。就业主体不仅是指劳动法上的劳动者，还应包括需要建立劳动关系并以获得劳动报酬为目的的劳动者，以及不需要建立劳动关系并以获得一定劳动报酬或经营收入为目的的非劳动法上的劳动者，如公务员、自主创业者等。但是，就业主体主要是劳动者，公务员、自主创业者相对而言只是少数。

从法律上把握就业的含义，应明确下述要点：

1. 就业主体必须符合法定的就业年龄。劳动年龄是法律确认公民享有就业权利的主体资格的基本标志。国际劳工组织、世界各国都对劳动者的就业最低年龄和就业最高年龄作了严格规定，即只有在法律规定的年龄段内，劳动者才具备就业的资格，否则便不能就业。

【资料链接】

1973 年国际劳工组织《准予最低就业年龄公约》（第 138 号公约）规定的准予就业的最低年龄为 15 周岁，在不发达国家可暂定为 14 周岁。[2] 德国、瑞士等国的规定为 14 周岁，日本的规定为 15 周岁，巴林、卢旺达、菲律宾等许多发展中国家的规定为 14 周岁，朝鲜、英国以及美国的大多数州的规定都为 16 周岁。我国的就业最低年龄高于国际劳工组织的标准，《劳动法》规定，年满 16 周岁的公民，才具有就业的资格。劳动年龄的上限即为退休年龄。我国规定，男性的退休年龄为 60 周岁，女性的退休年龄为 55 周岁。在某些法定特殊情况下，劳动年龄可依照法定程序予以提前或推后。《劳动法》第 15 条规定："禁止用人单位招用未满 16 周岁的未成年人。文艺、体育和特种工艺单位招用未满 16 周

---

[1]　参见关怀主编：《劳动法》，中国人民大学出版社 2001 年版，第 102 页。

[2]　《准予最低就业年龄公约》（第 138 号公约）第 2 条。

岁的未成年人，必须遵守国家有关规定，并保障其接受义务教育的权利。"第58条规定："……未成年工是指年满16周岁未满18周岁的劳动者。"

2. 就业主体必须具有劳动能力。劳动能力属于自身的生理因素，而不是由法律规定。根据自然人的生理状况，就业主体的劳动能力一般表现为三种情况，即有完全劳动能力，有部分劳动能力和无劳动能力。具体来讲，因生理状况不能劳动的，视为无劳动能力的人；因生理状况不能提供正常劳动，但又没有完全丧失劳动能力的，视为有部分劳动能力的人；身体健康、智力健全的人则是有完全劳动能力的人。只有达到法定年龄，具有完全劳动能力或部分劳动能力的人，才能成为就业的主体。反之，未达法定年龄，即使是具有劳动能力的人，也不能成为就业的主体。同时，无劳动能力的人，无论是先天就没有的，还是后来因丧失劳动能力而离开劳动岗位的，都不具备就业主体的资格。

3. 就业必须是基于就业主体的自愿。劳动是公民的一种基本权利，因为是权利，则其既可以行使，也可以放弃，这完全取决于公民自己的意志。1930年国际劳工组织的《强迫劳动公约》和1957年的《废除强迫劳动公约》，要求公约国有义务在尽可能短的时间内，做到禁止所有形式的强迫或强制性劳动。

4. 就业必须是一种能够为社会创造财富或有益于社会的劳动。换言之，要求就业的主体必须从事法律允许的有益于社会的社会劳动，这是就业主体的劳动是否得到社会承认和法律保护的客观依据。违反法律规定和社会公共利益的，不能作为就业的内容。例如，从事卖淫、贩毒、打手、聚众赌博等活动，就不是就业。

5. 就业主体能够获得一定的劳动报酬或经营收入。参加社会劳动和取得相应报酬或经营收入并用以维持劳动者本人及其赡养的家庭人口的基本生活需要，是就业不可偏废的两个方面。例如，公民为自己洗衣服等家务劳动，公民参加社会义务劳动，刑事罪犯从事改造性质的强制劳动等，就不是就业。

6. 社会必须有劳动需求。就业是将处于相对分离的劳动力与生产资料有效地结合在一起，以实现劳动的过程。就业并非是就业主体自身所能创造的，还必须有劳动需求的存在。经济学原理表明："就业是将生产的三个基本要素——自然（土地、物质要素）、劳动、资本——放在一起，进行有效的结合。没有这三个要素的结合，生产就不能进行。"[1]当劳动力资源的供给数量大于社会对它的需求数量时，必定会在社会中出现失业现象。此时，就业主体即便满足了上述全部的就业要件，但仍然找不到工作，甚至一些已就业的就业主体也会失去工作。所以，当劳动力资源的总量过剩时，必然会造成一部分劳动力不能被利用，这部分就业主体也就不能实现就业。这一因素为政府在就业主体的就业中所应承担的社会责任提供了依据。[2]

二、就业促进

就业促进是指国家采取的帮助公民实现就业的一系列措施的总称。

---

〔1〕 姚裕群：《市场经济下的就业理论与就业促进》，中国劳动出版社1996年版，第70页。
〔2〕 参见黎建飞：《劳动法的理论与实践》，中国人民公安大学出版社2004年版，第204页。

(一) 就业促进目标

就业促进的目标是实现充分就业，但充分就业绝不是完全消除失业。"充分就业"这个概念自 20 世纪 30 年代的大萧条后，在经济学中逐渐被普遍使用。自 20 世纪 70 年代以来，按照现代经济学理论，并结合失业的具体原因和特点，认为失业一般包括自愿失业和非自愿失业，且非自愿失业是失业的绝对主流。非自愿失业一般包括摩擦性失业、结构性失业、周期性失业（凯恩斯失业）、市场分割性失业（以二元劳动力市场型为代表）等。现代经济学家把主要由摩擦性失业、结构性失业引起的失业率称为自然失业率。我们在运用"自然失业率"这个概念时，必须明确自然失业率绝不是一个固定的、永远不变的常数，也不是最优失业率。因为自然失业率有不断提高的趋势，很可能高于最优失业率。所以，我们应采取措施以使自然失业率降到最优失业率的水平。正因为如此，我们应把"充分就业"理解为，消灭了周期性失业、市场分割性失业而存在的最优自然失业率和自愿失业的就业状态。所以，我国政府就业促进的主要任务就是：①通过反周期的扩张性宏观经济政策来提高有效就业需求，以增加就业机会来消灭周期性失业；②通过实行城乡统筹的就业政策，并建立健全城乡劳动者平等就业的制度，以引导农村富余劳动力有序地转移就业来消灭市场分割性失业；③通过采取有效的就业服务、职业教育和培训措施，以使摩擦性失业、结构性失业降到最优的水平（达到最优的自然失业率水平）。

【资料链接】

1. 摩擦性失业，是指由于职业市场的信息不完全，以及有空缺职位的雇主和寻找工作的人之间信息交流不畅而产生的失业现象，是在工作和进出劳动力之间的持续流动过程。结构性失业，是指由于工作类型与寻找工作的人之间不匹配所产生的失业现象。这种不匹配可能与个人的技能、学历、地理位置或年龄相关。这种情况下的失业不是基于信息不完全的原因，而是由劳动力市场的流动性障碍所导致的，这种障碍阻止了失业者与求职者的匹配。在结构性失业的情况下，市场上同时存在着空缺的工作和失业者。周期性失业（有时称为需求不足失业）产生的基本原因是，经济中的总需求不足以为求职者创造足够的工作机会。[1]

2. 就业促进是国际劳工组织关注的核心问题。例如，在 2001 年国际劳工组织召开的"全球就业论坛"上，会议通过了《全球就业议程》。该《议程》强调："使经济增长和繁荣的潜力得以发挥的基本条件是，生产性就业被置于经济和社会政策的核心位置，使充分的、生产性的和自由选择的就业成为宏观经济战略和国家政策的总目标。"近年来，针对全球性就业困境，国际劳工组织每年发表的《全球就业趋势报告》（从 2015 年起，该报告名称改为《世界就业和社会展望报告》），呼吁各国采取积极的就业促进措施。

(二) 就业促进方针

新颁布的《就业促进法》的总则第 2 条进一步确立了"劳动者自主择业、市场调节就业、政府促进就业"的就业促进方针。这一就业促进方针明确了以下三点：①"劳动者自

---

[1] 曾湘泉主编：《劳动经济学》，中国劳动社会保障出版社、复旦大学出版社 2005 年版，第 342~348 页；[美] 保罗·A. 萨缪尔森、威廉·D. 诺德豪斯：《经济学》，高鸿业等译，中国发展出版社 1992 年版，第 349~350 页。

主择业"，即充分调动劳动者就业的主动性和能动性，促进他们发挥就业潜能和提高职业技能，从而依靠自身努力，自谋职业和自主创业，尽快实现就业。②"市场调节就业"，即充分发挥人力资源市场在促进就业中的基础性作用。借助人力资源市场的职业供求信息，引导劳动者合理流动和就业；通过用人单位自主用人和劳动者自主择业，实现供求双方的相互选择；依据市场工资价位信息，调节劳动力的供求。③"政府促进就业"，即充分发挥政府在促进就业中的重要职责，通过发展经济和调整产业结构，实施积极的就业政策，扩大就业机会；通过规范人力资源市场，维护公平就业；通过完善公共就业服务和加强职业教育和培训，创造就业条件；通过提供就业援助，帮助困难群体就业；等等。

第二节　就业促进主体

一、就业促进的责任主体

（一）政府

就业促进是政府的基本职责，政府是就业促进中最主要的责任主体。市场经济的背景、失业的危害性及我国严峻的就业形势决定了就业促进是政府的基本职责。

【资料链接】

1. 国际劳工组织的《全球就业议程》的开篇语指出："工作是人们生活的核心。这不仅是因为世界上很多人依靠工作而生存，还因为它是人们融入社会，实现自我以及为后代带来希望的手段。这使得工作成为社会和政治稳定的一个关键因素。"

2. 美国经济学家阿瑟·奥肯于 1971 年在《繁荣的政治经济学》中提出，超出自然失业率 1% 的失业率将产生 2% 的 GDP 缺口，从而严重影响经济发展。[1]

（二）用人单位、人力资源市场中介机构、职业教育和培训机构以及相关的社会团体

就业促进是用人单位、人力资源市场中介机构、职业教育和培训机构以及相关的社会团体应承担的社会责任。从这几年我国开展就业工作的情况看，企业、社会团体、社会志愿者、社会中介组织等在其中发挥了积极作用，许多政府做不了的或解决不了的事情，依靠企业、社会团体以及各类社会组织的支持帮助和其所履行的社会义务就能做到和加以解决。

分析《就业促进法》的规定可知：①"人力资源市场"是全国人大法工委协调各方面意见后确定的表述，是对现有的劳动力市场、人才市场、毕业生就业市场等各类市场的总概括；②人力资源市场中介机构包括公共就业服务机构、职业中介机构；③职业教育和培训机构包括职业教育和培训的各类职业院校、职业技能培训机构和用人单位等；④相关的社会团体包括工会、共产主义青年团、妇女联合会、残疾人联合会以及其他社会组织。以上各机构协助人民政府开展就业促进工作。

---

〔1〕　奥肯定理是根据美国 20 世纪 60 年代的统计资料得出的公式，它是一个经验统计公式，不一定适用于其他国家，也不一定适用于美国的其他时期，但它指出的失业率与实际 GDP 增长率间反方向变动的关系是普遍存在的。

二、就业促进的权利主体

（一）就业促进的权利主体范围的界定

就业促进的权利主体不仅是指劳动法上的劳动者。就业主体应包括需要建立劳动关系、以获得劳动报酬为目的的劳动者，以及不需要建立劳动关系、以获得经营收入为目的的自主创业者、自谋职业者。就业的主体主要是劳动者，自主创业者、自谋职业者相对而言只是少数，但不可忽视自主创业的连锁就业效应。

（二）就业促进的权利主体的条件

就业促进的权利主体应满足以下条件：①必须符合法定的就业年龄；②必须具有劳动能力；③必须是自愿就业的；④必须从事一种能够为社会创造财富或有益于社会的劳动；⑤就业的直接目的是获得一定的劳动报酬或经营收入；⑥必须存在社会劳动需求。[1]

（三）就业促进的权利主体的义务

劳动者自主择业、市场调节就业、政府促进就业的就业方针，表明在就业问题上劳动者既有义务也有责任。劳动者首先应以个人的手段与方法，通过个人的自主努力在用人单位获得就业机会。只有在具有就业意欲和能力的劳动者不能通过个人自主努力获得工作的情况下，国家和社会才承担相应责任。这就要求，劳动者要努力改变计划经济遗留下来的"等、靠、要"等思想观念，而应以个人的手段与方法，通过个人的自主努力在用人单位获得就业机会。

三、我国政府就业促进的法定职责

就业问题关系到所有劳动者及其家庭的切身利益，促进就业和治理失业是政府的重要职责。这不仅是国际社会的共识，也是世界各国政府执政的重要目标，更是我国各级政府执政为民的重要体现。《就业促进法》从法律的高度规定了政府在就业促进工作中的职责。《就业促进法》共分九章，从政策支持、公平就业、就业服务和管理、职业教育和培训、就业援助、监督检查及法律责任各方面，规定了政府在就业促进方面的法定职责，具体包括以下九点：

1. 建立就业促进工作协调机制。我国的就业任务十分繁重，就业群体多种多样，就业促进工作涉及社会的方方面面，因此需要多个部门齐抓共管。为了加强对就业工作的领导和统筹协调，国务院建立了由十几个成员单位组成的就业工作部际联席会议制度，各地也建立了相应的协调机制，对合力推进就业工作发挥了积极作用。《就业促进法》在总结实践经验的基础上，通过法律形式进一步明确了这一协调机制的工作任务和作用：①国务院建立全国就业促进工作协调机制，研究就业工作中的重大问题，协调推动全国的就业促进工作，并明确由国务院劳动行政部门具体负责全国的就业促进工作；②省、自治区、直辖市人民政府根据就业促进工作的需要，建立就业促进工作协调机制，协调解决本行政区域内的就业工作中的重大问题；③县级以上人民政府有关部门按照各自的职责，共同做好就业促进工作。

2. 建立就业工作目标责任制度。县级以上人民政府把扩大就业作为经济和社会发展

---

[1]　具体参见上文从法律上把握就业含义所应明确的要点部分。

的重要目标，将其纳入国民经济和社会发展规划，并制订就业促进的中长期规划和年度工作计划。各级人民政府和有关部门应当建立就业促进的目标责任制。县级以上人民政府按照就业促进目标责任制的要求，对所属有关部门和下一级人民政府进行考核和监督。

3. 制定实施有利于就业的经济和社会政策。县级以上人民政府通过发展经济和调整产业结构，实行有利于就业促进的产业政策、财政政策、税收政策等各项经济和社会政策，从而实现多渠道扩大就业，增加就业岗位。

在《就业促进法》"政策支持"全章的 14 条中，一大半条款属于政策宣示性的规定，具体条款只有 5 条。因此，建议对这些条款的内容予以具体化。如果有些条款难以具体化，可以对其进行归纳、合并、简化，把主要内容移到第一章总则中去。

4. 推进公平就业。各级人民政府依法保障劳动者享有平等就业和自主择业的权利，创造公平的就业环境，消除就业歧视。

5. 加强就业服务和管理。县级以上人民政府应当培育和完善统一开放、竞争有序的人力资源市场，促进劳动力供给与需求的有效匹配；建立健全公共就业服务体系，为促进劳动者就业提供服务；制定政策并采取措施，建立健全就业援助制度，对困难人员给予扶持和帮助。

6. 大力开展职业培训。国家依法发展职业教育，鼓励开展职业培训，并通过制订和实施职业能力开发计划，鼓励和支持培训机构和用人单位开展就业前培训、在职培训、再就业培训、职业技能培训和创业培训，以及采取建立健全劳动预备制度和实行职业资格证书制度等措施，促进劳动者提高职业技能，增强劳动者就业能力和创业能力。

7. 建立健全失业保险制度。国家建立健全失业保险制度，依法保障失业人员的基本生活，并促进其实现就业。

8. 开展就业和失业调查统计工作。国家建立劳动力调查统计制度和就业登记、失业登记制度，进行劳动力资源和就业、失业状况调查统计，并公布调查统计结果，以加强就业的基础管理工作。

9. 发挥社会各方面就业促进的作用。各级人民政府和有关部门应当对在就业促进工作中作出显著成绩的单位和个人，给予表彰和奖励，发挥工会、共青团、妇联、残联、用人单位以及其他社会组织在就业促进工作中的作用。

第三节　政府就业促进的主要措施

就业促进是指国家采取的帮助公民实现就业的一系列措施的总称。《劳动法》将这些措施概括为："国家通过促进经济和社会发展，创造就业条件，扩大就业机会……"《就业促进法》将这些措施进一步概括为："县级以上人民政府通过发展经济和调整产业结构、规范人力资源市场、完善就业服务、加强职业教育和培训、提供就业援助等措施，创造就业条件，扩大就业。"[1] 2007 年 11 月 5 日，原劳动和社会保障部颁布了《就业服务与就业管理规定》（劳动和社会保障部令第 28 号），对《就业促进法》中就业服务与管理、就

---

[1]《就业促进法》第 5 条。

业援助的相关制度作了进一步的细化和完善。[1] 2008 年 2 月 3 日，国务院下发了《国务院关于做好促进就业工作的通知》，按照党的十七大精神和《就业促进法》的要求，对进一步做好就业再促进工作提出了明确要求。2008 年 10 月 29 日，为了贯彻落实党的十七大提出的"实施扩大就业的发展战略，促进以创业带动就业"的总体部署，全面实施《就业促进法》的有关规定，人力资源和社会保障部等部门制定了《关于促进以创业带动就业工作的指导意见》。2015 年，国务院、人力资源和社会保障部又出台了一系列有关就业促进的重要文件，主要有《国务院关于进一步做好新形势下就业创业工作的意见》（国发〔2015〕23 号）、《国务院关于大力推进大众创业万众创新若干政策措施的意见》（国发〔2015〕32 号）、《人力资源社会保障部办公厅关于进一步推进创业培训工作的指导意见》（人社厅发〔2015〕197 号）等。2016 年 7 月 6 日，人力资源和社会保障部通过《人力资源和社会保障事业发展"十三五"规划纲要》，其中专章提出推动实现比较充分和更高质量的就业。国务院 2017 年 1 月 26 日发布的《"十三五"促进就业规划》，是"十三五"时期指导全国促进就业工作的战略性、综合性、基础性规划。十九大报告提出："要坚持就业优先战略和积极就业政策，实现更高质量和更充分就业。"2019 年 3 月 5 日的政府工作报告首次将就业优先政策置于宏观政策层面。党的十九届五中全会通过的《中共中央关于制定国民经济和社会发展第十四个五年规划和二〇三五年远景目标的建议》（以下简称《建议》），科学研判大势，把握发展规律，将促进就业作为经济社会发展的重要内容，提出一系列新要求，明确一系列重大任务。

一、建立较完整的就业促进的政策支持体系

产业政策、财政政策、税收政策、金融政策等政策支持体系的建立，对就业促进具有举足轻重的作用，现代西方政府无不利用政策支持体系促进就业。为了建立就业促进的长效机制，《就业促进法》将经过实践检验而行之有效的积极就业政策上升为法律规范，并按照就业促进的工作要求，以第二章专章的形式规定了较完整的政策支持体系，包括以下七个方面：

1. 实行有利于就业促进的产业政策。县级以上人民政府应当把扩大就业作为重要职责，统筹协调产业政策与就业政策。鼓励各类企业在法律、法规规定的范围内，通过兴办产业或者拓展经营，增加就业岗位。国家鼓励发展劳动密集型产业、服务业，扶持中小企业，鼓励、支持、引导非公有制经济的发展，扩大就业机会，增加就业岗位。在安排政府投资和确定重大建设项目时，应当发挥投资和重大建设项目带动就业的作用，增加就业岗位。国家通过发展国内外贸易和国际经济合作，拓宽就业渠道。

【资料链接】

国际经验和我国的发展经验证明，从增加就业的效果来看，扶持中小企业、服务业发展是最为有效的政策。

---

〔1〕《就业服务与就业管理规定》自 2008 年 1 月 1 日起施行，劳动部于 1994 年 10 月 27 日颁布的《职业指导办法》、劳动和社会保障部于 2000 年 12 月 8 日颁布的《劳动力市场管理规定》同时废止。《就业服务与就业管理规定》于 2018 年 12 月 14 日进行第三次修订。

第四章

2. 实行有利于就业促进的财政政策。国家实行有利于就业促进的财政政策，加大资金投入，改善就业环境，扩大就业。县级以上人民政府应当根据就业状况和就业工作目标，在财政预算中安排就业专项资金用于就业促进工作。就业专项资金用于职业介绍、职业培训、公益性岗位、职业技能鉴定、特定就业政策和社会保险等的补贴、小额贷款担保基金和微利项目的小额担保贷款贴息以及扶持公共就业服务等。审计机关、财政部门应当依法对就业专项资金的管理和使用情况进行监督检查。

3. 实行有利于就业促进的税收政策。国家鼓励企业增加就业岗位，扶持失业人员和残疾人就业，对符合法定条件的企业和人员依法给予税收优惠。这些企业和人员具体包括：吸纳符合国家规定条件的失业人员达到规定要求的企业；失业人员创办的中小企业；安置残疾人员达到规定比例或者集中使用残疾人的企业；从事个体经营的符合国家规定条件的失业人员；从事个体经营的残疾人；国务院规定给予税收优惠的其他企业、人员。同时，对从事个体经营的失业人员和残疾人免除行政事业性收费。

4. 实行有利于就业促进的金融政策。国家实行有利于就业促进的金融政策，增加中小企业的融资渠道；鼓励金融机构改进金融服务；加大对中小企业的信贷支持；对自主创业人员给予一定期限内的小额信贷等扶持。

5. 实行统筹就业政策。

（1）实行城乡统筹的就业政策。国家实行城乡统筹的就业政策，建立健全城乡劳动者平等就业制度，引导农业富余劳动力有序转移就业。县级以上人民政府应推进小城镇建设和加快县域经济发展，引导农业富余劳动力就地、就近转移就业；在制定小城镇规划时，将本地区农业富余劳动力的转移就业作为重要内容。县级以上人民政府引导农业富余劳动力有序向异地城市转移就业；劳动力输出地和输入地的人民政府应当互相配合，改善农村劳动者进城就业的环境和条件。

（2）实行区域统筹的就业政策。国家支持区域经济发展，鼓励区域协作，统筹协调不同地区就业的均衡增长；支持少数民族地区发展经济，扩大就业。

（3）实行群体统筹的就业政策。各级人民政府应统筹做好城镇新增劳动力、农业富余劳动力、转移就业和失业人员的就业工作。当前，要统筹做好下岗失业人员、大学生、复转军人、残疾人、农民工等群体的就业工作。

6. 实行有利于灵活就业的劳动政策和社会保险政策。各级人民政府应采取措施，逐步完善和实施与非全日制用工等灵活就业形式相适应的劳动政策和社会保险政策，为灵活就业人员提供帮助和服务。

7. 实行失业保险就业促进政策。国家建立健全失业保险制度，依法保障失业人员的基本生活，并促进其实现就业。

【资料链接】

德国的失业保险基金中有相当部分资金用于就业促进的职业培训，与为失业者提供失业保险或救济金相比较，政府用于就业促进的再培训费用更多，平均约占 1 个雇员净工资收入的 73%。英国的"工作开始"计划规定，雇主招用 1 名特长期失业者（2 年以上）的，在 1 年内可得到每周 45 英镑的补贴。法国的"合作公约"规定，企业招收领取津贴达 8 个月的失业者，可获得这些失业者有权享有的剩余津贴，唯一条件是这些失业者的就业合同的期限应在 6 个月以上。

二、维护公平就业

就业歧视影响了劳动者的公平竞争，使一部分劳动者因此失去了很多职业发展的机会，也使很多单位限制了自身选才的视野。就业歧视极大地浪费了宝贵的人力资源，也违背了市场的供求规律和竞争规律，它已经不只是单位的用人自主权问题了，而且还涉及社会公正的问题。近几年来，就业中的多种歧视现象愈演愈烈，歧视的招数也是层出不穷。某些用人单位在选择劳动者的过程中，能力已经不再是用人单位作决定时考量的第一因素，这不得不说是我国目前就业环境中的一个严重的问题。

为了维护劳动者的平等就业权，反对就业歧视，《就业促进法》对公平就业以第三章专章的形式作出了规定，包括以下八个方面：

1. 政府维护公平就业的责任。各级人民政府应当创造公平就业的环境，消除就业歧视，通过制定政策和采取措施对就业困难人员给予扶持和援助。

2. 规范用人单位和职业中介机构的行为。在人力资源市场中，用人单位和职业中介机构的行为，往往影响和决定着劳动者的就业机会和就业权利的实现。依法规范用人单位和职业中介机构的行为，对维护劳动者的平等就业权至关重要。因此，《就业促进法》规定，用人单位招用人员与职业中介机构从事职业中介活动时，应当向劳动者提供平等的就业机会和公平的就业条件，不得实施就业歧视。

3. 保障妇女享有与男子平等的劳动权利。国家保障妇女享有与男子平等的劳动权利。用人单位招用人员时，除国家规定的不适合妇女的工种或者岗位外，不得以性别为由拒绝录用妇女或者提高对妇女的录用标准。用人单位录用女职工的，不得在劳动合同中规定限制女职工结婚、生育的内容。

4. 保障各民族劳动者享有平等的劳动权利。各民族劳动者享有平等的劳动权利。用人单位招用人员，应当依法对少数民族劳动者给予适当照顾。

5. 保障残疾人的劳动权利。国家保障残疾人的劳动权利。各级人民政府应当对残疾人就业作统筹规划，为残疾人创造就业条件。用人单位招用人员时，不得歧视残疾人。

【资料链接】

2019 年，城乡持证残疾人中新增就业 39.1 万人。其中，城镇新增就业 12.2 万人，农村新增就业 26.9 万人；城乡新增残疾人实名培训 40.7 万人。

全国城乡持证残疾人就业人数为 855.2 万人（核减已注销和超年龄段残疾人），其中按比例就业 74.9 万人，集中就业 29.1 万人，个体就业 64.2 万人，公益性岗位就业 14.4 万人，辅助性就业 14.3 万人，灵活就业（含社区、居家就业）228.2 万人，从事农业种养加 430.1 万人。

全国共培训盲人保健按摩人员 14 678 名、盲人医疗按摩人员 7318 名。保健按摩机构 13 181 个，医疗按摩机构 894 个。623 人获得盲人医疗按摩人员初级职务任职资格，66 人获得中级职务任职资格。[1]

6. 保障传染病病原携带者的平等就业权。用人单位招用人员时，不得以应聘者是传染病病原携带者为由拒绝录用。但是，经医学鉴定传染病病原携带者在治愈前或者排除传染嫌疑前，不得从事法律、行政法规和国务院卫生行政部门规定禁止从事的易使传染病扩散的工作。

【资料链接】

1. 传染病病原携带者，是指感染传染病病原体无临床症状但能排出病原体的人。

2.《公共场所卫生管理条例》第7条规定，公共场所直接为顾客服务的人员，持有"健康合格证"方能从事本职工作。患有痢疾、伤寒、病毒性肝炎、活动期肺结核、化脓性或者渗出性皮肤病以及其他有碍公共卫生的疾病的，治愈前不得从事直接为顾客服务的工作。

3.《就业服务与就业管理规定》第19条第2款规定，用人单位招用人员，除国家法律、行政法规和国务院卫生行政部门规定禁止乙肝病原携带者从事的工作外，不得强行将乙肝病毒血清学指标作为体检标准。

7. 保障进城就业的农村劳动者的平等就业权。进城就业的农村劳动者应享有与城镇劳动者平等的劳动权利，不得对农村劳动者进城就业设置歧视性限制。

8. 劳动者受到就业歧视时的法律救济途径。劳动行政部门应当对《就业促进法》的实施情况进行监督检查，建立举报制度，受理对违反该法的行为的举报，并及时予以核实处理（包括就业歧视处理）；违反《就业促进法》规定实施就业歧视的，劳动者可以向人民法院提起诉讼。

三、加强就业服务和管理

从世界各国的实践来看，就业服务在促进劳动力供求均衡，减少劳动力市场摩擦，降低劳动力交易成本等方面发挥着重要作用，其中的公共就业服务更能起到增强劳动力市场透明度、保证平等就业和帮助就业困难群体就业的重要作用。各国都将建立并不断完善就业服务体系作为政府的重要职责。[2] 我国亦将建立并不断完善就业服务和管理体系作为政府的重要责任，并随着积极就业政策的实施，目前已经形成了一个初步的就业服务和管理体系。《就业促进法》以第四章专章的形式明确规定，政府应当加强就业服务和管理工作，逐步完善覆盖城乡的就业服务体系。《就业服务与就业管理规定》又对《就业促进法》第四章作了进一步的细化和完善。这些法律法规、政策明确规定，建立并不断完善就业服务和管理体系是政府的重要责任，总体而言，主要包括以下五个方面：

1. 县级以上人民政府在发展人力资源市场方面的职责。具体而言，包括以下四点：

（1）县级以上人民政府培育和完善统一开放、竞争有序的人力资源市场，为劳动者就

---

[1]　中国残疾人联合会：《2019 年中国残疾人事业发展统计公报》，2020 年 3 月 31 日。
[2]　莫荣："完善我国促进就业的法律制度"，载《人民日报》2007 年 4 月 2 日。

业提供服务。县级以上人民政府鼓励社会各方面依法开展就业服务活动,加强对公共就业服务和职业中介服务的指导和监督,逐步完善覆盖城乡的就业服务体系。

(2)县级以上人民政府加强人力资源市场信息网络及相关设施的建设,建立健全人力资源市场信息服务体系,完善市场信息发布制度。

(3)县级以上人民政府对提供公益性就业服务的职业中介机构,按照规定给予补贴。国家鼓励社会各界为公益性就业服务提供捐赠、资助。

(4)县级以上人民政府和有关部门加强对职业中介机构的管理,鼓励其提高服务质量,发挥其在就业促进中的作用。

2. 建立健全公共就业服务体系。公共就业服务是政府公共服务的重要内容。发展公共就业服务是政府的重要职责,其在促进劳动力供求均衡,建立健全人力资源市场,促进求职人员就业特别是帮助就业困难群体就业等方面具有重要作用。针对目前存在的问题,并按照公共就业服务的发展方向,《就业促进法》明确了公共就业服务机构的性质和职责。

(1)县级以上人民政府建立健全公共就业服务体系,设立公共就业服务机构,为劳动者免费提供就业服务,具体包括就业政策法规的咨询、职业供求信息、市场工资指导价位信息和职业培训信息的发布,职业指导和职业介绍,为就业困难人员提供就业援助,办理就业登记、失业登记以及其他公共就业服务。街道、乡镇、社区公共就业服务机构建立基层服务窗口,开展以就业援助为重点的公共就业服务。

【资料链接】

近年来,宁波市劳动保障部门不断加大基层平台建设力度,推进城乡统筹就业。目前,基层劳动保障服务机构已覆盖全市城乡,建立起三级机构四级服务网络体系,为劳动保障服务提供了有力的保障。这里提及的宁波市基层劳动保障服务机构就属于乡镇、街道、社区公共就业服务机构建立基层服务窗口的情形。

(2)将公共就业服务经费纳入同级财政预算,从而明确了公共就业服务机构的经费保障。

(3)为了与经营性服务相区别,地方各级人民政府和有关部门不得举办或者与他人联合举办经营性的职业中介机构。地方各级人民政府和有关部门、公共就业服务机构举办的招聘会,不得向劳动者收取费用。

【资料链接】

1.《就业服务与就业管理规定》重点强调了职业指导的地位、内容,具体包括以下方面:①向劳动者和用人单位提供国家有关劳动保障的法律法规和政策、人力资源市场状况的咨询;②帮助劳动者了解各职业状况,掌握求职方法,确定择业方向,增强择业能力;③向劳动者提出培训建议,并为其提供职业培训的相关信息;④开展对劳动者个人职业素质和特点的测试,并对其职业能力进行评价;⑤为妇女、残疾人、少数民族人员及退役的军人等就业群体提供专门的职业指导服务;⑥为大中专学校、职业院校、技工学校的学生的职业指导工作提供咨询和服务;⑦为准备从事个体劳动或开办私营企业的劳动者提供创业咨询服务;⑧为用人单位提供选择招聘方法、确定用人条件和标准等方面的招聘用人指导服务；⑨为职业培训机构如何确立培训方向和专业设置等提供咨询。

2. 欧盟各国现有公共就业服务机构 5000 多所，工作人员 16 万多人。每名工作人员所要负责的失业人数，法国为 239 人，德国为 133 人，英国为 95 人。这种密集的资源配置保证了公共就业服务在就业促进工作中发挥重要作用。1979~1986 年，英国撒切尔政府裁撤了 1/3 的公共就业服务工作人员，致使同期的失业人数迅速攀升，突破了 300 万人的大关。1987 年推出的"重新就业计划"恢复并扩大了对公共就业服务部门的资源配置，在 4 年时间里使失业率从 12% 降至 1990 年的 6.8%。法国的就业管理局成立于 1967 年，是全国最大的职业介绍机构，下设 850 个分支机构。美国于 2000 年将其财政预算的 3% 用于就业服务，建立了 2000 多所公立职业介绍机构。

3. 规范对职业中介机构的管理。

（1）加强对职业中介机构的管理，鼓励其按照诚实信用、公平、公开的原则提高服务质量，发挥其在就业促进中的作用。

（2）设立职业中介机构，应当依法办理行政许可。经许可的职业中介机构，应当向工商行政部门办理登记；未经依法许可和登记的机构，不得从事职业中介活动。

（3）明确设立职业中介机构的条件、从事职业中介活动时的原则和职业中介机构的禁止性行为。

（4）地方各级人民政府和有关部门不得举办或者与他人联合举办经营性的职业中介机构。

（5）国家对外商投资的职业中介机构和向劳动者提供境外就业服务的职业中介机构另有规定的，依照其规定。

4. 建立失业预警制度。县级以上人民政府建立失业预警制度，对可能出现的较大规模的失业现象实施预防、调节和控制。

5. 开展就业和失业调查统计工作。国家建立劳动力调查统计制度和就业登记、失业登记制度，开展劳动力资源和就业、失业状况的调查统计，并公布调查统计结果。统计部门和劳动行政部门在进行劳动力调查统计和就业、失业登记时，用人单位和个人应当如实提供调查统计和登记所需要的情况。

四、大力发展职业教育和开展职业培训

教育水平的高低与就业率的高低呈正相关关系，教育水平越高，就业率就越高。教育分为普通教育和职业教育及培训。普通教育是基础教育，其是按照科学体系的内在逻辑来发展的，侧重于理论知识的完整和严谨，服务指向的是推动科学进步，从而深化人类对外部世界的认识。对于就业而言，职业教育及培训所能产生的作用更为直接。在整个教育事业中，职业教育、职业培训是与经济基础、生产活动、生产力发展的需要联系得最近、最紧的部门，其侧重于生产和操作的实际需要，服务指向的是推动科学转化为现实的生产力。[1] 发展职业教育和职业培训，不仅是满足我国产业结构优化升级、提升自主创新能力的需要，也是将人口压力转变为人力资源优势，从而提升企业乃至整个国民经济的创新

---

〔1〕 陈露耘："破解'就业难'的现实选择——与中国就业促进会副会长陈宇谈职业教育"，载《四川日报》2007 年 1 月 29 日，第 07 版。

能力和竞争力的重要途径，更是通过提高劳动者的就业能力来扩大就业、提高就业质量的必由之路。

【资料链接】

2022 年 5 月 1 日起施行的《中华人民共和国职业教育法》，从提升职业教育认可度、深化产教融合、校企合作，完善职业教育保障制度和措施等方面，立法推动职业教育高质量发展。

《就业促进法》以第五章专章的形式明确了国家、企业、劳动者和各类职业培训机构在职业教育和培训中的职责及作用，通过职业技能培训提高劳动者的素质，以适应人力资源市场的需求，从而促进其实现就业和稳定就业。具体而言，包括以下五个方面：

1. 职业教育和培训的总方针。国家依法发展职业教育，鼓励开展职业培训，促进劳动者提高职业技能，增强就业能力和创业能力。

2. 各级人民政府在加强职业教育和培训方面的职责。一直以来，国务院与人力资源和社会保障部出台了多项重要文件。这些法律法规、政策明确规定，大力发展职业教育和开展职业培训是政府的重要责任。总体而言，各级人民政府在加强职业教育和培训方面的职责包括以下六个方面：

(1) 县级以上人民政府应当根据经济社会的发展和市场需求，制定并实施职业能力开发计划。

(2) 县级以上人民政府应当加强统筹协调，鼓励和支持各类职业院校、职业技能培训机构和用人单位依法开展就业前培训、在职培训、再就业培训和创业培训，鼓励劳动者参加各种形式的培训。

(3) 县级以上人民政府和有关部门应当根据市场需求和产业发展方向，鼓励、指导企业加强职业教育和培训。

(4) 国家建立健全劳动预备制度。县级以上人民政府应当对有就业要求的初高中毕业生实行一定期限的职业教育和培训，使其取得相应的职业资格或者掌握一定的职业技能。

(5) 地方各级人民政府应当鼓励和支持开展就业培训，帮助失业人员提高职业技能，增强其就业能力和创业能力；失业人员参加就业培训的，按照有关规定享受政府培训补贴。

(6) 地方各级人民政府应当采取有效措施，组织和引导进城就业的农村劳动者参加技能培训，鼓励各类培训机构为进城就业的农村劳动者提供技能培训，增强其就业能力和创业能力。

【资料链接】

美国于 1994 年底开始建立"一揽子职业中心"，把一系列的培训计划和就业目标统一到该中心执行。美国的就业培训在增加就业和降低失业率方面起了重要作用。据估计，最近几年美国政府拨款资助的再就业培训计划，每年使 100 万左右的失业者接受了培训，为他们脱离失业队伍并走上新的工作岗位创造了条件。据克林顿总统在 1997~1998 财政年度预算说明中的介绍，约 70% 的失业者在培训后找到了新的工作。在德国，培训在降低青年人失业率方面发挥了很大的作用。雇主一般都要制定青年学徒培训计划，并在公共的职业培训学校和工作场所开展这类计划。在法国，培训在促进失业人员创办微型企业进而实现再就业这一方面做得比较成功。培训机构对于有意自行创办微型企业的失业者，有针对性地进行生产、经营、管理、销售、财务等方面的培训。通过这些努力，大部分受训者能够实现自谋职业，有些人还能吸纳他人就业。

3. 企业在加强职业教育和培训方面的职责。企业应当按照国家有关规定提取职工教育经费，对劳动者进行职业技能培训和继续教育培训。企业违反《就业促进法》的规定，未提取或未足额提取职工教育经费，或者挪用职工教育经费的，由劳动行政部门责令改正，并依法给予处罚。

4. 职业教育和培训机构在加强职业教育和培训方面的职责。职业院校、职业技能培训机构应当与企业密切联系，实行产教结合，为经济建设服务，培养实用人才和熟练劳动者。

【资料链接】

《中华人民共和国国民经济和社会发展第十四个五年规划和 2035 年远景目标纲要》提出，增强职业技术教育适应性。突出职业技术（技工）教育类型特色，深入推进改革创新，优化结构与布局，大力培养技术技能人才。完善职业技术教育国家标准，推行"学历证书＋职业技能等级证书"制度。创新办学模式，深化产教融合、校企合作，鼓励企业举办高质量职业技术教育，探索中国特色学徒制。实施现代职业技术教育质量提升计划，建设一批高水平职业技术院校和专业，稳步发展职业本科教育。深化职普融通，实现职业技术教育与普通教育双向互认、纵向流动。

5. 建立职业资格证书制度。职业资格证书制度是我国劳动就业制度的一项重要内容，是一种特殊形式的就业准入制度，其需要通过考试才能够取得。要获得职业技能资格证书，必须通过职业技能资格鉴定。而所谓职业技能资格鉴定，是指按照国家规定的职业技能标准或任职资格条件，通过政府劳动行政部门认定的考核鉴定机构，对劳动者的技能水平或职业资格进行客观、公正、科学规范的评价与认证的活动。一般而言，职业技能资格鉴定包括技术业务理论（应知）和操作技能（应会）两项内容，将国家职业资格分为初级（五级）、中级（四级）、高级（三级）、技师（二级）、高级技师（一级）5 个级别，并实行逐级考核鉴定。但是，必须明确的是，职业技能资格证书只适用于涉及公共安全、人身健康、生命财产安全等特殊工种的领域，因为这些领域对从事该领域工作的劳动者具有特殊的要求。而其他领域则对劳动者没有提出特殊要求，因而对劳动者不适用职业技能资格证书制度。

五、实施就业援助

对就业困难人员实施优先扶持和重点帮助的就业援助，是构建社会主义和谐社会的基础工作之一，充分体现了国家和政府对就业困难人员的关怀。《就业促进法》以第六章专章的形式明确规定，各级人民政府应建立健全就业援助制度。具体而言，包括以下四个方面：

1. 就业援助的对象。就业援助的对象，是指因身体状况、技能水平、家庭因素、失去土地等原因难以实现就业，以及在连续失业的一定时间内仍未能实现就业的就业困难人员。就业困难人员的具体范围，由省、自治区、直辖市人民政府根据本行政区域的实际情况予以规定。

【资料链接】

《陕西省就业促进条例》第48条规定的就业困难人员的具体范围为：①法定劳动年龄内的家庭人员均处于失业状况的城市居民家庭成员；②距法定退休年龄10年以内的登记失业人员；③连续失业1年以上的登记失业人员；④毕业后超过半年未实现首次就业的大中专院校毕业生；⑤失去土地的被征地农民；⑥失业的残疾人；⑦未就业的城镇退役军人和军烈属；⑧需要抚养未成年人的单亲家庭失业人员；⑨省人民政府确定的其他就业困难人员。

2. 就业援助的措施。

（1）各级人民政府建立健全就业援助制度，采取税费减免、贷款贴息、社会保险补贴、岗位补贴等办法，通过公益性岗位安置等途径，对就业困难人员实行优先扶持和重点帮助。

（2）地方各级人民政府加强基层就业援助服务工作，对就业困难人员实施重点帮助，提供有针对性的就业服务和公益性岗位援助；鼓励和支持社会各方为就业困难人员提供技能培训、岗位信息等服务。

（3）政府投资开发的公益性岗位，应当优先安排符合岗位要求的就业困难人员。对于被安排在社区公益性岗位工作的人员，按照国家规定给予岗位补贴。

（4）各级人民政府采取特别扶助措施促进残疾人就业，要求用人单位按照国家规定安排残疾人就业。

【资料链接】

英国政府规定，城市公用事业工程建设、垃圾清扫、处理和加工、城市公园和街道绿化等部门的工作岗位由公共就业服务部门购买，用以安置就业特困群体就业。法国政府则规定地方政府机构和公益事业部门要拿出一些工作岗位来安排特困失业者就业，并同他们签订"团结就业合同"，安排的对象为50岁以上的长期失业者、最低生活津贴领取者和残疾劳动者等特别长期失业者。德国政府为了帮助东部地区的大批下岗失业职工，设立了安置性企业，并称之为"重新融入社会"工程或"就业和结构发展公司"。瑞典政府设置了市政管理、健康护理、文物保护和森林保护等以工代赈的就业项目来安置缺乏技能、文化水平偏低或年龄偏大的失业者。以色列政府为了解决长期失业者的就业困难，并基于促进经济长远发展和保护生态平衡的考虑，组织长期失业者自愿参加开垦荒地、植树造林、绿化城市和城镇基础建设等生产自救性活动，并发给每人每月相当于540美元的最低工资，期限一般为6个月。

3. 对城市零就业家庭的就业援助。

（1）县级以上人民政府采取多种就业形式，拓宽公益性岗位范围，开发就业岗位，确保城市有就业需求的家庭至少有 1 人实现就业。

（2）街道、社区公共就业服务机构在就业援助中的具体职责。法定劳动年龄内的家庭人员均处于失业状况的城市居民家庭，可以向其住所地的街道、社区公共就业服务机构申请就业援助。街道、社区公共就业服务机构经确认属实的，应当为该家庭成员中的至少 1 人提供适当的就业岗位。

4. 对就业压力大的特定地区的扶持。国家鼓励资源开采型城市和独立工矿区发展与市场需求相适应的产业，引导劳动者转移就业。对于因资源枯竭或者经济结构调整等原因而造成就业困难人员集中的地区，上级人民政府应当给予必要的扶持和帮助。

除了上述政府就业促进的主要措施外，其他就业促进的措施也应予以加强。例如，强化上一级政府对下一级政府就业促进目标责任的监督和考核，审计机关、财政部门对就业专项基金的管理和使用进行监督检查等。

第四章

第五章

劳动合同制度

第一节 劳动合同概述

一、劳动合同的概念及特征

（一）劳动合同的概念

劳动合同，亦称劳动契约。在西方国家，沿用传统立法概念，将劳动合同称为雇佣合同或雇佣契约。我国对劳动合同的定义可分为学理定义和立法定义。在学理上，可将其定义概括为，劳动合同是指劳动关系双方当事人确立、变更、终止劳动权利义务关系的协议。这个概念强调了劳动合同中劳动权利义务关系的广泛性，既包括以劳动合同的形式产生权利义务关系，也包括对劳动权利义务关系的变更和终止。在立法上，《劳动法》第16条规定："劳动合同是劳动者与用人单位确立劳动关系、明确双方权利和义务的协议……"这个定义强调了劳动合同与劳动权利义务之间的紧密关联性，即通过立法引导双方当事人，要使其劳动关系产生预期的法律效力，就必须签订劳动合同。

劳动合同作为劳动者和用人单位确立劳动关系的基本法律形式，是稳定劳动关系、保障劳动过程平稳运行、维护劳动者和用人单位的合法权益、促进经济发展和社会进步的重要手段。这是因为：①以劳动合同作为建立劳动关系的基本形式，是世界各国普遍的做法，也是建立和完善我国社会主义市场经济体制的客观要求。②劳动过程是非常复杂的，也是千变万化的，不同行业、不同单位和不同劳动者在劳动过程中的权利和义务各不相同，国家法律、法规只能对其共性问题作出原则性的规定，而不可能对当事人的权利和义务进行具体规定。这就要求双方当事人依法签订劳动合同，明确相互的权利和义务。③劳动合同是双方当事人履行义务、享受权利的依据，一旦发生劳动争议，则是劳动争议调解委员会、仲裁委员会及人民法院处理劳动争议的依据。

（二）劳动合同的特征

劳动合同除具有一般合同的特征，即平等性、自愿性、目的性外，还具有如下主要特征：

1. 主体的特定性和主体地位上的从属性。劳动合同的主体一方为用人单位，另一方为劳动者。用人单位是指具有用人权利能力和用人行为能力，通过招工或招聘行为雇佣或聘用劳动者的用人主体，包括各种性质的企业、个体经济组织，特定范围劳动用工关系下的国家机关、事业单位以及社会团体，民办非企业单位，依法成立的会计师事务所、律师事务所等合伙组织和基金会等。劳动者是指具有劳动权利能力和劳动行为能力并被用人单位雇佣的自然人。因此，各种社会组织与社会组织之间，社会组织与个体经济组织之间，自然人与自然人之间，因劳务性质而签订的合同都不是劳动合同。即使其签订了所谓的"劳动合同"，也不属于劳动法上的劳动合同，并且不由劳动法调整。主体地位上的从属性，是指人格的从属性和经济的从属性。[1] 人格的从属性是指劳动者需服从工作规则、单位指令；经济的从属性是指劳动者并不是为自己营业劳动，而是从属于他人，为他人的目的而劳动，其在经济上不具有独立性。

2. 较强的法定性。劳动合同是双方当事人在平等、自愿的基础上缔结的协议，具体的劳动权利与劳动义务允许由双方当事人协商议定。但是，由于劳动关系的人身从属性特征，使得劳动者在签订劳动合同时，其也可能成为附属性的一方而丧失独立意志。所以，劳动合同双方当事人在缔结劳动合同、确定劳动权利与义务时，不得违背国家法律和行政法规的规定。例如，为了切实保障劳动者的合法权益，国家法律在工时休假制度、最低工资待遇、劳动保护条件、社会保险待遇等方面均有基准规定，这就要求当事人的意志不得违背国家规定，必须在国家法律、法规许可的范围内确定具体的劳动权利和义务，以形成劳动合同关系。另外，由于集体合同具有劳动基准法的效力，因此劳动合同也不得违背集体合同的规定。劳动合同的法定性体现了以合同形式建立的劳动关系与一般民事关系之间的差别。民商法的意思自治原则使其所调整的民商事合同均建立在当事人意思自治的基础上，当事人间权利义务关系的确立，鲜受国家意志的强力干预。因此，合同当事人的选择、合同内容、合同形式、合同解除、合同争议的解决方式等均由当事人自行协商。

3. 劳动合同往往涉及第三人的物质利益。劳动者的配偶、父母及子女均不是合同当事人，但因劳动合同的某些条款或履行结果而与劳动合同发生紧密联系，如劳动者子女的就学问题，劳动者家属的住房问题及其他特殊困难等。当劳动者因生育、年老、患病、工伤、残废、死亡等原因，部分或全部、暂时或永久地丧失劳动能力时，用人单位不仅要对劳动者本人给予一定的物质帮助，而且也要对劳动者所供养的直系亲属给予一定的物质帮助。对工资的衡量，无论是双方协商确定的工资还是国家规定的最低工资，都包含着劳动者家庭成员的基本生活费用。

4. 合同履行中劳动者主体的从属性。在劳动合同的履行中，劳动者必须加入用人单位的组织，成为用人单位的普通一员。劳动者必须服从用人单位的劳动纪律和规章制度，接受用人单位的管理和监督。这种从属性是由社会化大生产所决定的，法律只是对这种从属性进行确认。但必须明确的是，这种从属性必须是在法律许可限度内的从属性。也就是说，用人单位对劳动者的管理和监督，用人单位依据劳动纪律和规章制度对劳动者的支配，必须具有合法性，并且禁止任何对劳动者的违法管理和支配。

5. 劳动合同的目的在于劳动过程的实现，而不只是劳动成果的给付。劳动过程是一个相当复杂的过程，有的劳动直接创造价值或实现价值，有的劳动则是间接地帮助创造或实现价值；有的劳动成果在当时就能加以衡量，有的劳动成果则要在将来才能看到。例如，对劳动者的职业培训也是劳动过程的一个重要组成部分，劳动者在接受培训的期间，其不但不创造价值，而且还需要单位为他们支付相当的学费。但只要他们完成了学习任务，就实现了该阶段的劳动过程。因此，劳动合同的目的在于劳动过程的实现。当然，这

---

[1] 参见黄越钦：《劳动法新论》，中国政法大学出版社 2003 年版，第 96 页。

一特征并不排除劳动合同对劳动成果的要求。

二、劳动合同的种类

依据不同的标准，可对劳动合同作多种分类，其中具有法律意义的分类主要有：

1. 以合同期限为标准进行分类，劳动合同可分为有固定期限的劳动合同、无固定期限的劳动合同和以完成一定的工作为期限的劳动合同。这种分类是世界各国对劳动合同的普遍立法通例，我国《劳动法》、《劳动合同法》及其配套法规也采取了这种分类。

有固定期限的劳动合同，也称为定期劳动合同，是指双方当事人在劳动合同中约定一个明确的合同期限，期限届满可以依法续订，否则就终止双方的权利义务关系的劳动合同种类。这种劳动合同种类往往参考或依据用人单位的性质、工作特点、劳动者的履历等诸多因素予以订立。有固定期限劳动合同的优点是适用范围广，应变能力强，既能保持劳动关系的相对稳定，又能促进劳动力的合理流动；缺点是容易产生短期化问题，影响劳动关系的和谐稳定。

无固定期限的劳动合同，也称为不定期劳动合同，是指用人单位与劳动者约定的无确定终止时间的劳动合同。不定期劳动合同关系比定期劳动合同关系更稳定。由于不定期劳动合同对劳动者的就业保护具有一定程度上的优势，尤其是就防止用人单位在使用完劳动者的"黄金年龄段"后不再使用劳动者这一方面而言，不定期劳动合同更为有效。因此，许多国家和地区在立法中将此类合同作为常规性合同，放在较高的地位，并通过立法规范来保护一定范围内的劳动者。2007年6月29日第十届全国人大常委会第二十八次会议通过并自2008年1月1日起施行的《劳动合同法》的第14条第2、3款对无固定期限的劳动合同作了全面规定："用人单位与劳动者协商一致，可以订立无固定期限劳动合同。有下列情形之一，劳动者提出或者同意续订、订立劳动合同的，除劳动者提出订立固定期限劳动合同外，应当订立无固定期限劳动合同：（一）劳动者在该用人单位连续工作满十年的；[1]（二）用人单位初次实行劳动合同制度或者国有企业改制重新订立劳动合同时，劳动者在该用人单位连续工作满十年且距法定退休年龄不足十年的；（三）连续订立二次固定期限劳动合同，且劳动者没有本法第三十九条和第四十条第一项、第二项规定的情形，续订劳动合同的。用人单位自用工之日起满一年不与劳动者订立书面劳动合同的，视为用人单位与劳动者已订立无固定期限劳动合同。"

【资料链接】

1. 我国台湾地区的"劳动基准法"规定，只有临时性、短期性、季节性及特定性的工作，才能订立定期劳动合同。凡是继续性的工作，都应当订立不定期劳动合同。德国法律规定，定期劳动合同的最长期限不得超过5年；如果是第二次续订定期劳动合同，就要订立不定期劳动合同。比利时法律规定，定期劳动合同期满后，当事人继续履行合同的，

---

〔1〕 实践中存在一种误解，认为这里的"连续工作满十年"应当从2008年1月1日起开始计算连续10年。《劳动合同法实施条例》第9条规定："劳动合同法第十四条第二款规定的连续工作满10年的起始时间，应当自用人单位用工之日起计算，包括劳动合同法施行前的工作年限。"

定期劳动合同自动转化为不定期劳动合同。

2. "无固定期限劳动合同"在我国并非"铁饭碗""终身制",只要出现《劳动合同法》规定的情形,不论用人单位还是劳动者,都有权依法解除劳动合同。

以完成一定工作为期限的劳动合同,是指双方当事人把完成某一项工作或劳动任务作为劳动关系的存续期间,约定任务完成后合同即自行终止的劳动合同。虽然其期限长短要视工作的进展情况而定,然而,因为一项工作最终是要完成的,而且其被完成的时间一般也是可以大致确定的,因此,以完成一定的工作为期限的劳动合同,本质上仍然是一种有固定期限的劳动合同。同时,此类合同不存在续订问题,因为它一般适用于铁路、公路、桥梁、水利、建筑以及工作无连续性等特定项目。比如"工程筹备期间""农副产品收购期间""旅游团滞留期间"等,均可能成为劳动合同的有效期限。

2. 以用工形式的不同为标准进行分类,劳动合同可分为典型劳动合同、非典型劳动合同。典型劳动合同就是依据《劳动合同法》的一般规定而订立的劳动合同;非典型劳动合同就是依照《劳动合同法》的特别规定而订立的劳动合同。二者在其形成所需要的劳动条件方面有较大的不同。在《劳动合同法》规定的非典型劳动合同之外的劳动合同均属典型劳动合同。非典型劳动合同主要包括两种:劳务派遣合同和非全日制劳动合同。劳务派遣合同是指劳务派遣单位(用人单位)与被派遣的劳动者订立劳动合同后,再与接受以劳务派遣形式用工的单位(用工单位)订立劳务派遣协议,将被派遣的劳动者派遣至用工单位,从而形成的非典型劳动合同。因此,劳务派遣合同的法律关系涉及被派遣的劳动者、用人单位、用工单位三方。依据《劳动合同法》的规定,非全日制劳动合同是指劳动者和用人单位签订的,以小时计酬为主,劳动者在同一用人单位一般平均每日工作时间不超过4小时,每周工作时间累计不超过24小时的非典型劳动合同。

3. 以用人单位的所有制性质为标准进行分类,劳动合同可分为国有单位劳动合同、集体单位劳动合同、私营企业劳动合同、外商投资企业劳动合同、个体经济组织劳动合同等。在我国现阶段,虽然还有必要按照用人单位的所有制性质对劳动合同进行分类,但其划分意义已大大降低。

4. 以劳动合同的存在形式为标准进行分类,劳动合同可分为书面劳动合同、口头劳动合同。

另外,还可按照劳动者的岗位性质、劳动者的国籍等标准进行不同的分类。

三、劳动合同的作用

劳动合同是劳动者和用人单位确立劳动关系的基本法律形式。它对于实现法律对劳动关系的调整、保障劳动过程的平稳运行、维护劳动者和用人单位的合法权益、加强企业的规范化运作、促进经济发展和社会进步等方面都具有重要的意义。

(一)劳动合同是实现劳动者劳动权的法律形式

劳动权的基本精神在于劳动者享有劳动的自由和平等的工作机会,任何组织和个人不得非法妨碍、阻止甚至剥夺劳动者的劳动权利。劳动合同的基础是平等,双方当事人在劳动力市场上进行平等选择,自由行使各自的权利。劳动合同是合同双方确立权利义务关系的法律形式,即劳动合同一经签订,用人单位就负有保障劳动权利实现的法定和约定义务；劳动者也必须按照劳动合同的约定，全面履行劳动义务。非经法律规定，用人单位不得解除劳动合同，否则将承担相应的法律责任。

（二）劳动合同是维护双方当事人合法权益的重要手段

在《劳动合同法》中，劳动关系双方当事人的权利义务主要通过劳动合同来实现，并赋予劳动合同较高的法律地位。《劳动合同法》要求，用人单位在与劳动者确立劳动关系时，应当签订劳动合同，其立法目的在于权利义务的规范化、明确化，防止用人单位不当解雇劳动者，违反约定支付劳动报酬和不提供劳动保护条件。同时，在劳动者违约或非法辞职的条件下，用人单位能够追究其法律责任。另外，通过劳动合同可以约束双方当事人的行为，保障劳动关系的稳定。

（三）劳动合同是用人单位提高劳动生产率的重要措施

劳动合同体现了双方当事人平等的选择权。作为用人单位，招收、录用劳动者的目的在于利润的最大化，因此，实现人力资源的最佳配置就成为用人单位的重要任务。在现代劳动力产权制度下，用人单位可以通过有关劳动合同的期限、工作岗位、劳动报酬、劳动纪律、合同约定的终止条件以及培训、保密、企业年金等条款，结合劳动者的学历、履历、技能以及身体状况，实现人尽其才的目标。用人单位和劳动者均享有依法订立、变更、解除劳动合同的权利，劳动者能自由选择用人单位，从而可以促进劳动力的流动，提高企业的劳动生产率。

（四）劳动合同有利于防止和减少纠纷

劳动合同的效力在于其对双方当事人均具有约束力。劳动合同一经签订，双方当事人必须全面地、亲自地履行合同。双方实施任何违约行为，均应承担相应的法律责任；任何权利的享有，均以承担和履行义务为前提。劳动合同的法律属性可以有效地防止和减少劳动争议的发生，保证劳动关系的顺畅有序运行。现实生活中存在着大量的事实劳动关系，由于双方当事人没有签订劳动合同，导致劳动关系处于一种松散的状态。任意辞退和随意离职的现象引起大量的劳动争议，均给劳动关系双方带来一定程度的问题和损失，也在一定程度上影响了经济秩序和社会的稳定。

四、劳动合同与劳务合同

劳务合同是一种以劳务为标的的合同类型，主要包括加工承揽合同、运输合同、保管合同、建设工程承包合同、委托合同、居间合同等。劳动合同与劳务合同的共同点在于双方都包含一定量的劳动，以及都具有一定的财产性和人身性。此外，报酬的多少，均与一定的劳动数量与质量相联系。因此，有必要在理论上明确二者之间的区别。

一般来说，二者主要有以下几点区别：

1. 在主体上，劳务合同的主体既可以都是自然人，也可以都是法人或其他组织，即劳务提供者的资格不受劳动法律法规的限制。也就是说，劳务提供者也包括法人或其他社会组织。而劳动合同的主体是特定的，一方只能是用人单位，即法人与其他组织，另一方只能是自然人。而且，提供劳务者只能是自然人一方；而劳动提供者的资格受到劳动法律法规的严格限制。例如，个人家庭请他人装修住宅、制作家具的合同，某银行和某清洁公司签订关于清洁服务的协议，以及家庭保姆或为家庭提供劳务的钟点工等与雇主之间的合同是劳务合同，而不是劳动合同。

2. 在主体间的法律地位上，无论是在劳务合同签订前还是在劳务合同的履行过程中，劳务合同双方当事人的法律地位都是平等的。而在签订劳动合同前，即在建立劳动关系前，劳动者与用人单位之间的地位是平等的；在签订劳动合同的过程中，双方也必须遵循平等自愿、协商一致的原则；但劳动合同签订后，劳动者成为用人单位的职工，处于用人单位的领导之下。劳动者必须遵守用人单位的规章制度，服从管理，劳动关系具有隶属性特征。

3. 在劳动内容上，劳务合同所追求的目标是物化的或非物化的劳动成果；劳动合同虽然也涉及具体的劳动数量和质量，但这并非劳动合同之根本目标，其根本目标应是劳动者提供的劳动行为，即劳动者在一定劳动条件下的具体劳动过程。因此，劳动合同中的劳动过程和劳动条件，就成为劳动合同必不可少的内容。例如，在工厂的流水线上工作的职工，每个劳动者所提供的劳动只是劳动的过程，换言之，一般不要求劳动者提供劳动成品，只要劳动者付出了劳动，其就应当获得劳动报酬；劳务合同一般要求劳动者提供劳动成果，如前面所述的家庭装修、家具制作等，家庭装修者或家具制作者要按照约定提供装修效果或制作出家具，即只有在提供劳动成果后，劳动者才能获得劳务费用。

4. 在生产资料的使用归属上，在劳务合同中，劳务提供者所使用的生产资料是自己提供的，而且由其承担生产资料与劳务活动相结合所带来的各种风险；在劳动合同中，劳动者使用和改造的生产资料是用人单位提供的，并且劳动者不承担生产劳动过程中的各种风险。

5. 在酬金计算和反映的性质上，劳务合同的酬金计算依据市场价格来衡量，其支付方式及次数由双方约定，反映了商品交换的性质；劳动合同的报酬计算依据法律的规定以及当事人的约定来衡量，其支付方式及支付时间受到劳动法律法规的严格制约，反映了按劳分配的性质。

另外，劳务合同与劳动合同具有不同的法律属性，由不同的法律部门调整。

第二节　劳动合同的形式和内容

一、劳动合同的形式

劳动合同的形式是指劳动合同内容存在的方式，即劳动合同双方当事人意思表示一致的外部表现。各国对于劳动合同可以或应当以什么形式存在，都由立法明确规定。劳动合同的形式有口头形式和书面形式。《劳动合同法》《劳动合同法实施条例》对劳动合同的形式有以下规定：

（一）劳动合同应当采用书面形式

《劳动合同法》第 10 条第 1 款明确规定，劳动合同应当以书面形式订立。据此，劳动合同应当采取书面形式。之所以这样规定，主要是基于下述考虑：①劳动合同的内容较为复杂，以书面形式订立劳动合同，有利于当事人正确履行义务，也便于劳动合同的监督管理，发生劳动争议后也有据可查，便于分清是非、明确责任，从而公正、及时地处理问题。特别是在当前我国劳动合同法制程度还不高，当事人的劳动法律意识还相当淡薄，司法人员的执法素质也有待提高的情况下，以书面形式签订劳动合同就显得尤为重要和必要。②现实中有很多不订立书面劳动合同的情况。由于一些用人单位与劳动者的法律意识薄弱，或者一些用人单位利用其优势地位，违反法律规定，故意拖延或者拒绝与劳动者签订书面劳动合同，逃避其应当履行的劳动合同义务，任意解除劳动关系，这极大地损害了劳动者的合法权益。因此，针对这种情况，极有必要进行相应的规制。③书面劳动合同能够增强合同当事人的责任感，促使合同所规定的各项义务得以全面履行。

（二）未在建立劳动关系的同时订立书面劳动合同的情况的处理

建立劳动关系，应当签订书面劳动合同，对于没有签订书面劳动合同的，按以下原则处理：

1. 用人单位自用工之日起即与劳动者建立劳动关系。[1] 即使用人单位没有与劳动者订立劳动合同，只要存在用工行为，该用人单位与劳动者之间的劳动关系即视为成立，与用人单位存在事实劳动关系的劳动者即享有劳动法律规定的权利。《劳动合同法》规定，引起劳动关系产生的法律事实是用工，其目的是保护事实劳动关系中的劳动者权益，而不是肯定用人单位不与劳动者订立劳动合同的行为。

2. 已建立劳动关系，未同时订立书面劳动合同的，如果用人单位在自用工之日起1个月内与劳动者订立了书面劳动合同，其行为不违法。自用工之日起1个月内，经用人单位书面通知后，劳动者不与用人单位订立书面劳动合同的，用人单位应当书面通知劳动者终止劳动关系，且无需向劳动者支付经济补偿，但是应当依法向劳动者支付其实际工作时间的劳动报酬。

3. 用人单位未在用工的同时订立书面劳动合同，与劳动者约定的劳动报酬又不明确的，新招用的劳动者的劳动报酬按照集体合同规定的标准执行；没有集体合同或者集体合同未规定的，实行同工同酬。

4. 用人单位自用工之日起超过1个月不满1年未与劳动者订立书面劳动合同的，应当依《劳动合同法》第82条的规定向劳动者每月支付2倍的工资，并与劳动者补订书面劳动合同；劳动者不与用人单位订立书面劳动合同的，用人单位应当书面通知劳动者终止劳动关系，并依照《劳动合同法》第47条的规定支付经济补偿。这里规定的用人单位向劳动者每月支付2倍工资的起算时间为用工之日起满1个月的次日，截止时间为补订书面劳动合同的前1日。

5. 用人单位自用工之日起满1年未与劳动者订立书面劳动合同的，自用工之日起满1个月的次日至满1年的前1日应当依照《劳动合同法》第82条的规定向劳动者每月支付2倍的工资，并视为自用工之日起满1年的当日已经与劳动者订立无固定期限劳动合同，应当立即与劳动者补订书面劳动合同。[2]

（三）非全日制用工劳动合同的形式

根据《劳动合同法》第69条的规定，非全日制用工的劳动合同既可以是书面形式，

---

〔1〕 用人单位与劳动者在用工前订立劳动合同的，劳动关系自用工之日起建立。

〔2〕 对于双倍工资应支付到何时，在《劳动合同法实施条例》出台前，学界也有争议。《劳动合同法实施条例》出台后，明确了双倍工资最多可支付11个月，用人单位向劳动者每月支付2倍工资的起算时间为用工之日起满1个月的次日，截止时间为补订劳动合同的前1日。自用工之日起满1年仍未签订劳动合同的，自用工之日起满1个月的次日至满1年的前1日都应支付2倍工资，满1年的当日就则视为用人单位与劳动者已经签订了无固定期限合同。

也可以是口头形式。由于非全日制用工具有复杂性、多样性的用工特点，这类劳动关系以口头协议形式确立，较为直接、简便、快捷。

二、劳动合同的内容

劳动合同的内容是指劳动者与用人单位通过平等协商而约定的具体的劳动权利义务的条款。《劳动合同法》对劳动合同内容的规定分为两部分，即必备条款和可备条款。必备条款，也称法定条款，是法律规定劳动合同必须经协商而载明的条款，它体现了当事人意志与国家意志的有机结合，集中反映了劳动关系的本质和运行规律。可备条款是法律规定双方当事人可协商约定的条款，它体现了当事人的意志，是对劳动关系运行的积极补充。必备条款和可备条款具有统一性。

（一）必备条款

《劳动合同法》第 17 条第 1 款规定，劳动合同应当具备以下必备条款：用人单位的名称、住所和法定代表人或者主要负责人；劳动者的姓名、住址和居民身份证或者其他有效身份证件号码；劳动合同期限；工作内容和工作地点；工作时间和休息休假；劳动报酬；社会保险；劳动保护、劳动条件和职业危害防护；法律、法规规定应当纳入劳动合同的其他事项。具体包括：

1. 用人单位的名称、住所和法定代表人或者主要负责人。这一项内容的目的是明确劳动合同中用人单位一方的主体资格。用人单位的名称是指用人单位的全称；住所指用人单位的主要办事机构所在地；法定代表人是依照法律规定或公司章程的规定，代表用人单位行使职权的负责人；主要负责人应为法定代表人以外的能够代表用人单位行使职权的人。

2. 劳动者的姓名、住址和居民身份证或者其他有效身份证件号码。这一项内容的目的是明确劳动合同中劳动者一方的主体资格。劳动者姓名应是劳动者户口登记和身份证一致的姓名；劳动者的住址以其户籍所在地的居住地为住所，其经常居住地与住所不一致的，经常居住地视为住所；居民身份证号码，即居民身份证上记载的号码；其他有效证件是能够证明劳动者身份的合法有效证件，如护照。

3. 劳动合同期限。劳动合同期限是指合同的有效期间，即劳动权利义务关系的存续期限。劳动合同的期限分为有固定期限、无固定期限和以完成一定的工作为期限三种，由双方当事人协商选择采用。

4. 工作内容和工作地点。工作内容是指劳动者应为用人单位提供的劳动，包括工作岗位与工作任务和要求。这是劳动者应履行的劳动合同的主要义务，须在合同中加以明确规定。在劳动合同中必须订明工作岗位，即劳动者进入用人单位后担任何种工作或职务，这也与法律规定的有关解除劳动合同的条件密切相关。至于要求劳动者完成的工作任务或劳动定额，应根据用人单位的具体情况，有必要的，加以具体规定；不宜具体规定的，作出原则性的规定即可。工作地点是劳动合同的履行地，是劳动者从事劳动合同所规定的工作内容的地点，劳动者有权在与用人单位建立劳动关系时知悉自己的工作地点。

5. 工作时间和休息休假。工作时间是指劳动者用来完成其所担负的工作任务的时间，包括工作时间的长短，工作时间的确定方式等。劳动合同约定的工作时间，应当遵守劳动法及相关法律法规的规定。休息休假是指劳动者按规定不必进行工作而自行支配的时间。

休息休假的权利是每个国家的劳动者都应享受的权利。用人单位在与劳动者约定休息休假的事项时，应当遵守劳动法及相关法律法规的规定。

6. 劳动报酬。按约定向劳动者支付报酬，是用人单位的一项基本义务。劳动报酬是指劳动者参加社会劳动，按约定标准从用人单位处获得的劳动收入。劳动者的劳动报酬主要以货币的形式实现，其中，工资是劳动报酬的基本形式，奖金与津贴也是劳动报酬的组成部分。在劳动合同中要求明确规定工资标准或工资的计算办法，工资的支付方式，奖金、津贴的获得条件及标准。在确定工资条款时要特别注意，工资的约定标准不得低于当地的最低工资标准，也不得低于本单位集体合同中规定的最低工资标准。

7. 社会保险。社会保险一般包括医疗保险、养老保险、失业保险、工伤保险和生育保险等。社会保险由国家强制实施，因而成为劳动合同中不可缺少的内容。

8. 劳动保护、劳动条件和职业危害防护。劳动保护是指用人单位为了保障劳动者在劳动过程中的身体健康与生命安全，预防伤亡事故和职业病的发生而采取的有效措施。在劳动保护方面，凡是国家有规定标准的，用人单位必须按国家标准执行，劳动合同约定的标准只能高于国家标准，而不得低于国家标准；国家没有规定标准的，劳动合同中的约定标准以不使劳动者的生命安全受到威胁、身体健康受到侵害为前提条件。劳动者有特别要求，经用人单位协商同意的，亦应在劳动合同中写明。劳动条件是指劳动者完成劳动任务的必要条件。[1] 用人单位只有在保证提供必要的劳动条件的前提下，才能要求劳动者完成其所给付的劳动任务。因此，劳动条件也是劳动合同中不可缺少的内容。特别是劳动过程对劳动条件有特别要求的，双方当事人应在合同中明确具体地加以规定，以避免劳动纠纷的发生，同时也有利于用人单位生产、经营及管理计划的实现。

【资料链接】

《劳动合同法》规定的劳动合同必备条款与《劳动法》的有关规定相比，有较大变化：

1. 增加了下述必备条款：①用人单位的名称、住所和法定代表人或者主要负责人，劳动者的姓名、住址和居民身份证或者其他有效证件号码等。原因是这些内容是劳动关系双方主体的基本情况，应当在劳动合同中予以明确。②工作地点。原因是实践中，劳动者的工作地点可能与用人单位住所地不一致，有必要在订立劳动合同时予以明确。③工作时间和休息休假。原因是为了在法定标准的基础上，进一步明确劳动者的具体工作时间和休息休假安排。④社会保险。依法参加社会保险和缴纳社会保险费，是用人单位和劳动者的法定义务，无论用人单位与劳动者对此是否作出约定、如何约定，双方均应依法参加社会保险和缴纳社会保险费。增加社会保险这一条款的原因，是为了强化用人单位和劳动者的社会保险权利义务意识。⑤职业危害防护。《职业病防治法》规定，用人单位与劳动者订立劳动合同时，应当将工作过程中可能产生的职业病危害及其后果、职业病防护措施和待遇等内容如实告知劳动者，并在劳动合同中写明，不得隐瞒或者欺骗。为了做好与《职业病防治法》以上规定的衔接，以促进该条款的落实，《劳动合同法》中增加了职业危害防

---

[1] 这里的劳动条件指的是狭义的劳动条件；广义的劳动条件一般包括工资、工时、休息休假、劳动安全卫生等内容。

护这一条款。

2. 删去了下述必备条款：①劳动纪律。原因是劳动纪律属于用人单位的规章制度，《劳动合同法》第4条已经对用人单位制订、修改劳动纪律等规章制度的程序作出了规定，没有必要在劳动合同中由用人单位与劳动者作个别约定。②劳动合同终止的条件。原因是为了防止用人单位规避劳动合同期限的约束，随意终止劳动合同。《劳动合同法》取消了《劳动法》中有关用人单位与劳动者可以约定终止劳动合同的规定，明确劳动合同的终止是法定行为，只有符合法定情形，劳动合同才能终止。③违反劳动合同的责任。原因是防止用人单位滥用违约责任条款。[1]《劳动合同法》规定，只有在依法约定的服务期、竞业限制、保守商业秘密[2]等条款中，用人单位才能与劳动者约定违约金。

（二）可备条款

可备条款，也称约定条款，是指在必备条款之外，双方当事人根据具体情况，在协商一致的基础上确定的条款。缺乏可备条款不影响劳动合同的成立，但可备条款对弥补必备条款的不足，全面、完全地实现劳动过程而言，具有一定的积极意义。《劳动合同法》第17条第2款规定："劳动合同除前款规定的必备条款外，用人单位与劳动者可以约定试用期、培训、保守秘密、补充保险和福利待遇等其他事项。"这里所规定的"试用期、培训、保守秘密、补充保险和福利待遇"，都属于可备条款。

1. 试用期条款。试用期是用人单位和劳动者为相互了解、选择而依法约定的考察期，多规定于初次就业、新上岗劳动者的劳动合同中。约定试用期的目的在于考察劳动者是否符合录用条件，用人单位所介绍的劳动条件是否符合实际情况，从而使劳动者和用人单位在试用期内对彼此的情况作进一步的了解，并根据实际情况和法律规定作出是否履行或解除劳动合同的决定。约定试用期应遵守以下规定：

（1）试用期包含在劳动合同的期限内。劳动合同仅约定试用期的，试用期不成立，该期限为劳动合同期限。

（2）同一用人单位与同一劳动者只能约定一次试用期。

（3）试用期最长不得超过6个月。《劳动法》规定，试用期最长不得超过6个月。《劳动合同法》第19条第1~3款规定："劳动合同期限三个月以上不满一年的，试用期不得超过一个月；劳动合同期限一年以上不满三年的，试用期不得超过二个月；三年以上固定期限和无固定期限的劳动合同，试用期不得超过六个月。同一用人单位与同一劳动者只能约定一次试用期。以完成一定工作任务为期限的劳动合同或者劳动合同期限不满三个月的，不得约定试用期。"

（4）试用期的法律意义。试用期的法律意义体现在合同的解除、最低工资的保护等若干方面，具体表现为：在试用期中，除劳动者有《劳动合同法》第39条和第40条第1、2项规定的情形外，用人单位不得解除劳动合同，用人单位在试用期解除劳动合同的，应当向劳动者说明理由；劳动者在试用期内提前3日通知用人单位，可以解除劳动合同；劳动

---

[1]　参见《〈中华人民共和国劳动合同法〉宣传提纲》。

[2]　由于《劳动合同法》第23、25条的相关内容规定得不明确，因此对此存在不同的认识。例如，有人认为，在保守商业秘密条款中，用人单位不能与劳动者约定违约金。

者在试用期的工资不得低于本单位相同岗位最低档工资的 80%或者不得低于劳动合同所约定的工资的 80%，并不得低于用人单位所在地的最低工资标准等。

2. 服务期条款。服务期条款是指劳动合同双方当事人约定，由用人单位提供专项培训待遇的劳动者，必须为用人单位提供服务满其所约定的期限，并且在期限内不得单方解除劳动合同的条款。用人单位与劳动者约定履行服务期义务的前提是，单位为劳动者提供了专项培训待遇，否则就是对劳动者的法定单方劳动合同解除权的不当限制。

《劳动合同法》第 22 条规定："用人单位为劳动者提供专项培训费用，对其进行专业技术培训的，可以与该劳动者订立协议，约定服务期。劳动者违反服务期约定的，应当按照约定向用人单位支付违约金。违约金的数额不得超过用人单位提供的培训费用。用人单位要求劳动者支付的违约金不得超过服务期尚未履行部分所应分摊的培训费用。用人单位与劳动者约定服务期的，不影响按照正常的工资调整机制提高劳动者在服务期期间的劳动报酬。"《劳动合同法实施条例》第 16 条规定，《劳动合同法》第 22 条第 2 款规定的培训费用，包括用人单位为了对劳动者进行专业技术培训而支付的有凭证的培训费用、培训期间的差旅费用以及因培训产生的用于该劳动者的其他直接费用。《劳动合同法实施条例》第 17 条规定，劳动合同期满，但是用人单位与劳动者依照《劳动合同法》第 22 条的规定约定的服务期尚未到期的，劳动合同应当续延至服务期满；双方另有约定的，从其约定。《劳动合同法实施条例》第 26 条第 1 款规定，用人单位与劳动者约定了服务期，劳动者依照《劳动合同法》第 38 条的规定解除劳动合同的，不属于违反服务期的约定，用人单位不得要求劳动者支付违约金。劳动者因过错被解除劳动合同的，劳动者应当按照服务期协议的约定向用人单位支付违约金。

3. 保密条款。劳动过程涉及商业秘密的，当事人应当对有关的保密事项在劳动合同中予以明确规定，使之成为劳动合同的一项条款。所谓商业秘密，根据《反不正当竞争法》第 9 条的规定，是指不为公众所知悉，能为权利人带来经济利益，具有实用性并经权利人采取保密措施的技术、经营信息（如产品、方法、配方、工艺、通信、客户情报、财务状况、经营管理方法等）。

《劳动法》第 22 条规定："劳动合同当事人可以在劳动合同中约定保守用人单位商业秘密的有关事项。"《劳动法》第 102 条规定："劳动者……违反劳动合同中约定的保密事项，对用人单位造成经济损失的，应当依法承担赔偿责任。"《劳动合同法》第 23 条第 1 款规定："用人单位与劳动者可以在劳动合同中约定保守用人单位的商业秘密和与知识产权相关的保密事项。"

在市场经济条件下，竞争是核心，而商业秘密是重要的竞争手段，有些商业秘密直接关系到用人单位的生存与发展。如果不设定保密事项条款，有的劳动者就可能带着用人单位的商业秘密另谋职业，通过擅自泄露或使用原用人单位的商业秘密而谋取更高的个人利益。如果没有对保守商业秘密作事先约定，用人单位往往难以通过法律追究其责任，从而导致其遭受重大经济损失。为了保护自己的权益，用人单位可以在合同中就保守商业秘密的具体内容、方式、时间等与劳动者进行约定，以防止自己的商业秘密被侵占或泄露。劳动者因违反约定给用人单位造成损失的，要承担赔偿责任。需要指出的是，如果用人单位未采取任何保密措施，劳动者把其信息泄露出去的，不构成对其商业秘密的侵犯。

4. 竞业限制条款。竞业限制条款是指限制劳动者在合同关系消灭后的一定期间内，参与或者从事与原用人单位同业竞争的活动，以保护原用人单位的商业秘密的合同条款。竞业限制条款一般包括竞业限制的具体范围、竞业限制的期限、补偿费的数额及支付方法，以及违约责任等内容。

《劳动合同法》第23条第2款、第24条对竞业限制作了较为全面的规定：①对负有保密义务的劳动者，用人单位可以在劳动合同或者保密协议中与劳动者约定竞业限制条款，并约定在解除或者终止劳动合同后，在竞业限制期限内按月给予劳动者经济补偿。劳动者违反竞业限制约定的，应当按照约定向用人单位支付违约金。②竞业限制的人员限于用人单位的高级管理人员、高级技术人员和其他负有保密义务的人员。竞业限制的范围、地域、期限由用人单位与劳动者约定，竞业限制的约定不得违反法律、法规的规定。③在解除或者终止劳动合同后，竞业限制的人员到与本单位生产或者经营同类产品，或者从事同类业务的有竞争关系的其他用人单位就业，或者自己开业生产或者经营同类产品的，从事同类业务的竞业限制期限，不得超过2年。

《最高人民法院关于审理劳动争议案件适用法律若干问题的解释（一）》对实务中竞业禁止的疑难问题作了进一步的解释：当事人在劳动合同或者保密协议中约定了竞业限制，但未约定解除或者终止劳动合同后给予劳动者经济补偿，劳动者履行了竞业限制义务的，有权要求用人单位按照前12个月平均工资的30%按月支付经济补偿；当事人在劳动合同或者保密协议中约定了竞业限制和经济补偿，当事人解除劳动合同时，除另有约定外，用人单位有权要求劳动者履行竞业限制义务，或者劳动者在其履行了竞业限制义务后，有权要求用人单位支付经济补偿；当事人在劳动合同或者保密协议中约定了竞业限制和经济补偿，劳动合同解除或者终止后，因用人单位的原因导致3个月未支付经济补偿的，劳动者有权请求解除竞业限制的约定；在竞业限制期限内，用人单位有权请求解除竞业限制协议，在解除竞业限制协议时，劳动者有权请求用人单位额外支付劳动者3个月的竞业限制经济补偿；劳动者违反竞业限制约定，向用人单位支付违约金后，用人单位有权要求劳动者按照约定继续履行竞业限制义务。[1]

需要指出的是，保守商业秘密是劳动者的法定义务，知悉用人单位商业秘密的劳动者不仅在用人单位工作期间要履行这一义务，而且在离开用人单位后仍然要履行这一法定义务。这一点和竞业禁止义务的一个本质区别是，竞业禁止义务强调的是其在劳动者不再为用人单位工作的期间内是双方约定的义务，且用人单位需要支付劳动者以补偿；而对于法定的保守用人单位商业秘密的义务，无论劳动者是否在用人单位工作，其均是法定义务，用人单位无给予知悉其商业秘密的劳动者以补偿的法定义务。

5. 违约金和赔偿金条款。在劳动合同中对劳动者的违约行为设定违约金和赔偿金条款是世界各国的通行做法，但各国法律对此规定不一。大多数国家的立法一般不规定"违约金条款"，这主要是考虑到劳动者的弱势地位，其承担赔偿责任的能力极为有限，而不能与用人单位的经济实力相抗衡，并且用人单位的优势地位很容易让劳动者处于"违约"状态，因此违约金条款往往对劳动者来说是不利的。

《劳动合同法》第25条规定，以劳动合同对劳动者的违约行为约定违约金的，只限定在两种情形，即服务期、竞业限制。《劳动合同法实施条例》对《劳动合同法》中的违约

---

〔1〕《最高人民法院关于审理劳动争议案件适用法律若干问题的解释（一）》第36~40条。

金问题作了补充规定，主要涉及两个方面：一是《劳动合同法实施条例》第 26 条规定，用人单位与劳动者约定了服务期，劳动者依照《劳动合同法》第 38 条的规定解除劳动合同的，不属于违反服务期的约定，用人单位不得要求劳动者支付违约金。二是如果有下列情形之一，用人单位与劳动者解除约定服务期的劳动合同的，劳动者应当按照劳动合同的约定向用人单位支付违约金：①劳动者严重违反用人单位的规章制度的；②劳动者严重失职，营私舞弊，给用人单位造成重大损害的；③劳动者同时与其他用人单位建立劳动关系，对完成本单位的工作任务造成严重影响，或者经用人单位提出，拒不改正的；④劳动者以欺诈、胁迫的手段或者乘人之危，使用人单位在违背真实意思的情况下订立或者变更劳动合同的；⑤劳动者被依法追究刑事责任的。就赔偿金而言，《劳动合同法》第 86 条明确规定："劳动合同依照本法第二十六条规定被确认无效，给对方造成损害的，有过错的一方应当承担赔偿责任。"《劳动合同法》第 90 条明确规定："劳动者违反本法规定解除劳动合同，或者违反劳动合同中约定的保密义务或者竞业限制，给用人单位造成损失的，应当承担赔偿责任。"对于劳动合同约定由用人单位承担违约金的情形，《劳动合同法》没有作出禁止性规定。

6. 补充保险。补充保险是指除了基本社会保险以外，用人单位根据自己的实际情况为劳动者设置的一种社会保险。补充保险由用人单位自愿实行，国家不作强制性的统一规定。用人单位在参加基本保险并按时足额缴纳基本保险费的前提下，可以实行补充保险。

7. 福利待遇。随着市场经济的发展，用人单位给予劳动者的福利待遇也成为劳动者收入的重要指标之一。福利待遇包括住房补贴、通讯补贴、交通补贴、子女教育等。不同的用人单位，其福利待遇也有所不同，因此福利待遇已成为劳动者就业选择的一个重要因素。

此外，由于现实生活中劳动岗位的复杂性和多变性，法律对劳动合同条款的规定也不可能穷尽。当事人可以根据自身情况和特殊需求，约定劳动合同的条款，这些条款在不违反法律规定的前提下，对双方当事人具有同样的约束力。

第三节　劳动合同的订立

劳动合同的订立是指劳动者和用人单位经过相互选择和平等协商，就劳动合同的条款达成协议，从而确立劳动关系和明确双方权利与义务的法律行为。

一、订立劳动合同的原则

《劳动合同法》第 3 条第 1 款规定："订立劳动合同，应当遵循合法、公平、平等自愿、协商一致、诚实信用的原则。"

（一）合法原则

合法原则，亦称遵守国家法律、行政法规的原则，它是劳动合同有效的前提条件。这一原则的具体要求是：①劳动合同的当事人必须具备法定资格。劳动合同的当事人必须具备劳动权利能力和劳动行为能力。用人单位作为劳动合同的一方当事人，必须以单位的名义与劳动者签订合同，而不能以单位内部的职能科室或党、团、工会组织的名义与劳动者签订合同。劳动者作为劳动合同的当事人，除法律特别规定外，必须年满 16 周岁和具有劳动能力。招用未达到法定年龄的特殊劳动者，必须履行法定审批手续。②劳动合同的内容必须合法。劳动合同的双方当事人在确定具体的劳动权利和义务时，不得违背国家有关法律、法规的规定。例如，《劳动合同法》第19条第1款规定，劳动合同期限为3个月以上不满1年的，试用期不得超过1个月。在这种情况下，即使双方在劳动合同中约定了1个月以上的试用期，也是违反法律规定的，该条款将被视为无效。对此，用人单位应承担由此产生的法律责任。③劳动合同的形式要合法。除非全日制用工外，劳动合同需要以书面形式订立，否则用人单位要承担不订立书面劳动合同的法律后果。

(二) 公平原则

公平原则是指劳动合同的内容应当公平、合理，即在符合法律的强制性规定的前提下，劳动合同双方当事人之间的权利和义务要公平合理，在大体上达到平衡。公平原则是社会公德的体现，将其作为订立劳动合同的原则，可以防止劳动合同当事人尤其是用人单位滥用优势地位来损害劳动者的权利，从而有利于保护劳动合同双方当事人的合法权益，并维护和平衡双方当事人之间的利益。

(三) 平等自愿、协商一致原则

订立劳动合同应当遵循平等自愿、协商一致的原则。所谓平等，是指双方当事人的法律地位平等，这既是民事法律关系成立的有效条件，也是劳动法律关系确立的基本原则。合同关系的成立以当事人双方在平等法律地位上的协商一致为根本条件，任何一方都不得以地位、权势、经济实力等因素而把自己的意志强加于对方。尽管劳动合同的当事人一方是用人单位，另一方是劳动者个人，劳动者对用人单位具有极强的隶属性特征，劳动者也必须服从用人单位在劳动过程中的支配和管理，但在订立劳动合同时，不存在谁命令谁、谁服从谁的问题。所谓自愿，是指劳动合同的订立，完全出于合同当事人的意愿，任何一方不得强制对方接受某种条件，第三人也不得干涉劳动合同的订立。自愿原则要求订立劳动合同时，对对方的选择和对合同内容的协商必须具有当事人的自由意志，包括选择合同当事人，合同内容，合同变更、解除或终止的条件等。所谓协商一致，是指在订立劳动合同的过程中，劳动合同的订立与否、劳动合同的内容如何等，都应当在双方当事人以协商的方式达成一致意见的基础上予以确定。平等是自愿的前提，自愿是平等的体现，这是平等原则在确立劳动关系时直接推导出来的结果。没有平等，自愿就是一句空话。而协商一致是平等自愿的唯一表达形式，在意见分歧的情况下，只有通过协商达到的统一，才能真正体现平等自愿。

(四) 诚实信用原则

诚实信用原则要求当事人在订立、履行、终止劳动合同，都要诚实、讲信用、相互协作。例如，《劳动合同法》第8条规定："用人单位招用劳动者时，应当如实告知劳动者工作内容、工作条件、工作地点、职业危害、安全生产状况、劳动报酬，以及劳动者要求了解的其他情况；用人单位有权了解劳动者与劳动合同直接相关的基本情况，劳动者应当如实说明。"诚实信用是合同法的一项基本原则，也是劳动合同法的一项基本原则，还是一项社会道德原则。将诚实信用原则作为指导劳动合同当事人订立合同、履行合同的行为准则，有利于保护劳动合同当事人的合法权益，促使其更好地履行合同义务。如果劳动合同没有约定或约定不明，而法律又没有规定的，可以根据诚实信用原则对合同条款进行解释。

二、订立劳动合同的程序

劳动合同的订立程序是指通过订立劳动合同来建立劳动法律关系的过程，包括签订劳动合同的步骤和方式。它既能保障合同签订的正常进行，也是使合同内容合法化、完备化的重要措施。我国法律目前还没有对劳动合同的签订程序作出规定，但是根据实践经验和客观需要，订立劳动合同主要应经过要约与承诺两个基本阶段。

（一）要约

要约是指劳动合同的一方当事人向另一方当事人提出的订立劳动合同的建议。要约人可以是用人单位，也可以是劳动者。要约的内容应当包括订立劳动合同的愿望，订立劳动合同的条件及要求对方答复的期限。订立合同的条件必须明确具体，以便对方当事人进行考虑、衡量和选择，然后决定是否签订合同。

实践中，在劳动合同的要约行为实施之前，要做大量的准备工作（此环节应定性为要约邀请）。例如，用人单位招用劳动者，首先要向社会公布招收简章，以便符合基本要求的劳动者进行报名，然后经过全面考核，在择优录用的基础上确定其应招用的人员并发出要约。有的是通过广告媒介或劳动力市场中的中介机构寻找特定对象，然后实施要约行为。

订立劳动合同的要约同样也是一种法律行为，对要约人产生一定的法律约束力。要约人在要约有效期内不得随意撤销要约，也不得拒绝受要约人的有效承诺。

（二）承诺

承诺是指受要约人对劳动合同的要约内容表示完全的同意和接受，即受要约人对要约人所提出的劳动合同的全部内容表示赞同，而不是提出修改意见，或者作部分同意，或者作有条件的接受。当然，订立劳动合同的过程也是一个要约邀请—反要约邀请—要约—反要约—再要约—承诺的反复协商，并最终取得一致意见的过程。

劳动合同的承诺，也是一种法律行为。在一般情况下，要约一经承诺并写成书面合同，经双方当事人签名盖章后，合同即告成立。依法成立的劳动合同，从合同成立之日或者合同约定生效之日起就具有法律效力。

实践中，劳动合同的签订程序多为：①用人单位作出书面合同草案。②用人单位介绍符合相关条件的内部劳动规章制度。（用人单位在签订劳动合同时，应向劳动者公示劳动规章制度的内容，对一些重要规定应予以专门提示，最终以合同附件的形式使这些重要规定成为合同的重要内容。但在具体操作时，在劳动合同中一般只列明劳动规章制度的名称、文号以及劳动者承诺遵守劳动规章制度的相关内容。）③用人单位与劳动者协商达成一致意见。（允许双方对劳动合同草案提出修改和补充。）④双方签字盖章，合同即告成立。

此外，对于有些劳动合同（如涉外劳动合同），国家行政法规或地方性法规要求备案的，应当按规定向劳动行政主管部门备案，备案后劳动合同才发生法律效力。

三、在劳动合同的订立过程中应当注意的问题

（一）劳动合同当事人的先合同义务

《劳动合同法》第8、9条规定了劳动合同当事人的先合同义务，主要有：①用人单位

应当如实向劳动者说明岗位用人要求、工作内容、工作时间、劳动报酬、劳动条件、社会保险、职业危害及其后果、职业病防治措施和待遇、规章制度等情况。有些地方立法还要求这种说明应采用书面形式或者在劳动合同中写明。②在订立劳动合同时，用人单位不得以任何形式向劳动者牟取不正当利益，不得向劳动者收取抵押金、抵押物、定金或者其他财物，也不得扣押劳动者的身份证和其他证件。③劳动者应当如实向用人单位提供本人身份证和学历、就业状况、工作经历、职业技能、健康状况等证明。④用人单位必须尊重劳动者的个人隐私权，不可以向劳动者询问与其所应聘的工作职位无关的个人情况，而且对因为招聘而获悉的劳动者的个人信息，负有保密的义务。

（二）先订立劳动合同后建立劳动关系的问题

用人单位与劳动者在用工前订立劳动合同的，劳动关系自用工之日起建立，劳动合同期限、劳动报酬、试用期、经济补偿金等，均从用工之日起计算。

第四节　劳动合同的法律效力

一、劳动合同的成立与生效

（一）劳动合同的成立

劳动合同的成立是指劳动合同的缔约双方当事人因意思表示一致而达成合意的客观状态。劳动合同的成立需要具备三个要件：①双方当事人均作出完整的意思表示；②当事人的意思表示以订立劳动合同为目的，并能产生相应的法律后果；③当事人的意思表示须一致。其中的基本要件是双方意思表示一致。如果当事人约定了合同成立的特殊条件或期限，则劳动合同于该条件或期限成就时成立。

（二）劳动合同的有效（生效）

劳动合同的有效（生效）是指依法成立的劳动合同对双方当事人产生法律约束力。在各国立法中，劳动合同的有效要件通常散见于具体的合同法规范中，而无集中的规定。从理论上进行归纳，一般而言，劳动合同的有效（生效）须符合下列条件：①合同的主体必须合法；②合同的内容和形式必须合法；③订立合同的程序必须合法；④当事人的意思表示必须真实。

对比劳动合同的成立要件和有效（生效）要件，我们会发现，劳动合同的成立并不完全等同于劳动合同的有效（生效）。依法成立的劳动合同为有效合同，绝大多数劳动合同的成立与生效是同时发生的，也有一些劳动合同因未依法成立而推迟生效或无法有效（生效）。这里"依法"的"法"，是指强制法或任意法。

劳动合同有效（生效）后对双方当事人产生的法律约束力具体表现为：①双方当事人必须亲自全面履行劳动合同所规定的义务（并同时享受权利），否则当事人必须依法承担相应责任；②合同的变更和解除都必须遵循法定的条件和程序，任何一方当事人都不得擅自变更和解除合同，否则该方当事人必须依法承担相应责任；③双方当事人因劳动合同发生争议的，必须以法定方式处理。

二、劳动合同的无效

（一）无效劳动合同的概念

无效劳动合同是指当事人因违反法律、法规或违背平等、自愿原则所签订的对当事人全部或部分不产生法律约束力的劳动合同。签订劳动合同是一种法律行为，它是使劳动法律关系产生的重要法律事实。订立劳动合同应当遵循平等自愿、协商一致的原则，不得违背法律、行政法规的规定。只有当订立劳动合同的行为符合《劳动法》、《劳动合同法》的规定及相关法律规范时，该劳动合同才能受到国家法律的保护，并产生当事人期望的法律后果。否则，将导致合同无效。

（二）无效劳动合同的确认

按照《劳动法》第18、35条与《劳动合同法》第26条的规定，以下劳动合同为无效劳动合同：

1. 违反法律、行政法规的强制性规定的劳动合同。国家的法律、行政法规是国家利益和人民利益的集中体现，也是应由全社会主体一致遵行的行为规范。这就要求当事人在订立劳动合同时，必须遵循合法原则，否则，其所签订的劳动合同不仅得不到法律的保护，反而会受到法律的追究。违反合法原则的具体情况主要包括：①主体资格不合法。例如，因劳动者一方未达法定就业年龄，或不具备劳动权利能力和劳动行为能力而订立的劳动合同。②内容不合法。凡是与国家法律、行政法规相矛盾、相抵触的条款，均属无效条款。例如，违反工时休假制度、安全卫生标准、最低工资标准等规定的劳动合同条款，均属内容不合法。再如，一些劳动使用者在劳动合同中规定"工伤概不负责""社会保险自理""女性劳动者在合同期内不得结婚或者生育"等内容，均属内容不合法的情形。对于有些黑社会组织雇人行凶杀人，贩毒走私，从事赌博、色情陪侍或生产毒品等有损社会善良风俗的行业的情形，此类劳动合同显然违反了社会公共利益，应当归于无效。

2. 以欺诈、胁迫的手段或者乘人之危，使对方在违背其真实意思的情况下订立或者变更的劳动合同。欺诈是指一方当事人故意隐瞒事实真相或制造假象，使对方当事人在上当受骗的情况下作出意思表示。例如，用人单位提供虚假的劳动条件和劳动待遇信息，或者劳动者提供假证件、假文凭等情形。胁迫是指一方当事人以暴力或其他手段相威胁，强迫对方当事人与自己订立合同。例如，用人单位以限制人身自由的手段、拖欠工资等方式迫使劳动者与其订立或续订劳动合同。乘人之危是指行为人利用他人的危难处境或紧迫需要，强迫对方接受某种明显不公平的条件并使其作出违背其真意的意思表示。采取欺诈、胁迫、乘人之危等手段签订的劳动合同，违背了订立劳动合同须遵守的平等自愿、协商一致的原则，因此其是一种严重违法的行为。对于此类劳动合同，不仅要宣告其无效，而且应追究过错方的法律责任。

3. 用人单位免除自己的法定责任、排除劳动者权利的劳动合同无效。例如，有的劳动合同规定"发生工伤事故，单位概不负责""不享受星期天休假"等内容，均属于用人单位免除自己的法定责任、排除劳动者权利的情形，因而无效。

无效劳动合同，按其无效程度，可以分为全部无效和部分无效两种情形。全部无效是指合同整体无效，包括两种情况：①劳动合同的内容全部不符合国家法律、法规的要求；②尽管劳动合同中只有部分内容无效，但该无效部分足以影响其他部分的效力，进而导致全部无效的后果。例如，主体不合法以及采取欺诈、胁迫等手段签订的劳动合同即为全部无效的劳动合同。部分无效是指劳动合同中的某些条款虽然违反国家法律、行政法规的规定，但其并不影响其他条款的履行，只需认定该条款无效，其余条款仍为有效。例如，劳动合同中约定的工资标准低于最低工资标准或低于集体合同中规定的标准，就属于部分无效的情形。《劳动法》第 18 条第 2 款规定："无效的劳动合同，从订立的时候起，就没有法律约束力。确认劳动合同部分无效的，如果不影响其余部分的效力，其余部分仍然有效。"《劳动合同法》第 27 条规定："劳动合同部分无效，不影响其他部分效力的，其他部分仍然有效。"

无效劳动合同的确认机关，必须是劳动争议仲裁委员会或人民法院。我国《劳动法》第 18 条第 3 款规定："劳动合同的无效，由劳动争议仲裁委员会或者人民法院确认。"《劳动合同法》第 26 条第 2 款规定："对劳动合同的无效或者部分无效有争议的，由劳动争议仲裁机构或者人民法院确认。"其具体操作程序是，首先应由劳动仲裁委员会确认劳动合同的效力，在当事人不服劳动争议仲裁委员会的确认而依法提起诉讼的情形中，才由人民法院依法确认劳动合同的效力。

（三）无效劳动合同的处理

对于无效劳动合同的处理，法律有特殊的要求和规定。对于无效民事合同的处理，一般采用返还财产、赔偿损失和追缴等方式。而在无效劳动合同中，由于劳动者用以交换报酬的劳动力的特殊性（劳动力支出后就不可收回），所以，对劳动者实施的劳动行为和其所得的物质待遇不可能采取返还的方式来加以处理，并且对处于事实劳动关系中的劳动者应当依法予以保护。因此，只能根据无效劳动合同的特点采取相应的处理措施，具体包括以下方面：

1. 《劳动法》第 18 条第 2 款规定："无效的劳动合同，从订立的时候起，就没有法律约束力。确认劳动合同部分无效的，如果不影响其余部分的效力，其余部分仍然有效。"《劳动合同法》第 27 条规定："劳动合同部分无效，不影响其他部分效力的，其他部分仍然有效。"

2. 对于已经履行的部分，即劳动者付出了劳动的，其应得到相应的报酬和享受有关的待遇。《劳动合同法》第 28 条规定，劳动合同被确认无效，劳动者已付出劳动的，用人单位应当向劳动者支付劳动报酬。劳动报酬的数额，参照本单位相同或者相近岗位劳动者的劳动报酬确定。《最高人民法院关于审理劳动争议案件适用法律问题的解释（一）》还作了如下规定：劳动合同被确认为无效，劳动者已付出劳动的，用人单位应当按照劳动合同法第 28 条、第 46 条、第 47 条的规定向劳动者支付劳动报酬和经济补偿。由于用人单位原因订立无效劳动合同，给劳动者造成损害的，用人单位应当赔偿劳动者因合同无效所造成的经济损失。

3. 赔偿损失。《劳动合同法》第 86 条规定："劳动合同依照本法第二十六条规定被确认无效，给对方造成损害的，有过错的一方应当承担赔偿责任。"《最高人民法院关于审理劳动争议案件适用法律问题的解释（一）》还作了如下规定：劳动合同被确认为无效，劳动者已付出劳动的，用人单位应当按照劳动合同法第 28 条、第 46 条、第 47 条的规定向劳动者支付劳动报酬和经济补偿。由于用人单位原因订立无效劳动合同，给劳动者造成损害的，用人单位应当赔偿劳动者因合同无效所造成的经济损失。

第五节　劳动合同的履行、变更与终止

一、劳动合同履行的概念

劳动合同的履行是指合同当事人双方履行劳动合同所规定的义务的法律行为。它不仅表现了合同当事人双方订立合同的最终目的，也是衡量合同效力强弱的标准，即完全履行了合同的，表明合同的约束力达到最高；不完全履行合同或不履行合同的，则会形成合同的消极责任即违约责任或赔偿责任。因此，劳动合同的履行，是劳动合同的核心问题。

二、劳动合同履行的原则

1. 全面履行原则。全面履行原则，是指劳动合同双方当事人在任何时候，均应当履行劳动合同约定的全部义务。《劳动合同法》第 29 条规定，用人单位与劳动者应当按照劳动合同的约定，全面履行各自的义务。

2. 实际履行原则。实际履行原则，是指劳动合同双方当事人必须以自己的行为履行自己应承担的义务，而不能由第三人代为履行。劳动者应该以自己的劳动行为履行劳动义务，而不能以其他人的劳动来替代。用人单位也应当直接雇用劳动者，如果其与其他的用人单位达成劳动者外借协议的，应当征求劳动者的意见，不得单方面决定将劳动者派往其他用人单位工作。

3. 合法履行原则。合法履行原则，是指劳动合同双方当事人在履行劳动合同的过程中，必须遵守法律法规，不得有违法行为。《劳动合同法》着重强调了三个方面：①用人单位应当按照劳动合同的约定和国家规定及时足额支付劳动报酬。用人单位拖欠或者未足额支付劳动报酬的，劳动者可以依法向当地人民法院申请支付令，人民法院应当依法发出支付令。②用人单位应当严格执行劳动定额标准，不得强迫或者变相强迫劳动者加班。用人单位安排加班的，应当按照国家有关规定向劳动者支付加班费。③劳动者对用人单位管理人员违章指挥、强令冒险作业的行为有权予以拒绝，不视为违反劳动合同；其对危害生命安全和身体健康的劳动条件，有权对用人单位提出批评、检举和控告。[1]

三、特殊情形下劳动合同的履行

下列情形不影响劳动合同的履行：①用人单位变更名称、法定代表人、主要负责人或者投资人等事项；②用人单位发生合并或者分立等情况，原劳动合同继续有效，劳动合同由承继其权利和义务的用人单位继续履行。

在用人单位变更名称、法定代表人、主要负责人，或者用人单位发生合并、分立等情况中，由于劳动合同必备条款中的用人单位名称、法定代表人、主要负责人等内容发生了变更，用人单位与劳动者应当从形式上变更劳动合同。如果双方没有从形式上变更劳动合同的，原劳动合同也应当继续履行。

另外，还有两种关于劳动合同履行的特殊情形值得注意：①对于劳动合同中内容不明

---

[1] 参见《〈中华人民共和国劳动合同法〉宣传提纲》。

确的条款，应依法确定其具体内容，然后予以履行；②劳动者在一定条件下还应履行约定之外的劳动给付。

【资料链接】

我国台湾地区现行的"劳动契约法"规定，劳动者于其约定之劳动给付外，无给付其他附带劳动之义务，但有紧急情形或其职业上有特别习惯时，不得拒绝其所能给付之劳动。我国《劳动法》第 42 条也有类似规定。

四、劳动合同的变更

劳动合同的变更是指在劳动合同履行期间，劳动合同双方当事人经协商一致后变更劳动合同的内容。劳动合同的变更仅限于劳动合同内容的变化，而不包括主体的变更。例如，按照《劳动合同法》第 40 条第 1 款第 2 项的要求，劳动者不能胜任其工作的，用人单位应当变更其工作岗位，再给予劳动者一次工作机会。《劳动合同法》第 35 条规定了劳动合同变更的一般原则，即用人单位与劳动者协商一致的，可以变更劳动合同约定的内容。也就是说，协商一致原则是劳动合同变更的一般原则。《劳动合同法》第 35 条也规定了劳动合同变更的形式，即变更劳动合同，应当采用书面形式。变更后的劳动合同文本由用人单位和劳动者各执一份。[1] 需要注意的是，对于工会主席、副主席的岗位，用人单位不能随意调动。我国《工会法》第 17 条第 1 款规定："工会主席、副主席任期未满时，不得随意调动其工作。因工作需要调动时，应当征得本级工会委员会和上一级工会的同意。"

五、劳动合同的终止

劳动合同的终止是指劳动合同自行失效，不再执行。在法理上，劳动合同的终止有广义和狭义之分。狭义的劳动合同的终止是指劳动合同依法或依约定的条件自行消灭，其不包括合同的解除；广义的劳动合同的终止则包括劳动合同的解除（依法提前终止劳动合同的法律效力）。根据我国《劳动法》、《劳动合同法》及相关规定，劳动合同的终止不包括劳动合同的解除，一般指的是狭义的合同终止。

《劳动法》第 23 条规定："劳动合同期满或者当事人约定的劳动合同终止条件出现，劳动合同即行终止。"也就是说，劳动合同的终止包括两类：①法定终止，即劳动合同因期满而终止；②约定终止，即劳动合同因当事人约定的终止条件出现而终止。在现实生活中，一些用人单位随意与劳动者约定劳动合同的终止条件，并据此终止劳动合同，使无固定期限劳动合同提前消灭，从而导致《劳动法》不能真正起到维护劳动者就业稳定权益的作用。同时，在劳动者退休、死亡或者用人单位破产等情形下，如何处理劳动合同，法律对此没有作出规定。为了更好地维护劳动者的合法权益，《劳动合同法》调整了《劳动法》中关于劳动合同终止的内容：

---

[1] 根据《最高人民法院关于审理劳动争议案件适用法律若干问题的解释（一）》的规定，如果用人单位与劳动者口头协商变更劳动合同，变更后的劳动合同内容不违反法律、行政法规、国家政策以及公序良俗并且已经实际履行超过 1 个月的，将被认定为合法有效。

1. 取消了劳动合同的约定终止，并规定劳动合同只能因法定情形的出现而终止。也就是说，劳动合同双方当事人不得约定劳动合同的终止条件；即使对此作出了约定，该约定也是无效的。

2. 增加了劳动合同法定终止的情形，即劳动合同终止的法定情形，除劳动合同期满（包括有固定期限的劳动合同期满，以及以完成一定工作任务为期限的劳动合同因该工作任务完成而期满的情形）外，还包括：①劳动者开始依法享受基本养老保险待遇的；[1]②劳动者死亡，或者被人民法院宣告死亡或者宣告失踪的；③用人单位被依法宣告破产的；④用人单位被吊销营业执照、责令关闭、撤销或者用人单位决定提前解散的；⑤法律、行政法规规定的其他情形。

3. 增加了终止劳动合同的限制情形。在《劳动合同法》施行之前，为了保护劳动者的权益，法律规定了在下列情形中，即使劳动合同期限届满，用人单位也不得终止劳动合同：①《工会法》第18条规定："基层工会专职主席、副主席或者委员自任职之日起，其劳动合同期限自动延长，延长期限相当于其任职期间；非专职主席、副主席或者委员自任职之日起，其尚未履行的劳动合同期限短于任期的，劳动合同期限自动延长至任期期满。但是，任职期间个人严重过失或者达到法定退休年龄的除外。"②原劳动部《关于贯彻执行〈中华人民共和国劳动法〉若干问题的意见》（劳部发〔1995〕309号）第34条规定，除《劳动法》第25条规定的情形（即在试用期间被证明不符合录用条件的；严重违反劳动纪律或者用人单位规章制度的；严重失职，营私舞弊，对用人单位利益造成重大损害的；被依法追究刑事责任的）外，劳动者在医疗期、孕期、产期和哺乳期内，劳动合同期限届满时，用人单位不得终止劳动合同。劳动合同的期限应自动延续至医疗期、孕期、产期和哺乳期期满为止。③《工伤保险条例》规定，劳动者在本单位患职业病或者因工负伤并被确认丧失劳动能力的，或者大部分丧失劳动能力且劳动者没有提出终止劳动合同的，用人单位不得与劳动者终止劳动合同。④《职业病防治法》规定，用人单位对未进行离岗前职业健康检查的劳动者，不得终止与其订立的劳动合同；在疑似职业病病人诊断或者医学观察期间，不得终止与其订立的劳动合同。《劳动合同法》除延续《工会法》《职业病防治法》等以上规定外，还补充规定，劳动者在本单位连续工作满15年，且距法定退休年龄不足5年的，即使劳动合同期满，用人单位也不得与劳动者终止劳动合同。[2]

4. 劳动合同终止的经济补偿及赔偿。

（1）劳动合同终止的经济补偿。《劳动法》没有规定劳动合同终止的补偿金，但《劳动合同法》对此作出了规定。《劳动合同法》第46条第5项规定，在劳动合同因期满而终止时，除用人单位维持或者提高劳动合同约定条件续订劳动合同，劳动者不同意续订的情形外，如果用人单位依据《劳动合同法》第44条第1项的规定终止固定期限劳动合同的，用人单位应当按照劳动者每工作1年支付1个月工资的标准，向劳动者支付终止劳动合同

---

[1] 《劳动合同法》以劳动者开始依法享受基本养老保险待遇作为劳动合同终止的事由，这在客观上产生了一个问题，即如果劳动者已经达到法定退休年龄，却不能享受养老保险待遇，其劳动合同是否终止？《劳动合同法实施条例》第21条规定，劳动者达到法定退休年龄的，劳动合同终止。该条规定就上述问题给出了一个答案，即劳动者只要达到法定退休年龄，即使其尚未能享受基本养老保险，其与用人单位的劳动合同也告终止。

[2] 参见《〈中华人民共和国劳动合同法〉宣传提纲》。

的经济补偿金。需要强调的有两点：一是这里的工作年限的计算是自 2008 年 1 月 1 日起算的（《劳动合同法》第 97 条）；二是以完成一定工作任务为期限的劳动合同因任务完成而终止的，用人单位也应当依照《劳动合同法》第 47 条的规定向劳动者支付经济补偿（《劳动合同法实施条例》第 22 条）。此外，用人单位依法终止工伤职工的劳动合同的，除依照《劳动合同法》第 47 条的规定支付经济补偿外，还应当依照国家有关工伤保险的规定支付一次性工伤医疗补助金和伤残就业补助金（《劳动合同法实施条例》第 23 条）。

（2）劳动合同终止的经济补偿及赔偿。①用人单位违反《劳动合同法》规定解除或者终止劳动合同的，应当依照《劳动合同法》第 47 条规定的经济补偿标准的 2 倍向劳动者支付赔偿金。②用人单位终止劳动合同，未依照《劳动合同法》的规定向劳动者支付经济补偿的，由劳动行政部门责令限期支付经济补偿；逾期不支付的，责令用人单位按应付金额 50% 以上 100% 以下的标准向劳动者加付赔偿金。

5. 终止程序及后合同义务。用人单位应当在解除或者终止劳动合同时出具终止劳动合同的证明，并在 15 日内为劳动者办理档案和社会保险关系转移手续。劳动者应当按照双方的约定，办理工作交接。用人单位依照《劳动合同法》的有关规定应当向劳动者支付经济补偿的，在办结工作交接时支付。对于已经终止的劳动合同的文本，用人单位至少保存 2 年以备查阅。用人单位出具的终止劳动合同的证明，应当写明劳动合同的期限、解除或者终止劳动合同的日期、工作岗位、在本单位的工作年限等。如果劳动者和用人单位之间签订了保护商业秘密或竞业禁止的协议，双方应当按照协议履行；如果违反一方协议，则应当按照约定承担责任。

第六节　劳动合同的解除

劳动合同的解除直接关系到劳动者的前途与生活来源，也关系到用人单位的生产秩序与工作秩序，《劳动法》从第 24 条到第 32 条对解除劳动合同的条件和程序作了较全面的规定，《劳动合同法》从第 36 条到第 43 条也作了基本一致的规定（但对于有关经济性裁员的规定作了较多变化）。

一、劳动合同解除的概念和类型

（一）劳动合同解除的概念

在法理上，劳动合同的终止有广义和狭义之分。狭义的劳动合同的终止不包括劳动合同的解除，广义的劳动合同的终止则包括劳动合同的解除。根据我国《劳动法》、《劳动合同法》及相关规定的体例，劳动合同的解除并不包含在劳动合同的终止的范围之内，而是一项单列的制度。劳动合同的解除是指在劳动合同签订以后、尚未履行完毕之前，由于一定事由的出现，而提前终止劳动合同的法律行为。

（二）劳动合同解除的分类

依据不同的标准，劳动合同的解除有不同的分类。其中，有法律意义的分类主要包括下述几种：按照解除合同的方式不同，可以将其分为双方解除和单方解除；按照解除合同条件的依据是法规还是合同，可以将其分为法定解除和协议解除；按照导致解除合同的原因中是否含有对方当事人过错，可以将其分为有过错解除和无过错解除。这几种分类可以交叉使用。

在一般情况下，劳动合同的双方解除可称为协议解除，单方解除可称为法定解除，在单方解除或法定解除中又可以将其进一步分为有过错解除和无过错解除。我国《劳动法》《劳动合同法》对劳动合同的解除采取了双方解除或协议解除、过错性辞退、非过错性辞退、经济性裁员（非过错性辞退的一种特例）以及劳动者辞职的立法技术分类。其中，过错性辞退、非过错性辞退、经济性裁员属于用人单位的单方解除，而劳动者辞职属于劳动者的单方解除。

劳动合同的双方解除，也可称为协议解除，是指双方当事人在平等自愿的基础上，通过诚信协商，从而达成解除劳动合同的协议。双方解除一般是指任何一方均无法定解除权，但又存在合同解除的客观理由，而完全按合同协商的一般程序所进行的解除，它是合同自由的表现。

劳动合同的单方解除是指一方在享有单方解除权的条件下，按照法定程序对合同进行的解除。由于单方解除的前提是一方享有解除权，而解除权直接来源于法律的规定，因此，单方解除的条件和程序较为严格。

劳动合同的过错解除是指由于对方当事人的过错行为而导致劳动合同的解除，包括劳动者因用人单位有重大过错而辞职和用人单位因劳动者有重大过错而将其辞退这两种情形，还包括用人单位的即时辞退和劳动者的即时辞职两种情形。过错解除的条件应当由法律规定。无过错解除，是指在对方当事人无重大过错行为的情况下，一方当事人单方解除劳动合同的行为，包括用人单位非过错性辞退、经济性裁员和劳动者的预告辞职三种情形。

二、劳动合同解除的条件和程序

在劳动立法中，对协议解除和预告辞职一般不设定条件，而对于即时辞退、预告辞退、裁员和即时辞职，则分别规定其特有的必备条件。

（一）劳动合同的双方解除

《劳动法》第 24 条和《劳动合同法》第 36 条规定，经劳动合同当事人协商一致，劳动合同可以解除。劳动合同是双方当事人在自愿的基础上订立的，当然也允许双方当事人自愿协商解除，而不要求具备合同解除的理由或原因，只需要一方提出解除的要求后另一方表示同意即可。

一般来说，经双方协商解除劳动合同的，在双方当事人之间便不会发生劳动争议。但用人单位应注意遵守法律、法规的规定，给劳动者办理劳动合同的解除手续，社会保险的转移手续及给予经济补偿（前提是由用人单位首先向劳动者提出解除劳动合同的动议）等。

（二）用人单位单方解除劳动合同

用人单位单方解除劳动合同，在《劳动法》颁布之前，其于名义上有除名、开除、辞退之分，而在《劳动法》颁布后其则统一于解除（辞退）名下。用人单位单方解除劳动合同，必须符合法定条件和按照法定程序进行。用人单位单方解除劳动合同又可以分为以下几类：

1. 过错性辞退。过错性辞退也可称为过错性解雇、即时辞退，是指用人单位可以不必依法提前预告而立即解除劳动合同的行为。

《劳动合同法》第 39 条规定了适用过错性辞退的情况如下：①在试用期间被证明不符合录用条件的；②严重违反用人单位的规章制度的；③严重失职，营私舞弊，给用人单位造成重大损害的；④劳动者同时与其他用人单位建立劳动关系，对完成本单位的工作任务造成严重影响，或者经用人单位提出，拒不改正的；⑤因本法第 26 条第 1 款第 1 项规定的情形致使劳动合同无效的；⑥被依法追究刑事责任的。《劳动合同法实施条例》第 19 条第 2~7 项对此进行了细化："……（二）劳动者在试用期间被证明不符合录用条件的；（三）劳动者严重违反用人单位的规章制度的；（四）劳动者严重失职，营私舞弊，给用人单位造成重大损害的；（五）劳动者同时与其他用人单位建立劳动关系，对完成本单位的工作任务造成严重影响，或者经用人单位提出，拒不改正的；（六）劳动者以欺诈、胁迫的手段或者乘人之危，使用人单位在违背真实意思的情况下订立或者变更劳动合同的；（七）劳动者被依法追究刑事责任的"。用人单位在劳动者具有上述情况之一时，有权解除劳动合同，而无需征得他人的意见，也不必履行特别的程序，更不存在支付经济补偿的问题。

2. 非过错性辞退。非过错性辞退，也称为用人单位"预告解除""预告辞退"，是指劳动者虽无过错，但由于客观情况发生了变化或因劳动者患病、非因公伤残等，用人单位在采取了弥补措施但无果的情况下，法律赋予用人单位在履行特定程序后解除劳动合同的情形。

《劳动合同法》第 40 条规定，有下列情形之一的，用人单位提前 30 日以书面形式通知劳动者本人或者额外支付劳动者 1 个月工资后，可以解除劳动合同：①劳动者患病或者非因工负伤，在规定的医疗期满后不能从事原工作，也不能从事由用人单位另行安排的工作的；②劳动者不能胜任工作，经过培训或者调整工作岗位，仍不能胜任工作的；③劳动合同订立时所依据的客观情况发生重大变化，致使劳动合同无法履行，经用人单位与劳动者协商，未能就变更劳动合同内容达成协议的。《劳动合同法实施条例》第 20 条规定，用人单位依照《劳动合同法》第 40 条的规定，选择额外支付劳动者 1 个月工资解除劳动合同的，其额外支付的工资应当按照该劳动者上 1 个月的工资标准确定。

3. 经济性裁员。经济性裁员，是指企业濒临破产，被人民法院宣告进入法定整顿期间，或因生产经营发生严重困难，在达到当地政府规定的严重困难企业标准而难以正常经营的状况下，企业试图通过裁员从而达到增效目的的情形。它是预告辞退或无过错辞退的一种特殊形式。用人单位裁减人员往往涉及多个劳动者主体，必须对此严格规定法定条件和法定程序。

《劳动合同法》第 41 条对此作了全面规定：

（1）修改了用人单位裁减人员的规定。《劳动合同法》一方面强化了用人单位与符合条件的劳动者订立无固定期限劳动合同的要求，另一方面又考虑到用人单位通过调整经济结构、革新技术以适应市场竞争的需要，放宽了用人单位在确需裁减人员时进行裁减人员的条件。其具体包括：①增加了用人单位可以裁减人员的法定情形。《劳动法》规定，用人单位只有在濒临破产进行法定整顿的期间或者因生产经营状况发生严重困难，确需裁减人员时，才可以裁减人员。《劳动合同法》除延续《劳动法》的上述规定外，还增加了两种用人单位可以裁减人员的情形：一是企业因转产、重大技术革新或者经营方式调整，经变更劳动合同后，仍需裁减人员的；二是其他因订立劳动合同时所依据的客观经济情况发生重大变化，致使劳动合同无法履行的。②放宽了用人单位裁减人员的程序要求。《劳动法》规定，用人单位裁减人员的，都应当提前 30 日向工会或者全体职工说明情况，听取工会或者职工的意见，并向劳动行政部门报告。《劳动合同法》将《劳动法》规定的上述内容调整为，只有当用人单位需要裁减人员 20 人以上或者裁减不足 20 人但占企业职工总数 10% 以上时，才应当按照上述规定的程序执行；裁减人员不足 20 人且占企业职工总数不足 10% 的，无需按照以上程序执行。

与此同时，为了降低裁减人员对劳动者工作和生活的影响，《劳动合同法》与《劳动法》相比，其补充规定了用人单位在裁减人员时应当承担的社会责任。其具体内容包括：①补充规定了裁减人员时，应当优先留用下列人员：一是与本单位订立较长期限的固定期限劳动合同的；二是与本单位订立无固定期限劳动合同的；三是家庭无其他就业人员，有需要扶养的老人或者未成年人的。②细化了关于用人单位裁减人员后，在 6 个月内录用人员的，应当优先录用被裁减人员的规定，即规定用人单位在 6 个月内重新招用人员的，应当通知被裁减的人员，并在同等条件下优先招用被裁减的人员。

（2）增加了对用人单位提前 30 日以书面形式通知劳动者可以解除劳动合同以及裁减人员的限制规定。根据《劳动法》的规定，即使具备用人单位提前 30 日以书面形式通知劳动者可以解除劳动合同以及裁减人员的一般情形，但是如果劳动者有下列情形之一的，用人单位不得与劳动者解除劳动合同：①患职业病或者因工负伤并被确认丧失或者部分丧失劳动能力的；②患病或者负伤，在规定的医疗期内的；③女职工在孕期、产期、哺乳期内的；④法律、行政法规规定的其他情形。另外，《职业病防治法》规定，用人单位对未进行离岗前职业健康检查的劳动者不得解除与其订立的劳动合同；在疑似职业病病人诊断或者医学观察期间，不得解除与其订立的劳动合同。《劳动合同法》除延续《劳动法》《职业病防治法》的上述规定外，还补充规定了一种情形，即劳动者在本单位连续工作满 15 年，且距法定退休年龄不足 5 年的，用人单位不得解除与其订立的劳动合同。[1]

（三）劳动者单方解除劳动合同

劳动者单方解除劳动合同，可以分为即时辞职和预告辞职两种类型。

1. 即时辞职。与法律规定的用人单位即时辞退相对应，劳动者在法定条件下也享有对劳动合同的即时解除权。《劳动合同法》第 38 条规定了劳动者即时辞职的几种情形：①未按照劳动合同约定提供劳动保护或者劳动条件的；②未及时足额支付劳动报酬的；③未依法为劳动者缴纳社会保险费的；④用人单位的规章制度违反法律、法规的规定，损害劳动者权益的；⑤因本法第 26 条第 1 款规定的情形致使劳动合同无效的；⑥法律、行政法规规定劳动者可以解除劳动合同的其他情形；⑦用人单位以暴力、威胁或者非法限制人身自由的手段强迫劳动者劳动的，或者用人单位违章指挥、强令冒险作业危及劳动者人身安全的，劳动者可以立即解除劳动合同，不需事先告知用人单位。需要特别说明的是，在以上第 1~6 项的解除情形中，虽然劳动者享有单方面的解除权，但是在行使这一权利时，其有通知用人单位的义务，即明确告知用人单位其基于以上理由解除劳动合同。如果劳动者不履行告知义务，会给用人单位组织劳动和正常的生产经营带来困难。只有符合第

第五章

---

［1］ 参见《〈中华人民共和国劳动合同法〉宣传提纲》。

7 项条件的，劳动者才可以不告知用人单位而自行离职。

以上几种情况与用人单位的即时辞退相比，具有以下特点：①同样以试用期条款行使解除权，但劳动者的解除条件较宽松；②除试用期外，还需用人单位存在过错；③除试用期外，在上述情况发生时，劳动者不仅享有解除劳动合同的权利，而且可以依法要求用人单位承担赔偿责任或其他形式的法律责任。

2. 预告辞职。预告辞职也称为劳动者预告解除劳动合同。我国《劳动法》第 31 条规定："劳动者解除劳动合同，应当提前三十日以书面形式通知用人单位。"《劳动合同法》第 37 条规定："劳动者提前三十日以书面形式通知用人单位，可以解除劳动合同。劳动者在试用期内提前三日通知用人单位，可以解除劳动合同。"其基本含义是：①预告辞职没有任何法定理由，也就是说，劳动者可以以任何理由向单位提出解除劳动合同的要求。②在作出通知后超过 30 日（在试用期内为 3 日），劳动者可以向用人单位提出办理解除劳动合同手续的要求，用人单位应予办理，不得以人事档案或扣发工资等理由相要挟、阻挠。

第五章

【资料链接】

关于我国现行的预告辞职制度，其还存在着较多争议，主要有：①现行规定并不一定适用于特殊行业、特殊劳动者。关于特殊行业，主要指航空运输企业。航空运输企业招用其他航空运输企业在职飞行人员的，应当与飞行人员和其所在单位进行协商，达成一致后方可办理相关手续。这符合我国民用航空行业的特殊情况，是现阶段必不可少的管理手段。因此，现行规定对特殊行业并不一定适用。特殊劳动者主要是指在现今知识经济时代下，具有专业知识和特殊技能以及掌握现代管理经验的高级人才。现行规定对于维护普通劳动者解除合同的权利而言是适当的，但高级人才的可替代程度与普通劳动者不同，用人单位很难在 30 日内物色到适当的替代者。要解决因《劳动法》硬性规定劳动者能够行使一般解除权且单方解除劳动合同仅需 30 日预告，而导致的通知时间不够的难题，应通过立法针对不同的人才和岗位的不同情况来考虑延长或缩短单方解除的预告期限。例如，对于高级人才单方解除劳动合同的，至少应提前 3 个月或半年时间以书面形式向用人单位作预告通知，以确保用人单位有充足的时间来寻找替代人选，避免因保护劳动者行使一般解除权而损害用人单位的经济利益；而对于普通劳动者来讲，笼统规定的 30 日预告通知时间又显得太长，不便于普通劳动者及时更换新的工作岗位，因此可以考虑将预告通知时间缩短至 10 日或者 15 日；甚至有学者认为，对于知悉用人单位核心商业秘密的高级人才的预告辞职，用人单位得向人民法院提出申请，禁止与用人单位有同业竞争的单位聘用该劳动者。②我国《劳动法》第 31 条、《劳动合同法》第 37 条将劳动者的一般预告辞职无区别地适用于所有的劳动合同的做法，有违国际通行做法。这种观点认为，纵观世界各国关于劳动（雇用）合同解除的相关法律规定，其都有一个相同的内容，即预告辞职只适用于无固定期限的劳动合同，而约定了明确期限的劳动合同只能基于法定的正当事由才能预告辞职，以实现强化劳动关系的稳定性的目的，所以应该将劳动者预告辞职权严格限制在无固定期限劳动合同领域。而《劳动法》《劳动合同法》并未作如此设计，劳动合同普遍适用无条件辞职权，这导致劳动关系随时都可能因劳动者的辞职而消灭，这显然灵活有余而稳定不足。

三、劳动合同解除的法律后果

劳动合同的解除意味着，在双方当事人之间的劳动权利义务结束的同时，又在双方当事人之间产生了新的权利义务关系（附随权利义务关系）。这些权利义务关系是基于已经解除的劳动合同关系产生的，但是其内容是由法律规定的，而不是双方当事人约定的。

（一）用人单位的义务

合同解除后，用人单位负有以下几方面的义务：

1. 支付经济补偿金的义务。劳动合同解除的经济补偿是指用人单位在协议解除劳动合同或者非过错性辞退、经济性裁员的情况下，按照法律的规定支付给劳动者的补偿金。关于经济补偿金的性质，通说认为，经济补偿金不是对过去贡献的补偿，也不是对未履行部分的违约补偿，而是对用人单位行使法定解除权而导致劳动者失去工作岗位的一种帮助。所以，经济补偿金应更多地体现公平性。

（1）经济补偿的范围。依照《劳动合同法》第 46 条的规定，有下列情形之一的，用人单位应当向劳动者支付经济补偿：①劳动者依照《劳动合同法》第 38 条规定解除劳动合同的。[1] ②用人单位依照《劳动合同法》第 36 条规定向劳动者提出解除劳动合同并与劳动者协商一致解除劳动合同的。③用人单位依照《劳动合同法》第 40 条规定解除劳动合同的。④用人单位依照《劳动合同法》第 41 条第 1 款规定解除劳动合同的。⑤除用人单位维持或者提高劳动合同约定条件续订劳动合同，劳动者不同意续订的情形外，依照《劳动合同法》第 44 条第 1 项规定终止固定期限劳动合同的；规定固定期限劳动合同期满、劳动合同终止也应当支付经济补偿金，可以消除用人单位减少解雇成本的动机，以经济手段引导用人单位与劳动者订立长期或者无固定期限的劳动合同。⑥依照本法第 44 条第 4 项、第 5 项规定终止劳动合同的。⑦法律、行政法规规定的其他情形。[2]

（2）经济补偿金的支付标准。《劳动合同法》第 47 条规定，经济补偿劳动者在本单位工作的年限，每满 1 年支付 1 个月工资的标准向劳动者支付。6 个月以上不满 1 年的，按 1 年计算；不满 6 个月的，向劳动者支付半个月工资的经济补偿。劳动者月工资高于用人单位所在直辖市、设区的市级人民政府公布的本地区上年度职工月平均工资 3 倍的，向其支付经济补偿的标准按职工月平均工资 3 倍的数额支付，向其支付经济补偿的年限最高不超过 12 年。[3] 本条所称月工资是指劳动者在劳动合同解除或者终止前 12 个月的平均工资。《劳动合同法实施条例》第 27 条明确规定，《劳动合同法》第 47 条规定的经济补偿的月工资按照劳动者应得工资计算，包括计时工资或者计件工资以及奖金、津贴和补贴等货币性收入。劳动者在劳动合同解除或者终止前 12 个月的平均工资低于当地最低工资

---

[1] 劳动者依照《劳动合同法》第 38 条的规定解除劳动合同的原因是用人单位存在违反工资支付、社会保险等有关法律规定的行为，损害了劳动者的合法权益。之所以增加规定要求如果劳动者在这种情形下提出解除劳动合同时用人单位也必须支付经济补偿，有以下两方面原因：一是可以督促用人单位遵守有关工资支付、社会保险等有关法律规定；二是可以防止用人单位故意违法，逼迫劳动者解除劳动合同，以规避支付经济补偿。

[2] 《劳动合同法实施条例》第 22 条规定，以完成一定工作任务为期限的劳动合同因任务完成而终止的，用人单位应当依照《劳动合同法》第 47 条的规定向劳动者支付经济补偿。

[3] 这一规定的目的是避免过于加重用人单位的人工成本，同时合理调节高收入劳动者的收入水平。

标准的，按照当地最低工资标准计算。劳动者工作不满 12 个月的，按照实际工作的月数计算平均工资。

2. 违法解除劳动合同的经济赔偿。解除劳动合同的经济赔偿是指劳动合同当事人因违反《劳动法》有关解除劳动合同的规定，所应支付给受损害方的赔偿金。劳动合同解除的补偿功能和赔偿功能不同，经济补偿在于对劳动者作人道性帮助，而经济赔偿在于对违法者责任的确认和对受损者的救济。因此，经济补偿只适用于由用人单位支付给解除劳动合同的劳动者；而经济赔偿的赔偿主体则既可能是用人单位，也可能是劳动者。

经济赔偿金的支付标准为：依照《劳动合同法》第 48 条的规定，用人单位违反《劳动合同法》规定的条件解除或者终止劳动合同，劳动者享有选择权，可以要求用人单位继续履行劳动合同，如果用人单位能够履行的，应当继续履行；如果劳动者不要求用人单位继续履行劳动合同或者劳动合同已经不能继续履行的，用人单位应当依照《劳动合同法》第 87 条的规定支付赔偿金，即应当依照《劳动合同法》第 47 条规定的经济补偿标准的 2 倍向劳动者支付赔偿金。《劳动合同法实施条例》第 25 条明确规定，用人单位违反《劳动合同法》的规定解除或者终止劳动合同，依照《劳动合同法》第 87 条的规定支付了赔偿金的，不再支付经济补偿。赔偿金的计算年限自用工之日起计算。同时，《劳动合同法》第 85 条还规定，解除或者终止劳动合同，未依照《劳动合同法》规定向劳动者支付经济补偿的，责令用人单位限期支付；逾期不支付的，责令用人单位按应付金额 50% 以上 100% 以下的标准向劳动者加付赔偿金。

另外，我国《工会法》第 53 条规定，用人单位不得因为劳动者参加工会活动而与之解除劳动合同，或者因为工会工作人员履行职责而与之解除劳动合同。对于违反《工会法》第 53 条的不当解除劳动合同的行为，劳动行政部门可以责令用人单位恢复被解雇劳动者的工作，补发因不当解除劳动合同而损失的工资，或者责令用人单位按年收入的 2 倍给付赔偿。

3. 其他义务。在解除劳动关系后，用人单位依照《劳动合同法》的有关规定，应当向劳动者支付经济补偿的，补偿金在办结工作交接时支付。用人单位应当在解除或者终止劳动合同时，出具解除或者终止劳动合同的证明，并在 15 日内为劳动者办理档案和社会保险关系转移手续。用人单位出具的解除、终止劳动合同的证明，应当写明劳动合同期限、解除或者终止劳动合同的日期、工作岗位、在本单位的工作年限等内容。用人单位对已经解除或者终止的劳动合同的文本，至少保存 2 年以备查。

（二）劳动者的义务

劳动者的义务主要有：①结束并移交工作事务。《劳动合同法》第 50 条第 2 款规定，劳动者应当按照双方约定，办理工作交接。②违法解除劳动合同的经济赔偿。《劳动合同法》第 90 条规定："劳动者违反本法规定解除劳动合同，或者违反劳动合同中约定的保密义务或者竞业限制，给用人单位造成损失的，应当承担赔偿责任。"如果劳动者和用人单位签订了保护商业秘密或竞业禁止协议，双方应当按照协议履行；如果违反协议，则应当按照约定承担责任。保守用人单位的商业秘密，是劳动者的法定义务，即使劳动者和用人单位没有签订保密协议或者在劳动合同中没有约定保密条款，劳动者在劳动合同结束后，也应当保守用人单位的商业秘密。

第七节　劳务派遣合同和非全日制劳动合同

一、劳务派遣合同

（一）劳务派遣合同的概念

劳务派遣合同是指劳务派遣单位（用人单位）在其与被派遣劳动者订立劳动合同后，再与接受以劳务派遣形式用工的单位（用工单位）订立劳务派遣协议，将被派遣劳动者派遣至用工单位，从而形成的非典型形式的劳动合同。在劳务派遣关系中，有三个主体，即劳务派遣机构（用人单位）、客户单位（用工单位）、受派遣劳动者（劳动者）。依照我国《劳动合同法》的规定，受派遣劳动者和劳务派遣单位签订劳动合同，劳务派遣单位和实际用工单位签订劳务派遣协议。在这三者的关系之中，受派遣劳动者和劳务派遣机构之间是劳动关系，派遣机构为用人单位，受派遣劳动者是劳务派遣机构的雇员；劳务派遣机构和客户公司之间应当订立劳务派遣合同，它们之间的关系是平等的民事主体关系，二者所签订的劳务派遣合同也是民事合同的性质；至于对受派遣劳动者和用工单位之间关系的认定，各个国家的规定并不完全相同，美国大多数州通过对"共同雇主责任"的落实，将用工单位和劳务派遣机构作为共同雇主对待，而日本《劳务派遣法》规定，在用工单位与被派遣劳动者之间不存在劳动关系，用工单位只负责指导和监督被派遣劳动者的劳动，但是其又认为劳务派遣用工具有特殊性，实际上在用人单位与被派遣劳动者之间形成"指挥""命令"关系，所以将"雇主责任"在劳务派遣单位和用工单位之间进行了划分，即劳务派遣单位作为雇主，对被派遣劳动者承担主要和基本的法律责任，而与劳动过程直接相关的"雇主责任"，如不正当劳动行为、就业歧视、最低工资、工作时间和休息休假及加班、加点费用、职业安全和卫生等涉及生产经营过程的劳动基准方面，用工单位也要承担连带义务和责任。目前我国《劳动合同法》没有给其以准确的定位，但是，《劳动合同法》第92条规定，劳务派遣单位违反《劳动合同法》规定，给被派遣劳动者造成损害的，劳务派遣单位与用工单位承担连带赔偿责任。

（二）我国劳务派遣合同立法

1. 《劳动合同法》针对劳务派遣作出了修改。劳务派遣作为在我国建立劳动力市场机制实践过程中出现的一种新的用工形式，是逐渐产生和发展起来的，并在2008年《劳动合同法》中首次以立法形式确定了劳务派遣合同的法律地位。然而，自《劳动合同法》实施以来，劳务派遣呈现出"非正常繁荣"景象，畸形发展，严重损害了劳动者利益。为此，2012年12月28日，全国人大常委会公布了修改《劳动合同法》的决定，本次修改所涉及的15个条款全部是关于劳务派遣的规定。因此，这次《劳动合同法》的修改，实际上就是对劳务派遣的重新规范，就是要使劳务派遣回归到其作为劳动用工补充形式的定位，把派遣用工数量控制在合理范围内。此次修改包括以下四个方面：①将劳务派遣公司的法定注册资本由50万元提高到200万元，并且增加了经营劳务派遣业务的行政许可制度；②细化了被派遣劳动者享有与用工单位的劳动者同工同酬的权利的规定；③明确宣示，"劳动合同用工是我国的企业基本用工形式。劳务派遣用工是补充形式，只能在临时性、辅助性或者替代性的工作岗位上实施。""前款规定的临时性工作岗位是指存续时间不超过六个月的岗位；辅助性工作岗位是指为主营业务岗位提供服务的非主营业务岗位；替代性工作岗位是指用工单位的劳动者因脱产学习、休假等原因无法工作的一定期间内，可以由其他劳动者替代工作的岗位。""用工单位应当严格控制劳务派遣用工数量，不得超过其用工总量的一定比例，具体比例由国务院劳动行政部门规定。"④加大了处罚力度，将罚款由 1000~5000 元提高至"五千元以上一万元以下"，并且规定，"未经许可，擅自经营劳务派遣业务的，由劳动行政部门责令停止违法行为，没收违法所得，并处违法所得一倍以上五倍以下的罚款；没有违法所得的，可以处五万元以下的罚款"。

2.《劳动合同法》进一步深化了对劳务派遣的规范。2013 年 6 月 20 日，人力资源社会保障部第 10 次部务会审议通过了《劳务派遣行政许可实施办法》（人力资源和社会保障部令第 19 号，简称《实施办法》），并决定自 2013 年 7 月 1 日起施行。2013 年 12 月 20 日，人力资源社会保障部第 21 次部务会审议通过了《劳务派遣暂行规定》（人力资源和社会保障部令第 22 号，简称《暂行规定》），并决定自 2014 年 3 月 1 日起施行。《实施办法》和《暂行规定》是规范劳务派遣的重要规章，它们的颁布实施，对于进一步规范劳务派遣用工行为，明确劳务派遣单位、用工单位和被派遣劳动者三方的权利和义务，维护被派遣劳动者的合法权益，促进企业健康发展，构建和发展和谐稳定的劳动关系而言具有重要意义。依据新修订的《劳动合同法》《劳动合同法实施条例》等法律法规，《实施办法》对劳务派遣行政许可的主管机关及许可原则，审批和处理流程，监督检查及法律责任等方面作出了明确规定；《暂行规定》主要对适用范围，劳务派遣用工比例，劳动合同的订立、履行、解除和终止，跨地区劳务派遣的社会保险，法律责任以及用工比例及其过渡期等方面作了具体规定。

全国人大常委会在 2021 年 6 月通过了《中华人民共和国安全生产法》修改决定，明确规定，生产经营单位使用被派遣的劳动者，应当将被派遣劳动者纳入本单位从业人员统一管理，对被派遣劳动者进行岗位安全操作规程和安全操作技能的教育和培训。

可以说，《实施办法》和《暂行规定》极大地完善了我国劳务派遣法律制度，我们以《暂行规定》为例进行具体说明：

（1）明确《暂行规定》的适用范围。《暂行规定》第 2 条规定，劳务派遣单位经营劳务派遣业务，企业（以下称用工单位）使用被派遣劳动者的，适用本规定。依法成立的会计师事务所、律师事务所等合伙组织和基金会以及民办非企业单位等组织使用被派遣劳动者的，依照本规定执行。

（2）明确劳务派遣的用工比例及其过渡期。《暂行规定》第 4 条规定，用工单位应当严格控制劳务派遣用工数量，使用的被派遣劳动者数量不得超过其用工总量的 10%。前款所称用工总量是指用工单位订立劳动合同人数与使用的被派遣劳动者人数之和。计算劳务派遣用工比例的用工单位是指依照《劳动合同法》和《劳动合同法实施条例》可以与劳动者订立劳动合同的用人单位。

【资料链接】

机关事业单位编制外用工的问题将随着改革的不断深化和法律的不断完善而逐步被妥善解决，《暂行规定》没有将其所使用的劳务派遣用工纳入适用范围。外国企业常驻代表机构和外国金融机构驻华代表机构等使用被派遣劳动者的，以及船员用人单位以劳务派遣形式使用国际远洋海员的，不受临时性、辅助性、替代性岗位和劳务派遣用工比例的限制。

为了使劳务派遣用工数量较多的用工单位能够平稳地将用工比例降至规定比例，最大限度地减少对企业生产经营、劳动者就业和劳动关系的影响，《暂行规定》第 28 条规定，用工单位在本规定施行前使用被派遣劳动者数量超过其用工总量 10% 的，应当制定调整用工方案，于本规定施行之日起 2 年内降至规定比例。但是，《全国人民代表大会常务委员会关于修改〈中华人民共和国劳动合同法〉的决定》公布前已依法订立的劳动合同和劳务派遣协议期限届满日期在本规定施行之日起 2 年后的，可以依法继续履行至期限届满。用工单位应当将制定的调整用工方案报当地人力资源社会保障行政部门备案。用工单位未将本规定施行前使用的被派遣劳动者数量降至符合规定的比例前，不得新用被派遣劳动者。

（3）明确辅助性岗位确定程序。为了增强《劳动合同法》有关辅助性岗位规定的操作性，防止用工单位在辅助性岗位上滥用劳务派遣，《暂行规定》第 3 条第 3 款规定，用工单位决定使用被派遣劳动者的辅助性岗位，应当经职工代表大会或者全体职工讨论，提出方案和意见，与工会或者职工代表平等协商确定，并在用工单位内公示。

（4）明确同工同酬的要求。《暂行规定》在新修订的《劳动合同法》所规定的用工单位应当对被派遣劳动者实行与本单位同类岗位的劳动者相同的劳动报酬分配办法的基础上，又增加了一些新的规定。《暂行规定》第 9 条规定，用工单位应当按照《劳动合同法》第 62 条的规定，向被派遣劳动者提供与工作岗位相关的福利待遇，不得歧视被派遣劳动者。在社会保险权益方面，《暂行规定》第 18 条规定，劳务派遣单位跨地区派遣劳动者的，应当在用工单位所在地为被派遣劳动者参加社会保险，按照用工单位所在地的规定缴纳社会保险费，被派遣劳动者按照国家规定享受社会保险待遇。《暂行规定》第 19 条规定，劳务派遣单位在用工单位所在地设立分支机构的，由分支机构为被派遣劳动者办理参保手续，缴纳社会保险费。劳务派遣单位未在用工单位所在地设立分支机构的，由用工单位代劳务派遣单位为被派遣劳动者办理参保手续，缴纳社会保险费。

（5）明确工伤处理。《暂行规定》第 10 条规定，被派遣劳动者在用工单位因工作遭受事故伤害的，劳务派遣单位应当依法申请工伤认定，用工单位应当协助工伤认定的调查核实工作。劳务派遣单位承担工伤保险责任，但可以与用工单位约定补偿办法。被派遣劳动者在申请进行职业病诊断、鉴定时，用工单位应当负责处理职业病诊断、鉴定事宜，并如实提供职业病诊断、鉴定所需的劳动者职业史和职业危害接触史、工作场所职业病危害因素检测结果等资料，劳务派遣单位应当提供被派遣劳动者职业病诊断、鉴定所需的其他材料。

（6）明确规定跨地区劳务派遣的社会保险。为了防止劳务派遣单位侵害被派遣劳动者的合法权益，实现跨地区被派遣劳动者与用工单位职工的"同工同保"，《暂行规定》第 18 条规定，劳务派遣单位跨地区派遣劳动者的，应当在用工单位所在地为被派遣劳动者参加社会保险，按照用工单位所在地的规定缴纳社会保险费，被派遣劳动者按照国家规定享受社会保险待遇。《暂行规定》第 19 条规定，劳务派遣单位在用工单位所在地设立分支机构的，由分支机构为被派遣劳动者办理参保手续，缴纳社会保险费。劳务派遣单位未在用工单位所在地设立分支机构的，由用工单位代劳务派遣单位为被派遣劳动者办理参保手续，缴纳社会保险费。

（7）明确被派遣劳动者被退回劳务派遣单位的情形及处理。为了保障被派遣劳动者的就业稳定性，防止用工单位无正当理由随意退回被派遣劳动者，《暂行规定》第 12 条第 1 款在《劳动合同法》第 65 条第 2 款的基础上进一步明确了用工单位可以退回劳动者的情形：①用工单位有《劳动合同法》第 40 条第 3 项、第 41 条规定的情形的；②用工单位被依法宣告破产、吊销营业执照、责令关闭、撤销、决定提前解散或者经营期限届满不再继续经营的；③劳务派遣协议期满终止的。但是，《暂行规定》第 13 条规定了例外情形：被派遣劳动者有《劳动合同法》第 42 条规定的情形的，在派遣期限届满前，用工单位不得依据本规定第 12 条第 1 款第 1 项的规定将被派遣劳动者退回劳务派遣单位；派遣期限届满的，应当延续至相应情形消失时方可退回。被派遣劳动者被用工单位退回后，劳务派遣单位应区分情形依法妥善处理其与被派遣劳动者的劳动关系。对此，《暂行规定》第 15 条规定，被派遣劳动者因本规定第 12 条的规定被用工单位退回，劳务派遣单位重新派遣时维持或者提高劳动合同约定条件，被派遣劳动者不同意的，劳务派遣单位可以解除劳动合同。被派遣劳动者因本规定第 12 条的规定被用工单位退回，劳务派遣单位重新派遣时降低劳动合同约定条件，被派遣劳动者不同意的，劳务派遣单位不得解除劳动合同。但被派遣劳动者提出解除劳动合同的除外。《暂行规定》第 16 条规定，劳务派遣单位被依法宣告破产、吊销营业执照、责令关闭、撤销、决定提前解散或者经营期限届满不再继续经营的，劳动合同终止。用工单位应当与劳务派遣单位协商妥善安置被派遣劳动者。此外，《暂行规定》第 12 条第 2 款规定，被派遣劳动者被退回后在无工作期间，劳务派遣单位应按照不低于所在地人民政府规定的最低工资标准，向其按月支付报酬。

（8）明确遏制用人单位"假外包，真派遣"的现象。在《劳动合同法》修改决定公布后，有的劳务派遣单位和用工单位采取劳务承揽、业务外包的方式应对法律对劳务派遣的规制。为了防止这种规避法律责任的行为，切实维护被派遣劳动者的合法权益，《暂行规定》第 27 条明确规定，用人单位以承揽、外包等名义，按劳务派遣用工形式使用劳动者的，按照本规定处理。这一规定将有效遏制用人单位"假外包，真派遣"的行为。

二、非全日制劳动合同

（一）非全日制劳动合同的界定

依据《劳动合同法》第 68 条的规定，非全日制劳动合同是指劳动者和用人单位签订的，以小时计酬为主，劳动者在同一用人单位一般平均每日工作时间不超过 4 小时，每周工作时间累计不超过 24 小时的非典型形式的劳动合同。

（二）非全日制劳动合同的特殊规定

非全日制合同适用一些特殊规定，如：①非全日制用工合同双方当事人可以订立口头协议；②从事非全日制用工的劳动者可以与一个或者一个以上的用人单位订立劳动合同，但后订立的劳动合同不得影响先订立的劳动合同的履行；③非全日制用工合同双方当事人不得约定试用期，非全日制用工合同双方当事人中的任何一方都可以随时通知对方终止用工；④终止用工时，用人单位不向劳动者支付经济补偿；⑤非全日制用工小时计酬标准不得低于用人单位所在地人民政府规定的最低小时工资标准；⑥非全日制用工劳动报酬结算支付周期最长不得超过 15 日。

第六章

集体合同制度

第一节　集体合同概述

一、集体合同的概念

集体合同，亦称团体协议、集体协议，是指"用人单位与本单位职工根据法律、法规、规章的规定，就劳动报酬、工作时间、休息休假、劳动安全卫生、职业培训、保险福利等事项，通过集体协商签订的书面协议"。[1]

我国《劳动法》第 33 条第 1 款规定："企业职工一方与企业可以就劳动报酬、工作时间、休息休假、劳动安全卫生、保险福利等事项，签订集体合同。"《劳动合同法》第 51 条规定："企业职工一方与用人单位通过平等协商，可以就劳动报酬、工作时间、休息休假、劳动安全卫生、保险福利等事项订立集体合同……"同时，2004 年 1 月 20 日原劳动和社会保障部发布的《集体合同规定》第 2 条规定："中华人民共和国境内的企业和实行企业化管理的事业单位（以下统称用人单位）与本单位职工之间进行集体协商，签订集体合同，适用本规定。"因此，在我国，"集体合同"又可以被定义为：集体合同是企业或实行企业化管理的事业单位与本单位职工通过集体协商签订的以集体劳动事项为中心内容的书面协议。

二、集体合同与劳动合同的关系

集体合同与劳动合同既有联系又有区别。集体合同与劳动合同都要遵循平等协商、诚实、公平、内容合法等基本原则，具有合同的一般属性；二者都是以劳动关系双方当事人的权利和义务为主要内容，均受劳动法的调整，二者的关系是密切的。但是，二者也有明显的区别：

1. 主体不同。集体合同主体的一方是企业或实行企业化管理的事业单位，另一方是本单位职工，所以集体合同又称团体协议或集体协议；而劳动合同一方的主体是用人单位，其既可以是企业、个体经济组织、民办非企业单位，一定条件下也可以是被视为用人单位的国家机关、事业单位和社会团体，另一方则是劳动者个人，所以劳动合同被称为个体劳动协议。

---

[1]　2004 年 1 月 20 日原劳动和社会保障部颁布的《集体合同规定》第 3 条。

2. 内容不同。集体合同规范整个用人单位劳动关系双方的劳动权利和劳动义务，即要对本单位一定时间内的生产活动作出全面的规划和协议，包括劳动报酬、工作时间、休息休假、劳动安全卫生、职业培训、保险福利等事项，其内容对全体职工具有普遍适用性；而劳动合同的内容只涉及单个劳动者的个人劳动条件，包括劳动者个人的劳动报酬、工作内容、工作时间、休息休假、劳动安全卫生、保险福利等事项，它是对劳动者与用人单位之间确立的劳动关系的具体化，其适用具有特定性。

3. 订立原则不同。虽然集体合同和劳动合同的订立都要遵循平等、合法、协商、诚信的原则，但集体合同更侧重于合作原则，而劳动合同则侧重于自愿原则。原因在于，集体合同是由职工一方的协商代表与企业或实行企业化管理的事业单位签订的，且集体协商双方的每方代表人数至少为 3 人，在这种通过代表进行的集体协商中，遵循少数服从多数的民主集中制原则，因而合作精神非常重要。但在劳动合同签订过程中，双方对合同内容的完全认可既是现实的也是必要的，所以自愿原则需要得到充分地贯彻和体现。

4. 签订目的不同。签订集体合同的直接目的在于规定本单位职工的一般劳动条件，以达到稳定、协调劳动关系的目的，它与劳动关系的确立无必然联系；签订劳动合同的直接目的在于明确用人单位与特定劳动者的权利、义务，以确保劳动关系的稳定和顺利进行。

5. 合同期限不同。劳动合同的期限分为固定期限、无固定期限及以完成一定工作为期限三种形式。《劳动合同法》首次对固定期限劳动合同的续订作出限制；但有关集体合同的期限，按照《集体合同规定》第 38 条的规定，集体合同的期限为 1~3 年，且不存在其他期限类型。

6. 合同形式不同。无论是我国的《劳动法》还是《劳动合同法》，都强调劳动合同应当采用书面形式（非全日制劳动合同可以作为例外），同时《劳动合同法》对用工后没有采用书面合同形式的情形明确规定了法律后果、法律责任。集体合同必须采用书面形式，否则其不能成立，也就不会产生任何的法律效力。

7. 生效要件不同。按照我国法律、法规的规定，首先，集体合同的签订由双方依法产生的代表进行协商，草拟集体合同草案；其次，将集体合同草案提交职工代表大会或全体职工讨论通过；再次，由双方首席代表签字；最后，由用人单位一方将文本报送劳动保障行政部门审查。劳动行政部门自收到集体合同文本之日起 15 日内未提出异议的，集体合同即行生效。换言之，对于集体合同的生效要件，我国法律规定了严格的审查程序。而对于劳动合同的生效要件，《劳动法》第 17 条第 2 款明确规定："劳动合同依法订立即具有法律约束力，当事人必须履行劳动合同规定的义务。"《劳动合同法》第 3 条第 2 款也规定："依法订立的劳动合同具有约束力，用人单位与劳动者应当履行劳动合同约定的义务。"

8. 对人的效力不同。《劳动法》第 35 条规定："依法签订的集体合同对企业和企业全体职工具有约束力……"《集体合同规定》第 6 条第 1 款也规定："符合本规定的集体合同或专项集体合同，对用人单位和本单位的全体职工具有法律约束力。"此外，在《劳动合同法》中还增加了行业性、区域性集体合同，其对本行业、本区域的用人单位和劳动者具有约束力，从而进一步扩大了集体合同对人的效力；而劳动合同只对企业和与企业签订劳动合同的特定劳动者具有约束力。

9. 效力层次不同。集体合同的法律效力一般高于劳动合同的法律效力。《劳动法》第35条明确规定："……职工个人与企业订立的劳动合同中劳动条件和劳动报酬等标准不得低于集体合同的规定。"《集体合同规定》第6条第2款规定："用人单位与职工个人签订的劳动合同约定的劳动条件和劳动报酬等标准，不得低于集体合同或专项集体合同的规定。"显然，集体合同中的劳动标准具有最低标准的效力。当集体合同有明确规定而劳动合同的规定内容不明确时，集体合同的规定视为对劳动合同内容的当然补充；当劳动合同与集体合同的规定不相符时，二者不一致的部分若低于集体合同规定的标准，应确认其为无效部分并以集体合同的内容取而代之，但若相异部分对劳动者而言更为有利的，则仍然有效。对此，《劳动合同法》第55条明确规定："集体合同中劳动报酬和劳动条件等标准不得低于当地人民政府规定的最低标准；用人单位与劳动者订立的劳动合同中劳动报酬和劳动条件等标准不得低于集体合同规定的标准。"

10. 争议类型不同。集体合同争议包括因签订而发生的争议（即集体协商争议）和因履行而发生的争议两种。对于因签订集体合同发生的争议，当事人不能协商解决的，当事人一方或双方可以以书面形式向劳动行政部门提出协调处理申请；未提出申请的，劳动行政部门认为必要时也可以主动进行协调处理。当事人因履行集体合同所确定的权利义务而发生争议的，先由当事人协商解决，协商解决不成的，可以向劳动争议仲裁委员会申请仲裁；对仲裁裁决不服的，可以自收到仲裁裁决书之日起15日内向人民法院提起诉讼。同时，《劳动合同法》第56条规定："用人单位违反集体合同，侵犯职工劳动权益的，工会可以依法要求用人单位承担责任；因履行集体合同发生争议，经协商解决不成的，工会可以依法申请仲裁、提起诉讼。"而单个劳动争议的处理方式包括协商、调解、仲裁和诉讼等。

三、集体合同的产生与发展

集体合同最早产生于资本主义国家。在18世纪末资本主义自由竞争时期，英国的雇佣劳动者团体与工厂雇主签订的劳动协定，是资本主义国家集体合同的萌芽。它是工人为反对个人雇佣契约的苛刻劳动条件而迫使雇主签订的。欧美资产阶级政府起初认为，雇佣劳动者团体迫使工厂雇主签订团体协约的行为有悖"契约自由"的原则，妨碍自由竞争，因而禁止缔结集体合同。19世纪中叶以后，随着工会组织的兴起，工会要求改善劳动条件的罢工斗争日益高涨，资本家为了避免罢工的损失，不得不与工会组织进行谈判，同意签订集体合同。从此，资本主义国家在订立集体合同的范围和数量上都有了很大的发展。但是，在当时，集体合同只是劳资双方的"君子协定"，其不具有法律约束力，法院也不受理集体合同争议案件。到了20世纪初，随着工人运动的进一步发展，特别是受十月革命的影响，资本主义国家政府才逐渐确认集体合同的法律效力，并颁布关于签订集体合同的法律。

早期的集体合同立法，其内容比较简单，而且大多被列入工会法、民法或企业法之中。例如，英国于1871年制定的世界上的第一部《工会法》和于1875年制定的《企业主和工人法》，率先肯定工会有与企业主签订契约的权利。随后，新西兰于1904年，奥地利和荷兰于1907年也制定了此类法律。在1911年瑞士颁布的《债务法》中，也有关于集体合同的规定。第一次世界大战以后，出现了一些较有影响的存在于单行集体合同法或劳动法典等基本法中的集体合同专章（篇）。例如，德国在 1918 年发布了《劳动协约、劳动者及使用人委员会暨劳动争议调停令》，并于 1921 年颁布了《劳动协约法（草案）》。法国于 1919 年颁布了《劳动协约法》，后来又将其编入《劳动法典》。美国于 1935 年颁布了《国家劳工关系法》（即《华格纳法》），其中也有关于集体合同的规定。第二次世界大战以后，一些国家在制定和修订劳动法时，大都对集体合同作了专门规定。有些国家还制定了新的集体合同法，如在 1946~1956 年间，法国就颁布了几项集体合同法律。另外，在一些第三世界国家的劳动法典中，如 1956 年加纳，1967 年卢旺达，1970 年伊拉克、利比亚、阿拉伯也门共和国，1971 年赞比亚等国的劳动法，都对集体合同作了专门规定。由此可见，有关集体合同的现代立法呈现以下发展趋势：①制定单项集体合同法规或在劳动法典等基本法中设置集体合同专章（篇），是集体合同立法的主要形式。此外，有些国家并用这两种立法形式。从发展趋势看，单项的集体合同法规将逐渐增多。②集体合同的立法内容日臻完善。集体合同立法一般都对集体合同的内容、形式、期限、效力、程序等事项作出规定，各国虽在具体立法内容上有差异，但其涉及的方面都有增多的趋势。③集体合同立法已经纳入国际劳工立法体系。国际劳工组织制定了多项有关集体合同的公约和建议书，如 1949 年第 98 号公约《组织和集体谈判权利的原则应用公约》，1951 年第 91 号建议书《集体协议建议书》，1981 年的第 154 号公约《促进集体谈判公约》和第 163 号《促进集体谈判建议书》等。

社会主义国家的集体合同最早产生于十月革命胜利后的苏维埃共和国。它是企业行政与工会为了保证完成或超额完成生产计划、改善劳动条件和提高职工物质文化生活条件而明确双方权利义务的书面协议。在其影响下，东欧和亚洲的一些社会主义国家也先后实行集体合同制度。

对我国而言，集体合同制度在新中国成立之前就已存在。1922 年中国劳动组合书记部拟订的《劳动法案大纲》就提出"劳动者有缔结团体契约权"，这是我国涉及集体合同问题的首次立法议案。在工人运动的强大压力下，1930 年国民党政府公布了《团体协约法》，尽管在各种原因的影响下该法并未真正实施，但它毕竟是旧中国第一部单项集体合同法规。在中国共产党领导的革命根据地，1931 年中华工农兵苏维埃第一次全国代表大会通过了《中华苏维埃共和国劳动法》，其对集体合同的内容、法律效力等事项作了明确规定。抗战时期，陕甘宁边区总工会于 1940 年制定了《陕甘宁边区战时工厂集体合同暂行条例》等。这些法规在保证完成战时生产任务与维护工人阶级合法权益等方面发挥了积极的作用。

新中国成立后，党和国家十分重视发挥集体合同的作用，不仅在《中国人民政治协商会议共同纲领》和《工会法》等法律文件中对集体合同作了规定，而且还制定了关于集体合同的专项规章，即《关于私营工商企业劳资双方订立集体合同的暂行办法》。党的十一届三中全会以后，在 1983 年《中国工会章程》、1986 年《全民所有制工业企业职工代表大会条例》和 1992 年《工会法》中，都规定了工会可以代表职工与企业签订集体合同，从而使一度中断的集体合同制度得以恢复。1994 年 7 月 5 日第八届全国人大常委会第八次会议通过的《劳动法》第 33 条明确规定："企业职工一方与企业可以就劳动报酬、工作时间、休息休假、劳动安全卫生、保险福利等事项，签订集体合同"，并把集体合同置于与劳动合同并列的地位。为了指导和规范集体协商及签订集体合同，协调处理集体合同争议，加强集体合同管理，1994 年 12 月 5 日原劳动部制定了《集体合同规定》，共 5 章 41 条，对集体合同的签订、审查及争议处理等作出了比较具体的规定。1995 年 8 月，中华全国总工会制定了《工会参加平等协商和签订集体合同试行办法》，就工会对集体合同运行各环节的参与等方面，规定了较详细的规则。这对普遍推行和健全集体合同制度，具有特别重要的意义。随着我国社会主义市场经济的进一步发展，在集体协商领域出现了许多新问题，因此，2004 年 1 月 20 日原劳动和社会保障部发布了新的《集体合同规定》，并于 2004 年 5 月 1 日起正式实施，同时宣布废止原劳动部 1994 年 12 月 5 日颁布的《集体合同规定》。这部新的《集体合同规定》从原来的 5 章 41 条扩充为 8 章 57 条，首次将女职工和未成年工特殊保护、职业技能培训、劳动合同管理、奖惩、裁员等事项写进集体合同，这对稳定劳动关系、促进社会主义生产的顺利进行具有重要作用。

集体协商和集体合同制度作为市场经济条件下协调劳动关系的有效机制，在《劳动合同法》中也得到了体现。该法不仅延续了《劳动法》《工会法》的规定，而且再次明确企业职工一方与用人单位通过平等协商，可以就劳动报酬、工作时间、休息休假、劳动安全卫生、保险福利等事项订立集体合同。同时，为了进一步完善集体合同制度，《劳动合同法》将一些经过实践检验并行之有效的政策上升为法律规范，对《劳动法》《工会法》确立的集体合同制度进行了补充：

1. 针对在一些规模较小的用人单位中职工流动性较大、职工合法权益受侵害的现象时有发生，而在这些单位内因工会力量薄弱而导致难以有效开展集体协商的问题，规定了在县级以下区域内，建筑业、采矿业、餐饮服务业等行业可以由工会与企业方面的代表订立行业性集体合同，或者订立区域性集体合同。行业性、区域性集体合同对本行业、本区域的用人单位和劳动者具有约束力。

2. 为了提高集体合同的针对性和实效性，规定企业职工一方与用人单位可以订立劳动安全卫生、女职工权益保护、工资调整机制等专项集体合同。

《劳动合同法》施行以后，各地按照国家协调劳动关系三方会议的部署，大力推进集体合同制度实施"彩虹"计划，不断扩大集体协商和集体合同覆盖范围，着力提升集体协商质量，增强集体合同实效，逐步形成规范有效的集体协商机制，畅通职工利益诉求表达渠道，促进企业发展、维护职工权益，更好地发挥集体协商和集体合同制度对调整劳动关系的基础性作用。

四、集体合同的分类

根据不同的标准，集体合同可进行不同的分类。

（一）单一管理的集体合同与多头管理的集体合同

此种分类的意义在于，探讨对集体合同能够形成有效管理的某种机制。

单一管理的集体合同主要被西方国家所采用，是指通过设立官方或半官方的机构统一对集体合同的运行进行宏观管理。例如，英国的集体合同由劳资关系裁判所管理，法国的集体合同由中央集体协议委员会管理，日本、匈牙利的集体合同由劳动事务裁决委员会管理等。这些国家对集体合同的管理在现代已形成了一套完整、有效的体系，对这些制度进行研究和探讨，对于建立适合我国社会主义市场经济的集体合同管理体制而言，具有重要的借鉴意义。

第六章

　　多头管理的集体合同主要是指目前在我国，由地方劳动行政部门、上级工会组织和企业主管部门联合管理集体合同，且以劳动行政部门的管理为主的模式。其中，上级工会组织和企业主管部门分别侧重于对基层工会和企业订立、履行集体合同进行指导和监督检查；劳动行政部门除了对集体合同的订立进行管理外，主要是监督集体合同的履行和处理集体合同争议。

　　（二）企业性集体合同和区域性集体合同

　　此种分类的意义在于，探讨在我国企业改革不断深入的情况下，如何充分发挥新建企业工会维护劳动者合法权益之作用的集体合同的新模式。

　　企业性集体合同是指由本企业工会或职工代表与企业代表根据法律、法规的规定进行平等协商，就有关劳动标准、职工劳动权益等问题达成的书面协议。它仅适用于本企业内部。

　　区域性集体合同是指在一定区域范围内，由市（县、区）外商投资企业、港澳台地区投资企业、私营企业工会联合会或行业性工会联合会、开发区（工业区、高科技园区）、乡镇（村）或街道工会，与相应的企业组织或所属企业，就企业的劳动标准、职工的基本劳动权益以及与劳动关系有关的问题进行平等协商，所达成的书面集体合同。它与企业性集体合同相比，具有以下区别：

　　1. 主体不同。企业性集体合同主体的一方是企业工会，另一方是企业；区域性集体合同主体的一方是地方工会联合会或乡镇、街道工会，另一方是相应的企业组织或所属企业。

　　2. 内容不同。企业性集体合同一般从企业实际出发，确定本企业的劳动标准，解决本企业职工的劳动问题，内容比较具体、特定。区域性集体合同通过确定本地区的劳动标准，来解决本地区带有共性的劳动问题，内容比较宽泛。

　　3. 效力不同。企业性集体合同只适用于本企业适用于本地区。而本地区的有关企业都应执行区域性集体合同。

　　4. 程序不同。企业性集体合同草案须交职工代表大会或职工大会讨论通过，上报劳动行政部门审查。由于地方没有建立职工代表大会，所以区域性集体合同提交职工审议通过的程序与企业性集体合同有所不同。

　　由于我国目前私营企业、乡镇企业、外商投资企业等企业组织比较活跃，而相应的工会组织建设相对滞后，同时企业内部的劳动关系又比较复杂，所以为了防止侵犯职工合法权益现象的发生，应充分发挥地方工会组织的作用，就本地区带有共性、倾向性的并对劳动关系影响较大的问题与相应的地方企业组织进行协商，签订集体合同，从而指导、规范各企业的劳动关系，预防劳动争议的发生。在国外，由地方工会或产业工会与雇主团体进行集体谈判进而签订集体合同的现象已相当普遍。我国在小企业比较集中的地方，有必要借鉴此种做法。

　　（三）综合性集体合同与专项集体合同

　　这是以集体合同的内容为标准而作出的分类，也是我国《集体合同规定》对集体合同所采用的一种分类方法，《劳动合同法》也坚持了这种分类方法。

　　综合性集体合同是指用人单位与本单位职工根据法律、法规、规章的规定，就劳动报酬、工作时间、休息休假、劳动安全卫生、职业培训、保险福利等事项，通过集体协商而签订的书面协议。它所涉及的内容比较全面，是综合性的集体劳动条件。

专项集体合同是指用人单位与本单位职工根据法律、法规、规章的规定，就集体协商的某项内容所签订的专项书面协议。它所涉及的内容比较单一，或涉及集体劳动条件之中某一项的集体协议，或是关于劳动报酬的专项集体协议，或是关于工作时间的专项集体协议等。正因为是专项集体协议，因而就具体问题，它一般规定得非常详细、具体，所以其可操作性也就非常强。一个用人单位往往可以与本单位职工签订多个专项集体合同，比如关于劳动安全卫生的专项集体合同、关于女职工权益保护专项集体合同、关于工资的专项集体合同等。

第二节　集体合同的内容及形式

一、集体合同的内容

集体合同的内容是指集体合同中对双方当事人具体权利义务的约定，它是职工集体劳动权益的体现。世界各国关于集体合同内容的立法例，主要有三种：①在集体合同立法中详细列举其必要条款，如法国、美国等。②对集体合同的内容，立法不作规定，由双方当事人自由协商，如德国、日本、俄罗斯等。③在立法中对集体合同的内容作排除性规定，除此之外，由双方当事人自由协商。例如，1994 年 9 月 29 日发布的《波兰集体劳动协议法》第 240 条规定："①集体劳动协议应就原则问题进行规定……③协议不得包括以下内容：……在解除雇佣关系的情况下……"

从我国《劳动法》第 33 条、《集体合同规定》第 8 条、中华全国总工会制定的《工会参加平等协商和签订集体合同试行办法》和《劳动合同法》的规定来看，我国集体合同的内容属于第一种立法例。集体协商双方可以就下列多项或某项内容进行集体协商，签订集体合同或专项集体合同：

1. 劳动报酬。主要包括用人单位工资水平，工资分配制度，工资标准和工资分配形式，工资支付办法，加班、加点工资及津贴、补贴标准和奖金分配办法，工资调整办法，试用期及病、事假等期间的工资待遇，特殊情况下职工工资（生活费）的支付办法，其他劳动报酬分配办法等内容。

2. 工作时间。主要包括工时制度，加班加点办法，特殊工种的工作时间，劳动定额标准等内容。

3. 休息休假。主要包括日休息时间，周休息日安排，年休假办法，不能实行标准工时职工的休息休假，其他假期等内容。

4. 劳动安全卫生。主要包括劳动安全卫生责任制，劳动条件和安全技术措施，安全操作规程，劳保用品发放标准，定期健康检查和职业健康体检等内容。

5. 补充保险和福利。主要包括补充保险的种类、范围，基本福利制度和福利设施，医疗期延长及其待遇，职工亲属福利制度等内容。

6. 女职工和未成年工的特殊保护。主要包括女职工和未成年工禁忌从事的劳动，女职工的经期、孕期、产期和哺乳期的劳动保护，女职工、未成年工定期健康检查，未成年工的使用和登记制度等内容。

7. 职业技能培训。主要包括职业技能培训项目规划及年度规划，职业技能培训费用的提取和使用，保障和改善职业技能培训的措施等内容。

8. 劳动合同管理。主要包括劳动合同的签订时间，确定劳动合同期限的条件，劳动合同变更、解除、续订的一般原则，试用期的条件和期限等内容。

9. 奖惩。主要包括劳动纪律，考核奖惩制度，奖惩程序等内容。

10. 裁员。主要包括裁员的方案，裁员的程序，裁员的实施办法和补偿标准等内容。

11. 集体合同期限。集体合同的期限一般为 1~3 年。

12. 变更、解除集体合同的程序。

13. 履行集体合同发生争议时的协商处理办法。

14. 违反集体合同的责任。

15. 双方认为应当协商的其他内容。

集体合同的内容具体表现为以上诸项集体合同条款。根据诸条款的侧重点不同，可以将以上集体合同的各项内容分为两类：①劳动标准条款。包括劳动报酬，工作时间，休息休假，劳动安全卫生，补充保险和福利，女职工和未成年工特殊保护等内容。这是集体合同的核心内容，它制约着劳动合同的劳动标准。在职工个人与企业、事业组织订立的劳动合同中，劳动条件和劳动报酬等标准不得低于集体合同的规定。②程序规则条款，即规定集体合同自身运行的程序规则的条款。包括集体合同的订立、履行、变更、解除、终止、续订，以及违反集体合同的责任承担，集体合同争议的处理等内容。这是保证集体合同履行及维护集体合同主体双方合法权益不可缺少的程序规则。

在确定集体合同的内容时，要注意：①从实际出发，防止标准过高；②内容全面，重点突出；③目标明确，措施具体。只有这样，集体合同的内容才具有实现的可能性。

二、集体合同的形式

集体合同必须以书面形式订立，这是世界各国普遍采取的做法。只有以书面形式订立的集体合同，才具有法律效力。例如，1969 年德国颁布的《集体合同法》第 1 条规定："……②集体合同以书面形式拟定。" 1994 年波兰发布的《集体劳动协议法》第 241-5 条规定："①协议应以书面形式签订……" 各国之所以对集体合同的形式作如此严格的要求，是因为集体合同涉及用人单位及全体职工各自的权利与义务，其采用书面形式订立，以便于履行和检查。我国《集体合同规定》第 3 条明确规定，集体合同是 "书面协议"。同时，除我国明确规定集体合同订立后，须报劳动行政部门审查登记外，许多国家也明确规定了集体合同的备案制度。例如，德国 1969 年的《集体合同法》第 6 条规定："联邦劳动和社会秩序部建立集体合同档案。有关集体合同的订立、变更和解除以及普遍效力的开始和结束的内容应在档案中予以登记。" 俄罗斯、波兰等国也规定了此类制度。所以，集体合同的书面形式也是与其审查备案制度相适应的。

第三节　集体合同的订立、履行与终止

一、集体合同的订立

（一）订立原则

《集体合同规定》第5条明确规定，进行集体协商，签订集体合同或专项集体合同，应当遵循下列原则：

1. 遵守法律、法规、规章及国家有关规定的原则。具体是指订立集体合同的主体、内容、形式、程序必须符合国家法律、法规、规章及国家有关的规定。本单位职工、企业或实行企业化管理的事业单位是订立企业性集体合同的主体。2008年生效的《劳动合同法》所规定的区域性、行业性集体合同，是指在县级以下区域内，建筑业、采矿业、餐饮服务业等行业可以由工会与企业方面代表订立行业性集体合同，或者订立区域性集体合同。行业性、区域性集体合同对本行业、本区域的用人单位和劳动者具有约束力。集体合同的内容不得与法律、法规、规章及国家有关的规定相抵触。集体合同必须采用书面形式，其他形式一律无效。同时，还应严格遵循法定程序订立集体合同。

2. 相互尊重，平等协商原则。尽管集体协商的双方在经济地位上不平等，但在法律地位上双方是平等的，双方都是以平等的主体身份进行协商的，只有在彼此尊重的前提下，才能保证作为主体的双方能够独立地、充分地表达自己的意志，做到意思表示真实。

3. 诚实守信，公平合作原则。为了实现用人单位和劳动者的"双赢"，集体协商双方必须首先在互谅互让的基础上，相互磋商，把各自的利益控制在合理的限度内，这样才能促成集体合同的订立。其次，集体合同是由双方各派出3名以上的对等代表来进行协商的，对其形成的草案很难有100%的通过率，在少数服从多数的民主集中制下，也需要合作精神。同时，在集体协商及集体合同的履行过程中，双方都要诚实讲信用，这样才能展开良好的合作，劳动关系才能良性运转。另外，双方在协商过程中，应本着公平的原则确定合同内容，不能偏袒任何一方的利益，这样才能形成良性互动的劳动关系。

4. 兼顾双方合法权益原则。在集体合同的签订过程中，劳方通过集体的力量与用人单位进行协商，双方的实力相当，这样可以避免单个劳动者与用人单位之间就某些问题进行协商时可能出现的交易实力过分悬殊的现象，从而有利于提高劳方的福利待遇，改善劳动者的权利保护状况。但与此同时，劳动者利益的实现往往又依赖于用人单位的经营情况，所以在签订集体合同时，应兼顾双方的合法权益，只有"双赢"，才能使双方各自的利益最大化，也才能使集体合同获得双方的认可和贯彻实施。

5. 不得采取过激行为原则。在集体协商过程中，双方应当顾全大局、维护用人单位正常的生产工作秩序。即使协商不成，陷入僵局，也不能采取罢工、闭厂等过激行为，而应该通过相应程序进行"协商处理"。否则，采取任何过激的行为都容易造成协商破裂，使对方对此失去信任，即使在一方或双方的强大压力下使集体合同得以通过，但最终该集体合同也难以得到自觉的贯彻实施。

（二）订立程序

根据《劳动法》第33、34条和《集体合同规定》的规定，集体合同的签订必须经过

以下步骤：

1. 集体协商，制定草案。集体协商是由《集体合同规定》确认的用人单位与本单位职工签订集体合同或专项集体合同，以及确定相关事宜时应当采取的方式。集体协商主要采取协商会议的形式。

第一，集体协商由双方推选代表进行。集体协商代表（简称协商代表），是指按照法定程序产生并有权代表本方进行集体协商的人员。其主要内容包括：

（1）集体协商双方的代表人数应当对等，每方至少3人，并各确定1名首席代表。

（2）职工一方的协商代表由本单位工会选派；未建立工会的，由本单位职工民主推荐，并经本单位半数以上职工同意。职工一方的首席代表由本单位工会主席担任，工会主席可以书面委托其他协商代表代理首席代表。工会主席空缺的，首席代表由工会主要负责人担任。未建立工会的，职工一方的首席代表从协商代表中民主推举产生。用人单位一方的协商代表，由用人单位法定代表人指派，首席代表由单位法定代表人担任或由其书面委托的其他管理人员担任。

（3）协商代表履行职责的期限由被代表方确定。集体协商双方的首席代表可以书面委托本单位以外的专业人员作为本方协商代表，但委托人数不得超过本方代表的1/3。首席代表不得由非本单位人员代理。用人单位协商代表与职工协商代表不得相互兼任。

（4）协商代表应履行下列职责：①参加集体协商；②接受本方人员质询，及时向本方人员公布协商情况并征求意见；③提供与集体协商有关的情况和资料；④代表本方参加集体协商争议的处理；⑤监督集体合同或专项集体合同的履行；⑥法律、法规和规章规定的其他职责。同时，协商代表应当维护本单位正常的生产、工作秩序，不得采取威胁、收买、欺骗等行为。协商代表还应当保守在集体协商过程中知悉的用人单位的商业秘密。

（5）对协商代表的保护。企业内部的协商代表参加集体协商的，视为提供了正常劳动。职工一方协商代表在其履行协商代表职责期间，劳动合同期满的，劳动合同期限自动延长至完成履行协商代表职责之时，除出现下列情形之一的，用人单位不得与其解除劳动合同：①严重违反劳动纪律或用人单位依法制定的规章制度的；②严重失职、营私舞弊，对用人单位利益造成重大损害的；③被依法追究刑事责任的。职工一方协商代表履行协商代表职责期间，用人单位无正当理由不得调整其工作岗位。职工一方协商代表因上述权利与用人单位发生争议的，可以向当地劳动争议仲裁委员会申请仲裁。

（6）协商代表的更换。工会可以更换职工一方的协商代表；未建立工会的，经本单位半数以上职工同意的，可以更换职工一方协商代表。用人单位法定代表人可以更换用人单位一方的协商代表。协商代表因更换、辞任或遇有不可抗力等情形造成空缺的，应在空缺之日起15日内按照上述规定产生新的代表。

第二，集体协商程序包括以下内容：

（1）集体协商任何一方均可就签订集体合同或专项集体合同以及相关事宜，以书面形式向对方提出进行集体协商的要求。一方提出进行集体协商要求的，另一方应当在收到集体协商要求之日起20日内以书面形式给予回应，无正当理由不得拒绝进行集体协商。

（2）协商代表在协商前应进行下列准备工作：①熟悉与集体协商内容有关的法律、法规、规章和制度；②了解与集体协商内容有关的情况和资料，收集用人单位和职工对协商意向所持的意见；③拟定集体协商议题，集体协商议题可由提出协商的一方起草，也可由双方指派代表共同起草；④确定集体协商的时间、地点等事项；⑤共同确定一名非协商代表担任集体协商的记录员，记录员应保持中立、公正，并为集体协商双方保密。

（3）集体协商会议由双方首席代表轮流主持，并按下列程序进行：①宣布议程和会议纪律；②一方首席代表提出协商的具体内容和要求，另一方首席代表就对方的要求作出回应；③协商双方就商谈事项发表各自意见，并开展充分讨论；④双方首席代表归纳意见，达成一致的，应当形成集体合同草案或专项集体合同草案，由双方首席代表签字。

（4）集体协商未达成一致意见或出现事先未预料的问题时，经双方协商，可以中止协商。中止期限及下次协商的时间、地点、内容，由双方商定。

用人单位无正当理由拒绝工会或职工代表提出的集体协商要求的，按照《工会法》及有关法律、法规的规定处理。例如，用人单位无正当理由拒绝进行平等协商的，由县级以上人民政府责令改正，依法处理。

2. 职工讨论，通过草案。《劳动法》第 33 条第 1 款规定："……集体合同草案应当提交职工代表大会或者全体职工讨论通过。"由于集体合同最终要对用人单位和全体职工产生约束力，所以经双方协商代表协商一致的集体合同草案或专项集体合同草案应当提交职工代表大会或者全体职工大会，就草案中的有关问题进行充分讨论，提出修改意见，并就修改后的草案正式表决通过。职工代表大会或者全体职工大会讨论集体合同草案或专项集体合同草案，应当有 2/3 以上职工代表或者职工出席，且须经半数以上的全体职工代表或半数以上的全体职工同意，集体合同草案或专项集体合同草案方获通过。这样才能保证集体合同代表最大多数职工的利益，确保集体合同的顺利履行。

3. 签字上报，审查备案。

（1）集体合同草案或专项集体合同草案经职工代表大会或全体职工大会通过后，由集体协商双方的首席代表签字。用人单位一方应当在签字后的 10 日内将集体合同文本一式三份报送劳动保障行政部门审查。劳动保障行政部门应当对报送的集体合同或专项集体合同办理登记手续。

（2）审查机关。县级以上劳动保障行政部门负责审查本行政区域内的集体合同或专项集体合同。集体合同或专项集体合同审查实行属地管辖，具体管辖范围由省级劳动保障行政部门规定。中央管辖的企业以及跨省、自治区、直辖市的用人单位的集体合同应当报送劳动保障部或劳动保障部指定的省级劳动保障行政部门审查。

（3）审查内容。劳动保障行政部门应当对报送的集体合同或专项集体合同的下列事项进行合法性审查：①集体协商双方的主体资格是否符合法律、法规和规章的规定；②集体协商程序是否违反法律、法规、规章的规定；③集体合同或专项集体合同的内容是否与国家规定相抵触。

（4）审查程序。劳动保障行政部门应当对报送的集体合同或专项集体合同办理登记手续；应当对报送的集体合同或专项集体合同的合法性进行审查；有异议的，应当自收到文本之日起 15 日内将《审查意见书》送达双方协商代表。《审查意见书》应当载明以下内容：①集体合同或专项集体合同当事人双方的名称、地址；②劳动保障行政部门收到集体合同或专项集体合同的时间；③审查意见；④作出审查意见的时间。《审查意见书》应当加盖劳动保障行政部门的印章。用人单位与本单位职工就劳动保障行政部门提出异议的事项经集体协商重新签订集体合同或专项集体合同的，用人单位一方应当按照上述规定将文本报送劳动保障行政部门审查。

4. 即行生效，公布履行。劳动保障行政部门自收到文本之日起 15 日内未提出异议的，集体合同或专项集体合同即行生效。生效的集体合同或专项集体合同，应当自其生效之日起由协商代表及时以适当的形式向本方全体人员公布，并积极履行各自义务，以确保集体合同的顺利实施。

（三）集体协商争议的协调处理

集体协商争议，即因签订集体合同或专项集体合同而在双方协商过程中发生的争议。由于这种争议发生在双方协商代表就集体劳动条件进行协商的过程中，其与个别劳动争议以及因履行集体合同发生的争议不同，仅仅是双方因为在某些内容的认识上发生分歧，不能通过协商达成一致意见而产生争议。此外，由于这种争议是在双方"确权"的过程中发生的，不存在"侵权"事实，所以不宜采用仲裁或诉讼的方式。因此，原劳动和社会保障部于 2004 年 1 月 20 日公布的《集体合同规定》，以专章形式规定了"集体协商争议的协调处理"。一般而言，因签订集体合同或专项集体合同而发生的争议，按以下途径予以处理：

1. 当事人协商。由双方当事人自行协商解决是解决此种争议的首选方式，这也有利于双方及时化解分歧，达成共识。

2. 劳动保障行政部门协调处理。根据《集体合同规定》第 49 条、第 51 条的规定，集体协商过程中发生的争议，双方当事人不能协商解决的，当事人一方或双方可以书面形式向劳动保障行政部门提出协调处理申请；未提出申请的，劳动保障行政部门认为必要时也可以进行协调处理。集体协商争议处理实行属地管辖，具体管辖范围由省级劳动保障行政部门规定。中央管辖的企业以及跨省、自治区、直辖市用人单位因集体协商发生的争议，由劳动保障部指定的省级劳动保障行政部门组织同级工会和企业组织等三方面的人员协调处理，必要时，劳动保障部也可以组织有关方面协调处理。

劳动保障行政部门介入集体协商争议，既可以根据当事人一方或双方的书面申请，被动介入；也可以视情况需要，依职权主动立案调处。立案后，应在调查了解争议情况的基础上，拟定协调处理的方案。劳动保障行政部门在协调处理该争议时，应当组织同级工会和企业组织等三方面的人员共同进行。协调处理集体协商争议，应当自受理协调处理申请之日起 30 日内结束协调处理工作。期满未结束的，可以适当延长协调期限，但延长的期限不得超过 15 日。

协调处理集体协商争议应当按照以下程序进行：①受理协调处理申请；②调查了解争议情况；③研究制定协调处理争议的方案；④对争议进行协调处理；⑤制作《协调处理协议书》。《协调处理协议书》应当载明协调处理申请、争议的事实和协调结果，双方当事人就某些协商事项不能达成一致的，应将继续协商的有关事项予以载明。《协调处理协议书》在集体协商争议的协调处理人员和争议双方首席代表签字盖章后生效。争议双方均应遵守生效后的《协调处理协议书》。

（四）续订

在集体合同或专项集体合同期满前 3 个月内，任何一方均可向对方提出重新签订或续订的要求。具体事宜依集体协商程序进行。

二、集体合同的效力

（一）效力要件

决定集体合同效力的三大要件，即成立要件、有效要件、生效要件，三者是各不相同的。

1. 成立要件。集体合同的成立是指双方当事人为建立集体合同关系而达成的合意，它需要具备三个要件：①双方当事人均能作出完整的意思表示；②当事人的意思表示以订立集体合同为目的，并能产生相应的法律后果；③当事人的意思表示须一致。

2. 有效要件。集体合同的有效是指集体合同产生法律上的约束力，它需要具备以下要件：①主体合格；②意思表示真实；③内容合法；④书面形式；⑤程序合法。

3. 生效要件。集体合同的生效是指在集体合同成立有效的基础上，其所约定的权利、义务得由国家强制力保障得以实现的状况。根据我国相关立法的规定，集体合同具有特定的生效要件，即劳动行政部门在收到集体合同文本之日起 15 日内不提出异议的，集体合同才能生效。

（二）效力表现

效力表现，即集体合同在成立、有效、具备生效要件的基础上所发生的法律后果。《劳动法》第 35 条规定："依法签订的集体合同对企业和企业全体职工具有约束力。职工个人与企业订立的劳动合同中劳动条件和劳动报酬等标准不得低于集体合同的规定。"这是对集体合同法律效力的原则规定。2004 年《集体合同规定》第 6 条进一步明确规定："符合本规定的集体合同或专项集体合同，对用人单位和本单位的全体职工具有法律约束力。用人单位与职工个人签订的劳动合同约定的劳动条件和劳动报酬等标准，不得低于集体合同或专项集体合同的规定。"《劳动合同法》第 54 条第 2 款也规定："依法订立的集体合同对用人单位和劳动者具有约束力。行业性、区域性集体合同对当地本行业、本区域的用人单位和劳动者具有约束力。"具体来讲，集体合同的效力主要表现为：

1. 对用人单位和其全体职工具有约束力，这是集体合同对人的效力。这里的用人单位是指中华人民共和国境内的企业和实行企业化管理的事业单位，同时包括组织体发生变动，继受原用人单位权利、义务的新组织。全体职工也不以订立集体合同时是否为该单位职工、是否为工会会员为限。另外须注意的是，我国 2008 年的《劳动合同法》规定了行业性、区域性的集体合同，该种集体合同对本行业、本区域的用人单位和劳动者具有约束力。

2. 集体合同在其存续期间具有约束力，这是集体合同的时间效力。《集体合同规定》第 38 条明确规定："集体合同或专项集体合同期限一般为 1 至 3 年……"即我国的集体合同是有固定期限的，集体合同只在其存续期间有效。对于集体合同是否有溯及力，即对其成立前已签订的劳动合同是否发生效力的问题，根据我国《劳动法》第 35 条的规定："职工个人与企业订立的劳动合同中劳动条件和劳动报酬等标准不得低于集体合同的规定。"应该说，立法是不承认集体合同的溯及力的，在劳动标准上，是从集体合同生效之日起计算的。至于集体合同的余后效力，即集体合同有效期限届满后能否对依其订立并仍然存续的劳动合同发生约束力，我国立法没有对此作出规定。为了避免在时间效力上的脱节现象，在一些国家的立法中作出了相应规定，例如，德国 1969 年的《集体合同法》第 4 条第 5 项规定："集体合同期限届满以后，其法律规范仍然有效，直至它被另一协议代替为止。"俄罗斯 1992 年的《集体合同和协议法》第 14 条也规定："……如合同有效期已满，则集体合同在双方尚未签署新合同或未修改和补充现行合同的情况下继续有效。"从保护劳动者利益的角度出发，我国应对此予以借鉴。

3. 集体合同标准条款具有最低标准的效力。集体合同所规定的劳动标准在其效力范围内是保护劳动者利益的最低标准，劳动合同关于劳动者利益的规定，可以高于但不得低于这些标准，若低于此标准，则由集体合同的相应规定取而代之。我国《劳动合同法》第 55 条也规定："……用人单位与劳动者订立的劳动合同中劳动报酬和劳动条件等标准不得低于集体合同规定的标准。"同时，在集体合同中有规定而劳动合同未作规定，或规定不明确，或虽有规定却被确认为无效时，集体合同的约定视为对劳动合同内容的当然补充。

三、集体合同的履行

集体合同的履行是指集体合同依法生效后，双方当事人全面按照合同约定履行合同义务的行为，这是集体合同法律效力的首要表现。履行集体合同应当遵循实际履行、全面履行和协作履行的原则，同时应针对不同的合同条款采取不同的履行方式。

1. 关于劳动标准的条款。劳动标准的条款要求集体合同主体双方在集体合同有效期内，按照集体合同规定的各项标准签订和履行个人劳动合同，即集体合同中的劳动标准要落实到具体的劳动合同中履行，从而确保个人劳动合同的劳动标准不低于集体合同规定的标准。

2. 关于管理条款。管理条款主要侧重于对劳动过程的组织和管理，一般可通过用人单位制定的内部劳动规则予以具体落实。

3. 关于目标性条款。目标性条款应具体落实在企业计划和工会工作计划之中，并积极创造条件加以实现。对于约定不明确的内容，凡国家法律、法规有明确规定的，按规定执行；国家没有规定的，由双方当事人协商确定。

4. 关于程序性条款。程序性条款要求双方对于涉及集体合同的订立、履行、变更、解除、终止、续订及违约责任的承担、处理争议等运行规则的争议时，应依程序办理，这是保证集体合同顺利履行和维护双方合法权益不可缺少的程序规则。

因履行集体合同发生的争议，当事人协商解决不成的，可以依法向劳动争议仲裁委员会申请仲裁；对仲裁裁决不服的，可以自收到仲裁裁决书之日起 15 日内向人民法院提起诉讼。

四、集体合同的变更

集体合同的变更是指已经有效成立的集体合同在尚未履行完毕之前，因合同订立时的主观或客观情况发生变化，当事人依照法律规定的程序对原合同条款所作的修改或补充。作为集体合同变更的主客观情况主要有：

1. 双方协商代表协商一致，可以变更集体合同或专项集体合同。

2. 用人单位因被兼并、解散、破产等原因，致使集体合同或专项集体合同无法履行的。

3. 因不可抗力等原因致使集体合同或专项集体合同无法履行或部分无法履行的。

4. 集体合同或专项集体合同约定的变更条件出现的。

5. 法律、法规、规章规定的其他情形。

变更集体合同或专项集体合同适用集体协商程序。

五、集体合同的终止

集体合同的终止是指因某种法律事实的出现而导致集体合同法律关系的消灭。此种法律事实包括：

1. 合同期限届满。集体合同的期限为 1~3 年，具体期限由合同确定。如果合同中没有规定明确的存续期限，一般应认定为 1 年；有效期满，集体合同即行终止。

2. 主体一方资格消灭。例如，用人单位一方被兼并、解散或破产等。

3. 双方约定的终止条件出现，集体合同即行终止。例如，双方在签订集体合同时约定"当事人一方违约使集体合同的履行成为不必要""国家劳动制度进行重大改革"等事项，均可以作为终止的条件。

4. 依法解除。集体合同的解除是指集体合同有效成立后尚未履行完毕前，由于主、客观情况发生变化，当事人依照法定条件和程序，依法提前终止合同的行为。这种情况包括：①双方协商一致解除。经双方协商代表协商一致，可以解除集体合同，但不能因此损害国家和社会利益。②单方解除。在集体合同有效期限内，如果发生法定事由，如用人单位因被兼并、解散、破产等，或因不可抗力致使集体合同无法履行或部分无法履行时，集体合同的任何一方可以提出解除集体合同的要求。

集体合同的解除适用集体协商程序。

六、集体合同的监督

县级以上劳动保障行政部门对本行政区域内用人单位与本单位职工开展集体协商、签订、履行集体合同的情况进行监督，并依法对用人单位的违法行为进行处罚。用人单位对行政处罚决定不服的，可以依照《行政复议条例》和《行政诉讼法》的规定申请行政复议或提起行政诉讼。

另外，依据《工会法》第 20 条第 4 款的规定，企业违反集体合同，侵犯职工劳动权益的，工会可以依法要求企业承担责任；因履行集体合同发生争议，经协商解决不成的，工会可以向劳动争议仲裁机构提请仲裁；仲裁机构不予受理或者对仲裁裁决不服的，可以向人民法院提起诉讼。《劳动合同法》第 56 条也规定："用人单位违反集体合同，侵犯职工劳动权益的，工会可以依法要求用人单位承担责任；因履行集体合同发生争议，经协商解决不成的，工会可以依法申请仲裁、提起诉讼。"

第四节　工会及用人单位（雇主）团体

一、工会

（一）工会及工会立法

1. 西方国家及国际工会立法概述。工会产生于阶级经济斗争基础之上，以其产生的初衷来讲，它是工人阶级为加强内部团结，集中斗争力量，维护自身利益而自愿组成的社会团体。世界上最早的工会组织出现于 19 世纪初西欧的一些资本主义国家。工会组织的产生与发展，必然反映在国家的立法上。由于"工会是反对劳动压迫者的机关，是反对资本主义的机关"[1]，所以，资本主义国家早期的工会立法经历了三个阶段：①禁止阶段，视工人组织工会为非法行为、犯罪行为；②限制阶段，承认劳动者的结社权，但对工会活动作了种种限制；③承认阶段，完全认可工会的合法地位，并对工会的活动自由权加以保护。以 1871 年英国颁布的《工会法》为标志，工会最终获得了法律上的合法地位，但工会组织在西方国家普遍取得合法地位则是在第二次世界大战以后。在现代，许多国家的宪法都明确肯定工会的合法地位，同时，工会的合法地位也为国际法所确立。

【资料链接】

1948 年 12 月联合国大会通过并颁布的《世界人权宣言》第 23 条第 4 款规定："人人有维护其利益而组织和参加工会的权利。"1949 年国际劳工组织的《组织与集体谈判权利的原则应用公约》（第 98 号公约）的目的在于保护工人在就业方面免受任何排斥工会行为的歧视，[2] 它规定："工人应享有充分保护，以抵制在雇佣方面的反工会的歧视行为""对雇佣工人以其不得加入工会或放弃工会会员资格为录用条件""因工人为工会会员或因其在工作时间外，或经雇主同意在工作时间内参加工会活动，而将其开除，或用其他方法使其蒙受损害"等，都是违反公约精神的。1966 年联合国的《经济、社会及文化权利国际公约》要求缔约各国承担下述保证：①人人有权组织工会和参加其所选择的工会，以促进和保护其经济和社会利益；这种权利只受到工会有关规章的限制。对这一权利的行使，除法律所规定的以及在民主社会中为了国家安全或公共秩序的利益或为了保护他人权利和自由所必需的限制以外，不得加以任何限制。②工会有权建立全国性的协会或联合会，有权组织或参加国际工会组织。③工会有权自由地进行工作，除法律所规定的以及在民主社会为了国家安全或者公共秩序的利益或者为了保护他人的权利和自由所必需的限制外，不受任何限制。④工会有权罢工，但应按照各个国家的法律行使此项权利。

2. 我国工会立法概述。我国工会是职工自愿结合的工人阶级的群众组织。中国共产党成立后，于 1921 年 8 月建立了中国劳动组合书记部，领导全国工人运动。1925 年 5 月在广州召开的第二次全国劳动大会上，成立了中华全国总工会，并以其取代了中国劳动组合书记部。我国最早出现的工会立法是 1924 年 11 月孙中山以大元帅的名义公布的《工会条例》。1929 年 10 月 21 日，国民政府正式公布了《工会法》，并于同年 11 月 1 日起施行。我国真正代表工人阶级利益和意志的工会立法，始于 1930 年中央革命根据地制定的《赤色工会组织法》，该法明确规定了工会的宗旨、职权和活动范围。此后，在我国各个时期革命根据地制定的劳动立法中，也都包括了工会工作的内容。中华人民共和国成立后，废除了国民党政府的《工会法》，并于 1950 年 6 月 29 日颁布了《中华人民共和国工会法》，共 5 章 26 条，明确规定了工会的性质、法律地位、权利和职责。它与当时的《土地改革

---

〔1〕《列宁全集》（第 38 卷），人民出版社 1986 年版，第 285 页。
〔2〕 刘旭：《国际劳工标准概述》，中国劳动社会保障出版社 2003 年版，第 44 页。

法》《婚姻法》共同成为新中国最早诞生的三部重要法律。这是新中国成立后的第一部《工会法》，首次在国家法律的意义上确认了工会的权利和义务，使工会在国家政治、经济和社会生活中的地位有了法律保障。该法对于建立新中国的工会组织，巩固人民民主专政的政权，维护广大职工的合法权益，组织和教育广大职工在社会主义革命和建设中发挥主动性、积极性、创造性起了重要的作用。党的十一届三中全会以后，随着国家中心工作的转移，我国处于重大历史性转变的新时期，根据新时期对工会工作的要求，在总结40多年来特别是近十几年来实行改革开放、发展社会主义商品经济的工会工作经验的基础上，1992年4月3日，第七届全国人民代表大会第五次会议通过并颁布了新的《工会法》，将其内容扩充为6章42条，并且其中的有些内容与1950年的《工会法》一脉相承。另外，该法还增加了一些新内容。例如，工会有参与权，具有法人资格，有权参加劳动争议处理，应协助处理停工怠工事件等，并进一步明确了工会的性质、法律地位及其在新的历史时期中的权利和职责。1994年的《劳动法》对工会也有相当多的规定。1983年10月23日，中国工会第十次全国代表大会通过了《中国工会章程》。[1] 1993年10月30日，中国工会第十二次全国代表大会对原来的《中国工会章程》进行修订，并颁布了新的《中国工会章程》。但是随着我国社会主义市场经济的深入发展，非公有制经济大量涌现，劳动关系也发生了深刻变革，愈趋多样化和复杂化，导致1992年《工会法》在实施中显现出一定的不适应性。因此，2001年10月27日，第九届全国人大常委会第二十四次会议对1992年的《工会法》作了修正，将其扩充为7章57条。这对于保障工会在国家政治、经济和社会生活中的地位，确定工会的权利和义务，发挥工会在社会主义现代化建设事业中的作用而言，具有重大意义。2004年12月23日，中华全国总工会第十四届二次执委会议审议通过了《中华全国总工会关于进一步加强基层工会工作的决定》；2006年7月6日，中华全国总工会又通过了《企业工会工作条例（试行）》；2007年6月、8月、12月，中华全国总工会分别通过的《劳动合同法》《就业促进法》《劳动争议调解仲裁法》，也在工会方面作出了一些新规定。为确保《工会法》的实施，正确审理涉及工会经费和财产、工会工作人员权利的案件，2003年6月25日，最高人民法院颁布了《关于在民事审判工作中适用〈中华人民共和国工会法〉若干问题的解释》。2008年10月，中国工会第十五次全国代表大会隆重召开，党中央对各级工会组织长期的理论创新和实践探索予以充分肯定，并进一步肯定了坚定不移走中国特色社会主义工会发展道路。2010年7月，中华全国总工会十五届四次执委会议明确提出了"两个普遍"的要求，即普遍建立工会和普遍开展工资集体协商。2011年初，中华全国总工会制定了《2011—2013年推动企业普遍建立工会组织工作规划》和《2011—2013年深入推进工资集体协商工作规划》，要求重点做好非公有制企业、在华外资企业和小微企业工会的组建工作。2011年6月6日，中国工会代表自1983年我国恢复在国际劳工组织的活动以来，首次当选国际劳工组织理事会工人组正理事，标志着中国工会在国际工会运动中举足轻重的地位。2014年7月，中华全国总工会连续出台了《中华全国总工会关于新形势下加强基层工会建设的意见》（总工发［2014］22号）和《中华全国总工会基层组织建设工作规划（2014—2018年）》（总工发［2014］23号）。2015年3月21日，《中共中央、国务院关于构建和谐劳动关系的意见》对新时期的

---

[1]　2018年10月26日，中国工会第十七次全国代表大会通过《关于〈中国工会章程（修正案）〉的决议》。

工会工作提出了新要求。2016 年 9 月 13 日，中华全国总工会已正式下发《2016-2020 年劳动和技能竞赛规划》，并提出了以下 7 项工作举措：①开展职工技术创新活动，推动大众创业、万众创新；②提升职工技能素质，建设知识型、技术型、创新型职工队伍；③推动职工节能减排活动，促进生态文明建设；④深化"安康杯"竞赛活动，保障职工安全健康权益；⑤争创"工人先锋号"，提高班组建设水平；⑥弘扬劳模精神、劳动精神、工匠精神，为实现中国梦汇聚正能量；⑦加大工作力度，推动竞赛活动向广度和深度发展等方面。[1] 2016 年 10 月 9 日，中华全国总工会通过《工会基层组织选举工作条例》；2017 年 1 月 16 日，中华全国总工会第十六届五次执委会议提出，坚定不移走中国特色社会主义工会发展道路，以改革为动力全面推进工会工作，以夯实基层为重点激发工会活力，以全面从严治党为保证建设工会组织，团结动员广大职工为决胜全面建成小康社会而奋斗，以优异成绩迎接党的十九大胜利召开。2019 年以来中华全国总工会又相继发布了《基层工会会员代表大会条例》《中华全国总工会关于加强县级工会建设的意见》《关于切实维护新就业形态劳动者劳动保障权益的意见》。至此，我国形成了以《工会法》《劳动法》《中国工会章程》等为代表的，较为完善的工会规范体系。

【资料链接】

　　《中共中央、国务院关于构建和谐劳动关系的意见》指出，

　　深入推进区域性、行业性工会联合会和县（市、区）、乡镇（街道）、村（社区）、工业园区工会组织建设，健全产业工会组织体系。完善基层工会主席民主产生机制，探索基层工会干部社会化途径，健全保护基层工会干部合法权益制度。建立健全县级以上政府与同级总工会联席会议制度，支持工会参与协调劳动关系。加强基层企业代表组织建设，支持企业代表组织参与协调劳动关系，充分发挥企业代表组织对企业经营者的团结、服务、引导、教育作用。

　　3. 工会类型。在国外，工会一般分为以下几种类型：①雇佣单位工会，即由受雇于同一雇用人的雇工组成的工会。②职业工会，也称"行业工会"，是指由从事同一职业或相似职业的工人组成的工会，即由从事同一种职业或相似职业的雇工组成的工会。[2] 行业工会属于一种横向的组织，包括了不同产业内、不同企业内的同一行业或者相近行业的一切劳动者。③产业工会，是指通过联合同一产业内各部分不同职业工人所组织的工会。[3] 产业工会是一种纵向的组织，包括了同一产业或者相近产业内的一切劳动者。行业工会的出现早于产业工会，但是，自工业化大生产发展以来，各国的产业工会较行业工会流行。④联合工会，即由各个单独工会联合组成的工会组织。

　　在我国，工会可以分为全国总工会、地方总工会、产业工会与基层工会四种形式。我国《工会法》没有规定行业工会，只规定了产业工会。根据《工会法》第 10 条的规定，中国工会实行产业和地方相结合的组织领导原则。同一企业、事业、机关单位中的会员，

---

〔1〕　例如，提出拓展"中国梦·劳动美"主题教育；叫响做实"大国工匠"品牌等。

〔2〕　史尚宽：《劳动法原论》，正大印书馆 1978 年版，第 157 页。

〔3〕　黄越钦：《劳动法新论》，中国政法大学出版社 2003 年版，第 266 页。

组织在一个基层工会组织中；同一行业或性质相近的几个行业外，根据需要建立全国的或地方的产业工会组织。除在少数行政管理体制实行垂直管理的产业中，其产业工会实行产业工会和地方工会双重领导，除以产业工会（如中华全国铁路总工会、民航工会等产业工会等）领导为主外，其他产业工会（如教育工会等）均实行以地方工会领导为主，同时接受上级产业工会领导的体制。各产业工会的领导体制，由中华全国总工会确定。省、自治区、直辖市、自治州、市、县（旗）建立地方总工会，地方总工会是当地地方工会组织和产业工会地方组织的领导机关。全国建立统一的中华全国总工会，中华全国总工会是各地方总工会和各产业工会全国组织的领导机关。

【资料链接】

1. 中华全国总工会成立于1925年5月1日，是一个统一的、团结的、强大的全国性群众团体，也是当今世界会员人数最多的一个工会组织。全国现有31个省、自治区、直辖市地方总工会，16个全国产业工会和中央直属机关、国家机关2个工会联合会。中华全国总工会的最高权力机关是每5年一届的全国代表大会和其所选举产生的中华全国总工会执行委员会。在执行委员会闭会期间，由主席团行使其职权。主席团下设书记处，主持全国总工会的日常工作。

2. 经过快速发展，我国工会基层组织数从2017年开始有所下滑，2019年中国工会基层组织数261.1万个，较上年减少12万个，同比下降4.39%。2019年中国已建工会组织的基层单位的职工人数为29 412.8万人，其中女性职工人数为11 307.8万人；2019年中国已建工会组织的基层单位的会员人数为28 317.8万人，其中女性会员人数为10 995.3万人。[1]

（二）我国工会的性质及地位

1. 我国工会的性质。我国《工会法》第2条第1款规定："工会是职工自愿结合的工人阶级的群众组织。"《中国工会章程》规定，中国工会是中国共产党领导的职工自愿结合的工人阶级群众组织，是重要的社会政治团体。这一规定表明：

（1）工会是职工群众自愿结合的组织。工会作为职工劳动者群体利益的代表者，是由职工群众自己建立起来以维护自己利益的组织。工会组织坚持入会自愿、退会自由的原则，职工加入工会或退出工会完全根据本人自愿申请，而不受任何限制或强制。

（2）工会是工人阶级的阶级组织。我国工会只能由工人阶级的成员组成，非工人阶级的成员不得加入工会，这一点体现了工会具有鲜明的阶级性。在我国现阶段，工人阶级的成员包括企业、事业组织、国家机关、社会团体中的以工资收入为主要生活来源的体力劳动者和脑力劳动者。非工人阶级的成员，如农民、个体劳动者及外商企业中的外商代理人等，均不得加入工会。这就保证了工会的阶级性和内部利益的一致性。

（3）工会是工人阶级最广泛的群众组织。我国《工会法》第3条规定："在中国境内的企业、事业单位、机关中以工资收入为主要生活来源的体力劳动者和脑力劳动者，不分民族、种族、性别、职业、宗教信仰、教育程度，都有依法参加和组织工会的权利。任何

---

〔1〕 2020年中国统计年鉴。

组织和个人不得阻挠和限制。"这表明工会是以最大限度广泛团结广大工人阶级群众的组织。

2. 我国工会的法律地位。我国工会的法律地位表现在三个方面：①工会的唯一性和独立性；②工会大都具有法人资格；③工会的永续性。

（1）工会的唯一性[1]和独立性。工会在我国是唯一合法的、联合广大职工并代表国家利益的群众组织，在全国范围内具有统一的组织体系。任何单位和个人都不得在职工群众中另立组织，不得进行分裂工会组织的活动。同时，工会在我国是一个独立的工人阶级群众组织，有一套独立的组织体系，在宪法和法律的范围内依据《中国工会章程》独立自主地开展工作。工会服从共产党的政治领导和遵守国家的法律，但其不是党和政府的一个部门或附属机构，基层工会和单位在法律上处于平等地位。

（2）工会大都具有法人资格。由于各级工会的具体情况差别较大，所以《工会法》第14条对工会的法律地位问题分两种情况作了规定。我国《工会法》第14条规定，中华全国总工会、地方总工会、产业工会具有社会团体法人资格。基层工会组织具备《民法典》规定的法人条件的，依法取得社会团体法人资格。《民法典》第90条规定，具备法人条件，基于会员共同意愿，为公益目的或者会员共同利益等非营利目的设立的社会团体，经依法登记成立，取得社会团体法人资格；依法不需要办理法人登记的，从成立之日起，具有社会团体法人资格。《工会法》规定，中华全国总工会、地方总工会、产业工会自成立之日起具有社会团体法人资格，因此其属于第二种成立方式。

作为法人的工会，能够独立地享有民事权利资格，并依法对外开展活动。例如，工会代表职工同用人单位签订集体合同，成为集体合同的一方当事人。再如，当工会的经费、财产等权益受到侵犯时，工会可以以独立的法人主体资格诉诸法律，请求保护，从而成为独立的诉讼主体。

【资料链接】

目前，我国基层工会包括国有企业工会、集体企业工会、外商投资企业工会、机关工会等。这些基层工会的情况千差万别，并不都具备《民法典》第58条规定的法人条件。所以，基层工会要依法取得法人资格的，应依《民法典》第58条规定的条件，经有关主管机关依法确定。

（3）工会的永续性。中国工会不是暂设性组织，而是永久性、连续性的组织。基层工会所在企业终止或者所在的事业单位、机关被撤销的，该工会组织相应撤销；它的经费财产由上级工会处置；会员的会籍可以继续保留。中国工会作为一个整体，它是永久存在的组织。

---

[1] 西方国家有一元化、多元化工会组织体系之分。一元化工会组织体系，即有一个统一全国各种工会组织的全国性工会联合组织，在各工厂一级雇佣单位中也只存在一个工会组织。多元化工会组织体系，即在全国并存几个不同的组织体系，没有一个统一全国各种工会组织的全国性工会联合组织，在各工厂一级雇佣单位中也不只存在一个工会组织。参见黄越钦：《劳动法新论》，中国政法大学出版社2003年版，第278页。

（三）我国工会的组织原则与职能

1. 我国工会的组织原则。我国工会的组织原则是民主集中制原则。其具体内容为：①各级工会委员会都由会员大会或者会员代表大会民主选举产生；②各级工会委员会向同级会员大会或者会员代表大会负责及报告工作，并接受其监督；③工会会员大会或者会员代表大会有权撤换或者罢免其选举的代表或者委员会组成人员；④上级工会组织领导下级工会组织；⑤工会主席、副主席任期未满时，不得随意调动其工作；因工作需要调动时，应当征得本级工会委员会和上一级工会的同意。

【资料链接】

在美国，雇员组建工会受法律保护，雇主不能阻碍雇员参加或组建工会。但是，工会的活动要在工作时间之外进行。工会的管理完全靠会员本身，不受其他组织和个人的干预。工会主席的地位很高，对其素质的要求也很高，对工会主席有相关资质、有能力表达工会的要求。一般而言，只有在工会界活跃多年的人才能具备竞选工会主席的资格。工会经费的来源主要来自于会员缴纳的会费，其缴纳的会费分以下两部分：一是以会员工资的5%作为会费，并从工资中直接扣除；二是隶属于全国总工会的会员，要向全国总工会缴纳会费，例如，在电气行业工会，其会员每人一年交500美元。此外，还有政治活动附加费，以会员自愿缴纳为主。有部分会员只缴纳基本的工会经费，只履行基本义务。[1]

2. 我国工会的职能。按照《工会法》的规定，我国工会的基本职能有维权职能、参与职能、组织职能、教育职能等。

（1）维权职能。工会在维护全国人民总体利益的同时，维护职工的合法权益。维护职工合法权益是工会的基本职责。工会必须密切联系职工，听取和反映职工的意见和要求，关心职工的生活情况，帮助职工解决困难，全心全意为职工服务。

（2）参与职能。工会通过各种途径和形式，参与管理国家事务，管理经济和文化事业，管理社会以及本企业的有关事务，协调人民政府开展工作，从而巩固工人阶级领导的、以工农联盟为基础的人民民主专政的社会主义国家政权。

（3）组织职能。工会组织职工依照宪法和法律的规定行使民主权利，参加本单位的民主管理和民主监督，发动和组织职工努力完成本单位的生产任务和工作任务；组织职工开展劳动竞赛，开展群众性的合理化建议、技术革新和技术协作活动，提高劳动生产率和经济效益，发展社会生产力。

（4）教育职能。工会动员和教育职工以主人翁态度对待劳动，爱护国家和企业财产，遵守劳动纪律；工会对职工进行爱国主义、集体主义、社会主义教育，进行民主、法制、纪律教育以及科学、文化、技术教育，以提高职工的思想道德、科学、文化、技术、业务素质，使职工成为有理想、有道德、有文化、有纪律的劳动者。

（四）工会的权利与义务

根据《工会法》和《劳动法》的有关规定，工会在代表职工利益和维护职工合法权益方面具有如下权利和义务：

---

[1] 郑明华："美国工会组织及劳动关系的研究及思考（上）"，载《工友》2014年第2期。

1. 工会对用人单位的权利和义务。工会对用人单位的权利主要有下述三个方面的内容：

（1）参与权。参与权是工会代表职工群众的利益和意志参与企业管理的权利。工会的参与权表现为：①在公有制和以公有制为主体的企业，通过职工（代表）大会等形式，组织职工参与企业的民主管理，组织职工对企业的重大问题的决策，特别是对有关职工的劳动报酬、劳动时间、生活福利、劳动保护、劳动保险等方面的重大事项进行讨论或交职工（代表）大会审议通过。②单位讨论有关工资、福利、劳动安全卫生、社会保险等涉及职工切身利益的问题时，必须有工会代表参与讨论。工会也可以就有关职工切身利益的事项提出建议，同单位作协商处理。用人单位的特定机构，如企业管理委员会、公司监事会等，应当有工会代表作为其成员。在非公有制企业，则应由工会代表职工与企业进行平等协商，以确定涉及职工切身利益的重要事项的决策。③工会代表职工就劳动报酬、工作时间、休息休假、劳动安全卫生、保险福利等问题，与企业进行协商，并签订集体合同。④企业因裁减人员或者与职工解除劳动合同时，工会有权提出意见和建议。

（2）监督用人单位遵守劳动法规定的权利。工会有对用人单位执行劳动法律、法规和履行劳动合同进行监督的权利。工会的监督权包括：①工会对用人单位违反职工代表大会制度和其他民主管理制度的行为有权提出意见，以保障职工依法行使民主管理权利。②对于用人单位违反劳动法律、法规，侵犯职工合法权益的行为，工会有权要求其及时纠正或要求有关部门进行处理。③工会对用人单位解除劳动合同的介入权。我国《劳动法》第30条、《工会法》第21条、《劳动合同法》第43条规定，用人单位单方解除劳动合同，应当事先将理由通知工会。用人单位违反法律、行政法规规定或者劳动合同约定的，工会有权要求用人单位纠正。用人单位应当研究工会的意见，并将处理结果书面通知工会。④工会对用人单位的基本建设和技术改造工程的劳动条件和安全卫生设施有权提出意见，用人单位或主管部门应当予以认真处理。工会发现有明显重大事故隐患和职业危害的，有权提出改进措施的建议；当发现危及职工生命安全的情况时，有权向用人单位建议组织撤离危险现场，用人单位必须及时作出处理决定。⑤工会有权派出代表对下属工会组织所在的用人单位侵犯职工合法权益的问题进行调查，有关单位应予以协助。

（3）要求提供保障的权利。工会依法享有要求保障自身物质利益和开展活动的权利：①工会有权要求单位为工会办公和开展活动提供必要的物质条件；②工会有权要求单位按规定为工会工作人员支付工资等物质待遇；③工会有权要求单位支持工会依法开展工作。

工会对用人单位的义务主要有：①帮助、指导职工与用人单位签订劳动合同。②参加劳动争议调解工作。③用人单位发生停工、怠工事件时，工会应当代表职工同用人单位或者有关部门进行协商，反映职工的意见和要求并提出解决意见。工会应协助用人单位做好工作，尽快恢复生产、工作秩序。④协助用人单位办好集体福利事业，做好工资、劳动安全卫生和社会保险工作。⑤工会会同用人单位教育职工以国家主人翁的态度对待劳动，爱护国家和企业的财产，组织职工开展群众性的合理化建议、技术革新活动，开展职工的业余文化技术学习和职工培训，组织职工开展文娱、体育活动。

2. 工会对政府的权利和义务。

（1）工会对政府的权利主要有下述内容：①国家机关在组织起草或者修改直接涉及职工切身利益的法律、法规、规章时，应当听取工会意见。县级以上各级人民政府制定国民经济和社会发展计划，对于涉及职工利益的重大问题，应当听取同级工会的意见。县级以上各级人民政府及其有关部门研究制定劳动就业、工资、劳动安全卫生、社会保险等涉及职工切身利益的政策、措施时，应当吸收同级工会代表参加研究，听取工会意见。②县级以上地方各级人民政府可以召开会议或者采取适当方式，向同级工会通报政府的重要工作部署和与工会工作有关的行政措施，研究解决工会所反映的职工群众的意见和要求。③地方劳动争议仲裁组织应当有同级工会代表参加。根据我国《劳动争议调解仲裁法》的规定，我国劳动争议仲裁委员会是由劳动行政部门代表、同级工会代表和用人单位代表三方人员共同组成的。④各级人民政府劳动行政部门应当会同同级工会和企业方面代表，建立劳动关系三方协商机制，共同研究解决涉及劳动关系方面的重大问题。《劳动合同法》第5条规定："县级以上人民政府劳动行政部门会同工会和企业方面代表，建立健全协调劳动关系三方机制，共同研究解决有关劳动关系的重大问题。"⑤各级政府应当为工会办公和开展活动，提供必要的物质条件。⑥各级政府应当保护工会的合法权益不受侵犯。

（2）工会对政府的义务主要有下述内容：①协助人民政府开展工作，维护工人阶级领导的、以工农联盟为基础的人民民主专政的社会主义国家政权；②动员、教育、组织职工贯彻执行政府的政策、规章，实现政府提出的各项任务。

二、用人单位（雇主）团体

劳资关系双方团体，一方为劳动者团体，另一方为用人单位（雇主）团体。前面已对劳动者团体——工会作了较为详细的探讨，下面就用人单位（雇主）团体加以阐述。

用人单位团体，在国外一般称之为雇主协会，是与工会对称的，由雇主依法组成的，旨在代表、维护雇主的利益而与工会在劳动关系协调中进行协商和谈判的团体。雇主组织是西方国家雇主维护自身利益、协调劳资关系的重要组织，在社会各利益集团中占有相当重要的地位。

（一）外国的雇主协会

1.雇主协会的产生与发展。雇主协会产生于19世纪后半叶，是为对抗工会而建立。从产生时间和演变发展的过程来看，雇主协会都落后于工会。就其最初的设立宗旨而言，早期的雇主协会属于反动性协会，反工会的活动成为雇主协会的主要内容，它常常采用雇用罢工破坏者、列出黑名单、实施暴力等手段对抗和破坏劳工运动。随着工会运动的发展和劳工立法的颁布，自20世纪30年代以后，雇主协会的大多数反工会的活动成为非法行为。这就促使雇主协会在性质上发生了明显的变化，以带有交涉性质的活动代替了与工会的对立和斗争，即以同工会进行集体交涉（谈判）为主。

在现代，雇主协会同工会之间通过集体谈判维护雇主利益，建立协调的劳资关系，促进社会合作，已成为雇主协会的宗旨和目标。雇主组织的任务主要是以下七项：[1]①积极为雇主服务，提高雇主适应事业挑战的能力；②促进和谐、稳定的雇主—雇员关系，即劳动关系；③在国家和国际上代表和促进雇主利益；④提高雇员的工作效率和工作的自觉性；⑤创造就业机会及更好的就业条件；⑥预防劳资纠纷，并以公平迅速的方式解决由其

---

[1] "让三方利益都有所保障"，载企业报道网，http://www.ceccen.com/lianmengredian/1421626129.html，最后访问时间：2023年10月7日。

产生的争议；⑦为其会员达到发展目标提供服务。也就是说，雇主组织的宗旨是成为维持劳资关系和谐稳定的重要力量，并推动雇主提高企业的竞争力，改善雇员工作、生活质量，履行对股东、雇员、客户和国家的义务。因此，国外一般的雇主组织都建立在两个层次上：一是为保持和谐的劳资关系，而在国家及地方一级建立三方机制，加强政府、工会和雇主组织在劳动关系问题上的协调与合作；二是在企业一级以提高企业的竞争力并改善劳动者的素质为目标，在帮助雇主提高企业竞争力的同时，通过企业发展，创造良好的就业条件。

2. 国际劳工组织与雇主协会。国际劳工组织一直视雇主协会与工会为平等的交涉（谈判）主体。三方性原则是国际劳工组织奉行的原则，也是国际劳工组织与联合国其他机构相比的独特之处。国际劳工大会、国际劳工局理事会及所属各委员会、区域会议等由国际劳工组织机构举办的活动，均由会员国政府、雇主和工人三方面的代表参加。各成员国代表团需由政府代表 2 人，劳工、雇主代表各 1 人组成，三方代表享有独立平等的发言权和表决权。其中，劳工代表和雇主代表都分别由工会、雇主协会的全国性联合组织或有代表性的组织选派。

【资料链接】

国际劳工组织的《费城宣言》明确规定："反对贫困的斗争，需要各国在国内坚持不懈地进行，还需要国际上做持续一致的努力。在这种努力中，工人代表和雇主代表享有与政府代表同等的地位，与政府代表一起自由讨论和民主决定，以增进共同的福利。"这样的规定以期达到如下目的："有效地承认集体谈判的权利，促进雇主和劳动者加强双方在提高生产效能中的合作，以及在制定与实施社会和经济措施中的合作。"国际劳工组织还就劳工和雇主双方的结社自由和组织权利制定了《结社自由和保护组织权利公约》（第 87 号公约），此为八大核心国际劳工标准之一。

3. 国际雇主组织。国际雇主组织（International Organisation of Employers，简称 IOE）是目前国际上在社会和劳动领域代表雇主利益的国际组织，成员由世界各国的国家级雇主联合会或其他形式的雇主组织组成，现有成员 126 个。国际雇主组织成立于 1920 年，并随着各国雇主组织的发展而发展。随着国际劳工组织的地位和影响的扩大，国际雇主组织在国际劳工组织中的作用也越来越大。目前，在国际劳工组织中的雇主组织的活动皆由国际雇主组织所主导，故非国际雇主组织的成员在国际劳工组织中的活动受到一定的限制。因此，国际雇主组织的建立主要有以下动机和目的：①在国际上协调各国雇主组织的立场，共同维护各国雇主的共同利益；②参与国际劳工组织活动，作为三方机制的一方，其代表雇主组织及雇主立场，参与有关活动；③与国际工会组织进行协调、合作，就共同关心的劳工等方面的问题，开展协商和合作，维护各自的利益主体；④加强各国雇主组织的交流与合作，特别是在有关的立法、政策和信息上加强交流与合作；⑤与各国政府建立积极的良好关系，为各国雇主组织的建立和开展活动创造良好的条件；⑥指导各国雇主组织开展维护雇主利益的活动，使雇主组织成为雇主利益的代言人。

国际雇主组织的主要任务有四项：①在国际上维护雇主利益。国际雇主组织是国际上唯一代表雇主利益的国际组织，因此，它的首要任务是在国际上维护雇主利益，包括在国际劳工组织内部维护雇主利益，确保国际社会政策不损害企业的生存和发展条件，而且在制定国际社会政策的过程中，要尽可能地提出有利于雇主的方案，以维护各国雇主和雇主组织的整体利益。②促进企业自主发展。国际雇主组织通过对国际劳工组织的政策施加影响和制定技术合作项目，使国际法律法规不会限制企业的建立和经营，并通过制定积极的政策和措施促进企业提高竞争力，包括提高劳动力的素质和能力，促进企业管理水平的提升等。③帮助建立和强化国家级雇主组织。目前，各国和各地区的雇主组织的发展很不平衡，特别是在广大发展中国家和受战争影响的国家，以及市场经济体制还没有真正得以建立和完善的国家中，其雇主组织的建立发展还有大量的工作要做。帮助这些国家和地区建立和强化国家级雇主组织是国际雇主组织目前的重要任务，特别是对于发展中国家和向市场经济转轨的国家而言。④促进雇主组织之间的信息交流和雇主之间的经贸合作。各个国家的雇主组织的建设和发展需要学习其他国家先进的经验，特别是在有关的政策、机制和制度方面，需要交流信息，总结经验，更好地为雇主服务。因此，加强各个国家雇主组织的联系和交流有重要的意义。此外，通过各国雇主及雇主组织之间的交流，还可以促进各国企业之间的友好往来和经贸合作，推动企业的优势互补，以提高企业的经营效益。[1]

（二）我国的用人单位团体

我国用人单位团体的出现与我国建立和完善社会主义市场经济密切相关，是我国经济体制改革的重大举措，也是借鉴国际经验并与国际接轨的必然要求。

1. 我国用人单位团体的类型。

（1）以中国企业联合会为代表的全国性用人单位团体。中国企业家协会简称"中国企协"，是在1984年由中国厂长、经理工作研究会发展而来的。其领导成员最初主要由国家经济部门的领导和国有特大型企业的领导组成。由于其成员主要限于国有企业经营者，因而其不具有普遍的代表性（不能代表非国有企业），其后，中国企业家协会改称中国企业联合会、中国企业家协会。

2013年2月27日修正的《中国企业联合会章程》规定：中国企业联合会，英文名称：CHINA ENTERPRISE CONFEDERATION，英文缩写为CEC。本会是由企业、企业家和企业团体自愿结成的联合组织，是国际雇主组织的中国唯一代表。本会是经中华人民共和国民政部注册登记、非营利的全国性社会团体法人。本章程所称的企业家是指企业的法定代表人和企业生产经营管理活动的主要负责人。本会高举中国特色社会主义伟大旗帜，以邓小平理论、"三个代表"重要思想、科学发展观为指导，以为企业、企业家（雇主）服务为宗旨，遵守宪法、法律、法规和国家政策，遵守社会道德风尚，维护企业、企业家（雇主）的合法权益，促进企业、企业家（雇主）守法、自律，发挥企业与政府之间的桥梁纽带作用，协调企业与企业、企业与社会、经营者与劳动者的关系。本会的业务主管单位是中华人民共和国国务院国有资产监督管理委员会，本会的社团登记管理机关是中华人民共和国民政部。本会接受业务主管单位、社团登记管理机关的业务指导和监督管理。中国企业联合会的业务范围是：①本会围绕维权、自律、服务等方面的功能开展工作。②维护企业、企业家（雇主）的合法权益，代表企业、企业家（雇主）协调劳动关系；推动

---

〔1〕"让三方利益都有所保障"，载企业报道网，http://www.cecen.con/lianmengredian/1421626129.html，最后访问时间：2023年10月7日。

各地区、各行业企业联合会（协会）、企业家协会建立健全"三方机制"和参加劳动关系协调工作。③根据授权，代表企业、企业家（雇主）参加由中华人民共和国人力资源和社会保障部、中华全国总工会、本会及中华全国工商业联合会组成的国家协调劳动关系三方会议。积极参加国际劳工组织和国际雇主组织有关活动，发展与其他国家雇主组织及国际机构的交流与合作。④向政府及有关部门反映本会企业、企业家（雇主）的意见和要求，为国家制定与企业相关的法律、法规和政策提供建议。⑤引导企业、企业家（雇主）遵纪守法，规范自身行为，维护市场经济秩序；提倡诚信经营，推动节能环保，积极承担社会责任，自觉维护企业员工的合法权益。⑥开展企业改革和现代企业管理的理论研究，促进企业现代化建设，推动企业开展科技进步、管理创新，总结推广先进企业管理经验，增强企业的市场竞争能力。⑦组织开展有关本会会员、企业和企业家的专题调研工作，发布相关报告和评价信息。⑧推进企业家队伍建设、企业文化建设，为企业、企业家（雇主）提供培训、咨询、信息、课题研究、新闻出版、资质评价等智力服务，经政府有关部门批准，组织开展评价企业活动，宣传、表彰优秀企业和优秀企业家（雇主）。⑨开展与国外、境外企业团体和企业的交流与合作，组织有关企业团体和企业开展与国外、境外有关组织及企业间的交流与合作。⑩健全组织体系，推动单位会员积极开展活动，联合全国各行业企业联合会（协会）和其他社团组织开展活动，发挥整体优势，促进相互合作。⑪按照自主、自立、自养、自强的方针和建设品牌协会的总体要求，加强本会工作机构自身的思想建设、组织建设、制度建设、业务建设、作风建设和廉政建设，建立健全监督机制，不断提高工作人员的政治和业务素质，更好地为企业、企业家（雇主）服务。⑫承担政府和有关部门委托的任务。

【资料链接】

自 1983 年中国恢复在国际劳工组织的活动以来，中国企业联合会、中国企业家协会（包括其前身中国企业家协会）一直作为中国企业（雇主）的代表参与国际劳工组织的各种活动和国内劳动领域的活动，例如，参加国际劳工大会、专业委员会、亚太地区会议以及雇主组织的会议，参与制定国际劳工标准和行业政策，研讨劳动和社会领域的重大问题，交流雇主组织的经验。通过多年的努力，中国企业联合会在国际劳工组织中的影响越来越大，通过国际劳工组织的渠道与世界上几十个国家的雇主组织建立了良好的双边关系。2004 年 8 月，中国企业联合会正式加入亚太雇主联合会，为加强我国与亚太地区各国雇主组织的交流与合作奠定了基础。同年 10 月 23 日，在由中国企业联合会和国际劳工组织共同举办的"首届中国雇主论坛"上，国际雇主组织副主席塔巴尼在论坛上宣布了中国企业联合会正式加入国际雇主组织。他说："2000 年底，我们执行委员会接受中国企业联合会作为国际雇主组织的正式成员。2002 年 11 月 25 日，在国际雇主组织执行委员会上把我国台湾地区的雇主组织改名为中国台北工业总会。这个决议在 2003 年 6 月 2 日总理事会上是获得一致通过的，这样，中国企业联合会就成为国际雇主组织的成员。我们国际雇主组织认为，中国企业联合会是中国具有代表性的雇主组织。也就是说，今后我们同中国雇主的活动，比如开会磋商，都是通过中国企业联合会来进行的。"

（2）各类非公有制企业的用人单位团体。近年来，一些非公有制经济的用人单位团体也有了一定的发展。此类全国性的用人单位团体有全国工商联合会、中国外商投资企业协会和中国个体劳动者协会等。这些组织在各地都有其下属的组织和机构，并且，随着近年来非公有制经济实力的增强，这些组织目前在经济关系和社会关系中也日趋活跃。起初，这些组织的活动更多的是侧重于加强其政治影响和社会影响，而非作为劳动关系一方的雇主代表来处理雇主与政府和工会的关系。[1] 但是，随着市场经济的深入发展，为了适应市场经济发展的要求，劳动关系的协调也已渐渐成为各类非公有制企业的用人单位团体的主要任务。

【资料链接】

　　2016 年 3 月，民政部民间组织管理局主管的中国社会组织网曝光了第一批"离岸社团""山寨社团"名单，中国民营企业家协会在这一名单中。[2]

　　（3）不分所有制的用人单位团体。在市场经济较为发达的地区，目前已经开始出现了不分企业所有制类别的统一的用人单位团体。在我国比较典型的是市场经济较为发达的地区的省总商会，以及由其组建的各级商会。例如，为了进一步加强企业组织的代表性，福建省成立了由福建省企业与企业家联合会牵头，综合协调福建省总商会、外商投资企业协会、青年企业家协会、女企业家联谊会、私营企业协会、个体劳动者协会、三资企业经济发展联合会、船东协会等九家省级协会所组成的省协调劳动关系三方会议的"企业组织和雇主协调小组"。

　　（4）各地由雇主自发成立的民间用人单位团体。在非公有制经济发达的地区，许多雇主为了能够在与政府对话和处理劳资关系的事务中共同行动，自发成立了许多民间的用人单位团体，这些组织一般没有正式的章程和组织机构，而是以"联谊会"等形式出现。这些自发的用人单位团体大都在外资企业集中的地区出现，特别是在区、乡以下的地域予以成立。例如，在大连的日资企业、福建的台资企业、广东的港资企业中都有此类组织。[3]

　　2. 我国的用人单位团体的发展。尽管近年来我国的用人单位团体得到了飞速的发展，但从总体上看，我国的用人单位团体目前正处在形成和完善的过程中。这就要求我们要参照国际劳工组织、国际雇主组织的有关规定来制定有关用人单位团体的法律法规，使用人单位团体的成立和活动规范化和法制化。我国的用人单位团体的发展方向，应当是既符合现代国际通行规则的要求又具有中国特色的。换言之，就是应当在用人单位团体的代表性、独立性、宗旨、职能、与其成员之间的权利义务、组织体制、组织原则等方面着力加以规范。当前需要强调用人单位团体是代表用人单位利益的组织，协调劳动关系是其基本职能，其同时还要协调我国用人单位团体多元化体制和工会一元化体制的冲突。

---

〔1〕　参见常凯：《劳权论——当代中国劳动关系的法律调整研究》，中国劳动社会保障出版社 2004 年版，第 143～144 页。

〔2〕　"民政部：中国社会组织网设立曝光台　公布 203 家'山寨社团'名单"，载中国政府网 http：//www.gov.cn/ xinwen/2016-03/17/content_ 5054600.htm，最后访问时间：2023 年 10 月 7 日。

〔3〕　参见常凯：《劳权论——当代中国劳动关系的法律调整研究》，中国劳动社会保障出版社 2004 年版，第 144 页。

第五节　不当劳动行为

一、不当劳动行为的概念

不当劳动行为是指集体劳动关系中的双方当事人以不正当的手段，妨碍或者限制对方（少数情况下也可能是第三方）行使其合法权利的行为。不当劳动行为的主体在大多数情况下是用人单位及其团体（主要是用人单位），但在少数情况下也可能是工会。不当劳动行为立法是专门为了规范用人单位及其团体（主要是用人单位）与工会之间的行为而制定的，其最终目的是防止任何一方采取不公平行为而妨碍另一方进行集体协商的努力。

【资料链接】

1. 不当劳动行为立法以美国和日本最有代表性和典型性。美国 1935 年的《全国劳工关系法》（又称《华格纳法》）最早提出了不当劳动行为的概念。在美国，不当劳动行为立法适用于雇主和工会。日本在二战后也仿照美国的《华格纳法》，引进了不当劳动行为的概念。日本的不当劳动行为立法的特点是只适用于雇主，而不适用于工会。在国际劳工立法中，国际劳工组织的第 98 号公约第 1~2 条也规定了不当劳动行为只适用于雇主，而不适用于工会。[1]

2. 我国台湾地区的"劳动三法"，即"工会法"、"团体协约法"与"劳资争议处理法"均经历了修订，并于 2011 年 5 月 1 起正式施行。"劳动三法"在立法过程中借鉴吸收了大量国际上最新的经验和理念，对与集体劳动关系密切相关的"劳工三权"，即团结权、团体协商权及争议权，作了许多新的调整和规范。[2]

二、不当劳动行为的类型[3]

各国劳动法对于不当劳动行为的规定不尽一致，美国和日本就是例证。本书认为，不当劳动行为既适用于雇主，也适用于工会。

（一）**雇主的不当劳动行为类型**

1. 干涉工会活动。这是雇主经常作出的一种不当劳动行为，并且其手段多种多样。在美国，以下行为都属于不当劳动行为：①与劳动者个人订立"黄犬契约"（意为卑鄙的契约，指雇主以劳动者不参加或退出工会为条件与劳动者订立的劳动合同），直接限制其加入工会的权利；②对工会活动进行监视，甚至使用间谍；③对参加工会活动的劳动者进行威胁，或者承诺一旦劳动者退出工会，将给予一定好处；④对劳动者进行盘问，调查有

---

[1] 参见周长征：《劳动法原理》，科学出版社 2004 年版，第 212~213 页。
[2] 参见台湾地区"法务部"网站，http://www.moj.gov.tw。
[3] 参见周长征：《劳动法原理》，科学出版社 2004 年版，第 212~222 页；常凯：《劳权论——当代中国劳动关系的法律调整研究》，中国劳动社会保障出版社 2004 年版，第 337~360 页。

关工会活动的情况等。[1] 在日本，根据其《工会法》第 7 条的规定，雇主虽然有言论自由，但是不得就干涉工会内部的运作发言。雇主为对抗工会，虽其能表明自己的立场并未违反此原则，但包含有报复、威吓、利益诱导等内容的，仍然构成干涉工会运作的不当劳动行为。[2]

2. 控制、操纵工会活动。例如，雇主组织"公司工会"或者以各种形式操纵工会。这种不当劳动行为的危害在于，其破坏了工会的独立性，致使工会不再是工人利益的代表，各项活动都要以雇主的根本利益为依据。这种性质的工会，通常也称之为"老板工会"或者"黄色工会"。各国工会法一般都严厉禁止劳动使用者操纵工会的行为。雇主操纵工会的手段主要有两种：一是控制工会干部的人选，让自己的亲信或与自己关系较友好的人出任工会领导或重要工会职务；二是控制工会的财源，给予工会活动经费或财政补贴。第二种手段虽然有害于工会的独立性，但在一定条件下对工会来说是有利的，因此各国法律往往以但书的形式规定了一些例外情况。

【资料链接】

日本《工会法》规定，雇主捐助的福利、卫生、救济等方面的基金，或者雇主提供给工会的办公场所等，都是被允许的。美国 1935 年的《华格纳法》第 8 条 a 款第 2 项禁止由雇主组成或由雇主支配的公司工会。因此，美国的雇主不得协助创立工会组织，或者在某一工会组织寻求正式承认时，对其给予协助。否则，国家劳工关系委员会（NLRB）可以命令雇主撤回对该工会组织的承认，或者将该工会组织完全解散。[3]

3. 拒绝集体协商。根据美国 1935 年的《华格纳法》，雇主不得拒绝与有代表权的工会进行集体协商。而且，该法要求雇主应当基于诚信原则与工会进行协商。日本《工会法》第 7 条也明确规定："雇主无正当理由不得拒绝同其所雇佣的劳动者代表进行集体协商。"

4. 歧视待遇。美国 1935 年的《华格纳法》规定，雇主对工会会员、职员不得有歧视行为，如将工会干部降职、调职，减少其工资或者不给予其升迁机会等。雇主不得因雇员加入工会或者没有加入工会，而对其工作条件给予任何歧视差别待遇。然而，某一工会组织可以在与雇主进行集体协商时，要求在集体合同中规定一项工会组织的保障条款，即要求雇员应当缴纳定期会费和正式入会费，以此作为劳动者获得雇用的条件之一。如果某个雇员拒绝缴纳工会要求的款项，他可能因此被解雇，除非他反对缴纳这些款项的原因是基于其宗教信仰。但是，美国有 21 个州的法律禁止集体合同规定此类工会保障条款。[4] 在日本，根据《工会法》第 7 条的规定，雇主不得以劳工为工会会员、加入工会、拟组织工会或行使工会之正当行为为由而解雇该劳工或予以不利益待遇；不得以不加入工会或促使其加入工会为雇用条件，但工会如可代表特定工作场所所雇用之劳工过半数时，雇主得与

〔1〕 ［美］Willam B. Gould IV：《美国劳工法入门》，焦兴铠译，台湾编译馆 1996 年版，第 78 页。
〔2〕 参见黄越钦：《劳动法新论》，中国政法大学出版社 2003 年版，第 312 页。
〔3〕 ［美］Willam B. Gould IV：《美国劳工法入门》，焦兴铠译，台湾编译馆 1996 年版，第 81 页。
〔4〕 ［美］Willam B. Gould IV：《美国劳工法入门》，焦兴铠译，台湾编译馆 1996 年版，第 82 页。

该劳工缔结以加入该工会为雇用条件的劳动合同。歧视待遇的形式包括：①经济上的歧视待遇，包括解雇、停职、调动、减薪、降职、停止升迁等。如果雇主平调甚至提升工会干部的职务，虽然这一做法不影响其个人的利益，但却可能会对工会的活动造成重大影响的，因此也属于经济上的歧视行为。②精神上的歧视待遇，主要是指雇主在工作过程中给予工作原因之外的精神压力或负担。

（二）工会的不当劳动行为

在 1935 年的《华格纳法》通过以后，美国工会获得了巨大的发展。但是，美国国会认为工会在滥用其力量。为了禁止一些工会的"恶劣行为"，1947 年美国国会对《华格纳法》进行了修订，并通过了《全国劳资关系法》，即《塔夫特—哈特利法》，同时在其中增加了针对工会的不当劳动行为的规定。但是，这项法案受到了工会的强烈抵制，在国会内部也引起了激烈争论，甚至曾经被杜鲁门总统否决。尽管如此，美国国会仍然认为有必要对工会的行为进行一定的限制，以平衡劳资关系，所以最后还是坚持通过了该法。道格拉斯·莱斯利指出："该法表明，联邦政策在继续支持雇员有权摆脱雇主控制的同时，由鼓励组织工会转变为保持一个更为中立的立场。"根据《塔夫特—哈特利法》，工会的不当劳动行为可能是针对雇主的行为，也可能是针对工人特别是非工会会员的行为。具体来说，工会的不当劳动行为包括以下几种：

1. 限制工人的行动或者对工人行为予以强制。如果某个工会组织以暴力、骚动或者大规模罢工纠察活动来妨碍工人或一般大众进出雇主产业及营业处所的行动自由，各州及地方政府可以针对工会的这种犯罪行为提起公诉。在有些情况下，例如，针对有关敲诈勒索而使用暴力的情况，联邦政府本身也可以成为公诉人。

2. 给予歧视待遇。在美国，因为法律允许一个企业内存在多个工会，所以，这种情况大多是由于某一个工会鼓动雇主歧视某些属于另外一个敌对工会的会员而引起的。

3. 集体协商中的不诚信行为。在美国，有一些势力强大的工会，在集体协商中往往采取一种"要么全盘接受，要么全部放弃"的霸道态度，即只是将起草好的集体合同放到谈判桌上，要求雇主签名。

4. 间接抵制行为。所谓间接抵制，是指工会针对与雇主有业务往来关系的其他企业所进行的抵制活动，通常伴随有罢工纠察行为。一般而言，自由开放之社会，通常都是希望能同时保障劳工的团结权和无辜第三方的利益。[1] 因为间接抵制行为的对象是劳动关系以外的第三方，故此为法律所禁止的不当劳动行为。与此相类似，根据 1959 年对《华格纳法》进行再次修正的《兰德拉姆—格里芬法》（即《劳资关系报告和揭发法》），工会也不能要求在集体合同中加入一项"热货"条款。所谓的"热货"，是指由另外一个与工会组织有纠纷的企业所生产的货物。该法还规定，集体合同中也不能包含一种转包条款，即限制雇主将工作转包给没有设立工会的企业的权利的条款。不过，法律允许集体合同规定禁止将工作转包给劳动条件低劣的企业。

三、我国《工会法》中不当劳动行为的规定

在我国目前的《劳动法》中，尚没有不当劳动行为的概念。但是，《工会法》有一些

---

[1] ［美］Willam B. Gould IV：《美国劳工法入门》，焦兴铠译，台湾编译馆 1996 年版，第 86 页。

关于具有不当劳动行为性质的规定，尤其是《工会法》通过"法律责任"的规定，在一定程度上引入了实质意义上的"不当劳动行为"制度。随着市场经济的发展，我国也应当在《劳动法》中明确引入不当劳动行为制度，以促进劳动关系双方当事人本着诚信和公平的精神进行集体协商。

（一）对用人单位的不当劳动行为的规定

1. 对于"干涉工会活动"类不当劳动行为的规定。为了防止用人单位阻挠劳动者组建基层工会，《工会法》第 11 条第 2 款规定："上级工会可以派员帮助和指导企业职工组建工会，任何单位和个人不得阻挠。"通过上级工会的强有力的援助来对抗来自用人单位的阻挠和破坏，这是我国规范不当劳动行为的一个创举。《工会法》还强化了相关的法律责任，第 50 条规定，如果用人单位阻挠职工依法参加和组织工会或者阻挠上级工会帮助、指导职工筹建工会的，由劳动行政部门责令其改正；拒不改正的，由劳动行政部门提请县级以上人民政府处理；以暴力、威胁等手段阻挠造成严重后果，构成犯罪的，依法追究刑事责任。第 51 条第 2 款规定："对依法履行职责的工会工作人员进行侮辱、诽谤或者进行人身伤害，构成犯罪的，依法追究刑事责任；尚未构成犯罪的，由公安机关依照治安管理处罚条例的规定处罚。"

2. 对于"控制、操纵工会活动"类不当劳动行为的规定。在我国，特别是在非公有制企业中，用人单位控制、干涉工会是一个普遍存在的问题。在一些已经建立工会的非公有制企业中，有相当部分的工会主席是由企业负责人，如副厂长、人事部长、行政处长，或用人单位负责人的亲戚、亲信乃至老板娘充任。为此，《工会法》第 9 条第 2 款特别规定："各级工会委员会由会员大会或者会员代表大会民主选举产生。企业主要负责人的近亲属不得作为本企业基层工会委员会成员的人选。"这是《工会法》防止用人单位操纵工会，维护工会独立性的一个新的进步，该规定将民主选举制度作为防止用人单位操纵工会的根本措施，可谓是抓住了问题的要害，在一定程度上完善了我国的不当劳动行为制度。

3. 对于"拒绝集体协商"类不当劳动行为的规定。《工会法》第 20 条第 2 款规定，工会代表职工与企业以及实行企业化管理的事业单位进行平等协商，签订集体合同。这说明我国工会有权代表职工与用人单位进行集体协商，用人单位有义务与之进行协商。《工会法》第 53 条第 4 项进一步规定，用人单位无正当理由拒绝进行平等协商的，由县级以上人民政府责令改正，依法处理。可见，用人单位如果拒绝协商，将会构成违反《工会法》的行为[1]，这在实质上是把拒绝集体协商的行为视为不当劳动行为来加以规定的。

【资料链接】

集体协商和集体合同制度是市场经济条件下协调劳动关系的有效机制。《劳动合同法》延续了《劳动法》《工会法》的规定，再次明确企业职工一方与用人单位通过平等协商，可以就劳动报酬、工作时间、休息休假、劳动安全卫生、保险福利等事项订立集体合同。集体合同草案应当提交职工代表大会或者全体职工讨论通过。集体合同由工会代表企业职工一方与用人单位订立；尚未建立工会的用人单位，由上级工会指导劳动者推举的代表与

---

[1]《集体合同规定》第 56 条进一步规定："用人单位无正当理由拒绝工会或职工代表提出的集体协商要求的，按照《工会法》及有关法律、法规的规定处理。"

用人单位订立。集体合同订立后应当报送劳动行政部门；劳动行政部门自收到集体合同文本之日起 15 日内未提出异议的，集体合同即行生效。依法订立的集体合同对用人单位和劳动者具有约束力。集体合同中劳动报酬和劳动条件等标准不得低于当地人民政府规定的最低标准；用人单位与劳动者订立的劳动合同中劳动报酬和劳动条件等标准不得低于集体合同规定的标准。

为了进一步完善集体合同制度，《劳动合同法》将一些经过实践检验并行之有效的政策上升为法律规范，对《劳动法》《工会法》确立的集体合同制度进行了补充：

第一，针对一些规模较小的用人单位中职工流动性较大、职工合法权益受侵害的现象时有发生，而在这些单位内因工会力量薄弱而难以有效开展集体协商的问题，规定了在县级以下区域内，建筑业、采矿业、餐饮服务业等行业可以由工会与企业方面代表订立行业性集体合同或者区域性集体合同。行业性、区域性集体合同对本行业、本区域内的用人单位和劳动者具有约束力。

第二，为了提高集体合同的针对性和实效性，《劳动合同法》规定，企业职工一方与用人单位可以订立劳动安全卫生、女职工权益保护、工资调整机制等专项集体合同。

第三，考虑到其与《劳动争议调解仲裁法》的衔接，修改了《工会法》关于"因履行集体合同发生争议，经协商解决不成的，工会可以向劳动争议仲裁机构提请仲裁，仲裁机构不予受理或者对仲裁裁决不服的，可以向人民法院提起诉讼"的规定，规定"工会可以依法申请仲裁、提起诉讼"。

4. 对于"歧视待遇"类不当劳动行为的规定。根据《工会法》的规定，工会主席、副主席任期未满时，不得随意调动其工作。因工作需要调动时，应当征得本级工会委员会和上一级工会的同意。基层工会专职主席、副主席或者委员自任职之日起，其劳动合同期限自动延长，延长期限相当于其任职期间；非专职主席、副主席或者委员自任职之日起，其尚未履行的劳动合同期限短于任期的，劳动合同期限自动延长至任期期满。[1] 企业、事业单位、机关工会委员会的专职工作人员的工资、奖励、补贴，由所在单位支付。社会保险和其他福利待遇等，享受与本单位职工同等的待遇。基层工会的非专职委员占用生产或者工作时间参加会议或者从事工会工作，每月不超过 3 个工作日，其工资照发，其他待遇不受影响。如果用人单位违反上述法律规定，应当承担相应的法律责任。《工会法》第51 条规定，用人单位对依法履行职责的工会工作人员无正当理由调动工作岗位，进行打击报复的，由劳动行政部门责令改正、恢复原工作；造成损失的，给予赔偿。第 52 条规定，如果用人单位因为职工参加工会活动而与之解除劳动合同，或者因为工会工作人员履行法定职责而被解除劳动合同的，劳动行政部门不仅可以责令用人单位恢复其工作，而且有权责令用人单位补发被解除劳动合同期间应得的报酬，或者责令给予其本人年收入 2 倍的赔偿。

---

[1]　参见《工会法》第 17、18 条；《集体合同规定》第 28 条进一步规定："职工一方协商代表在其履行协商代表职责期间劳动合同期满的，劳动合同期限自动延长至完成履行协商代表职责之时……"但是上述工会干部在任职期间有个人严重过失或者达到法定退休年龄的，劳动合同可以终止。

（二）对工会的不当劳动行为的规定

在《工会法》中，对于工会的不当劳动行为尚没有系统的规定，这主要是因为我国工会与政府有着密切的联系，在行为方面受到较多的约束，因此不当劳动行为现象尚不突出。尽管如此，一些基层工会或者工会工作人员的行为已经违反了《工会法》的原则和宗旨，实质上已经构成不当劳动行为，例如，在非公有制企业压制工人组织工会，在集体谈判中维护用人单位利益，接受用人单位的款项或贿赂而成为用人单位的代理人或工贼等。针对这些现象，《工会法》第55条规定："工会工作人员违反本法规定，损害职工或者工会权益的，由同级工会或者上级工会责令改正，或者予以处分；情节严重的，依照《中国工会章程》予以罢免；造成损失的，应当承担赔偿责任；构成犯罪的，依法追究刑事责任。"这是我国为了平衡劳动双方当事人的利益，规范工会不当劳动行为的一种有益探索。但是，《工会法》第55条只适用于工会工作人员，而不适用于工会组织；只适用于损害职工或者工会权益的情形，而不适用于损害用人单位或者第三方权益的情形。因此，我国的工会不当劳动行为立法尚有待于随着实践的发展进一步予以充实、完善。

第六章

第七章

工资基准制度

工资基准制度是劳动法律制度的一项重要内容，它与工时基准、安全卫生基准、妇女和未成年工劳动基准等构成国家对个别劳动关系加以干预的核心内容。从我国工资立法的相关制度分析，可将工资基准制度划分为最低工资制度、工资支付保障制度、其他工资基准制度。随着我国社会主义市场经济体制的确立，我国对工资制度进行了全面改革，更有利于维护劳动者的劳动报酬权。

第一节　工资基准概述

一、工资概述

（一）工资的概念

马克思认为，"工资"是资产者为了偿付劳动者所付出的一定的时间或完成一定的工作而支出的一笔货币。工资有广义与狭义之分。广义的工资，指人们从事各种劳动而获得的货币收入或有价物，它既包括国家公职人员的各种收入，也包括公民个人因从事加工承揽、委托、运输等各种劳动而获得的收入。狭义的工资，也称之为"薪金""薪水""薪酬""薪资"，指用人单位依据法律法规规定、集体合同和劳动合同的约定，或者本单位依法制定的规章制度的规定，以法定货币形式支付给劳动者的劳动报酬。具体项目包括：①计时工资、计件工资、岗位工资；②奖金以及与业绩挂钩的分成、提成、效益报酬；③津贴和补贴；④加班工资；⑤其他形式的工资。

劳动者的以下劳动收入不属于工资范围：①单位支付给劳动者个人的社会保险福利费用，如丧葬抚恤救济费、生活困难补助费、计划生育补贴等；②劳动保护方面的费用，如用人单位支付给劳动者的工作服、解毒剂、清凉饮料费用等；③按规定未列入工资总额的各种劳动报酬及其他劳动收入，如根据国家规定发放的创造发明奖、"国家星火奖"、自然科学奖、科学技术进步奖、合理化建议和技术改进奖、"中华技能大奖"等，以及稿费、讲课费、翻译费等；④用人单位依法缴纳的住房公积金。

【资料链接】

国际劳工公约所称的"工资"是指不论其名称或计算方式为何，由一位雇主对一位雇员，为其已完成和将要完成的工作或者已提供或将要提供的服务，能够以货币结算并由共同协议或国家法律、条例予以确定而凭书面或口头雇佣合同支付的报酬或收入。

在社会经济生活中，工资既是一个分配问题，又是一个生产问题；其既关系到国民收入的分配和消费，又关系到国民收入的生产和创造。工资问题与劳动者、用人单位以及社会都有着十分紧密的联系。对劳动者而言，工资是劳动者最基本的生活来源，是劳动耗费的补偿形式，其关系到劳动者生活水平的改善和职业技能素质的提高，是劳动者权益的重要内容。对企业而言，工资是产品成本的重要组成部分，工资分配是日常生产经营活动的重要内容，工资水平的高低关系到产品成本的高低和企业市场竞争能力的强弱，工资分配合理与否关系到劳动者生产积极性能否得到充分发挥、劳动关系是否和谐稳定。对社会而言，工资是反映经济发展和人民生活水平的重要指标，是一个重要的经济问题和社会政治问题。

工资作为一个经济范畴，实际上是商品经济条件下劳动力个人所有制的经济体现，是劳动者取得报酬的具体形式。从实质上讲，工资是劳动力价值的转化形态；从内涵上讲，工资包括劳动者个人生存的费用、劳动者繁衍后代的费用和劳动者接受教育训练和发展的费用三部分。只要商品经济存在，劳动者同生产资料和劳动产品相分离，劳动者存在生存、发展和享受的需要，劳动者就必须通过出卖劳动力，在劳动力耗费并创造出新价值的前提下，按劳动力补偿、繁衍和发展的需要，根据现有消费品价格水平取得相应的劳动报酬即工资。在这里，形成了劳动力耗费—价值创造—劳动价值—工资，四者之间相互联系，共同构成一般工资规律。任何违背这个规律的工资制度和工资形式，都会影响劳动力的再生产，挫伤劳动者的生产积极性，给社会经济造成巨大的损失。

就其实质而言，工资是按照劳动计算的劳动者的必要劳动的转化形态，是以劳动为计算尺度的个人消费品的分配。"对社会上绝大多数通过'劳动'来维护其生存的'劳动者'来说，工资的重要性不必赘言。不管社会上对之以'工资''薪水''薪资''薪酬'或其他名词相称，出卖劳动换得的报酬乃是全部劳动关系核心中之核心。"[1]

（二）工资的基本职能

1. 分配职能。工资是劳动者个人消费的基本分配方式，而个人消费品属于国民收入的初次分配，应遵循"初次分配和再分配都要处理好效率与公平的关系"的方针，规范用人单位的工资分配关系。

2. 保障职能。通过工资分配，能为实现或基本实现劳动者维持基本生存的目的提供保障。同时，工资的保障功能也体现在对劳动关系的稳定上，及时、合法的工资支付关系，能减少大量劳动争议，促进劳动关系和谐发展。

3. 激励职能。工资是人力资源管理的重要手段，激发劳动者的自主创造力。但是，"任何效率都包含着公平"，公平的工资激励机制的建立，离不开工资基准的规范作用。

【资料链接】

企业在充分考虑工资保障和分配职能的同时，应该重视工资激励职能的发挥，建立系统的薪酬体系，发挥工资的激励职能，调动各类人员的积极性。

---

〔1〕　黄越钦：《劳动法新论》，中国政法大学出版社 2003 年版，第 209 页。

（三）工资的特征

1. 工资的产生基于劳动者与用人单位之间的劳动关系。比如，劳动者从事个体劳动所获得的劳动收入、精神产品创造者获得的报酬（如稿酬），虽然其也是劳动所得，但不是工资。工资是用人单位依法支配给其任用的劳动者的劳动报酬，其他的劳动收入或劳动报酬可能是基于自雇劳动、劳务关系而获得。

2. 工资数额的确定依据若干法律加以规定。工资法律法规、集体合同、劳动规章制度等对工资的协商和确定都会形成制约和影响。

3. 工资的形式及支付方式是法定的。国家对工资的构成及表现形式作了明确的规定，同时对工资的支付方式也有相关的基准制度。

4. 工资体现了国家与劳动关系主体之间，以及劳动关系主体之间的双重属性。工资虽然是用人单位基于劳动者劳动义务的履行而支付的劳动报酬，体现着私法上的债权债务关系。但国家通过立法对这种支付关系进行制约，一方面规定企业对工资分配享有自主权，另一方面又规定国家对工资总额实行宏观调控。

（四）工资法律调整的原则

工资法律调整的原则是指贯彻执行工资法律制度必须遵守的基本准则。我国《劳动法》对当前工资法律调整确立了以下几大原则：

1. 按劳分配原则。按劳分配是指依据劳动者提供劳动的数量和质量来确定劳动者应当获得的工资额。《劳动法》第46条第1款规定："工资分配应当遵循按劳分配原则，实行同工同酬。"这是以劳动量作为个人消费品分配的主要标准和主要形式，但又可以有多种分配形式，而且两者要互相结合。除了劳动量外，还要把劳动的"质"的差异区别开来，对脑力劳动和体力劳动、复杂劳动和简单劳动、熟练劳动和非熟练劳动、繁重劳动和轻易劳动，要规定不同的工资。

2. 同工同酬原则。同工同酬是指用人单位对于从事相同工作，付出等量劳动且取得相同劳绩的劳动者，应支付同等的劳动报酬。该原则要求在同一单位中，从事同种类工作且熟练程度相同的劳动者，不分性别、年龄、民族、种族，只要付出同等劳动，其就应当领取同等报酬。我国《就业促进法》和《劳动法》明确规定了不得基于性别而给予劳动者歧视待遇，并赋予劳动者寻求法律救济的权利。

【资料链接】

《劳动法》《劳动合同法》实施后，同一工种已不再有农民工与正式工的差别，被派遣劳动者享有与用工单位的劳动者同工同酬的权利。由于社会整体学历水平上升，大学生初次就业的难度大大增加，为了增加工作经验和社会经验，部分大学生会选择"零工资"就业，对于用人单位而言，不利性日益凸显。[1]

实行同工同酬充分体现了我国公民在法律面前一律平等的法律原则，也是实行按劳分配原则的具体体现。只有实行同工同酬，才能保证我国公民享有真正平等的劳动报酬权。

---

〔1〕 周钰："大学生'零工资'就业现象实践中法律问题——从用人单位视角分析"，载《法制博览》2017年第24期。

规定这一原则是为了保护全体劳动者的合法权益，防止发生性别歧视、民族歧视等各种歧视性行为。但它并不排斥用人单位可以向从事同种工作但技能和劳动贡献不同的劳动者支付不等量的报酬。值得注意的是，同工同酬原则除了在男女性别上不允许有差别待遇外，在其他方面同样不允许出现差别待遇。

【资料链接】

　　1919 年，国际劳工组织在其章程中就提到，男子与女子应对同等价值的工作领取同等的报酬。1949 年修改后的章程在序言中也有"承认同工同酬的原则"的规定。1951 年通过的《对男女工人同等价值的工作付予同等报酬公约》规定，对于所有劳动力，即男劳动力和女劳动力同等价值的劳动，应付给同等的报酬。这一原则适用于基本工资以及一切因雇佣而由雇主直接或间接付给劳动者的以现金形式或实物形式的其他收入。我国政府已经批准这一公约，将同工同酬写入了《劳动法》，并作为工资分配的一个基本原则。

　　3. 在经济发展的基础上，逐步提高工资水平原则。《劳动法》第 46 条第 2 款规定："工资水平在经济发展的基础上逐步提高。国家对工资总量实行宏观调控。"工资水平是指在一定区域内一定时期内平均工资的高低程度。一方面，要求劳动生产率提高的速度必须超过工资增长的速度；另一方面，要求工资增长的速度必须与劳动生产率提高的速度相适应。工资水平及增长幅度只有在一定经济水平提高的前提下才能实施。另外，国家为了不断提高人们的生活水平及安排新生劳动力就业，都要积累资金，扩大再生产；为了社会安定和国民经济稳步发展，就要保证商品可供量和货币流通量相适应。任意提高工资，必然减少积累，不利于扩大再生产；市场上的货币量与商品量比率失调，会引起市场紧张、物价上涨，导致生活水平下降。因此，工资水平应在经济发展的基础上逐步提高，只有这样，才能保证经济不断增长，劳动者的生活水平得到不断提高。

　　4. 宏观调控原则。宏观调控原则是指国家在宏观上对工资分配进行干预，以消除工资分配中的不合理因素，是国家从宏观上对全国工资总量进行调节和控制，以确保工资总额与国民经济发展保持一个科学、合理、协调的比例关系。《劳动法》第 46 条第 2 款规定："……国家对工资总量实行宏观调控。"国家加强对工资总量的宏观控制，使工资水平随着经济发展的水平上逐步提高，保证生产和消费等重大比例关系处于正常、合理的状态，促进我国国民经济的健康发展；国家在宏观上对贫富悬殊和两极分化现象给予适当干预，力求减少和消除这种现象，是以按劳分配原则为核心建立的对我国工资分配机制的补救机制；随着企业工资制度改革的深入，国家对企业工资分配的宏观调控将逐步从直接调控向间接调控过渡，从调控工资总量向调控工资水平转变。

【资料链接】

　　2018 年国务院发布《关于改革国有企业工资决定机制的意见》，决定改革工资总额确定办法，适用于国家出资的国有独资及国有控股企业，按照国家工资收入分配宏观政策要求，根据企业发展战略和薪酬策略、年度生产经营目标和经济效益，综合考虑提高劳动生产率、人工成本投入产出率、职工工资水平市场对标等情况，结合政府职能部门发布的工资指导线，合理确定年度工资总额。该意见所称工资总额，是指由企业在一个会计年度内直接支付给与本企业建立劳动关系的全部职工的劳动报酬总额，包括工资、奖金、津贴、补贴、加班加点工资、特殊情况下支付的工资等。

5. 用人单位自主分配与劳动者协商相结合原则。用人单位自主分配是指用人单位有权根据本单位的生产经营特点和经济效益，依法自主确定本单位的工资分配方式和工资水平。在国家宏观调控的前提下，工资分配方式由企业经营方式决定，工资水平由劳动力市场的供求关系确定，用人单位与劳动者可以就工资报酬进行协商，企业能够建立各种经济责任制和竞争机制，从而把每个劳动者的劳动积极性和个人物质利益密切结合起来。

（五）工资形式及构成

1. 工资形式。工资形式指计量劳动和支付工资的形式。我国现行的工资形式主要有计时工资和计件工资两种基本形式，另外，在一定范围内实行年薪制。

（1）计时工资。计时工资是按照单位时间工资率（即计时工资标准）和工作时间支付劳动者个人工资的一种形式。计时工资可以分为月工资制、日工资制和小时工资制三种。其优点是操作简单易行，适用面广，任何用人单位和工种均可适用；其缺点是只以劳动时间作为计算工资报酬的依据，工资报酬没有与劳动的数量和质量相挂钩。

（2）计件工资。计件工资是指按照劳动者完成的合格产品的数量和预先规定的以计件单位计算工资的形式。它是用一定时间内的劳动成果来进行计算的工资，即用间接劳动时间作为计算的标准，它是计时工资的转化形式。企业和职工在签订劳动合同时，可以协商采用此种工资形式。计件工资的优点是：①能准确地反映劳动者实际付出的劳动量；②能反映劳动者之间的劳动差别，体现多劳多得；③能促使工人自觉地改进工作方法，提高技术水平和劳动生产率；④易于计算单位产品的直接人工成本。计件工资的缺点是：①劳动者会片面追求产量，从而忽视产品质量及原材料消耗；②劳动者会因追求工资收入而过度紧张、劳累，有碍其健康；③可能会成为延长劳动时间和降低工资的手段。计件工资的适用范围不具有普遍性，一般只适用于劳动工序相对独立，产品量或工作量能被精确计算，产品质量有明确标准并能作科学测定，生产过程能正常进行，管理制度比较健全的企业。

（3）年薪制。年薪制是以年度为时限确定和支付职工薪金的工资制度。在国外，年薪制可以在企业内实行，也可以在政府和其他部门内实行。企业实行年薪制主要有两种情况：①企业经理对工程技术人员和管理人员实行的年薪制；②企业出资人对企业经理实行的年薪制，即经营者年薪制。经营者年薪制是以年度为时限，根据企业经营的资产规模和市场价位所确定经营者的基本收入，并视其经营成果浮动发放效益收入的分配制度。要在具备条件的企业积极试行董事长、总经理年薪制。[1] 年薪制不是简单的分配方式的改变，而是收入分配的制度创新。实行年薪制是建立现代企业制度的客观要求，是建立激励充分、约束严明的收入分配制度的要求，是培养职业化企业家队伍的需要。

【资料链接】

周薪制作为一种在欧洲已经实施了多年的企业薪金制度，一般是企业根据业务人员每周业务完成情况进行业绩评估和考核，完成任务者可以领取周薪和奖金，而未完成任务

---

[1] 参见 2000 年 11 月劳动和社会保障部发布的《进一步深入企业内部分配制度改革的指导意见》。

者，就意味着需要接受惩罚甚至被淘汰。企业实行年薪制，是改革企业分配制度的一种新尝试。在国外，企业年薪制较为普遍，它把企业效益与管理者的收益挂钩，促使管理者勤奋、负责任地工作，调动企业管理者的积极性，提高企业的经济效益。

2. 工资构成。工资构成是指工资总额由相互联系的部分组成。《劳动法》第47条规定："用人单位根据本单位的生产经营特点和经济效益，依法自主确定本单位的工资分配方式和工资水平。"最常见的工资构成有：

（1）基本工资。基本工资是指劳动者与用人单位在劳动合同中约定的与工作岗位相适应的相对固定的工资单位。劳动者只要在法定工作时间内提供正常劳动，其即可获得基本工资。因此，它构成了工资的主干，是最低工资法、工资集体协商、工资自决制度的主要调整对象和依据，与奖金、津贴、补贴等辅助工资相对应。基本工资具有以下特征：①固定性，即只要劳动者提供正常劳动，用人单位就应按此约定标准支付报酬；②主要性，即基本工资构成劳动报酬的主要部分；③等级性，基本工资的不同等级设计应反映劳动者岗位技能及劳动熟练程度的差异，一般表现为岗位工资、技能工资或岗位加技能工资的部分。

（2）奖金。奖金是用人单位支付给劳动者的超额劳动或相关非基本工资核算要素的报酬，是辅助工资的构成内容之一。奖金对于调动劳动者的生产积极性，更好地体现按劳分配原则而言具有重要意义。奖金的种类很多，主要有以下几种：①超产奖，按超额劳动成果的数量来计付；②质量奖，在完成产量的前提下，以产品质量合格率作为考核标准；③节约奖，在完成生产任务的前提下，按节约原材料、燃料消耗的数额来计付；④安全生产奖，在完成生产任务的前提下，按安全生产的情况给予奖励。奖金是超额劳动报酬，是计时工资的辅助形式。奖金按劳动者付出的超额劳动来支付，是对劳动者作出优异成绩的一种奖赏。

（3）津贴。津贴作为一种个人消费品的分配手段，它的性质主要表现在对特殊劳动条件下的超常劳动消耗所给予的补偿。这种劳动消耗又以员工在单位时间内支出的体力和精力以及额外生活需求为唯一的计量依据，并不涉及其他分配条件。津贴的具体作用主要表现在三个方面：①补偿作用，即对劳动者因特殊劳动的额外劳动消耗给予补偿；②调节作用，即协调劳动力资源以形成合理的社会布局；③激励作用，即鼓励职工钻研技术、努力工作。

依据津贴的设置之目的和所起的作用，可以将我国现行的津贴分为以下几大类：①为补偿劳动者额外劳动消耗而设置的津贴，如高空作业津贴、高温津贴、夜班津贴；②为补偿职工特殊劳动和生活费额外支出的双重性而设置的津贴，如林区津贴、山区津贴、驻岛津贴、艰苦气象站津贴、船员津贴、外勤工作津贴、铁路乘务津贴，以及为鼓励职工到艰苦地方去工作而设置的津贴等；③为保障职工身体健康而设置的津贴，如对从事粉尘、高压、有毒有害气体、接触放射性物质和从事潜水作业等工作的职工所发放的保健津贴、医疗卫生津贴等；④为鼓励职工钻研技术、努力工作而设置的津贴，如科研津贴、优秀运动员津贴、体育津贴等；⑤为维护社会所需要的工作的正常进行而设置的津贴，如环卫工人、物资回收工人所享有的津贴等；⑥为补偿职工的特殊贡献而设置的奖励性津贴，如对作出突出贡献的专家、学者和科技人员所给予的政府特殊津贴等。

第七章

（4）补贴。补贴是工资构成中较固定和稳定的单元，一般是针对特定条件下因物价变动影响而对劳动者所作的临时性工资辅助，其目的是保障劳动者生活水平免受较大的冲击。补贴具有基准性特征，在特定的地区，补贴的工资部分应大致相等。但与奖金相比，其具有附加性特征，其在工资总额中占的比例相对较小，与奖金的浮动性相比要更为稳定，对劳动者的激励作用不大。

（六）工资指导线制度

工资指导线制度是在社会主义市场经济体制下，国家对企业工资分配进行宏观调控的一种制度。其实施方式为，有关地区在结合当年国家对企业工资分配的总体调控目标，综合考虑本地区当年的经济增长情况、物价水平及劳动力市场状况等因素的基础上，提出本地区当年企业工资增长指导意见；企业根据国家的指导意见，在生产发展、经济效益提高的基础上，合理确定本企业当年的工资增长率。工资指导线更能体现企业在工资决定过程中的市场原则，企业经营者与职工代表自觉遵循市场规律，并根据政府发布的工资指导线和企业效益、人工成本水平，自主确定当年职工的平均工资和工资增长幅度。

【资料链接】

企业工资指导线分为基准线、上线和下线，各省各地由于其经济发展的情况各异，而且每个企业自身的发展情况也不同，因此，企业工资指导线制度能够为企业提供参考依据，制定最低下线，劳动者也能够参照自身的工资来衡量企业是否达到发放工资的数额标准。

二、工资基准概述

（一）工资基准的概念

工资基准是指国家规定的用人单位在核算和支付劳动者工资时所应遵守的最低标准。其基本内容应包括最低工资制度、工资支付保障制度、其他工资基准制度等制度，工资基准是劳动基准的组成部分。劳动基准是国家立法规定的最低劳动标准，即劳动者在劳动关系中所具备的劳动条件的法定最低标准。其具有以下含义：①劳动基准是最低劳动标准，是制约和引导用人单位使用劳动者、管理和运行劳动过程的最低条件。②劳动基准是法定劳动标准，劳动者与用人单位及其团体之间所订立的相关劳动条件的约定不同于劳动基准。③劳动基准适用于劳动关系建立前、存续期间与消灭后，国家立法机关规定的其他强制性规范不属于劳动基准范畴。④劳动基准属于强制性标准，低于立法规定的关于劳动条件的规章制度及其个别和团体的约定都是无效的，不具有法律拘束力。

（二）我国工资基准制度的产生和发展

新中国成立以来，我国的工资制度大致经历了以下几个阶段：

1. 新中国成立初期工资制度的初创阶段。新中国成立初期，我国多种分配制度并存，除了部分干部实行供给制外，主要采用了以下几种工资制度：①企业工人实行8级工资制，按产业划分为5类，执行5种工资标准。②机关、事业单位工作人员实行24级工资制。③行政管理人员实行31级工资制。④官僚资本企业职工和一般公教人员，仍实行原来的工资制度。这些工资制度主要通过《中华人民共和国共同纲领》和《工资条例》等立法加以规定。

2. 第一次工资改革阶段。1952~1955年，我国进行了全国第一次工资改革，逐步将供给制改为工资制。其具体内容主要包括：①在全国范围内建立一个统一的工资计量单位及工资金额，并力求反映各地区的实际物价差别。②根据按劳分配原则建立了新的工人和职员的工资等级制度，同时取消了机关工作人员的供给制度。③改革了旧的计件工资制，推行按工资标准和劳动定额确定计件单位的新的计件工资制，同时实行超产奖、质量奖、节约奖、安全奖等单项奖励制度。④在全民所有制企业建立了经常性职工工资升级制度。这次工资改革主要通过《国务院关于国家机关工作人员全部实行工资制和改行货币工资制的命令》等工资立法加以实现。

3. 第二次工资改革阶段。1956~1957年的第二次工资改革，以进一步贯彻按劳分配为目标，在全国建立了统一的社会主义工资制度。主要内容包括：①取消了以实物为基础的工资计算单位，实行直接以货币规定工资标准的制度。②在全国范围内，进一步调整产业、部门、地区及各类人员之间的工资关系。③进一步改革了工人和干部的等级工资制。④改革了公私合营企业的工资制度，使之与同一地区性质相同、规模相近的国营企业的工资制度大体一致。这次工资改革主要通过《国务院关于工资改革的决定》加以调整。

4. 第三次工资改革阶段。1978年党的十一届三中全会以后，我国进行了第三次工资改革。这次工资改革的主要目标是纠正工资制度中"左"的倾向，确认以社会主义按劳分配原则为主体、多种分配形式并存的劳动报酬分配制度的法律地位。主要内容包括：①为消灭物价上涨对工资的影响，国家连续几次大幅度地调整职工工资和部分地区的工资差别，增加了各项补贴。②在下放工资和奖金分配权的条件下，加强了国家对工资的宏观调控，调整了积累和消费的比例关系。③使工资改革与经济体制改革相协调，实行职工收入同企业经济效益挂钩，普遍推行各种经济责任制度。这一阶段工资制度的改革主要通过《国务院关于实行奖励和计件工资制度的通知》《工资基金管理暂行办法》《国营企业奖金税暂行规定》《国营企业工资调节税暂行规定》等多项工资立法实现。

5. 社会主义市场经济条件下的工资制度。20世纪90年代开始，我国的工资制度进入改革的新阶段。这一阶段的工资改革是在抛弃原有的工资制度模式的基础上，重新按照社会主义市场经济的要求进行设计的。在《劳动法》颁布后，一个以市场经济为基础的工资制度的框架已基本形成。这一新的工资制度有以下特点：①在工资立法所调整的主体范围方面，将社会全体劳动者划分为国家机关、事业单位工作人员和企业、个体经济组织的劳动者两大类。这种分类和处理方法不仅反映了各类人员的工作性质与报酬之间的特点，而且使现行的工资制度更具有规范性，同时也符合与国际接轨的基本要求。②取消了原来由国家直接规定企业职工个人工资标准的工资等级制度，并将确定企业工资水平和职工个人工资标准的权利交给企业。《劳动法》第47条明确规定："用人单位根据本单位的生产经营特点和经济效益，依法自主确定本单位的工资分配方式和工资水平。"随着改革的逐步深入，企业内部的工资分配制度、工资分配形式、工资收入水平等事项还可以依法通过集体协商加以解决。③在将工资分配自主权还给用人单位的同时，国家通过立法加强了对工资分配的宏观调控，使工资制度既符合市场经济的要求，促进经济的发展，又能反映社会公正，促进社会进步。例如，工资总量宏观调控制度、企业职工工资正常增长机制、最低工资保障制度、津贴制度、加班加点工资制度、带薪休假工资制度、工资支付保障制度等，都是国家对工资分配实行宏观调控制度的具体内容。

第二节　最低工资制度

一、最低工资概述

在我国社会主义市场经济体制下，最低工资制度是建立我国劳动力市场的基本条件，作为国家干预分配的一项制度，可以保障劳动者权益，保证社会的发展和稳定。依据 2004 年原劳动和社会保障部发布的《最低工资规定》，最低工资指劳动者在法定工作时间或依法签订的劳动合同约定的工作时间内提供了正常劳动的前提下，用人单位依法应支付的最低劳动报酬。它不包括加班加点工资，中班、夜班、高温、低温、井下、有毒有害等特殊工作环境、条件下的津贴，国家法律法规、政策规定的劳动者保险、福利待遇，以及企业以伙食、住房补贴等形式支付给劳动者的非货币性收入等。其中，法定工作时间是指国家规定的工作时间；正常劳动是指劳动者按照劳动合同的规定，在法定工作时间内从事的劳动。劳动者因探亲、结婚、直系亲属死亡等原因按规定休假，以及在法定工作时间内依法参加社会活动的，也应当视为提供了正常劳动。

【资料链接】

最低工资制度最早诞生于 19 世纪末期的新西兰和澳大利亚，经过 100 多年的发展，至 2020 年，全球所有发达国家以及绝大部分的发展中国家都已施行最低工资制度或类似规定。我国有关最低工资立法的规定按照位阶分为三个层次：①法律：《劳动法》和《劳动合同法》中关于最低工资标准、确定的程序的规定；②部门规章：劳动和社会保障部制定的《企业最低工资规定》（已废除）和《最低工资规定》其中，《最低工资规定》是我国目前专门调整最低工资的法律规范。③地方性法规：各省市出台了专门性的最低工资法规，如深圳市出台的《深圳经济特区最低工资条例》。

最低工资制度是国家为了维护劳动者取得劳动报酬的合法权益，保障劳动者个人及其家庭成员的基本生活需要而建立的法律制度，它与按劳分配原则相辅相成，体现了劳动法促进社会进步的立法目的。最低工资制度具有以下法律特征：

1. 最低工资的保障范围是劳动者个人及其家庭成员的基本生活需要。

2. 最低工资是国家通过立法确定的法定标准。为了防止用人单位片面追求经济效益，滥用工资分配自主权，从而侵害劳动者取得劳动报酬的权利，需要国家通过立法来确定最低工资。《劳动合同法》第 20 条规定："劳动者在试用期的工资不得低于本单位相同岗位最低档工资或者劳动合同约定工资的百分之八十，并不得低于用人单位所在地的最低工资标准。"最低工资标准是由政府直接确定的，而不是由劳动关系双方自愿协商确定的。在省、自治区、直辖市范围内的不同行政区域可以有不同的最低工资标准。

3. 最低工资是劳动者获得劳动报酬的最低起限。它要求劳动合同、集体合同、工资集体协议在约定了劳动者的工资标准以及在劳动者提供了正常劳动的情况下，用人单位向本单位劳动者支付工资时均不得低于最低工资标准，否则约定无效，并按最低工资标准执行。

二、最低工资标准的确定和发布

（一）确定最低工资标准的程序

最低工资标准是指单位劳动时间的最低工资数额。考虑到我国幅员辽阔，南北东西区域的生产、生活水平差异较大等因素，根据《劳动法》第 48 条第 1 款和《最低工资规定》，确定最低工资标准的具体程序是：

1. 由省、自治区、直辖市人民政府劳动保障行政部门会同同级工会、企业联合会或企业家协会拟订最低工资标准的确定方案。

2. 省、自治区、直辖市人民政府劳动保障行政部门将最低工资标准的确定方案报送人力资源和社会保障部。

3. 人力资源和社会保障部在收到拟订方案后，应征求全国总工会、中国企业联合会或企业家协会的意见。人力资源和社会保障部对方案可以提出修订意见，若在方案收到后 14 日内未提出修订意见的，视为同意。

4. 在得到人力资源和社会保障部同意后，省、自治区、直辖市劳动保障行政部门应将本地区最低工资标准方案报省、自治区、直辖市人民政府批准。

5. 在批准后 7 日内在当地政府公报或至少在一种全地区性报纸上发布。

6. 省、自治区、直辖市劳动保障行政部门应在发布后 10 日内将最低工资标准报人力资源和社会保障部。用人单位应在最低工资标准发布后 10 日内将该标准向本单位全体劳动者公示。

（二）确定最低工资标准的原则

确定最低工资标准的原则直接关系到最低工资标准的水平和科学、合理程度，也涉及劳动关系双方当事人之间的物质利益。根据我国《劳动法》的立法目的和有关制度，可以将确定最低工资标准的原则概括为以下几项：

1. 非效益原则。即指不论企业的效益如何，只要企业用工，劳动者履行了劳动义务，从事了正常劳动，在这些情况下，企业就必须支付最低工资。[1]

2. 非歧视性原则。即指不论劳动者的年龄、性别、民族、文化程度、宗教信仰，劳动者在所有的企业、地区都应享受最低工资制度的保护，而不得加以歧视。

3. 基本生活保障原则。即指以保障劳动者个人及其家庭成员的基本生活需要为目标，这一原则是最低工资立法对社会公正和保护弱者的指导思想的具体反映。

4. 分级管理原则。现阶段，我国地区的经济发展和生活水平不平衡的状况还比较突出，由此决定了难以在全国实行统一的最低工资标准。因此，《劳动法》第 48 条规定："国家实行最低工资保障制度。最低工资的具体标准由省、自治区、直辖市人民政府规定，报国务院备案。"这一原则要求在遵守《劳动法》规定的分工权限的前提下，最低工资标准的确定和调整方案，由省、自治区、直辖市人民政府劳动保障行政部门会同同级工会、企业联合会或企业家协会研究拟订，并报送人力资源和社会保障部，在按规定程序审批备案后分级组织实施。全国没有统一的最低工资标准，在省、自治区、直辖市范围内的不同

---

〔1〕　郭捷主编：《劳动法学》，中国政法大学出版社 2007 年版，第 209 页。

行政区域也可以有不同的最低工资标准。

（三）确定最低工资标准的因素

1. 劳动者本人及平均赡养人口的最低生活费用。实行最低工资保障的直接目的是确保劳动者所得工资足以维持其基本生活需要，因而，最低工资标准不应低于劳动者的最低生活费用。从其组成项目看，应为劳动者本人及其赡养人口为维持其最低生活需要而必须支付的费用，包括吃、穿、住、行等各方面。

2. 社会平均工资水平。最低工资标准应当低于当地社会平均工资水平，对于社会平均工资水平有差别的不同地区来说，其最低工资标准可以有所不同。

3. 劳动生产率。在不同地区、不同行业之间，劳动生产率的高低不同，意味着各地区、各行业劳动者的共同劳动贡献存在差别，也意味着各地区、各行业用人单位对支付最低工资的平均承受能力不一样，因而其最低工资标准可以有所不同。

4. 就业状况。这是一个同劳动者的劳动收入和生活负担相关联，并且影响劳动者的最低工资需求的因素。最低工资标准应当有利于实现高水平的就业。

5. 地区之间经济发展水平的差异。在经济发展水平不同的地区，最低工资标准应当允许有适当的地区差异。

6. 城镇居民消费价格指数和职工个人缴纳的社会保险费和住房公积金。

确定和调整小时最低工资标准，应在颁布的月最低工资标准的基础上，考虑单位应缴纳的基本养老保险费和基本医疗保险费因素，同时还应适当考虑非全日制劳动者在工作稳定性、劳动条件和劳动强度、福利等方面与全日制就业人员之间的差异。

【资料链接】

国际劳工大会决定制定有关最低工资的一般原则和方法，即《确定最低工资并特别考虑发展中国家公约》（第 131 号公约），其列举了在决定最低工资水平时需要考虑的因素。这些因素是：①根据国家的一般工资水平、生活费用、社会保障福利和其他阶层人员的相对生活标准，最低工资要能满足职工和其家庭成员的生活需要；②与之相关的经济因素，包括经济发展水平、劳动生产率水平以及实现和保持高的就业水平。不难看出，国际上确定最低工资的标准一般考虑城市居民生活费用支出、平均工资、劳动生产率、失业率、经济发展水平等因素。

（四）最低工资的计算与支付

最低工资标准一般采取月最低工资标准和小时最低工资标准的形式，月最低工资标准一般适用于全日制就业劳动者，小时最低工资标准适用于非全日制就业劳动者。最低工资标准一经确定公布，在其适用区域和范围内，用人单位必须按照不低于最低工资标准的规定，以货币形式向劳动者支付工资。但下列各项费用或收入，不得作为最低工资的组成部分：①加班加点工资。加班加点工资属于劳动者在法定工作时间之外提供超额劳动的报酬，不能将这部分收入计算在劳动者的最低工资组成部分之内。②中班、夜班、高温、低温、井下、有毒有害等特殊工作环境、条件下的津贴。这部分费用是对劳动者在特殊条件下的额外劳动消耗所给予的补偿或鼓励，不能将其计算在最低工资之内。③国家法律、法规规定的劳动保险、福利待遇。劳动保险和福利待遇不属于工资的性质和范畴，当然也不应作为最低工资的组成部分。

【资料链接】

确定最低工资标准的通用方法有：①比重法。即根据城镇居民家计调查资料，确定一定比例的最低人均收入户为贫困户，统计出该贫困户群体的人均生活费用支出水平，乘以每一就业者的赡养系数，再加上一个调整数。②恩格尔系数法。即根据国家营养学会提供的年度标准食物谱以及标准食物摄取量，结合标准食物的市场价格，计算出最低食物支出标准，除以恩格尔系数，得出最低生活费用标准，再乘以每一就业者的赡养系数，再加上一个调整数。

（五）最低工资标准的调整

最低工资标准发布实施后，如果当地就业者及其赡养人口的最低生活费用、城镇居民消费价格指数、职工个人缴纳的社会保险费和住房公积金、职工平均工资、经济发展水平、就业状况等相关因素发生变化，应当适时调整当地的最低工资标准。最低工资标准每2年内至少调整1次。

根据国外的一般做法及我国目前有关规定，最低工资的具体标准一般按月确定，也可以按周、日或小时确定，各种单位时间的最低工资标准应当可以互相转换。各地在确定最低工资标准时，应考虑到本地区不同区域和行业的差别和特点，对本地区不同经济发展区域和行业，可以确定不同的最低工资标准。

【资料链接】

最低工资标准在我国薪酬体系中主要发挥托底作用。企业通常分档发放职工工资，最低档工资提高后，会对有些企业的其他档工资起到一定撬动作用。与最低就业年龄、工作时间之类的标准不同，最低工资标准一旦确定便会很快过时，如果不及时对其加以调整，劳动者就等于失去了最低工资的保护。

三、最低工资标准的适用范围

最低工资标准的适用范围包括其适用的主体范围、时间范围和劳动种类范围。

（一）最低工资标准适用的主体范围

根据《最低工资规定》第 2 条的规定，凡在中华人民共和国境内的企业、民办非企业单位、有雇工的个体工商户和与之形成劳动关系的劳动者，国家机关、事业单位、社会团体和与之建立劳动关系的劳动者，均应适用最低工资标准。与 1993 年劳动部《企业最低工资规定》的有关规定相比较，现行的最低工资标准在其所适用的主体范围有所扩大。除各类企业外，新增了民办非企业单位和有雇工的个体工商户，以及与劳动者建立了劳动合同关系的国家机关、事业单位、社会团体。这一变化适应了我国社会主义市场经济不断发展的新形势，也体现了我国劳动立法不断完善的特点，符合依法保障劳动者取得劳动报酬的合法权益的基本要求，具有重要意义。

以劳务派遣形式用工的，在劳动合同期内的被派遣劳动者无工作期间，劳务派遣单位应当按照所在地人民政府规定的最低工资标准，向其按月支付工资。

【资料链接】

我国应健全最低工资和支付保障制度，推动将不完全符合确立劳动关系情形的新就业形态劳动者纳入制度保障范围。督促企业向提供正常劳动的劳动者支付不低于当地最低工资标准的劳动报酬，按时足额支付，不得克扣或者无故拖欠。[1]

（二）最低工资标准适用的时间范围

最低工资标准适用的时间范围是指劳动者只有在哪些时间内从事劳动，才能享受最低工资制度保障的情况。根据《最低工资规定》，劳动者享受最低工资制度保障的时间范围，应当是在法定工作时间或依法签订的劳动合同约定的工作时间内。下列几种情形不适用最低工资标准：①劳动者在工作时间内有迟到、早退、旷工等违纪行为。②企业下岗待工人员。此类人员由企业依据当地政府的有关规定支付其生活费，所支付的生活费可以低于最低工资标准。③因患病或非因工负伤处于治疗期间的职工。职工因患病或非因工负伤处于治疗期间的，在规定的医疗期间内由企业按有关规定支付其病假工资或疾病救济费，所支付的病假工资或疾病救济费可以低于当地最低工资标准，但不能低于最低工资标准的80%。④处于非带薪休假期间的人员，如处于事假的职工等。

（三）最低工资标准适用的劳动种类范围

最低工资标准适用的劳动种类范围是指劳动者在法定工作时间或依法签订的劳动合同约定的工作时间内，当其提供哪些种类的劳动才有权享受最低工资制度保障的情况。根据《最低工资规定》，劳动者只有在法定或依法约定的工作时间内提供了正常劳动的，才有权享受最低工资保障。正常劳动是指劳动者按照依法签订的劳动合同，在法定工作时间或劳动合同约定的工作时间内从事的劳动。劳动者依法享受带薪年休假、探亲假、生育（产）假、节育手术假等国家规定的假期，以及其在法定工作时间内依法参加社会活动期间，视为提供了正常劳动。反之，若劳动者由于本人原因造成其在法定工作时间内或依法签订的劳动合同约定的工作时间内未能提供正常劳动时，则其无权享受最低工资保障。

【资料链接】

《劳动合同法》第85条规定：低于当地最低工资标准支付劳动者工资的，应当支付其差额部分；逾期不支付的，责令用人单位按应付金额百分之五十以上百分之一百以下的标准向劳动者加付赔偿金。劳动者与用人单位之间就执行最低工资标准发生争议的，按劳动争议处理有关规定处理。

第三节　工资集体协商制度

随着市场经济的发展，我国政府早已很少直接参与企业职工的工资分配和管理，主要

---

[1] 参见2021年人力资源社会保障部、国家发展改革委、交通运输部、应急部、市场监管总局、国家医保局、最高人民法院、全国总工会《关于维护新就业形态劳动者劳动保障权益的指导意见》。

由企业自主确定。不少企业的老板"资本意识"强、"协商意识"弱，员工也不善于或怯于与其进行协商。建立工资集体协商制度，使劳动者真正获得与劳动力等值的工资报酬，真正体现出职工工资确定过程的平等性、民主性、合法性，需要法律的有力保障。

一、工资集体协商的概述

（一）工资集体协商的概念

工资集体协商，是指职工代表与企业代表依法就企业内部工资分配制度、工资分配形式、工资收入水平等事项进行平等协商，在协商一致的基础上签订工资协议的行为。工资集体协商机制是工会维护职工合法权益的主要手段和制度，是工资正常增长机制和支付保障机制中的重要部分，也是市场经济国家工会的通行做法。工资集体协商制度是解决工人工资偏低问题的唯一出路，是历史大势所趋。工资集体协商制度提供了一个让劳资双方坐下来进行协商的平台，有利于劳资矛盾的疏导解决，更有利于社会的和谐。

【资料链接】

工资协议是专门就工资事项签订的专项集体合同。已订立集体合同的，工资协议作为集体合同的附件，并与集体合同具有同等效力。2011年5月，武汉45万名餐饮业职工通过集体合同协商机制将行业最低工资标准提高了30%，这是迄今为止中国涉及从业人员最多的一份工资专项集体合同，为在全国开展工资集体协商提供了一个范本。

（二）工资集体协商的原则和内容

1. 工资集体协商的原则。

（1）自觉接受法律约束的政策指导原则。企业工资集体协商应当自觉遵守国家有关法律、法规和规章，兼顾国家、集体和个人三者利益。企业的工资支付和内部分配办法不得违反国家和本地区的有关规定。在企业工资集体协商过程中，劳动行政部门和上级工会应积极提供指导和服务。

（2）协商双方平等的原则。集体协商的双方具有平等的法律地位，应当相互尊重，认真听取对方的意见、建议和要求，不应有任何歧视和任何将自己的意见强加于对方的行为。

（3）兼顾企业和职工双方合法权益的原则。在集体协商过程中，企业方不应强调企业的经济效益而忽视对职工的基本利益的保护。工会方也不应仅着眼于职工的眼前利益而忽视企业的长远利益，双方应使协商的结果充分体现双方权益的统一，有利于生产的持续发展和职工积极性的调动。

（4）保持和谐稳定的原则。在协商期间，双方都要从企业稳定和生产发展的大局出发，自始至终求同存异，相互谅解，力争达成一致意见。协商双方都应自觉维护和谐的气氛，任何一方不得采取过激行为。

2. 工资集体协商内容。工资集体协商内容具体包括：工资协议的期限；工资分配制度、工资标准和工资分配形式；职工年度平均工资水平及其调整幅度；奖金、津贴、补贴等分配办法；工资支付办法；变更、解除工资协议的程序；工资协议的终止条件；工资协议的违约责任；双方认为应当协商约定的其他事项。

3. 工资集体协商的主要类型。发达市场经济国家的经验表明，集体协商制度成功的关键在于劳资双方力量达到一定的平衡并能够相互制约，也就是说要自下而上地推进才是根本。工资集体协商的主要类型有：

（1）企业工资集体协商。以企业为单位，根据本企业的实际情况，经企业工会或职工代表与企业代表依法进行工资集体协商，签订本企业工资集体合同。

（2）行业（产业）工资集体协商。以行业（产业）为单位，通过行业（产业）工会与对应的经营方代表依法进行工资集体协商，签订覆盖本行业（产业）的工资协议。

（3）区域性工资集体协商。以行政区域为单位（如区、镇、村、街道、经济开发区等），通过区域工会或企业工会联合会与对应的地区企业经营方授权组织依法进行工资集体协商，签订覆盖本地区所有企业的区域性工资协议。

（三）我国工资集体协商制度立法现状和作用

1. 我国工资集体协商制度立法现状。《劳动法》《工会法》《劳动合同法》都明确要求建立工资集体协商机制，但其表述过于原则，缺乏可操作性。1996 年 5 月 17 日，劳动部、全国总工会、国家经贸委、中国企业家协会联合发出《关于逐步实行集体协商和集体合同制度的通知》。2000 年 11 月，《工资集体协商试行办法》以劳动部第 9 号令发布，并要求在全国逐步推行。2007 年 5 月 14 日，国家劳动和社会保障部表示，中国将力争在未来 5 年内使各类企业都建立工资集体协商制度，形成正常的工资增长机制。2011 年，全国总工会出台《中华全国总工会 2011-2013 年深入推进工资集体协商工作规划》（以下简称《规划》）。根据《规划》提出的目标，全国工会将从 2011 年起，用 3 年时间，全面推进企业建立工资集体协商制度，努力实现 2011 年底全国已建工会组织的企业的工资集体协商建制率达到 60%，2012 年底实现已建工会组织的企业的工资集体协商建制率达到 70%，2013 年底已建工会组织的企业的工资集体协商建制率达到 80%，其中世界 500 强在华企业全部建立工资集体协商制度的目标，推动工资集体协商制度全面深入开展，促进企业健康发展，维护职工合法权益。

自 2011 年年初，全国总工会发布《中华全国总工会 2011-2013 年推动企业普遍建立工会组织工作规划》《中华全国总工会 2011-2013 年深入推进工资集体协商工作规划》（简称"两个普遍"）以来，各级工会积极推进"两个普遍"三年规划的落实，将工会组建与创建和谐企业、职工之家建设、争创五一劳动奖状等载体相结合，以开发区、工业园区、工业聚集区和"两新"组织为重点领域，以农民工、劳务派遣工为重点对象，开展集中建会行动；召开全国工会组织劳务派遣工入会工作现场经验交流会，依法推动劳务派遣企业普遍建立工会组织。同时，全国总工会制定了推动世界 500 强在华企业建立工资集体协商制度的意见、工会集体协商指导员培训计划，总结武汉餐饮行业、东风汽车有限公司、江苏邳州板材行业等的工资集体协商经验，把推行区域性、行业性工资集体协商制度作为突破口。截至 2014 年底，全国已建立工会组织的企业的工资集体协商覆盖率达 80% 以上，有效增强了劳动关系双方协商沟通的意识，保障了职工在劳动经济权益方面的话语权，为促进劳动关系和谐稳定发挥了积极作用。

工资集体协商制度作为国际上普遍实行的维护职工基本经济利益的重要手段和有效形式，得到了各级工会和有关部门的广泛关注，各地也加大了推行工资集体协商制度的力度。

【资料链接】

从目前推行的具体情况看，无论在理论上或是实践中，工资集体协商制度仍然存在许多亟待解决的问题。企业工会与经营者在协商过程中实际地位的不平等，使双方平等协商缺乏基本基础；企业工会与经营者在信息掌握上的不平等，使双方协商缺乏公平性；协商程序的不规范和工人的低参与率，使协商结果得不到职工的拥护和支持；个人劳动合同与工资集体协商在法律上缺乏有效的衔接，使双方协商难以进一步推进；现有的工资分配机制，使双方协商缺乏科学依据，难以正常进行。在实际推进过程中，非公小型、微型企业的工资集体协商机制如何建立，区域性、行业性工资集体协商机制的法律地位如何确认，工资集体协商的内容、程序，政府有关部门的职责如何界定，工资谈判员的劳动权益如何保障等事项，都亟需明确的法定规范。

2. 我国建立工资集体协商制度的作用。工资收入分配既是关系到职工切身利益的焦点问题，也是关系到社会公平正义与经济社会和谐发展的重大问题。

（1）大力推行工资集体协商工作，积极推动企业建立科学规范的工资决定机制、支付保障机制与正常增长机制，使职工收入能够随着经济的发展和效益的增长而同步增长，让职工共享企业改革发展的成果。

（2）大力推进工资集体协商工作，能够减少因工资分配问题引发的劳动纠纷和利益矛盾。把劳动者的利益诉求纳入理性合法的轨道，有利于促进劳动关系双方的理解沟通，真诚合作，有利于完善企业工资分配制度。形成工资正常增长机制，合理确定不同岗位人员的工资标准，是建立规范有序、公正合理、互利共赢、和谐稳定的劳动关系，构建和谐社会的重要基础。

（3）大力推进工资集体协商工作，有利于增强企业凝聚力，调动所有职工的积极性；有利于改善民生，扩大内需，促进经济平稳较快发展。

从发达市场经济国家开展工资集体协商工作的成功经验，以及我国开展工资集体协商工作的具体实践来看，行业性工资集体协商制度代表着我国工资集体协商的发展方向，是深化工资集体协商工作，推动工资集体协商在更高的层次、更大的范围实现突破性进展的必然选择。推行行业性工资集体协商，有利于加快产业升级、转变经济发展方式；推行行业性工资集体协商，有利于减少劳动关系双方协商的社会成本，提升双方协商的质量；推行行业性工资集体协商，有利于完善集体协商制度，形成区域协商、行业协商、企业协商相互衔接配合的集体协商体系。

【资料链接】

开展行业集体协商可在一定程度上解决企业规模小、职工人数少、工会力量薄弱、难以单独开展集体协商的实际困难。协商之后，每道工序定额都有了明确的指导标准，有效地控制了隐形侵权现象，工资是否合法合理一目了然，劳动者的合法权益因此能够得到真正的维护。

第七章

二、工资集体协商的工资水平的确定

(一) 企业工资水平的内部确定因素

劳企双方协商确定年度工资水平，要与政府发布的年度工资指导线、企业人工成本水平等要素结合起来，在老板与员工共同协商并全面分析企业经济效益、工资支付能力和职工工资水平等因素的基础上予以合理确定。①经济效益较好的企业，应当适度增加职工工资。②经济效益一般、有支付能力的企业，应按照工资指导线的要求，在至少不低于下限水平的基础上，合理安排职工工资的增长。③经济效益较差的企业，在双方协商取得一致的基础上，职工工资亦可适当降低。④生产经营严重困难、支付能力低的企业，职工工资不得低于省政府公布的最低工资标准。⑤实行工效挂钩办法的国有企业，按照"两低于"原则（即职工工资总额增长幅度低于本企业经济效益增长幅度，职工实际平均工资增长幅度低于本企业劳动生产率增长幅度），以工资集体协商来确定增长的工资总额，经批准，可将其核入工资总额基数。

(二) 企业工资水平的外部确定因素

通过协商确定职工年度工资水平应符合国家有关工资分配的宏观调控政策，并综合参考下列因素：①地区、行业、企业的人工成本水平；②地区、行业的职工平均工资水平；③当地政府发布的工资指导线、劳动力市场工资指导价位；④本地区城镇居民消费价格指数；⑤企业劳动生产率和经济效益；⑥国有资产保值增值；⑦上年度企业职工工资总额和职工平均工资水平；⑧其他与工资集体协商有关的情况。

【资料链接】

政府在集体谈判过程中起着协调、沟通、指导和监督的作用，应为集体协商搭建好平台。一方面，政府应尽快制定切实可行的相关政策规章，推动集体谈判机制的建立，并对企业开展集体谈判进行督促；另一方面，还要根据劳动力市场情况，定期公布行业市场工资指导价位，从而指导不同行业的企业以市场指导价为基础，通过集体谈判来确定职工工资水平。

三、工资集体协商的程序及流程

(一) 工资集体协商程序

1. 工资集体协商代表的确定。工资集体协商代表应依照法定程序产生。职工一方由工会作为代表。未建立工会的企业，由雇员民主推举出代表，并要得到半数以上雇员同意。雇主一方代表由企业法定代表人和法定代表人指定的其他人员担任。协商双方各确定一名首席代表。职工首席代表应当由工会主席担任，工会主席可以书面委托其他人员作为自己的代理人；未成立工会的，由职工集体协商以推举出代表。企业首席代表应当由法定代表人担任，法定代表人可以书面委托其他管理人员作为自己的代理人。协商双方的首席代表在工资集体协商期间轮流担任协商会议的执行主席。协商会议执行主席的主要职责是负责有关工资集体协商的组织协调工作，并对协商过程中发生的问题提出处理建议。协商双方可书面委托本企业以外的专业人士作为本方协商代表。委托人数不得超过本方代表人数的1/3。

2. 工资集体协商代表的职权。协商双方享有平等的建议权、否决权和陈述权；由企业内部产生的协商代表参加工资集体协商的，应视为其提供了正常劳动，其享受的工资、奖金、津贴、补贴、保险福利待遇不变。其中，职工协商代表的合法权益受法律保护。企业协商代表不得对职工协商代表采取歧视性行为，不得违法解除或变更其劳动合同；企业协商代表应遵守双方确定的协商规则，履行代表职责，并负有保守企业商业秘密的责任；协商代表任何一方不得采取过激、威胁、收买、欺骗等行为；协商代表应了解和掌握工资分配的有关情况，广泛征求各方面的意见，接受本方人员对工资集体协商有关问题的质询。

【资料链接】

在政府干预下进行的集体工资协商谈判，由其谈判出来的有些条款可能容易流于形式。如果企业是被迫认可某些条款的，它就会想出方法规避条款的约束。对于一些中小企业来说，外来工人的高流动性是致命伤，集体工资协商制度如果只关注职工工资和福利的增长，而不关注对工人一方的适当约束，不考虑企业生存和发展的问题，那么，工人的利益最终还是会受到伤害。所以，政府在协助推进这一制度时，必须要综合考虑劳资双方的利益，更重要的是其要做到不越位，要尊重协商谈判的平等与自主的性质，不能为了政绩只重视短期效果，草率行事。

3. 工资集体协商程序。

（1）职工和企业任何一方均可提出进行工资集体协商的要求。工资集体协商的提出方应向另一方提出书面的协商意向书，明确协商的时间、地点、内容等。另一方接到协商意向书后，应于 20 日内予以书面答复，并与提出方共同进行工资集体协商。

（2）在不违反有关法律、法规的前提下，协商双方有义务按照对方要求，在协商开始前 5 日内，提供与工资集体协商有关的真实情况和资料。

（3）工资协议草案应提交职工代表大会或职工大会讨论审议。

（4）工资集体协商双方达成一致意见后，由企业行政方制作工资协议文本。工资协议经双方首席代表签字盖章后成立。

（二）工资协议的审查

1. 在工资协议签订后 7 日内，由企业将工资协议一式三份并作书面说明，报送当地县级以上劳动保障行政部门审查。

2. 劳动保障行政部门应在收到工资协议后 15 日内，对协商双方代表资格、工资协议条款内容和签订程序进行审查。若对工资协议无异议，应及时向协商双方送达《工资协议审查意见书》，工资协议即行生效；如对工资协议有修改意见，则应将修改意见附于《工资协议审查意见书》中以通知协商双方，双方应就修改意见进行及时协商，修改工资协议，并重新报送劳动保障行政部门。

3. 工资协议报送 15 天后，协商双方未收到劳动保障行政部门的《工资协议审查意见书》，视为劳动保障行政部门同意，该工资协议即行生效。

4. 在接到已经生效的工资协议后，协商双方应于 5 日内，以适当形式向双方人员公布。

（三）明确工资协议期限

一般情况下，工资集体协商一年进行一次。雇员和雇主双方均可在原工资协议期满前60日内，向对方书面提出协商意向书，从而能够顺利进行下一轮的工资集体协商，做好新旧工资协议的相互衔接。

四、争议的协调处理

（一）争议的协调处理

在工资集体协商或者签订工资协议的过程中发生争议的，协商双方应当通过协商解决。协商如不能达成一致意见的，双方可分别提请本方上一级组织协调解决。

当工资集体协商陷于长期僵持状态时，任何一方均可向人力资源和社会保障部门提出调解请求。人力资源和社会保障部门应当会同工会、工商联等组织，对双方争议事项进行调解处理。协调与调解一般应当在10日内提出，并在30日内结束。

（二）工资协议履约争议的处理

因履行工资协议发生争议且协商不成的，任何一方都可以向劳动争议仲裁部门申请仲裁。工资集体合同生效后，双方都必须严格执行，任何一方不得随意变更或解除。企业法定代表人更换的，不影响工资集体合同的履行。企业要建立健全企业工资集体协商内部监督机制，每年开展工资集体合同履行兑现情况的专项监督检查；要建立企业履行情况通报制度，定期向职工代表大会或职工大会通报工资集体合同的履行情况。

职工应将履行工资集体合同落实到日常工作中，充分发挥其主人翁意识和生产积极性，提高劳动生产率，提高企业经济效益，为企业履行工资集体合同打好基础。企业工会或职工个人有权对企业执行工资集体合同的情况提出质询，督促企业履行工资集体合同。企业违反工资集体合同，侵犯职工合法权益的，工会应当依法要求企业承担赔偿责任。

第四节　工资保障制度

我国工资保障法律制度的基本内容，可概括为两个方面，即保障劳动者工资水平的立法和保障工资按规定支付的立法。

一、劳动者工资水平保障

为了保障劳动者的工资水平不下降，并在现有基础上得以不断提高，我国的劳动立法主要从以下两个方面作出规定：其一，保障劳动者的实际工资不因物价因素的影响而下降。为此，国家一方面通过各项经济措施，稳定物价，防止物价过多地上涨；另一方面，通过发放临时性物价补贴或其他补助，使劳动者的工资水平不断提高。第二，建立最低工资保障制度，使劳动者的工资水平能满足劳动者及其家人的最低基本生活需要。

实际工资是劳动者所得的货币工资能购买到的生活资料和服务的数量。因此，保障实际工资就是要处理好工资与物价的关系。一方面，力求把物价上升控制在较温和的程度之内，即力求避免物价剧烈、较大幅度地上升；另一方面，力求使职工的货币工资在至少不低于物价上涨的幅度内上升，并尽可能使职工货币工资的增长率大于物价的上涨率。其中，后一方面的内容涉及的就是劳动法中的实际工资保障问题。可见，较之保障最低工资和保障工资支付，保障实际工资是对劳动者更高水平的保护。

在我国，处理工资与物价关系的基本方式有：①工资调整。国家在进行大幅度调整物价的同时，进行工资普调，以弥补职工因物价调整而受到实际工资的损失。②物价补贴。在劳动法意义上，这仅指在大幅度调整物价的同时，通过财政支出或企业支出渠道，以货币形式向职工发放补贴。它可以是根据物价总水平的上涨幅度及居民生活费指数的上涨幅度等因素给予职工补贴，属明补形式。至于明补以外的在商品流通环节的暗补，则不属于劳动法调整的范围。上述两种方式，都是在物价主要由国家调整的基础上所采用的。而按市场经济的要求，物价变动应由市场调节，这就大大增加了采用上述两种方式的局限性。为此，我国需要探索新的方式来处理工资与物价的关系。

二、工资支付保障

工资支付主要包括工资支付项目、工资支付水平、工资支付形式、工资支付对象、工资支付时间以及特殊情况下的工资支付、欠薪支付保障、工资支付的监督等内容。

（一）工资支付的一般规则

劳动者的工资是满足劳动者及其家人的基本生存需要的生活费用，因此，用人单位必须按规定及时支付给劳动者。对于用人单位无故拖欠劳动者工资、拒不支付劳动者的延长劳动时间工资、低于当地最低工资标准支付劳动者工资、破产清算时不按法定顺序首先支付劳动者工资等现象，劳动行政部门有权责令其支付劳动者工资和给予经济补偿，并可责令其支付赔偿金。根据《劳动法》及《工资支付暂行规定》，用人单位支付工资必须按照以下规则执行：

1. 工资支付的形式。工资应当以法定货币形式支付给劳动者本人，不得以实物及有价证券替代货币支付。

【资料链接】

新加坡法律规定，工人的薪金应使用合法货币支付，不得使用其他货币，并且禁止在劳动合同中规定薪金的全部或部分能以其他方式支付。美国《劳动标准法》明确规定，临时凭证、代价券、存款卡、内部支票、债息票以及类似的媒介物，都是非法的工资支付手段，禁止使用。

【资料链接】

随着科技的发展进步，微信、支付宝等在线支付方式已渗透到了我们生活的方方面面，也出现了一些用人单位用微信、支付宝转账等方式发放工资的现象。这些新型付薪方式，会导致双方在劳动关系的认定上存在很大争议。如果用人单位没有与劳动者签订劳动合同，也没有缴纳社会保险费，工资流水将是证明劳动者和单位存在劳动关系最重要的证据之一，如果劳动者只能提供公司负责人或者其他工作人员用私人微信转账的截图等证据，很可能只能用以证明私人之间的财务往来，或者证明劳动者和转账人之间存在劳务雇佣关系，而难以充分证明自己和公司存在劳动关系。

2. 工资支付对象。劳动者本人因故不能领取工资时，可由其亲属或委托他人代领，用人单位可委托银行代发工资。

3. 工资支付时间。工资必须在用人单位与劳动者约定的日期支付。如遇节假日或休息日，则应提前在最近的工作日支付工资。工资至少每月支付1次，实行周、日、小时工资制的，可按周、日、小时支付工资。对完成一次性临时劳动或某项具体工作的劳动者，用人单位应按有关协议或合同规定在其完成任务后即支付工资。劳动关系双方依法解除或终止劳动合同时，用人单位应在解除或终止劳动合同时一次性付清劳动者工资。

【资料链接】

用人单位只要与劳动者约定了发薪日期，每月必须固定在约定之日发薪，不能对其作随意变动，如果每月发生变动，就难以保证按月支付，过了约定日期发放薪酬，就是拖欠职工工资的违约行为。

全日制用工劳动者实行年薪制或者按照考核周期支付工资的，用人单位应当至少每月预付1次工资，且预付数额不得低于最低工资标准的水平。用人单位应当在年度结束或者考核周期结束后最长不超过1个月内，结清应当向劳动者支付而尚未支付的全部工资。非全日制用工劳动者的工资结算支付周期最长不得超过15日；用人单位应当向非全日制用工劳动者至少每15日结清工资结算支付周期内的全部工资。劳动者的工作不满一个工资结算支付周期的，其周、日、小时工资标准，按照法定职工全年月平均工作天数和工作小时数进行折算。

4. 工资支付凭据。用人单位必须书面记录支付劳动者工资的数额、时间、领取者的姓名以及签字，并保存2年以上备查。用人单位在支付工资时应向劳动者提供1份其个人的工资清单，列明用人单位名称、劳动者姓名、应发工资项目和数额、扣减工资项目和数额、实际支付工资项目和数额、支付工资时间等内容，用人单位应当建立工资支付档案。

5. 用人单位不得无故拖欠劳动者的工资。无故拖欠是指用人单位无正当理由超过规定付薪时间未支付劳动者工资。下列情形不属于无故拖欠劳动者的工资：①用人单位遇到非人力所能抗拒的自然灾害、战争等原因，无法按时支付工资；②用人单位确因生产经营困难，资金周转受到影响，在征得本单位工会同意后可暂时延期支付劳动者工资，延期时间的最长期限可由省、自治区、直辖市劳动行政部门根据当地情况确定。

6. 用人单位不得克扣劳动者的工资。劳动者凭其在法定工作时间内提供正常劳动的基础上领取足额工资，是劳动者的合法权益，受法律保护，任何单位不得克扣劳动者的工资，否则便构成对劳动者合法权益的侵害。克扣或者拖欠劳动者的工资属于违法行为，往往会导致严重的后果，必须给予高度重视，并对相关行为人，尤其是用人单位的负责人和直接责任人给予法律制裁。但是，在下列情况中扣除劳动者部分工资的，不属于克扣工资：①用人单位代扣代缴的个人所得税，以及应由劳动者个人负担的各项社会保险费用。②因劳动者本人原因给用人单位造成经济损失的，用人单位可按法律规定或劳动合同的约定，要求其赔偿经济损失。赔偿的数额由企业根据具体情况确定，从劳动者本人的工资中扣除。但每月扣除的部分不得超过劳动者当月工资的20%；若扣除后的剩余工资部分低于当地的月最低工资标准，则按最低工资标准支付。③依据人民法院已经生效的判决、裁定或其他法律文件，以及仲裁机关已经生效的仲裁文件，从应负法律责任的劳动者工资中扣除其应当承担的扶养费、赡养费、损害赔偿金或者其他款项。但每月扣除时，应保证该劳动者的基本生活需要。④根据《劳动监察法》的规定，由于企业行政领导人员违反劳动保护法规，给国家或劳动者造成损失时，劳动监察机关或监察人员有权根据其所犯错误的性质和情节，对责任者本人处以不超过本月标准工资20%的罚款，并从其工资中扣除。⑤法律、法规规定可以从劳动者工资中扣除的其他费用。

【资料链接】

人力资源和社会保障部办公厅《关于妥善处理新型冠状病毒感染的肺炎疫情防控期间劳动关系问题的通知》，对新型冠状病毒感染的肺炎患者、疑似病人、密切接触者在其隔离治疗期间或医学观察期间以及因政府实施隔离措施或采取其他紧急措施导致不能提供正常劳动的企业职工，企业应当支付职工在此期间的工作报酬，并不得依据劳动合同法第40、41条与职工解除劳动合同。

（二）特殊情况下的工资支付规则

特殊情况下的工资是指依照法律、法规规定或劳动合同的约定在特殊时间内或者特殊工作情况下支付给劳动者的工资。我国现行特殊情况下的工资，主要有以下几种：

1. 加班加点工资。加班是指劳动者在法定节假日、公休假日从事工作；加点是指在一个工作日内延长劳动者的工作时间。根据《劳动法》第44条的规定，有下列情形之一的，用人单位应当按照下列标准支付高于劳动者正常工作时间工资的工资报酬：①安排劳动者延长工作时间的，支付不低于工资的150%的工资报酬；②休息日安排劳动者工作又不能安排补休的，支付不低于工资的200%的工资报酬；③法定休假日安排劳动者工作的，支付不低于工资的300%的工资报酬。

用人单位安排实行计件工资制度的劳动者在完成劳动定额任务后加班的，应当依照《工资支付暂行规定》第13条第2款的规定，分别按照不低于劳动者本人法定工作时间或者劳动合同约定的工作时间内计件单价的150%、200%、300%支付加班工资。

2. 休假期间的工资。劳动者的休假期间包括年休假、探亲假、婚丧假和病事假等。其中前3项均属于带薪休假，因此，在休假期间，用人单位仍应按劳动合同约定的标准向劳动者支付工资。

在劳动者依法享受法定节假日、带薪年休假、探亲假、婚丧假、节育手术假等期间，因工伤职工停工留薪期间，以及劳动者在工作时间内依法参加社会活动、进行产前检查、哺乳未满1周岁婴儿期间，视为劳动者提供了正常劳动，用人单位应当依法支付工资。

3. 双倍工资规定。《劳动合同法》第82条第1款规定："用人单位自用工之日起超过一个月不满一年未与劳动者订立书面劳动合同的，应当向劳动者每月支付二倍的工资。"

【资料链接】

在实践中，一些保密协议，竞业禁止协议，毕业生的三方协议等一般是不能被认定为书面劳动合同的。聘任书是用人单位聘请劳动者担任某种职务或承担某项工作的实用文书，直接向劳动者发放聘任书不能等同于劳动合同，因为它不需要职工本人签字盖章，是公司的单方面行为，聘任书要想转化为劳动合同，其至少必须具有劳动合同的必备条款。

4. 依法参加社会活动期间的工资。劳动者在法定工作时间依法参加社会活动期间，用人单位应视其提供了正常劳动而向其支付工资。社会活动包括：①依法行使选举权和被选举权；②当选代表出席乡（镇）、区以上政府，党派、工会、妇女联合会等组织召开的会议；③出任人民法院证人；④出席劳动模范、先进工作者大会；⑤《工会法》规定的不脱产工会基层委员会委员因工会活动占用的生产或工作时间；⑥集体协商代表参加集体协商；⑦其他依法参加的社会活动。

5. 女职工在孕期内定期检查身体，是生理上的客观需要，依法应当将女职工在孕期内的身体检查算作劳动时间。用人单位不得将怀孕女职工于孕期内的身体检查按事假扣发工资。用人单位不得在女职工怀孕期、产期、哺乳期内降低其基本工资或者解除劳动合同。

（三）欠薪支付保障

目前，用人单位拖欠劳动者工资的情况较为严重，各类企业拖欠农民工工资的现象经常发生，我国目前尚未有统一完善的欠薪支付保障制度，一些部门、地方政府为了维护劳动者的利益，已积极尝试建立这一制度。欠薪支付保障法律制度深刻影响着用人单位和劳动者的利益格局，是一项影响着社会安定的制度，是一个系统性的社会制度，牵涉各方面的利害关系，欠薪问题的有效处理需要多方面的子制度发挥支撑和协同作用。现行欠薪支付保障措施主要有欠薪索赔优先权制度、欠薪保障基金制度、欠薪举报投诉制度、欠薪报告和欠薪预警制度等。[1]

【资料链接】

国务院办公厅《关于全面治理拖欠农民工工资问题的意见》，指出在建筑市政、交通、水利等工程建设领域全面实行工资保证金制度，逐步将实施范围扩大到其他易发生拖欠工资的行业。建立工资保证金差异化缴存办法，对一定时期内未发生工资拖欠的企业实行减免措施、发生工资拖欠的企业适当提高缴存比例。严格规范工资保证金动用和退还办法。探索推行业主担保、银行保函等第三方担保制度，积极引入商业保险机制，保障农民工工资支付。

1. 欠薪索赔优先权，是指劳动者依法享有的对欠薪单位就其欠薪优先索赔的权利。劳动报酬作为一种特定之债，无论是在形式上所反映出来的人身属性与财产属性兼而有之的特性，还是在实质定义上所反映出来的保障生存权实质平等的价值功能，都需要确立劳动报酬权的优先权性质。或者说，劳动报酬权的性质决定了它必须具有优先权属性。

2. 欠薪保障基金。目前，最主要的欠薪保障基金立法主要集中在西欧各国，其主要是通过工资优先债权的形式来保护工人索赔企业欠付的工资。工资保障基金制度主要包括以下内容：工资保障基金制度的适用范围、工资保障机构的行政管理筹资、工资保障基金运转的条件、受保障制度保护的索赔类别、所保护权利的数额限制、支付程序等。

我国欠薪保障基金用于垫付因企业破产或者未被要求存入工资保证金的企业的投资人

---

[1]　郭捷主编：《劳动与社会保障法》，法律出版社 2008 年版，第 229 页。

逃匿时而未能清偿的一定数额的劳动者工资、经济补偿金。欠薪保障基金向劳动者垫付工资、经济补偿金后，在相同项目和金额范围内，代位行使劳动者对企业请求清偿的权利。建筑施工企业在建筑工程项目施工期间，或者其他用人单位在存入工资保证金后连续 3 年没有发生克扣或者无故拖欠工资、低于最低工资标准支付工资、不依法支付加班工资等违法行为的，劳动行政部门应当将工资保证金退还建筑施工企业或者其他用人单位。

虽然我国《劳动法》等法律尚未对建立欠薪保障基金作出规定，但深圳、上海等地方政府作了许多有益的尝试，并出台了一系列规定，如《深圳经济特区欠薪保障条例》《上海市小企业欠薪保障金收缴及使用实施细则》等。少数地方的建筑企业已经建立了"农民工工资专户"，由开发企业与施工企业订立协议，将每期工程款的一部分存入双方在银行开立的共管账户，专款专用。这样，"既可以避免因开发企业让施工企业垫资造成拖欠，又可以防止施工企业将工程款中应付工资部分挪作他用"，以此走出拖欠工程款进而拖欠工资的建筑业"怪圈"。显然，欠薪保障基金的建立完全可以借鉴这样的做法。

【资料链接】

2020 年国务院《保障农民工工资支付条例》第 32 条规定，施工总承包单位应当按照有关规定存储工资保证金，专项用于支付为所承包工程提供劳动的农民工被拖欠的工资。工资保证金实行差异化存储办法，对一定时期内未发生工资拖欠的单位实行减免措施，对发生工资拖欠的单位适当提高存储比例。工资保证金可以用金融机构保函替代。

3. 欠薪举报投诉制度。地方各级劳动保障部门要会同本级建设行政管理部门，完善欠薪举报投诉制度，确保举报投诉的受理渠道畅通，职责分工明确，处理解决及时；建立解决拖欠农民工工资问题的"快速信道"和快速反应机制；要引导职工和农民工通过正常的举报投诉渠道追索欠薪，为农民工依法维护合法权益提供支持和帮助。

4. 欠薪报告和欠薪预警制度。企业欠薪报告制度是指企业在发生拖欠职工工资情况后，必须向劳动保障部门填报《企业欠薪情况报告书》的制度。《企业欠薪情况报告书》的内容包括企业拖欠工资金额、人数及原因，企业偿还拖欠工资的计划、进度及保证措施等。

欠薪预警保障制度是指政府通过法律、经济、行政等手段，尤其是法律手段，对拖欠职工工资的用人单位发出警示，并强制其补发拖欠的工资，依法保护劳动者取得合法劳动报酬权益的制度。用人单位在接到预警通知后，应制订工资补发计划，提出切实可行的整改措施，明确补发时间，连同有关财务报表报送劳动保障行政部门备案。预警期由劳动保障行政部门根据用人单位的情况确定，一般不超过 3 个月。在预警期间，劳动保障行政部门定期进行抽查，用人单位应将工资支付情况报劳动保障行政部门备案。对于严重或恶意拖欠职工工资、限期整改不到位、屡犯不改的用人单位，由劳动保障行政部门予以通报，或在报纸、电台等新闻媒体上进行曝光。

【资料链接】

2016 年国务院办公厅《关于全面治理拖欠农民工工资问题的意见》，指出解决拖欠工资问题，事关广大劳动者的切身利益，事关社会公平正义和社会和谐稳定。通过全面规范企业工资支付行为，健全工资支付监控和保障制度，推进企业工资支付诚信体系建设，依法处置拖欠工资案件，改进建设领域工程款支付管理和用工方式，加强组织领导，使拖欠农民工工资问题得到基本遏制，努力实现基本无拖欠。

（四）工资保障的监督

劳动行政部门、工会组织和人民银行要加强对工资的监督。劳动行政部门要监督国家工资法规的正确实施，监督、检查工资待遇的执行情况；工会组织要监督企业切实执行国家工资法规的规定。各级工会组织依法对用人单位遵守工资分配法律法规的情况进行监督，发现违法行为的，工会应当代表劳动者与用人单位进行交涉，要求用人单位采取措施予以改正；用人单位应当对此予以研究处理，并向工会作出答复；用人单位拒不改正的，工会可以请求当地人民政府依法作出处理。

人民银行要加强对工资基金的管理工作，监督企业执行工资基金使用计划和通知开户银行办理工资基金转移手续。要对农民工集中的建筑业企业、在建工地进行逐一排查，检查用人单位支付农民工工资的情况和其与农民工签订劳动合同的情况。

各级劳动保障部门要建立健全工资支付监控制度，对企业工资支付情况进行监督检查，定期组织企业进行自查、抽查，并视情况对检查结果进行公示和对有关企业提出预警。充分发挥基层劳动保障平台和社区工会组织的作用，将工资支付监控工作延伸到基层。一旦出现拖欠工资的苗头，要及时采取措施加以解决，避免事态扩大。各地区劳动保障部门要结合本地区情况，制定建立企业工资支付监控制度的具体措施。

各级劳动保障行政部门要进一步加大建立企业劳动保障守法诚信制度的工作力度，及时总结经验，督促企业自觉遵守劳动保障法律法规。要将企业工资支付情况作为评价企业劳动保障、守法诚信等级的主要依据之一，对违法企业降低信用等级，并依法向社会公布。

【资料链接】

2020年国务院《保障农民工工资支付条例》第48条规定，用人单位拖欠农民工工资，情节严重或者造成严重不良社会影响的，有关部门应当将该用人单位及其法定代表人或者主要负责人、直接负责的主管人员和其他直接责任人员列入拖欠农民工工资失信联合惩戒对象名单，在政府资金支持、政府采购、招投标、融资贷款、市场准入、税收优惠、评优评先、交通出行等方面依法依规予以限制。

（五）工资争议救济途径

1. 劳动者与用人单位因工资支付发生争议的，可以向劳动争议仲裁机关申请仲裁；对仲裁裁决不服的，可以向人民法院提起诉讼。非法扣除劳动者工资的，劳动者可以向劳动行政部门提出申诉，由劳动行政部门责令用人单位按规定支付工资和给予经济补偿，并责令其支付赔偿金；也可以依法向劳动争议仲裁机关申请仲裁。根据《劳动争议调解仲裁法》的规定，如果有关追索劳动报酬的争议金额没有超过当地月最低工资标准12个月的金额，那么仲裁裁决仅对企业具有终局效力，劳动者对仲裁裁决不服的，仍可以自收到仲裁裁决书之日起15日内向人民法院提起诉讼；如果有关追索劳动报酬的争议金额超过了当地月最低工资标准 12 个月的金额，那么仲裁裁决对劳动者和企业都不具有终局效力，任何一方对仲裁裁决不服的，均可以自其收到仲裁裁决书之日起 15 日内向人民法院提起诉讼。

【资料链接】

2020 年国务院《保障农民工工资支付条例》第 51 条规定，工会依法维护农民工工资权益，对用人单位工资支付情况进行监督；发现拖欠农民工工资的，可以要求用人单位改正，拒不改正的，可以请求人力资源社会保障行政部门和其他有关部门依法处理。

2. 建立工资争议案件法律援助制度。劳动争议仲裁机构要及时受理农民工工资争议案件，快速结案，对经济困难的农民工可给予援助。支持、引导法律服务和法律援助机构为解决拖欠农民工工资问题提供及时有效的法律服务和法律援助。负责推行法律援助制度，为符合法律援助条件的农民工提供法律援助，依法帮助农民工解决拖欠工资问题。

劳动争议仲裁机构对于拖欠工资数额较大，有可能转移、隐匿资产的案件，可依法向人民法院申请采取保全措施。对于事实清楚、若不及时裁决会导致劳动者生活困难的拖欠工资争议案件，以及涉及劳动者因工伤停工留薪期间、患病期间工资待遇的争议案件，劳动争议仲裁机构可以作出部分裁决；用人单位对部分裁决不执行的，当事人可依法向人民法院申请强制执行。

【资料链接】

国务院《保障农民工工资支付条例》第 45 条第 1 款规定，司法行政部门和法律援助机构应当将农民工列为法律援助的重点对象，并依法为请求支付工资的农民工提供便捷的法律援助。

3. 针对恶意欠薪的用人单位施以比较严厉的处罚措施。2011 年，全国人大通过施行的《刑法修正案（八）》在《刑法》第 276 条后增加一条，作为第 276 条之一。该条规定："以转移财产、逃匿等方法逃避支付劳动者的劳动报酬或者有能力支付而不支付劳动者的劳动报酬，数额较大，经政府有关部门责令支付仍不支付的，处三年以下有期徒刑或者拘役，并处或者单处罚金；造成严重后果的，处三年以上七年以下有期徒刑，并处罚金。单位犯前款罪的，对单位判处罚金，并对其直接负责的主管人员和其他直接责任人员，依照前款的规定处罚。有前两款行为，尚未造成严重后果，在提起公诉前支付劳动者的劳动报酬，并依法承担相应赔偿责任的，可以减轻或者免除处罚。"

【资料链接】

国务院《保障农民工工资支付条例》第 54 条规定，有下列情形之一的，由人力资源社会保障行政部门责令限期改正；逾期不改正的，对单位处 2 万元以上 5 万元以下的罚款，对法定代表人或者主要负责人、直接负责的主管人员和其他直接责任人员处 1 万元以上 3 万元以下的罚款：（一）以实物、有价证券等形式代替货币支付农民工工资；（二）未编制工资支付台账并依法保存，或者未向农民工提供工资清单；（三）扣押或者变相扣押用于支付农民工工资的银行账户所绑定的农民工本人社会保障卡或者银行卡。

　　劳动者可以向当地人民法院申请支付令。《劳动争议调解仲裁法》第 16 条规定，因支付拖欠劳动报酬、工伤医疗费、经济补偿或者赔偿金事项达成调解协议，用人单位在协议约定期限内不履行的，劳动者可以持调解协议书依法向人民法院申请支付令。人民法院应当依法发出支付令。

【资料链接】

　　在劳动争议案件中，能够申请支付令的只能是劳动者，用人单位是不能申请支付令的，劳动者申请支付令，必须向有管辖权的基层人民法院申请，一般是由用人单位所在地的基层人民法院管辖。案件必须是给付之诉，即是劳动者要求用人单位给付金钱的案件，只能是用人单位向劳动者负有给付义务的情形。

第七章

第八章
劳动安全卫生基准制度

劳动安全卫生基准制度是保护劳动者在其劳动或工作过程中的生命安全和身体健康的基准制度。保护劳动者的各项合法权利，是每个国家劳动法的根本任务和重要立法目的。在劳动者的各项权利中，生命安全权和身体健康权是其所享有的最基本的权利。

第一节　劳动安全卫生基准制度概述

一、劳动安全卫生基准制度的概念和特征

劳动安全卫生基准制度，又称职业安全卫生基准制度、劳动保护基准制度，它是指保护劳动者在其劳动或工作过程中的生命安全和身体健康的基准制度。保护劳动者的各项合法权利，是每个国家劳动法的根本任务和重要立法目的。在劳动者的各项权利中，生命安全权和身体健康权是其所享有的最基本的权利。劳动安全卫生法律制度具有以下特征：

1. 劳动安全卫生基准制度的实施具有强制性。由于劳动安全卫生制度以劳动者的人身为保护对象，建立这一制度的基础是劳动者的生命权和健康权，因此，这项制度的实施便具有强制性。国家通过立法强制推行劳动安全卫生的各项具体制度，其中，国家意志明显占主导地位，用人单位和劳动者享有的自主权受到较大的限制，用人单位更多的是依法履行相关义务。它排除了通过任何协商契约形式变更或排除这一制度内容的可能性，同时也不允许劳动者本人基于任何动机放弃这项权利。在用人单位与劳动者签订的劳动合同中，有关免除用人单位保护责任的条款和劳动者放弃保护权利的条款一律无效。

【资料链接】

在英美法系国家，体现意思自治的任意性规则大多由普通法所确立，体现国家干预的强制性规则大多由成文法所确立。而这些国家现行的劳动安全卫生制度的内容，则主要是由立法机关以成文法的方式加以规定的。

2. 劳动安全卫生基准制度的保护对象具有特定性和首要性，即受保护者是劳动者，保护者是用人单位。当劳动者将其劳动力的使用权有期限地让渡给用人单位后，其仍拥有对劳动力的所有权，用人单位在使用劳动者的劳动力时就应当对劳动者的劳动力实施保护。保障劳动者包括获得劳动安全卫生保护的权利在内的各项合法权益，是我国劳动立法的目的和基本任务。在劳动者的各项权利中，生命安全权和身体健康权是其所享有的最基

本的权利。

3. 劳动安全卫生基准制度以改善劳动条件和劳动环境为主要途径，通过清除劳动过程中的不安全和不卫生的因素，实现对劳动者生命安全和身体健康的保护。这一特征决定了生产卫生规程必然成为劳动安全卫生制度内容的主要组成部分。

【资料链接】

国际劳工组织也制定了一系列有关劳动安全卫生的公约。其中，第 67 届国际劳工大会于 1981 年 6 月 22 日通过的《职业安全和卫生及工作环境公约》，第 75 届国际劳工大会于 1988 年 6 月 20 日通过、1991 年 1 月 11 日生效的《建筑业安全卫生公约》和第 77 届国际劳工大会于 1990 年通过的《作业场所安全使用化学品公约》，我国全国人大常委会已经批准。

4. 劳动安全卫生基准制度的适用范围具有普遍性。在我国境内，不论用人单位的所有制形式和用人形式如何，都应受到劳动法的保护。劳动安全卫生基准制度的立法宗旨，首先在于保护人权，即保护劳动者的人格权；其次在于保护劳动资源，即保证劳动者在劳动中消耗的体力和智力可以及时恢复，而免受永久性的损害。

5. 劳动安全卫生基准制度具有预防性。劳动安全卫生制度与劳动领域中的损害赔偿问题有着直接的关联，因为这一制度对于用人单位、劳动者和其他私法主体之间风险和义务的分配、过错的认定和责任的归结而言都具有重大的影响。但是，劳动安全卫生制度同时也是国家以行政手段推行的一套预防性的法律措施，涉及行政审批、行政监督检查和行政处罚等各个环节。如果从私法的层面来看，劳动安全卫生制度着重于对损害结果的处理；而从公法的层面来看，劳动安全卫生制度着重于对损害的预防。[1]

6. 劳动安全卫生基准制度以劳动过程为其保护范围。由于劳动保护权的主体是劳动法律关系中的劳动者，因此，所有安全卫生制度的基本规范都只限于劳动过程之中，保护的范围限于劳动过程。这一特点决定了劳动安全卫生基准制度必须针对劳动过程的特点和劳动过程所涉及的物理因素、化学因素以及自然因素等内容，制定相应的规范和措施。同时，也只有在劳动过程中采取的各种改善劳动条件、保护劳动者生命安全和身体健康的措施，才属于劳动安全卫生基准制度的范畴。

7. 劳动安全卫生基准制度具有技术性。各种职业危害因素在劳动过程中所产生的作用，都是受客观规律支配的。为了避免其对劳动者的人身安全和健康造成现实的损害，通常须以技术手段对劳动过程进行组织管理，借以将各种职业危害因素加以消除或控制。因此，各种劳动安全卫生技术规程首先是对人类科学认识成果的总结和对客观规律的反映，然后又转化为法律规则，以法律的手段迫使用人单位和劳动者服从客观规律，以避免工伤事故和职业病的发生。

二、劳动安全卫生基准制度的立法基础

通过立法对劳动者的生命安全和身体健康给予保护，既有由自然环境衍生的客观基

---

〔1〕 陈信勇主编：《劳动与社会保障法》，浙江大学出版社 2007 年版。

础，也有在人类社会中产生的思想基础。就前者而言，因人力不可预测的自然灾害，恶劣的自然环境，以及人类科学进步所导致的机械的、化学的、物理的等因素的危害，在客观上极大地威胁和损害着劳动者的生命安全和身体健康。就后者而言，当人类的思想运动将劳动者的生命权、健康权上升到最基本人权的高度时，必然会促使国家通过立法建立保护劳动者生命安全和身体健康的制度。在我国，建立劳动安全卫生制度的基础还在于：

1. 维护正常的生产经营秩序，促进社会经济的迅速发展。正常的生产秩序以人、物、环境三要素的协调为基本前提，因此，只有通过建立劳动安全卫生制度，协调三要素之间关系，才能保证生产经营活动的正常进行，从而促进社会经济的发展。一个事故发生频繁、劳动者生命安全和身体健康得不到有效保证的生产环境，是不可能有正常的生产秩序的。

2. 满足人们日益增长的物质文化生活需求。劳动者的身体健康和生命安全是人的第一基本需要。既然在劳动过程中客观存在着危害劳动者生命安全和身体健康的因素，那么，基于国家生产的基本目标，就必须对劳动者实施保护措施。当这种保护活动不可能由用工方完全自觉地进行时，就只能由国家通过立法强制用工方落实这些保护措施。

3. 调整用人单位与劳动者之间的劳动关系。在调整过程中，重点在于协调二者在利益方面的矛盾。在用人单位与劳动者之间所存在的诸方面利益矛盾中，用人单位对利益的追求与劳动者保护自身生命安全和身体健康的需求之间的矛盾尤为尖锐。用人单位为了谋取最大的利益而采取的任何措施，都可能同时损害着劳动者的生命或健康，如延长劳动时间、加大劳动强度、为减少支出而扣减劳动保护用品，以及不肯通过加大投资来改善劳动环境和条件等。对这些矛盾的协调和解决，只能由国家通过建立劳动安全卫生制度来加以调整。

4. 在立法指导思想和立法体系方面都有了较大的变化。尽管现行《劳动法》为了适应市场经济这一要求，将一些以前由国家直接调控的劳动关系改为间接调控；对于原来作为劳动法最基本内容的制度，现在只对其作原则性规定，而将对具体权利的行使权则下放给用人单位，如制定工资标准、劳动纪律等。但是，劳动安全卫生制度恰恰与其相反，它不仅越来越成为我国劳动法的重要组成部分，而且对于这项劳动法律制度的建立，我国立法采取了直接调控的方式，包括重要环境和特殊岗位的具体规程，都由法律直接加以规定。

【资料链接】

2021 年人力资源和社会保障部《关于维护新就业形态劳动者劳动保障权益的指导意见》指出，要强化职业伤害保障，以出行、外卖、即时配送、同城货运等行业的平台企业为重点，组织开展平台灵活就业人员职业伤害保障试点，平台企业应当按规定参加。采取政府主导、信息化引领和社会力量承办相结合的方式，建立健全职业伤害保障管理服务规范和运行机制。鼓励平台企业通过购买人身意外、雇主责任等商业保险，提升平台灵活就业人员保障水平。

第八章

三、劳动安全卫生基准制度的基本方针

劳动安全卫生基准制度的基本方针是建立该项法律制度的指导思想，它直接关系到其所建立的制度是否能达到预期的目的以及对目的的实现程度。因此，所确立的劳动安全卫生制度方针是否科学和是否符合实际，实际上就决定了劳动安全卫生制度是否科学、有效。我国劳动安全卫生制度的方针为"安全第一、预防为主、综合治理"，"安全"既是保证正常生产秩序的首要问题，又关系到劳动者的生命、健康和社会的稳定，同时与用人单位的经济效益直接相关，因此，"安全"是最首要的问题，也是劳动安全卫生制度所要实现的首要目标。"预防为主"反映了实现劳动安全卫生制度目标的主要措施和根本途径，要求把安全生产工作的重心放在预防上，强化隐患排查治理。"综合治理"是实现安全发展的主要措施，要求运用行政、经济、法治、科技等多种手段，充分发挥社会、职工、舆论监督各个方面的作用，抓好安全生产工作。由于建立劳动安全卫生制度的主要目标是保障劳动者的生命安全和身体健康，这就决定了以此为目的所采取的主要措施是防患于未然，消除劳动过程中的不安全、不卫生因素。

【资料链接】

2021 年修订的《安全生产法》将第 3 条修改为："安全生产工作坚持中国共产党的领导。安全生产工作应当以人为本，坚持人民至上、生命至上，把保护人民生命安全摆在首位，树牢安全发展理念，坚持安全第一、预防为主、综合治理的方针，从源头上防范化解重大安全风险。"

四、劳动安全卫生基准制度中各方的权利与义务

劳动安全卫生基准制度是国家以安全卫生为目的，通过立法建立的用人单位和劳动者在劳动过程中必须遵守的行为规范。在由劳动安全卫生基准制度所产生的法律关系中存在三方主体，即劳动行政管理部门、用人单位和劳动者。由于三者的法律地位不同，其所享有的权利与承担的义务也不尽相同。

（一）劳动安全卫生行政部门的职责

由于劳动安全卫生本身的重要性和现行《劳动法》所确立的直接调控模式，决定了我国劳动行政主管部门在劳动安全卫生法律制度中的地位和职责，劳动行政部门的职责主要包括：

1. 制定统一执行的劳动安全卫生标准，使劳动安全卫生制度管理科学化、规范化，并力争同国际劳动立法标准接轨，具体包括规范安全技术规程、劳动卫生规程、劳动安全卫生防护设施标准、劳动环境质量标准、高处作业标准、体力劳动强度标准等内容。

2. 组织和推动劳动安全卫生的科学研究工作，为建立科学合理的劳动安全卫生法律制度提供科学依据和智力支持，以及开发更多的劳动安全卫生保护产品，并负责组织推广。我国《安全生产法》第 18 条规定："国家鼓励和支持安全生产科学技术研究和安全生产先进技术的推广应用，提高安全生产水平。"

3. 建立劳动安全卫生基础制度，如职业病统计报告制度、安全事故报告处理制度、

劳动安全卫生教育制度、劳动安全卫生监督检查与处罚制度等。

4. 对用人单位执行劳动安全卫生制度的情况进行监督、检查以及对违反劳动安全卫生法规的单位或个人依法给予处罚。劳动安全卫生行政部门依法对用人单位执行劳动安全卫生制度的情况进行监督检查，对于违反劳动法律、法规的行为，有权予以制止并责令改正或依法给予相应的行政处罚。

5. 制订劳动安全卫生方面的工作规划并负责予以落实，协调全国各地、各用人单位在劳动安全卫生方面的工作，使劳动安全卫生管理工作迈入法制化、规范化的轨道。

6. 加强对有关安全生产的法律、法规和安全生产知识的宣传，提高用人单位和职工的安全生产意识。《安全生产法》第 19 条规定："国家对在改善安全生产条件、防止生产安全事故、参加抢险救护等方面取得显著成绩的单位和个人，给予奖励。"

（二）用人单位的权利与义务

用人单位负有保护劳动者的生命安全和身体健康的义务，在劳动安全卫生制度中，用人单位所负有的法律义务主要包括以下几方面：

1. 建立健全各项劳动安全卫生制度。包括企业内部的安全监督检查组织系统和工作制度，各种内部安全卫生规章制度、安全生产责任制度等，以防止劳动过程中事故的发生，减少职业性危害。《劳动法》第 52 条明确规定："用人单位必须建立、健全劳动安全卫生制度，严格执行国家劳动安全卫生规程和标准……"

2. 广泛开展针对职工的劳动安全卫生教育。劳动安全与卫生是用人单位与劳动者双方的共同活动，如果不在每一个劳动者中树立"安全第一、预防为主、人人自觉遵守操作规程和规范"的观念，要实现劳动安全卫生法律制度的目标是不可能的。因此，《劳动法》第 52 条要求用人单位必须对劳动者进行安全卫生教育。

《安全生产法》第 23 条规定，生产经营单位应当具备的安全生产条件所必需的资金投入，由生产经营单位的决策机构、主要负责人或者个人经营的投资人予以保证，并对由于安全生产所必需的资金投入不足导致的后果承担责任。有关生产经营单位应当按照规定提取和使用安全生产费用，专门用于改善安全生产条件。安全生产费用在成本中据实列支。安全生产费用提取、使用和监督管理的具体办法由国务院财政部门会同国务院安全生产监督管理部门征求国务院有关部门意见后制定。

【资料链接】

随着我国经济的快速发展、工业化进程的加快，与之相对应的职业卫生管理工作也逐步建立起更加完善的体系，并在劳动者的职业病防治上取得了一定的成就。但是就我国目前的形式上来看，劳动者的职业事故、伤害和疾病的发生过于频繁，形势仍不容乐观。需要将职业安全卫生权定位为劳动者的物质性人身权利，完善其法律保护机制。[1]

3. 提供符合国家规定标准的劳动安全卫生设施、条件和必要的劳动防护用品。《劳动法》第 54 条规定："用人单位必须为劳动者提供符合国家规定的劳动安全卫生条件和必要的劳动防护用品，对从事有职业危害作业的劳动者应当定期进行健康检查。"第 53 条第 2

---

〔1〕 沈长月、尤誉颖："我国劳动者职业安全卫生的法律保护机制研究"，载《楚天法治》2018 年第 12 期。

款规定："新建、改建、扩建工程的劳动安全卫生设施必须与主体工程同时设计、同时施工、同时投入生产和使用。"《安全生产法》第45条规定："生产经营单位必须为从业人员提供符合国家标准或者行业标准的劳动防护用品，并监督、教育从业人员按照使用规则佩戴、使用。"第47条规定："生产经营单位应当安排用于配备劳动防护用品、进行安全生产培训的经费。"《职业病防治法》第4条第2款规定："用人单位应当为劳动者创造符合国家职业卫生标准和卫生要求的工作环境和条件，并采取措施保障劳动者获得职业卫生保护。"

【资料链接】

2021年人力资源社会保障部等部门发布《关于维护新就业形态劳动者劳动保障权益的指导意见》中指出，健全并落实劳动安全卫生责任制，严格执行国家劳动安全卫生保护标准。落实全员安全生产责任制，建立健全安全生产规章制度和操作规程，配备必要的劳动安全卫生设施和劳动防护用品，及时对劳动工具的安全和合规状态进行检查；强化恶劣天气等特殊情形下的劳动保护，最大限度减少安全生产事故和职业病危害。

4. 建立安全生产标准化制度。安全生产标准化是指在传统的安全质量标准化的基础上，根据当前安全生产工作的要求、企业生产工艺特点，借鉴国外的现代先进安全管理思想，形成的一套系统的、规范的、科学的安全管理体系。近年来，矿山、危险化学品等高危行业的企业安全生产标准化工作取得了显著成效，工贸行业领域的标准化工作正在全面推进，企业安全生产水平明显提高。结合多年的实践经验，新《安全生产法》在总则部分明确提出，推进安全生产标准化工作，这必将对强化安全生产基础建设，促进企业安全生产水平持续提升产生重大而深远的影响。

5. 对未成年劳动者和从事有职业危害作业的劳动者进行定期的健康检查。职工在规定的健康检查中所耽误的时间算作工作时间，检查所需的费用由用人单位负担。

6. 对劳动者进行安全技术培训。对劳动者进行安全技术培训，使其具备必要的安全生产知识，提高自我保护的意识和能力，这能够极大地减少安全卫生事故的发生，即使在发生安全事故的情况下，也能降低对劳动者自身的伤害，并减少用人单位的损失。凡用人单位未履行培训职责而发生事故的，事故责任应由用人单位承担。《安全生产法》第28条第1、2、3款规定："生产经营单位应当对从业人员进行安全生产教育和培训，保证从业人员具备必要的安全生产知识，熟悉有关的安全生产规章制度和安全操作规程，掌握本岗位的安全操作技能，了解事故应急处理措施，知悉自身在安全生产方面的权利和义务。未经安全生产教育和培训合格的从业人员，不得上岗作业。生产经营单位使用被派遣劳动者的，应当将被派遣劳动者纳入本单位从业人员统一管理，对被派遣劳动者进行岗位安全操作规程和安全操作技能的教育和培训。劳务派遣单位应当对被派遣劳动者进行必要的安全生产教育和培训。生产经营单位接收中等职业学校、高等学校学生实习的，应当对实习学生进行相应的安全生产教育和培训，提供必要的劳动防护用品。学校应当协助生产经营单位对实习学生进行安全生产教育和培训。"对于从事特种作业的劳动者的安全生产教育，《安全生产法》也作出了专门规定，其第30条规定："生产经营单位的特种作业人员必须按照国家有关规定经专门的安全作业培训，取得相应资格，方可上岗作业。特种作业人员的范围由国务院安全生产监督管理部门会同国务院有关部门确定。"

【资料链接】

2021 年人力资源社会保障部等部门发布《关于维护新就业形态劳动者劳动保障权益的指导意见》中指出，建立适合新就业形态劳动者的职业技能培训模式，保障其平等享有培训的权利。对各类新就业形态劳动者在就业地参加职业技能培训的，优化职业技能培训补贴申领、发放流程，加大培训补贴资金直补企业工作力度，符合条件的按规定给予职业技能培训补贴。加强安全生产和职业卫生教育培训，重视劳动者身心健康，及时开展心理疏导。

7. 实施预警行动和应急救援工作。各级、各部门安全生产事故灾难应急机构接到可能导致安全生产事故灾难发生的信息后，应当按照应急预案及时研究确定应对方案，并通知有关部门、单位采取相应行动预防事故的发生。规范安全生产事故灾难的应急管理和应急响应程序，及时有效地实施应急救援工作，最大限度地减少人员伤亡、财产损失，维护人民群众的生命安全和社会稳定。企业应建立事故应急救援组织，配备必要的应急救援器材、设备；企业生产规模较小、可以不建立事故应急救援组织的，应当指定兼职的应急救援人员，并与邻近的事故应急救援组织签订救护协议。

8. 事故发生后立即报告。事故发生后，事故现场有关人员应当立即向本单位负责人报告；单位负责人接到报告后，应当于 1 小时内向事故发生地的县级以上人民政府安全生产监督管理部门和负有安全生产监督管理职责的有关部门报告。情况紧急的，事故现场有关人员可以直接向事故发生地的县级以上人民政府安全生产监督管理部门和负有安全生产监督管理职责的有关部门报告。《安全生产法》第 50 条规定："生产经营单位发生生产安全事故时，单位的主要负责人应当立即组织抢救，并不得在事故调查处理期间擅离职守。"

9. 依法参加工伤社会保险，为从业人员缴纳保险费。《安全生产法》第 51 条第 1 款规定："生产经营单位必须依法参加工伤保险，为从业人员缴纳保险费。"《职业病防治法》规定，为防治职业病，用人单位必须依法参加工伤保险。该法与其他法律关于强制工伤社会保险的规定是衔接的，工伤社会保险适用于所有生产经营单位，其在适用范围上打破了以往的条块分割局面，几乎涵盖了全社会各行各业从事生产经营活动的单位，从而使从业人员的权利得到了更为广泛、明确、有力的法律保障。

10. 推进安全生产责任保险制度。国家鼓励生产经营单位投保安全生产责任保险；属于国家规定的高危行业、领域的生产经营单位，应当投保安全生产责任保险。具体范围和实施办法由国务院应急管理部门会同国务院财政部门、国务院保险监督管理机构和相关行业主管部门制定。

【资料链接】

安全生产责任保险具有其他保险所不具备的特殊功能和优势：一是增加事故救援费用和第三人（事故单位从业人员以外的事故受害人）赔付的资金来源，有助于减轻政府负担，维护社会稳定。二是有利于现行安全生产经济政策的完善和发展。三是通过保险费率浮动、引进保险公司参与企业安全管理的方式，有效促进企业加强安全生产工作。

用人单位在履行法定劳动安全卫生制度的义务时，同时享有以下权利：①有权依法制定企业内部的劳动安全卫生规章，并要求劳动者必须遵守这些规章制度和操作规范；②有权对企业内部的劳动安全卫生规章制度的执行实施监督检查，纠正违章操作行为；③有权对违反劳动安全卫生规章制度并造成事故的劳动者给予处罚。

根据《职业安全和卫生及工作环境公约》第 16~18 条规定，用人单位的劳动安全卫生义务主要包括以下几项：①应要求雇主在合理可行的范围内保证其控制下的工作场所、机器、设备和工作程序安全，不会对健康产生危害。②应要求雇主在合理可行的范围内保证其控制下的化学、物理和生物物质与制剂，在采取适当保护措施后，不会对健康产生危害。③应要求雇主在必要时提供适当的保护服装和保护用品，以便在合理可行的范围内，预防事故危险或对健康的不利影响。④两个或两个以上企业如在同一工作场所同时进行活动，应相互配合实施本公约的规定。⑤应要求雇主在必要时采取应对紧急情况和事故的措施，包括适当的急救安排。

（三）劳动者的权利与义务

在劳动安全卫生法律制度中，无论是保护措施的落实还是保护目标的实现，最终都落脚于劳动者。因此，在劳动安全卫生法律制度中，劳动者既享有最完整的权利，同时也承担着最重要的义务。劳动者在劳动安全卫生法律制度中所享有的权利，可归纳为以下几个方面：

1. 获得各项保护条件和保护待遇的权利。劳动安全卫生法律制度的目的在于保护劳动者的生命安全和身体健康，以此为目的所确定的用人单位的各项义务，都直接在另一方面转化为劳动者所享有的权利。例如，劳动者有获得符合劳动安全卫生条件的权利；有获得本岗位安全卫生知识、技术培训的权利；有获得劳动保护用品的权利；有获得定期健康检查的权利等。

2. 拒绝权。在劳动安全卫生条件恶劣、隐患严重的情况下，劳动者有权拒绝从事该项工作。《劳动法》第 56 条第 2 款明确规定："劳动者对用人单位管理人员违章指挥、强令冒险作业，有权拒绝执行……"《安全生产法》第 54 条也作出了类似的规定。用人单位强令劳动者违章冒险作业，是指用人单位的管理人员明知该作业违反国家安全卫生规程，对劳动者生命安全或者身体健康具有危险性，仍然违章指挥，强令劳动者违反有关操作规程冒险作业。在劳动过程中，劳动者的劳动权仍属于劳动者自己所有，仍由劳动者自己支配，而不是把劳动权完全交给用人单位，所以在用人单位管理人员违章指挥、强令冒险作业时，劳动者可以不服从其指挥或者命令，并有权拒绝执行。

【资料链接】

我国法律规定劳动者在自己的生命、身体健康可能受到侵害的时候，可以拒绝进行劳动。国际劳工组织对此有专门的规定，即只要劳动者有充分的理由认为工作环境对自己的生命健康构成了危险，其就可以离开工作岗位，并且不会因此而受到追究。欧盟也规定劳动者在严重或不可避免的危险出现时，有权停止工作或离开工作岗位。

3. 知情权。即劳动者有权向用人单位了解自己所从事的劳动及其工作场所中所存在的潜在的危险，以及用人单位所采取的消除危险和隐患的相应措施，以实现在安全卫生问题上劳动者与用人单位的信息对称。《安全生产法》第 53 条规定："生产经营单位的从业人员有权了解其作业场所和工作岗位存在的危险因素、防范措施及事故应急措施，有权对本单位的安全生产工作提出建议。"

4. 监督权。劳动者对企业及其领导不执行劳动安全卫生规定，不提供法律规定的安全卫生条件，以及违章指挥、强令冒险作业等行为，有权提出批评、检举和控告。劳动者在劳动安全卫生法律制度中的基本义务就是接受安全生产教育和培训，严格遵守安全操作规程，执行企业内部规章制度和岗位责任制；同时，不断提高其自身的工作熟练程度和专业技术水平，防止因主观因素导致事故的发生。

5. 建议权。《安全生产法》第 53 条规定生产经营单位的从业人员"有权对本单位的安全生产工作提出建议"。《职业病防治法》第 39 条规定劳动者有权"参与用人单位职业卫生工作的民主管理，对职业病防治工作提出意见和建议"。

6. 紧急情况下的停止作业权和撤离权。《安全生产法》第 55 条规定："从业人员发现直接危及人身安全的紧急情况时，有权停止作业或者在采取可能的应急措施后撤离作业场所。生产经营单位不得因从业人员在前款紧急情况下停止作业或者采取紧急撤离措施而降低其工资、福利等待遇或者解除与其订立的劳动合同。"

7. 工伤保险权和获得民事赔偿权。2021 年修订的《安全生产法》将第 53 条改为第 56 条，修改为："生产经营单位发生生产安全事故后，应当及时采取措施救治有关人员。因生产安全事故受到损害的从业人员，除依法享有工伤保险外，依照有关民事法律尚有获得赔偿的权利的，有权提出赔偿要求。"《职业病防治法》第 58 条规定："职业病病人除依法享有工伤保险外，依照有关民事法律，尚有获得赔偿的权利的，有权向用人单位提出赔偿要求。"该法第 59 条规定："劳动者被诊断患有职业病，但用人单位没有依法参加工伤社会保险的，其医疗和生活保障由该用人单位承担。"《职业病防治法》和《安全生产法》引入了工伤赔偿与民事侵权赔偿的双重保障机制，加大了对用人单位的处罚力度，凸显了社会法理念中的倾斜保护原则。但这两条关于工伤保险与民事侵权赔偿之间的适用关系的规定比较抽象，如何对其具体加以阐释和运用，学界与司法实务部门均有不同观点。[1]

【资料链接】

当前，外卖骑手主要由中青年男性构成，由于外卖骑手忽视自身防护，并且平台企业管理存在局限性，导致外卖骑手的劳动安全卫生权益保障存在着诸多问题。应将外卖骑手纳入工伤保险范畴，由平台企业和外卖骑手联合缴费，以商业化工伤保险为补充，从这三个方面来完善对外卖骑手的劳动安全卫生权益保障。[2]

劳动者在劳动安全卫生制度中的基本义务，可归纳为以下几个方面：

1. 严格遵守用人单位的有关规章制度和操作规程。《劳动法》第 56 条第 1 款规定："劳动者在劳动过程中必须严格遵守安全操作规程。"《安全生产法》第 57 条规定："从业

---

〔1〕 吕琳：《劳工损害赔偿法律制度研究》，中国政法大学出版社 2005 年版。

〔2〕 何成根、邓永辉："外卖骑手劳动安全卫生权益保障问题研究"，载《经济研究导刊》2019 年 第 2 期 。

人员在作业过程中，应当严格落实岗位安全责任，遵守本单位的安全生产规章制度和操作规程，服从管理，正确佩戴和使用劳动防护用品。"

2. 接受劳动安全卫生知识教育，提高安全生产技能和处置能力。《安全生产法》第58条规定："从业人员应当接受安全生产教育和培训，掌握本职工作所需的安全生产知识，提高安全生产技能，增强事故预防和应急处理能力。"《安全生产法》第28条第2、3款规定："生产经营单位使用被派遣劳动者的，应当将被派遣劳动者纳入本单位从业人员统一管理，对被派遣劳动者进行岗位安全操作规程和安全操作技能的教育和培训。劳务派遣单位应当对被派遣劳动者进行必要的安全生产教育和培训。生产经营单位接收中等职业学校、高等学校学生实习的，应当对实习学生进行相应的安全生产教育和培训，提供必要的劳动防护用品。学校应当协助生产经营单位对实习学生进行安全生产教育和培训。"

3. 履行安全生产义务。《安全生产法》第6条规定："生产经营单位的从业人员有依法获得安全生产保障的权利，并应当依法履行安全生产方面的义务。"

4. 危险报告义务。从业人员在其发现不安全因素时有报告义务，《安全生产法》第59条规定："从业人员发现事故隐患或者其他不安全因素，应当立即向现场安全生产管理人员或者本单位负责人报告……"

5. 不断提高工作熟练程度和专业技术水平，防止因主观因素导致事故的发生。2014年《安全生产法》确立了注册安全工程师制度，特别明确了危险物品的生产、储存、装卸单位以及矿山、金属冶炼单位应当有注册安全工程师从事安全生产管理工作，鼓励其他生产经营单位聘用注册安全工程师从事安全生产管理工作。

【资料链接】

劳动权利和义务是法律规定的，并受法律保护，不管是用人单位还是劳动者，其在享受权利的同时应当履行义务，如果只享受权利而不履行义务，那么其就必须承担法律责任。

（四）工会的监督

《安全生产法》规定了工会有权对建设项目的安全设施与主体工程同时设计、同时施工、同时投入生产和使用进行监督，提出意见。工会对生产经营单位违反安全生产法律、法规，侵犯从业人员合法权益的行为，有权要求纠正；发现生产经营单位违章指挥、强令冒险作业或者发现事故隐患时，有权提出解决的建议，生产经营单位应当及时研究答复；发现危及从业人员生命安全的情况时，有权向生产经营单位建议组织从业人员撤离危险场所，生产经营单位必须立即作出处理。工会有权依法参加事故调查，向有关部门提出处理意见，并要求追究有关人员的责任。

五、劳动安全卫生基准制度的立法概况

（一）外国及国际劳工劳动安全卫生立法概况

当人类普遍认识到保护劳动者的生命安全和身体健康与一个国家的经济发展和社会进步直接相关时，各国的劳动法律体系中就开始有了关于劳动安全与卫生制度的内容。最早的劳动安全卫生立法，应追溯到1802年英国的《学徒健康与道德法》，该法的诞生标志着资本主义国家对劳资关系所采取的"自由放任"的不干预政策的结束。19 世纪末期，由于机器在生产中的广泛应用，工人伤亡事故不断发生，工人的健康受到严重威胁，肺结核和其他职业病也频繁发生。在这种情况下，各国相继采取法律措施来改善工人的劳动条件。例如，英国从 1864 年起在工厂法中增加了粉刷墙壁及其他几项清洁措施，以及增加通风和加强针对危险机器的防范措施。在法、德等国的工厂法里，规定了工厂应当有安全和卫生设备，以防止发生伤亡事故和职业病。1888 年，美国马萨诸塞州首先规定了伤亡事故报告制度。随着经济的发展和社会的进步，各国迅速加强了劳动安全卫生方面的专门立法。例如，1937 年，英国在工厂法中设"工厂安全与卫生"专章；法国、德国、意大利、比利时等国都先后颁布了矿山安全法或煤矿安全法。在美国，于第二次世界大战以前，职业安全与卫生方面的立法权都属于各州。第二次世界大战期间，联邦设立了国家安全委员会，并于 1970 年公布了《职业安全和卫生法》。而早在 20 世纪 40 年代初，美国就颁布了第一部联邦煤矿安全法规，1969 年通过了新的《联邦煤矿安全卫生法》，1977 年对此法进行了重大修订，增加了关于金属和非金属矿山的安全法规内容，并重新颁发了新的《联邦矿山安全与卫生法》。在日本，继 1947 年公布了《工人赔偿法》后，其又相继通过了《矿山安全法》《劳动灾难防止团体法》《劳动安全卫生法》等法律。

在各国不断加强劳动安全与卫生的劳动立法的同时，有关的国际劳工立法也日益加强，并在深度和广度上极大地影响着各国的劳动安全卫生部门立法。据不完全统计，这方面的国际劳工立法主要有：1921 年《（油漆）白铅公约》和《在海上工作的儿童及未成年人的强制体格检查公约》；1925 年通过的《工人事故赔偿公约》《工人职业病赔偿公约》《本国工人与外国工人关于事故赔偿的同等待遇公约》和《面包房夜间工作公约》；1930 年《（码头工人）防止事故公约》；1946 年《海员体格检查公约》；1960 年《保护工人以防电离辐射公约》；1964 年《商业和办事处所卫生公约》；1967 年《最大负重量公约》；1970 年《防止海员工伤事故公约》；《1973 年苯公约》；1974 年《预防和控制致癌物质和致癌剂导致职业危害建议书》；1977 年《工作环境（空气污染、噪音和振动）公约》；1979 年《码头作业职业安全和卫生建议书》；1981 年《职业安全和卫生及工作环境公约》；1985 年《职业卫生设施公约》；1987 年《海员健康保护和医疗公约》；1988 年《建筑业安全卫生公约》；1991 年《旅店、餐馆和类似设施的工作条件公约》；1993 年《预防重大工业事故公约》；1995 年《矿山安全与卫生公约》；2001 年《农业安全卫生公约》等。2006 年 10 月 31 日，第十届全国人民代表大会常务委员会第二十四次会议批准了 1981 年《职业安全和卫生及工作环境公约》。上述国际性公约从一个侧面反映了劳动安全与卫生制度在劳动法律体系中的重要性及地位。

（二）我国劳动安全卫生立法概况

新中国成立后，党和政府特别重视劳动安全卫生立法，并在国家宪法和宪法性文件中对此作了明确规定。早在《中国人民政治协商会议共同纲领》（以下简称《共同纲领》）中就已明确规定，保护青工女工的特殊利益；实行工矿检查制度，以改进工矿的安全和卫生设备。在《宪法》中也规定了要"加强劳动保护，改善劳动条件"。根据《共同纲领》和《宪法》的规定，国家颁布了一系列劳动安全卫生法规。例如，1950 年 5 月，劳动部颁布了《工厂卫生暂行条例（草案）》；1956 年 1 月，劳动部颁布了《关于防止沥青中毒的办法》；1956 年 5 月，国务院颁布了关于劳动安全卫生的"三大规程"，即《工厂安全卫生规程》《建筑安装工程安全技术规程》和《工人职员伤亡事故报告规程》，同时还颁布了《国务院关于防止厂、矿企业中矽尘危害的决定》，这些法规明确了劳动过程中的安全与卫生标准。1963 年 3 月，国务院还颁布了《国务院关于加强企业生产中安全工作的几项规定》，对安全卫生责任制、安全技术措施计划、安全生产教育、安全生产的定期检查、伤亡事故的调查和处理等事项作了明确规定。党的十一届三中全会以来，我国的劳动安全卫生立法有了很大的发展。1982 年，国务院发布了《矿山安全条例》《矿山安全监察条例》和《锅炉压力容器安全监察暂行条例》。1983 年，国务院批转了劳动人事部等发出的《关于加强安全生产和劳动安全监察工作的通知》。1984 年，国务院发布了《国务院关于加强防尘防毒工作的决定》。1987 年 11 月，卫生部、劳动人事部、财政部、中华全国总工会修订颁布了《职业病范围和职业病患者处理办法的规定》，废除了旧的职业病名单，确定了新的 9 类 99 种职业病名单。同年 12 月，国务院还发布了《中华人民共和国尘肺病防治条例》。1988 年，国务院发布了《女职工劳动保护规定》。1991 年，国务院发布了《企业职工伤亡事故报告和处理规定》，取代了 1956 年的《工人职员伤亡事故报告规程》。1992 年 11 月，第七届全国人大常委会第二十八次会议通过了《中华人民共和国矿山安全法》，这是我国第一部有关劳动安全卫生的法律，该法于 1993 年 5 月 1 日起正式实施。1993 年 1 月，国务院批转劳动部等部门《关于制止小煤矿乱挖滥采确保煤矿安全生产意见的通知》，同年 8 月劳动部还颁布了《劳动监察规定》。1994 年 7 月 5 日，第八届全国人大常委会第八次会议通过的《中华人民共和国劳动法》以第六章专章规定了"劳动安全卫生"。2006 年，国务院发布《国家安全生产事故灾难应急预案》；2007 年 4 月 9 日，国务院发布《生产安全事故报告和调查处理条例》；2007 年 8 月 30 日，国务院颁布《中华人民共和国突发事件应对法》。我国不但形成了统一的劳动安全卫生制度，而且与国务院发布的劳动安全卫生法规和各部委制定的大量劳动安全卫生的规章、标准共同构成了我国完备的劳动安全卫生法律制度体系。我国在 2011 年发布了安全生产"十二五"规划，制定了《安全生产人才中长期规划（2011~2020）》，随后各省、市、自治区也纷纷出台地方性文件，努力完善劳动安全卫生制度。2002 年 6 月，全国人大通过《中华人民共和国安全生产法》，并于 2002 年 11 月 1 日起施行。2014 年对《中华人民共和国安全生产法》进行了修订，要求认真贯彻落实习近平总书记关于安全生产工作的一系列重要指示精神，从强化安全生产工作的摆位、进一步落实生产经营单位主体责任、政府安全监管定位和加强基层执法力量、强化安全生产责任追究等四个方面入手，着眼于我国安全生产的现实问题和发展要求，补充完善了相关法律制度规定。全国人大常委会于 2021 年 6 月 10 日表决通过了《关于修改〈中华人民共和国安全生产法〉的决定》，将于 2021 年 9 月 1 日施行。

为了预防、控制和消除职业病危害，防治职业病，保护劳动者的健康及其相关权益，促进经济发展，2001 年 10 月，我国颁布实施《中华人民共和国职业病防治法》，该法于 2002 年 5 月 1 日起施行。2004 年 1 月 1 日起，《工伤保险条例》开始施行。《国务院关于修改〈工伤保险条例〉的决定》，自 2011 年 1 月 1 日起施行。

【资料链接】

我国现行立法采用的是劳动安全保护与卫生保护分别立法的体例，即《中华人民共和国安全生产法》和《中华人民共和国职业病防治法》，另外还有近百种单行的劳动保护法规，但绝大多数是由国务院和各部委制定的条例、部门规章、规定等，其内容既分散，又不完整，缺乏法律效力和权威性，这不利于建立全面预防职业危害的国家管理体制。

六、劳动安全卫生基准立法的作用

（一）加强劳动安全卫生立法，有利于保护劳动者的安全和健康

保护劳动者在劳动过程中的安全和健康，防止伤亡事故和职业病的危害是国家立法的重要任务。在劳动者的劳动过程中客观存在着各种不安全、不卫生因素，如果不有效地加以预防，就有可能发生伤亡事故或使劳动者患上职业病。因此，必须制定劳动安全卫生法，要求用人单位为劳动者提供安全卫生的物质条件和工作环境，不断改善劳动条件，以防止和减少伤亡事故的发生，保护劳动者在生产过程中的安全与健康。我国《劳动法》第52条明确规定："用人单位必须建立、健全劳动安全卫生制度，严格执行国家劳动安全卫生规程和标准，对劳动者进行劳动安全卫生教育，防止劳动过程中的事故，减少职业危害。"第56条第2款规定："劳动者对用人单位管理人员违章指挥、强令冒险作业，有权拒绝执行；对危害生命安全和身体健康的行为，有权提出批评、检举和控告。"这些规定有利于保证劳动者得到正常的、符合劳动安全卫生要求的劳动条件，使劳动者免受伤亡事故和职业病的威胁。

（二）加强劳动安全卫生立法，有利于促进生产力的发展和劳动生产率的不断提高

劳动者是生产力要素中最具决定性作用的因素，也是提高劳动生产率的重要因素。若要发展生产力、提高劳动生产率，只有要求劳动者有充沛的精力和健康的体魄，才能发挥劳动者的聪明才智。用人单位要认真贯彻执行国家劳动安全卫生标准，为劳动者创造安全、卫生、舒适的劳动条件和劳动环境，消除伤亡事故和职业病对劳动者的威胁，使劳动者充分发挥劳动的积极性、主动性和创造性，从而推动劳动生产率的不断提高。另外，劳动条件的改善往往伴随着生产技术和生产工具的改进，而生产技术和生产工具的改进又是提高劳动生产率的另一重要因素。采用先进技术和设备，实现生产的机械化、自动化、半自动化，不仅能够减轻劳动者沉重的劳动负担，而且能够推动技术的进步。因此，加强劳动生产卫生工作和立法，能够有效地从人和物两方面为促进生产力的发展和劳动生产率的提高创造有利的条件。

（三）有利于改善劳动条件和减少繁重的体力劳动，保护我国的劳动力

加强对在劳动过程中的劳动者的保护，也就是加强对我国生产力的保护。我国有着丰富的劳动力资源，但不能因为人多而忽视劳动保护，不能因劳动者得不到应有的保护而使他们的劳动寿命减少，过早地退出劳动岗位，从而削弱我国的生产力，这是我国劳动安全卫生法律所不允许的。

【资料链接】

当前我国有的企业忽视了对劳动者的安全卫生保护，劳动者安全卫生权利遭到侵犯的现象时有发生。劳动者的基本权益被随意侵犯，特别是劳动者的人格尊严被肆意践踏，导致劳动者的体面劳动成为空想，再加上劳动者工作压力大、企业人性化文化建设不到位、相关安全卫生保护措施不完备等原因，导致劳动者的心理健康问题也日益突出，由此引发一系列伤亡事件。1999年国际劳工大会上"体面劳动"概念的提出，使劳动者的"体面劳动"成为现实，更是指明了未来劳动安全卫生权发展的任务和方向。

第二节　劳动安全卫生基准制度相关管理规定

劳动安全卫生基准制度的基本规定，是指劳动生产的各部门、各领域都必需的基本规范。劳动安全卫生涉及的领域非常广泛，它既包括工矿企业、交通、建筑等工业行业，也包括安全技术与劳动卫生等方面的内容。然而无论是哪一个领域或者是哪一方面的内容，都有其在劳动安全与卫生制度中的共性。通过归纳和概括将这些共性形成基本规范，作为劳动安全卫生制度的基本内容，就使得劳动安全与卫生制度在体系上更为科学合理。

【资料链接】

国际劳工大会提出了给人人以"体面的劳动"，是指"劳动者能在自由、公正、安全和具备人格尊严的条件下，获得体面的、生产性的工作机会的权利"。"体面的劳动"进一步明确了在保障劳动者安全的基础上，切实保障其人格尊严权和心理健康权，将劳动安全卫生保障事业的发展推向顶峰。它一方面反映了世界各国人民的共同愿望和目标，指明了未来劳动安全卫生权的发展方向，另一方面也为世界各国在立法上确定人格尊严权和心理健康权提供了直接的理论支持。

一、安全生产责任制度

安全生产责任是指安全生产工作中的各责任主体所应履行的安全生产责任与义务。安全生产责任制度是生产经营单位的安全生产管理工作中最基本的制度，安全生产是我国的一项基本国策，也是企业现代化管理的一项基本原则。企业安全生产责任制是企业中最基本的一项安全制度。随着我国安全生产工作的不断推广和深入，安全意识的日益提高，人们逐步意识到建立健全安全生产责任制的必要性和紧迫性，尤其是在建筑行业，建立健全安全生产责任制可大大提高企业的安全管理水平，有效预防、控制、减少伤亡事故，有助于建立适应社会主义市场经济体制的安全生产工作机制。

《安全生产法》规定，建立预防安全生产事故的制度，把加强事前预防、强化隐患排查治理作为一项重要内容，要求生产经营单位必须建立生产安全事故隐患排查治理制度，采取技术、管理措施及时发现并消除事故隐患，并向从业人员通报隐患排查治理情况的制度。

安全生产责任制是依照"管生产必须管安全""安全工作、人人有责"的原则，以制度的形式明确规定各级领导和各部门各类人员在生产活动中应负的安全责任。它是企业岗位责任制的一个重要组成部分，是企业安全管理中最基本的制度，是所有安全规章制度的核心，其内容概括起来主要有以下几个方面：

（一）国家对安全生产责任制的规定

国家对安全生产责任制的规定，主要是通过制定法律、行政法规及部门规章实现的。具体内容包括：

1. 规定各级人民政府及其职能部门以及行业主管部门在安全生产中的责任。这类责任主要是在监督、检查以及事故报告处理方面的责任，如保障和监督安全技术措施的落实；定期向人大常委会报告情况及采取重要防治措施；组织对重大伤亡事故的调查和处理；等等。《安全生产法》第 16 条规定，国家实行生产安全事故责任追究制度，依照本法和有关法律、法规的规定，追究生产安全事故责任人员的法律责任。

2. 规定用人单位在安全生产方面的责任。用人单位在安全生产中具有纽带性的地位和作用，因此，国家非常强调用人单位在安全生产中应负的责任。例如，《安全生产法》第 4 条规定："生产经营单位必须遵守本法和其他有关安全生产的法律、法规，加强安全生产管理，建立、健全全员安全生产责任制和安全生产规章制度，加大对安全生产资金、物资、技术、人员的投入保障力度，改善安全生产条件，加强安全生产标准化、信息化建设，构建安全风险分级管控和隐患排查治理双重预防机制，健全风险防范化解机制，提高安全生产水平，确保安全生产。"第 5 条规定："生产经营单位的主要负责人对本单位的安全生产工作全面负责。"《矿山安全法》第 20 条第 1 款规定："矿山企业必须建立、健全安全生产责任制。"并且其在法律责任一章中规定了矿山企业违反安全规定的，可给予责令停产整顿、吊销采矿许可证和营业执照或罚款的处罚等。

3. 规定了领导人员在安全生产中的责任。包括在建立安全生产责任制方面的责任、违章指挥生产的责任、安全生产管理失误的责任以及因失职产生的责任等。2021 年修订的《安全生产法》将第 5 条修改为："生产经营单位的主要负责人是本单位安全生产第一责任人，对本单位的安全生产工作全面负责。其他负责人对职责范围内的安全生产工作负责。"该法对主要负责人对本单位的安全生产工作所负有的具体职责作出了非常详尽的规定，将第 18 条改为第 21 条，修改为："生产经营单位的主要负责人对本单位的安全生产工作所负有下列职责：（一）建立健全并落实本单位全员安全生产责任制，加强安全生产标准化建设；（二）组织制定并实施本单位安全生产规章制度和操作规程；（三）组织制定并实施本单位安全生产教育和培训计划；（四）保证本单位安全生产投入的有效实施；（五）组织建立并落实安全风险分级管控和隐患排查治理双重预防工作机制，督促、检查本单位的安全生产工作，及时消除生产安全事故隐患；（六）组织制定并实施本单位的生产安全事故应急救援预案；（七）及时、如实报告生产安全事故。"

【资料链接】

2014 年 8 月 2 日，一场在昆山中荣金属制品有限公司发生的粉尘爆炸事故震动了全中国。从其伤亡之重，1949 年以来罕有其匹。发生如此严重的爆炸事故，企业对此责任重大。昆山粉尘爆炸事故敲响了警钟，只有监管部门及时发现企业的违法生产行为并对其进行约束和处罚，才能从源头上降低事故发生。

4. 规定了在特殊工作岗位工作的劳动者的责任和安全检查人员应负的责任，如特种作业人员的操作规程及其违章操作的责任、安全检查人员的责任等。

5. 中介机构的责任是对自己提供的服务负责。2021 年修订的《安全生产法》将第 69 条改为第 72 条，修改为："承担安全评价、认证、检测、检验职责的机构应当具备国家规定的资质条件，并对其作出的安全评价、认证、检测、检验结果的合法性、真实性负责。

资质条件由国务院应急管理部门会同国务院有关部门制定。承担安全评价、认证、检测、检验职责的机构应当建立并实施服务公开和报告公开制度，不得租借资质、挂靠、出具虚假报告。"

6. 规定了有关协会在组织安全生产管理中的责任。《安全生产法》第 14 条规定，有关协会组织依照法律、行政法规和章程，为生产经营单位提供安全生产方面的信息、培训等服务，发挥自律作用，促进生产经营单位加强安全生产管理。

（二）用工单位的安全生产责任制

在建立安全生产责任制的过程中，除制定国务院及有关部委规章的直接规定外，用人单位根据国家规定，结合本单位实际建立内部安全生产责任制是非常重要的一环。对此，《劳动法》《矿山安全法》《安全生产法》及有关法律、法规都作了专门规定，要求用人单位必须建立内部安全生产责任制。用人单位建立内部安全生产责任制，在制定依据上，应当以国家法律和行政法规确定的基本原则以及国家颁布的安全标准为准；在制定目的上，应以安全生产为基本要求；在反映本单位的特点上，要具有可操作性和实用性；在适用范围和内容上，应包括本单位的每一个职工和每一个具体岗位。

生产经营单位必须遵守本法和其他有关安全生产的法律、法规，加强安全生产管理，建立健全全员安全生产责任制和安全生产规章制度，加大对安全生产资金、物资、技术、人员的投入保障力度，改善安全生产条件，加强安全生产标准化、信息化建设，构建安全风险分级管控和隐患排查治理双重预防机制，健全风险防范化解机制，提高安全生产水平，确保安全生产。

【资料链接】

近年来，平台经济等新兴产业发展迅猛，给这些行业领域的安全生产监管工作带来一些难题。2021 年 9 月 1 日起施行的修正后的《安全生产法》第 4 条第 2 款规定，平台经济等新兴行业、领域的生产经营单位应当根据本行业、领域的特点，建立健全并落实全员安全生产责任制，加强从业人员安全生产教育和培训，履行本法和其他法律、法规规定的有关安全生产义务。

二、安全卫生教育制度

任何一项安全措施或安全卫生规范，最终都要通过用人单位及职工的行为来实现。因此，任何一种有效的劳动安全卫生制度都不能不将安全教育作为其基本内容。在许多国家，提高公众对职业安全与卫生的认识，是劳动行政管理系统和用工方的最基本职责。他们借助舆论，提供职业安全与卫生方面的信息、评论和意见；通过公共教育和职业培训，以及利用报刊、电影、电视、墙报、展览会、博物馆等方式，加强公众对职业安全与卫生的认识；通过"职业安全周""安全月""安全竞赛"以及"宣传典型案例"等活动，树立全社会的安全卫生意识。

从内容方面上看，安全教育的内容包括：政治思想、劳动纪律观念、职业道德、劳动安全与卫生基础知识、劳动安全与卫生法规、劳动安全卫生规范和规程等。从教育方式上看，安全教育包括：①对新上岗的工人实行所谓的入厂教育、车间教育、班组教育的三级安全教育；②对特殊工作岗位人员实行的专业安全技术培训教育；③对管理员和安全检查人员实行的安全卫生知识、专业基础知识及其责任的教育；④实行有关新工艺、新机器、新原料等的使用的安全卫生性能方面的教育；⑤对一般职工实行岗位责任制和操作规范的教育；等等。

三、安全卫生标准制度

安全卫生标准制度是国家有关行政部门依照法定程序制定和公布的在执行劳动安全卫生法规时所参照或依据的各项指标或规程，是劳动安全卫生的一项基础性制度，也是市场经济条件下的劳动纪律体系不可缺少的组成部分。通过制定和执行统一的安全卫生标准，不仅使劳动安全卫生制度有坚实的科学基础和依据，而且能使劳动法对劳动者的保护同国际劳工立法接轨。我国《劳动法》第5条规定，国家采取各种措施，制定劳动标准。第52条规定，用人单位必须严格执行国家劳动安全卫生规程和标准。我国劳动安全卫生制度中的相当一部分内容都是由劳动安全卫生标准构成的，离开了安全卫生标准，劳动安全卫生制度就难以成立和实施。根据1992年2月10日《劳动部标准化工作管理办法》的规定，我国现行的劳动安全卫生标准包括七类：①劳动安全及劳动卫生工程技术标准，如《工业企业设计卫生标准》《生产设备安全卫生设计总则》等。②工业产品在设计、生产、检验、储运、使用过程中的安全卫生技术标准，如《手持式电动工具的管理、使用、检查和维修安全技术规程》《城镇排水管道维护安全技术规程》《橡胶工业静电安全规程》等。③特种设备（锅炉、压力容器、起重机械等）安全技术标准和使用安全技术标准、安全附件安全技术标准，如《起重机械安全规程》《锅炉房安全管理规则》等。④工矿企业工作条件及工作场所的安全卫生标准，如《国家标准作业场所空气中粉尘测定方法》《国家标准生产性粉尘作业危害程度分级》《高温作业分级》《体力劳动强度分级》《高处作业分级》《涂装作业安全规程、涂漆工艺安全及其通风净化》等。⑤职业安全卫生管理和特种作业人员安全技能考核标准，如《工伤与职业病鉴定标准》《国营煤矿安全检查与考核标准》等。⑥气瓶产品标准，如《溶解乙炔气瓶安全监察规程》。⑦劳动防护用品标准。

四、安全卫生认证制度

安全卫生认证制度是指在生产经营过程开始之前，依法对参与生产经营活动的主体的能力、资格以及其他安全卫生因素进行审查、评价并确认资格或条件的制度。安全卫生认证制度是一项预防事故发生、防止职业伤害的重要制度，也是我国以预防为主的劳动安全卫生制度指导思想的具体反映。我国现行的安全卫生认证，主要包括对企业资格的认证、对有关人员资格的认证和对特殊产品的认证。

（一）对企业安全卫生生产资格的认证

目前，我国对企业安全卫生生产条件和资格的认证主要有以下几种：

1. 煤矿企业安全认证。煤矿企业是生产危险较大、事故和危害隐患较多的企业，因此，国务院于1994年12月20日发布的《乡镇煤矿管理条例》（2013年7月18日修订）规定，我国所有的乡（镇）、村开办的集体煤矿企业、私营煤矿企业以及除国有煤矿企业和外商投资煤矿企业以外的其他煤矿企业（乡镇煤矿企业），都必须依法申请和领取《采矿许可证》和《煤炭生产许可证》。1996年由全国人大常委会通过的《中华人民共和国煤炭法》，先后在 2009 年、2011 年、2013 年和 2016 年进行了修订，其对煤炭生产许可证的许可条件作出了更明确、更权威的规定。

2. 建筑企业安全认证。劳动部于 1991 年 7 月 29 日发布《关于对建筑企业实行安全资格认证的通知》，要求劳动行政部门会同有关部门组织建筑企业开展自查、整改、自评和自验工作，并在此基础上，由劳动行政部门和主管部门成立审查验收组，对验收合格的企业，由劳动行政部门统一发放安全资格合格证书。

3. 压力容器设计、制造企业安全认证。压力容器事故是生产安全中的一类重大恶性事故，为了加强这类性质事故的重点防范，国家对压力容器设计企业和压力容器制造企业均实行了安全认证制度。对于压力容器设计企业的资格认证，劳动人事部于 1983 年 5 月 4 日发布了《压力容器设计单位资格审批工作若干问题的意见》。1992 年 10 月 9 日，劳动部又颁发了《压力容器设计单位资格管理与监督规则》（于 1998 年 6 月 1 日实行），规定压力容器设计单位必须申办《压力容器设计单位批准书》，并在《压力容器设计单位批准书》规定的范围内从事压力容器的设计。

4. 职业安全卫生检测检验站资格认证。为了确保设备和产品的安全卫生，各级劳动部门建立了多个检测检验站，在整个职业安全卫生监察工作的深入开展、减少职业危害等方面起了很大推动作用。例如，原劳动部于 1997 年发布的《矿山安全卫生检测检验机构资格认证管理办法》，对矿山安全卫生检验检测机构的资格认证问题作出了规定。该办法第 17 条规定："申请单位应填写《矿山安全卫生检测检验机构资格认证申请书》（见附件 2），经所在地市级劳动行政部门签署意见后，报省级劳动行政部门审查，审查合格后，报劳动部审批。经劳动部委托授权省级劳动行政部门审查批准的，报劳动部备案。"

（二）对特殊岗位或特种作业人员的资格认证

1. 对企业领导人员安全管理资格的认证。我国现行的对企业领导人员安全管理资格的认证，分为对矿长的资格认证和对除矿山企业之外的其他企业厂长（经理）的资格认证。

2. 对特种作业人员的安全资格认证。为了加强对特种作业人员对安全技术管理工作，防止危险岗位事故的发生，国家专门建立了特种作业人员的安全资格认证制度。《劳动法》第 55 条规定："从事特种作业的劳动者必须经过专门培训并取得特种作业资格。"《安全生产法》第 30 条第 1 款规定："生产经营单位的特种作业人员必须按照国家有关规定经专门的安全作业培训，取得相应资格，方可上岗作业。"特种作业人员的范围包括电工、锅炉工、压力容器操作工、起重机械操作工、爆破作业人员、金属焊接切割作业人员、井下瓦斯检验人员、机械车辆驾驶人员、机动船舶驾驶员和轮机操作工、建筑登高作业人员等。特种作业人员的培训和考核，应当根据《特种作业人员安全技术培训考核管理规定》进行。凡按规定培训考核合格的，由有关部门、监察部门发给操作资格证，劳动者持证方可上岗。未依法取得资格证被派上岗位的，要追究企业领导人的安全责任。

【资料链接】

《特种作业人员操作证》是一本证书，是由国家安全生产监督管理总局因对特殊行业实行准入备案制度所颁发的证书，可证明持证人受过专业安全技术、法律法规、职业道德等方面的培训，并已在地方安监局备案注册。

（三）对特殊设备和产品的安全认证

为了加强对具有特殊性危害的设备或产品的安全质量管理，我国专门建立了对这类设备或产品的安全认证制度。凡规定必须经过安全质量认证的设备或产品，都必须依法进行认证以取得合格证；否则，禁止生产、销售和使用。目前，国家实行安全认证的设备或产品主要有压力容器安全认证、漏电保护器安全认证、劳动防护用品安全质量认证、客运架空索道安全认证等。

五、安全卫生设施"三同时"制度

安全卫生设施"三同时"制度是指在我国境内的一切生产性建设项目的安全卫生设施，都必须与主体工程同时设计、同时施工、同时投入生产和使用的制度。安全卫生设施"三同时"制度（以下称"三同时"制度），是我国安全卫生工作长期经验的总结，各种相关的行政法规和规章，都规定有"三同时"制度。《安全生产法》第 31 条规定，生产经营单位新建、改建、扩建工程项目（以下统称建设项目）的安全设施，必须与主体工程同时设计、同时施工、同时投入生产和使用。安全设施投资应当纳入建设项目概算。

"三同时"制度的基本内容包括：①建设单位在申报建设项目时，应按规定同时提出安全卫生设施的方案，所需经费应纳入总投资计划，审批部门应一并审批下达。②设计单位在设计主体工程项目时应同时编制《职业安全卫生篇》，详细说明可能产生的职业危害和应采取的措施及其预期效果等，并严格规定安全卫生设施与主体工程同时设计。③施工单位应按设计要求使安全卫生设施与主体工程同时施工，并保证质量。④工程项目竣工后，当地劳动、卫生等有关部门应对工程的安全卫生设施进行试运行和验收。凡验收不合格的，工程不得投入使用。⑤对违反"三同时"制度规定的，应当依法追究相关人员的法律责任。

【资料链接】

生产经营单位为了维持或扩大生产经营规模，需要经常进行相关的工程建设。建设项目的安全设施未与主体工程同时设计、同时施工、同时投入生产和使用的，就会留下不安全因素和事故隐患。由国家安全生产监督管理总局审议通过、2011 年 2 月 1 日起施行的《建设项目安全设施"三同时"监督管理暂行办法》，其立法目的就是加强建设项目安全管理，预防和减少生产安全事故，保障从业人员生命和财产安全。

六、安全卫生检查与监察制度

劳动安全卫生的检查与监察是劳动安全卫生法律制度中一个非常重要的环节。通过对劳动安全卫生的检查与监察，保证其他制度的作用得以发挥。同时，劳动安全卫生制度的检查与监察之间密切配合，既通过检查制度贯彻了"预防为主"的指导思想，又通过监察对违纪行为和违法事件进行处理，实现了教育与处罚相结合的目的。

（一）劳动安全卫生检查制度

1. 劳动安全卫生检查制度的概念。劳动安全卫生检查制度，是指国家有关行政部门以及企业本身对企业执行劳动安全卫生法规的情况进行定期或不定期检查的制度。通过检查督促企业和职工增强安全卫生意识，发现和消除劳动过程中不安全和不卫生的因素，防患于未然。劳动安全卫生检查包括企业本身对生产中的安全与卫生的经常性检查和劳动部门、产业主管部门组织的定期或不定期的检查。

2. 劳动安全卫生检查制度相关法条。《安全生产法》第 60 条第 1 款规定，工会有权对建设项目的安全设施与主体工程同时设计、同时施工、同时投入生产和使用进行监督，提出意见。对负有安全生产监督管理职责的部门的监督检查人员依法履行监督检查职责的，生产经营单位应当予以配合，不得拒绝、阻挠。负有安全生产监督管理职责的部门在监督检查的过程中，应当互相配合，实行联合检查；确需分别进行检查的，应当互通情况，发现存在的安全问题应当由其他有关部门进行处理的，应当及时移送其他有关部门并形成记录备查，接受移送的部门应当及时进行处理。负有安全生产监督管理职责的部门依法对存在重大事故隐患的生产经营单位作出停产停业、停止施工、停止使用相关设施或者设备的决定的，生产经营单位应当依法执行，及时消除事故隐患。

《安全生产法》第 65 条规定，应急管理部门和其他负有安全生产监督管理职责的部门依法开展安全生产行政执法工作，对生产经营单位执行有关安全生产的法律、法规和国家标准或者行业标准的情况进行监督检查，行使以下职权：①进入生产经营单位进行检查，调阅有关资料，向有关单位和人员了解情况。②对检查中发现的安全生产违法行为，当场予以纠正或要求限期改正；对依法应当给予行政处罚的行为，依照本法和其他有关法律、行政法规的规定作出行政处罚决定。③对检查中发现的事故隐患，应当责令立即排除；重大事故隐患排除前或者排除过程中无法保证安全的，应当责令从危险区域内撤出作业人员，责令暂时停产停业或者停止使用相关设施、设备；重大事故隐患排除后，经审查同意，方可恢复生产经营和使用。④对有根据认为不符合保障安全生产的国家标准或者行业标准的设施、设备、器材以及违法生产、储存、使用、经营、运输的危险物品予以查封或者扣押，对违法生产、储存、使用、经营危险物品的作业场所予以查封，并依法作出处理决定。监督检查不得影响被检查单位的正常生产经营活动。原《安全生产法》第 71 条规定，任何单位或者个人对事故隐患或者安全生产违法行为，均有权向负有安全生产监督管理职责的部门报告或者举报。

2021 年修订的《安全生产法》将原第 71 条改为第 74 条，并增加一款，作为第 2 款："因安全生产违法行为造成重大事故隐患或者导致重大事故，致使国家利益或者社会公共利益受到侵害的，人民检察院可以根据民事诉讼法、行政诉讼法的相关规定提起公益诉讼。"第 75 条规定，居民委员会、村民委员会发现其所在区域内的生产经营单位存在事故隐患或者安全生产违法行为时，应当向当地人民政府或者有关部门报告。第 76 条规定，县级以上各级人民政府及其有关部门对报告重大事故隐患或者举报安全生产违法行为的有功人员，给予奖励。第 78 条第 2 款规定，负有安全生产监督管理职责的部门应当加强对生产经营单位行政处罚信息的及时归集、共享、应用和公开，对生产经营单位作出处罚决定后 7 个工作日内在监督管理部门公示系统予以公开曝光，强化对违法失信生产经营单位及其有关从业人员的社会监督，提高全社会安全生产诚信水平。

（二）劳动安全卫生监察制度

劳动安全卫生监察制度，是指国家劳动行政部门和其他有关部门对劳动安全卫生进行检查监督，并对违法行为进行制止和处罚的制度。对此，不仅《劳动法》和《安全生产法》作了专章规定，而且现行的劳动安全卫生行政法规和规章都根据不同性质和情况规定了劳动监察处罚机关及其监察处罚的违法行为。

监察机关依照行政监察法的规定，对负有安全生产监督管理职责的部门及其工作人员履行安全生产监督管理职责的情况实施监察。承担安全评价、认证、检测、检验的机构应当具备国家规定的资质条件，并对其作出的安全评价、认证、检测、检验的结果负责。

【资料链接】

台湾地区关于职业安全卫生监察的立法依据为"台湾职业安全卫生法"这一纲领性的法律。在其总则部分，其以条文的形式诠释了卫生法的基本宗旨，即防止职业灾害，保障劳工安全与健康。当然这属于一般性的规定，但是，其也在某种程度上划定了政府在职业安全卫生监察过程中所要遵循的理念和方向。[1]

七、劳动安全卫生法律责任

《安全生产法》第六章对生产经营单位的法律责任作了规定，2021 年修订的《安全生产法》将第 91 条改为第 94 条，并将第 1 款修改为："生产经营单位的主要负责人未履行本法规定的安全生产管理职责的，责令限期改正，处二万元以上五万元以下的罚款；逾期未改正的，处五万元以上十万元以下的罚款，责令生产经营单位停产停业整顿；"将第 92 条改为第 95 条，内容修改为："生产经营单位的主要负责人未履行本法规定的安全生产管理职责，导致发生生产安全事故的，由应急管理部门依照下列规定处以罚款：（一）发生一般事故的，处上一年年收入百分之四十的罚款；（二）发生较大事故的，处上一年年收入百分之六十的罚款；（三）发生重大事故的，处上一年年收入百分之八十的罚款；（四）发生特别重大事故的，处上一年年收入百分之一百的罚款；"将第 93 条改为第 96 条，内容修改为："生产经营单位的其他负责人和安全生产管理人员未履行本法规定的安全生产管理职责的，责令限期改正，处一万元以上三万元以下的罚款；导致发生生产安全事故的，暂停或者吊销其与安全生产有关的资格，并处上一年年收入百分之二十以上百分之五十以下的罚款；构成犯罪的，依照刑法有关规定追究刑事责任。"

第三节　劳动安全基准制度规定

一、劳动安全基准制度的概念和特点

劳动安全基准制度，是指国家为了保障劳动者的人身安全，减少和消除劳动过程中的不安全因素而制定的关于劳动场所安全条件、生产设备使用、操作规则和程序规定的总称。由于这些规定大多数以规程的形式公布，因而其又被称为劳动安全技术规程。劳动安全技术规程具有如下法律特征：

---

[1]　汪文斐："台湾地区职业安全卫生监察制度探究"，载《商》2016 年第 35 期。

1. 劳动安全基准制度以保护劳动者的人身安全为目的。在我国《宪法》和《劳动法》确立的劳动者的各项权利中，劳动者的生命权是首要的权利，任何时期的劳动立法都将此作为重点进行保护。然而，由于劳动过程中客观存在着各种不安全因素并且时刻都在威胁着劳动者的生命安全，因此，以消除劳动过程中的不安全因素为目的的劳动安全技术规程便由此产生。通过劳动安全技术规程，督促企业不断改善劳动条件，严格科学管理，使劳动者能够按照科学和安全的方法进行操作，以防止和最大限度地减少事故的发生，实现保护劳动者生命安全的目的。

2. 劳动安全基准制度以设备、工艺流程和操作方法为基本内容。依据劳动过程中不安全因素产生和存在的方式，劳动安全技术规程在其范围上包括各种机械设备、产品设计、工艺制造、运行操作、维修检验、革新改造等内容。通过对劳动场所和生产设备、工艺流程、操作方法的安全技术要求和标准的研究，制定出各种劳动安全技术规范，以保证机械设备的安全正常使用和维护、工艺流程的安全运行、对机械设备的操作方法恰当，减少和消除来自客观方面和主观方面的不安全因素。

3. 劳动安全基准制度是上升为法律的技术规范。任何劳动都有一套与之相适应的劳动方法和规则，特别是机器在生产过程中的运用，使与劳动相关的操作方法和经验技术日趋完善和丰富。但是，当这些劳动方法和操作规则与以保护劳动者人身安全为目的的劳动安全法律规范相联系的时候，它们始终只能是指导生产过程正常运行的单纯技术规则，或者是对劳动方法的经验总结。一旦国家认识到这些技术规范与社会经济发展和劳动者的人身安全保护有最直接的联系，并通过立法赋予这些单纯的技术规范以强制性约束力时，劳动安全技术规范就具有了法律规范的性质。我国的劳动安全技术规定就是各种安全技术规范在法律上的具体表现，因此，劳动安全技术规程具有突出的技术性特点。

二、劳动安全基准制度规定的基本内容

劳动安全基准制度规定的内容十分广泛，它涉及生产和经营的各个领域，概括起来，其基本内容主要包括以下两个方面：

(一) 工厂劳动安全基准制度规定

工厂的生产活动面临来自各方的不安全因素的威胁，也是机器设备最集中的场所。因此，对于工厂的活动，我国颁布了一系列有关的劳动安全技术规程，主要内容包括：①涉及工厂工作场所或环境的安全技术规范；②涉及机械设备安全技术方面的规范；③涉及电器设备方面的安全技术规范；④涉及锅炉压力容器方面的安全技术规范；⑤起重机械安全技术规范。

(二) 矿山企业劳动安全基准制度规定

矿山企业是安全事故发生率较高的劳动场所，我国已形成了以《矿山安全法》为基础的一整套系统的矿山企业劳动安全的技术法律规范，具体内容主要包括：①矿山设计与建设的安全技术规范；②涉及矿山开采方面的安全技术规范；③涉及矿山设备仪器方面的安全技术规范；④涉及作业场所方面的安全技术规范。

第四节　劳动卫生基准制度规定

劳动卫生基准制度，是指国家为了改善劳动条件，保护劳动者在生产过程中的健康，防止、消除职业病和职业中毒而制定的法律规范。

一、我国的劳动卫生基准制度

1. 防止粉尘危害的规定。粉尘是工业生产中对劳动者健康影响很大的有害物质，为此，国家制定了一系列有关防止粉尘危害的法规，如《尘肺病防治条例》等。

2. 防止有害有毒物质导致中毒的规定。为了防止劳动者因从事有毒有害物质的劳动而发生职业中毒事故，我国颁布了有关防止职业中毒的法律规范，如《危险化学品安全管理条例》《使用有毒物品作业场所劳动保护条例》等。

3. 防止噪声和强光刺激的规定。在劳动过程中产生的噪声和强光，对劳动者的听觉和视觉会产生不良影响。为了减少和消除作业环境对劳动者的不良影响，我国主要作了如下规定：①会产生强烈噪音的生产应当尽量在设有消声设备的单独工作房中进行；②对在有噪声、强光、射热和溅火花、碎片、刨屑场所工作的劳动者，应为其提供和要求戴护耳器、防护镜、面具和帽盔等；③工作地点的局部照明亮度应符合操作技术规范和劳动卫生规范的要求等。

4. 防暑、降温和防冻、取暖的规定。为了保护劳动者的身体健康，防止劳动场所过度高温或低温对劳动者健康造成影响，我国颁布了《防暑降温措施管理办法》等规定。

5. 有关通风照明方面的规定。《矿山安全法》和《煤矿安全规程》对工作场所通风及照明方面作了规定。

6. 有关个人防护用品和保健方面的规定。为了保护劳动者的安全与健康，合理发放和使用个人防护用品，《矿山安全法》《煤炭法》《安全生产法》都规定了用人单位应当为劳动者发放个人防护用品，较为全面和系统地规定了保健制度的范围、原则、标准和具体发放办法。

【资料链接】

为了全面贯彻落实习近平总书记、李克强总理关于安全生产的重要指示批示精神，以深化改革为动力，坚持科学发展、安全发展，坚守红线、强化责任，注重预防、狠抓治本，依法治理、夯实基础，有效防范遏制重、特大事故，劳动防护用品是用来保护劳动者在工作中免受伤害的工具或设备。它的应用可以减少或防止意外事故的发生，保护劳动者的身体健康和生命安全。

二、职业病防治的相关规定

职业病，是指企业、事业单位和个体经济组织等用人单位的劳动者在职业活动中，因接触粉尘、放射性物质和其他有毒、有害因素而引起的疾病。为了防止职业危害和预防职业病，我国先后制定了一系列关于职业病防治及处理的规定，如《中华人民共和国尘肺病

第八章

防治条例》《关于职业病范围和职业病患者处理办法的规定》。2002 年 5 月 1 日实施的《中华人民共和国职业病防治法》，于 2011 年 12 月 31 日根据《关于修改〈中华人民共和国职业病防治法〉的决定》进行了第一次修正，于 2016 年 7 月 2 日进行了第二次修正，于 2017 年 11 月 4 日进行了第三次修正，于 2018 年 12 月 29 日进行了第四次修正。

（一）职业病的前期预防

用人单位应当依照法律、法规要求，严格遵守国家职业卫生标准，落实职业病预防措施，从源头上控制和消除职业病危害。

1. 工作场所卫生条件。产生职业病危害的用人单位的设立，除应当符合法律、行政法规规定的设立条件外，其工作场所还应当符合下列要求：职业病危害因素的强度或者浓度符合国家职业卫生标准；具有与职业病危害防护相适应的设施；生产布局合理，符合有害与无害作业分开的原则；具有配套的更衣间、洗浴间、孕妇休息间等卫生设施；设备、工具、用具等设施符合保护劳动者生理、心理健康的要求；以及法律、行政法规和国务院卫生行政部门关于保护劳动者健康的其他要求。

2. 职业病危害项目申报。《职业病防治法》第 16 条规定，国家建立职业病危害项目申报制度。用人单位工作场所存在职业病目录所列职业病的危害因素的，应当及时、如实向所在地安全生产监督管理部门申报危害项目，接受监督。职业病危害因素分类目录由国务院卫生行政部门制定、调整并公布。职业病危害项目申报的具体办法由国务院卫生行政部门制定。

3. 建设项目职业病危害预评、预控。新建、扩建、改建建设项目和技术改造、技术引进项目（以下统称建设项目）可能产生职业病危害的，建设单位在可行性论证阶段应当进行职业病危害预评价。①医疗机构建设项目可能产生放射性职业病危害的，建设单位应当向卫生行政部门提交放射性职业病危害预评价报告。卫生行政部门应当自收到预评价报告之日起 30 日内，作出审核决定并书面通知建设单位。未提交预评价报告或者预评价报告未经卫生行政部门审核同意的，不得开工建设。职业病危害预评价报告应当对建设项目可能产生的职业病危害因素及其对工作场所和劳动者健康的影响作出评价，确定危害类别和职业病防护措施。建设项目的职业病防护设施所需费用应当纳入建设项目工程预算，并与主体工程同时设计，同时施工，同时投入生产和使用。②建设项目的职业病防护设施设计应当符合国家职业卫生标准和卫生要求；其中，医疗机构放射性职业病危害严重的建设项目的防护设施设计，应当经卫生行政部门审查同意后，方可施工。建设项目在竣工验收前，建设单位应当进行职业病危害控制效果评价。③医疗机构可能产生放射性职业病危害的建设项目竣工验收时，其放射性职业病防护设施经卫生行政部门验收合格后，方可投入使用；其他建设项目的职业病防护设施应当由建设单位负责依法组织验收，验收合格后，方可投入生产和使用。卫生行政部门应当加强对建设单位组织的验收活动和验收结果的监督核查。

4. 放射、高毒等作业特殊管理。国家对从事放射、高毒等作业实行特殊管理，具体管理办法由国务院制定。

【资料链接】

职业病分布范围较广，共涉及 30 多个行业，我国对职业病界定的法定范围不断扩大，最初只有 30 多种法定职业病，现在已达 10 类 132 种。常见的职业病危害因素有生产性粉尘、有毒物品、噪声和震动、缺氧、焊接作业产生的金属烟雾等。在国内各类职业病中，尘肺病是我国最主要的职业病，患病人数占所有职业病的 80% 以上，被称为"不转移的肺癌"。

（二）劳动过程中的防护与管理

我国《职业病防治法》第 20~42 条对劳动过程中的防护与管理作了规定。

1. 用人单位在职业病防治中采取的措施。具体包括：设置或者指定职业卫生管理机构或者组织，配备专职或者兼职的职业卫生管理人员，负责本单位的职业病防治工作；制定职业病防治计划和实施方案；建立、健全职业卫生管理制度和操作规程；建立、健全职业卫生档案和劳动者健康监护档案；建立、健全工作场所职业病危害因素监测及评价制度；建立、健全职业病危害事故应急救援预案。用人单位应当实施由专人负责的对职业病危害因素的日常监测，并确保监测系统处于正常运行状态。

2. 用人单位在职业病防治中的资金投入和教育。用人单位应当保障职业病防治所需的资金投入，不得被挤占、挪用，并对因资金投入不足而导致的后果承担责任。用人单位必须采用有效的职业病防护设施，并为劳动者提供个人使用的职业病防护用品。对用人单位为劳动者个人提供的职业病防护用品必须符合防治职业病的要求；不符合要求的，不得使用；用人单位按照职业病防治要求，对用于预防和治理职业病危害、工作场所卫生检测、健康监护和职业卫生培训等费用，按照国家有关规定，在生产成本中据实列支。

用人单位应当对劳动者进行上岗前的职业卫生培训和在岗期间的定期职业卫生培训，普及职业卫生知识，督促劳动者遵守职业病防治法律、法规、规章和操作规程，指导劳动者正确使用职业病防护设备和供个人使用的职业病防护用品。劳动者应当学习和掌握相关的职业卫生知识，增强职业病防范意识，遵守职业病防治法律、法规、规章和操作规程，正确使用、维护职业病防护设备和供个人使用的职业病防护用品，发现职业病危害事故隐患应当及时报告。劳动者不履行上述规定义务的，用人单位应当对其进行教育。

3. 职业病危害及其后果的知情权。用人单位与劳动者订立劳动合同时，应当将工作过程中可能产生的职业病危害及其后果、职业病防护措施和待遇等如实告知劳动者，并在劳动合同中写明，不得隐瞒或者欺骗；劳动者在已订立劳动合同期间因工作岗位或者工作内容变更，从事在其所订立的劳动合同中未告知的存在职业病危害的作业时，用人单位应当依照前款规定，向劳动者履行如实告知的义务，并协商变更原劳动合同的相关条款。用人单位违反上述规定的，劳动者有权拒绝从事存在职业病危害的作业，用人单位不得因此解除与劳动者订立的劳动合同。对从事接触职业病危害的作业的劳动者，用人单位应当按照国务院安全生产监督管理部门、卫生行政部门的规定组织上岗前、在岗期间和离岗时的职业健康检查，并将检查结果书面告知劳动者。职业健康检查费用由用人单位承担。用人单位不得安排未成年工从事接触职业病危害的作业；不得安排孕期、哺乳期的女职工从事对本人和胎儿、婴儿有危害的作业。

4. 劳动者享有的职业卫生保护权利。主要包括：获得职业卫生教育、培训；获得职业健康检查、职业病诊疗、康复等职业病防治服务；了解工作场所产生或者可能产生的职业病危害因素、危害后果和应当采取的职业病防护措施；要求用人单位提供符合防治职业病要求的职业病防护设施和个人使用的职业病防护用品，改善工作条件；对违反职业病防治法律、法规以及危及生命健康的行为提出批评、检举和控告；拒绝违章指挥和强令进行没有职业病防护措施的作业；参与用人单位职业卫生工作的民主管理，对职业病防治工作提出意见和建议等权利。劳动者离开用人单位时，有权索取本人的职业健康监护档案复印件，用人单位应当如实、无偿提供，并在其所提供的复印件上签章。

【资料链接】

目前，我国身患职业病的劳动者申请补偿时，首先要与用人单位确认劳动关系。按照传统的"谁主张谁举证"的做法，对劳动者来说由其搜集证据难度较大，不仅需要证明自己在该单位工作，更得证明自己有长期的职业接触史等，在其进行取证时经常遭到单位阻挠。

5. 工会组织在职业病防治工作中的权利。工会组织应当督促并协助用人单位开展职业卫生宣传教育和培训，有权对用人单位的职业病防治工作提出意见和建议，依法代表劳动者与用人单位签订劳动安全卫生专项集体合同，与用人单位就劳动者反映的有关职业病防治的问题进行协调并督促解决。工会组织对用人单位违反职业病防治法律、法规，侵犯劳动者合法权益的行为，有权要求纠正；产生严重职业病危害时，有权要求用人单位采取防护措施，或者向政府有关部门建议采取强制性措施；发生职业病危害事故时，有权参与事故调查处理；发现危及劳动者生命健康的情形时，有权向用人单位建议组织劳动者撤离危险现场，要求用人单位应当立即作出处理。

6. 管理部门在职业病防治工作中的职责。在发生或者可能发生急性职业病危害事故时，用人单位应当立即采取应急救援和控制措施，并及时报告其所在地的卫生行政部门和有关部门。职业卫生监督管理部门应当按照职责分工，加强对用人单位落实职业病防护管理措施情况的监督检查，依法行使职权，承担责任；职业卫生技术服务机构依法从事职业病危害因素检测、评价工作，接受卫生行政部门的监督检查。卫生行政部门应当依法履行监督职责。

（三）职业病诊断与职业病病人保障

《职业病防治法》第43~61条对劳动过程中的防护与管理作了规定。

1. 承担职业病诊断职责的医疗卫生机构。医疗卫生机构承担职业病诊断，应当经省、自治区、直辖市人民政府卫生行政部门批准。省、自治区、直辖市人民政府卫生行政部门应当向社会公布本行政区域内承担职业病诊断的医疗卫生机构的名单。承担职业病诊断的医疗卫生机构应当具备下列条件：持有《医疗机构执业许可证》；具有与开展职业病诊断相适应的医疗卫生技术人员；具有开展职业病诊断所需的仪器、设备；具有健全的职业病诊断质量管理制度。承担职业病诊断的医疗卫生机构不得拒绝劳动者提出的进行职业病诊断的要求。承担职业病诊断的医疗卫生机构在进行职业病诊断时，应当组织3名以上取得职业病诊断资格的执业医师进行集体诊断。职业病诊断证明书应当由参与诊断的医师共同签署，并经承担职业病诊断的医疗卫生机构审核盖章。

2. 职业病的诊断、鉴定。劳动者可以在用人单位所在地、本人户籍所在地或者经常居住地依法承担职业病诊断的医疗卫生机构进行职业病诊断。职业病诊断，应当综合分析下列因素：病人的职业史；职业病危害接触史和工作场所职业病危害因素等情况；临床表现以及辅助检查结果等。没有证据能够否定职业病危害因素与病人临床表现之间的必然联系的，应当对其诊断为职业病。用人单位应当如实提供职业病诊断、鉴定所需的劳动者职业史和职业病危害接触史、工作场所职业病危害因素检测结果等资料；安全生产监督管理部门应当监督检查和督促用人单位提供上述资料；劳动者和有关机构也应当提供与职业病诊断、鉴定有关的资料。在职业病诊断、鉴定过程中，用人单位不提供工作场所职业病危害因素检测结果等资料的，诊断、鉴定机构应当结合劳动者的临床表现、辅助检查结果和劳动者的职业史、职业病危害接触史，并参考劳动者的自述、安全生产监督管理部门提供的日常监督检查信息等资料，作出职业病诊断、鉴定意见。

【资料链接】

　　我国职业病危害因素分布广泛，从煤炭、冶金、化工、建筑等传统行业，到计算机、汽车制造、医药、生物工程等新兴行业以及第三产业，目前都存在一定的职业病危害。中国目前正处于职业病的高发期和矛盾凸显期，职业病患者人数、累计病例死亡人数和新发病例数量均位居世界首位。尘肺病和急慢性职业病是最严重的职业病，农民工成为最主要的职业危害接触人群。

　　3. 对在职业病诊断、鉴定过程中产生的争议的处理。劳动者对用人单位提供的工作场所职业病危害因素检测结果等资料有异议，或者因劳动者的用人单位解散、破产，无用人单位提供上述资料的，职业病诊断、鉴定机构应当提请安全生产监督管理部门进行调查，安全生产监督管理部门应当自接到申请之日起 30 日内对存在异议的资料或者工作场所职业病危害因素情况作出判定；有关部门应当配合。在职业病诊断、鉴定过程中，在确认劳动者职业史、职业病危害接触史时，当事人对劳动关系、工种、工作岗位或者在岗时间有争议的，可以向当地的劳动人事争议仲裁委员会申请仲裁；接到申请的劳动人事争议仲裁委员会应当受理，并在 30 日内作出裁决。当事人在仲裁过程中对自己提出的主张，有责任提供证据。劳动者无法提供由用人单位掌握、管理的与仲裁主张有关的证据的，仲裁庭应当要求用人单位在指定期限内提供；用人单位在指定期限内不提供的，应当承担不利后果。劳动者对仲裁裁决不服的，可以依法向人民法院提起诉讼。用人单位对仲裁裁决不服的，可以在职业病诊断、鉴定程序结束之日起 15 日内依法向人民法院提起诉讼；诉讼期间，劳动者的治疗费用按照职业病待遇规定的途径支付。职业病诊断争议由设区的市以上地方人民政府卫生行政部门根据当事人的申请，组织职业病诊断鉴定委员会进行鉴定。当事人对设区的市一级职业病诊断鉴定委员会的鉴定意见不服的，可以向省、自治区、直辖市人民政府卫生行政部门申请再次鉴定。

　　4. **职业病待遇。**用人单位应当保障职业病病人依法享受国家规定的职业病待遇。用人单位应当按照国家有关规定，安排职业病病人进行治疗、康复和定期检查。用人单位对不适宜继续从事原工作的职业病病人，应当调离原岗位，并妥善安置。用人单位对从事接触职业病危害的作业的劳动者，应当给予适当岗位津贴。职业病病人的诊疗、康复费用，伤残以及丧失劳动能力的职业病病人的社会保障，按照国家有关工伤保险的规定执行。职业病病人除依法享有工伤保险外，依照有关民事法律，有获得赔偿的权利的，有权向用人单位提出赔偿要求。职业病病人变动工作单位，其依法享有的待遇不变。用人单位在发生分立、合并、解散、破产等情形时，应当对从事接触职业病危害的作业的劳动者进行健康检查，并按照国家有关规定妥善安置职业病病人。

【资料链接】

2009 年，农民工张海超为了证明自己得的是职业病尘肺病，在多方求助无门的情况下作出了自己要求开胸验肺的一个悲怆之举，这暴露出现在中国职业病维权之路的艰难。张海超"开胸验肺"事件的发生引起了广泛关注，一方面其表明了我国人民权利意识、自主意识的提高；另一方面也透露民众维权艰难，社会制度有失公正的现状。

(四) 职业病防治的监督检查

《职业病防治法》第 62~68 条对劳动过程中的防护与管理及法律责任作了规定：县级以上人民政府职业卫生监督管理部门按照职业病防治法律、法规、国家职业卫生标准和卫生要求，依据职责划分，对职业病防治工作进行监督检查。安全生产监督管理部门履行监督检查职责时，有权采取下列措施：进入被检查单位和职业病危害现场，了解情况，进行调查取证；查阅或者复制与违反职业病防治法律、法规的行为有关的资料和采集样品；责令违反职业病防治法律、法规的单位和个人停止违法行为。职业卫生监督执法人员依法执行职务时，应当出示监督执法证件。职业卫生监督执法人员应当忠于职守，秉公执法，严格遵守执法规范；涉及用人单位的秘密的，应当为其保密。卫生行政部门、安全生产监督管理部门及其职业卫生监督执法人员履行职责时，不得有下列行为：对不符合法定条件的，发给建设项目以有关证明文件、资质证明文件或者予以批准；对已经取得有关证明文件的，不履行监督检查职责；发现用人单位存在职业病危害，可能造成职业病危害事故的，不及时依法采取控制措施；其他违反本法的行为。

第五节　生产安全事故报告和调查处理

一、生产安全事故报告处理制度的概念和意义

生产安全事故报告处理制度，是指国家制定的在发生劳动安全卫生伤亡事故时，对事故进行报告、统计、调查和处理的各项程序和具体规定。《生产安全事故报告和调查处理条例》自 2007 年 6 月 1 日起施行，国务院 1989 年 3 月 29 日公布的《特别重大事故调查程序暂行规定》和 1991 年 2 月 22 日公布的《企业职工伤亡事故报告和处理规定》同时废止。

为了规范生产安全事故的报告和调查处理，落实生产安全事故责任追究制度，防止和减少生产安全事故，我国建立生产安全事故报告处理制度。这项制度的法律意义主要表现在三个方面：

1. 通过对事故责任的追究和处理，使劳动安全卫生法律制度的目的得以充分实现。对于劳动过程中的安全和卫生问题，除了通过制定技术规范和卫生规范等贯彻预防为主的方针之外，还必须对发生伤亡事故的责任者追究其应有的法律责任，以此来提高广大职工

的安全生产责任感和企业安全卫生的管理水平。若要依法追究责任，就必须按法定程序和规定对事故进行报告、调查。

2. 企业通过执行伤亡事故报告处理制度，可以总结和吸取安全生产的经验教训，以有利于改善劳动条件，并对完善其内部安全生产卫生责任制度起促进作用。

3. 劳动行政部门通过对伤亡事故的报告、调查、统计和处理，能及时了解和研究职工伤亡事故发生的情况、原因和规律，以便采取有效措施，完善劳动安全卫生法规，有效地防止伤亡事故的发生。

二、生产安全事故的等级

根据国务院《生产安全事故报告和调查处理条例》第 2 条的规定，生产经营活动中发生的造成人身伤亡或者直接经济损失的生产安全事故的报告和调查处理，适用本条例。

根据生产安全事故（以下简称事故）造成的人员伤亡或者直接经济损失（不包括环境污染事故、核设施事故、国防科研生产事故造成的人员伤亡或者直接经济损失），事故一般分为以下等级：

1. 特别重大事故，是指造成 30 人以上死亡，或者 100 人以上重伤（包括急性工业中毒，下同），或者 1 亿元以上直接经济损失的事故。

2. 重大事故，是指造成 10 人以上 30 人以下死亡，或者 50 人以上 100 人以下重伤，或者 5000 万元以上 1 亿元以下直接经济损失的事故。

3. 较大事故，是指造成 3 人以上 10 人以下死亡，或者 10 人以上 50 人以下重伤，或者 1000 万元以上 5000 万元以下直接经济损失的事故。

4. 一般事故，是指造成 3 人以下死亡，或者 10 人以下重伤，或者 1000 万元以下直接经济损失的事故。

【资料链接】

涉及环境污染事故、核设施事故、国防科研生产事故的报告和调查处理不适用《生产安全事故报告和调查处理条例》。因为上述三类事故的技术性、专业性或保密性都比较强，其事故报告、事故调查处理都具有较强的特殊性，且在实践中已经形成了一套比较成熟的做法，不宜按照本条例规定的程序办理。

事故等级划分是一项重要的基础性工作，直接关系到事故报告的级别、事故调查组的组成以及事故责任的追究。明确生产安全事故的分级，区分不同的事故级别，明确相应的报告和调查处理要求，是顺利开展事故报告和调查处理工作的前提，也是实现事故报告和调查处理规范化的必然要求。

三、生产安全事故的报告制度

（一）生产安全事故的上报

依据《生产安全事故报告和调查处理条例》第 9~11 条的规定，事故发生后，事故现场有关人员应当立即向本单位负责人报告；单位负责人接到报告后，应当于 1 小时内向事故发生地县级以上人民政府安全生产监督管理部门和负有安全生产监督管理职责的有关部门报告。情况紧急时，事故现场有关人员可以直接向事故发生地县级以上人民政府安全生产监督管理部门和负有安全生产监督管理职责的有关部门报告。安全生产监督管理部门和负有安全生产监督管理职责的有关部门接到事故报告后，应当依照下列规定上报事故情况，并通知公安机关、劳动保障行政部门、工会和人民检察院。

1. 特别重大事故、重大事故逐级上报至国务院安全生产监督管理部门和负有安全生产监督管理职责的有关部门。

2. 较大事故逐级上报至省、自治区、直辖市人民政府安全生产监督管理部门和负有安全生产监督管理职责的有关部门。

3. 一般事故上报至设区的市级人民政府安全生产监督管理部门和负有安全生产监督管理职责的有关部门。

安全生产监督管理部门和负有安全生产监督管理职责的有关部门上报事故情况时，应当同时报告本级人民政府。国务院安全生产监督管理部门和负有安全生产监督管理职责的有关部门以及省级人民政府接到发生特别重大事故、重大事故的报告后，应当立即报告国务院。必要时，安全生产监督管理部门和负有安全生产监督管理职责的有关部门可以越级上报事故情况。安全生产监督管理部门和负有安全生产监督管理职责的有关部门逐级上报事故情况，每级上报的时间不得超过 2 小时。

【资料链接】

我国应当改进和完善事故信息报送方式和方法，努力提高事故报告效率，进一步缩短事故报告时间，确保特重大事故和重大涉险事故发生后，立即逐级上报。充分发挥政府值班室、公安部门指挥中心、交通海事部门、铁路部门和主流媒体记者站的资源优势和信息传递快的特点，研究建立生产安全事故信息联动机制，开展生产安全事故信息的沟通和交流。[1]

（二）生产安全事故报告的内容

依据《生产安全事故报告和调查处理条例》第 12~18 条的规定，报告事故应当包括下列内容：事故发生单位概况；事故发生的时间、地点以及事故现场情况；事故的简要经过；事故已经造成或者可能造成的伤亡人数（包括下落不明的人数）和初步估计的直接经济损失；已经采取的措施；其他应当报告的情况。

事故报告后出现新情况的，应当及时补报。自事故发生之日起 30 日内，事故造成的伤亡人数发生变化的，应当及时补报。道路交通事故、火灾事故自发生之日起 7 日内，事故造成的伤亡人数发生变化的，应当及时补报。事故发生单位负责人接到事故报告后，应当立即启动事故相应应急预案，或者采取有效措施，组织抢救，防止事故扩大，减少人员伤亡和财产损失。事故发生地有关地方人民政府、安全生产监督管理部门和负有安全生产监督管理职责的有关部门接到事故报告后，其负责人应当立即赶赴事故现场，组织事故救援。事故发生后，有关单位和人员应当妥善保护事故现场以及相关证据，任何单位和个人不得破坏事故现场、毁灭相关证据。因抢救人员、防止事故扩大以及疏通交通等原因，需

---

[1]　参见 2008 年 9 月 10 日国家安全监管总局办公厅《关于进一步加强生产安全事故信息报送工作的通知》。

要移动事故现场物件的，应当做出标记，绘制现场简图并作出书面记录，妥善保存现场重要痕迹、物证。事故发生地公安机关根据事故的情况，对涉嫌犯罪的，应当依法立案侦查，采取强制措施和侦查措施。犯罪嫌疑人逃匿的，公安机关应当迅速追捕归案。安全生产监督管理部门和负有安全生产监督管理职责的有关部门应当建立值班制度，并向社会公布值班电话，受理事故报告和举报。

四、生产安全事故的调查

（一）生产安全事故的调查

依据《生产安全事故报告和调查处理条例》的规定，特别重大事故由国务院或者国务院授权有关部门组织事故调查组进行调查。重大事故、较大事故、一般事故分别由事故发生地省级人民政府、设区的市级人民政府、县级人民政府负责调查。省级人民政府、设区的市级人民政府、县级人民政府可以直接组织事故调查组进行调查，也可以授权或者委托有关部门组织事故调查组进行调查。未造成人员伤亡的一般事故，县级人民政府也可以委托事故发生单位组织事故调查组进行调查。上级人民政府认为必要时，可以调查由下级人民政府负责调查的事故。自事故发生之日起30日内（道路交通事故、火灾事故自发生之日起7日内），因事故伤亡人数变化导致事故等级发生变化，依照《生产安全事故报告和调查处理条例》规定应当由上级人民政府负责调查的，上级人民政府可以另行组织事故调查组进行调查。特别重大事故以下等级事故，事故发生地与事故发生单位不在同一个县级以上行政区域的，由事故发生地人民政府负责调查，事故发生单位所在地人民政府应当派人参加。工会依法参加事故调查处理，有权向有关部门提出处理意见。

【资料链接】

职业安全卫生监管效率较低的问题与其立法和监管模式有直接关系，此两者分别具有"控制型"和"行政干预"为主的特征，很难调动企业主动性，更不可能提高监管效率，与国外先进监管经验相比，我国的协同合作监管机制尚未形成，教育培训工作亟待加强。通过阐述工会职能作用在职业安全卫生工作中的意义，提出"源头参与"、三方协调机制、群众监督管理、宣传教育等工作设想，充分调动责任主体和员工积极性，提高监管实效，最后对今后的职业安全卫生防治工作进行了展望。[1]

（二）事故调查的职责

1. 生产安全事故调查组履行下列职责：①查明事故发生的经过、原因、人员伤亡情况及直接经济损失；②认定事故的性质和事故责任；③提出对事故责任者的处理建议；④总结事故教训，提出防范和整改措施；⑤提交事故调查报告。

2. 事故调查组有权向有关单位和个人了解与事故有关的情况，并要求其提供相关的文件、资料，有关单位和个人不得拒绝。事故发生单位的负责人和有关人员在事故调查期间不得擅离职守，并应当随时接受事故调查组的询问，如实提供有关情况。事故调查中发现涉嫌犯罪的，事故调查组应当及时将有关材料或者其复印件移交司法机关处理。事故调

---

[1] 赵建萍、沈佳秋、薛鹏飞等："工会参与职业安全卫生工作的必要性"，载《职业与健康》2015年第16期。

查中需要进行技术鉴定的，事故调查组应当委托具有国家规定资质的单位进行技术鉴定。必要时，事故调查组可以直接组织专家进行技术鉴定。技术鉴定所需时间不计入事故调查期限。事故调查组成员在事故调查工作中应当诚信公正、恪尽职守，遵守事故调查组的纪律，保守事故调查的秘密。未经事故调查组组长允许，事故调查组成员不得擅自发布有关事故的信息。事故调查组应当自事故发生之日起 60 日内提交事故调查报告；特殊情况下，经负责事故调查的人民政府批准，提交事故调查报告的期限可以适当延长，但延长的期限最长不超过 60 日。

（三）事故调查报告的内容

1. 安全生产事故调查报告包括以下内容：①事故发生单位概况；②事故发生经过和事故救援情况；③事故造成的人员伤亡和直接经济损失；④事故发生的原因和事故性质；⑤事故责任的认定以及对事故责任者的处理建议；⑥事故防范和整改措施。

2. 事故调查报告应当附有关证据材料。事故调查组成员应当在事故调查报告上签名。事故调查报告报送负责事故调查的人民政府后，事故调查工作即告结束。事故调查的有关资料应当归档保存。

五、生产安全事故的处理

1. 重大事故、较大事故、一般事故，负责事故调查的人民政府应当自收到事故调查报告之日起 15 日内作出批复；特别重大事故，30 日内做出批复；特殊情况下，批复时间可以适当延长，但延长的时间最长不超过 30 日。有关机关应当按照人民政府的批复，依照法律、行政法规规定的权限和程序，对事故发生单位和有关人员进行行政处罚，对负有事故责任的国家工作人员进行处分。事故发生单位应当按照负责事故调查的人民政府的批复，对本单位负有事故责任的人员进行处理。负有事故责任的人员涉嫌犯罪的，依法追究刑事责任。

2. 事故发生单位应当认真吸取事故教训，落实防范和整改措施，防止事故再次发生。防范和整改措施的落实情况应当接受工会和职工的监督。安全生产监督管理部门和负有安全生产监督管理职责的有关部门应当对事故发生单位落实防范和整改措施的情况进行监督检查。事故处理的情况由负责事故调查的人民政府或者其授权的有关部门、机构向社会公布，依法应当保密的除外。

【资料链接】

2020 年 11 月 17 日 7 时 21 分左右，位于吉安市井冈山经济技术开发区富滩产业园的吉安市海洲医药化工有限公司发生一起爆炸事故，造成 2 人死亡、1 人重伤、5 人轻伤。因该起事故发生在落实中央两办《关于全面加强危险化学品安全生产工作的意见》及开展危险化学品三年专项整治期间，该事故的发生引起了社会的高度关注，影响恶劣。各地各部门、各企业和社会公众深刻吸取事故教训，树牢安全发展理念，提升社会安全意识，压紧压实各项安全责任，有效防范和坚决遏制化工危险化学品重特大安全事故。

第八章

第六节　特殊劳动保护制度

一、女职工和未成年工特殊保护的含义

女职工是指以工资收入为主要生活来源的女性职工。女职工特殊保护，是指根据女职工身体结构、生理机能的特点以及抚育子女的特殊需要，在劳动方面为妇女的特殊权益提供的法律保护。未成年工是指年满 16 周岁未满 18 周岁的劳动者。未成年工特殊保护，是指国家为了维护未成年工的合法权益，在劳动方面为未成年的特殊权益提供的法律保护。

对女职工的特殊保护是由女职工的生理特点决定的。女性的生理机能和身体结构与男性有很大的区别。女性有月经、怀孕、生育和哺乳等生理现象，还肩负着抚育婴幼儿的社会责任，过重和过度紧张的劳动以及不良的工作环境都可能会影响她们的健康，甚至会影响下一代的健康成长。因此，必须对女职工给予特殊保护。对未成年工的特殊保护，是由未成年工的身体特点决定的。未成年工未满 18 周岁，尚处于身体发育阶段，过重的体力劳动和不良的工作环境都会影响他们的身体发育和身体健康。而且，未成年工的注意力、抑制力和判断力都比成年人差，在工作中如果不给予其特殊保护，则容易发生差错，甚至会出现伤亡事故，对未成年工的身体造成伤害。

二、对女职工和未成年工实行特殊保护的意义

对女职工和未成年工的特殊保护是我国劳动法律制度中的一项重要内容，为女职工和未成年工提供特殊保护，具有十分重要的意义。

1. 有利于促进我国社会生产力的发展，提高劳动者的素质。妇女劳动力已成为我国重要的劳动力资源，其涉及各行各业。基于女职工的生理特点给予她们特殊保护，能够保障女职工的安全和健康，更有利于调动女职工的生产积极性和创造性，从而使她们对国家和社会作出更大贡献，充分发挥妇女的潜能，促进社会生产力的发展。未成年工也是我国劳动力的组成部分，由于未成年工参加社会劳动的时间较早，他们除身体仍处在发育阶段外，其所接受的教育也通常较少，因此，还需要对他们进行文化课培训和职业培训，以提高他们的文化水平。通过对未成年工的特殊保护，既能够保护未成年工的身体健康，又能够提高他们的文化水平和增强其职业技能，从而培育出高素质的劳动力，以适应信息时代对劳动力素质的要求，提高我国的整体劳动力素质。

2. 有利于中华民族的繁荣兴旺和中华民族优秀体质的延续。妇女不仅是国家经济建设的重要力量，而且肩负着繁衍哺育后代的重任。如果女职工在劳动过程中从事有毒有害的工作或者特别繁重的体力劳动，必然会对女职工的身体健康造成影响；如果女职工正值其怀孕或哺乳期，则会对其胎儿或婴儿的发育造成直接影响，甚至可能造成流产、早产、胎儿中毒死亡、畸形或发育不良等严重后果。因此，对女职工的特殊保护，不仅关系到女职工本身的安全和健康，而且关系到中华民族下一代的健康成长和中华民族优良体质的延续。未成年工处在身体发育阶段，如果让他们过早地从事繁重的体力劳动和接触有毒有害物质，会直接影响他们身体的正常发育。因此，有必要为未成年工在工种、工作时间、劳动强度等方面提供特殊保护，使未成年工能够健康成长，练就强有力的体魄，从而增强全

民族体质。我国一贯重视对女职工和未成年工的特殊劳动保护，并分别通过宪法、法律、行政法规、部门规章等规定对其作了明确规定。

【资料链接】

我国批准有关女职工、未成年工特殊劳动保护的国际公约 8 个，具体包括《确定准许儿童在海上工作的最低年龄公约》《确定准许使用未成年人为扒炭工或司炉工的最低年龄公约》《在海上工作的儿童及未成年人的强制体格检查公约》《各种矿场井下劳动使用妇女公约》《确定准许使用儿童于工业工作的最低年龄公约》《男女工人同工同酬公约》《准予就业最低年龄公约》《禁止和立即行动消除最恶劣形式的童工劳动公约》。

三、女职工特殊劳动保护制度的内容

女职工特殊劳动保护是根据女职工身体结构、生理机能的特点以及抚育子女的特殊需要，在劳动方面为其特殊权益提供的法律保护。对女职工的特殊劳动保护主要是通过禁忌劳动范围的规定和女职工生理变化过程中的保护规定等体现的，它适用于我国境内的国家机关、人民团体、企业、事业单位的女职工。

【资料链接】

实践中，常常出现劳务派遣女工一旦怀孕即被用工单位以各种借口退回劳务派遣单位的现象，虽然劳务派遣单位依法不能解雇女职工，但是女职工的工资待遇明显降低。被派遣的女职工是在用工单位提供的工作场所进行工作，如果不规定用工单位的义务，劳务派遣女工的劳动安全权则无法实现。[1]

（一）禁止非法辞退女职工

2012 年的《女职工劳动保护特别规定》第 2 条规定，中华人民共和国境内的国家机关、企业、事业单位、社会团体、个体经济组织以及其他社会组织等用人单位及其女职工，适用本规定。

我国法律规定的女职工的劳动权包括了两个方面的内容，一是在劳动就业时享受和男性同等的就业权、休息权、报酬权等基本权利，二是不被非法解除劳动关系的权利。为了切实保障女职工的劳动就业权益，我国法律法规对此作了规定：除试用期内发现女职工不符合录用条件和女职工因违纪而依法被终止或解除劳动合同之外，用人单位一律不得以性别、结婚为由辞退女职工；女职工在孕期、产期、哺乳期内，劳动合同期限届满的，用人单位不能以合同到期为由终止劳动合同，而应将劳动合同延续到哺乳期满才能终止；在执行其他依法允许辞退或解除劳动合同的规定时，必须坚持男女平等原则，禁止擅自扩大女职工辞退和解除合同的范围。

[1] 唐芳："我国女职工劳动保护立法反思及其完善"，载《中华女子学院学报》2016 年第 5 期。

【资料链接】

处于孕期、产期或者哺乳期的妇女如果出现了法律规定的情形，用人单位的一方有权与劳动者解除劳动合同，而且也不用支付赔偿金。例如：以严重违反用人单位规章制度为由辞退三期女职工，用人单位需要提供证据证明规章制度设立的程序合法、规章制度在该职工入职时已作明确告知，职工有哪些具体的违反规章制度的行为，以及该行为达到了"较严重"的程度等。否则一旦引起纠纷，用人单位承担败诉的风险还是比较高的。

(二) 合理安排女职工的工种和工作

女性身体结构和生理机能的特点，决定了其并不能完全同男性一样可以胜任任何工作。为了保护女职工的身体健康，《劳动法》第 59 条规定："禁止安排女职工从事矿山井下、国家规定的第四级体力劳动强度的劳动和其他禁忌从事的劳动"。劳动强度指数是由该工种的平均劳动时间率、平均能量代谢率两个因素构成的。劳动强度指数越大，体力劳动的强度也越大。反之，体力劳动的强度越小。

我国女职工禁忌从事的劳动范围具体包括：①矿山井下作业，是指常年在矿山井下从事的各种劳动，不包括临时性工作。关于临时性工作的范围，我国立法尚无明确规定。②体力劳动强度分级标准中规定的第四级体力劳动强度的作业。根据国家标准《体力劳动强度分级》（GB3869-83）的规定，体力劳动强度的大小是以劳动强度指数来衡量的，劳动强度是由该工种的平均劳动时间率、平均能量代谢率两个因素构成的。劳动强度指数越大，体力劳动强度也越大；反之亦然。该标准规定，劳动强度小于 15，体力劳动强度为Ⅰ级；劳动强度大于 15，小于 20，体力劳动强度为Ⅱ级；劳动强度大于 20，小于 25，劳动强度为Ⅲ级；劳动强度大于 25，体力劳动强度为Ⅳ级。③每小时负重 6 次以上、每次负重超过 20 公斤的作业，或者间断负重、每次负重超过 25 公斤的作业。《女职工劳动保护特别规定》第 4 条规定，用人单位应当遵守女职工禁忌从事的劳动范围的规定。用人单位应当将本单位属于女职工禁忌从事的劳动范围的岗位书面告知女职工。

(三) 对女职工实行"四期"保护

女职工的四期保护是针对女职工生理机能的变化，在女职工经期、孕期、产期和哺乳期间给予的特殊保护。《劳动法》《女职工劳动保护特别规定》等都对此作了明确规定。

1. 经期保护。经期保护是对女职工月经期间的特殊保护。《劳动法》第 60 条规定："不得安排女职工在经期从事高处、低温、冷水作业和国家规定的第三级体力劳动强度的劳动。"我国女职工在月经期间禁忌从事的劳动范围包括：①冷水作业分级标准中规定的第二级、第三级、第四级冷水作业。冷水作业是指在劳动生产过程中，操作人员接触冷水温度等于或小于 12℃的作业。②低温作业分级标准中规定的第二级、第三级、第四级低温作业。低温作业是指在劳动生产过程中，其工作地面平均气温等于或低于 5℃的作业。③体力劳动强度分级标准中规定的第三级、第四级体力劳动强度的作业。其中第三级体力劳动强度是指 8 小时工作日之内人体平均能量消耗为 1746 大卡，净劳动时间为 350 分钟，其相当于重强度劳动。第四级体力劳动强度是指 8 小时工作日之内人体平均能量消耗为 2700 大卡，净劳动时间为 370 分钟，其相当于很重强度劳动。④高处作业分级标准中规定的第三级、第四级高处作业。根据国家标准《高处作业分级》（GB3608-83）的规定，高处作业是指凡在坠落高度基准面 2 米以上（含 2 米）有可能坠落的高处进行的作业。高处作业高度在 2 米至 5 米时，为一级高处作业；5 米以上至 15 米时，为二级高处作业；15 米以上至 30 米时，为三级高处作业；30 米以上为特级高处作业。

【资料链接】

对于处于经期中的女职工，《山西省女职工劳动保护条例》规定，用人单位对从事国家规定的高处、低温、冷水作业和第三级体力劳动强度作业的女职工，经本人提出，应当暂时调整安排合适的工作，并规定经医疗机构证明患者有痛经或者经量过多的女职工，给予 1~2 日的休息。

2. 孕期保护。孕期保护是对女职工怀孕期间的特殊保护。《劳动法》第 61 条规定："不得安排女职工在怀孕期间从事国家规定的第三级体力劳动强度的劳动和孕期禁忌从事的劳动。对怀孕 7 个月以上的女职工，不得安排其延长工作时间和夜班劳动。"夜班劳动是指在当日 22 时至次日凌晨 6 时从事劳动或工作。怀孕女职工在劳动时间内进行产前检查的，所需时间计入劳动时间。

女职工在孕期禁忌从事的劳动范围包括：①作业场所空气中铅及其化合物、汞及其化合物、苯、镉、铍、砷、氰化物、氮氧化物、一氧化碳、二硫化碳、氯、己内酰胺、氯丁二烯、氯乙烯、环氧乙烷、苯胺、甲醛等有毒物质浓度超过国家职业卫生标准的作业；②从事抗癌药物、己烯雌酚生产，接触麻醉剂气体等的作业；③非密封源放射性物质的操作，核事故与放射事故的应急处置；④高处作业分级标准中规定的高处作业；⑤冷水作业分级标准中规定的冷水作业；⑥低温作业分级标准中规定的低温作业；⑦高温作业分级标准中规定的第三级、第四级的作业；⑧噪声作业分级标准中规定的第三级、第四级的作业；⑨体力劳动强度分级标准中规定的第三级、第四级体力劳动强度的作业；⑩在密闭空间、高压室作业或者潜水作业，伴有强烈振动的作业，或者需要频繁弯腰、攀高、下蹲的作业。

【资料链接】

2012 年《防暑降温措施管理办法》第 8 条规定，用人单位不得安排怀孕女职工在 35℃ 以上的高温天气作业及室内温度在 33℃ 以上的工作场所作业。女职工在孕期不能适应原劳动的，用人单位应当根据医疗机构的证明，予以减轻劳动量或者安排其他能够适应的劳动。

3. 产期保护。产期保护是对女职工生育期间的特殊保护。《劳动法》第 62 条规定："女职工生育享受不少于九十天的产假。"《女职工劳动保护特别规定》规定，女职工生育享受 98 天产假，其中产前可以休假 15 天；难产的，增加产假 15 天；生育多胞胎的，每多生育 1 个婴儿，增加产假 15 天。女职工怀孕未满 4 个月流产的，享受 15 天产假；怀孕满 4 个月流产的，享受 42 天产假。女职工产假期间的生育津贴，对已经参加生育保险的，按照用人单位上年度职工月平均工资的标准由生育保险基金支付；对未参加生育保险的，按照女职工产假前工资的标准由用人单位支付。女职工生育或者流产的医疗费用，按照生育保险规定的项目和标准，对已经参加生育保险的，由生育保险基金支付；对未参加生育保险的，由用人单位支付。

【资料链接】

　　男性陪产假指男性在女性产假期间以带薪陪护的方式来分担生育责任的假期，男性休带薪陪产假有利于家庭关系的和谐，也可以在很大程度上减轻女性的生育负担，还能让男性担负起家庭责任，实则是男女平等的体现。我国目前已经有很多省市以条例或法规的形式作出了有关男性陪产假的规定。建议进一步完善我国的陪产假制度，以促进和鼓励男性参与育儿和家务劳动，分担女性负担，提高生育率。[1]

　　4. 哺乳期保护。哺乳期保护是对女职工哺乳未满 1 周岁婴儿期间的特殊保护。《劳动法》第 63 条规定："不得安排女职工在哺乳未满一周岁的婴儿期间从事国家规定的第三级体力劳动强度的劳动和哺乳期禁忌从事的其他劳动，不得安排其延长工作时间和夜班劳动。"《女职工劳动保护特别规定》规定，对哺乳未满 1 周岁婴儿的女职工，用人单位不得延长劳动时间或者安排夜班劳动。用人单位应当在每天的劳动时间内为哺乳期女职工安排 1 小时哺乳时间；女职工生育多胞胎的，每多哺乳 1 个婴儿每天增加 1 小时哺乳时间。女职工每班劳动时间内的两次哺乳时间，可以合并使用。哺乳时间和在本单位内哺乳往返途中的时间，算作劳动时间。

【资料链接】

　　《山西省女职工劳动保护条例》第 19 条规定，经二级以上医疗机构确诊为更年期综合症的女职工，经治疗效果仍不显著，本人提出不能适应原劳动岗位的，用人单位应当安排其他合适的岗位。《湖北省女职工劳动保护规定》第 18 条规定，女职工因更年期综合征不能适应工作时，用人单位应根据其指定医疗机构的证明和当事人的实际情况，合理调整其工作岗位。

　　（四）女职工保健措施的规定

　　为了更好地落实女职工特殊保护措施，《女职工劳动保护特别规定》对女职工特殊保护设施作了规定，女职工比较多的用人单位应当根据女职工的需要，建立女职工卫生室、孕妇休息室、哺乳室等设施，妥善解决女职工在生理卫生、哺乳方面的困难。《女职工劳动保护特别规定》第 11 条规定，在劳动场所，用人单位应当预防和制止对女职工的性骚扰。

　　（五）女职工权益被侵害时的保护

　　为了切实保护女职工的合法权益，全面落实国家有关女职工特殊劳动保护的规定，《妇女权益保障法》《女职工劳动保护特别规定》对女职工特殊劳动保护权利的救济方式和侵权责任均作了明文规定。

　　《女职工劳动保护特别规定》第 14 条规定："用人单位违反本规定，侵害女职工合法

---

〔1〕　曹陈震："关于我国陪产假发展的建议"，载《劳动保障世界》2018 年第 18 期。

权益的，女职工可以依法投诉、举报、申诉，依法向劳动人事争议调解仲裁机构申请调解仲裁，对仲裁裁决不服的，依法向人民法院提起诉讼。"根据《妇女权益保障法》的有关规定，妇女的合法权益（包括劳动权益）受到侵害时，被侵害人可以向妇女组织投诉，妇女组织应当要求有关部门查处。

【资料链接】

建议由工会和妇联牵头，安排专人负责接受和处理女职工劳动保护权益受侵申诉和投诉，制定切实可行的维权措施和程序机制；完善现有公益律师服务机制，从人员、经费等方面保证公益律师能够参与维护女职工劳动权益，科学设计律师工作成效的评价考核机制。[1]

关于侵害女职工特殊劳动保护权利的责任问题，《女职工劳动保护规定》第 15 条规定："用人单位违反本规定，侵害女职工合法权益，造成女职工损害的，依法给予赔偿；用人单位及其直接负责的主管人员和其他直接责任人员构成犯罪的，依法追究刑事责任。"

【资料链接】

2023 年，人力资源和社会保障部办公厅等六部门发布《消除工作场所性骚扰制度（参考文本）》的通知，其中第 2 条指出，本制度所称的性骚扰是指，违反他人意愿，以语言、表情、动作、文字、图像、视频、语言、链接或其他任何方式使他人产生与性有关联想的不适感的行为，无论行为[2]实施者是否具有骚扰或其他任何不当目的或意图。上海首例职场性骚扰案作出了判决，男子因跟踪骚扰女同事，发送下流图片和信息，不仅需要承担 10 万罚款的法律责任还要道歉。上海的这次性骚扰案的宣判，是《民法典》正式实施后的第一例职场性骚扰案件，对于女性预防职场性骚扰以及法官对今后类似案件的审理，具有极其重要的借鉴意义。

四、对未成年工在劳动过程中的保护

未成年工，是指被用人单位录用的、法定最低就业年龄以上的未成年人。我国《劳动法》规定，未成年工是指年龄已满 16 周岁未满 18 周岁的劳动者。根据我国的实际情况和《义务教育法》的规定，我国将最低就业年龄定为 16 周岁。《劳动法》第 15 条规定："禁止用人单位招用未满十六周岁的未成年人。文艺、体育和特种工艺单位招用未满十六周岁的未成年人，必须依照国家有关规定，并保障其接受义务教育的权利。"《未成年人保护法》第 61 条第 1 款规定："任何组织或者个人不得招用未满十六周岁的未成年人，国家另有规定的除外。"未成年工的年龄是在法定最低就业年龄以上的，其就业为法律所允许，在使用未成年工时应依法给予一些特殊保护。

---

〔1〕 张稷锋、汪路勇、张凯："女职工劳动保护的规则检讨与立法完善——基于完善《妇女权益保障法》和《工会法》之考量"，载《南方论刊》2014 年第 4 期。

〔2〕 雷杰淇："职业安全权研究"，吉林大学 2016 年博士论文。

未成年工与童工虽然都是未成年人，但二者的法律内涵不同。未成年工与童工的区别在于其年龄，未成年工的年龄是在法定最低就业年龄以上的，其就业为法律所允许，在使用未成年工时应依法给予一些特殊保护；而童工的年龄是在法定最低就业年龄以下的，在我国其就业一般为法律所禁止，特殊情况确需招用的，必须经法定的机关批准。[1]

国务院《禁止使用童工规定》明确规定，国家机关、社会团体、企业事业单位、民办非企业单位或者个体工商户均不得招用不满 16 周岁的未成年人；禁止任何单位或者个人为不满 16 周岁的未成年人介绍就业；禁止不满 16 周岁的未成年人开业从事个体经营活动；不满 16 周岁的未成年人的父母或者其他监护人应当保护其身心健康，保障其接受义务教育的权利，不得允许其被用人单位非法招用。用人单位招用人员时，必须核查被招用人员的身份证；对不满 16 周岁的未成年人，一律不得录用等。对于违反前述规定的单位和个人，要依法追究其相应的法律责任。

【资料链接】

自 1919 年以来，国际劳工大会先后制定了多个关于许可就业的最低年龄公约，这些公约规定的许可就业最低年龄一般是 14 岁。20 世纪 30 年代中期以后，这个标准提高到了 15 岁，并且对可能有害于儿童健康、安全或道德发展的职业规定了更高的许可就业最低年龄。2002 年 6 月，国际劳工大会决定将每年的 6 月 12 日定为"世界无童工日"，2012 年其正式发布了一份关于童工问题的培训指南，以协助各国的政策制定者、劳工和雇主组织实现到 2016 年消除最恶劣形式童工劳动的目标。

(一) 未成年工禁忌从事的劳动

用人单位招收未成年工的，应在劳动过程中给予其特殊保护，在工种、劳动时间、劳动强度和保护措施等方面严格执行国家有关规定，不得安排其从事过重、有毒、有害的劳动或者危险作业。《劳动法》第 64 条规定："不得安排未成年工从事矿山井下、有毒有害、国家规定的第四级体力劳动强度的劳动和其他禁忌从事的劳动。"《未成年工特殊保护规定》对未成年工禁忌从事的劳动范围作了具体规定。依照该规定，用人单位不得安排未成年工从事以下范围内的劳动：①《生产性粉尘作业危害程度分级》国家标准中第一级以上的粉尘作业；②《有毒作业分级》国家标准中第一级以上的有毒作业；③《高处作业分级》国家标准中第二级以上的高处作业；④《冷水作业分级》国家标准中第二级以上的冷水作业；⑤《高温作业分级》国家标准中第三级以上的高温作业；⑥《低温作业分级》国家标准中第三级以上的低温作业；⑦《体力劳动强度分级》国家标准中第四级体力劳动强度的作业；⑧矿山井下及矿山地面采石作业；⑨森林业中的伐木、流放及守林作业；⑩工作场所接触放射性物质的作业；等等。

未成年工患有某种疾病或具有某些生理缺陷（非残疾型）时，用人单位不得安排其从事以下范围的劳动：①《高处作业分级》国家标准中第一级以上的高处作业；②《低温作业分级》国家标准中第二级以上的低温作业；③《高温作业分级》国家标准中第二级以上的高温作业；④《体力劳动强度分级》国家标准中第三级以上体力劳动强度的作业；

〔1〕 杜爱萍："未成年工特殊保护的理论与实践"，载《云南师范大学学报（哲学社会科学版）》2008 年第 1 期。

⑤接触铅、苯、汞、甲醛、二硫化碳等易引起过敏反应的作业。

（二）对未成年工定期进行健康检查

由于未成年工尚处于生长发育期，过重的劳动量和过大的劳动消耗都可能对其身体健康造成影响，必须对未成年工进行定期健康检查，如果发现其身体状况不适合该工作，应及时进行调整。《劳动法》第65条规定："用人单位应当对未成年工定期进行健康检查。"《未成年工特殊保护规定》对未成年工定期进行健康检查作了具体规定：

1. 用人单位对未成年工实行定期健康检查。以下情形下均须对未成年工实行体检：①安排工作岗位之前；②工作满1年；③年满18周岁，距前一次的体检时间已超过半年。

2. 对未成年工进行健康检查，需按规定的《未成年工健康检查表》中列出的项目进行检查，用人单位必须承担检查费用。未成年工在规定的健康检查期间的，应算作工作时间，不得克扣其工资。

3. 进行体检后发现未成年工不适宜从事原工作的，用人单位应当为未成年工调换适宜的工作岗位。如果未成年工身体受到损害的，用人单位应为其治疗。《未成年工特殊保护规定》第8条规定："用人单位应根据未成年工的健康检查结果安排其从事适合的劳动，对不能胜任原劳动岗位的，应根据医务部门的证明，予以减轻劳动量或安排其他劳动。"

（三）对未成年工的使用和特殊保护实行登记制度

国家对未成年工的使用和特殊保护实行登记制度，要求用人单位招收使用未成年工的，除符合一般用工要求外，还须向所在地的县级以上劳动行政部门办理登记。劳动行政部门根据《未成年工健康检查表》《未成年工登记表》，核发《未成年工登记证》，未成年工须持《未成年工登记证》上岗。

第八章

第九章
劳动争议处理制度

第一节　劳动争议处理概述

一、劳动争议的概念

劳动争议，是指劳动关系双方当事人之间因劳动权利和劳动义务所发生的争议，又称劳动纠纷、劳资纠纷。这一概念包含以下主要内容：

1. 劳动争议的双方主体具有特定性。通常情况下，主体一方是劳动者或工会，另一方是用人单位。但是，由于劳动合同往往涉及第三人的物质利益，如劳动者患病、伤残或死亡时，劳动者的近亲属可以成为劳动争议的一方主体。但作为用人单位一方，仅指用人单位行政方，不包括用人单位的党团组织、工会组织及车间、班组。

2. 劳动争议的产生基础具有特定性。劳动关系的存在，是劳动者与用人单位产生劳动争议的基础；否则就不存在劳动争议。用人单位自用工之日起即与劳动者建立劳动关系。

3. 劳动争议的内容具有特定性。劳动者与用人单位通常围绕双方约定的劳动权利和劳动义务发生争执。而双方在法律层面上的权利、义务，在事实层面上往往集中表现为一定的经济利益。例如，劳动者被开除、除名，从法律层面讲，双方的劳动关系解除了，但是劳动者的劳动权利受到了侵害；但从事实层面来看，劳动关系的解除意味着劳动者主要生活来源的丧失。因此，劳动争议——劳动权利和劳动义务的争议——的发生往往是为了一定的经济利益。这也是确定劳动争议受案范围的依据之一。

4. 某些劳动争议具有广泛的社会影响性。一般劳动争议仅发生在单个劳动者与用人单位之间，但某些劳动争议，如集体劳动争议、团体劳动争议等，往往涉及多个劳动者，有时甚至以消极怠工、罢工、示威、集体上访、静坐等形式出现，其涉及面广，社会影响大。因此，劳动争议处理的公正性会对维持劳动关系的稳定产生重要作用。

二、劳动争议的分类

劳动争议按照不同标准，具有不同的分类。例如，依据劳动争议发生在不同所有制性质的用人单位与劳动者之间，可将劳动争议分为国有企业、外资企业、私营企业等劳动争议。又如，因劳动争议内容的不同而进行分类，可将劳动争议分为劳动合同争议、工作时间争议、工资争议等。

（一）依据劳动争议标的性质不同，可分为权利争议与利益争议

权利争议通常"涉及对已有的集体协议或雇佣合同的应用和解释问题"，[1] 是指劳资双方依据法律、集体合同、劳动合同的规定，因当事人主张权利存在与否或有无受到侵害或有无履行债务等发生的争议。[2] 就权利争议而言，其"在法理上属于违约或债务不履行的问题。因为债务不履行，在性质上属契约严守原则之违反。故其强制只有法院能有此职权"。[3] 由于这类争议是针对已确定的权利发生的，其又具有法律上的可衡量性和可诉性，因此又被称为"法律上的争议"或"实现既定权利的争议"。

利益争议"涉及雇员的要求或行政管理关于雇佣条款和雇佣条件的提议"，[4] 一般是指因确定或变更劳动条件而发生的争议。利益争议，"在法理上属于'缔约'之问题。明了此点即可知既然为缔约问题，基于'缔约自由'之原则，必须由缔约双方当事人自主进行，法院并没有干预之立场"。[5] 在这类争议中，双方所主张的权利义务在事先并未予以确定，其争议之目的是为了将这种期待中的权利上升为合同上的权利。由于利益争议并不具有法律上的可衡量性和可诉性，因此也被称为"事实上的争议"或"确定权利的争议"。

（二）依据争议劳动者人数的多寡，可分为单个劳动争议与集体劳动争议

"单个"与"集体"是针对参加的劳动者人数而言的。单个劳动争议，是指劳动者一方为1人，或虽为2人但可作为共同诉讼主体，不需要推举代表人参加处理程序的劳动争议。集体劳动争议，是指劳动者一方人数达到3人或3人以上，必须推举代表人参加处理程序的劳动争议。构成集体劳动争议的数名劳动者作为一方当事人，对用人单位必须具有共同的争议标的、相同的争议理由和处理要求。集体劳动争议需要推选代表人进行集体仲裁或者诉讼，争议的处理结果对劳动者一方的全体人员具有效力。在2008年5月1日生效的《劳动争议调解仲裁法》第7条也明确规定："发生劳动争议的劳动者一方在10人以上，并有共同请求的，可以推举代表参加调解、仲裁或者诉讼活动。"

（三）依据争议当事人是否属于社会团体，可分为个别争议与团体争议

"个别"与"团体"是就劳动关系的范围相对而言的。个别争议是指基于一个（或一对）劳动关系发生的争议，即争议的双方当事人均为单个的劳动者与用人单位。团体争议是指在一类劳动关系的双方团体之间发生的争议，团体争议以团体的名义维护整个团体的利益，如行业协会与产业工会之间的争议。一般而言，团体争议的规模巨大，社会影响面广，通常需要通过双方谈判或政治干预的特殊方式加以解决。现阶段由于我国的结社权不发达，各种行业协会和职业协会尚处于培育阶段，其还不具备介入劳动关系的职能，因此，当前我国劳动争议普遍存在的形式是个别劳动争议。

（四）依据当事人国籍不同，可分为国内劳动争议与涉外劳动争议

前者是指本国的劳动者与本国的用人单位发生的劳动争议；后者指产生争议的劳动关

---

[1] 英国《劳资关系法实施规则》（1972年）第126条。
[2] 常凯：《劳权论——当代中国劳动关系的法律调整研究》，中国劳动社会保障出版社2004年版，第370页。
[3] 黄越钦：《劳动法新论》，中国政法大学出版社2003年版，第319页。
[4] 英国《劳资关系法实施规则》（1972年）第126条。
[5] 黄越钦：《劳动法新论》，中国政法大学出版社2003年版，第319~320页。

系具有涉外因素的劳动争议。处理涉外劳动争议，根据国际通行的准据法原则，应当适用用人单位所在国的法律。

三、劳动争议受案范围

为了建立统一的国家劳动争议处理制度，加强对劳动争议双方当事人特别是对劳动者的保护，《劳动争议调解仲裁法》对劳动争议的适用范围作出了与《劳动合同法》一致的规定，明确中华人民共和国境内的用人单位与劳动者发生的劳动争议均适用本法。同时，将因确认劳动关系发生的争议，以及因订立、履行、变更、解除和终止劳动合同发生的争议等都纳入了劳动争议处理范围，相应地扩大了劳动争议案件的受理范围。具体来讲，我国劳动争议的受案范围包括：①因确认劳动关系发生的争议；②因订立、履行、变更、解除和终止劳动合同发生的争议；③因除名、辞退和辞职、离职发生的争议；④因工作时间、休息休假、社会保险、福利、培训以及劳动保护发生的争议；⑤因劳动报酬、工伤医疗费、经济补偿或者赔偿金等发生的争议；⑥法律、法规规定的其他劳动争议。

对于人民法院受理的劳动争议范围，《最高人民法院关于审理劳动争议案件适用法律问题的解释（一）》（法释〔2020〕26 号）第 1 条规定："劳动者与用人单位之间发生的下列纠纷，属于劳动争议，当事人不服劳动争议仲裁机构作出的裁决，依法提起诉讼的，人民法院应予受理：（一）劳动者与用人单位在履行劳动合同过程中发生的纠纷；（二）劳动者与用人单位之间没有订立书面劳动合同，但已形成劳动关系后发生的纠纷；（三）劳动者与用人单位因劳动关系是否已经解除或者终止，以及应否支付解除或者终止劳动关系经济补偿金发生的纠纷；（四）劳动者与用人单位解除或者终止劳动关系后，请求用人单位返还其收取的劳动合同定金、保证金、抵押金、抵押物发生的纠纷，或者办理劳动者的人事档案、社会保险关系等移转手续发生的纠纷；（五）劳动者以用人单位未为其办理社会保险手续，且社会保险经办机构不能补办导致其无法享受社会保险待遇为由，要求用人单位赔偿损失发生的纠纷；（六）劳动者退休后，与尚未参加社会保险统筹的原用人单位因追索养老金、医疗费、工伤保险待遇和其他社会保险待遇而发生的纠纷；（七）劳动者因为工伤、职业病，请求用人单位依法给予工伤保险待遇发生的纠纷；（八）劳动者依据劳动合同法第八十五条规定，要求用人单位支付加付赔偿金发生的纠纷；（九）因企业自主进行改制发生的纠纷。"

四、劳动争议处理的原则

劳动争议处理的原则，是指在劳动争议处理过程中必须遵循的基本准则。它始终贯穿于劳动争议处理的每一个程序环节之中，它所体现的是国家劳动立法关于劳动争议处理的指导思想。根据我国《劳动法》第 78 条及《劳动争议调解仲裁法》第 3 条的规定，处理劳动争议应当遵循以下原则：

（一）调解原则

调解，是指在尊重当事人自愿的前提下，由第三方主持，依法劝说争议双方当事人通过协商，在互谅互让的基础上达成协议，以消除争议的一种方法。调解作为解决劳动争议的基本手段，贯穿于劳动争议处理的全过程。《劳动法》第 77 条规定"用人单位与劳动者发生劳动争议，当事人可以依法申请调解、仲裁、提起诉讼，也可以协商解决。调解原则适用于仲裁和诉讼程序。"《劳动争议调解仲裁法》规定，发生劳动争议，当事人不愿协商、协商不成或者达成和解协议后不履行的，可以向调解组织申请调解；不愿调解、调解不成或者达成调解协议后不履行的，可以向劳动争议仲裁委员会申请仲裁；对仲裁裁决不服的，除本法另有规定的外，可以向人民法院提起诉讼。而劳动争议仲裁委员会受理劳动争议案件后，也是首先进行调解，调解不成时才依法作出裁决。人民法院在受理劳动争议案件后，于不同的审判阶段都应先进行调解，调解不成的，才作判决。贯彻调解原则时，必须坚持双方自愿原则，不能有丝毫的勉强和强迫，否则达成的协议无效。

（二）及时处理原则

及时处理原则，是指劳动争议处理机构受理劳动争议案件后，应当在法律、法规规定的时限内迅速处理结案，消除纠纷，不能拖延。及时处理原集中表现在以下方面：

1. 规定多个调解组织，包括企业劳动争议调解委员会，依法设立的基层人民调解组织，在乡镇、街道设立的具有劳动争议调解职能的组织。一般说来，这三种调解组织就设置在劳动争议发生的基层，其能及时了解情况。争议发生后由调解组织先作处理，能有效避免矛盾加深、扩大，及时化解纠纷，从而维护劳资双方各自的合法权益。

2. 规定了短期办案时限。例如，劳动争议调解组织自收到调解申请之日起 15 日内未达成调解协议的，当事人可以依法申请仲裁。

劳动争议仲裁委员会应当遵守的时限包括：①自收到申诉书之日起 5 日内作出是否受理的决定；自决定之日起 5 日内将申诉书副本送达被诉人。②仲裁委员会审理案件，应当自劳动争议仲裁委员会受理仲裁申请之日起 45 日内结束。案情复杂需要延期的，经劳动争议仲裁委员会主任批准，可以延期并书面通知当事人，但是延长期限不得超过 15 日。逾期未作出仲裁裁决的，当事人可以就该劳动争议事项向人民法院提起诉讼。

（三）依法处理原则

依法处理原则，是指劳动争议处理机构应以事实为依据，严格依照法律规定来审理劳动争议。劳动争议处理机构应在全面调查案件事实的基础上，辨明是非，分清责任，正确适用法律，从而作出公正的裁决。这里的"依法"包含三个层次：第一层次是法律、法规的相关规定；第二层次是劳动合同或集体合同中的有效约定；第三层次是指合法的企业内部规章，但它只对本企业内的争议当事人具有效力。

（四）公正处理原则

公正处理原则，是指在处理劳动争议时，劳动争议处理机构应站在公正的立场，不祖护任何一方，必须保证争议双方当事人处于平等的法律地位，具有平等的权利，任何用人单位和劳动者都没有超越法律的特权。这一原则在我国《劳动法》《劳动争议调解仲裁法》中都有明确的规定。

另外，为了保证争议处理的公正性，切实维护劳动者的合法权益，处理争议时还要坚持三方原则，即要求劳动行政机关、企业用工方和工会组织三方共同处理劳动争议。

第二节 劳动争议处理机构

根据我国《劳动法》《劳动争议调解仲裁法》的相关规定，我国劳动争议处理机构主要有劳动争议调解组织、劳动争议仲裁委员会、人民法院和劳动行政主管部门。

一、劳动争议调解组织

1. 劳动争议调解组织的类型。我国劳动争议调解组织有三种，具体包括：企业劳动争议调解委员会，依法设立的基层人民调解组织，以及在乡镇、街道设立的具有劳动争议调解职能的组织。

2. 劳动争议调解委员会的组成。企业劳动争议调解委员会由职工代表和企业代表组成。职工代表由工会成员担任或者由全体职工推举产生，企业代表由企业负责人指定。企业劳动争议调解委员会主任由工会成员或者双方推举的人员担任。

3. 调解员的条件。劳动争议调解组织的调解员应当由公道正派、联系群众、热心调解工作，并具有一定法律知识、政策水平和文化水平的成年公民担任。

二、劳动争议仲裁委员会

（一）设立

根据《劳动争议调解仲裁法》的规定，劳动争议仲裁委员会按照统筹规划、合理布局和适应实际需要的原则设立。省、自治区人民政府可以决定在市、县设立劳动争议仲裁委员会；直辖市人民政府可以决定在区、县设立劳动争议仲裁委员会。直辖市、设区的市也可以设立一个或者若干个劳动争议仲裁委员会。劳动争议仲裁委员会不按行政区划层层设立。

（二）组成

劳动争议仲裁委员会由劳动行政部门代表、工会代表和企业方面的代表组成。劳动争议仲裁委员会的组成人员应当是单数。国务院劳动行政部门依照《劳动争议调解仲裁法》的有关规定制定仲裁规则。省、自治区、直辖市人民政府劳动行政部门对本行政区域的劳动争议仲裁工作进行指导。

（三）法律性质

劳动争议仲裁委员会的设立及组成决定了其特殊的法律地位，其既不是民间组织、司法机构，也不是纯粹的行政机构。劳动行政部门对劳动争议仲裁委员会的指导、劳动争议仲裁委员会仲裁管辖范围的确定、其活动经费对国家财政的依赖、其作出的生效裁决具有强制执行力等特征，使其具有一定的行政机构的色彩。但是，其与行政机关又有着显著区别：①仲裁委员会在行使仲裁权时居于中间人地位，而劳动行政机关在执法时则居于管理人地位；②仲裁委员会依法独立办案，一裁终局（即一次仲裁就结束仲裁程序），而对劳动行政机关作出的具体劳动行政行为则可以申请复议；③劳动争议仲裁不属于行政行为，

第九章

不受行政诉讼法的调整。[1] 因此，劳动争议仲裁委员会具有准司法的特征。

（四）职责

劳动争议仲裁委员会依法履行下列职责：①聘任、解聘专职或者兼职仲裁员；②受理劳动争议案件；③讨论重大或者疑难的劳动争议案件；④对仲裁活动进行监督。劳动争议仲裁委员会裁决劳动争议案件实行仲裁庭制。仲裁庭由 3 名仲裁员组成，设首席仲裁员。简单的劳动争议案件可以由 1 名仲裁员独任仲裁。

（五）仲裁员

劳动争议仲裁委员会应当设仲裁员名册。仲裁员应当公道正派，并符合下列条件之一：①曾任审判员；②从事法律研究、教学工作并具有中级以上职称；③具有法律知识、从事人力资源管理或者工会等专业工作满 5 年；④律师执业满 3 年。

三、人民法院

劳动争议处理中的诉讼程序不是必经程序，只有当劳动争议当事人对劳动争议仲裁委员会作出的裁决不服，在收到裁决书之日起 15 日内向人民法院提起诉讼时，该程序才能启动。

《劳动法》第 79 条规定："劳动争议发生后，当事人可以向本单位劳动争议调解委员会申请调解；调解不成，当事人一方要求仲裁的，可以向劳动争议仲裁委员会申请仲裁。当事人一方也可以直接向劳动争议仲裁委员会申请仲裁。对仲裁裁决不服的，可以向人民法院提起诉讼。"《劳动争议调解仲裁法》第 50 条规定："当事人对本法第四十七条规定以外的其他劳动争议案件的仲裁裁决不服的，可以自收到仲裁裁决书之日起十五日内向人民法院提起诉讼；期满不起诉的，裁决书发生法律效力。"《劳动争议调解仲裁法》第 47 条规定："下列劳动争议，除本法另有规定的外，仲裁裁决为终局裁决，裁决书自作出之日起发生法律效力：①追索劳动报酬、工伤医疗费、经济补偿或者赔偿金，不超过当地月最低工资标准十二个月金额的争议；②因执行国家的劳动标准在工作时间、休息休假、社会保险等方面发生的争议。"第 48 条规定："劳动者对本法第四十七条规定的仲裁裁决不服的，可以自收到仲裁裁决书之日起十五日内向人民法院提起诉讼。"可见，所谓一裁终局，是指特定情形下仲裁裁决对用人单位具有终局效力，劳动者仍有提起诉讼的权利。

《最高人民法院关于审理劳动争议案件适用法律问题的解释（一）》第 18 条规定："仲裁裁决的类型以仲裁裁决书确定为准。仲裁裁决书未载明该裁决为终局裁决或者非终局裁决，用人单位不服该仲裁裁决向基层人民法院提起诉讼的，应当按照以下情形分别处

---

[1] 作此理解的依据有：①《最高人民法院关于劳动仲裁委员会逾期不作出仲裁裁决或者作出不予受理通知的劳动争议案件人民法院应否受理的批复》规定："……劳动争议案件经劳动争议仲裁委员会仲裁是提起诉讼的必经程序。劳动争议仲裁委员会逾期不作出仲裁裁决或者作出不予受理的决定，当事人不服向人民法院提起行政诉讼的，人民法院不予受理；当事人不服劳动争议仲裁委员会作出的劳动争议仲裁裁决，可以向人民法院提起民事诉讼。"②《最高人民法院关于审理劳动争议案件适用法律问题的解释（一）》第 24 条也明确规定："当事人申请人民法院执行劳动争议仲裁机构作出的发生法律效力的裁决书、调解书，被申请人提出证据证明劳动争议仲裁裁决书、调解书有下列情形之一，并经审查核实的，人民法院可以根据民事诉讼法第二百三十七条规定，裁定不予执行：……人民法院在不予执行的裁定书中，应当告知当事人在收到裁定书之次日起三十日内，可以就该劳动争议事项向人民法院提起诉讼。"③《劳动争议调解仲裁法》第 49 条第 3 款规定："仲裁裁决被人民法院裁定撤销的，当事人可以自收到裁定书之日起十五日内就该劳动争议事项向人民法院提起诉讼。"

理：（一）经审查认为该仲裁裁决为非终局裁决的，基层人民法院应予受理；（二）经审查认为该仲裁裁决为终局裁决的，基层人民法院不予受理，但应告知用人单位可以自收到不予受理裁定书之日起三十日内向劳动争议仲裁机构所在地的中级人民法院申请撤销该仲裁裁决；已经受理的，裁定驳回起诉。"第 19 条规定："仲裁裁决书未载明该裁决为终局裁决或者非终局裁决，劳动者依据调解仲裁法第四十七条第一项规定，追索劳动报酬、工伤医疗费、经济补偿或者赔偿金，如果仲裁裁决涉及数项，每项确定的数额均不超过当地月最低工资标准十二个月金额的，应当按照终局裁决处理。"第 20 条规定："劳动争议仲裁机构作出的同一仲裁裁决同时包含终局裁决事项和非终局裁决事项，当事人不服该仲裁裁决向人民法院提起诉讼的，应当按照非终局裁决处理。"

人民法院是劳动争议处理的最终司法机构。由于在我国法院的机构设置中并没有专门的劳动法庭，劳动争议案件通常由法院的民事审判庭负责审理，与一般民事案件的审理程序完全相同，实行两审终审制。关于人民法院的组织机构、法律地位、职责等内容，详见《中华人民共和国法院组织法》的有关规定，在此不作赘述。

四、劳动行政部门

根据《劳动法》第 84 条[1]、第 85 条[2]及《劳动争议调解仲裁法》第 18 条[3]的规定，劳动行政主管部门在处理因集体合同订立产生的争议、对劳动争议仲裁的指导、对劳动违法行为的查处等方面均具有法定的职责。《劳动争议调解仲裁法》第 9 条也规定了，"用人单位违反国家规定，拖欠或者未足额支付劳动报酬，或者拖欠工伤医疗费、经济补偿或者赔偿金的，劳动者可以向劳动行政部门投诉，劳动行政部门应当依法处理。"所以，劳动行政部门已经成为我国现行制度下重要的劳动争议处理机构。

第三节　劳动争议处理程序

《劳动争议调解仲裁法》第 4 条规定："发生劳动争议，劳动者可以与用人单位协商，也可以请工会或者第三方共同与用人单位协商，达成和解协议。"第 5 条规定："发生劳动争议，当事人不愿协商、协商不成或者达成和解协议后不履行的，可以向调解组织申请调解；不愿调解、调解不成或者达成调解协议后不履行的，可以向劳动争议仲裁委员会申请仲裁；对仲裁裁决不服的，除本法另有规定的外，可以向人民法院提起诉讼。"根据上述规定，我国劳动争议处理程序有协商、调解、仲裁、诉讼四个环节。

一、协商程序

劳动争议发生后，劳动者可以与用人单位协商，也可以请工会或者第三方共同与用人

---

[1]《劳动法》第 84 条第 1 款规定："因签订集体合同发生争议，当事人协商解决不成的，当地人民政府劳动行政部门可以组织有关各方协调处理。"

[2]《劳动法》第 85 条规定："县级以上各级人民政府劳动行政部门依法对用人单位遵守劳动法律、法规的情况进行监督检查，对违反劳动法律、法规的行为有权制止，并责令改正。"

[3]《劳动争议调解仲裁法》第 18 条规定："国务院劳动行政部门依照本法有关规定制定仲裁规则。省、自治区、直辖市人民政府劳动行政部门对本行政区域的劳动争议仲裁工作进行指导。"

第九章

单位进行协商，达成和解协议。

协商不是劳动争议处理的必经程序，双方自愿是协商程序的前提，如果一方不愿意协商，或协商失败，另一方可以选择其他程序来处理劳动争议。双方协商所达成的协议没有强制执行力。

二、调解程序

这里的调解专指特定调解组织的调解，它不涉及劳动争议仲裁程序和诉讼程序中的调解，不是劳动争议处理的必经程序。

（一）调解的原则

1. 自愿原则。调解组织调解劳动争议，应当遵循当事人双方自愿的原则，这是调解的前提。具体包括：①申请调解必须基于双方自愿，不得强迫；②调解过程体现双方自愿；③达成调解协议是自愿的；④履行调解协议是自愿的，任何一方不愿意履行调解协议或反悔的，不影响其他救济权利的行使。

2. 尊重当事人申请仲裁和诉讼权利的原则。这一原则是指在调解程序的任何阶段，如果有任何一方不愿意继续调解，反而愿意申请仲裁和提起诉讼时，调解组织都应支持，不得施予阻拦。这是法律赋予双方当事人的权利，任何单位和个人都不得干涉。

（二）调解的程序

调解组织调解劳动争议，一般应按照下列工作程序进行：

1. 当事人申请。当事人申请劳动争议调解的，可以书面申请，也可以口头申请。口头申请的，调解组织应当当场记录申请人基本情况、申请调解的争议事项、理由和时间。发生劳动争议的劳动者一方在 10 人以上，并有共同请求的，可以推举代表参加调解活动。

2. 调解。调解劳动争议，应当充分听取双方当事人对事实和理由的陈述，耐心疏导，帮助其达成协议。

3. 调解协议。经调解达成协议的，应当制作调解协议书。调解协议书由双方当事人签名或者盖章，经调解员签名并加盖调解组织印章后生效，对双方当事人具有约束力，当事人应当履行。自劳动争议调解组织收到调解申请之日起 15 日内未达成调解协议的，当事人可以依法申请仲裁。达成调解协议后，一方当事人在协议约定期限内不履行调解协议的，另一方当事人可以依法申请仲裁。因追索劳动报酬、工伤医疗费、经济补偿或者赔偿金事项达成调解协议，用人单位在协议约定期限内不履行的，劳动者可以持调解协议书依法向人民法院申请支付令。人民法院应当依法发出支付令。《最高人民法院关于审理劳动争议案件适用法律问题的解释（一）》第 52 条规定"当事人在人民调解委员会主持下仅就给付义务达成的调解协议，双方认为有必要的，可以共同向人民调解委员会所在地的基层人民法院申请司法确认。"

三、仲裁程序

根据我国《劳动法》《劳动争议调解仲裁法》的规定，除另有规定的外，仲裁是处理劳动争议的必经程序，是劳动争议司法救济的前置程序。也就是说，劳动争议案件必须经过劳动争议仲裁委员会仲裁，人民法院对起诉案件才予以受理。

第九章

（一）仲裁的原则

1. 强制仲裁原则。我国《劳动法》第 79 条明确规定："劳动争议发生后，当事人可以向本单位劳动争议调解委员会申请调解；调解不成，当事人一方要求仲裁的，可以向劳动争议仲裁委员会申请仲裁。当事人一方也可以直接向劳动争议仲裁委员会申请仲裁。对仲裁裁决不服的，可以向人民法院提起诉讼。"《劳动争议调解仲裁法》第 29 条还规定："……对劳动争议仲裁委员会不予受理或者逾期未作出决定的，申请人可以就该劳动争议事项向人民法院提起诉讼。"由此可见，对劳动争议的仲裁不是当事人自愿选择的结果，而是法律的强制性规定，是当事人进行劳动权益救济的必经程序。

2. 先行调解原则。《劳动争议调解仲裁法》第 42 条规定："仲裁庭在作出裁决前，应当先行调解。……调解不成或者调解书送达前，一方当事人反悔的，仲裁庭应当及时作出裁决。"所以调解是裁决的先行程序、必经程序。

3. 一裁原则。劳动争议仲裁实行一次裁决制度，除《劳动争议调解仲裁法》有特殊规定的外，当事人对仲裁裁决不服的，可以自收到仲裁裁决书之日起 15 日内向人民法院提起诉讼；期满不起诉的，裁决书发生法律效力。也就是说，除特殊规定外，当事人不服仲裁裁决的，只能依法向人民法院起诉，即"裁审接轨"，当事人不得向上一级仲裁委员会申请复议或要求重新处理。这里的"特殊规定"是指《劳动争议调解仲裁法》第 47 条规定的"一裁终局"。其主要内容包括："下列劳动争议，除本法另有规定的外，仲裁裁决为终局裁决，裁决书自作出之日起发生法律效力：（一）追索劳动报酬、工伤医疗费、经济补偿或者赔偿金，不超过当地月最低工资标准十二个月金额的争议；（二）因执行国家的劳动标准在工作时间、休息休假、社会保险等方面发生的争议。"

对上述的"一裁终局"，《劳动争议调解仲裁法》第 48、49 条又规定了两种例外情形：

（1）劳动者对该法第 47 条规定的仲裁裁决不服的，可以自收到仲裁裁决书之日起 15 日内向人民法院提起诉讼。也就是说，第 47 条规定的"一裁终局"是针对用人单位而言的。

（2）用人单位有证据证明该法第 47 条规定的仲裁裁决有下列情形之一，可以自收到仲裁裁决书之日起 30 日内向劳动争议仲裁委员会所在地的中级人民法院申请撤销裁决：①适用法律、法规确有错误的；②劳动争议仲裁委员会无管辖权的；③违反法定程序的；④裁决所根据的证据是伪造的；⑤对方当事人隐瞒了足以影响公正裁决的证据的；⑥仲裁员在仲裁该案时有索贿受贿、徇私舞弊、枉法裁决行为的。人民法院经组成合议庭审查核实裁决有上述规定情形之一的，应当裁定撤销。仲裁裁决被人民法院裁定撤销的，当事人可以自收到裁定书之日起 15 日内就该劳动争议事项向人民法院提起诉讼。

4. 仲裁独立原则。即劳动争议当事人对仲裁决定不服，向人民法院起诉的，人民法院应以争议的双方主体为诉讼当事人，不应将劳动争议仲裁委员会列为被告或第三人。这也就是说，仲裁和诉讼的效力各自是独立的。

仲裁独立并不排斥司法对仲裁的监督，《劳动争议调解仲裁法》第 49 条明确规定："用人单位有证据证明本法第四十七条规定的仲裁裁决有下列情形之一，可以自收到仲裁裁决书之日起三十日内向劳动争议仲裁委员会所在地的中级人民法院申请撤销裁决：……人民法院经组成合议庭审查核实裁决有前款规定情形之一的，应当裁定撤销。仲裁裁决被人民法院裁定撤销的，当事人可以自收到裁定书之日起十五日内就该劳动争议事项向人民法院提起诉讼。"

除以上几个原则外，劳动争议的仲裁还应遵循区分举证责任原则、合议原则、回避原则等。

（二）仲裁的程序

1. 申请。根据《劳动争议调解仲裁法》的规定，劳动争议申请仲裁的时效期间为1年，仲裁时效期间从当事人知道或者应当知道其权利被侵害之日起计算。

申请人申请仲裁应当提交书面仲裁申请，并按照被申请人人数提交副本。仲裁申请书应当包括以下内容：①劳动者的姓名、性别、年龄、职业、工作单位和住所，用人单位的名称、住所和法定代表人或者主要负责人的姓名、职务；②仲裁请求和所根据的事实、理由；③证据和证据来源、证人姓名和住所。书写仲裁申请确有困难的，可以口头申请，由劳动争议仲裁委员会记入笔录，并告知对方当事人。

2. 受理。劳动争议仲裁委员会收到仲裁申请之日起5日内，认为符合受理条件的，应当受理，并通知申请人；认为不符合受理条件的，应当书面通知申请人不予受理，并说明理由。对劳动争议仲裁委员会不予受理或者逾期未作出决定的，申请人可以就该劳动争议事项向人民法院提起诉讼。

劳动争议仲裁委员会受理仲裁申请后，应当在5日内将仲裁申请书副本送达被申请人。被申请人收到仲裁申请书副本后，应当在10日内向劳动争议仲裁委员会提交答辩书。劳动争议仲裁委员会收到答辩书后，应当在5日内将答辩书副本送达申请人。被申请人未提交答辩书的，不影响仲裁程序的进行。

3. 开庭和裁决。

（1）庭前准备。庭前准备包括以下几个方面：

第一，仲裁庭的组成。劳动争议仲裁委员会裁决劳动争议案件实行仲裁庭制。仲裁庭由3名仲裁员组成，设首席仲裁员。简单劳动争议案件可以由1名仲裁员独任仲裁。劳动争议仲裁委员会应当在受理仲裁申请之日起5日内将仲裁庭的组成情况书面通知当事人。

第二，回避制度。仲裁员有下列情形之一的，应当回避，当事人也有权以口头或者书面方式提出回避申请：①是本案当事人或者当事人、代理人的近亲属的；②与本案有利害关系的；③与本案当事人、代理人有其他关系，可能影响公正裁决的；④私自会见当事人、代理人，或者接受当事人、代理人的请客送礼的。劳动争议仲裁委员会对回避申请应当及时作出决定，并以口头或者书面方式通知当事人。

（2）审理。开庭审理按以下步骤进行：

第一，仲裁庭应当在开庭5日前，将开庭日期、地点书面通知双方当事人。当事人有正当理由的，可以在开庭3日前请求延期开庭。是否延期，由劳动争议仲裁委员会决定。申请人收到书面通知，无正当理由拒不到庭或者未经仲裁庭同意中途退庭的，可以视为撤回仲裁申请。被申请人收到书面通知，无正当理由拒不到庭或者未经仲裁庭同意中途退庭的，可以缺席裁决。

第二，仲裁庭对专门性问题认为需要鉴定的，可以交由当事人约定的鉴定机构鉴定；当事人没有约定或者无法达成约定的，由仲裁庭指定的鉴定机构鉴定。根据当事人的请求或者仲裁庭的要求，鉴定机构应当派鉴定人参加开庭。当事人经仲裁庭许可，可以向鉴定人提问。

第三，当事人在仲裁过程中有权进行质证和辩论。质证和辩论终结时，首席仲裁员或者独任仲裁员应当征询当事人的最后意见。

第四，当事人提供的证据经查证属实的，仲裁庭应当将其作为认定事实的根据。劳动者无法提供由用人单位掌握管理的与仲裁请求有关的证据，仲裁庭可以要求用人单位在指定期限内提供。用人单位在指定期限内不提供的，应当承担不利后果。

第五，仲裁庭应当将开庭情况记入笔录。当事人和其他仲裁参加人认为对自己陈述的记录有遗漏或者差错的，有权申请补正。如果不予补正，应当记录该申请。笔录由仲裁员、记录人员、当事人和其他仲裁参加人签名或者盖章。

第六，当事人申请劳动争议仲裁后，可以自行和解。达成和解协议的，可以撤回仲裁申请。

第七，仲裁庭在作出裁决前，应当先行调解。调解达成协议的，仲裁庭应当制作调解书。调解书应当写明仲裁请求和当事人协议的结果。调解书由仲裁员签名，加盖劳动争议仲裁委员会印章，送达双方当事人。调解书经双方当事人签收后，发生法律效力。调解不成或者调解书送达前，一方当事人反悔的，仲裁庭应当及时作出裁决。

（3）审理期限。仲裁庭裁决劳动争议案件，应当自劳动争议仲裁委员会受理仲裁申请之日起45日内结束。案情复杂需要延期的，经劳动争议仲裁委员会主任批准，可以延期并书面通知当事人，但是延长期限不得超过15日。逾期未作出仲裁裁决的，当事人可以就该劳动争议事项向人民法院提起诉讼。仲裁庭裁决劳动争议案件时，其中一部分事实已经清楚的，可以就该部分先行裁决。

（4）裁决书。裁决应当按照多数仲裁员的意见作出，少数仲裁员的不同意见应当记入笔录。仲裁庭不能形成多数意见时，裁决应当按照首席仲裁员的意见作出。裁决书应当载明仲裁请求、争议事实、裁决理由、裁决结果和裁决日期。裁决书由仲裁员签名，加盖劳动争议仲裁委员会印章。对裁决持不同意见的仲裁员，可以签名，也可以不签名。

（5）仲裁的效力。下列劳动争议，仲裁裁决为终局裁决，裁决书自作出之日起发生法律效力：①追索劳动报酬、工伤医疗费、经济补偿或者赔偿金，每项确定的数额均不超过当地月最低工资标准12个月金额的争议；②因执行国家的劳动标准在工作时间、休息休假、社会保险等方面发生的争议。劳动者对上述仲裁裁决不服的，可以自收到仲裁裁决书之日起15日内向人民法院提起诉讼。

劳动人事争议仲裁委员会作出的同一仲裁裁决同时包含终局裁决事项和非终局裁决事项，当事人不服该仲裁裁决向人民法院提起诉讼的，应当按照非终局裁决处理。

当事人对上述规定以外的其他劳动争议案件的仲裁裁决不服的，可以自收到仲裁裁决书之日起15日内向人民法院提起诉讼；期满不起诉的，裁决书发生法律效力。另外，《最高人民法院关于审理劳动争议案件适用法律问题的解释（一）》第16条规定："劳动争议仲裁机构作出仲裁裁决后，当事人对裁决中的部分事项不服，依法提起诉讼的，劳动争议仲裁裁决不发生法律效力。"

《最高人民法院关于审理劳动争议案件适用法律问题的解释（一）》第17条规定："劳动争议仲裁机构对多个劳动者的劳动争议作出仲裁裁决后，部分劳动者对仲裁裁决不服，依法提起诉讼的，仲裁裁决对提起诉讼的劳动者不发生法律效力；对未提起诉讼的部

第九章

分劳动者，发生法律效力，如其申请执行的，人民法院应当受理。"

4. 裁决的执行。当事人对发生法律效力的调解书、裁决书，应当依照规定的期限履行。一方当事人逾期不履行的，另一方当事人可以依照民事诉讼法的有关规定向人民法院申请执行。受理申请的人民法院应当依法执行。

另外，仲裁庭对追索劳动报酬、工伤医疗费、经济补偿或者赔偿金的案件，根据当事人的申请，可以裁决先予执行，移送人民法院执行。仲裁庭裁决先予执行的，应当符合下列条件：①当事人之间权利义务关系明确；②不先予执行将严重影响申请人的生活。劳动者申请先予执行的，可以不提供担保。

5. 仲裁程序中存在的几个重要问题：

（1）管辖。劳动争议仲裁管辖，是指各级仲裁委员会之间、同级仲裁委员会之间，对劳动争议案件的分工和权限。劳动争议仲裁委员会负责管辖本区域内发生的劳动争议。劳动争议由劳动合同履行地或者用人单位所在地的劳动争议仲裁委员会管辖。双方当事人分别向劳动合同履行地和用人单位所在地的劳动争议仲裁委员会申请仲裁的，由劳动合同履行地的劳动争议仲裁委员会管辖。

（2）仲裁参加人。仲裁参加人包括仲裁当事人（申请人、被申请人）、第三人、共同申请人、仲裁代理人。发生劳动争议的劳动者和用人单位为劳动争议仲裁案件的双方当事人。劳务派遣单位或者用工单位与劳动者发生劳动争议的，劳务派遣单位和用工单位为共同当事人。与劳动争议案件的处理结果有利害关系的第三人，可以申请参加仲裁活动或者由劳动争议仲裁委员会通知其参加仲裁活动。

当事人可以委托代理人参加仲裁活动。委托他人参加仲裁活动，应当向劳动争议仲裁委员会提交有委托人签名或者盖章的委托书，委托书应当载明委托事项和权限。丧失或者部分丧失民事行为能力的劳动者，由其法定代理人代为参加仲裁活动；无法定代理人的，由劳动争议仲裁委员会为其指定代理人。劳动者死亡的，由其近亲属或者代理人参加仲裁活动。

（3）仲裁时效的中断与中止。《劳动争议调解仲裁法》第 27 条除了规定劳动争议申请仲裁的时效期间为 1 年外，还规定了仲裁时效的中断与中止：仲裁时效因当事人一方向对方当事人主张权利，或者向有关部门请求权利救济，或者对方当事人同意履行义务而中断。从中断时起，仲裁时效期间重新计算。因不可抗力或者有其他正当理由，当事人不能在 1 年的仲裁时效期间申请仲裁的，仲裁时效中止。从中止时效的原因消除之日起，仲裁时效期间继续计算。劳动关系存续期间因拖欠劳动报酬发生争议的，劳动者申请仲裁不受 1 年的仲裁时效期间的限制；但是，劳动关系终止的，应当自劳动关系终止之日起 1 年内提出。

（4）证据。发生劳动争议时，当事人对自己提出的主张有责任提供证据。当事人提供的证据经查证属实的，仲裁庭应当将其作为认定事实的根据。劳动者无法提供由用人单位掌握管理的与仲裁请求有关的证据，仲裁庭可以要求用人单位在指定期限内提供。用人单位在指定期限内不提供的，应当承担不利后果。

（5）仲裁不收费制度。为了减轻当事人的经济负担，《劳动争议调解仲裁法》第 53 条规定："劳动争议仲裁不收费。劳动争议仲裁委员会的经费由财政予以保障。"该制度从 2008 年 5 月 1 日起正式实施。

四、诉讼程序

诉讼程序不是劳动争议处理的必经程序，除"一裁终局"外，只有当劳动争议当事人不服劳动争议仲裁委员会作出的仲裁裁决，在收到裁决之日起 15 日内向人民法院提起诉讼的，该程序才可能启动。除法律另有规定外，诉讼程序的启动有前置程序的规定。[1]由于我国没有专门的劳动争议程序法，所以人民法院审理劳动争议案件主要适用《民事诉讼法》和最高人民法院发布的关于审理劳动争议的司法解释。

（一）劳动争议诉讼的受理范围

《最高人民法院关于审理劳动争议案件适用法律问题的解释（一）》（法释〔2020〕26 号）第 1 条规定："劳动者与用人单位之间发生的下列纠纷，属于劳动争议，当事人不服劳动争议仲裁机构作出的裁决，依法提起诉讼的，人民法院应予受理：（一）劳动者与用人单位在履行劳动合同过程中发生的纠纷；（二）劳动者与用人单位之间没有订立书面劳动合同，但已形成劳动关系后发生的纠纷；（三）劳动者与用人单位因劳动关系是否已经解除或者终止，以及应否支付解除或者终止劳动关系经济补偿金发生的纠纷；（四）劳动者与用人单位解除或者终止劳动关系后，请求用人单位返还其收取的劳动合同定金、保证金、抵押金、抵押物发生的纠纷，或者办理劳动者的人事档案、社会保险关系等移转手续发生的纠纷；（五）劳动者以用人单位未为其办理社会保险手续，且社会保险经办机构不能补办导致其无法享受社会保险待遇为由，要求用人单位赔偿损失发生的纠纷；（六）劳动者退休后，与尚未参加社会保险统筹的原用人单位因追索养老金、医疗费、工伤保险待遇和其他社会保险待遇而发生的纠纷；（七）劳动者因为工伤、职业病，请求用人单位依法给予工伤保险待遇发生的纠纷；（八）劳动者依据劳动合同法第八十五条规定，要求用人单位支付加付赔偿金发生的纠纷；（九）因企业自主进行改制发生的纠纷。"第 13 条第 3 款规定："依据调解仲裁法第十六条规定申请支付令被人民法院裁定终结督促程序后，劳动者依据调解协议直接提起诉讼的，人民法院应予受理。"

《最高人民法院关于审理劳动争议案件适用法律问题的解释（一）》第 2 条还对不属于劳动争议的纠纷进行了列举："下列纠纷不属于劳动争议：（一）劳动者请求社会保险经办机构发放社会保险金的纠纷；（二）劳动者与用人单位因住房制度改革产生的公有住房转让纠纷；（三）劳动者对劳动能力鉴定委员会的伤残等级鉴定结论或者对职业病诊断鉴定委员会的职业病诊断鉴定结论的异议纠纷；（四）家庭或者个人与家政服务人员之间的纠纷；（五）个体工匠与帮工、学徒之间的纠纷；（六）农村承包经营户与受雇人之间的纠纷。"第 32 条第 1 款规定："用人单位与其招用的已经依法享受养老保险待遇或者领取退休金的人员发生用工争议而提起诉讼的，人民法院应当按劳务关系处理。"第 33 条第 1 款规定："外国人、无国籍人未依法取得就业证件即与中华人民共和国境内的用人单位签订劳动合同，当事人请求确认与用人单位存在劳动关系的，人民法院不予支持。"

---

[1] 《最高人民法院关于审理劳动争议案件适用法律问题的解释（一）》第 14 条也明确规定："人民法院受理劳动争议案件后，当事人增加诉讼请求的，如该诉讼请求与讼争的劳动争议具有不可分性，应当合并审理；如属独立的劳动争议，应当告知当事人向劳动争议仲裁委员会申请仲裁。"

第九章

（二）劳动争议案件的审理

劳动争议案件的审理大多由人民法院的民事审判庭（有的地方为行政审判庭）具体负责，依照《民事诉讼法》规定的诉讼程序进行，所以在审理程序上参照《民事诉讼法》的相关规定即可，此处不赘述。

2021 年 7 月 16 日，苏州劳动法庭在江苏省苏州市中级人民法院揭牌，这是经最高人民法院批准而在地方设立的全国首家劳动法庭。今后，该法庭一方面将继续探索通过业务专门化处理、裁审衔接、简案快审、多元解纷等方式，更好地解决各类劳动争议纠纷案件；另一方面，也将为全国范围内新业态模式下的劳动用工领域内所出现的新情况和新问题的处理，提供具有参考价值的"苏州样本"，形成更多可复制、可推广的审判经验。

（三）劳动争议案件的裁决

对于劳动争议案件，人民法院经审理后可根据不同情况作出裁决。同时，《最高人民法院关于审理劳动争议案件适用法律问题的解释（一）》还作了如下规定：

1. 劳动合同被确认为无效，劳动者已付出劳动的，用人单位应当按照劳动合同法第 28 条、第 46 条、第 47 条的规定向劳动者支付劳动报酬和经济补偿。由于用人单位原因订立无效劳动合同，给劳动者造成损害的，用人单位应当赔偿劳动者因合同无效所造成的经济损失。

2. 用人单位有下列情形之一，迫使劳动者提出解除劳动合同的，用人单位应当支付劳动者的劳动报酬和经济补偿，并可支付赔偿金：①以暴力、威胁或者非法限制人身自由的手段强迫劳动的；②未按照劳动合同约定支付劳动报酬或者提供劳动条件的；③克扣或者无故拖欠劳动者工资的；④拒不支付劳动者延长工作时间工资报酬的；⑤低于当地最低工资标准支付劳动者工资的。

3. 劳动合同期满后，劳动者仍在原用人单位工作，原用人单位未表示异议的，视为双方同意以原条件继续履行劳动合同。一方提出终止劳动关系的，人民法院应予支持。根据劳动合同法第 14 条规定，用人单位应当与劳动者签订无固定期限劳动合同而未签订的，人民法院可以视为双方之间存在无固定期限劳动合同关系，并以原劳动合同确定双方的权利义务关系。

4. 劳动争议仲裁机构作出仲裁裁决后，当事人对裁决中的部分事项不服，依法提起诉讼的，劳动争议仲裁裁决不发生法律效力。

5. 劳动争议仲裁机构对多个劳动者的劳动争议作出仲裁裁决后，部分劳动者对仲裁裁决不服，依法提起诉讼的，仲裁裁决对提起诉讼的劳动者不发生法律效力；对未提起诉讼的部分劳动者，发生法律效力，如其申请执行的，人民法院应当受理。

6. 用人单位根据劳动合同法第 4 条规定，通过民主程序制定的规章制度，不违反国家法律、行政法规及政策规定，并已向劳动者公示的，可以作为确定双方权利义务的依据。用人单位制定的内部规章制度与集体合同或者劳动合同约定的内容不一致，劳动者请求优先适用合同约定的，人民法院应予支持。

7. 用人单位对劳动者作出的开除、除名、辞退等处理，或者因其他原因解除劳动合同确有错误的，人民法院可以依法判决予以撤销。对于追索劳动报酬、养老金、医疗费以及工伤保险待遇、经济补偿金、培训费及其他相关费用等案件，给付数额不当的，人民法院可以予以变更。

（四）对劳动争议仲裁的监督

对劳动争议仲裁的监督，目前有两个规范性文件作了不同规定：

1. 《最高人民法院关于审理劳动争议案件适用法律问题的解释（一）》第 24 条规定："当事人申请人民法院执行劳动争议仲裁机构作出的发生法律效力的裁决书、调解书，被申请人提出证据证明劳动争议仲裁裁决书、调解书有下列情形之一，并经审查核实的，人民法院可以根据民事诉讼法第二百三十七条规定，裁定不予执行：（一）裁决的事项不属于劳动争议仲裁范围，或者劳动争议仲裁机构无权仲裁的；（二）适用法律、法规确有错误的；（三）违反法定程序的；（四）裁决所根据的证据是伪造的；（五）对方当事人隐瞒了足以影响公正裁决的证据的；（六）仲裁员在仲裁该案时有索贿受贿、徇私舞弊、枉法裁决行为的；（七）人民法院认定执行该劳动争议仲裁裁决违背社会公共利益的。人民法院在不予执行的裁定书中，应当告知当事人在收到裁定书之次日起三十日内，可以就该劳动争议事项向人民法院提起诉讼。"

2. 《劳动争议调解仲裁法》第 49 条规定："用人单位有证据证明本法第四十七条规定的仲裁裁决有下列情形之一，可以自收到仲裁裁决书之日起三十日内向劳动争议仲裁委员会所在地的中级人民法院申请撤销裁决：①适用法律、法规确有错误的；②劳动争议仲裁委员会无管辖权的；③违反法定程序的；④裁决所根据的证据是伪造的；⑤对方当事人隐瞒了足以影响公正裁决的证据的；⑥仲裁员在仲裁该案时有索贿受贿、徇私舞弊、枉法裁决行为的。人民法院经组成合议庭审查核实裁决有前款规定情形之一的，应当裁定撤销。仲裁裁决被人民法院裁定撤销的，当事人可以自收到裁定书之日起十五日内就该劳动争议事项向人民法院提起诉讼。"

（五）诉讼程序中的几个重要问题

1. 立案。劳动争议仲裁机构逾期未作出受理决定或仲裁裁决，当事人直接提起诉讼的，人民法院应予受理，但申请仲裁的案件存在下列事由的除外：①移送管辖的；②正在送达或者送达延误的；③等待另案诉讼结果、评残结论的；④正在等待劳动争议仲裁机构开庭的；⑤启动鉴定程序或者委托其他部门调查取证的；⑥其他正当事由。

当事人以劳动争议仲裁机构逾期未作出仲裁裁决为由提起诉讼的，应当提交该仲裁机构出具的受理通知书或者其他已接受仲裁申请的凭证、证明。

2. 管辖。根据《最高人民法院关于审理劳动争议案件适用法律问题的解释（一）》的规定，劳动争议案件由用人单位所在地或者劳动合同履行地的基层人民法院管辖。劳动合同履行地不明确的，由用人单位所在地的基层人民法院管辖。法律另有规定的，依照其规定。

双方当事人就同一仲裁裁决分别向有管辖权的人民法院起诉的，后受理的人民法院应当将案件移送给先受理的人民法院。

3. 诉讼参加人。

（1）当事人。劳动争议诉讼案件的当事人是劳动者与用人单位。根据劳动争议案件的特点，《最高人民法院关于审理劳动争议案件适用法律问题的解释（一）》对此专门作了一些规定：①劳动者与用人单位均不服劳动争议仲裁机构的同一裁决，向同一人民法院起诉的，人民法院应当并案审理，双方当事人互为原告和被告，对双方的诉讼请求，人民法院应当一并作出裁决。②用人单位与其它单位合并的，合并前发生的劳动争议，由合并后的单位为当事人；用人单位分立为若干单位的，其分立前发生的劳动争议，由分立后的实际用人单位为当事人。用人单位分立为若干单位后，具体承受劳动权利义务的单位不明确的，分立后的单位均为当事人。③用人单位招用尚未解除劳动合同的劳动者，原用人单位以新的用人单位和劳动者共同侵权为由提起诉讼的，新的用人单位和劳动者列为共同被告。④劳动者在用人单位与其他平等主体之间的承包经营期间，与发包方和承包方双方或者一方发生劳动争议，依法提起诉讼的，应当将承包方和发包方作为当事人。⑤劳动者与未办理营业执照、营业执照被吊销或者营业期限届满仍继续经营的用人单位发生争议的，应当将用人单位或者其出资人列为当事人。⑥未办理营业执照、营业执照被吊销或者营业期限届满仍继续经营的用人单位，以挂靠等方式借用他人营业执照经营的，应当将用人单位和营业执照出借方列为当事人。⑦当事人不服劳动争议仲裁机构作出的仲裁裁决，依法提起诉讼，人民法院审查认为仲裁裁决遗漏了必须共同参加仲裁的当事人的，应当依法追加遗漏的人为诉讼当事人。被追加的当事人应当承担责任的，人民法院应当一并处理。

（2）第三人。《最高人民法院关于审理劳动争议案件适用法律问题的解释（一）》专门规定：用人单位招用尚未解除劳动合同的劳动者，原用人单位与劳动者发生的劳动争议，可以列新的用人单位为第三人。原用人单位以新的用人单位侵权为由提起诉讼的，可以列劳动者为第三人。

4. 举证责任的分配。劳动争议诉讼一般适用民事诉讼法的举证原则，但对于特殊问题，《最高人民法院关于审理劳动争议案件适用法律问题的解释（一）》第42条作了相应规定："劳动者主张加班费的，应当就加班事实的存在承担举证责任。但劳动者有证据证明用人单位掌握加班事实存在的证据，用人单位不提供的，由用人单位承担不利后果。"第44条规定，因用人单位作出的开除、除名、辞退、解除劳动合同、减少劳动报酬、计算劳动者工作年限等决定而发生的劳动争议，用人单位负举证责任。

5. 竞业限制约定与经济补偿。

（1）当事人在劳动合同或者保密协议中约定了竞业限制，但未约定解除或者终止劳动合同后给予劳动者经济补偿，劳动者履行了竞业限制义务，要求用人单位按照劳动者在劳动合同解除或者终止前12个月平均工资的30%按月支付经济补偿的，人民法院应予支持。前述规定的月平均工资的30%低于劳动合同履行地最低工资标准的，按照劳动合同履行地最低工资标准支付。

（2）当事人在劳动合同或者保密协议中约定了竞业限制和经济补偿，当事人解除劳动合同时，除另有约定外，用人单位要求劳动者履行竞业限制义务，或者劳动者履行了竞业限制义务后要求用人单位支付经济补偿的，人民法院应予支持。

（3）当事人在劳动合同或者保密协议中约定了竞业限制和经济补偿，劳动合同解除或者终止后，因用人单位的原因导致3个月未支付经济补偿，劳动者请求解除竞业限制约定的，人民法院应予支持。

（4）在竞业限制期限内，用人单位请求解除竞业限制协议的，人民法院应予支持。在解除竞业限制协议时，劳动者请求用人单位额外支付劳动者3个月的竞业限制经济补偿的，人民法院应予支持。

（5）劳动者违反竞业限制约定，向用人单位支付违约金后，用人单位要求劳动者按照约定继续履行竞业限制义务的，人民法院应予支持。

6. 终局裁决与诉讼的衔接。

（1）《劳动争议调解仲裁法》第 47 条规定，追索劳动报酬、工伤医疗费、经济补偿或者赔偿金，如果仲裁裁决涉及数项且每项确定的数额均不超过当地月最低工资标准 12 个月金额的，或者因执行国家的劳动标准在工作时间、休息休假、社会保险等方面发生的争议，对用人单位而言，仲裁裁决为终局裁决，裁决书自作出之日起发生法律效力。但劳动者可以自收到仲裁裁决书之日起 15 日内向人民法院提起诉讼。

（2）劳动争议仲裁机构作出的同一仲裁裁决同时包含终局裁决事项和非终局裁决事项，当事人不服该仲裁裁决向人民法院提起诉讼的，应当按照非终局裁决处理。

（3）劳动者依据《劳动争议调解仲裁法》第 48 条规定向基层人民法院提起诉讼，用人单位依据《劳动争议调解仲裁法》第 49 条规定向劳动争议仲裁机构所在地的中级人民法院申请撤销仲裁裁决的，中级人民法院应当不予受理；已经受理的，应当裁定驳回申请。被人民法院驳回起诉或者劳动者撤诉的，用人单位可以自收到裁定书之日起 30 日内，向劳动争议仲裁机构所在地的中级人民法院申请撤销仲裁裁决。

（4）用人单位依据《劳动争议调解仲裁法》第 49 条规定向中级人民法院申请撤销仲裁裁决，中级人民法院作出的驳回申请或者撤销仲裁裁决的裁定为终审裁定。

（5）中级人民法院审理用人单位申请撤销终局裁决的案件，应当组成合议庭开庭审理。经过阅卷、调查和询问当事人，对没有新的事实、证据或者理由，合议庭认为不需要开庭审理的，可以不开庭审理。中级人民法院可以组织双方当事人调解。达成调解协议的，可以制作调解书。一方当事人逾期不履行调解协议的，另一方可以申请人民法院强制执行。

（6）劳动争议仲裁机构作出终局裁决，劳动者向人民法院申请执行，用人单位向劳动争议仲裁机构所在地的中级人民法院申请撤销的，人民法院应当裁定中止执行。用人单位撤回撤销终局裁决申请或者其申请被驳回的，人民法院应当裁定恢复执行。仲裁裁决被撤销的，人民法院应当裁定终结执行。用人单位向人民法院申请撤销仲裁裁决被驳回后，又在执行程序中以相同理由提出不予执行抗辩的，人民法院不予支持。

7. 支付令。劳动者依据《劳动合同法》第 30 条第 2 款和《劳动争议调解仲裁法》第 16 条规定向人民法院申请支付令，符合《民事诉讼法》第 17 章督促程序规定的，人民法院应予受理。依据《劳动合同法》第 30 条第 2 款规定申请支付令被人民法院裁定终结督促程序后，劳动者就劳动争议事项直接提起诉讼的，人民法院应当告知其先向劳动争议仲裁机构申请仲裁。依据《劳动争议调解仲裁法》第 16 条规定申请支付令被人民法院裁定终结督促程序后，劳动者依据调解协议直接提起诉讼的，人民法院应予受理。

第四节　集体合同争议处理程序

我国《劳动法》《集体合同规定》将集体合同争议分为两类：因签订集体合同发生的争议和因履行集体合同发生的争议，并且对这两类争议规定了不同的处理程序。

一、因签订集体合同发生的争议的处理程序

因签订集体合同（包括专项集体合同）而在双方协商过程中发生的争议，也称为集体协商争议。由于这种争议发生在双方协商代表就集体劳动条件进行协商的过程中，与个别劳动争议以及因履行集体合同发生的争议不同，因签订集体合同发生的争议仅仅是双方因为就某些内容的认识上发生分歧，不能通过协商达成一致意见而产生争议。由于这种争议是在双方"确权"的过程中发生的，不存在"侵权"事实，因此不宜采用仲裁或诉讼的处理方式。因此，劳动和社会保障部 2004 年 1 月 20 日发布的《集体合同规定》以专章形式规定了"集体协商争议的协调处理"。一般而言，因签订集体合同或专项集体合同发生的争议，按以下途径处理：

1. 当事人协商。由双方当事人自行协商解决是解决此种争议的首选方式。这也有利于双方及时化解分歧，达成共识。

2. 劳动保障行政部门协调处理。根据《集体合同规定》，在集体协商过程中发生争议，双方当事人不能协商解决的，当事人一方或双方可以书面向劳动保障行政部门提出协调处理申请；未提出申请的，劳动保障行政部门认为必要时也可以进行协调处理。集体协商争议处理实行属地管辖，具体管辖范围由省级劳动保障行政部门规定。中央管辖的企业以及跨省、自治区、直辖市用人单位因集体协商发生的争议，由劳动保障部指定的省级劳动保障行政部门组织同级工会和企业组织等三方面的人员协调处理，必要时，劳动保障部也可以组织有关方面协调处理。

劳动保障行政部门介入集体协商争议，既可以根据当事人一方或双方的书面申请以被动介入；也可以视情况需要，依职权主动立案调处。立案后应在调查了解争议情况的基础上拟定协调处理的方案。劳动保障行政部门协调处理该争议时，应当组织同级工会和企业组织等三方面的人员共同进行。协调处理集体协商争议，应当自受理协调处理申请之日起 30 日内结束协调处理工作。期满未结束的，可以适当延长协调期限，但延长期限不得超过 15 日。

协调处理集体协商争议应当按照以下程序进行：①受理协调处理申请。②调查了解争议的情况。③研究制定协调处理争议的方案。④对争议进行协调处理。⑤制作《协调处理协议书》。《协调处理协议书》应当载明协调处理申请、争议的事实和协调结果，双方当事人就某些协商事项不能达成一致的，应将继续协商的有关事项予以载明。《协调处理协议书》由集体协商争议协调处理人员和争议双方首席代表签字盖章后生效。争议双方均应遵守生效后的《协调处理协议书》。⑥用人单位无正当理由拒绝工会或职工代表提出的集体协商要求的，按照《工会法》第 54 条第 1 款第 4 项的规定，由县级以上人民政府责令改正，依法处理。

二、因履行集体合同发生的争议的处理程序

因履行集体合同发生的争议，我国《劳动法》《集体合同规定》《工会法》《劳动合同法》等都有规定。《劳动法》第 84 条第 2 款规定："因履行集体合同发生争议，当事人协商解决不成的，可以向劳动争议仲裁委员会申请仲裁；对仲裁裁决不服的，可以自收到仲裁裁决书之日起十五日内向人民法院提起诉讼。"《集体合同规定》第 55 条规定："因履

行集体合同发生的争议，当事人协商解决不成的，可以依法向劳动争议仲裁委员会申请仲裁。"《工会法》第 21 条第 4 款规定"企业、事业单位、社会组织违反集体合同，侵犯职工劳动权益的，工会可以依法要求企业、事业单位、社会组织予以改正并承担责任；因履行集体合同发生争议，经协商解决不成的，工会可以向劳动争议仲裁机构提请仲裁，仲裁机构不予受理或者对仲裁裁决不服的，可以向人民法院提起诉讼。"《劳动合同法》第 56 条规定："用人单位违反集体合同，侵犯职工劳动权益的，工会可以依法要求用人单位承担责任；因履行集体合同发生争议，经协商解决不成的，工会可以依法申请仲裁、提起诉讼。"

从以上规定可以看出，因履行集体合同发生的争议，依据《劳动法》《集体合同规定》《工会法》的规定，实行先仲裁后诉讼的体制；但在《劳动合同法》中，仲裁与诉讼的关系并不明确，既可以理解为先仲裁后诉讼，也可以理解为仲裁与诉讼处于并列地位而由当事人进行选择。也就是说，对因履行集体合同发生的争议的处理程序，我国现有的法律规定很不完善，有待相关部门进一步作出规定。

第九章

第十章
劳动保障监察制度

劳动保障监察是劳动监督检查的一项重要内容，是保障劳动法实施的一种强制性手段。《劳动保障监察条例》的施行，是劳动保障法制建设所迈出的重要一步，标志着劳动保障监察工作进入一个新的发展时期。

第一节　劳动保障监察制度概述

一、劳动保障监察概述

（一）劳动保障监察的概念和特征

劳动保障监察是由劳动行政主管部门对建立劳动关系的用人单位、劳动者以及其他社会组织遵守劳动法律、法规、规章的情况进行检查，并对发现的违法行为予以处罚的执法活动的总称。劳动保障监察是劳动监督检查的一项重要内容，是保障《劳动法》实施的一种强制性手段。2004年11月1日，国务院发布了《劳动保障监察条例》。《劳动保障监察条例》在总结实践经验的基础上，对劳动保障监察的范围、原则、主体、内容、程序及监察机构和监察员的职责、权利和义务等方面都作出了明确规定，并对监察机构和监察员的违法行为规定了相应的法律责任。这些规定体现了依法行政所要求的行政执法职权法定、主体法定、程序法定等基本原则，确保国家劳动保障监察权的正确行使。劳动保障监察具有以下基本属性：

1. 法定性。劳动保障监察规则直接为法律所规定，其中含有许多强制性规定，如规定劳动保障监察机构的设立、劳动保障监察员的任职条件、劳动保障监察的程序、劳动行政处罚等内容。

2. 行政性。行政性是指劳动保障监察的行使主体是劳动行政主管部门，通过其行政行为对用人单位遵守劳动法律、法规、规章的情况进行监督检查。行政性是劳动保障监察与其他劳动监督检查相区别的重要方面。

3. 专门性。专门性是指设置劳动保障监察机构的目的，在于通过专门的机构、人员，并依据法律、法规、规章规定的专门程序，履行行政执法职能。

4. 综合性。劳动保障监察是对用人单位执行《劳动法》的过程所进行的综合性的监督检查，任何用人单位，不分系统、行业，都属于劳动保障监察机构实施监察的范围；各项劳动制度和劳动法规的执行情况也都属于劳动保障监察机构实施监察的内容。

5. 处罚性。劳动保障监察机构依据法律、法规，实施对用人单位的处罚权。

【资料链接】

2004年12月31日，劳动和社会保障部发布《关于实施〈劳动保障监察条例〉若干规定》，该规定自2005年2月1日起实施，原《劳动监察规定》《劳动监察程序规定》《处理举报劳动违法行为规定》同时废止。2004年12月1日国务院《劳动保障监察条例》的施行，是劳动保障法制建设所迈出的重要一步，标志着劳动保障监察工作进入一个新的发展时期，也标志着我国以《劳动法》为主体的调整劳动关系的法律法规体系的进一步完善。[1]

《劳动保障监察条例》与以往的《劳动监察规定》相比，具有以下的不同点：①在立法层次上，《劳动保障监察条例》是国务院颁布的在目前我国劳动保障监察工作中的最高的行政法规，具有最高的法律效力，而以往的《劳动监察规定》是原劳动部在1993年制定的；②在监察措施上，首次提出以专业化的方式，即委托会计师事务所，对单位比较复杂的社会保险与工资支付方面的业务进行审计；③首次明确规定投诉举报制度，并提出对重大案件的举报人加以奖励；④首次明确提出劳动保障监察所需费用列入本级政府财政预算的要求；⑤明确提出受理、查处投诉举报的时效为60个工作日，有特殊情况的可以经负责人批准，延长30个工作日；⑥明确提出针对用人单位发生违反劳动保障法律法规的行为的投诉举报时效为2年，该时效从违法行为结束之日起算，超过2年时效的案件不再受理。

（二）劳动保障监察与一般劳动保障监督检查的联系和区别

一般的劳动保障监督检查，是指劳动行政主管机关、工会等群众团体对用人单位的监督和检查。劳动保障监察与一般劳动保障监督检查有着密不可分的联系，二者有着共同的监督对象，在实现监督检查过程中，二者相互配合，起着互为补充的作用。劳动保障监察与一般劳动保障监察检查既有联系，又有区别，二者的主要区别表现为以下几点：

1. 主体不同。劳动保障监督由依法成立的专门机构进行，劳动保障监察是它的专门职责。一般劳动保障监督检查是由非专门机构进行的，它的主体具有广泛性。

2. 职权范围不同。劳动保障监察机构的职权范围是对用人单位进行全面的综合性的监督检查，当其发现用人单位有违法现象时，对该违法现象有处分权。而一般劳动保障监督检查机关在对用人单位进行监督和检查的过程中，若发现用人单位有违法现象，要进行处罚时，则必须通过劳动保障监察的专门机构行使处罚权，即工会等群众团体只有监督权，而无处罚权。

3. 监督范围不同。劳动保障监察是全面的劳动监督，它涉及的范围比较广，主要包括各项劳动与社会保障制度和劳动与社会保障法律、法规。不论哪一种劳动关系，也不论用人单位的隶属关系如何，都可以被纳入劳动保障监察的范围。而一般劳动保障监督检查，仅限于对本行业、本系统、本单位的监督。

4. 监督的法律效力不同。劳动保障监察是具有高度权威性的劳动保障监督，作为一种劳动保障监督，劳动保障监察机构是依法成立的，其行为是代表国家行使权力，其监察

---

[1]　建民："《劳动保障监察条例》解读"，载《人权》2005年第1期。

第十章

决定具有国家指令性文件的法律效力。而一般劳动保障监督检查的权限，不是由法律直接规定的，例如，劳动保障行政部门中各职能机构的监督权限，是基于内部分工形成的，至于工会等群众团体的监督属于社会监督，与劳动保障监察的监督并不是同一个层面上的监督。

（三）劳动保障监察与劳动仲裁的区别

1. 实施的机构不同。劳动保障监察由劳动监察机构实施；劳动仲裁由劳动仲裁机构实施。劳动争议仲裁机构由劳动部门、工会和用人单位三方代表组成；劳动保障监察机构则是劳动部门的职能机构。

2. 工作对象不同。劳动保障监察是指劳动保障行政部门对本行政区域的企业、个体经济组织遵守劳动法律、法规、规章的情况进行监督检查，对违法行为进行制止，责令改正或者依法予以处罚的行政行为。劳动保障监察工作的对象是劳动关系双方中的用人单位。劳动争议仲裁是指劳动争议仲裁委员会对用人单位与劳动者之间发生的争议，在查明事实，明确是非，分清责任的基础上依法作出裁决的活动。因此，劳动争议仲裁的工作对象是发生劳动争议的劳动关系双方当事人。

3. 性质不同。劳动仲裁是一种社会干预行为；劳动保障监察是一种行政执法行为。

4. 目的不同。劳动仲裁直接以处理劳动争议为目的；劳动保障监察则直接以查处、纠正被监察主体违反劳动法的行为，督促被监察主体遵守劳动法为目的。

5. 启动的条件不同。劳动仲裁机构因劳动争议当事人的请求而实施仲裁；而劳动保障监察主体对其职权范围内的事项则应当主动进行监察。

6. 权限范围不同。劳动仲裁机构无权对劳动争议当事人进行处罚，但对劳动争议有调解权；劳动保障监察主体对违反劳动法的被监察主体能够实施一定的处罚权，但对监察事项无调解权。

7. 引发的诉讼程序不同。劳动争议仲裁委员会受理劳动争议，当事人不服裁决的，可以提起诉讼，争议双方当事人均可能成为原告或被告。在劳动保障监察中，被监察主体不服监察决定的，则可依法申请行政复议或劳动行政诉讼程序，被告只能是劳动保障行政机关。

8. 法律后果不同。劳动保障监察机构对监察决定没有行政强制权，但可以申请人民法院强制执行；劳动争议仲裁裁决的强制执行由一方当事人向人民法院提出申请。

9. 救济途径不同。当事人对劳动保障监察机构的监察决定不服的，可以提起行政诉讼或行政复议；劳动争议仲裁当事人对仲裁裁决不服的，可以向人民法院提起民事诉讼。

10. 所依据的规范不同。劳动仲裁所依据的实体法既可以是强制性规范，也可以是任意性规范，并且还能够依据合法有效的合同条款、企业劳动规则进行调解和裁决；劳动保障监察所依据的实体法只限于强制性规范，不能以合同条款和企业劳动规则作为监察决定的准绳。劳动保障监察所依据的实体法和程序法分别是《劳动法》《行政复议法》《行政处罚法》《行政诉讼法》等。劳动争议仲裁的法律依据是《劳动争议调解仲裁法》和《民事诉讼法》。

二、劳动保障监察的意义

权利的实现必须建立在依法自觉履行义务和追究违法责任的基础上，对一些严重违反劳动法的行为，必须采取较严厉的处罚方式。劳动保障监察机构作为法律授权的专门机构，便承担了监管用人单位严格依劳动法办事，对严重违法行为予以处罚和纠正的职责。劳动监督能够保证劳动关系良性运转，维护劳动者的合法权益，从而调动劳动者的积极性，这对于保证我国劳动法律规范的实施具有十分重大的意义。

（一）劳动保障监察是加强和完善劳动法制建设的重要方面

劳动保障监察是建立完善的劳动法律体系的一项重要内容，是保证劳动法能够正确实施的一个重要手段。我国《劳动法》第十一章规定了县级以上各级人民政府劳动行政部门的劳动保障监察权，其他有关行政规章对劳动保障监察机构的设立、职责范围、行使监察权的程序均作了明确规定。2004年国务院发布了《劳动保障监察条例》，2005年劳动和社会保障部发布了《关于实施〈劳动保障监察条例〉若干规定》，进一步完善了我国劳动保障监察法律体系。

（二）劳动保障监察是贯彻执行劳动法的有力保障

只有劳动保障立法，不注重劳动保障执法，就会动摇劳动保障法律法规在整个法律体系中的地位，并削弱劳动保障法制建设。加强劳动保障监察，强调劳动保障执法，这是劳动保障法制建设的需要。如果劳动法得不到认真的贯彻，则会对我国社会、经济的发展等产生不良影响。必须加强劳动保障监察执法，才能充分实现劳动法的维权功能，切实维护劳动者的合法权益。只有建立和健全劳动保障监察制度，加强劳动保障执法的力度，才能更好地贯彻和执行劳动保障法律法规，纠正和杜绝违法现象。

（三）劳动保障监察有利于增强用人单位的法制观念

在实现劳动过程中，由于劳动关系的统一性和对立性，用人单位往往以利润为目标，忽视劳动者的合法权益，这种现象不利于劳动关系的稳定，影响劳动生产率的提高，从而对双方利益有所损害。目前，计划经济时期遗留下来的劳动力运行方式仍对劳动力供求双方有所影响，不签订劳动合同、不按期核发工资、随意克扣工资的现象极其普遍，劳动者的工作场所常常发生工伤事故和职业性疾病侵害，特别是近年来侵害农民工合法权益等问题比较突出，这一切均需通过劳动保障监察来增强劳动关系双方的法制观念，从而预防违法行为。

（四）劳动保障监察能够切实维护劳动者的合法权益

劳动者在与用人单位建立劳动关系后，尽管二者在行政上存在着隶属关系，即劳动者必须遵守用人单位内部的规章，尽职尽责、按时按质地完成自己的劳动任务；但同时，法律也赋予了劳动者许多权利，劳动者的这些权利，就是用人单位的义务。只有加强劳动保障监督，督促用人单位依法、如期履行自己所承担的义务，劳动者的这些权利才能得到充分的实现。反之，若用人单位不能履行应尽的义务，劳动者的各种权利也就无法实现。实施劳动保障监察，对切实维护劳动者的合法权益具有十分重要的意义。

三、劳动保障监察的基本原则

劳动保障监察的基本原则是指导劳动保障监察活动、规范劳动保障监察行为的基本准则。根据《劳动保障监察条例》规定，劳动保障监察应坚持以下基本原则：

（一）依法独立行使监察权原则

劳动保障监察机构在监察活动中，以法律、法规为准绳，不受其他行政机关、社会团

第十章

体和个人的干涉，独立地行使监察权。

（二）合法原则

在劳动保障监察执法工作中，遵守合法原则尤为重要。该原则的具体要求是：①监察执法主体及其权限必须符合《劳动保障监察条例》规定，违反规定的主体或超越权限实施的监察都是无效的；②实施监察必须正确适用《劳动保障监察条例》及有关法律、法规和规章，适用法律错误将会构成实体上的违法；③监察执法程序必须符合法律规定，《劳动保障监察条例》对实施监察的程序作了明确规定，在需要给予行政处罚时，还必须遵循《行政处罚法》的程序规定。违反这些程序规定的，就构成程序违法，实体违法与程序违法都将导致劳动保障监察执法行为无效。依法行政就是要将劳动保障监察执法工作纳入法治的轨道，以便于从根本上保护公民、法人和其他组织的合法权益。

（三）公开、公正原则

公开原则要求劳动保障监察执法活动除法律有特殊规定外，应当向社会公开。其本质是对公众知情权、参与权与监督权的保护，是接受人民群众监督的具体表现形式。该原则的基本要求是：①劳动保障监察依据的法律、法规和规章都应当公布，未经公布的，不得作为监察执法依据；②劳动保障监察的职责及内容公开，《劳动保障监察条例》明确规定了监察的职责和检查的具体事项，同时，监察机构的举报、投诉电话、地址等也应向社会公开；③监察执法的程序和处理时限要予以公开，包括受理投诉、调查取证、听取当事人陈述和申辩、举行听证会、作出行政处理或处罚决定等，都应是具体、明确和公开的，这既是为了保障行政相对人的知情权，也是为了接受行政相对人和社会公众的监督。坚持公开原则促使劳动保障监察工作不断提高其透明度，通过全社会的监督，有助于预防和减少工作中的失误和偏差，规范监察执法行为。

坚持公正原则主要体现在劳动保障监察执法必须以事实为依据，以法律为准绳。在履行职责时，不仅在实体上和程序上都要合法，还要注意权利与义务的平衡，以及个人利益与国家利益、集体利益之间的平衡。行政行为必须符合客观规律，合乎情理，不能要求行政相对人承担其无法履行或违背情理的义务。其具体内容包括：①在实施监察时应当平等地对待所有行政相对人，不能因地域、性质不同而对行政相对人采取不同的标准；②合理行使自由裁量权，严格按照违法情节和损害后果等因素确定具体罚款数额。此外，《劳动保障监察条例》还规定了对违法案件的调查制度、劳动保障监察的回避制度等，这些都体现了公正原则。

（四）高效、便民原则

劳动保障监察的高效、便民原则是指在监察执法活动中创造条件，为用人单位和劳动者提供方便快捷的服务，尽可能不影响用人单位正常的生产和经营活动，及时处理违法行为，这个原则贯穿劳动保障监察的各个环节。根据这个原则，劳动保障监察机构和人员应做到：①向社会公布举报、投诉电话和监察机构地址，设立举报、投诉信箱，派专人负责接待来人来电举报、投诉，有条件的地方还试行网上举报、投诉，为劳动者提供便利；②对用人单位的劳动保障监察，由用人单位用工所在地的县级或设区的市的市级劳动保障行政部门管辖，以便于用人单位报送有关资料，也便于劳动者进行举报、投诉、维权；③建立企业守法诚信档案，并与税务、工商机关共享信息，便于社会公众特别是求职者对企业信誉情况的了解；④在办公场所公示监察员名单、监察依据的法律法规、监察程序及监督电话等，提供优质服务；⑤严格在规定的时限内完成监察事项。为了体现高效原则，《劳动保障监察条例》对监察的立案、结案等都有明确的时间限制。在具体实施监察时要尽量缩短时间，提高工作效率。

（五）教育与处罚相结合原则

劳动保障监察机构在整个监察活动中，都要将教育贯穿在处罚的全过程中，处罚是手段，教育是目的。只有将二者有机地结合起来，才能达到劳动保障监察的目的。坚持教育与处罚相结合的原则，应当注意：①要求行政机关端正处罚思想，明确处罚的目的是促使用人单位认清违法后果，自觉地遵守法律法规。处罚是手段而不是目的，不能为了处罚而进行处罚，也不得以罚代管、以罚代教，更不得为个人和小团体利益而以处罚牟取私利。②不能只教育不处罚。在监察执法活动中，要大力开展法律法规的宣传和普及活动，帮助公民、法人和其他组织知法、懂法和自觉守法。但不能用教育代替处罚，没有处罚，教育就不能产生制止违法行为的理想结果。对用人单位存在违法行为，应予以处罚的，也要贯彻说服教育原则，告知违法者违法行为和处罚的法律依据，以便其汲取教训，不再违法；对符合《行政处罚法》第 27 条规定的情况的，应当依法从轻或减轻处罚，体现处罚与教育的有机结合。对违法情节恶劣、侵犯劳动者权益严重的情形要加大处罚力度，增加违法者的违法成本，以起到警示作用。总之，既要对用人单位的违法行为予以惩罚和制裁，又要通过教育使用人单位增强法制意识，从而达到双重功效。

（六）保障行政相对人权利原则

《劳动保障监察条例》根据《行政处罚法》的有关规定，明确规定：①劳动保障行政部门在对劳动保障违法行为作出行政处罚或者行政处理决定前，应当听取行政相对人的陈述和申辩，保障其充分行使权利；②对依法需要听证的事项，必须依法告知行政相对人有权提出听证；③作出行政处罚决定或者行政处理决定后，应当告知行政相对人依法享有申请行政复议或者提起行政诉讼的权利。劳动保障行政部门和劳动保障监察员违法行使职权，侵犯用人单位、个人合法权益造成损害的，依法承担赔偿责任。这些规定有利于保护行政相对人的权利，也能够对行政权力的行使起到制约作用，有助于保障劳动保障行政部门在监察执法中依法行政。

（七）监察执法与社会监督相结合原则

在贯彻实施劳动保障法律法规的过程中，需要劳动保障行政部门与政府有关部门及社会组织相互支持、密切配合，共同推进劳动保障法律监督制度建设。要加强工会、妇联、共青团等组织的监督，充分发挥这些组织中劳动保障法律监督员的法律监督作用，推进劳动保障法律法规的贯彻实施；要加强新闻监督，对违反劳动保障法律法规、严重侵害劳动者合法权益的用人单位和有关组织予以曝光，积极宣传全面落实法律规定、维护职工权益的典型单位，营造守法光荣、违法可耻的社会氛围；要发挥群众的监督作用，建立健全举报制度，鼓励劳动者和广大群众向劳动保障行政部门和有关新闻单位举报、反映违法行为，以便监察机构准确掌握违法行为的线索，对违法行为及时纠正并依法处理。

【资料链接】

面对劳动关系的多元化、复杂化，以及日趋完备的劳动法律法规，我国的劳动保障监察，无论是在监察理念、制度建设方面，还是执行能力方面都面临着巨大的挑战。缺编制、缺经费、缺支持、缺手段等问题，严重制约了劳动保障监察作用的有效发挥。应提高立法位阶，并通过重构劳动保障监察领导体制、合理界定劳动保障监察范围、适度赋予劳动保障监察机构强制手段和措施、加强劳动保障监察队伍建设、落实经费财政保障制度等措施，完善我国劳动保障监察制度。[1]

第二节　劳动保障监察制度的基本内容

一、劳动保障监察的主体

劳动保障监察的主体是指依法行使监察权的机构和人员，劳动保障监察的主体仅限于专门从事劳动保障监察的机构和人员。

（一）劳动保障监察机构

1. 劳动保障监察机构的概念。劳动保障监察机构，在国外亦称之为"劳工检查机构"，是依法享有监察权并代表国家对劳动法的遵守情况实行监督的专门机构。在我国，目前县级以上劳动保障部门都设置有劳动监察机构，全面行使劳动监察权。国务院劳动保障行政部门主管全国的劳动保障监察工作，县级以上劳动保障行政部门设立的劳动保障监察行政机构和劳动保障行政部门依法委托实施劳动保障监察的组织具体负责劳动保障监察管理工作。同时，在一些行（专）业还设有专业性的劳动保障监察部门，主要是针对职业安全与特种设备行业而设置的。

【资料链接】

2004 年《劳动保障监察条例》第 35 条规定："劳动安全卫生的监督检查，由卫生部门、安全生产监督管理部门、特种设备安全监督管理部门等有关部门依照有关法律、行政法规的规定执行。"例如，原劳动部和省级劳动部门设立了锅炉压力容器安全监察和矿山安全监察等监察部门。依据 2000 年《煤矿安全监察条例》，国家对煤矿实行安全监察制度。国务院决定设立的煤矿安全监察机构包括国家煤矿安全监察机构和在省、自治区、直辖市设立的煤矿安全监察机构及其在大中型矿区设立的煤矿安全监察办事处。2003 年，国务院又颁布了《特种设备安全监察条例》，规定国务院特种设备安全管理部门负责全国特种设备的安全监察工作，县级以上地方负责特种设备安全管理的部门对本行政区内的特种设备实施安全监察。

2. 劳动保障监察机构的行为特征。劳动保障监察机构属于行政机构，其行为具有行政行为的基本特征：①劳动保障监察机构的行为是国家行政机关的行为，而不是企业、事业单位、群众组织或公民个人的行为；②劳动保障监察机构实施行为要有法律依据，即劳动保障监察机构必须依法行使自己的权力；③劳动保障监察机构的行为是一种带有法律效力的行为。劳动保障监察是根据法律、法规、规章的授权而为的，其目的在于确定或免除

---

[1] 肖进成："我国劳动保障监察制度存在的问题及其对策研究"，载《华东理工大学学报（社会科学版）》2016 年第 6 期。

相对人的部分权利和义务，并会产生一定的法律后果。

3. 为了切实保护劳动者的合法权益，《劳动保障监察条例》规定了劳动保障行政部门实施劳动保障监察应当履行的四项职责：①宣传劳动保障法律、法规和规章，督促用人单位贯彻执行；②检查用人单位遵守劳动保障法律、法规和规章的情况；③受理对违反劳动保障法律、法规或者规章的行为的举报、投诉；④依法纠正和查处违反劳动保障法律、法规或者规章的行为。

【资料链接】

　　劳动保障监察部门是劳动执法的主体，但是劳动执法并不是完全独立的，需要其它执法部门和职能部门的配合，劳动保障监察工作的涉及面广，复杂多变，仅靠劳动监察部门的力量，不可能取得好的效果，因此要加强其与各部门的协调，坚持多沟通、多联系、多配合，使各部门在工作中增加理解，相互配合，充分发挥多职能部门的作用，推动劳动保障监察工作。[1]

　　（二）劳动保障监察员

劳动保障监察员，国外也称之为劳工检查员或劳工检查官，是指具体执行劳动保障监察的专职或兼职人员。凡是负责劳动保障监察的人员，必须具备法定的资格。《劳动保障监察条例》对劳动保障监察员作了下述规定：

1. 劳动保障监察员的任职条件：①认真贯彻执行国家法律、法规和政策；②熟悉劳动业务，熟练掌握和运用劳动法律、法规知识；③坚持原则，作风正派，勤政廉洁；④在劳动保障行政部门从事劳动行政业务工作 3 年以上，并经国务院劳动保障行政部门或省级劳动保障行政部门劳动监察专业培训合格。

2. 劳动保障监察员的任命程序。专职劳动保障监察员的任命，由劳动保障监察机构负责提出任命建议并填写《中华人民共和国劳动监察员审批表》，经同级人事机构审核，报劳动行政部门领导批准；兼职劳动保障监察员的任命，由有关业务工作机构按规定推荐人选，并填写《中华人民共和国劳动监察员审批表》，经同级劳动保障监察机构和人事管理机构审核，报劳动行政部门领导批准。经批准任命的劳动保障监察员由劳动保障监察机构颁发中华人民共和国劳动保障监察员证件。劳动保障监察员调离原工作岗位，或不再直接承担劳动保障监察任务时，由任命机关免去任职，监察机构负责收回其监察证件，并交回发证机关注销。

3. 劳动保障监察员的职权。劳动保障监察员依法履行劳动保障监察职责，受法律保护。其职权具体包括：①依法履行职责，忠于职守，秉公执法，勤政廉洁；②保守在履行职责过程中获知的商业秘密；③为举报人保密；④劳动保障监察员进行调查、检查的，不得少于 2 人，并应当佩戴劳动保障监察标志、出示劳动保障监察证件；⑤劳动保障监察员负责办理的劳动保障监察事项与本人或者其近亲属有直接利害关系的，应当回避。

专职劳动保障监察员和兼职劳动保障监察员的基本职权划分如下：县级以上各级人民政府劳动行政部门根据工作需要配备专职劳动保障监察员和兼职劳动保障监察员。专职劳

---

[1]　刘耀平："对当前劳动监察查处违法案件的分析与思考"，载《人才资源开发》2016 年第 5 期。

动保障监察员是劳动行政部门从事劳动保障监察的工作人员，兼职劳动保障监察员是劳动行政部门非专门从事劳动保障监察的工作人员。兼职劳动保障监察员主要负责与其业务有关的单项监察，对用人单位处罚时，应会同专职监察员进行。

4. 劳动保障监察员的培训制度。各级劳动保障行政部门应建立劳动保障监察员的培训制度，按岗位技能的要求，对劳动保障监察员进行职业技能、专业理论知识等方面的培训，目的在于提高劳动保障监察人员的素质。

5. 劳动保障监察员的考核制度。劳动保障监察员每3年进行一次考核验证，对经考核合格者换发新证，并填写《中华人民共和国劳动监察证件统计表》，逐级上报备案。持证人未按规定完成考核验证或经考核不能胜任劳动保障监察员工作的，注销其劳动保障监察证件。劳动行政部门对模范执法、成绩优异的劳动保障监察员给予奖励。对越权或非公务场合使用劳动保障监察证件，或利用职权谋取私利、违法乱纪的劳动保障监察人员，应给予批评教育；情节严重的，由任命机关撤销任命，收缴其劳动保障监察证件，并给予行政处分；构成犯罪的，由司法机关依法追究刑事责任。

6. 对劳动保障监察员的监督。任何组织或者个人对劳动保障监察员的违法违纪行为，有权向劳动保障行政部门或者有关机关检举、控告。劳动保障监察员滥用职权、玩忽职守、徇私舞弊或者泄露在履行职责过程中知悉的商业秘密的，依法给予行政处分；构成犯罪的，依法追究刑事责任。劳动保障监察员违法行使职权，侵犯用人单位或者劳动者的合法权益的，依法承担赔偿责任。

除以上规定之外，我国有关法规还对矿山安全监察员、煤矿安全监察员、特种设备安全监察员等特别劳动监察员的任职条件、任职程序和权限作出了不同的规定。

【资料链接】

根据国家劳动保障部门要求的专职劳动保障监察员与职工1∶8000的配备比例，针对目前劳动保障监察队伍人手严重不足的现实，在无法解决编制、又要维护正常的劳动用工秩序的背景下，2006年，广州适时引入劳动保障监察协管员参与配合执法是一条重要的解决途径。除了其无处罚权外，劳动保障监察协管员和正式的劳动保障监察人员享有同样的权力，有关劳资纠纷、社保问题、合同问题均可向其反映，他们可以提请专职监察人员对违法违规单位进行处罚。

二、劳动保障监察的内容

劳动保障监察的内容是指劳动监察主体依法行使职权，监督检查被监察主体实施的为劳动法所规范的行为。依据我国现行的法律规定，劳动保障监察的内容主要包括以下方面：

1. 用人单位制定内部劳动保障规章制度的情况。用人单位的内部劳动保障规章制度是用人单位维持正常生产秩序，确定劳动者与用人单位之间的权利与义务的制度保证，必须依法予以制定，在内容和程序上须符合劳动保障法律、法规和规章的规定。

2. 用人单位与劳动者订立和履行劳动合同的情况。劳动合同是劳动者和用人单位之间确立劳动关系的法律形式。用人单位招用劳动者应与之订立书面形式的合同，并依法履行合同约定的义务。订立和变更劳动合同，应当遵循平等自愿、协商一致的原则，不得违反法律、法规的规定。用人单位与劳动者在建立劳动关系的1个月内应当签订劳动合同。

3. 用人单位遵守禁止使用童工规定的情况。用人单位招用人员时，必须核查被招用人员的身份证，对不满16周岁的未成年人，一律不得录用；招用人员的录用登记、核查材料应当妥善保管，以备检查。

4. 用人单位遵守女职工和未成年工特殊劳动保护规定的情况。国家对女职工和未成年工有特殊劳动保护规定的，用人单位必须遵守和执行。例如，禁止安排女职工从事矿山井下、国家规定的第四级体力劳动强度的劳动和其他禁忌从事的劳动；不得安排女职工在经期从事高处、低温、冷水作业和国家规定的第三级体力劳动强度的劳动；不得安排未成年工从事矿山井下、有毒有害、国家规定的第四级体力劳动强度的劳动和其他禁忌从事的劳动；应当对未成年人定期进行健康检查等。

5. 用人单位遵守工作时间和休息休假规定的情况。合理的工作时间和休息休假是劳动者享有的权利，用人单位应当遵守相关立法规定。

6. 用人单位支付劳动者工资和执行最低工资标准的情况。用人单位应当以货币形式至少每月向劳动者支付一次工资，不得克扣或无故拖欠劳动者的工资。工资不得低于当地政府公布的最低工资标准，最低工资标准不等于劳动者的标准工资。

7. 用人单位参加各项社会保险和缴纳社会保险费的情况。用人单位应当依法为劳动者参加社会保险，缴纳社会保险费，应当每年向本单位职工公布本单位全年社会保险费的缴纳情况，接受职工监督。

8. 职业介绍机构、职业技能培训机构和职业技能考核鉴定机构遵守国家有关职业介绍、职业技能培训和职业技能考核鉴定的规定的情况。开办职业介绍机构或其他机构开展职业介绍活动，须经劳动保障行政部门批准；开办职业技能鉴定机构，须经劳动保障行政部门审批。

9. 法律、法规规定的其他劳动保障监察事项。

第三节 劳动保障监察的权限和形式

一、劳动保障监察的权限

劳动保障监察的权限是国家根据劳动保障监察机关的职能，通过立法程序赋予劳动保障监察机构的权力及规定其行使职权的范围。

（一）劳动保障监察的检查权

劳动保障监察的检查权是指劳动保障监察机构依照法律、法规对用人单位执行劳动法的情况进行检查。劳动保障监察的检查权是劳动保障监察机构职能的体现，是由劳动保障监察的本质属性决定的。同时，劳动保障监察的检查权又是劳动保障监察机构履行职责的重要保障，检查权是劳动保障监察最基本的权限之一。《劳动保障监察条例》规定，劳动保障监察机构及劳动保障监察员有权进入用人单位的劳动场所进行检查；就有关调查、检查事项询问有关人员；劳动保障监察员进行调查、检查，不得少于2人，并应当佩戴劳动保障监察标志、出示劳动保障监察证件。

第十章

（二）劳动保障监察的调查权

劳动保障监察的调查权是指劳动保障监察机构依法进行调查的权利。劳动保障监察的基本任务是依法对用人单位进行监督检查，在发现问题需要处理时，劳动保障监察机构应本着实事求是的原则，对发现的问题进行深入细致的了解，在全面掌握事实的前提下，作公正处理。依据法律法规，劳动保障监察的调查权表现在：就调查、检查事项询问有关人员；要求用人单位提供与调查、检查事项有关的文件资料，并作出解释和说明，必要时可以发出调查询问书；采取记录、录音、录像、照相、复制等方式收集有关情况和资料；委托会计师事务所对用人单位支付工资、缴纳社会保险费的情况进行审计；法律、法规规定可以由劳动保障行政部门采取的其他调查、检查措施。

（三）劳动保障监察的建议权

劳动保障监察的建议权是指劳动保障监察机构对监察对象的行为进行检查、调查之后，就监察事项涉及的有关问题，向被监察机关或相关部门提出建议的权利。劳动保障监察机构根据检查、调查的情况，在必要的情况下，可以对被监察对象行使建议权。建议权是在行使检查权和调查权的基础上实现的，目的是改善和促进工作，或对出现的问题所造成的损失提出必要的补救措施。劳动保障监察的建议权包括以下两个方面：

1. 对于不执行、不正确执行或拖延执行国家劳动法律、法规以及规章的，可以要求执行或者正确执行。

2. 对于用人单位发布的不适当的规章制度、命令、指示，可以要求其限期纠正、完善或予以撤销；已经给劳动者权益造成损害的，可要求其采取必要的补救措施。对于用人单位的薄弱环节，建议其总结教训，认真加以改进。

劳动监察的建议权，是建立在建议合法合理、并与用人单位协商的基础上的具有强制性的权力。在通常情况下，劳动监察机构行使建议权的重点在于事先监督，立足于防微杜渐和防患于未然。因此，劳动保障监察机构通过检查、调查，发现问题的，应及时提出防范和制止的建议。

（四）劳动保障监察的处分权

劳动保障监察的处分权是指劳动保障监察机构对通过检查、调查，证实用人单位确有违反国家劳动法律、法规以及政策的行为，视情节轻重，按照权限的规定给予一定的行政处分的权力。根据我国现行法规的规定，劳动保障监察机构有权对违反劳动法的用人单位分别依法给予警告、罚款、没收违法所得、吊销许可证的处罚；对触犯其他行政法规的，建议有关行政机关给予行政处罚；对触犯刑法的，建议司法机关追究刑事责任。对阻挠、殴打劳动监察员，妨碍监察公务或不按规定时间对《劳动监察询问通知书》《劳动监察指令书》作出答复，以及不如实反映情况的，劳动监察机构有权给予责任人员以一定的行政处分。劳动保障监察主体也应承担相应的义务：①执行监察公务时，必须出示证件，并有2名以上监察人员参加；②遵守有关法规，秉公执法，不滥用职权、玩忽职守、徇私舞弊；③不得向他人泄露在履行职责过程中知悉的商业秘密；④为举报者保密；⑤进入劳动场所进行实地检查时，应当遵守相关的纪律和规章制度。

【资料链接】

2020年2月9日，青岛市劳动保障监察局收到职工于某的情况反映，其单位在2月3

日通知她延迟复工，用其休息时间抵扣年假。劳动保障监察员联系了于某所在单位，该单位称在延迟复工期间优先使用带薪年休假符合疫情期间关于劳动报酬有关规定。根据《人力资源社会保障部、全国总工会、中国企业联合会/中国企业家协会、全国工商联关于做好新型冠状病毒感染肺炎疫情防控期间稳定劳动关系支持企业复工复产的意见》第2、3条之规定：鼓励协商解决复工前的用工问题。对因受疫情影响职工不能按期到岗或企业不能开工生产的，与职工协商优先使用带薪年休假、企业自设福利假等各类假。劳动保障监察员应当建议单位人力资源部门做好政策解释，避免不必要的误解。

二、劳动保障监察的形式

从各国劳动保障监察的立法实践来看，已形成多种劳动保障监察形式，可分别按不同标准作以下分类：

（一）专门机构监察和专任人员监察

专门机构监察是指由法定的专门机构实行劳动监察。各国通常由劳动部门设置专门行使劳动监察职能的机构，其在中央政府劳动部门的统一控制下行使劳动监察权。

专任人员监察是指由依法任命的专职或兼职的劳动保障监察员实行劳动保障监察。例如，根据《巴林劳工法》的规定，劳工和社会事务部长委派代表的劳工和社会事务官员，有权对各行业进行监察和强制执行本法条款和按本法条款制定的法律法规。在我国，县级以上各级劳动部门应当根据需要配备专职劳动保障监察员和兼职劳动保障监察员，从事劳动监察工作。

（二）自行监察和委托监察

自行监察是指劳动保障监察机构和劳动保障监察官员在其法定职权范围内亲自对监察对象实行劳动保障监察，这是各国劳动保障监察的主要形式。除了在法律另有特别规定的场合，劳动保障监察机构和劳动保障监察官员都必须采用这种监察形式。

委托监察是指劳动保障监察机构和劳动保障监察官员将其职权范围内的监察事务，依法委托给特定机构或人员代为实施。由于现代生产高度专业化、社会化、科技化，许多领域的劳动保障监察业务需要以具备一定的专业知识和职业经验为基础来加以开展，许多国家在立法上已经允许采用委托监察形式。

【资料链接】

《法国劳动法典》规定，如某些企业要受公共工程部长、运输部长和旅游部长的技术监督，劳动和劳工检查员的职责应委托给上述部长所雇佣的官员负责；劳动部长可委托开业医生临时性担负实施涉及工人健康方面的有关职责，以劳工检查机构的顾问资格进行工作的开业医生和工程师在履行这些职责时应享有法律授予劳工检查员的权利。

（三）综合监察和专项监察

综合监察是指在劳动保障监察机构和劳动保障监察官员的法定职权范围内有多项监察内容。在各国的劳动保障监察体系中，都设置了具有综合监察职能的劳动保障监察机构和劳动保障监察官员，除法律明确为专项监察项目外，劳动保障监察业务全包括在它的监察

第十章

范围内。我国《劳动保障监察条例》中所称的劳动保障监察，就属于综合监察。

专项监察是指将技术性、专业性很强的劳动保障监察项目单列出来，分别另设专门机构按其特定规则行使监察权。在我国，对矿山安全监察和锅炉压力容器安全监察分别制定了专项法规，并分别设立了专门机构以行使监察权。

（四）普通监察和特殊监察

普通监察是以一般的国民经济部门为监察范围的劳动监察，它由一般行政主管部门（主要是劳动行政部门）设置的劳动保障监察机构和劳动保障监察官员行使监察权。在劳动保障监察体系中，大多为普通监察。

特殊监察是指对国防军工部门的企业实施的劳动保障监察，由于国防军工企业涉及国防军事机密和高新科技等特殊情况，因此许多国家对其劳动保障监察作了特殊规定。例如，卢旺达法律规定，军事企业如果雇佣民工，其劳动监察由指定的官员或军官负责。

【资料链接】

我国应加强劳动保障监察网格化信息平台的建设，所开发的"互联网+政务服务+信用监管"智慧管理服务项目，实现了信息化和资源共享，进一步提高劳动保障监察的效率和精确度；健全用人单位劳动用工电子信息档案、举报投诉管理、用人单位检查、行政处罚电子文档、综合查询、统计表等机制；规范了劳动监察流程，实现从受理举报直至结案的全过程信息网络流转，劳动监察文书的各项数据和调查取证的内容全部存储在系统中，明确办案时限和进度，变事后检查为实时监控。

三、劳动保障监察的管辖

劳动保障监察管辖是指各级劳动保障行政部门之间对用人单位遵守劳动保障法律、法规和规章的情况进行监督检查，以及对违反劳动保障法律、法规或者规章的行为进行行政处理的分工和权限划分。《劳动保障监察条例》确定了以下几种管辖形式：

（一）地域管辖

地域管辖是指同级劳动保障行政部门在行使劳动保障监察权上的横向权限划分。《劳动保障监察条例》第13条第1款规定："对用人单位的劳动保障监察，由用人单位用工所在地的县级或者设区的市级劳动保障行政部门管辖。"

1. 劳动保障监察主要由县级、设区的市的市级劳动保障行政部门管辖。由于县级和设区的市的市级劳动保障行政部门与用人单位、劳动者之间的联系最为直接、广泛，能够充分发挥其情况熟、地域熟、时效强的特点。对于与人民群众日常生活、生产直接相关的行政执法活动，主要由市、县两级行政执法机关实施，有助于推进劳动保障监察执法体制改革。

2. 由用人单位用工所在地的劳动保障行政部门管辖，即用人单位在哪个行政区域用工，就由该行政区域的劳动保障行政部门实施监察管辖。这样的规定既便于劳动保障行政部门对用人单位的日常检查和监察管理，以及对违法行为的调查取证；还可以节省劳动保障行政部门的人力、物力、财力，从而提高行政执法工作效率。同时，这一机制也方便劳动者对违反劳动保障法律、法规或者规章的行为进行举报、投诉。用人单位的用工所在地就是用工行为地，用工行为包括合法用工行为和违法用工行为。

（二）级别管辖

级别管辖是指不同级别的劳动保障行政部门实施劳动保障监察的分工和权限划分，其是一种纵向划分。由于各地的用人单位分布、性质、数量的不平衡，以及各级劳动保障行政部门所承担的工作任务和执法力量的不均衡而导致的情况差别很大，不宜也不可能在《劳动保障监察条例》中作出具体级别管辖的划分，所以其对此进行了授权规定。《劳动保障监察条例》规定，省、自治区、直辖市人民政府可以对劳动保障监察的管辖制定具体办法。这是对包括级别管辖在内的监察管辖的全面授权规定。

（三）指定管辖

在监察执法实践中，有时对于同一区域中的用人单位难以确定由哪个地区或哪一级的监察机构实施监察，或者出现两个或两个以上劳动保障行政部门认为其对案件均有管辖权而产生争议的情形。为了妥善处理这种管辖权争议，《劳动保障监察条例》明确规定，劳动保障行政部门对劳动保障监察管辖发生争议的，报请共同的上一级劳动保障行政部门指定管辖。

（四）移送管辖

有的地方因管辖权不清楚而没有及时受理违法案件；有的地方则越权处理了不属于本部门受理的案件。为了增强劳动保障行政部门严格依法行政的意识，《劳动保障监察条例》规定，劳动保障行政部门对违反劳动法律、法规或者规章的行为，应作出处理，如果发现违法案件不属于劳动保障监察范围的，应当及时移送有关部门处理；涉嫌犯罪的，应当及时移送司法机关。

【资料链接】

各级劳动保障监察机构接到的投诉举报案件，有管辖权限的，应当按程序依法处理。无管辖权限的，在接待当日，将投诉举报材料上传到劳动监察信息平台，由市级劳动监察机构统一流转，并告知投诉举报人。[1] 北京劳动保障监察机构实现了案件"一点举报投诉、全市联动受理"，劳动者可以就近在市内任一劳动保障监察机构的服务窗口进行投诉举报，劳动保障监察机构不得以管辖权为由拒绝接收。

【资料链接】

《劳动保障监察条例》与以往的规定相比，明确区分了举报和投诉两种情况。其规定任何组织或者个人对违反劳动保障法律、法规或者规章的行为，都可以向劳动保障行政部门举报。劳动者认为用人单位侵犯其劳动保障合法权益的，可以向劳动保障行政部门投诉。举报、投诉制度是劳动保障行政部门对于任何组织和个人对用人单位违反劳动保障法律、法规行为的举报，以及劳动者认为用人单位侵犯其劳动保障权益的投诉，进行调查并作出处理的行政执法活动。

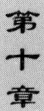

---

〔1〕 2017年8月1日实施的《北京市劳动保障监察接待跨区域投诉举报案件管理办法》第7条。

四、劳动保障监察的程序

(一) 受理与立案

劳动保障行政部门通过上述劳动保障监察的形式，认为用人单位有违反劳动保障法律、法规或者规章的行为，需要进行调查处理的，应当及时立案。立案应当填写立案审批表，报劳动保障监察机构负责人审查批准。劳动保障监察机构负责人批准之日即为立案之日。

为了提高劳动保障监察效率，引导劳动者及时正确地运用法律手段维护自身合法权益，《劳动保障监察条例》依据《劳动法》《行政处罚法》等法律、法规规定，明确了劳动保障行政部门不予受理的两种投诉：①劳动保障违法行为在 2 年内未被劳动保障行政部门发现，也未被举报、投诉的，劳动保障行政部门不再查处；②对应当通过劳动争议处理程序解决的事项或者已经按照劳动争议处理程序申请调解、仲裁或者已经提起诉讼的事项，劳动保障行政部门不予受理，并告知投诉人依照劳动争议处理或者诉讼的程序办理。同时，《劳动保障监察条例》规定劳动者与用人单位就赔偿发生争议的，应依照国家有关劳动争议处理的规定处理。对于此类投诉属于应当通过劳动争议处理程序解决的事项的情形，根据《劳动保障监察条例》的规定，劳动保障行政部门不予受理。

(二) 调查与检查

1. 劳动保障监察员进行调查、检查时不得少于 2 人，劳动保障监察机构应指定其中 1 名为主办劳动保障监察员。劳动保障监察员对用人单位遵守劳动保障法律的情况进行监察时，应当遵循以下规定：①进入用人单位时，应佩戴劳动保障监察执法标志，出示劳动保障监察证件，并说明身份；②就调查事项制作笔录，并由劳动保障监察员和被调查人（或其委托代理人）签名或盖章。被调查人拒不签名、盖章的，应注明拒签情况。

2. 劳动保障监察员进行调查、检查时，承担下列义务：①依法履行职责，秉公执法；②保守在履行职责过程中知悉的商业秘密；③为举报人保密。

当事人认为劳动保障监察员应当回避的，有权向劳动保障行政部门申请，要求其回避。当事人申请劳动保障监察员回避，应当采用书面形式。回避决定应在收到申请之日起 3 个工作日内作出。作出回避决定前，承办人员不得停止对案件的调查处理。对回避申请的决定，应当告知申请人。承办人员的回避，由劳动保障监察机构负责人决定；劳动保障监察机构负责人的回避，由劳动保障行政部门负责人决定。

3. 劳动保障行政部门实施劳动保障监察，有权采取下列措施：①进入用人单位的劳动场所进行检查；②就调查、检查事项询问有关人员；③要求用人单位提供与调查、检查事项相关的文件资料，必要时可以发出调查询问书；④采取记录、录音、录像、照相或者复制等方式收集有关情况和资料；⑤对事实确凿、可以当场处理的违反劳动保障法律、法规或规章的行为当场予以纠正；⑥可以委托注册会计师事务所对用人单位工资支付、缴纳社会保险费的情况进行审计；⑦法律、法规规定可以由劳动保障行政部门采取的其他调查、检查措施。

4. 劳动保障行政部门调查、检查时，有下列情形之一的，可以采取证据登记保存措施，在证据登记保存期内，当事人或者有关人员不得销毁或者转移证据，劳动保障监察机构及劳动保障监察员可以随时调取证据：①当事人可能对证据采取伪造、变造、毁灭行为的；②当事人采取措施不当可能导致证据灭失的；③不采取证据登记保存措施以后难以取得的；④其他可能导致证据灭失的情形的。

劳动保障行政部门在实施劳动保障监察中涉及异地调查取证的，可以委托当地劳动保障行政部门协助调查。受委托方的协助调查应在双方商定的时间内完成。劳动保障行政部门对违反劳动保障法律的行为的调查，应当自立案之日起60个工作日内完成；情况复杂的，经劳动保障行政部门负责人批准，可以延长30个工作日。

（三）案件处理

对用人单位存在的违反劳动保障法律的行为，事实确凿并有法定处罚（处理）依据的，可以依法当场作出限期整改指令或依法当场作出行政处罚决定。当场作出限期整改指令或行政处罚决定的，劳动保障监察员应当填写预定格式、编有号码的限期整改指令书或行政处罚决定书，当场交付当事人。当场处以警告或罚款处罚的，应当按照下列程序进行：①口头告知当事人违法行为的基本事实、拟作出的行政处罚、依据及其依法享有的权利；②听取当事人的陈述和申辩；③填写预定格式的处罚决定书；④当场处罚决定书应当由劳动保障监察员签名或者盖章；⑤将处罚决定书当场交付当事人，由当事人签收。劳动保障监察员应当在2日内将当场限期整改指令和行政处罚决定书存档联交由所属劳动保障行政部门存档。

对不能当场作出处理的违法案件，劳动保障监察员经调查取证，应当提出初步处理建议，并填写案件处理报批表。案件处理报批表应写明被处理单位名称、案由、违反劳动保障法律的行为事实、被处理单位的陈述、处理依据、建议处理意见等内容。对违反劳动保障法律的行为作出行政处罚或者行政处理决定前，应当告知用人单位，听取其陈述和申辩；法律、法规规定应当依法听证的，应当告知用人单位有权依法要求举行听证；用人单位要求听证的，劳动保障行政部门应当组织听证。

劳动保障行政部门对违反劳动保障法律的行为，根据其调查、检查的结果，可以作出以下处理：①对依法应当受到行政处罚的，依法作出行政处罚决定；②对应当改正未改正的，依法责令改正或者作出相应的行政处理决定；③对情节轻微，且已改正的，撤销立案。经调查、检查后，劳动保障行政部门认定违法事实不能成立的，也应当撤销立案。发现违法案件不属于劳动保障监察事项的，应当及时移送有关部门处理；涉嫌犯罪的，应当依法移送司法机关。

劳动保障监察行政处罚（处理）决定书应载明下列事项：①被处罚（处理）单位名称、法定代表人、单位地址；②劳动保障行政部门认定的违法事实和主要证据；③劳动保障行政处罚（处理）的种类和依据；④处罚（处理）决定的履行方式和期限；⑤不服行政处罚（处理）决定的，申请行政复议或者提起行政诉讼的途径和期限；⑥作出处罚（处理）决定的行政机关名称和作出处罚（处理）决定的日期。劳动保障行政处罚（处理）决定书应当加盖劳动保障行政部门印章。

劳动保障行政部门立案调查完成的，应在15个工作日内作出行政处罚（行政处理或者责令改正）或者撤销立案决定；在特殊情况下，经劳动保障行政部门负责人批准可以延长期限。

劳动保障监察限期整改指令书、劳动保障行政处理决定书、劳动保障行政处罚决定书应当在宣告后当场交付当事人；当事人不在场的，劳动保障行政部门应当在7日内依照

《民事诉讼法》的有关规定，将劳动保障监察限期整改指令书、劳动保障行政处理决定书、劳动保障行政处罚决定书送达当事人。作出行政处罚、行政处理决定的劳动保障行政部门发现决定不适当的，应当予以纠正并及时告知当事人。在劳动保障监察案件结案后，劳动保障行政部门应建立档案，档案资料应当至少保存 3 年。依法作出劳动保障行政处理或处罚决定后，当事人应当在决定规定的期限内予以履行。

当事人对劳动保障行政处理或行政处罚决定不服而申请行政复议或者提起行政诉讼的，行政处理或行政处罚决定不停止执行，但法律另有规定的除外。当事人确有经济困难，需要延期或者分期缴纳罚款的，经当事人申请和劳动保障行政部门批准，可以暂缓缴纳或者分期缴纳。

当事人对劳动保障行政部门作出的行政处罚决定，以及责令支付劳动者工资报酬、赔偿金或者征缴社会保险费等行政处理决定逾期不履行的，劳动保障行政部门可以申请人民法院依法强制执行。除依法当场收缴的罚款外，作出罚款决定的劳动保障行政部门及其劳动保障监察员不得自行收缴罚款。当事人应当自收到行政处罚决定书之日起 15 日内，到指定银行缴纳罚款。

地方各级劳动保障行政部门应当按照国务院劳动保障部门的有关规定对承办的案件进行统计并填表上报。地方各级劳动保障行政部门制作的行政处罚决定书，应当在 10 个工作日内报送上一级劳动保障行政部门备案。

【资料链接】

近年来，劳动保障监察案件的受理数量呈现上升趋势，由此对监察工作人员的投诉、举报等风险也随之而来。如何管理和防范在劳动保障监察执法过程中可能出现的各类风险，被提上日程。一方面，立法、制度层面的不完善，劳动保障监察法律法规、政策在内容上存在着交叉、遗漏，制度建设相对滞后等因素都会导致劳动保障监察执法风险的发生。另一方面，在社会环境层面上，劳动保障监察执法环境仍存在许多不尽如人意之处，诸如暴力或变相暴力抗拒执法、行政干扰执法、不廉洁执法和不合理的社会监督等都会导致劳动保障监察执法风险的发生。

第十一章
违反劳动法的法律责任

第一节　违反劳动法的法律责任概述

一、违反劳动法的法律责任的概念

违反劳动法的法律责任，是指用人单位和劳动者及其他劳动法主体因违反劳动法的规定所应承担的否定性的法律后果。劳动法律责任是法律强制力的表现，这种强制力成为权利的法律救济和执法的监督依据。其法律责任要素主要包括：

1. 法律责任主体是违反劳动法的单位和个人。

2. 法律责任根据是法律责任主体存在违反劳动法律、法规的具体行为。违法行为是承担法律责任的根据和核心要素。

3. 法律责任的性质具有法律价值的否定性和事实内容的不利性。否定性和不利性是任何一个法律部门对当事人违法行为进行价值评价的结果，价值评价的结果取决于事实内容的程度。劳动法律责任的否定性和不利性通过法律责任体系的规定，一方面明确昭示了劳动法的维权、协调等基本职能，另一方面以独特的法律责任形式而将其区别于政治责任、道德责任、宗教责任。

4. 法律责任形式在劳动法上表现为法律责任的综合性特征，即综合民事、行政和刑事三大法律责任形式，既能体现法律责任承担的相对性，又能使各种法律责任实现有机统一。

二、违反劳动法的法律责任的承担条件

法律责任的承担，必须以具备法定条件为前提，即必须满足法律规定的法律责任构成要件。违反劳动法的法律责任的构成要件有：

1. 行为人具有法律责任能力，即行为人具有承担法律责任的能力。它通常包含在劳动法主体的法律资格之中，只要是具有劳动法主体资格的单位或个人，就认为其具有法律责任能力。而这种劳动法主体资格，主要是指法律所赋予的特定权利能力和行为能力，如用人单位的用人权利能力和用人行为能力，以及自然人的劳动权利能力和劳动行为能力。国家劳动行政管理部门及其工作人员作为法律责任主体，是基于他们与劳动关系具有密切性，法律也因此赋予其从事监督管理的职责，若其违反法定职责，则构成违反劳动法的法律责任。

2. 行为人在客观方面存在违反劳动法律法规的行为，包括作为和不作为，即指行为

第
十
一
章

人已实施违反劳动法律法规、劳动合同、集体合同或内部劳动规则所规定的义务。行为人违法行为所产生的法律关系在劳动法上表现出广泛性特征，即既有因违反法定义务或约定义务的不作为行为产生的法律关系，也有因违反法定义务或约定义务的作为产生的法律关系；既有由一个违法行为引起两个法律关系，也有由两个或多个违法行为引起一个法律关系；既有因一方违法行为形成的法律关系，也有因混合违法行为形成的法律关系。

3. 行为人的违法行为造成或足以造成一定的社会危害。社会危害是指行为人对国家、社会、用人单位、劳动者的合法权益所造成的侵害。这种侵害既可能表现为一种现实的财产方面的减损，也可能表现为一种非财产性权利的丧失；既可能是现实的损害，也可能是使相对人处于可能遭受一定损失的危险之中。同时，行为的社会危害性必须达到一定的程度，即已具有可制裁性。法律制裁对违法行为实施的强制性矫正，使行为主体受到行政上、经济上乃至刑事上的法律惩处；对直接被侵害的合法权益实施有效的保护、恢复和必要的赔偿，增强权利主体特别是劳动者对劳动权利的安全感。

4. 行为人在主观上有过错，即行为人实施违反劳动合同法律法规的行为在主观上存在故意或过失的心理状态。因此，除法律另有规定之外，只有行为人在主观上有过错，行为人才对由其不法行为所造成的损害承担法律责任。过错包括故意和过失两种：故意是指行为人能够预见违反劳动法及有关法规的行为会给国家、集体组织、用人单位或职工带来危害的后果，但希望其发生或放任其后果到来的心理状态；过失是指行为人对其行为可能使国家、集体组织、用人单位或职工造成损害结果，应当预见到而因疏忽大意未预见到，或虽已预见而轻信能够避免从而造成不良后果的心理状态。无论是故意还是过失，责任人员都应当承担法律责任。但是，由于不可抗力或不能预见的原因给国家、用人单位、劳动者造成的不良后果的除外。法律有特别规定的，从其规定。

【资料链接】

违反劳动法律法规的法律责任承担以过错为其基本要件之一，并不是说所有劳动法律责任的承担均应以过错为要件，法律另有规定的，从其规定。劳动法从劳动关系所具备的基本属性出发，对劳动者在劳动过程中的人身安全进行重点保护，如在劳动过程中造成的人身意外伤害和职业病，在法律责任的归责上适用无过失责任原则。但适用这一原则的前提是存在劳动关系且适用对象只能是用人单位。劳动者、其他社会中介机构、政府职能部门的法律责任承担必须以过错责任为原则。

三、违反劳动法的法律责任形式

我国《劳动法》第十二章、《劳动合同法》第七章、《就业促进法》第八章、《安全生产法》第六章等对违法主体的违法行为所规定的法律责任形式包括三种：

（一）行政法律责任

行政法律责任是违法行为人依法应当承担的、由有关行政机关以行政处罚或行政处分的方式予以追究的法律责任。行政处罚是国家法律规定由国家特定行政机关给予违法行为人以行政处理的措施，如罚款、责令改正、责令停产整顿、吊销营业执照、查封等。特定的行政机关主要包括安全生产监督管理部门、劳动和社会保障行政部门、公安部门、卫生部门、工商管理部门等。实施行政处罚时，对有数种违反劳动法行为的，应分别决定处罚，合并执行，不能合并执行的可以从重处罚。行政处分是指国家有关行政机关、用人单位及其他中介机构对其内部工作人员的违法行为所给予的处罚措施。其种类、权限、程序、过错程度等由国家法律、法规和用人单位劳动纪律规定，形式主要有警告、记过、记大过、降级、撤职、留用察看、开除等。用人单位对职工实施的处分除以上七种处分外，还包括罚款、扣发工资、停发工资（奖金）等。

（二）民事法律责任

民事法律责任是行为人因违反劳动法律法规而依法应当承担的、旨在补偿受害人的损失的法律责任形式。民事法律责任的违法行为人主要包括用人单位和劳动者，特殊情况下也包括国家有关行政机关。民事法律责任的承担方式主要有赔偿损失、经济补偿、强制履行合同、补发工资、补缴保险费、提供安全卫生条件等。劳动法中的民事法律责任，较一般的民事法律责任而言，具有法定性特征：①赔偿数额的法定性较强；②出现独特的经济补偿；③以责令支付作为实现民事法律责任的主要方式，如补发工资、责令提供劳动安全条件等，这就使劳动法的民事法律责任兼有行政法律责任实现方式的特色。

（三）刑事法律责任

刑事法律责任是行为人因违反劳动法律规定，并造成严重后果，触犯我国刑法且构成犯罪所应承担的法律责任形式。其是劳动法的法律责任形式中处罚性最严重的一种。犯罪行为人主要是用人单位及其主要负责人、相关法律责任人、社会中介机构及其主要负责人、相关法律责任人、国家劳动行政主管部门的直接法律责任人员。其既有法人犯罪，也有个人犯罪。对刑事法律责任的追究，在劳动法上与行政法律责任、民事法律责任的追究稍有不同，它是通过劳动法指引的办法，援引我国刑法的总则与分则的相关规定对犯罪进行处罚。违反劳动法律法规的主要犯罪有：重大安全事故罪、违章冒险作业罪、危险物品肇事罪、强迫劳动罪、拒不支付劳动报酬罪、妨害公务罪、滥用职权罪等。

第二节　用人单位违反劳动法的行为及法律责任

劳动关系的从属性决定了用人单位所处的地位明显优于劳动者，劳动者的合法权益更容易受到不法侵害，实践中出现更多的也是用人单位违反劳动法的行为。我国《劳动法》《劳动合同法》《就业促进法》等相关法律法规，对用人单位违反劳动法的行为进行了严格规范，概括而言，用人单位违反劳动法的行为及法律责任大致如下：

一、用人单位违法制定劳动规章制度的行为及处理

制定和完善劳动规章制度对于用人单位而言既是权利又是义务。为了保障劳动者的合法权益，根据《劳动合同法》第4条规定，用人单位在制定、修改或者决定有关劳动报酬、工作时间、休息休假、劳动安全卫生、保险福利、职工培训、劳动纪律以及劳动定额管理等直接涉及劳动者切身利益的规章制度或重大事项时，应当经职工代表大会或者全体职工讨论，提出方案和意见，与工会或者职工代表平等协商确定。直接涉及劳动者切身利益的规章制度应当在用人单位内公示或者告知劳动者。

用人单位的劳动规章制度在以下几种情况下无效：①规章制度违反法律、法规，即内

容违法；②涉及职工切身利益的事项未听取职工代表大会或全体职工的讨论意见，且未通过平等协商加以确定，即程序违法。劳动规章制度因违法而无效后，依据该违法的劳动规章而产生的法律后果将失去合法性。根据《劳动合同法》第 80 条规定，用人单位制定的直接涉及劳动者切身利益的规章制度违反法律、法规规定的，由劳动行政部门责令改正，给予警告；给劳动者造成损害的，用人单位应当承担赔偿责任。

【资料链接】

对于《劳动合同法》第 4 条、第 80 条与《劳动法》第 89 条的关系，从以下法条的具体规定即可得出结论：

《劳动法》第 89 条规定："用人单位制定的劳动规章制度违反法律、法规规定的，由劳动行政部门给予警告，责令改正；对劳动者造成损害的，应当承担赔偿责任。"

二、用人单位违反工时制度的行为及处理

《劳动法》第 90 条规定："用人单位违反本法规定，延长劳动者工作时间的，由劳动行政部门给予警告，责令改正，并可以处以罚款。"用人单位安排在哺乳期的女职工和怀孕 7 个月以上的女职工延长工作时间和从事夜班工作的，应责令改正，并按受侵害女职工每名 3000 元以下的标准处以罚款。《劳动保障监察条例》规定，用人单位违反劳动保障法律、法规或者规章延长劳动者工作时间的，由劳动保障行政部门给予警告，责令限期改正，并可以按照受侵害的劳动者每人 100 元以上 500 元以下的标准计算，处以罚款；安排怀孕 7 个月以上的女职工夜班劳动或者延长其工作时间的、女职工生育享受产假少于 90 天的、对女职工在哺乳未满 1 周岁的婴儿期间延长其工作时间或者安排其夜班劳动的，由劳动保障行政部门责令改正，按照受侵害的劳动者每人 1000 元以上 5000 元以下的标准计算，处以罚款。

《职工带薪年休假条例》规定，单位不安排职工休年休假又不依照本条例规定给予年休假工资报酬的，由县级以上地方人民政府人事部门或者劳动保障部门依据职权责令限期改正；对逾期不改正的，除责令该单位支付年休假工资报酬外，单位还应当按照年休假工资报酬的数额向职工加付赔偿金；对拒不支付年休假工资报酬、赔偿金的，属于公务员和参照公务员法管理的人员所在单位的，对直接负责的主管人员以及其他直接责任人员依法给予处分；属于其他单位的，由劳动保障部门、人事部门或者职工申请人民法院强制执行。

【资料链接】

2007 年 12 月 7 日，国务院通过了《职工带薪年休假条例》。根据《职工带薪年休假条例》规定，机关、团体、企业、事业单位、民办非企业单位、有雇工的个体工商户等单位的职工连续工作 1 年以上的，每年依法享有保留职务和工资的一定期限连续休息的假期。单位应当保证职工享受年休假。职工在年休假期间享受与正常工作期间相同的工资收入。

第十一章

三、用人单位侵害劳动者工资、经济补偿金等合法权益的行为及处理

《劳动合同法》第85条规定，用人单位有下列情形之一的，由劳动行政部门责令限期支付劳动报酬、加班费或者经济补偿；劳动报酬低于当地最低工资标准的，应当支付其差额部分；逾期不支付的，责令用人单位按应付金额50%以上100%以下的标准向劳动者加付赔偿金：①未按照劳动合同的约定或者国家规定及时足额支付劳动者劳动报酬的；②低于当地最低工资标准支付劳动者工资的；③安排加班不支付加班费的；④解除或者终止劳动合同，未依照本法规定向劳动者支付经济补偿的。

《职工带薪年休假规定》规定，单位不安排职工休年休假又不依照本条例规定给予年休假工资报酬的，由县级以上地方人民政府人事部门或者劳动保障部门依据职权责令限期改正；对逾期不改正的，除责令该单位支付年休假工资报酬外，单位还应当按照年休假工资报酬的数额向职工加付赔偿金；对拒不支付年休假工资报酬、赔偿金的，属于公务员和参照公务员法管理的人员所在单位的，对直接负责的主管人员以及其他直接责任人员依法给予处分；属于其他单位的，由劳动保障部门、人事部门或者职工申请人民法院强制执行。

【资料链接】

《劳动合同法》第85条规定与《劳动法》《违反和解除劳动合同的经济补偿办法》中的相关规定发生冲突的，按照新法与旧法、普通法与特别法、上位法与下位法之间的关系，以《劳动合同法》第85条规定为准。

《劳动法》第91条规定："用人单位有下列侵害劳动者合法权益情形之一的，由劳动行政部门责令支付劳动者的工资报酬、经济补偿，并可以责令支付赔偿金：（一）克扣或者无故拖欠劳动者工资的；（二）拒不支付劳动者延长工作时间工资报酬的；（三）低于当地最低工资标准支付劳动者工资的；（四）解除劳动合同后，未依照本法规定给予劳动者经济补偿的。"

四、用人单位违反劳动安全卫生法的行为及处理

劳动安全卫生法是我国劳动法的特别法体系中一个庞大的系统，其目的在于保障劳动者的生命权和健康权，防止和处罚侵害劳动者生命健康权的行为。违反安全卫生法的法律责任的特点是：①责任体系的涉及范围广，如安全卫生的教育培训责任、建设工程"三同时"责任、主要负责人安全卫生责任、生产安全事故追究责任、特殊操作人员责任、重大危险源管理责任、锅炉压力容器检测责任等；②责任方式多样化，集民事责任、行政责任、刑事责任于一体，特别是这部分所规定的刑事责任是劳动法律制度中罪名最多的部分；③"并罚"责任承担方式，即在劳动者伤害事故发生后，用人单位既要承担"工伤"赔偿或补偿责任，还要承担因过错而产生的民事赔偿责任。

1. 用人单位劳动安全卫生条件不合法的法律责任。《安全生产法》第93条规定："生产经营单位的决策机构、主要负责人或者个人经营的投资人不依照本法规定保证安全生产

所必需的资金投入，致使生产经营单位不具备安全生产条件的，责令限期改正，提供必需的资金；逾期未改正的，责令生产经营单位停产停业整顿。有前款违法行为，导致发生生产安全事故的，对生产经营单位的主要负责人给予撤职处分，对个人经营的投资人处二万元以上二十万元以下的罚款；构成犯罪的，依照刑法有关规定追究刑事责任。"

2. 用人单位违反建筑工程"三同时"制度的法律责任。《安全生产法》第 98 条规定："生产经营单位有下列行为之一的，责令停止建设或者停产停业整顿，限期改正，并处十万元以上五十万元以下的罚款，对其直接负责的主管人员和其他直接责任人员处二万元以上五万元以下的罚款；逾期未改正的，处五十万元以上一百万元以下的罚款，对其直接负责的主管人员和其他直接责任人员处五万元以上十万元以下的罚款；构成犯罪的，依照刑法有关规定追究刑事责任：（一）未按照规定对矿山、金属冶炼建设项目或者用于生产、储存、装卸危险物品的建设项目进行安全评价的；（二）矿山、金属冶炼建设项目或者用于生产、储存、装卸危险物品的建设项目没有安全设施设计或者安全设施设计未按照规定报经有关部门审查同意的；（三）矿山、金属冶炼建设项目或者用于生产、储存、装卸危险物品的建设项目的施工单位未按照批准的安全设施设计施工的；（四）矿山、金属冶炼建设项目或者用于生产、储存、装卸危险物品的建设项目竣工投入生产或者使用前，安全设施未经验收合格的。"

3. 未为劳动者依法提供符合国家标准或行业标准的劳动防护用品的法律责任。《安全生产法》第 99 条规定："生产经营单位有下列行为之一的，责令限期改正，处五万元以下的罚款；逾期未改正的，处五万元以上二十万元以下的罚款，对其直接负责的主管人员和其他直接责任人员处一万元以上二万元以下的罚款；情节严重的，责令停产停业整顿；构成犯罪的，依照刑法有关规定追究刑事责任：（一）未在有较大危险因素的生产经营场所和有关设施、设备上设置明显的安全警示标志的；（二）安全设备的安装、使用、检测、改造和报废不符合国家标准或者行业标准的；（三）未对安全设备进行经常性维护、保养和定期检测的；（四）关闭、破坏直接关系生产安全的监控、报警、防护、救生设备、设施，或者篡改、隐瞒、销毁其相关数据、信息的；（五）未为从业人员提供符合国家标准或者行业标准的劳动防护用品的；（六）危险物品的容器、运输工具，以及涉及人身安全、危险性较大的海洋石油开采特种设备和矿山井下特种设备未经具有专业资质的机构检测、检验合格，取得安全使用证或者安全标志，投入使用的；（七）使用应当淘汰的危及生产安全的工艺、设备的；（八）餐饮等行业的生产经营单位使用燃气未安装可燃气体报警装置的。"。

4. 未依法设立安全生产管理机构或专职安全管理人员，以及未对有关责任人及其员工进行安全卫生教育培训的法律责任。《安全生产法》第 97 条规定："生产经营单位有下列行为之一的，责令限期改正，处十万元以下的罚款；逾期未改正的，责令停产停业整顿，并处十万元以上二十万元以下的罚款，对其直接负责的主管人员和其他直接责任人员处二万元以上五万元以下的罚款：（一）未按照规定设置安全生产管理机构或者配备安全生产管理人员、注册安全工程师的；（二）危险物品的生产、经营、储存、装卸单位以及矿山、金属冶炼、建筑施工、运输单位的主要负责人和安全生产管理人员未按照规定经考核合格的；（三）未按照规定对从业人员、被派遣劳动者、实习学生进行安全生产教育和培训，或者未按照规定如实告知有关的安全生产事项的；（四）未如实记录安全生产教育和培训情况的；（五）未将事故隐患排查治理情况如实记录或者未向从业人员通报的；（六）未按照规定制定生产安全事故应急救援预案或者未定期组织演练的；（七）特种作业人员未按照规定经专门的安全作业培训并取得相应资格，上岗作业的。"

5. 用人单位违反危险物品的生产、经营、储存、管理规定的法律责任。

（1）《安全生产法》第100条规定："未经依法批准，擅自生产、经营、运输、储存、使用危险物品或者处置废弃危险物品的，依照有关危险物品安全管理的法律、行政法规的规定予以处罚；构成犯罪的，依照刑法有关规定追究刑事责任。"

（2）《安全生产法》第101条规定："生产经营单位有下列行为之一的，责令限期改正，处十万元以下的罚款；逾期未改正的，责令停产停业整顿，并处十万元以上二十万元以下的罚款，对其直接负责的主管人员和其他直接责任人员处二万元以上五万元以下的罚款；构成犯罪的，依照刑法有关规定追究刑事责任：（一）生产、经营、运输、储存、使用危险物品或者处置废弃危险物品，未建立专门安全管理制度、未采取可靠的安全措施的；（二）对重大危险源未登记建档，未进行定期检测、评估、监控，未制定应急预案，或者未告知应急措施的；（三）进行爆破、吊装、动火、临时用电以及国务院应急管理部门会同国务院有关部门规定的其他危险作业，未安排专门人员进行现场安全管理的；（四）未建立安全风险分级管控制度或者未按照安全风险分级采取相应管控措施的；（五）未建立事故隐患排查治理制度，或者重大事故隐患排查治理情况未按照规定报告的。

（3）《安全生产法》第105条规定："生产经营单位有下列行为之一的，责令限期改正，处五万元以下的罚款，对其直接负责的主管人员和其他直接责任人员处一万元以下的罚款；逾期未改正的，责令停产停业整顿；构成犯罪的，依照刑法有关规定追究刑事责任：（一）生产、经营、储存、使用危险物品的车间、商店、仓库与员工宿舍在同一座建筑内，或者与员工宿舍的距离不符合安全要求的；（二）生产经营场所和员工宿舍未设有符合紧急疏散需要、标志明显、保持畅通的出口、疏散通道，或者占用、锁闭、封堵生产经营场所或者员工宿舍出口、疏散通道的。"

6. 用人单位以合同条款形式免除或减轻其对劳动者因生产安全事故伤亡依法应承担的责任的法律责任。《安全生产法》第106条规定："生产经营单位与从业人员订立协议，免除或者减轻其对从业人员因生产安全事故伤亡依法应承担的责任的，该协议无效；对生产经营单位的主要负责人、个人经营的投资人处二万元以上十万元以下的罚款。"

7. 用人单位主要负责人违反法定职责的法律责任。除上述《安全生产法》第90条规定外，《安全生产法》第94条规定："生产经营单位的主要负责人未履行本法规定的安全生产管理职责的，责令限期改正，处二万元以上五万元以下的罚款；逾期未改正的，处五万元以上十万元以下的罚款，责令生产经营单位停产停业整顿。生产经营单位的主要负责人有前款违法行为，导致发生生产安全事故的，给予撤职处分；构成犯罪的，依照刑法有关规定追究刑事责任。生产经营单位的主要负责人依照前款规定受刑事处罚或者撤职处分的，自刑罚执行完毕或者受处分之日起，五年内不得担任任何生产经营单位的主要负责人；对重大、特别重大生产安全事故负有责任的，终身不得担任本行业生产经营单位的主要负责人。"《安全生产法》第95条规定："生产经营单位的主要负责人未履行本法规定的安全生产管理职责，导致发生生产安全事故的，由安全生产监督管理部门依照下列规定处以罚款：（一）发生一般事故的，处上一年年收入百分之四十的罚款；（二）发生较大事故的，处上一年年收入百分之六十的罚款；（三）发生重大事故的，处上一年年收入百分之八十的罚款；（四）发生特别重大事故的，处上一年年收入百分之一百的罚款。"《安全生产法》第 96 条规定："生产经营单位的其他负责人和安全生产管理人员未履行本法规定的安全生产管理职责的，责令限期改正，处一万元以上三万元以下的罚款；导致发生生产安全事故的，暂停或者撤销其与安全生产有关的资格，并处上一年年收入百分之二十以上百分之五十以下的罚款；构成犯罪的，依照刑法有关规定追究刑事责任。"

五、用人单位非法招用童工的行为及处理

为了加强对未成年人的保护，2002 年 12 月 1 日起施行的《禁止使用童工规定》规定，国家机关、社会团体、企业事业单位、民办非企业单位或者个体工商户（以下统称用人单位）均不得招用不满 16 周岁的未成年人（招用不满 16 周岁的未成年人，以下统称使用童工）。县级以上各级人民政府劳动保障行政部门应当负责对禁止使用童工情况的监督检查；县级以上各级人民政府公安、工商行政管理、教育、卫生等行政部门在各自职责范围内对禁止使用童工的情况也要进行监督检查，并对劳动保障行政部门的监督检查给予配合；工会、共青团、妇联等群众组织应当依法维护未成年人的合法权益；任何单位或者个人发现使用童工的，均有权向县级以上人民政府劳动保障行政部门举报。《禁止使用童工规定》明确地规定了用人单位违法招用童工的法律责任：

1. 用人单位使用童工的，由劳动保障行政部门按照每使用 1 名童工每月处 5000 元罚款的标准给予处罚；在使用有毒物品的作业场所使用童工的，按照《使用有毒物品作业场所劳动保护条例》规定的罚款幅度，或者按照每使用 1 名童工每月处 5000 元罚款的标准，从重处罚。劳动保障行政部门应当责令用人单位限期将童工送回原居住地交其父母或者其他监护人，所需交通和食宿费用全部由用人单位承担。

2. 用人单位因使用童工而经劳动保障行政部门责令限期改正，逾期仍不将童工送交其父母或者其他监护人的，从责令限期改正之日起，由劳动保障行政部门按照每使用 1 名童工每月处 1 万元罚款的标准处罚，并由工商行政管理部门吊销其营业执照或者由民政部门撤销民办非企业单位登记；用人单位是国家机关、事业单位的，由有关单位依法对直接负责的主管人员和其他直接法律责任人员给予降级或者撤职的行政处分或者纪律处分。

3. 用人单位招用人员时，必须核查被招用人员的身份证；对不满 16 周岁的未成年人，一律不得录用。用人单位录用人员的录用登记、核查材料应当妥善保管。如果用人单位未按照规定保存录用登记材料，或者伪造录用登记材料的，由劳动保障行政部门处 1 万元的罚款。

4. 无营业执照、被依法吊销营业执照的单位以及未依法登记、备案的单位使用童工或者介绍童工就业的，加处 1 倍罚款，该非法单位由有关的行政主管部门予以取缔。

5. 童工患病或者受伤的，用人单位应当负责送到医疗机构治疗，并负担治疗期间的全部医疗和生活费用。

6. 童工伤残或者死亡的，用人单位由工商行政管理部门吊销营业执照或者由民政部门撤销民办非企业单位登记；用人单位是国家机关、事业单位的，由有关单位依法对直接负责的主管人员和其他直接法律责任人员给予降级或者撤职的行政处分或者纪律处分；用人单位还应当一次性地对伤残的童工、死亡童工的直系亲属给予赔偿，赔偿金额按照国家

工伤保险的有关规定计算。

7. 拐骗童工，强迫童工劳动，使用童工从事高空、井下、放射性、高毒、易燃易爆以及国家规定的第四级体力劳动强度的劳动，使用不满 14 周岁的童工，或者造成童工死亡或者严重伤残的，依照刑法关于拐卖儿童罪、强迫劳动罪或者其他罪的规定，依法追究刑事法律责任。

六、用人单位违反女职工及未成年工特殊保护规定的行为及处理

用人单位有下列行为之一的，由劳动保障行政部门责令改正，按照受侵害的劳动者每人 1000 元以上 5000 元以下的标准计算，处以罚款：①安排女职工从事矿山井下劳动、国家规定的第四级体力劳动强度的劳动或者其他禁忌从事的劳动的；②安排女职工在经期从事高处、低温、冷水作业或者国家规定的第三级体力劳动强度的劳动的；③安排女职工在怀孕期间从事国家规定的第三级体力劳动强度的劳动或者孕期禁忌从事的劳动的；④安排怀孕 7 个月以上的女职工从事夜班劳动或者延长其工作时间的；⑤女职工生育享受产假少于 98 天的；⑥安排女职工在哺乳未满 1 周岁的婴儿期间从事国家规定的第三级体力劳动强度的劳动或者哺乳期禁忌从事的其他劳动，以及延长其工作时间或者安排其从事夜班劳动的；⑦安排未成年工从事矿山井下、有毒有害、国家规定的第四级体力劳动强度的劳动或者其他禁忌从事的劳动的；⑧未对未成年工定期进行健康检查的。

七、用人单位违反劳动合同的行为及处理

用人单位必须要遵守《劳动合同法》《劳动合同法实施条例》的相关规定，依法订立、履行、变更、解除和终止劳动合同，如有违反则应当承担法律责任。我国《劳动合同法》关于用人单位违反劳动合同的行为及处理，主要规定如下：

1. 用人单位提供的劳动合同文本缺乏劳动合同必备条款或不提供劳动合同文本的行为及处理。用人单位提供的劳动合同文本未载明《劳动合同法》规定的劳动合同必备条款或者用人单位未将劳动合同文本交付劳动者的，由劳动行政部门责令改正；给劳动者造成损害的，用人单位应当承担赔偿责任。

2. 用人单位不与劳动者订立书面劳动合同的行为及处理。用人单位自用工之日起超过 1 个月不满 1 年未与劳动者订立书面劳动合同的，应当依照《劳动合同法》第 82 条的规定向劳动者每月支付 2 倍的工资。

用人单位自用工之日起满 1 年未与劳动者订立书面劳动合同的，自用工之日起满 1 个月的次日至满 1 年的前 1 日应当依照《劳动合同法》第 82 条的规定向劳动者每月支付 2 倍的工资，并视为自用工之日起满 1 年的当日已经与劳动者订立无固定期限劳动合同，应当立即与劳动者补订书面劳动合同。

用人单位违反《劳动合同法》规定不与劳动者订立无固定期限劳动合同的，自应当订立无固定期限劳动合同之日起向劳动者每月支付 2 倍的工资。

3. 用人单位违法约定试用期的行为及处理。用人单位违反《劳动合同法》规定与劳动者约定试用期的，由劳动行政部门责令改正，违法约定的试用期已经履行的，由用人单位以劳动者试用期满月工资为标准，按已经履行的超过法定试用期的期限向劳动者支付赔偿金。

4. 用人单位扣押劳动者身份证等证件的行为及处理。用人单位违反《劳动合同法》规定，扣押劳动者身份证等证件的，由劳动行政部门责令限期退还劳动者本人，并依照有关法律规定给予处罚。用人单位违反《劳动合同法》规定，要求劳动者提供担保、向劳动者收取财物的，由劳动行政部门责令限期退还劳动者本人，并按每一名劳动者 500 元以上 2000 元以下的标准处以罚款；给劳动者造成损害的，用人单位应当承担赔偿责任。劳动者依法解除或者终止劳动合同，用人单位扣押劳动者档案或者其他物品的，由劳动行政部门责令限期退还劳动者本人，并按每一名劳动者 500 元以上 2000 元以下的标准处以罚款；给劳动者造成损害的，用人单位应当承担赔偿责任。

5. 用人单位未依法支付劳动报酬、经济补偿等的行为及处理。参见本节"用人单位侵害劳动者工资、经济补偿金等合法权益的行为及处理"的部分内容。

6. 用人单位造成劳动合同无效的行为及处理。由于用人单位原因致使订立的合同无效，对劳动者造成损害的，应当承担赔偿责任。

7. 用人单位违反《劳动合同法》的规定解除或者终止劳动合同的行为及处理。用人单位违反《劳动合同法》规定解除或者终止劳动合同的，应当依照《劳动合同法》第 47 条规定的经济补偿标准的 2 倍向劳动者支付赔偿金。

8. 用人单位不出具解除或者终止劳动合同的书面证明的行为及处理。获得解除、终止劳动合同书面证明是劳动者实现再就业的基本条件之一。劳动合同解除或终止后，劳动者需要寻求或已经获得新的岗位，但由于其难以证明或无法证明自己不存在劳动关系而容易因此丧失再就业机会。特别是我国《失业保险条例》规定，领取失业救济金的基本条件之一是非自愿性失业。在失业登记时，劳动者必须提供非自愿失业的证明。因此，用人单位应当依照诚信原则，履行这项后合同义务。

用人单位违反《劳动合同法》规定未向劳动者出具解除或者终止劳动合同的书面证明，由劳动行政部门责令改正；给劳动者造成损害的，用人单位应当承担赔偿责任。

9. 新用人单位招用原用人单位职工的行为及处理。用人单位招用与其他用人单位尚未解除或者终止劳动合同的劳动者，给其他用人单位造成损失的，应当承担连带赔偿责任。

10. 劳务派遣单位的违法行为及处理。劳务派遣单位是《劳动合同法》认定的用人单位，应当承担和履行用人单位对劳动者的全部义务，包括保障劳动者的平等缔约权、工资报酬权、劳动安全卫生权、休息休假权、社会保险权、结社权以及劳动者的其他权利；对与劳动者订立的劳动合同，除应载有《劳动合同法》第 17 条规定的必备条款外，还应载明用工单位及派遣期限、工作岗位等；应当与用工单位签订劳务派遣协议，明确双方责任；保障劳动者对劳动派遣协议的相关内容的知情权；劳务派遣单位不得克扣用工单位按照劳务派遣协议给被派遣劳动者的劳动报酬等。

劳务派遣单位、用工单位违反《劳动合同法》有关劳务派遣规定的，由劳动行政部门责令限期改正；逾期不改正的，以每人 5000～10 000 元的标准处以罚款，对劳务派遣单位，吊销其劳务派遣业务经营许可证。用工单位给被派遣劳动者造成损害的，劳务派遣单位与用工单位承担连带赔偿责任。

11. 不具备合法经营资格的用人单位的违法行为及处理。对不具备合法经营资格的用人单位的违法犯罪行为，依法追究法律责任；劳动者已经付出劳动的，该单位或者其出资人应当依照劳动合同法有关规定向劳动者支付劳动报酬、经济补偿、赔偿金；给劳动者造成损害的，应当承担赔偿责任。

12. 个人承包经营者的违法行为及处理。个人承包经营者违反《劳动合同法》规定招用劳动者，给劳动者造成损害的，发包的组织与个人承包经营者承担连带赔偿责任。

【资料链接】

2007 年 6 月，有媒体报道山西洪洞县王某开设砖窑未办理任何登记手续，并交与衡某承包经营。该砖窑拐骗 30 余人，雇用打手强迫被骗人员长期从事高强度劳动，无任何劳动报酬，造成多人伤亡。另据媒体报道，山西该类黑砖窑有上千座，其中还有上千名被拐骗童工。[1]

八、用人单位严重侵犯劳动者人身权利的行为及处理

用人单位有下列情形之一的，依法给予行政处罚；构成犯罪的，依法追究刑事责任；给劳动者造成损害的，应当承担赔偿责任：①以暴力、威胁或者非法限制人身自由的手段强迫劳动者劳动的；②违章指挥或者强令冒险作业危及劳动者人身安全的；③侮辱、体罚、殴打、非法搜查或者拘禁劳动者的；④劳动条件恶劣、环境污染严重，给劳动者身心健康造成严重损害的。

九、用人单位违反集体合同的行为及处理

我国《劳动法》《集体合同规定》均未明确规定有关集体合同的责任，这等于将责任问题交给了当事人。《集体合同规定》第 56 条规定："用人单位无正当理由拒绝工会或职工代表提出的集体协商要求的，按照《工会法》及有关法律、法规的规定处理。"但其并未进一步明确何种理由为正当或不正当，且仅仅规定了行政责任。至于企业在协商过程中应承担的其他责任则没有加以规定。《劳动合同法》第 56 条规定也存在同样的问题。对于这种缺陷，我们只有通过不断完善相关法律法规，完备集体合同的立法的途径来加以解决。

十、用人单位违反《就业促进法》的行为及处理[2]

1. 实施就业歧视的，劳动者可以向人民法院提起诉讼。

2. 企业未按照国家规定提取职工教育经费，或者挪用职工教育经费的，由劳动行政部门责令改正，并依法给予处罚。

3. 侵害劳动者合法权益，造成财产损失或者其他损害的，依法承担民事责任；构成犯罪的，依法追究刑事责任。

---

〔1〕 董保华、杨杰：《劳动合同法的软着陆——人力资源管理的影响与应对》，中国法制出版社 2007 年版，第 17 页。
〔2〕 《就业服务与就业管理规定》对用人单位违反《就业促进法》的行为及处理作了更具体的规定。

十一、用人单位违反《工会法》的行为及处理

用人单位违反《工会法》，有下列行为之一的，由劳动保障行政部门责令改正：①阻挠劳动者依法参加和组织工会，或者阻挠上级工会帮助、指导劳动者筹建工会的；②无正当理由调动依法履行职责的工会工作人员的工作岗位，进行打击报复的；③劳动者因参加工会活动而被解除劳动合同的；④工会工作人员因依法履行职责被解除劳动合同的。

十二、用人单位违反社会保险规定的行为及处理

1. 用人单位未按照规定办理社会保险登记的，由社会保险行政部门责令限期改正；对直接负责的主管人员和其他直接责任人员处 500 元以上 3000 元以下的罚款。

2. 缴费单位违反有关财务、会计、统计的法律、行政法规和国家的有关规定，伪造、变造、故意毁灭有关账册、材料，或者不设账册，致使社会保险费缴费基数无法确定的，除依照有关法律、行政法规的规定给予其行政处罚、纪律处分、刑事处罚外，依照法律、法规的规定征缴；迟延缴纳的，由劳动保障行政部门或者税务机关责令限期缴纳；逾期仍不缴纳的，除补缴欠缴数额外，从欠缴之日起，按日加收万分之五的滞纳金。逾期仍不缴纳，由有关行政部门处欠缴数额的 1 倍以上 3 倍以下罚款。

3. 用人单位逾期拒不缴纳社会保险费、滞纳金的，由劳动保障行政部门或者税务机关申请人民法院依法强制征缴。

4. 用人单位向社会保险经办机构申报应缴纳的社会保险费数额时，瞒报工资总额或者职工人数的，由劳动保障行政部门责令改正，并处瞒报工资数额 1 倍以上 3 倍以下的罚款。

十三、用人单位无理由违反劳动监察的行为及处理

用人单位无理抗拒、阻挠劳动保障行政部门依法实施劳动保障监察的；不按照劳动保障行政部门的要求报送书面材料，隐瞒事实真相，出具伪证或者隐匿、毁灭证据的；经劳动保障行政部门责令改正，拒不改正，或者拒不履行劳动保障行政部门的行政处理决定的；打击报复举报人、投诉人的，由劳动保障行政部门责令其改正；对有前 3 项规定的行为的，处 2000 元以上 2 万元以下的罚款；违反以上规定，构成违反治安管理行为的，由公安机关依法给予治安管理处罚；构成犯罪的，依法追究刑事责任。

第三节　劳动者违反劳动法的行为及法律责任

一、劳动者不与用人单位订立书面劳动合同的行为及处理

自用工之日起 1 个月内，经用人单位书面通知后，劳动者不与用人单位订立书面劳动合同的，用人单位应当书面通知劳动者终止劳动关系，无需向劳动者支付经济补偿，但是应当依法向劳动者支付其实际工作时间的劳动报酬。

自用工之日起超过 1 个月不满 1 年，劳动者不与用人单位订立书面劳动合同的，用人单位应当书面通知劳动者终止劳动关系，并依照《劳动合同法》第 47 条的规定支付经济

补偿。

二、劳动者造成劳动合同无效的行为及处理

由于劳动者的原因使双方订立的劳动合同无效，对用人单位造成损害的，应当承担赔偿责任。这是《劳动合同法》对劳动法律制度的一个新突破。我国《劳动法》及有关法规、规章只规定了由于用人单位的原因造成劳动合同无效所应承担的赔偿责任，而对于因劳动者以欺诈等手段签订劳动合同而导致其无效的情形，则无相关法律责任规定。《劳动法》施行以来，劳动者借此规避法律的现象相当普遍，如果对劳动者不课以赔偿责任，既对用人单位有不公平之嫌，也不能体现劳动法的诚实信用原则。因此，《劳动合同法》的规定既符合法理，也顺应劳动关系稳定的现实需要。

三、劳动者违法解除劳动合同的法律责任

劳动者提前 30 日（试用期为提前 3 日）以书面形式通知用人单位，即自动发生劳动合同解除的效力，提前 30 日既是劳动合同解除的必经程序，也是劳动合同解除的生效要件。自劳动者提出的辞职书之日起的 30 日届满时，劳动合同解除，劳动者有权要求用人单位办理解除劳动合同的相关手续。但若劳动者提出书面辞职书未届满 30 日即离职，则发生《劳动合同法》规定的违法解除的后果。违法解除如造成用人单位损失的，劳动者应予赔偿。

四、劳动者违反服务期约定的法律责任

用人单位为劳动者提供专项培训费用，对其进行专业技术培训的，可以与该劳动者订立协议，约定服务期。劳动者违反服务期约定的，应当按照约定向用人单位支付违约金，但劳动者以《劳动合同法》第 38 条规定解除劳动合同的除外。违约金的数额不得超过用人单位提供的培训费用。用人单位要求劳动者支付的违约金不得超过服务期尚未履行部分所应分摊的培训费用。

五、劳动者违反保密条款的法律责任

用人单位与劳动者可以在劳动合同中约定应予以保守的用人单位商业秘密和与知识产权相关的保密事项。劳动者违反劳动合同中约定的保密义务，给用人单位造成经济损失的，应当承担赔偿责任。关于违约泄露或未履行保护商业秘密职责所造成的损失，依照我国《反不正当竞争法》第 20 条的规定予以赔偿。

六、劳动者违反竞业限制的法律责任

劳动者违反竞业限制的法律责任承担方式，一是支付违约金（如果双方在劳动合同中约定了违约金），二是对造成用人单位的经济损失承担赔偿责任。对负有保密义务的劳动者，用人单位可以在劳动合同或者保密协议中与劳动者约定竞业限制条款，并约定在解除或者终止劳动合同后，在竞业限制期限内按月给予劳动者经济补偿。劳动者违反竞业限制约定的，应当按照约定向用人单位支付违约金。劳动者违反劳动合同中约定的竞业限制义务，给用人单位造成经济损失的，应当承担赔偿责任。关于违反竞业限制义务所造成的损

失，依照我国《反不正当竞争法》第 20 条的规定予以赔偿。

七、劳动者尚未解除劳动合同而非法建立双重劳动关系的法律责任

用人单位招用尚未解除劳动合同的劳动者，对原用人单位造成经济损失的，该劳动者承担直接赔偿责任。该用人单位应当承担连带赔偿责任，其连带赔偿责任的份额应不低于对原用人单位造成的经济损失总额的 70%。劳动者应向原用人单位赔偿下列损失：①对生产、经营和工作造成的直接经济损失；②因获取商业秘密给原用人单位造成的经济损失。赔偿因获取商业秘密给原用人单位造成的经济损失，依照《反不正当竞争法》第 20 条的规定执行。

八、劳动者骗取社会保险待遇或者骗取社会保险基金支出的法律责任

劳动者骗取社会保险待遇或者骗取社会保险基金支出的，由劳动保障行政部门责令退还，并处骗取金额 1 倍以上 3 倍以下的罚款；构成犯罪的，依法追究刑事责任。

第四节　劳动服务机构违反劳动法的行为及法律责任

一、劳动就业服务机构违反劳动法的行为及法律责任

（一）《劳动保障监察条例》的规定

1. 职业介绍机构、职业技能培训机构或者职业技能考核鉴定机构违反国家有关职业介绍、职业技能培训或者职业技能考核鉴定的规定的，由劳动保障行政部门责令改正，没收违法所得，并处 1 万元以上 5 万元以下的罚款；情节严重的，吊销许可证。

2. 未经劳动保障行政部门许可，从事职业介绍、职业技能培训或者职业技能考核鉴定的组织或者个人，由劳动保障行政部门、工商行政管理部门依照国家有关无照经营查处取缔的规定查处取缔。

（二）《就业促进法》的规定

1. 违反本法规定，未经许可和登记，擅自从事职业中介活动的，由劳动行政部门或者其他主管部门依法予以关闭；有违法所得的，没收违法所得，并处 1 万元以上 5 万元以下的罚款。

2. 违反本法规定，职业中介机构提供虚假就业信息，为无合法证照的用人单位提供职业中介服务，伪造、涂改、转让职业中介许可证的，由劳动行政部门或者其他主管部门责令改正；有违法所得的，没收违法所得，并处 1 万元以上 5 万元以下的罚款；情节严重的，吊销职业中介许可证。

3. 违反本法规定，职业中介机构扣押劳动者居民身份证等证件的，由劳动行政部门责令限期退还劳动者，并依照有关法律规定给予处罚。

4. 违反本法规定，职业中介机构向劳动者收取押金的，由劳动行政部门责令限期退还劳动者，并以每人 500 元以上 2000 元以下的标准处以罚款。

5. 违反本法规定，侵害劳动者合法权益，造成财产损失或者其他损害的，依法承担民事责任；构成犯罪的，依法追究刑事责任。

二、社会保险经办机构及其工作人员违反劳动法的行为及法律责任

社会保险经办机构及其工作人员有以下违纪或违法行为的：①滥用职权、徇私舞弊、玩忽职守，致使社会保险费流失；②截留、挤占、挪用、贪污基金；③擅自增提、减免社会保险费；④不按时、按规定标准支付社会保险待遇的有关款项；⑤未按时将基金收入存入财政专户；⑥未按时、足额将财政专户基金拨付到支出户；⑦社会保险经办机构滥用管理权拒绝办理用人单位和被保险人的社会保险手续的；⑧擅自更改被保险人保险档案或泄漏被保险人交费情况的；⑨违反社会保险基金运营有关规定进行投资造成严重损失的；⑩利用经办社会保险事务为本单位牟取私利的；⑪其他违反国家法律、法规规定的行为，应按照《社会保险法》《行政处罚法》《社会保险费征缴暂行条例》等有关法律、法规，由社会保障行政部门责令改正。情节严重的，对领导人员和直接法律责任人员给予行政处分；构成犯罪的，依法追究刑事法律责任。

第五节　劳动行政部门和其他有关主管部门及其工作人员违反劳动法的行为及法律责任

《劳动法》及其他单行法律、法规对劳动行政部门和有关部门及其工作人员在进行劳动行政管理过程中违反劳动法的法律责任，作了原则性或具体性规定。

一、《劳动法》的规定

劳动行政部门或者有关部门的工作人员滥用职权、玩忽职守、徇私舞弊，构成犯罪的，依法追究刑事责任；不构成犯罪的，给予行政处分。

二、《劳动合同法》的规定

劳动行政部门和其他有关主管部门及其工作人员玩忽职守、不履行法定职责，或者违法行使职权，给劳动者或者用人单位造成损害的，应当承担赔偿责任；对直接负责的主管人员和其他直接责任人员，依法给予行政处分；构成犯罪的，依法追究刑事责任。

三、《就业促进法》的规定

1. 违反《就业促进法》规定，劳动行政等有关部门及其工作人员滥用职权、玩忽职守、徇私舞弊的，对直接负责的主管人员和其他直接责任人员依法给予处分。

2. 违反《就业促进法》规定，地方各级人民政府和有关部门、公共就业服务机构举办经营性的职业中介机构，从事经营性职业中介活动，向劳动者收取费用的，由上级主管机关责令限期改正，将违法收取的费用退还劳动者，并对直接负责的主管人员和其他直接责任人员依法给予处分。

3. （劳动行政等有关部门及其工作人员）违反《就业促进法》规定，侵害劳动者合法权益，造成财产损失或者其他损害的，依法承担民事责任；构成犯罪的，依法追究刑事责任。

四、《安全生产法》的规定

负有安全生产监督管理职责的部门的工作人员，有下列行为之一的，给予降级或者撤职的处分；构成犯罪的，依照刑法有关规定追究刑事责任：①对不符合法定安全生产条件的涉及安全生产的事项予以批准或者验收通过的；②发现未依法取得批准、验收的单位擅自从事有关活动或者接到举报后不予取缔或者不依法予以处理的；③对已经依法取得批准的单位不履行监督管理职责，发现其不再具备安全生产条件而不撤销原批准或者发现安全生产违法行为不予查处的；④在监督检查中发现重大事故隐患，不依法及时处理的。负有安全生产监督管理职责的部门的工作人员有前款规定以外的滥用职权、玩忽职守、徇私舞弊行为的，依法给予处分；构成犯罪的，依照刑法有关规定追究刑事责任。

五、《职业病防治法》的规定

卫生行政部门不按照规定报告职业病和职业病危害事故的，由上一级行政部门责令改正，通报批评，给予警告；虚报、瞒报的，对单位负责人、直接负责的主管人员和其他直接责任人员依法给予降级、撤职或者开除的处分。县级以上地方人民政府在职业病防治工作中未依照本法履行职责，本行政区域出现重大职业病危害事故、造成严重社会影响的，依法对直接负责的主管人员和其他直接责任人员给予记大过直至开除的处分。县级以上人民政府职业卫生监督管理部门不履行本法规定的职责，滥用职权、玩忽职守、徇私舞弊，依法对直接负责的主管人员和其他直接责任人员给予记大过或者降级的处分；造成职业病危害事故或者其他严重后果的，依法给予撤职或者开除的处分。违反本法规定，构成犯罪的，依法追究刑事责任。

六、《劳动保障监察条例》的规定

劳动保障监察员滥用职权、玩忽职守、徇私舞弊或者泄露在履行职责过程中知悉的商业秘密的，依法给予行政处分；构成犯罪的，依法追究刑事责任。劳动保障行政部门和劳动保障监察员违法行使职权，侵犯用人单位或者劳动者的合法权益的，依法承担赔偿责任。

七、其他法律、法规的规定

具体参见《工伤保险条例》《禁止使用童工规定》等有关法规、规章关于劳动行政部门和其他有关主管部门及其工作人员违反劳动法的行为及法律责任的规定。

下　编　<<<

第十二章

第十二章
社会保障法概述

社会保障是关于人类社会久远福利的制度安排，这一制度的社会特征使得它与一个国家的政治、经济、伦理、文化等因素紧密联系在一起，成为衡量一个国家文明程度的重要标志。社会保障法作为市场经济的支持法、社会稳定的促进法和民众福利的提升法，在各国法律体系中的地位日益得到巩固，并成为实现社会成员社会保障权的基本法律手段。

第一节　社会保障的概念

一、社会保障的概念

社会保障，来源于英文"social security"一词，又译为"社会安全"。在法律英语中，security 一词的常见用法大致有以下几种：①安全，尤其指公共安全；②证券，通常以复数形式出现；③担保，主要指物的担保；④保障。除证券的含义之外，其他几种含义比较接近，即都具有安全性的意思。"社会保障"作为法律概念，最早出现于美国国会在 1935 年通过的《联邦社会保障法》中。英美两国于 1941 年 8 月 14 日签署的《大西洋宪章》、1942 年英国的《贝弗里奇报告》、国际劳工组织于 1944 年 5 月 10 日通过的《费城宣言》、1948 年联合国《人权宣言》等文件先后使用了该词。我国官方文件《国民经济和社会发展第七个五年计划》首次提出"社会保障"，[1] 从此，"社会保障"一词在我国出现并广泛付诸改革实践。

社会保障是国家通过立法规定的，由国家和社会举办的，对社会成员在年老、疾病、伤残、失业、丧失劳动能力或遭受自然灾害以及其他生活困难时所给予的物质帮助，以此保障公民基本生活需要的制度。由于社会保障制度本身涵盖了社会、经济、法律、文化等诸多领域，又由于各国创建社会保障制度的历史背景及社会形态的差异，中外学者对这一概念的总结便有了一定的差异。

（一）国外关于社会保障的基本涵义

国外社会保障的实践尤以英、德、美、苏联、日本等国家为典型。由于社会保障制度

---

〔1〕　黎建飞主编：《社会保障法》，中国人民大学出版社 2006 年版，第 2 页。

最早产生于欧洲,其理论界对此的研究则更为系统而深入,社会保障的理念到 20 世纪初进一步得以升华。对此作出重大贡献的人物当属英国的经济学家庇古、凯恩斯、贝弗里奇以及科学社会主义的奠基人马克思。这几名经济学家所提出的福利经济学、凯恩斯主义、贝弗里奇理念、马克思主义理论,对西方现代社会保障的产生及类型划分的影响深远。

英国认为社会保障是一种以国家为主体的公共福利计划。社会保障的目的是保障全体公民避免因失业、疾病、伤害、老年退休而丧失收入来源或工资收入大幅度减少而给予其必需生活费用,以及辅助其生育、婚丧时之意外或必要费用。在《贝弗里奇报告》中,社会保障是国民收入再分配的一种手段,遵循的是普遍性原则。社会保障的明确定义是确保最低生活的安全。《英国大不列颠百科全书》在贝弗里奇理论的基础上,对社会保障作了归纳,将其解释为国家对国民"从摇篮到坟墓"的生活与危险,如疾病、伤害、失业、年老、生育、死亡及"鳏寡孤独废疾者"所给予的安全保障。

德国是最早由国家举办社会保险,为公民提供较全面的保障的国家。德国与英国不同,其遵循的是特殊性原则,强调权利与义务的一致性,强调个人责任。社会保障即社会公正和社会安全,是为因生病、残疾、老年等原因而丧失劳动能力或遭受意外而不能参与市场竞争者及其家人提供的基本生活保障,其目的是通过保障使之重新获得参与竞争的机会。

美国对社会保障的理解介于英国与德国之间,其将社会保障视为社会安全网,认为社会保障是根据政府法规建立的、避免人们因老年、疾病、失业、伤残等原因中断或丧失劳动能力,为人们提供因结婚、生育和死亡带来的特殊开支以及抚育子女的家庭津贴的保障体系。[1]

苏联以马克思有关"必要劳动"与"剩余劳动"的理论以及列宁关于"最好的工人保险形式是国家保险"的理论为基础来理解社会保障。其认为社会保障是一种分配关系体系,是依靠社会为因年老、疾病、残疾等原因而丧失劳动能力,或因某种原因需要物质帮助的公民提供生活保障的分配关系体系。[2]

日本学者认为,社会保障是国民在生活中出现收入中断或永久丧失时,国家为保障其最低生活水平的收入而制定的综合性的措施和制度。

(二) 国际劳工组织对社会保障的定义

国际劳工组织从 1925 年开始先后通过了 40 多个涉及社会保障方面的公约和建议书。国际劳工局社会保障司对"社会保障"的概括是:它基本上可以解释为社会通过一系列的公共措施向其成员提供的用以抵御因疾病、生育、工伤、失业、伤残、年老和死亡而丧失收入或收入锐减并由此引起的经济和社会灾难的保护,以及有子女家庭补贴等。

(三) 中国对社会保障的定义

目前,国内学者对社会保障所下的定义并不完全一致,各有侧重,但均涵盖了以下几点内容:①社会保障的实施主体,即国家和社会;②社会保障的项目,即年老、疾病、伤残、死亡、失业、生育及各种自然灾害;③社会保障的基本功能,即保障公民基本生活、社会安定和促进经济发展;④社会保障是一项制度系统,既有法律层次,也有政策层次;

---

〔1〕 〔美〕A. H. 罗伯逊:《美国的社会保障》,金勇进等译,中国人民大学出版社 1995 年版,第 12 页。
〔2〕 覃有土、樊启荣:《社会保障法》,法律出版社 1997 年版,第 5 页。

既包含物质内容，也包含精神慰藉；既有政府行为，也有社会行为；既有强制性的内容，也有非强制性的内容。因此，本书对"社会保障"所下的定义是：社会保障是国家通过立法规定的，由国家和社会举办的，对社会成员在因年老、疾病、伤残、失业、生育等丧失劳动能力、中断就业机会以及遭受自然灾害时所给予的物质帮助，以此保障公民的基本生活，保持社会稳定，促进经济协调发展的制度系统。

二、社会保障的特征

社会保障与传统的家庭保障、土地保障、商业保险以及其他慈善事业相比，具有如下特征：

（一）社会保障的普遍性

社会保障的实施范围应当普及到全体劳动者乃至全体公民，《宪法》规定的公民所享有的物质帮助权应赋予我国所有的劳动者。在市场经济条件下，劳动者普遍存在着生、老、病、死、伤、残、失业等社会风险，这些风险对劳动者而言或不能避免或难以避免。人权平等下的劳动者的物质帮助权不因所有制不同、部门和行业不同、城乡差别而受到歧视对待。只要存在社会风险，都应普遍地、无例外地给予劳动者以基本生活的物质保障。现阶段我国着力消除社会保障的城乡差别并将逐步向全民保障迈进，以期实现全民普遍保障目标。

（二）社会保障的强制性

社会保障的强制性是指社会保障必须由国家立法规定，对主要的保障项目实行强制实施制度。具体表现在：社会保障各职能机构之间及其内部职责划分、财务管理、资金分配、社会保障资金的筹集方式和标准、社会保障项目和标准的确定、待遇的发放、基金的运营、社会保障活动的监督等，都由立法加以规定。社会保障强制性的法理依据在于社会保障的综合性、社会性、市场性，在于法治国家的本质要求，在于社会保障的科学化、规范化运作，避免主观随意性。

（三）社会保障的社会性

社会保障由于其社会化大生产的特征，它打破了传统家庭保障及其他私主体自我保障的局限性；同时与传统产品经济体制下企业经办、企业管理的劳动保险不同，它已成为一项社会性事业。社会性主要表现为：

1. 社会保障对象的社会性。即覆盖的对象应为一国内的所有居民，而不是特定的组织或特定的公民。

2. 社会保障组织管理机构的社会性。由于覆盖对象的普遍化和社会保障的功能目标要求，社会保障组织管理机构的设置与商业保险机构不同，既不能创设其为私主体，也不能创设其为公主体，而只能是二主体的性质融合。

3. 社会保障基金来源的社会性。社会保障通过立法，采取国家、用人单位和社会成员共同负担的原则，将责任和义务分担到整个社会，通过由社会成员缴纳保障税或专项费用的方式来筹集社会保障资金。

（四）社会保障的互助性

社会保障资金筹集的目的，在于通过社会保障机制，以多数人的力量分散少部分人的社会风险，从而实现社会的公平；通过筹集方式，运用国民收入再分配的手段，结合一国的特殊国情，通过现收现付或部分积累的方式，给法律规定的保障对象以物质帮助，从而实现化解生活风险的目的。因此，互助性特征是"人人为我，我为人人"这一价值取向在社会保障中的反映。

（五）社会保障的福利性

社会保障的目的在于保障社会成员的基本生活，以实现社会稳定和社会安全；商业保险的目的在于追求利润的最大化，因此，它特别强调权利与义务的一致性。从这个意义上讲，社会保障是造福于国民的社会公益事业，并非以营利为根本目标，不能以商业化形式进行运作。社会保障的福利性表现为：为社会特定主体如残疾、孤儿等提供福利设施和福利性生产、生活条件，为因自然灾害或意外事故而陷入生活困难的人提供社会援助，为出现年老、疾病、伤残、失业、生育等情况的劳动者提供物质帮助，以社会保障基金的运作盈利来改善公共设施和卫生条件等。

另外，社会保障还具有安全性、人道性、储存性等特征。

第二节　社会保障法的调整对象

一、社会保障法的概念

社会保障法是调整以国家、社会组织和全体社会成员为主体，基于保证社会成员的基本生活需要并不断提高其生活水平，以及解决某些特殊社会群体的生活困难而发生的经济扶助关系的法律规范的总称。社会保障法有实质意义的社会保障法和形式意义的社会保障法之分。形式意义的社会保障法，是直接以独立法律文件形式表现出来的法，如《社会保障法》《劳动保险条例》《国民救助法》等。实质意义上的社会保障法，是指有关调整社会保障关系的法律规范的总和。实质意义的社会保障法既包括形式意义的社会保障法，也包括其他法律、法规中有关社会保障的规范，还包括具有法律效力的涉及社会保障问题的规章、决定、指示等规范性文件。本书所涉及的社会保障法，是指实质意义的社会保障法。

二、社会保障法的调整对象

社会保障法的调整对象为特定的社会关系，即社会保障关系。社会保障关系是指在国家和社会组织、筹措、运营、发放及监督管理社会保障基金的过程中在保障主体间形成的关系。与其他社会关系相比较，社会保障关系具有其基本的属性，这种基本属性决定了社会保障法产生的必要性和合理性。

（一）社会保障关系的特征

1. 社会保障关系的一方当事人须是政府社会保障职能部门。一般认为，政府作为社会保障关系的一方，是因市场经济"失灵"导致的结果。社会保障产生的前提是工业革命所引发的社会风险的存在。贫困、疾病、死亡、失业、年老等社会现象对资产阶级主张的基本人权提出了挑战。而市场机制的效率价值往往以牺牲公平为代价，也就是说，市场机制本身无法依靠自身力量实现公平，必须以政府的直接干预来实现。政府加入社会保障，作为社会保障主体，是政府在市场经济条件下的基本经济职能和社会职能，以此来调节国民经济的运行和稳定社会关系。从社会保障的起源发展来看，西方国家大都以社会共同责任为基础，政府或者代表政府的其他职能部门依法参加进社会保障关系中来，负责组织进而管理社会保障事业。20世纪80年代以来，尽管西方社会保障改革以减轻和分散政府责任为目标，强调市场中其他主体的作用，但并不以政府退出社会保障机制为对价。因此，社会保障产生的历史、理念及基本功能决定了政府的社会保障职能部门必须是社会保障关系的一方当事人。

2. 社会保障关系具有人身关系和财产关系相结合的属性。从内容上看，社会保障主要包括了社会保险、社会救助、社会福利和优抚安置等机制。除了公共福利之外，大部分的社会福利（主要指我国）、社会保险、社会救助及社会优抚等都是以特定主体为保障对象的。比如，在社会保险中，大部分国家以形成劳动关系的特定劳动者为保护对象，一些福利国家的社会保险虽以全体国民作为保障对象，但对国民的国籍和居住权利作了限制。从社会保障的人权功能分析，一方面，社会保障的基本功能是实现人的生存权，而生存权是以基本的人格权为基础的，所以，社会保障关系首先表现为以解决一国公民或一国中特定人的社会风险为特征；另一方面，由于社会保障以实现人们的生存权为基本功能，生存以获取基本的物质生活资料为前提，因此，社会保障关系又以财产关系为特征，通过社会保障基金的筹措和给付机制，使保障对象获得生活必需品。社会保障关系是人身关系和财产关系的统一。

3. 社会保障关系主要表现为社会连带责任关系。社会保障关系，通过社会保障权利与社会保障义务将国家、法人团体、社会成员联系在一起，使社会保障关系既不同于当事人地位平等、充分体现当事人意思自治的民事关系，又不同于当事人地位不同、充分体现国家权力的刑事、行政关系，而是在当事人之间将社会保障权利与社会保障义务联结起来进而形成一种社会连带责任关系。

（二）社会保障关系的分类

社会保障关系从不同的角度可以进行不同的分类。依其内容不同，社会保障关系可以分为社会保险关系、社会福利关系、社会救助关系、社会优抚关系；依社会保障的体制为划分标准，可以分为社会保障管理关系、社会保障资金筹集关系、社会保障给付关系、社会保障资金运营关系、社会保障监督关系等；依其主体不同，社会保障关系涉及国家与社会成员之间的关系、社会保障机构与政府之间的关系、社会保障机构与社会成员之间的关系、社会保障机构之间的关系、社会保障机构与用人单位之间的关系、用人单位与劳动者之间的关系等。

社会保障关系主要包括以下具体关系：

1. 国家与社会成员之间的关系。通过社会保障法律法规调整中央政府、地方政府与全体社会成员之间的关系，明确规范国家、政府及社会成员在法律关系中的权利与义务。

2. 社会保障实施机构与政府间的关系。社会保障实施机构是代表国家和政府提供社会保障的组织，其职责和权限范围依靠法律规定和行政授权而实现，必须接受政府的管理、监督和财政补贴，因此，社会保障机构与政府间的关系成为社会保障法调整的重要关系之一。

3. 社会保障机构与社会成员之间的关系。社会保障实施机构与社会成员之间既是社会保障基金的筹集与发放的关系，又是社会保障待遇的提供者与接受者的关系。社会保障机构与社会成员之间的关系也是国家或政府与社会成员的关系的具体体现。

4. 社会保障机构之间的关系。这些关系包括社会保障各职能机构之间及其内部有关职责划分、财务管理、资金分配等方面的关系。

5. 社会保障基金的运营关系，即在社会保障基金的管理与运营中发生的各种关系。

6. 社会保障监督关系。对社会保障活动进行必要的监督，是确保社会保障事业顺利发展的有效措施。监督关系分为权力机关监督、司法监督、行政监督、社会监督以及保障机构的内部监督等。

第三节　社会保障法的基本原则

社会保障法的基本原则是集中反映社会保障法的本质，贯穿社会保障法律规范的始终，并对整个社会保障法律体系起主导作用的根本准则，是社会保障法的灵魂和核心所在。它体现了社会保障法所追求的基本精神和价值主线，具有高度的概括性、抽象性特点。成为社会保障法基本原则的条件和标准是：①能够全面、集中地反映该法律部门所调整的社会关系及其运行的客观要求；②能够全面、集中地体现党和国家在该法调整领域内的基本政策、方针；③能够从不同方面反映该法律部门的本质属性和主要特征，反映它与其他法律部门的基本区别。

社会保障法的基本原则通过其功能作用来规范社会保障关系，这些功能作用主要是通过凝聚性和统帅性来统领和协调社会保障法体系，通过依据和准则性来实现社会保障立法活动，通过指导性和制约性来规范社会保障执法，通过稳定性来保障社会保障法的技术性和权威性。

社会保障法的基本原则具体由以下五项原则组成。

一、保障基本需要原则

保障全体公民的基本生活需要，并在此基础上提高其生活水平，是宪法所确认和保护的公民生存权的基础。社会保障法在各国的产生，首先是为了克服因年老、疾病、伤残、死亡、失业以及其他社会性、自然性灾难所造成的公民或劳动者基本生活所面临的困境。从社会保障的基本涵义和社会保障法的基本功能来看，各国均视其为调节社会、经济的"稳定器"和"安全网"。保障基本需要，是由社会保障的性质、职能和作用决定的。

【资料链接】

1881 年 11 月 17 日，德皇威廉一世发布的《黄金诏书》中宣称："社会保险是一种消除革命的投资"，这是因为"一个期待养老金的人是最守本分的，也是最容易被统治的"。

1. 社会保障是实现公平分配的一种机制。社会保障所要实现的公平分配，不是要消灭收入差距和生活水平的差别，而是通过社会保障法所规定的保障机制，给生存发生困难的社会成员提供物质帮助，使其达到由当时的生产力水平所决定的维持基本生活的水平，所以，社会保障作为实现公平分配的机制，只是在保障社会成员基本生活方面体现其作为公平机制的作用。

2. 实现公平的程度受一国经济发展水平的制约。保障基本生活需要原则，不能立足于国际社会平均的经济发展水平和基本的生活水准，而只能以一国的经济发展状况为依据。同时，由于经济发展的动态性，基本生活需要的测算和标准也具有动态性，基本生活需要的指标应是一个便于调节和核算的系统。

3. 保障社会成员的基本需要是社会保障法的最基本功能。社会保障是一种特殊的公平分配机制，但不是唯一的分配机制。以按劳分配为原则的分配机制所追求的根本目标在于维持和优化劳动力要素，保证劳动力的再生产，维持社会扩大再生产的有序进行，其基本内容是多劳多得。以社会保障为分配机制所追求的根本目标在于保障公民的基本生存权，其基本内容是强制保障，维持生存。因此，从公民的生存权角度讲，保障公民的基本生活需要是社会保障法的首要原则。

二、保障水平与经济发展相适应原则

从经济学理论上讲，经济发展水平愈高，创造的社会物质财富愈多，可供社会分配的消费品也就愈多，因此，经济发展水平决定着社会保障的水平。从世界范围看，各国的社会保障所确定的保障项目、保障对象、筹资的税率及缴费比例、社会保障水平，均与各国的经济发展阶段和经济发展水平相适应。

1. 经济发展决定着社会保障的发展水平。如果没有经济发展所创造的可分配财富，社会保障就不可能发展；经济发展还决定着社会成员的生活水平，而社会成员的生活水平状况又必然要求有相应水平的社会保障待遇。

2. 社会保障的发展有利于促进经济发展。社会保障通过其功能实现来保障社会成员的基本生活，稳定社会秩序和促进经济增长。因此，在设计和制定社会保障法律制度时，应处理好二者之间的决定和促进关系。如果经济发展水平低于社会保障的增进水平，就会制约经济的增长；如果社会保障水平严重滞后于经济增长水平，就容易造成社会的不稳定。

西方国家的社会保障法在其早期的设计中，由于忽视了这二者之间的关系，其社会保障水平严重超过经济增长水平，其弊端在20世纪70年代末逐渐显现出来，这制约了经济的发展，西方各国不得不从20世纪80年代开始进行全方位的社会保障制度改革。因此，中国的社会保障立法应重视经济发展水平与社会保障水平之间的适应关系，从而促进经济的持续发展。

三、公平与效率兼顾原则

从公平和效率的关系上讲，公平是道德哲学、政治哲学、法律哲学及社会哲学的核心，是一切法律制度的价值基础。失去公平的效率是难以持久的，因此，从某种意义上讲，公平是效率的源泉，公平的程度决定了效率的程度，任何不公平的社会机制和社会政策都会造成对效率的破坏。公平性要求每一个社会成员都有获得社会保障的权利，反对在社会保障方面对一部分人进行歧视。同时，在坚持公平性的同时，承认合理的差别对待，解决好普遍保障和区别对待之间的关系。效率是市场机制所追求的价值目标，是市场公平化的检验标准之一。要实现社会保障制度的公平价值，必须以不断提高其效率为重要手

段，因为公平具有相对性，是动态中的公平。效率性要求社会保障制度的公平设计，要有利于社会经济的发展；通过社会保障的经济调节作用和对社会成员的激励作用，提高经济增长率，从而实现社会保障在更高层次上的公平；要有利于提高社会保障法律制度的运作效率，使法律制度的技术性提高；要有利于社会保障基金增值；要有利于提高社会福利场所和医疗保健体系的利用率和优化率。

公平与效率兼顾是从社会保障发展史中得出的结论。我国传统的社会保障，牺牲了效率，也未实现公平。福利国家在形式上的"公平"，牺牲了效率，给国民经济的持续发展带来了巨大阻力，甚至使经济出现了倒退。

四、权利与义务相统一原则

权利与义务相一致是指享受权利必须承担相应的义务，而履行了义务就应当享有相应的权利。社会保障法律关系实质上是权利义务关系。当社会成员遇到困难或因具备其他法定条件而获得社会保障金时，他便处于权利主体地位。但是，社会成员若要成为权利主体，必须按照法律的规定缴纳一定的社会保障费用，并按法定缴纳程序履行，此时他便成为义务主体。所以，不履行法定义务，则不能享受法定权利，权利与义务是统一的。权利与义务的统一性还表现在，每一个社会成员都平等地享有社会保障的权利，国家和社会负有平等地向社会成员提供基本生活保障的义务，而社会成员则应尽力为社会创造财富。

中国传统的社会保障制度只讲求国家和企业的单纯责任，社会成员只享受单纯权利，这既造成了社会保障权利与义务的脱节，又造成了国家的无限责任，增加了社会成员的依赖心理和行为，致使当中国的经济、社会进入新的发展阶段时，社会保障的刚性增长和关系不顺，使国家财政和国有企业背上了沉重的负担。社会保障权利与义务的脱节和扭曲已被证明是社会保障发展过程中的缺陷。

五、社会共同责任原则

在现代社会环境中，全体社会成员都承受着诸如年老、伤残、失业、疾病等多方面的风险，并会因这些风险的发生而丧失工作能力，失去作为生活来源的收入保障。这些伴随着工业化进程而出现的伤残、职业病、失业以及人口老龄化等社会风险，对社会成员的生活甚至生存构成严重威胁。但是，这些社会风险完全依靠个人来抵御是不可能的，特别是作为社会弱者的个人更不具有抵御社会风险的能力，而完全依靠国家承担全部社会生活风险也是不现实的，这就要求全体社会成员互相帮助，共同分担社会风险。因此，必须通过强制性的立法建立社会共同责任机制，尽可能动员全社会力量共同参与社会保障事业，通过对部分社会成员实施特殊保护来达到对全体社会成员的共同保障，从而维护正常的社会秩序，促进社会的发展和进步。

第四节　社会保障法的地位与作用

一、社会保障法的地位

社会保障法的地位包括三个层次的含义：①社会保障法的独立性问题；②社会保障

的层次性问题，即社会保障法作为一个法律部门在法律体系中处于哪一个层次；③与以上两个含义相适应的问题，即社会保障法与其他法律部门的关系问题。

（一）社会保障法是一个独立的法律部门

社会保障法是一个不隶属于其他任何法律部门的独立的法律部门，这是由社会保障法的独立调整对象和保护社会成员基本生活安全和社会稳定的价值功能所决定的。社会保障关系具有与其他民商事关系、劳动关系、经济管理关系等关系不同的特征，其社会连带责任关系成为社会保障法调整和保护的核心。保障社会成员的基本生活，并在此基础上提高生活水平，维护社会稳定，实现社会公平为社会保障法的基本价值取向。从利益性上讲，它与民商法的私主体权利本位和行政法的公权力本位均不同，它以社会利益为本位，通过独特的调整方法，或者说通过社会法的方法来保护社会共同利益，我们认为社会保障法是一个独立的法律部门。

（二）社会保障法是一个基本的法律部门

社会保障法是一个基本的法律部门，这是从社会保障法在整个法律体系中的等级层次上得出的。法律体系是一个庞大的系统，这个系统由不同层次的法律门类、规范类型、制度和规则所构成。社会保障法的地位问题不仅取决于它是不是一个相对独立的子系统，而且取决于它是处于何种层次的系统。社会保障法是直接隶属于宪法的，与民法、行政法、经济法等相并列的一个基本的法律部门。之所以如此，是由社会保障法所追求的价值和发挥的功能决定的，从更深层次的意义上讲，是由现代市场经济结构决定的。市场经济体制下，社会成员的基本生活几乎完全丧失了天然的保障机制。工业的高度现代化和由此带来的结构性失业和工业风险，使追求利润最大化和社会公平之间的矛盾愈加突出。国家必须建立一套基本生活安全体系，为维持社会成员基本生活和稳定社会提供一道牢固的安全网。社会保障法因适应现代社会的发展，成为国家立法中的国家基本法的选择就是一种必然。

二、社会保障法与劳动法、民法的关系

（一）社会保障法与劳动法

社会保障法和劳动法是两个独立的法律部门，两者之间不具备包容性，即劳动法不能包括社会保障法，而社会保障法也不能包括劳动法。但从社会保障法的产生历史来看，二者又有着密切的联系，它们都是资本主义生产关系发展到一定阶段的产物，都是国家干预的结果；从法律属性上讲，它们都属于社会法范畴，都以社会利益为本位，因此二者在调整的方法和法律责任的设计上，具有共性特征。而且，二者的某些内容还具有交叉关系。因此，社会保障法和劳动法的关系最为密切。

1. 社会保障法是在劳动法的基础上发展起来的。劳动法是调整职业劳动关系的法律，职业劳动关系随着资本主义生产关系的产生而产生。18世纪30年代工业革命后，资本主义生产关系发生了急剧变化，城市化的工业社会开始出现，失去传统土地和家庭保障的农民对大工厂的依附关系开始增强。但是，工业劳动过程所带来的如年老、疾病、伤残、失业等各种风险又无时无刻不在影响着他们的生活甚至命运。劳动风险最初只能通过劳动者的互助互济来实现救济，因此在科技和国家干预程度非常低的工业社会早期，劳动者救济的水平非常低下。18世纪末期，重商主义和自由主义主流思想形成，资产阶级的人权理

念形成一股强大的思潮，推动资产阶级国家开始劳动立法，对传统的雇佣契约施加干预，从对童工、女工的工作保护逐渐推广到劳动安全条件等其他领域，一些国家开始涉足劳工劳动风险的责任立法。例如，1845 年普鲁士颁布的《工商管理法》，强制工人和学徒加入共济组织，设立共济基金。后来，其又利用在劳工立法上扩大雇主责任的方法，强制雇主对职业灾害、伤残负赔偿损害责任。由此可看出，工业社会早期的劳工保护立法已意识到工业风险的存在并适当给予劳工保护。

2. 社会保障法与劳动法的分离与独立。19 世纪中期后，劳工与雇主之间的矛盾愈加突出，政府通过劳工立法对劳动者生存权利的保障已暴露了它的局限性。劳工法虽然确立了雇主责任原则，但以雇主有过失为限，而且又多以商业保险为实现途径。劳资矛盾已成为社会问题，有可能演变成劳动者与资产阶级国家之间的冲突。19 世纪中期后，资产阶级人权思想已深入人心，无产者的力量已非常强大，社会法学派的影响和马克思主义的传播，对劳工立法产生了重要影响。一些国家开始重视并化解劳动冲突的风险。19 世纪 80 年代，德国首相俾斯麦颁布社会保障法律，确立了社会保险法的理念和原则。之后，英、法、匈、奥等国纷纷效仿，开始了欧洲轰轰烈烈的社会保险立法活动。社会保险法调整的社会关系虽然与劳动关系密不可分，而且以劳动关系的存在为前提，也以保护劳动者权益为宗旨，但其所调整的社会关系的特定性和独特的调整方法，使其成为劳动法的特别法。20 世纪 30 年代后，随着福利思想和国家干预理论的兴起，社会保险立法进一步扩张，以社会保险法调整的对象为基础，逐步把适用对象扩张到大部分社会成员，社会保险法也从劳动法中分离出来，与公共福利法、社会救助法、社会优抚法等一起形成新的法律部门——社会保障法。至此，社会保障法与劳动法已完全分离，成为部门法。

（二）社会保障法与民法

民法属典型的私法，以平等主体间的财产关系和人身关系为其调整对象，以平等、意思自治、所有权绝对、过失责任主义为其基本原则和价值理念。民法以市民社会为基础，以资产阶级民权思想为指导，确立于自由资本主义阶段。私法的调整方法、责任方式与调整对象，共同奠定了民法的部门法基础。民法的任务在于以私权自治来实现私主体间的物权、债权和人身权关系，维持市场交易行为和秩序，大多以任意性规范来设计法律制度。

社会保障法是典型的社会法，通过国家强制性立法，在社会成员遭遇社会风险时给予其特别保护。它以国家、社会、个人间的社会保障关系为调整对象，以保障生存权、保障水平与经济发展水平相适应、公平与效率兼顾、权利义务相统一等为基本原则和价值理念。社会保障法以社会利益为本位，产生于自由竞争资本主义阶段末期，并通过制度设计完成社会成员之间的责任连带。社会保障法的主要任务是保障社会成员的基本生活，实现社会的稳定和经济的持续性发展，大多以强制性规范来设计法律制度。

在社会保障法产生之前，民法曾对社会成员的生存权进行过调整和保护，主要反映在三个方面：一是在亲属法领域，规定了家庭成员的代际扶养、赡养义务，适应了产业革命前家庭保障的需要；二是在侵权行为法领域，规定了雇主对雇员的工业伤残的赔偿责任；三是在债权法领域，将雇佣关系界定为"劳动力租赁"。随着工业时代的到来，劳动契约制度的确立和职业伤害社会责任救济机制的确立，社会保障法最终成为独立的法律部门。

三、社会保障法的作用

（一）调节收入差别，缩小贫富差距

市场经济在给经济发展带来效率和动力的同时，也会给社会公平带来一定的负面影响。这种不公平的直接表现就是收入分配差距悬殊。由于社会经济结构及区域经济发展的不平衡、交易和信息的不对称、政府政策的倾斜扶持以及劳动者劳动能力的差异和家庭赡养人口的多寡，都会产生收入差距，从而在劳动者之间产生贫富不均的现象。从经济运行的角度上讲，过大的收入差异会阻碍经济的良性发展，影响社会政策和经济政策的宏观布局；从道德建设的角度上讲，会产生社会的不公平，进而影响劳动者乃至全体公民参与经济和社会工作的积极性。社会保障立法就在于通过社会保障机制的运用，通过税收和其他经济杠杆，有效地调节收入分配，并通过养老、医疗、失业、工伤、社会救助、社会福利等制度，来为低收入者特别是贫困者构建一个社会生活安全网，从而达到调节收入差别、缩小贫富差距、实现经济良性发展和社会公平的目的。

（二）调动劳动者积极性，提高劳动生产率

社会保障法通过它特有的制度设计和强制性的法律表现，在调动劳动者积极性方面，发挥着极大的作用：一是通过社会救助立法，为处于贫困线以下的社会成员提供最基本的生活保障，为他们免除后顾之忧，使其具备生存的安全感；二是通过社会保险立法，以权利与义务相统一为原则，通过统筹资金的筹措方式和基金的运作方式，使缴费及缴费多少与享受待遇及待遇高低结合起来，实现社会保险的效率和公平价值；三是通过国民福利立法，为全体社会成员在公共生活领域提供丰富多彩的、有利于其身心健康的设施体系及相关服务，增强社会成员的凝聚力；四是通过住房、教育、企业福利等方面的立法，为社会成员提供全面的社会保障，从而调动劳动者乃至全体社会成员的劳动积极性，提高整个社会劳动生产率。

（三）推进我国企业制度改革

我国社会保障制度的建立和改革，其中的一个重要原因是配合和推进国有企业改革。在社会保险领域，针对我国传统养老保险的不足和弊端，养老保险改革的试点从1986年起就在企业的离退休人员和劳动合同制人员中推行。1997年，国务院颁布了《关于建立统一的企业职工基本养老保险制度的决定》，将我国养老保险的适用范围扩大到各种所有制企业职工。医疗保险制度改革从1989年开始试点，普遍推行职工就医适当负担部分医疗费和离退休人员医疗费用社会统筹。1998年底，国务院颁布了《关于建立城镇职工基本医疗保险制度的决定》，将医疗保险的适用范围推广到城镇所有用人单位和职工。在失业保险方面，为了适应国有企业改革需要，1986年，国务院颁布了《国营企业职工待业保险暂行规定》，将破产企业的职工，濒临破产的企业在整顿期间被裁减的职工，企业终止、解除劳动合同的职工以及企业辞退的职工纳入失业保险的保障范围。为了规范和扩大失业保险的范围，1999年国务院颁布了《失业保险条例》，将失业保险的适用范围扩大到城镇所有企事业单位及其职工，促进劳动者在不同所有制单位之间的合理流动和维持全社会的稳定。社会保险制度的建立和改革，对于确立我国社会保障制度，构建我国市场经济的支撑体系，促进国有企业建立现代企业制度而言，起着至关重要的作用。在此需要指出的是，推进我国企业制度改革，只是社会保障制度的一个职能，绝不是最终的目的。

（四）维护社会稳定

从 1601 年英国《济贫法》的颁布，到 19 世纪 80 年代的德国《保险法》以及美国《社会保障法》的诞生，通过各国法律的实施，社会保障法维护社会稳定理念的作用日益显现出来。西方国家从 20 世纪 80 年代开始的普遍的社会保障立法改革，就在于不断地通过修正社会立法，来协调劳资关系和政府与公民的关系，掩盖或缓解资本主义社会的固有矛盾。应当肯定的是，20 世纪末以来，西方国家劳资关系的缓和，无不与本国的社会保障制度的改革有关。我国从 20 世纪 90 年代至今持续增长的国民经济，也证明了社会保障制度在维护社会稳定、促进经济发展方面的作用。

从历史和现实的经验看，严重影响社会稳定的社会问题是各种各样的，与社会保障制度有关的问题主要有失业、贫困和贫富之间的严重不平等。失业是市场经济发展的伴生物，过高的失业率会影响到家庭结构和经济结构，并最终通过社会现象和经济指标反映出来。与失业紧密联系的是贫困，贫困意味着一个人或一个家庭失去了最低的基本生活条件。贫富之间的严重不平等，是社会动乱的一大根源，是最具革命性的因素之一。社会保障制度在于弥补或克服以上的社会弊端，消除它们对社会的负面影响甚至破坏作用。正是基于此，西方国家早就把社会保障体系及其法律制度称作"社会安全网"和"社会稳定器"。

（五）完善社会主义法律体系

党的十四届三中全会作出的《中共中央关于建立社会主义市场经济体制若干问题的决定》，将社会保障制度作为市场经济的五大支撑体系之一，表明了社会保障立法的必要性和紧迫性。目前，我国社会保障立法相对滞后，社会保险事业缺乏有效的监督。社会保险中的政事关系、政企关系、事企关系缺乏规范或规范力度不足；保险基金非法挪用、违法运营等现象时有发生；用人单位随意拖欠社会保险费用相当普遍。纵观世界上工业化发生较早的国家，在其现代社会保障制度建立和发展过程中，以法律为依据，强制实施社会保障，一直是最基本的特征之一。我们强调法律对社会保障的特殊意义，除以上几点原因外，还因为社会保障制度本身就是一项法制化事业。

社会保障法体系是一个多层次结构的系统，它不是由一部法律或同一层次的法律构成，而是在《立法法》规范之下的由宪法、法律、法规、规章乃至国际劳工公约组成的一个多位阶的系统，从而担负着规范社会保障关系中不同项目、层次、内容的任务。一般认为，我国法的部门包括民商法、经济法、行政法、社会法（社会保障法）、刑法、诉讼法等。社会保障法是我国法律体系中的重要组成部分。建设社会主义法治国家，就要求法律部门体系的完整化。目前，除了一些单行法规、规章外，我国还没有一部专门调整社会保障关系的法律。因此，确立社会保障法的地位，尽快颁布一部社会保障法，对于完善社会主义法律体系而言，将具有重要意义。

第十三章
社会保障法的产生与发展

社会保障法萌芽于 19 世纪上半叶的英国，1834 年英国颁布的新《济贫法》确立了公民的社会救济权利。现代意义的社会保障法出现于 20 世纪 80 年代的德国，并以德国的《社会保险法典》为标志，揭开了欧洲乃至世界范围内社会保障立法的序幕，在发展中形成了社会保障制度的特色和类型。自 20 世纪 80 年代以来，世界各国均进入社会保障制度的调整和改革阶段。我国在调整和改革原有社会保障制度的同时，正在一个更广大的领域内创建中国的社会保障制度。

第一节 社会保障法的历史沿革

一、社会保障法的萌芽

社会保障源于济贫的思想，而济贫的思想古而有之。公元前 2000 多年的《汉谟拉比法典》曾规定："要保护寡妇、孤儿，严禁以强凌弱。"公元前 560 年左右，希腊城邦也曾经对伤残的退伍军人及其遗属发放抚恤金，对贫困者发放补助。罗马城邦也采取过大规模的有组织的救济措施。在认识和思维层次上，东西方文化先后均出现过诸如"大同世界""理想国""乌托邦""和谐社会"等理想化构想。

社会保障制度的萌芽，最初出现于 19 世纪上半叶的英国。在此之前，1601 年英国伊丽莎白女王颁布了著名的《济贫法》（也称旧《济贫法》），该法最大的特点是确认国家负有救济贫民的责任。根据旧《济贫法》的规定，全国普遍设立收容贫民的济贫院，对贫民实施救济是每个济贫院的责任。当时的贫民被划分为三种：一是健壮贫民，要求其通过工作来进行自我救济；二是无劳动能力的老弱病残者，以院内收容和院外救助两种方式对其进行救助；三是孤儿等无依无靠的儿童，以孤儿院收养、家庭补助、家庭寄养等方式来进行抚养。实施旧《济贫法》的目的，是通过强迫劳动，解决贫民流浪问题。旧《济贫法》的主要内容有：①建立地方行政和征税机构；②为有劳动能力的人提供劳动场所；③资助老人、盲人等丧失了劳动能力的人，为他们建立收容场所；④组织穷人和孩子学艺；⑤提倡父母、子女的社会责任；⑥从比较富裕的地区征税以补贴贫困地区。虽然旧《济贫法》兼有强迫劳动和法律救济的性质，但其以前者为主，过于强调对不劳动者的惩罚而忽视对有需求者的帮助，因而，其社会保障的理念还远远未达到"接受救济是公民的一项正当权利"的境界。但该法的出台表明，统治阶级已意识到贫困和失业对其统治的威胁。旧《济贫法》不仅标志着英国社会政策的诞生，也是其政府通过立法对每一个人强制征收济贫税来救济贫民的创举，从而向公民救济权利制度化迈出了重要一步。

19 世纪 30 年代，英国等西方国家进入了自由竞争资本主义社会发展阶段，自由竞争和放任经济深入人心，意思自治原则成为重要的法律原则。原有的济贫制度不仅未能改变穷人的境遇，反而捆住了贫穷劳动者的手脚，滋长了依赖救济的思想，从而不利于资本主义经济的自由发展。同时，在英国，贫穷人口的剧增成为阻碍工业化进程的一大因素，也威胁到了资产阶级的统治。在这样的背景下，1834 年，英国颁布了《济贫法修正案》（即新《济贫法》），规定社会负有保障公民生存的义务。新《济贫法》还认定救济不是消极行动，而是一种积极福利措施。该法宣布停止向济贫院以外的穷人发放救济金，只把征自富有者的救济金用于院内穷人，以便为市场提供大量可供选择的一无所有的劳动力，为自由竞争开辟道路。新《济贫法》实现了减少济贫税的目标，自 1834 年之后的 30 多年间，济贫税一直保持在 450 万英镑左右，接受户外救济的人口从 1840 年的占总人口的 77% 下降到了 1859 年的 44.4%。尽管新《济贫法》实施得并不彻底，而且该法的原则也存在着缺陷，但通过该法创立了英国第一个全国性的社会保障行政机构——济贫委员会，并由专门的人员负责，为以后能在全国按统一标准实施福利政策奠定了必要基础。同时，新《济贫法》的最大贡献还在于其确立了享受社会救济是公民的合法权利，这成为未来福利国家的权利基础。

二、社会保障法的诞生

具有现代意义的社会保障立法最早出现在 20 世纪 80 年代的德国。德国《社会保险法典》的颁布，标志着社会保障法在世界上的诞生，同时该法也是德国国内多种因素作用的结果。1871 年德意志帝国建立，实现了历史上的第一次全国统一的目标。代表容克地主阶级利益的普鲁士官僚集团，为了取得欧洲的经济霸主地位，采取了"胡萝卜加大棒"的手段，一方面颁布了《社会党镇压法案》以压制社会民主党的革命运动，另一方面采取新历史学派的社会改良政策来实现劳资合作，缓和阶级矛盾。1881 年初，德皇向国会宣布，要采取若干社会政策，推行社会改革。作为第一任首相的俾斯麦积极倡导并推行社会保险法案的通过和颁布。在上述背景下，1883 年德国国会通过了《疾病保险法》，1884 年国会颁布了《工伤保险法》，1889 年颁布了《伤残及养老保险法》，1911 年，上述三部法律又被确定为德意志帝国统一的法律文本。尽管这三部法律的适用范围仅涉及当时德国就业人口的 1/5，但它确立了社会保险法的基本思想和原则，开创了社会保障立法之先河。1911 年，德国再次颁布《孤儿寡母保险法》，该法与以上保险三法一起被编纂成著名的《社会保险法典》，史称《帝国社会保险法典》。

在德国立法的影响下，在 20 世纪初期，欧洲多数国家相继制定和实施了全面的社会保险法。在此期间，实行老年残疾保险的国家有丹麦、奥地利、英国等 16 个国家；实行疾病生育保险的有比利时、瑞士、英国等 9 个国家；实行工伤保险的有波兰、法国、意大利等 37 个国家；实行失业保险的有英国、法国、挪威、丹麦等 8 个国家。在社会保障立法史上具有划时代意义的立法是美国 1935 年颁布的《社会保障法》。它是世界上第一个对社会保障进行全面、系统化规范的法律，其框架分为社会保险、社会福利和社会救助等内容，并确立了社会保障的普遍性和社会性原则。美国《社会保障法》的主要内容包括：①联邦政府设立社会保障署，负责全国社会保障计划的实施；②实行全联邦统一的养老保险制度，由雇主和雇员缴纳养老保险税，建立养老保险基金；③由联邦政府和州政府共同实施失业保险计划，对雇佣 8 人以上的雇主征收失业保险税；④在联邦政府的资助下，推动州政府采取老人、儿童福利、社会救济和公共卫生措施。正如罗斯福总统所言："早先，安全保障依赖家庭和邻里互助，现在大规模的生产使这种简单的安全保障方法不再适用，我们被迫通过政府运用整个民族的积极关心来增进每个人的安全保障。"在美国施行《社会保障法》之后，社会保障法作为一个基本法律被许多国家确立并全面实施。

三、社会保障法的成熟和发展

社会保障法的成熟和发展，主要标志是以英国为首的"福利国家"理念的确立和相应的立法实践。在 20 世纪初期，以自由放任为特征的自由竞争资本主义时代逐步走向垄断资本主义时代。在此时期，无产阶级与资产阶级的力量对比发生了很大变化。第一次世界大战结束后，英国长期的经济失调和失业没有丝毫缓和，1929～1933 年的世界性经济危机更加剧了国内的阶级矛盾，两极分化严重，失业成为影响资本主义发展的重要因素。对于如何解决失业和贫困两大难题，资产阶级经济学家和法学家都在进行探索。1920 年，英国著名经济学家庇古发表了《福利经济学》，提出了收入均等学说，主张通过国民收入的再分配把富人的一部分收入转移给穷人，从而消除两极分化现象。1936 年，凯恩斯发表《就业、利息和货币通论》，提出了著名的有效需求不足理论，主张通过累进税和社会福利等办法重新调整国民收入的分配，从而实现宏观经济的均衡。庇古的福利经济学和凯恩斯主义成为建立"福利国家"的理论基础。1941 年 6 月，英国设立了社会保险及有关的事业部会联合委员会，聘请自由党人、伦敦经济学院的院长贝弗里奇（W. H. Beveridge）爵士为主席。1942 年 1 月，贝弗里奇提出了《社会保险及有关服务》（史称《贝弗里奇报告》），其成为工党政府社会立法的白皮书。报告提出了国家对于每个公民的一切生活与风险，诸如疾病、灾害、老年、生育、死亡以及鳏、寡、孤、残等，都给予安全保障，即"从摇篮到坟墓"的保障计划。1945 年工党执政后，首相艾德礼充分实现了贝弗里奇这一主张，先后颁布了一系列的重要立法，主要包括：1945 年的《家庭补助法》，1946 年的《国民保险法》《国民工业伤害保险法》《国民健康服务法》，1948 年的《国民救济法》，这五部法律同时于 1948 年 7 月 5 日生效。与此同时，英国历史上著名的《济贫法》在经过了 300 年后终告废除。1948 年，首相艾德礼宣布英国已建成福利国家。

福利国家的理念和英国关于福利国家的实践，为西北欧国家的社会保障立法提供了模式。按照社会福利的"普遍性原则"，北欧五国包括瑞典、丹麦、挪威、芬兰、冰岛以及法国、德国等国家都宣布进入福利国家时代。从 20 世纪 40 年代开始，欧洲各主要资本主义国家，在普遍福利的刺激下，其发展进入资本主义的繁荣时期。福利政策和经济政策、社会政策相互促进，形成了一定程度上的良性循环。与此同时，苏联、东欧以及中国和亚洲的社会主义国家的社会保险制度也纷纷建立，形成一种独特的保障模式——国家保险模式，初步建立了工伤、疾病、养老和生育保险制度。

由于世界东西方各国的社会保障立法的推动，国际劳工组织于 1952 年制定了《社会保障最低标准公约》，对社会保障中的具体待遇、疾病津贴、医疗护理、失业救济、工伤补偿、残疾津贴、死亡补助以及应遵守的最低标准都作了具体规定，该公约在国际社会具有重要影响，被誉为国际社会保障事业发展的里程碑和"社会保障的国际宪章"。

四、社会保障法的调整与改革

以 1973~1975 年西方的石油危机为起点，西方资本主义国家普遍出现经济危机，失业人口数量大增，通货膨胀率居高不下，经济出现"滞胀"现象。各国的福利开支已远远超过 GDP 和国民收入的增长速度，并已超出了政府财政所能承受的范围，导致财政赤字。社会成员缴纳的保险费与所得税的迅猛增加，影响了国内投资和产品竞争力。以英国为首的福利国家更是不堪重负，因此理论界对社会保障制度的反思和现实改革的迫切性促成了20 世纪 70 年代末西方的社会保障改革。1979 年，保守党人撒切尔执政后，率先采取了新的经济政策。随后，比利时、法国、荷兰、美国等也相继开始改革。改革的总体原则是增加社会保障费的收入，减少社会保障金支出。在具体的措施上，主要包括：①提高或取消缴纳社会保险费的上限，即不论工资多少，全部公民都应当缴纳社会保险费，从而增加社会保障的收入；②提高社会保险费率；③征收社会保障税，特别是开征退休金、疾病保险金、残疾补贴、失业救济金的收入所得税；④减少社会保障金，即降低或取消了各种保险金、补贴、津贴的待遇水平。同时，西方在社会保障的开源节流方面，还大量引进私有化制度，允许民办医疗单位参与医疗保险，并对公房制度进行改革，大量出售公房，减少政府负担。

在这一时期，社会主义国家随着计划经济向市场经济的转型，开始对传统的"国家保险"模式进行反思。从 20 世纪 80 年代初期开始，苏联及东欧各国等国家开始对全国统一集中管理的社会保险体制进行改革，并引入了职工个人缴费制。

虽然从 20 世纪 70 年代末开始的世界范围内的社会保障制度改革尚在试行和探索中，但就其改革的本质而言，是各国为了完善这项制度，使其与各国经济发展水平相适应，与其他社会政策、经济政策相一致而进行的。因而，调整不是社会保障制度的终结，也不是对这项制度的削弱。

第二节　社会保障的制度模式

由于社会保障与各国的政治制度、经济发展水平、文化背景以及特定的历史条件紧密关联，各国在社会保障制度的创制上，包括项目安排、给付标准、享受条件、基金运营和社保监管等方面，均存在较大的差别，由此形成了不同的社会保障制度模式。以实施社会保障的国家类型为标准，可以分为以下四种类型：联邦德国模式，福利国家模式，苏联、东欧国家模式以及东南亚模式。

一、联邦德国模式

联邦德国模式也称社会保险模式，它是建立在 19 世纪末"铁血宰相"俾斯麦提出的社会保障理念的基础上的一种独特的社会保障制度模式。最完整体现这种模式的是德国1975 年编纂的《社会法典》。由于德国的社会保障制度以社会保险为支撑（社会保险主要由疾病保险、养老保险和工伤保险构成），因此联邦德国模式也称为社会保险型社会保障模式。德国社会保险的特征是：①实行雇主和雇员的责任共担，即社会保险（工伤保险除外）费用由雇主和雇员共同缴纳，一般情况下双方各占 50%。当保险基金开支入不敷出时，由国家财政预算拨付。②权利义务相一致原则，即交费与享受待遇挂钩，交费额的大小与待遇的多寡挂钩。③保险费用的支出实行现收现付模式，即由当期的缴费来支付各种保险开支。④社会保障的目标是维护社会安全和维持国民经济稳定及促进持续发展。目前，除德国外，实行这一模式的国家还有美国、日本、荷兰、奥地利等国，我国的社会保障制度重建，也吸收了德国模式的许多做法和经验。

二、福利国家模式

福利国家模式是以《贝弗里奇报告》为主要标志在英国及北欧国家建立的一种社会保障的独特模式，其理论基石是庇古的福利经济学和凯恩斯主义。它以"收入均等化、福利普遍化、就业充分化、福利设施体系化"为目标，消除贫困现象，实现全民福利。这种模式的特点是：①社会保障覆盖面广，项目齐全。社会保障项目包括了国民保险、国民保健服务、国民工伤保险、国民救助与免费制度的补充给付、家庭津贴、免费年金制度等内容。社会保障覆盖了全体国民，依照规定，凡在工作年龄之内的公民，都必须参加国民保险，从而获得各种保险待遇资格，而没有资格参加国民保险的公民则可享受国民补贴。②保险费率均等，保险支付也均等，即实行全国统一的保险费率和保险给付标准。③推崇公平，不强调或少强调制度的效率价值，以国家财政作为主要支持。④社会保障实行统一的行政管理体系。社会保障事业统一由卫生社会保障部主管，形成部、区、地方办事处的行政管理格局。福利国家模式的优点是福利化程度高，缺点是国家财政负担过重。

三、苏联、东欧国家模式

这种模式是由苏联倡导并实施的，其理论根据是马克思的《哥达纲领批判》中对"必要劳动"和"剩余劳动"之划分。剩余劳动部分包含了丧失劳动能力的人们的赡养费用，因此，在社会主义国家，传统理论认为，社会保险费用已由国家在国民收入的第一次分配中作了"扣除"，个人不应再缴纳社会保险费。这种模式的特点是：①社会保险事业完全由国家出面包办，个人不是社会保险的缴费主体。②年金制度不统一，且种类繁多。在职工与国家机关、事业单位、社会团体的干部和职员之间执行不同的标准，而且在干部和职员中又划分不同的职业待遇。③社会保险的范围比较广泛，包括生、老、病、残、死亡等。④社会福利设施齐全，包括疗养院、休养院、养老院、孤儿保育院、文化宫、俱乐部、运动场等公共福利设施。我国在20世纪80年代前实行的就是这种模式。

四、东南亚模式

东南亚模式也称强制储蓄型模式，它是指以新加坡为代表的东南亚各国，包括马来西亚、印度尼西亚、斯里兰卡等国以中央公积金制度为基础所创制的社会保险模式。这种模式是世界上为数不多的不具备再分配功能的养老金计划模式，与欧美各国的社会保障制度有鲜明的区别，颇有特色。该制度建立于20世纪50年代，1955年，新加坡成立中央公积金局并颁布《中央公积金法》，其保障范围不仅包括社会保险，还涉及住房、教育、保健、投资等领域。中央公积金是政府、雇主和雇员共同参与的强制储蓄性保险，公积金由雇主和雇员共同缴纳。参加中央公积金的成员都有三个账户：普通账户（账户金额占公积金75%，用于购房、养老以及其他投资）、保健储蓄账户（账户金额占公积金15%，用于支付储蓄者自己以及作为新加坡公民或永久居民的配偶、子女、父母和祖父母的住院或门诊费用）、特别账户（账户金额占公积金10%，用于老年生活费和特别急需之用）。新加坡社会保障模式的特点是：①该制度是以家庭为中心构建的，政府起了重要的引导作用。②建立了完全积累式的个人账户制度，强调社会保险的激励机能。③注重中央公积金的安全运营，政府对公积金的投资渠道作了强制性规定，主要用于购买国债。新加坡模式的优点是不受人口老龄化程度的影响，国家财政负担很轻，也不存在养老代际转嫁问题；不足之处是中央公积金易受物价波动影响，需有得力的保值措施，同时，其缺乏社会保障的互助性功能。正是基于此点，许多西方学者对此种模式提出质疑和责难。

第三节　中国社会保险制度的建立与发展

一、新中国成立前的社会保障立法

新中国成立前的新民主主义革命时期，中国共产党领导的历次全国劳动大会通过的各种决议案和中国劳动组合书记部1922年拟定的《劳动法大纲》，均明确提出了实行社会保险的基本主张和具体要求。例如，其规定"应实行社会保险制度，以使劳动者在疾病、伤亡、失业以及女工生育时得到生活保障""对于需要体力之女子劳动者，产前产后均予以8星期之休假，其他女工，应予以5星期之休假，休假中工资照给""政府从预算中拨出若干，以充当工人失业救济及其养老金"等。1926年5月1日，在广州举行的第三次全国劳动大会上，通过了《失业问题决议案》，提出失业保障是工人应有的权利；1927年6月在汉口举行的第四次全国劳动大会通过的《产业工人经济斗争决议案》《救济失业工人决议案》《手工业工人经济斗争决议案》等，提出了对劳动者的生、老、病、死、残等方面进行全面保障的要求。例如，职工退职时，至少发给1个月的退职津贴，并应根据工作年限及每月的工资数额予以适当增加；工人患病3个月以内的照发工资，因工伤残除给付医疗费外，照发工资；工人年老及残废者，从劳动保险金中发给终身养老费，死亡时发给家属抚恤金。

土地革命时期和抗日战争时期，中国共产党在根据地颁布了一系列劳动保险方面的法规。在1930年召开的全国苏维埃区域代表大会通过的《劳动保护法》中，规定了"保障与抚恤"和"社会保险"。1931年12月颁布的《中华苏维埃共和国劳动法》在第十章专门规定了社会保险。1940年前后，革命边区和抗日根据地颁布的劳动保障条例规定了社会保险的有关内容，如《陕甘宁边区劳动保护条例》《苏皖边区劳动保护条例》《晋冀鲁豫边区劳工保护暂行条例》等。1948年7月，在哈尔滨举行的全国第六次劳动大会上，提出了有关社会保障的立法主张，规定劳动保险、伤害、疾病、老、残等的医疗津贴与抚恤，暂由工厂负责或由工厂和工会共同办理，其办法由政府规定或批准并监督实行；在工厂集中的城市或条件具备的地方，可以创办劳动保险。同年，东北行政区颁布了《东北公营企业战时暂行劳动保险条例》，这是我国关于社会保险的第一个专门性法律文件，其在我国劳动保险立法史上具有重要地位。这些立法活动和立法内容，为新中国成立后的社会保障立法奠定了基础。

二、新中国成立后至中共十一届三中全会时期的社会保障立法

在这一时期，我国初步建立了与传统的计划经济相适应的，与就业相关联的国家保障模式，大致经过了三个阶段：

1. 第一个阶段是 1949~1957 年期间，主要是制定全国统一的社会保障基本制度，颁布基本立法。1949 年 9 月中国人民政治协商会议通过的《中国人民政治协商会议共同纲领》，提出了建立社会保障的主张，规定了社会优抚的基本内容，并要求在企业中要"逐步实行劳动保险制"。在此精神指导下，政务院于 1951 年 2 月 26 日颁布了《中华人民共和国劳动保险条例》。1953 年，国家对《中华人民共和国保险条例》进行了修订，扩大了其适用范围，并酌量提高了待遇标准。1956 年，国家再次扩大了《中华人民共和国劳动保险条例》的适用范围，该条例涵盖了国营、公私合营、私营和合作社营的工厂、矿场以及铁路、航运、邮电三个产业所属企业单位和附属单位、商业、外贸、粮食、供销合作、金融、民航、石油、地质、水产、国营农场等产业部门。保险的项目包括生育、疾病、负伤、残疾、死亡、养老等。

《中华人民共和国劳动保险条例》的颁布、实施，标志着我国除失业保险外，其他的职工社会保险已初步建立。对于国家机关、事业单位、社会团体的社会保障，我国在此时期采取了与企业职工作分别立法调整的办法。1950 年，我国颁布了《革命工作人员伤亡褒恤暂行条例》。1952 年，政务院颁布了《关于全国各级人民政府、党派、团体及所属事业单位的国家工作人员实行公费医疗预防的指示》，对国家机关工作人员实行公费医疗作了规定；同年又颁布了《各级人民政府工作人员在患病期间待遇暂行办法》。1955 年，我国颁布了《国务院关于女工作人员生产假期的通知》《国家机关工作人员退休处理暂行办法》。通过这些立法活动，我国初步建立了对国家机关工作人员的社会保险制度。

在失业救济和其他社会救济方面，1949 年 12 月，政务院发布了《关于生产救灾的指示》。1950 年，我国成立了中国人民救济总会，通过了《中国人民救济总会章程》，在全国范围内开展救灾活动。1950 年，我国还颁布了《关于救济失业工人的指示》和《救济失业工人暂行办法》。

在优抚立法方面，1950 年除颁布了《革命工作人员伤亡褒恤暂行条例》外，我国还颁布了《革命烈士家属、革命军人家属优待暂行条例》《革命残废军人优待抚恤暂行条例》《革命军人牺牲、病故褒恤暂行条例》等单行法规，确立了我国基本的社会优抚制度。

2. 第二个阶段是 1958~1966 年期间。1958 年，第二个五年计划开始实行，为了适应形势发展，同时针对在前期社会保险制度的运行中出现的一些问题，我国对社会保险制度作了一些调整：①统一企业和国家机关的退休退职制度，适当放宽了退休退职条件，并提高了待遇标准；②对公费医疗和劳保医疗作了适当改革，如 1957 年卫生部制定了《职业病范围和职业病患者处理办法的规定》，将职业病列入工伤保险的范围；③规定了被精减职工的社会保险待遇，如 1962 年国务院发布了《关于精减职工安置办法的若干规定》；④制定了批准职工的病、伤、死、育假期办法；⑤调整了学徒工在工伤保险、疾病保险方面的待遇。在此期间，国家还建立了异地支付社会保险待遇的办法，并对城镇集体经济组织的社会保险进行了必要改进，在城市开始兴建社会福利院，在农村开始建立农村合作医疗制度、集体五保户制度等。这一时期虽然对社会保障制度进行了一些改革，但社会保障制度的一般原则、机制仍然是以新中国成立初期颁布的各项基本法规为主要依据的。

3. 第三个阶段是 1967~1978 年期间。在"文化大革命"期间，社会保险工作受到严重挫折。从中央到地方的劳动保险管理机构被撤销或停止工作；企业职工社会保险费用统筹制度被废弃，社会保障成了"企业保险"；一些职工的社会保险待遇得不到保障，正常退休制度被中断，我国的社会保险事业出现了停滞和倒退。

三、中共十一届三中全会以来的社会保障制度改革

传统的社会保障制度，曾在我国历史上特别是 20 世纪 50~60 年代初这一期间发挥了重要作用。但由于传统的社会保障制度是计划经济的产物，在我国确定了从计划经济转向社会主义市场经济的发展方向后，这种保障制度的弊端日益显露，已使相当一部分社会成员甚至劳动者难以被纳入社会保险范围，同时也不利于劳动者在不同所有制之间的合理流动，严重制约了社会保障的效率与价值。传统社会保障的弊端主要表现为：覆盖范围狭窄；保障管理单一；缺乏社会共济；保险项目不全。鉴于这种社会保障制度的弊端的危害性，我国从 20 世纪 80 年代开始就对社会保险制度进行改革。1983 年底，在全国某些省市开始实行医疗制度改革试点；1984 年开始实行退休基金和社会统筹试点。1986 年，国务院颁布《国营企业实行劳动合同制暂行规定》，规定劳动合同工人的退休养老基金由企业和合同制工人缴纳，国家给予适当补助，养老保险基金由社会保险专门机构统一管理，该规定正式拉开了养老保险改革的序幕。同年 2 月，国务院颁布了《国营企业职工待业保险暂行规定》，在我国首次建立了失业保险制度。1991 年 6 月，国务院发布了《国务院关于企业职工养老保险制度改革的决定》，指出随着经济的发展，要逐步建立起基本养老保险、企业补充保险和职工个人储蓄性养老保险相结合的多层次养老保险制度，改变养老保险完全由国家、企业包下来的机制，实行国家、企业、个人三方共同承担的制度。值得指出的是，1993 年党的十四大报告第一次明确提出了建立社会主义市场经济体制的目标。1993 年 11 月，中共中央第十四届三中全会通过了《中共中央关于建立社会主义市场经济体制若干问题的决定》，该决定提出了建立社会主义市场经济体制的基本框架，建立多层次的社会保障制度成为市场经济体制的五大支撑体系之一，从而开创了中国社会保障体制改革的新阶段。中央确定的社会保障改革的目标是，以社会保险制度改革为重点，到 20 世纪末，基本建立起资金来源多渠道、保障方式多层次、权利和义务相统一、管理和服务社会化的完整的社会保障体系。1994 年颁布的《中华人民共和国劳动法》以专章的形式规定了"社会保险和福利"，规定企业职工社会保险项目包括养老保险、疾病保险、失业保险、工伤保险、生育保险和死亡遗属津贴等。党的十五大明确提出，要建立社会保障体系，实行社会统筹与个人账户相结合的养老、医疗保险制度，完善失业保险和社会救助制度，提供最基本的社会保障。此后，在国务院的机构改革中，我国组建了劳动与社会保障部，这是我国第一次建立起统一的社会保障管理体制，进一步加快了社会保障立法的进程。

进入 21 世纪后，我国的社会保障法制得到进一步完善。中共中央、国务院于 2002 年颁布了《关于进一步加强农村卫生工作的决定》，国务院于 2003 年 4 月颁布了《工伤保险条例》，原劳动和社会保障部办公厅于 2003 年 5 月颁布了《关于城镇灵活就业人员参加基本医疗保险的指导意见》，原劳动和社会保障部于 2004 年 1 月发布了《企业年金试行办

法》，原劳动和社会保障部办公厅于 2004 年 5 月颁布了《关于推进混合所有制企业和非公有制经济组织从业人员参加医疗保险的意见》，国务院于 2005 年 12 月颁布了《关于完善企业职工基本养老保险制度的决定》，国务院于 2006 年 1 月颁布了《关于解决农民工问题的若干意见》，国务院于 2006 年 1 月发布了《国家突发公共事件总体应急预案》，国务院于 2006 年 1 月发布了《农村五保供养工作条例》，2006 年 6 月第十届全国人民代表大会常务委员会第二十二次会议修订了《中华人民共和国义务教育法》，国务院于 2007 年 2 月颁布了《残疾人就业条例》，国务院于 2007 年 7 月颁布了《关于开展城镇居民基本医疗保险试点的指导意见》，国务院于 2007 年 7 月印发了《关于在全国建立农村最低生活保障制度的通知》，原劳动和社会保障部、民政部、审计署于 2007 年 8 月 17 日联合印发了《关于做好农村社会养老保险和被征地农民社会保障工作有关问题的通知》，全国人大常委会于 2007 年 8 月 30 日颁布了《中华人民共和国突发事件应对法》，建设部等九部委于 2007 年 11 月 8 日联合颁布了《廉租住房保障办法》，建设部等七部委于 2007 年 11 月 19 日联合颁布了《经济适用住房管理办法》，建设部等五部委于 2007 年 12 月 5 日联合颁布了《关于改善农民工居住条件的指导意见》，2007 年 11 月 29 日温家宝主持召开国务院常务会议讨论并原则通过了《中华人民共和国社会保险法（草案）》。

2008 年 3 月，温家宝在第十一届全国人大一次会议上的政府工作报告中指出，要建立和完善覆盖城乡的社会保障体系，让人民的生活无后顾之忧，其具体内容包括：①做好社会保险扩面和基金征缴工作，重点解决扩大农民工、非公有制经济组织就业人员和困难企业职工参加基本医疗保险的问题。②推进社会保险制度改革，完善社会统筹与个人账户相结合的企业职工基本养老保险制度，扩大落实养老保险个人账户试点，加快省级统筹步伐，制定全国统一的社会保险关系转续办法；规范发展企业年金制度，探索事业单位基本养老保险制度改革；抓紧制定适合农民工特点的养老保险办法，鼓励各地开展农村养老保险试点；加快完善失业、工伤、生育保险制度。③采取多种方式充实社会保障基金，强化基金监管，确保基金安全，实现保值增值。④健全社会救助体系，重点完善城乡居民最低生活保障制度，建立与经济增长和物价水平相适应的救助标准调整机制；健全临时救助制度，同时，积极发展社会福利事业；鼓励和支持慈善事业发展；做好优抚安置工作。2008 年 4 月 28 日，为适应救灾捐赠工作的新要求，进一步规范管理救灾捐赠工作，根据《中华人民共和国公益事业捐赠法》和《国家自然灾害救助应急预案》，民政部公布了《救灾捐赠管理办法》，同时废止了 2000 年 5 月 12 日发布的《救灾捐赠管理暂行办法》。2010 年 10 月 28 日，第十一届全国人大常委会第十七次会议通过《中华人民共和国社会保险法》，自 2011 年 7 月 1 日起施行，这标志着我国社会保险事业迈入法制化轨道。2010 年 10 月 28 日第十届全国人大常委会十七次会议通过的《中华人民共和国社会保险法》、2011 年 7 月 1 日起施行的《实施〈中华人民共和国社会保险法〉若干规定》，国务院决定从 2011 年 6 月 7 日起开展城镇居民社会养老保险试点并印发的《关于开展城镇居民社会养老保险试点的指导意见》，2014 年 2 月 21 日国务院发布的《关于建立统一的城乡居民基本养老保险制度的意见》，2014 年 2 月 24 日人力资源社会保障部 、财政部发布的《城乡养老保险制度衔接暂行办法》，2015 年 1 月 3 日国务院发布自 2014 年 10 月 1 日起实施的《关于机关事业单位工作人员养老保险制度改革的决定》，2015 年 7 月 28 日国务院办公厅发布的《关于全面实施城乡居民大病保险的意见》，2018 年 5 月 30 日国务院发布的

《关于建立企业职工基本养老保险基金中央调剂制度的通知》，2019 年 3 月 25 日国务院办公厅发布的《关于全面推进生育保险和职工基本医疗保险合并实施的意见》，2019 年 4 月 1 日国务院办公厅发布的《关于印发降低社会保险费率综合方案的通知》，2020 年 6 月 22 日人力资源社会保障部、财政部、税务总局发布的《关于延长阶段性减免企业社会保险费政策实施期限等问题的通知》，标志着我国的社会保险新体制得到进一步完善。

第十三章

第十四章
社会保险法律制度

社会保险是社会保障体系中最重要、最基本的项目，是社会保障的核心。美国社会保障署的统计资料显示，全世界的社会保险已十分普遍，有 167 个国家和地区建立了老年、残疾与遗属保险，有 112 个国家和地区建立了疾病与生育保险，有 164 个国家和地区建立了工伤保险，有 69 个国家和地区建立了失业保险，有 88 个国家和地区建立了家属津贴制度。目前，社会保险已成为世界各国重要的经济和社会公共政策。

第一节　社会保险法律制度概述

一、社会保险概述

（一）社会保险的定义

社会保险是指国家通过立法建立的旨在使劳动者因年老、患病、生育、伤残、死亡等原因丧失劳动能力，或因其失业中断劳动而使本人和家属失去生活来源时，能够从社会（国家）获得物质帮助的一种社会保障方案。由于社会制度及社会政策的目标不同，世界各国社会保险的内容也不尽相同，社会保险一般包括养老、疾病、残疾、死亡、工伤、失业和家庭津贴等项目。我国《社会保险法》第 2 条规定，国家建立基本养老保险、基本医疗保险、工伤保险、失业保险、生育保险等社会保险制度，保障公民在年老、疾病、工伤、失业、生育等情况下依法从国家和社会获得物质帮助的权利。近些年来，德国、日本等国还新设立了解决老年人看护问题的"护理保险"。

（二）社会保险的特征

1. 社会保险具有保险性。社会保险是通过保险方式而实施的社会保障方案。保障社会成员的生活安全，可以通过多种方式实现，社会保险作为社会保障的一种形式，是通过保险机制的运用来保障社会成员的生活安全的。社会保险的保险性体现在以下方面：①社会保险的物质基础主要来源于参加者自己的物质积累和捐助，即由保险覆盖范围内的各种社会成员或其所在单位交纳的社会保险费，加上国家财政必要的补贴形成的保险基金，构成社会保险应付各种社会风险的物质基础。从这个角度来说，社会保险利益的获得是有条件的，即只有保险项目覆盖的特定成员支付一定的对价，才能从社会保险体系中获得期待的利益。②社会保险体现了社会成员相互之间互助互利的社会关系。社会保险基金由社会保险机构依法进行统筹和调剂，在社会保险关系中，尽管支付代价是社会保险参加者获得保险利益的条件，但是，社会成员支付的代价与其获得的利益之间并不是一种等价关系，即人们从社会保险体系中获得的利益的多少，不完全取决于其缴费的高低，而主要取决于特定的社会风险是否对其已经实际发生，以及因这种风险的发生而对其基本生活造成影响的程度。作为一种保险，社会保险与其他保险一样，保险基金的支付对象是遭受社会风险的人。这就意味着一部分社会成员可能获得远远超出其缴费金额的利益，另一部分社会成员可能得不到任何实际的利益，或者其能获得的利益远远低于其已经作出的支付。针对偶然发生的社会风险而设计出的社会保险项目，尤为如此。

2. 社会保险具有社会性。首先，社会保险的社会性体现在它的社会目的性。社会保险体系的建立，目的在于保障社会成员的基本生活安全，并通过对个体社会成员的生活保障来实现社会的安全和秩序。社会保险不同于一般的商业保险，社会保险以各种社会风险为风险对象，具有明显的社会安全防范性质。尽管商业保险也可以通过预防灾害，减轻灾害损失，缓解因灾害发生而给被保险人生产或生活带来的严重冲击和影响，但从保险人的角度来看，提供保险服务的基本动机仍然是追求一定的经济利益。因此，商业保险是一种营利性活动，而社会保险则是一种公益性的事业。其次，社会保险所针对的风险是社会风险。社会风险，是指那些不仅影响社会成员的个体利益，而且会影响社会安全和稳定的风险。当我们将整个社会作为一个整体，若因年老、疾病、伤害、失业、生育等原因而使一部分社会成员不能作为人而生存，从一定的意义上说，这也是社会的耻辱和失职；不仅如此，一部分社会成员因生活失去保障而发生的生存危机往往是造成各种社会矛盾激化、社会动荡、混乱和无序的基本原因。社会保险作为一种社会公共对策，目的就是要消除社会风险对人类生活可能带来的影响，使整个社会能够和平、有序、健康地发展。最后，社会保险的社会性还表现在它是一种社会对策。社会保险不是任何个人或单位自行采用的一种方案，而是社会为了应对不同的社会风险而采取的一种对策。政府作为社会的代表，必须从社会公共利益出发，组织和实施这种社会方案。社会风险由于其与社会公共利益的关联性，因而其并不是仅与某一个或某一些社会成员有关的事情，而是一个社会问题，对于这些社会问题，只能从社会整体的角度出发，才能有效地加以解决。

3. 社会保险具有强制性。社会风险与社会公共利益的关联性决定了社会保险必须采用强制的方式予以实施。社会保险的强制性主要体现在：①立法规定范围内的所有社会成员必须参加社会保险；②受保险的社会成员与社会保险机构之间的保险关系直接依照法律而产生，无需通过合同实现；③社会保险是通过具有强制效力的法律、法规和规章加以实施，当事人之间的权利和义务直接根据法律而产生。与社会保险相关的法律规范，大多为强制性法律规范，相关各方在依法享有权利的同时，必须依法履行义务和职责。总之，社会保险是由国家通过立法强制实施的一种社会政策，一经立法确定保险范围，其范围内的有关当事人即同社会保险机构自动建立起保险关系，不必先行订立某种契约。

4. 社会保险具有福利性。社会保险的福利性，是指通过社会保险能够增进社会成员的福祉，能够普遍地为社会成员带来一定的好处和利益，使社会成员生活得更加幸福和快乐。首先，社会保险方案的实施，从整个社会的层面上消除或减轻了各种社会风险对社会成员所带来的威胁，消除了人们对年老、失业、疾病、伤害等社会风险的恐惧，使社会成员能够更加轻松地生活，谋求自我的发展。其次，社会保险在给社会成员提供基本生活安全保障的同时，也为社会的稳定和安全奠定了基础。因此，社会保险方案的实施不仅可以使人们能够更加轻松地生活，而且为人们提供了更加安全的生活环境。再次，社会保险通过广泛筹集资金，兴建福利性设施，提供福利性社会服务，丰富社会成员的生活内容，提高生活质量。最后，社会保险通过各种公益性社会服务机构（如职业介绍机构、职业培训机构、职业病康复机构等）的设置，向社会成员提供各种新的发展机遇，为社会成员实现人格的完善和自我发展提供更多的机遇和更好的条件。[1]

（三）社会保险的作用

社会保险既是一种社会公共政策，又是一种社会经济制度。我国社会保险的作用主要表现在以下几个方面：

1. 实现社会稳定。这种作用主要通过对社会成员和一定范围内的劳动者的经济生活提供稳定、可靠的基本保障来实现。在正常情况下，劳动者是通过按劳分配、以工资报酬等方式来维持本人和家庭的生活来源的。但天有不测风云，人有旦夕祸福，当劳动者在年老、患病、负伤、生育、残疾、死亡等暂时或永久丧失劳动能力时，或者处于下岗、失业等状态下而无法依靠劳动报酬维持自身及其家庭的生活时，可通过依法参加社会保险获得基本生活保障。对劳动者及其家庭的必要保障，可以调动劳动者及其家属的积极性，促进社会安定和经济发展。

2. 保障劳动力再生产的顺利进行。社会保险是保障社会劳动力再生产顺利进行的重要手段。生产是人类社会生存与发展的基础，而人类社会的再生产不仅包含物质资料的再生产，也包含劳动力本身的再生产。正如恩格斯所表述的："生产本身又有两种，一方面是生产资料即食物、衣服、住房以及为此所必需的工具的生产；另一方面是人类自身的生产即种的繁衍。"劳动者在从事物质资料生产过程中，既消耗了一定生产资料的使用价值，也损耗了一定的劳动能力，其劳动能力会逐渐衰退，直到全部丧失。如果劳动者参加了社会保险，在发生病、伤、生育、失业等情况时，就可按社会保险的有关法律规定，得到及时的治疗和必要的物质帮助，从而使劳动者恢复健康，恢复劳动能力，并对劳动者的家庭提供稳定的经济保障，这样就可以有效地实现劳动力再生产的正常进行。

3. 调节社会分配，促进社会公平。社会保险除了具有促进经济发展、筹集长期性资金的重要作用外，其最重要的作用是调节社会分配关系，即它对国民收入再分配起着制约与推动的作用。也就是说，通过社会保险调节社会分配关系，促进社会公平分配的实现，保持社会的协调与稳定。社会保险促进社会公平这一作用的实现，主要体现在资金筹措、支付和使用的全过程中。社会保险基金来自劳动者本人及用人单位缴纳的保险费，以及国家的财政资助。国家财政补贴的社会保险经费来自国家税收，国家通过税收向高收入者征收较高的费、税以补充社会保险经费，扩大社会保险基金的来源，增加保险资金的积累。国家通过社会保险体系或渠道对社会保险资金进行再分配，向低收入者、失去收入来源的劳动者倾斜，支付较高的保险金，保证其基本生活需要，从而平衡国民收入水平，这事实上是相对提高了低收入者的实际收入水平。通过社会保险对收入进行再分配，缩小了劳动者之间的收入差距，促进了社会收入分配进一步的合理化。

4. 积累必要的资金，推动经济发展。社会保险同时也是国家的一项重要社会经济政策。它不仅在调节劳动者和社会成员消费的过程中，通过有关保险项目如退休、患病、工伤、职业病、失业、生育保险等，对那些暂时或永久丧失劳动能力的劳动者及其供养的亲属提供必要的援助，同时，还可以筹集规模性资金，促进资本市场的形成和发展。社会保

---

[1]　种明钊主编：《社会保障法律制度研究》，法律出版社 2000 年版，第 98~100 页。

险基金规模庞大，社会保险机构利用保险费收取与保险金给付的时间差，将处于备用状态的保险基金用于投资，从总量上为社会生产提供了巨大稳定的资金来源，能有效地推动经济发展。

5. 调节经济运行。社会保险制度在一定程度上调节了供给和需求。在经济衰退期，投资下降，劳动者收入减少，失业增加，社会保险开支增加，刺激社会的有效需求，缓解经济衰退；反之，在经济高涨期，失业下降，劳动者收入增加，社会保险开支下降，抑制社会总需求，缓解由经济过热引起的通货膨胀。

二、社会保险法的基本原则

社会保险法的基本原则是指集中反映社会保险法的本质，贯穿于社会保险法律规范的始终并对整个社会保险法律规范体系起主导作用的根本准则。社会保险法的基本原则应该是社会保险法基本精神的体现，是全部社会保险法律规范的价值主线和灵魂所在。

（一）保险水平与经济发展水平相适应原则

社会保险水平可以通过一个国家或地区的社会保险待遇标准、社会保险覆盖面、社会保险费率等指数进行综合衡量。社会保险待遇标准是指保险参加者能够获得的社会保险金的给付标准；社会保险的覆盖面是一个国家（或地区）在某一时点上加入社会保险的人数与社会总人数的比率；社会保险费率是指一定时间内计算和收取社会保险费的比率。社会保险属于消费基金分配的范畴，是一种特殊的消费形式。社会保险支付的待遇"应当根据现有的物力来确定，部分地应当根据概率来确定"。马克思科学地阐明了经济发展与社会保险的关系："经济的发展客观上提出了社会保险需求，同时社会保险的发展也取决于经济的发展水平。"处于社会主义初级阶段，生产力水平较低，人数众多且老龄化速度加快是我国的现实国情。因而，我国《劳动法》第71条规定："社会保险水平应当与社会经济发展水平和社会承受能力相适应。"所以，社会保险必须坚持保险水平与经济发展水平相适应的原则，该原则的主要内容是，在总体上，保险水平要与我国社会生产力水平及各方面的能力相适应，要在保障基本水平的前提下，考虑经济实际达到的可能性，在经济发展的基础上，逐步提高社会保险水平。另外，由于经济发展的不平衡性，因此要求要有不同类型、不同层次的社会保险，不能只搞一个模式。换言之，社会保险的推行应当从实际出发，因地制宜，采取不同模式，实行多层次、多元化的发展。总之，我国社会保险制度坚持广覆盖、保基本、多层次、可持续的方针，社会保险水平应当与经济社会发展水平相适应。

（二）社会互济原则

社会互济原则，又称为风险共担、互助合作、所得再分配的原则。其主要内容是，社会保险机构通过多方筹集基金后进行平衡调剂，将个别劳动者在特定情况下的损失和负担在缴纳保险费的多数主体之间进行分担，以实现风险的社会转移。社会保险的基本功能是通过建立社会保险基金，实行社会互济，使社会成员在遭遇相关的风险时（年老、工伤、失业、疾病等）能得到必要的物质帮助。而这种社会互济的核心就是要求由个人、单位、国家三方共同负担提供社会保险基金的责任，使三者的物质利益相互结合，实现风险共担、互助合作、所得再分配，并通过社会统筹、互助互济的办法，解决风险问题。可以说，互助互济对实现风险损失的分担和保障性补偿具有重要的作用，没有互助互济，社会保险也就失去了存在的意义。

（三）社会保险权利与义务相对应原则

权利与义务相对应，是社会保险制度赖以存在的前提条件。每个劳动者都享有社会保险的平等权利，同时又都对社会保险负有不可推卸的责任和义务。只有在劳动者履行了法定的义务之后，才能享受各项社会保险待遇。这些义务主要包括从事社会劳动，依法参加社会保险，依法缴纳社会保险费等。

（四）实行一体化和社会化原则

在市场经济条件下，劳动力市场化是实现资源最佳配置的重要方面，而社会保险一体化是劳动力市场化必不可少的维系机制。为此，社会保险应当实行一体化原则，即统一社会保险的项目，统一社会保险或基本社会保险的标准，统一社会保险的管理与实施机制等，这样一来，无论劳动者如何进行流动，均有同样的社会保险制度，从而为实现劳动者自由流动和劳动力资源的最佳配置提供条件。为此，要提高统筹层次，制定全国统一的社会保险关系转续办法。实行社会保险的社会化是社会保险能够健康发展的重要条件。社会保险是全体社会成员的共同事业，应当鼓励本国社会成员主动参与社会保险事务，包括参与分担缴费，参与监督社会保险制度的实施等，使社会保险事业具备更为坚实的社会和经济基础。同时，社会保险管理的社会化也是社会保险自身的客观要求，应当把各部门、各单位分散管理的形式逐步转为统一的社会化管理，将用人单位所承担的社会保险方面的事务性工作转为社会化服务，建立健全统一的社会化服务组织。

（五）公平与效率相统一原则

社会保险作为国民收入的再分配形式，是调节收入差距、实现社会公平的重要手段。但是，社会保险所要实现的公平是指社会公正和机会均等，而不是平均主义的"大锅饭"。所以，为了不让社会保险成为懒汉的庇护所，必须贯彻公平与效率相结合的原则。社会保险待遇水平既要体现社会公平的因素，确保每一位劳动者都能维持基本生活，又要适度体现不同劳动者之间的差别，以提高用人单位和劳动者参保缴费的积极性。社会保险法律制度在维护社会公平的同时，也需要强调社会保险对于促进效率的作用，力求做到公平与效率兼顾、统一与差别并重。该原则的主要要求包括以下内容：①参加保险的单位及个人，必须依照国家的法律，按统一标准足额缴纳保险费，符合有关规定的个人都有平等获取保险金的权利；②社会保险制度应尽可能使每一参加者都能获得最基本的生活保障，且这种基本的保障应优先予以确保；③在体现公平、平等的同时，要尽量考虑效率，体现激励机制，使对社会贡献大的劳动者和缴费较多的社会成员享受较高水平的社会保险待遇，以激励所有社会成员勤奋工作，提高劳动生产率和经济效益，提高社会成员的参与意识。

三、社会保险法律关系

社会保险法律关系，是指在社会保险的主体之间依法形成的权利义务关系。它是现实的社会保险关系在法律上的反映，与其他法律关系一样，社会保险法律关系也是由主体、客体和内容三方面的要素构成。

（一）社会保险法律关系的主体

1. 保险人。保险人是筹集资金和支付保险费的义务人，包括国家或经国家授权或委托的办事机构、基金公司和商业保险公司。在我国基本社会保险中，保险人是国家的社会保险机构。社会保险机构直接承担管理和实施社会保险的职责，依法向用人单位、劳动者等征收社会保险费，并负责具体运作社会保险项目和向劳动者发放社会保险待遇，社会保险机构包括社会保险主管机构、经办机构、基金运营机构、监督机构等。社会保险主管机构负责制定社会保险政策和组织实施，并对具体业务部门的工作进行管理、监督、检查；社会保险经办机构负责筹集社会保险基金，确认公民享受社会保险待遇的资格，给付社会保险待遇，组织社会保险服务；社会保险基金运营机构专门负责社会保险基金的投资运营。社会保险监督机构的职能是依法对社会保险基金的收支、管理、运营情况进行监督。而在企业补充保险和个人自愿保险中，保险人则是指经国家有关机构依法核准的金融机构，包括基金公司和商业保险公司。

2. 投保人。投保人是指负有社会保险缴费义务的主体，一般是用人单位和职工个人，也包括个体劳动者和其他自愿参加社会保险的公民。用人单位承担缴纳社会保险费的义务，是社会保险基金的主要缴纳者。有时劳动者也可以是投保人，如灵活就业人员为自己投保。

3. 被保险人。作为社会保险的被保险人，必须具备以下两个条件：①社会保险的被保险人只能是自然人。法人以及其他社会组织，不可能成为社会保险的被保险人。②社会保险的被保险人一般是具有劳动能力，并有一定收入来源的社会成员。社会保险作为一种社会保障方案，被保险人应当包括可能遭遇属于社会保险范围内的各类社会风险的社会成员，而不应仅仅限于企业职工。我国社会保险改革的基本目标是逐步将社会保险的适用对象扩展到包括城镇各类企业职工、个体工商户及其帮工、私营企业主及其雇员以及自由职业者在内的各类社会成员。

4. 受益人。受益人是指基于其与被保险人的一定关系而享有一定保险利益的主体。受益人一般只限于法定范围内的被保险人的直系亲属，世界各国的规定一般主要包括被保险人的配偶以及未成年的子女等。受益人享有的保险利益，是指在被保险人所得保险待遇以外，或者被保险人死亡后，按法定项目和标准获得的物质帮助。受益人享受的待遇标准一般要低于被保险人享有的待遇标准。

（二）社会保险法律关系的客体

社会保险法律关系的客体是一种保险利益，表现为被保险人的各种生活安全利益。例如，被保险人的生活安全不因年老而受到影响的利益，被保险人的基本生活不因失业而不能维持的利益，具体可以表现为资金、现金、物和服务行动。在社会保险法律关系中，社会保险经办机构与社会保险参加者的一切权利和义务的最终指向就是被保险人的保险利益，即使被保险人的生活不会因保险范围内的社会风险的发生而不能维持。在一般的商业保险中，保险利益是在投保时被完全量化的经济利益，但是在社会保险中，由于社会保险以保障保险人的基本生活为目的，因此在一般情况下，保险利益不是被完全量化的经济利益。同时，在商业保险中，保险利益的范围十分广泛，财产利益、人身利益以及其他利益都可以成为商业保险关系的客体。但在社会保险中，其保险法律关系的客体则是基本生活不因各种社会风险的发生而不能维持的利益，是可能受社会风险影响的特定社会成员的生活保障利益。从外延上看，其比商业保险的范围要小得多。此外，社会保险的保险利益对于保险覆盖范围内的社会成员来说具有同一性，即每一个被保险人的生活安全利益都具有同等的重要性。因此在社会保险中，受保险利益决定的基本保险待遇应当是相同的，至少对于在同一生活水平地区生活的社会成员来说，应当是相同的。当然，被保险人可以通过作出更多的贡献或缴纳更多的保险费而获得更高的保险待遇，但这只是社会保险体系中利益激励机制的结果，并不能说明不同的被保险人享有不同的保险利益。明确社会保险法律关系的客体，对于确定社会保险对象的范围，保证社会保险制度设计的合理性而言都具有重要的意义。一个完善的社会保险法律体系，应当覆盖所有具有保险利益的人，使得任何可能遭受社会风险而不能维持基本生活的人，都能通过社会保险机制获得基本的生活安全保障。对社会保险制度进行合理安排和设计，必须考虑社会保险中保险利益的特殊性，在社会保险制度中，可以引入必要的利益激励机制，但决不能片面地强调效率原则，而使一部分被保险人的基本生活失去保障。[1]

（三）社会保险法律关系的内容

社会保险法律关系的内容，是指社会保险法律关系的主体依法享有的权利和承担的义务。

1. 保险人的权利和义务。保险人在社会保险法律关系中的权利包括：①社会保险税（费）征收权。保险费收入是社会保险经办机构提供保险服务的物质来源，因此，社会保险经办机构对被保险人或其所在单位收取保险费的权利，是其基本的权利。社会保险经办机构有权依照法律规定的基数和比例，采取法律规定的措施，收取保险费用，无需事先取得被保险人或其所在单位的同意。②社会保险基金管理、运营权。社会保险从筹资模式上可分为社会统筹和个人账户等方式，在待遇给付上实行现收现付和积累等方式，这必然要求社会保障管理机构对征收的社会保障税（费）进行管理，并通过有效运营确保保险基金的保值、增值。因此，社会保险机构有权依法对社会保险基金进行管理，其他任何单位和个人不得干涉。社会保险机构有权依法将保险基金存入其在银行开设的社会保险基金专户，可以按照法律规定的比例提取社会保险存储金，依法对收取的保险费等提取社会保险、社会统筹基金，并对社会统筹基金作调剂使用。社会保险机构有权依法为被保险人设立个人账户，并按照法律规定的方式和程序对个人账户进行管理。社会保险机构可以在保证社会保险基金安全的前提下，运营保险基金，并将运营保险基金所得的收益归入保险基金。但运营保险基金，必须在保证保险基金安全的前提下进行。因此，社会保险机构只能在法律规定的范围内按照法定的方式运营保险基金，不得利用保险基金进行风险投资。③依法采取必要制裁措施的权利。社会保险机构在收取社会保险费时，可以依法通知负有缴费义务的单位的开户银行直接在缴费单位的户头上将应缴的社会保险费划入社会保险基金账户，可以要求被保险人所在单位直接从被保险人的工资收入中扣取其应缴纳的社会保险费。在有关单位不按时缴费时，社会保险机构可以依法加收滞纳金。

保险人还负有以下基本义务：①确保社会保险基金的安全和保值、增值义务。社会保险基金是被保险人的"保命钱"，因此必须保证其的绝对安全。社会保险机构应当按照国家法律规定的方式，将社会保险基金存入其在银行开设的社会保险基金账户，专户存储，专款专用，不得将其存入其他机构或进行风险投资。社会保险机构不仅有保证保险基金安全的义务，而且有实现保险基金保值、增值的义务。社会保险机构应当按照法律规定进行投资，以获得运营收益，进而实现保险基金的保值、增值。②社会保险待遇的支付义务。

---

[1]　种明钊主编：《社会保障法律制度研究》，法律出版社 2000 年版，第 115~116 页。

按照法律规定的标准，在发生支付条件时从社会保险机构获得保险待遇是被保险人参加社会保险的目的，确保保险待遇按规定的标准及时支付给被保险人或其遗属也是社会保险机构的一项基本义务。在被保险人依法有权获得保险待遇时，社会保险机构必须履行支付义务，不得以任何理由拒绝。

2. 投保人的权利和义务。投保人的基本权利包括：①参加社会保险的权利。用人单位和公民个人参加社会保险是法律赋予用人单位和公民个人的一项权利，在社会保险法律、法规覆盖范围内的用人单位和公民个人有权参与社会保险，社会保障管理机构对符合法定条件参加社会保险的用人单位和公民个人不得拒绝。②监督的权利。用人单位和公民个人有权对社会保险的经办情况进行监督，有权了解、查询有关情况，并提出各种批评和建议。③在发生社会保险争议时，有提起行政复议和诉讼的权利。

投保人应当履行以下义务：①参加社会保险的义务。社会保险作为国家强制推行的保障制度，社会成员一旦符合条件，必须无条件参加。凡是在社会保险覆盖范围内的用人单位和公民个人，都有义务参加社会保险。因此，参加社会保险又是用人单位和公民个人的一项法定义务。②缴纳社会保险税（费）的义务。投保人应按照法律规定的标准及时、足额地交纳社会保险费。③协助义务。在社会保险事务中，有许多需要用人单位或公民个人的协助才能完成的保障项目，例如，在失业保险中，失业人员领取失业保险费的法定条件之一是具有失业的证明材料，出具失业证明材料是用人单位协助失业保险运行的法定义务。又如，在工伤保险中，在工伤的认定问题上同样需要用人单位的协助才可能作出正确的认定。用人单位及公民个人应当积极配合社会保险经办机构，协助社会保险经办机构完成保险费的收缴、保险待遇的发放等工作。

3. 被保险人和受益人的权利和义务。被保险人和受益人的基本权利包括：①社会保险待遇请求权。参加社会保险的劳动者及其亲属，有权在特定的保障事项发生时，要求社会保险机构依法支付保险待遇。②社会保险待遇受领权。参加社会保险的劳动者及其亲属，有权受领社会保险待遇。③社会保险待遇救济权。发生社会保险争议时，被保险人和受益人有获得法律救济的权利。④监督的权利。被保险人和受益人有权对社会保险经办的情况进行监督，有权了解有关情况，并提出各种批评和建议。

被保险人和受益人应当履行以下义务：①缴费义务。劳动者应按照法律规定的标准及时、足额地交纳社会保险费。②协助义务。被保险人和受益人应当积极配合社会保险机构，协助社会保险机构工作。

四、社会保险基金

社会保险基金，是指国家为举办社会保险事业并使社会保险有可靠的资金保障，通过立法在全社会统一建立的，用于向公民支付社会保险待遇的专项资金。社会保险基金，是国家举办社会保险事业的物质基础，是社会保险制度的核心，没有社会保险基金，社会保险制度就无法正常运转。我国社会保险基金包括基本养老保险基金、基本医疗保险基金、工伤保险基金、失业保险基金和生育保险基金等。各项社会保险基金按照社会保险的险种分别建账，分账核算，执行国家统一的会计制度。基本养老保险基金逐步实行全国统筹，其他社会保险基金逐步实行省级统筹。

【资料链接】

1998 年颁布的《国务院关于实行企业职工基本养老保险省级统筹和行业统筹移交地方管理有关问题的通知》规定，我国实行基本养老保险省级统筹，行业统筹按照先移交后调整的原则，全部移交各省、自治区、直辖市管理。

2007 年，原劳动和社会保障部、财政部下发《关于推进企业职工基本养老保险省级统筹有关问题的通知》，各地不断建立健全省级统筹制度，有效地促进了养老保险政策的统一。但由于各地经济社会发展及养老保险推进工作力度存在差异，省级统筹工作开展不平衡。为了进一步完善省级统筹制度，2017 年，人力资源社会保障部、财政部《关于进一步完善企业职工基本养老保险省级统筹制度的通知》规定，各地要在基本养老保险制度、缴费政策、待遇政策、基金使用、基金预算和经办管理 6 个方面实现"六统一"的基础上，积极创造条件实现全省基本养老保险基金统收统支。省级统筹制度应覆盖全省（自治区、直辖市）所有地区，目前省内仍实行单独统筹的地区（含计划单列市、副省级省会城市、经济特区、各类开发园区等）要尽快将其纳入省级统筹范围，执行全省（自治区、直辖市）统一政策。

（一）社会保险基金的来源

我国社会保险基金的来源包括：①用人单位和被保险人依法缴纳的社会保险费和社会保险费滞纳金。②社会保险基金的增值性收入，如基金的运营收益和存款利息。③政府的财政补贴。社会保险基金通过预算实现收支平衡，县级以上人民政府在支付时出现社会保险基金不足时，给予补贴。④其他法定收入。在社会保险基金的来源构成中，社会保险费占首要地位，是筹集社会保险基金的主要渠道。对于社会保险费的缴纳，按照合理分担的原则，分别由国家、用人单位和劳动者个人承担缴费义务，其中，养老、失业、医疗保险费用，由用人单位和劳动者共同缴纳；工伤、生育保险费用则全部由用人单位缴纳。

（二）社会保险费的征缴

1. 社会保险的登记。用人单位应当自成立之日起 30 日内凭营业执照、登记证书或者单位印章，向当地社会保险经办机构申请办理社会保险登记。社会保险经办机构应当自收到申请之日起 15 日内予以审核，发给社会保险登记证件。用人单位的社会保险登记事项发生变更或者用人单位依法终止的，应当自变更或者终止之日起 30 日内，到社会保险经办机构办理变更或者注销社会保险登记。市场监督管理部门、民政部门和机构编制管理机关应当及时向社会保险经办机构通报用人单位的成立、终止情况，公安机关应当及时向社会保险经办机构通报个人的出生、死亡以及户口登记、迁移、注销等情况。

用人单位应当自用工之日起 30 日内为其职工向社会保险经办机构申请办理社会保险登记。用人单位未按规定申报应当缴纳的社会保险费数额的，按照该单位上月缴费额的110%确定应当缴纳的数额；缴费单位补办申报手续后，由社会保险费征收机构按照规定结算。未办理社会保险登记的，由社会保险经办机构核定其应当缴纳的社会保险费。自愿参加社会保险的无雇工的个体工商户、未在用人单位参加社会保险的非全日制从业人员以及其他灵活就业人员，应当向社会保险经办机构申请办理社会保险登记。国家建立全国统一的个人社会保障号码，个人社会保障号码为公民身份号码。

2. 社会保险费的征收。社会保险费实行统一征收，社会保险费征收机构应当依法按时足额征收社会保险费，并将缴费情况定期告知用人单位和个人。

3. 社会保险费的缴纳。用人单位应当自行申报、按时足额缴纳社会保险费，非因不可抗力等法定事由不得缓缴、减免费用。职工应当缴纳的社会保险费由用人单位代扣代缴，用人单位应当按月将缴纳社会保险费的明细情况告知本人。无雇工的个体工商户、未在用人单位参加社会保险的非全日制从业人员以及其他灵活就业人员，可以直接向社会保险费征收机构缴纳社会保险费。

4. 社会保险费未按时足额缴纳的强制措施。用人单位未按时足额缴纳社会保险费的，由社会保险费征收机构责令其限期缴纳或者补足。用人单位逾期仍未缴纳或者补足社会保险费的，社会保险费征收机构可以向银行和其他金融机构查询其存款账户；并可以申请县级以上有关行政部门作出划拨社会保险费的决定，书面通知其开户银行或者其他金融机构划拨社会保险费。用人单位账户余额少于应当缴纳的社会保险费的，社会保险费征收机构可以要求该用人单位提供担保，签订延期缴费协议。用人单位未足额缴纳社会保险费且未提供担保的，社会保险费征收机构可以申请人民法院扣押、查封、拍卖其价值相当于应当缴纳的社会保险费的财产，以拍卖所得抵缴社会保险费。

（三）社会保险基金的运营

社会保险基金专款专用，任何组织和个人不得侵占或者挪用。社会保险基金在保证安全的前提下，按照国务院的规定投资运营以实现保值增值。社会保险基金不得违规投资运营，不得用于平衡其他政府预算，不得用于兴建、改建办公场所和支付人员经费、运行费用、管理费用，或者违反法律、行政法规规定挪作其他用途。社会保险经办机构应当定期向社会公布参加社会保险的情况以及社会保险基金的收入、支出、结余和收益情况。

（四）社会保险基金的监管

1. 人大监督。各级人民代表大会常务委员会听取和审议本级人民政府对社会保险基金的收支、管理、投资运营以及监督检查情况的专项工作报告，组织对社会保险法实施情况的执法检查等，依法行使监督职权。

2. 财政审计监督。财政部门、审计机关按照各自职责，对社会保险基金的收支、管理和投资运营的情况实施监督。

3. 社会保险行政部门监督。社会保险行政部门对社会保险基金的收支、管理和投资运营的情况进行监督检查，发现存在问题的，应当提出整改建议，依法作出处理决定或者向有关行政部门提出处理建议。社会保险基金检查结果应当定期向社会公布。社会保险行政部门实施监督检查时，被检查的用人单位和个人应当如实提供与社会保险有关的资料，不得拒绝检查或者谎报、瞒报。社会保险行政部门对社会保险基金实施监督检查，有权采取下列措施：①查阅、记录、复制与社会保险基金收支、管理和投资运营相关的资料，对可能被转移、隐匿或者灭失的资料予以封存；②询问与调查事项有关的单位和个人，要求其对与调查事项有关的问题作出说明，提供有关证明材料；③对隐匿、转移、侵占、挪用社会保险基金的行为予以制止并责令改正。

4. 社会监督。统筹地区人民政府成立由用人单位代表、参保人员代表，以及工会代表、专家等组成的社会保险监督委员会，掌握、分析社会保险基金的收支、管理和投资运营的情况，对社会保险工作提出咨询意见和建议，实施社会监督。社会保险经办机构应当定期向社会保险监督委员会汇报社会保险基金的收支、管理和投资运营的情况。社会保险监督委员会可以聘请会计师事务所对社会保险基金的收支、管理和投资运营的情况进行年度审计和专项审计，审计结果应当向社会公开。社会保险监督委员会发现社会保险基金收支、管理和投资运营中存在问题的，有权提出改正建议；对社会保险经办机构及其工作人员的违法行为，有权向有关部门提出依法处理的建议。

【资料链接】

2010年10月28日，第十一届全国人大常委会第十七次会议通过了《中华人民共和国社会保险法》，这部立法是在中国特色社会主义法律体系中起支架作用的重要法律。全国人大常委会高度重视社会保险立法工作，在充分调查研究、认真总结经验、反复征求意见的基础上，对草案进行了4次审议修改，从法律上明确国家应建立基本养老、基本医疗和工伤、失业、生育等社会保险制度，并对确立基本养老保险关系转移接续制度，提高基本养老保险基金统筹层次，建立新型农村社会养老保险制度和新型农村合作医疗制度等作出原则性规定，还进一步完善了用人单位和参保人员对社会保险的监督，强化了各级人大常委会对社会保险基金的收支、管理和投资运营情况的监督职权。它的颁布实施，对加快建立覆盖城乡居民的社会保障体系，保障人民群众共享改革发展成果，促进社会主义和谐社会建设，具有十分重要的意义。

第二节 养老保险制度

一、养老保险概述

在现代市场经济条件下，通过社会劳动获得劳动收入，是一般社会成员通常的谋生手段。而自然规律决定，在进入老年阶段后，人的劳动能力将逐步地丧失，不再适合参加社会劳动。在现代社会，养老已经由个人的私人事务演变为一种普遍化的社会风险，需要建立社会化的保障机制。在世界各国的社会保障制度中，养老保险的覆盖面广，保障水平高，财务收支规模大，因此其成为最重要的项目。

（一）养老保险的概念及特点

社会养老保险，是指国家统一实施的旨在使社会成员在达到一定年龄、丧失劳动能力、退出社会劳动过程时能够获得维持其基本生活的一定收入来源的社会保险方案。养老保险作为社会保险的一个项目，除了具备社会保险的一般特征外，其还具有以下特点：

1. 以保障老年生活安全为目的。社会养老保险方案通过向达到一定年龄而被推定为丧失劳动能力的特定社会成员提供物质帮助，使社会成员的老年生活获得基本的物质保障。养老保险的这一特点，意味着养老保险是一种适用极广的社会保险。在现代社会中，随着城市化的扩展，因年老而可能失去生活保障的人会越来越多，社会成员对养老保险的需求也因此越来越大。国家在进行养老保险制度设计时，必须充分考虑养老保险的这一特点，以便使可能因年老而失去生活保障的各类群体，都能够通过社会保险渠道获得必要的维持其基本生活的收入来源。

2. 养老保险针对的社会风险具有高度确定性。一般风险，其发生与否的或然性较大，因此，商业保险机构通过严密的精算，其完全可以维持一定的盈利水平。而养老保险所针对的风险是人们在因年老丧失劳动能力时，不能维持其基本生活的风险，具有高度的确定性。对于一个正常度过一生的人来说，都有一个年老的问题。保险人合理期待的风险收益小，养老保险的盈利水平必然会因此而受到限制，除非采用储蓄积累的方式，否则商业保险机构一般不愿意承担此类保险责任，因此养老保险应当由国家提供，或由国家给予充分的资助。

3. 养老保险是一种综合性的生活保险。就一般保险而言，当事人投保的目的是在意外的风险发生时，能够通过保险人获得一定的补偿，以便使自己的损失得到一定程度的减轻，其具有单项性和局部性。养老保险则是一种综合性的保险，保险人参加保险的目的是为了获得维持其整个生活的收入来源。这就意味着要保证养老保险体系的正常运转就必须筹集大量的资金。这一特点决定，在养老保险的制度安排中，要建立多层次的养老保险体系，一方面要确保被保险人的基本生活安全，另一方面也要照顾到被保险人更高的生活需求。如果不区分需求层次，仅建立普遍高待遇的养老保险制度，则可能严重地影响经济的发展。

4. 养老保险是一种时间跨度最长的保险。在养老保险中，被保险人在达到法定的年龄后，还可能度过相当长的老年期，在这段相当长的时间内，保险人都应为其提供基本生活的收入来源，否则养老保险就不能达到其预期的目的。因此，养老保险不仅涉及同代人之间的财富分配，而且也涉及代际间的利益分配，这无疑对保险人在进行合理的精算时提出了更高的要求。养老保险的这一特点还决定了养老保险基金的运营具有非常重要的意义：在几十年的时间跨度中，一方面，物价波动、通货膨胀等因素可能会使养老保险的积累资金大幅贬值，根本不能维持被保险人最基本的生活水准；另一方面，经济的持续发展可能使得被保险人仅能维持其退休时的生活水平已经不能为社会的道德观念所接受，因此在制定养老保险制度时，必须充分考虑通货膨胀和经济发展的因素，使被保险人能够分享经济社会发展的成果，在其整个老年阶段都能维持体面的生活。

（二）养老保险的功能

在社会化大生产的社会中，家庭的养老功能大大减弱，个人也不可能自我解决养老问题，养老保险就为社会化大生产的开展提供了稳定的社会基础。

1. 养老保险具有保障基本生活的功能。养老保险为劳动者养老提供稳定的物质基础和可靠的生活来源，保障劳动者因年老退出劳动后的基本生活，实现老有所养，使劳动者的社会经济权利得到保护，这也是养老保险立法的目的之一。保障功能是养老保险制度固有的基本功能，养老保险制度其他功能的发挥，都是以此为基础的。

2. 养老保险具有促进经济发展的功能。世界上实行养老保险的国家，大多数规定了养老保险待遇标准与工作业绩挂钩的办法，尤其是与就业关联的养老金标准直接由缴费基数、缴费年限和工作年限决定。如此一来，那些长期勤奋工作、对经济发展作出较大贡献的劳动者，在其退休后就可以享受较高的养老保险待遇。养老保险正是通过内在的激励机制，鼓励在职劳动者积极劳动、勤奋工作，不断提高劳动效率和经济效益，从而促进经济发展，推动社会进步。

3. 养老保险具有稳定社会的功能。社会养老保险是国家通过立法的形式，在全社会范围内建立起来的抵御养老风险的机制。其既保障基本生活，又促进经济发展，从而起到了从全局上稳定社会的作用。稳定社会，促进经济与社会的协调发展，既是养老保险立法的根本目的，又是养老保险法律制度的总体功能。

（三）基本养老保险的模式

不同的养老金制度安排在结构上的实质性区别，以及由此而引起的经济效应的区别，都可以看作是其在融资和收益的发放这两个基本方面的差别产生的结果。[1]

1. 现收现付制（pay-as-you-go）与基金积累制（funding）。一般来说，养老金有两个可能的来源：一个是用一部分在他退休期间正在工作的一代人所创造的财富，来支付其养老金费用；另一个则是他自己在退休以前的工作期内积累的一笔储蓄，以备作退休以后的养老之用。第一种来源，即指以同一个时期的正在工作的一代人的缴费来支付已经退休的一代人的养老金的制度安排，这叫作现收现付制。现收现付的公共养老金计划多是通过税收的渠道，有时也包括雇主的直接交费，进行融资。在这种情况下，直接负担养老金费用的往往是国家财政以及工人的雇主。第二种来源，即指一个养老金计划的参加者，在工作期间把一部分劳动收入交给一个集中的用于投资的基金，等参加者退休以后，该基金再以其投资所得的回报向他兑现当初的养老金承诺，这叫作基金制。

2. 统一比率的养老金计划（flat-rate pension）与收入关联的养老金计划（earning-related pension）。从养老金收益的发放上来讲，有些养老金计划（一般是叫作普享制的、向所有人发放养老金的计划）是按照一个统一的标准，向该计划的参加者提供一笔事实上与他的其他收入或者是先前的收入没有任何关联的养老金收益。比如说，不管同一个计划的不同参加者的过去收入有多大的差别，都向他们支付一笔数额相同的养老金，这叫作统一比率的养老金计划。另外，也有一些计划是以某种与参加者的其他收入相关联的方式来计发养老金，通常情况是参加者的其他收入越高，则他将会得到的养老金收益就越低，这就叫作收入关联的养老金计划。这种计划往往需要事先知道每一个参加者的养老金收益之外的收入是多少，因此又需要附带上一个财富审查的机制。

3. 规定受益制（DB, defined benefit）与规定交费制（DC, defined contribution）。在养老金制度安排的实施方面，可以由计划的主办者或管理者作出承诺，按照一个特定的公式决定每一个计划的参加者的养老金收益，通常就是基于参加者的年龄和他以往贡献的大小，提供一笔年金，或是一笔一次性的支付。这种实施方式就是我们通常所说的规定受益制。另一种实施方式，也可以是按照一定的公式来决定每个人的交费。当然，这就需要为每一个参加者都设立一个个人账户，以记录其交费多少，将来在他有资格领取养老金的时候，就可以根据参加者个人账户上的记录来决定如何向他计发养老金。这样一种实施方式就是规定交费制。

二、养老保险法的基本内容

养老保险立法最早见于1669年法国的《年金法典》，但这项立法的适用范围狭窄，不能作普遍推行。现代意义的养老保险立法始于德国，德国于1889年颁布《伤残及养老保险法》，标志着现代意义的养老保险法的诞生。随后，奥地利、英国、卢森堡、瑞典、荷兰等国分别于1906~1913年颁布养老保险立法，开始实行养老保险制度。欧洲其他国家以

---

[1] 郑秉文、和春雷主编：《社会保障分析导论》，法律出版社2001年版，第64~65页。

及澳大利亚、新西兰等国也纷纷效仿，颁布了养老保险立法。美国早期由各州分别进行养老保险立法，没有全国统一的计划。在由 1929~1933 年的经济危机导致的"汤森运动"的推动和罗斯福总统的支持下，美国于 1935 年颁布了《社会保障法》，养老保险制度是其中的重要内容。从 20 世纪 20 年代开始，苏联及东欧国家大都建立了覆盖范围广泛的全部内容由国家负担的养老保险制度，颁布了各自的养老保险立法。到 20 世纪 50 年代，许多发展中国家也相继建立起养老保险法律制度。20 世纪 50 年代初以来，养老保险立法得到了国际社会的重视和支持，1952 年，国际劳工组织通过《社会保障最低标准公约》。经过 100 多年的历史发展，已经有 160 多个国家和地区建立了养老保险法律制度。

（一）养老保险的范围

养老保险的范围，通常被称为养老保险的覆盖面，是指在一定范围内，由养老保险提供物质生活保障的劳动者的界限。在所有社会保险项目里，养老保险所保障的对象范围最广。从一般意义上说，养老保险所保障的对象是全体劳动者，或者说每个劳动者都有权利获得他们在年老时所需要的生活补偿。就养老保险待遇的给付对象而言，因各国国情不同而有所不同，但总的来说其给付的范围比较广，不仅包括被保险者本人，还包括没有收入的配偶、未成年的子女以及其他由被保险人供养的直系亲属。在实行普遍养老金制度的国家，有的保障对象还包括在本国居住满一定年限的外国公民。

（二）享受养老保险待遇的条件

在立法结构上，劳动者享受养老保险待遇的条件，一般包括被保险人的退休年龄、工龄、缴费年限、退出劳动领域条件、居住期限和公民资格等内容。在我国传统退休制度中，过去的立法只包括年龄和工龄两个方面，近年来在立法中亦对缴费年限逐步加以考虑。

1. 年龄条件。退休年龄是一个国家根据社会经济发展的需要、人口的平均寿命及劳动力供求状况对劳动年龄所作的上限的规定。对每一个劳动者来说，只有达到退休年龄才具备享受退休待遇的最基本条件。世界上不少国家把退休年龄确定为男 60 岁，女 55 岁，也有些国家规定为男 65 岁，女 60 岁。约有半数国家规定男女劳动者的退休年龄相同。退休年龄的高低直接影响养老保险基金的筹集和发放。降低退休年龄，需要支付的养老保险费用相对增多，同时还可能对国家人力资源供给和企业补充养老保险产生重大影响。因而，基于对养老保险基金收支平衡的考虑，不少国家准备将退休年龄延长。

2. 工龄条件。劳动者享受养老保险待遇，除达到退休年龄外，一般还须同时达到一定工龄。工龄是劳动者以工资收入为其全部或主要生活来源的劳动年龄。工龄的长短表示职工劳动时间的长短以及为社会积累劳动贡献的大小和技术熟练程度的高低，因而也是确定劳动者能否享受养老保险待遇及其金额多少的一个重要依据。各国关于退休工龄的规定不尽一致，短的时间为 15 年，长的时间为 40 年，多数国家规定退休工龄为 15~20 年之间不等。

3. 缴费年限条件。企业和职工个人共同缴纳养老保险费的年限，称为"缴费年限"。国外学者也把缴费年限的规定称之为合格期限的规定，并认为规定合格期限的必要性在于：一是为了避免一些人在即将临近退休年龄才缴纳保险费并获得退休金；二是为了避免一些新移民纯粹为了获取退休保障而迁入；三是为了体现对参加养老保险人的公平，如果没有合格期限，不论供款时间长短而让参加养老保险的人都享受一样的待遇显然是不公平的；四是为了体现权利与义务的对等关系，在缴纳保险费与享受保险待遇之间建立一种稳定的对应关系，可以强化劳动者的缴费义务和自我保障意识。有关缴费年限的立法，各国均规定一个最低缴费年限，亦称最低保龄。最低保龄是参照人的一生正常寿命和可能的工作年限并结合保险金支出的财务状况估算而确定的。关于最低保龄的长短，国际劳工组织建议为 15 年。

4. 退出劳动领域的条件。退出劳动领域是享受基本养老保险待遇的必要条件。1952年国际劳工组织第三十五届大会通过的第 102 号公约即《社会保障最低标准公约》第 26条规定："国家法律或条例可规定，对于应发给某人津贴，如发现该人从事任何规定的有收益的活动时，可以停发；或其津贴如属要缴保险费才可以享受者，当受益人的收入超过规定数额时可以减发；如属无需缴保险费即可享受者，当受益人的收入或其他收益或两者相加超过规定数额时，也可减发。"可见，只有当劳动者退出劳动领域，终止了收入，才能享受基本养老保险待遇，这是国际公认的准则，这是养老保险制度的本意所要求的，即基本养老保险待遇是为了保障劳动者因年老退出劳动合同关系而丧失劳动收入时的生活。因此，大多数国家都把退出劳动领域作为劳动者享受基本养老保险待遇的条件之一。

5. 权利丧失条件。立法还可以对特殊情况下应当使被保险人丧失享受养老保险待遇权利的条件，作出特别规定。例如，被保险人在服刑期间，或者在尚未达到享受养老保险待遇的条件之前已移居境外，就可以被作为此种条件予以规定。

（三）养老保险待遇的给付项目

世界各国都根据本国的国情、社会经济发展情况、道德标准、民族风俗习惯、举办社会保险时间的长短等因素，来确定给付项目。通常包括：①基本退休金，是指按均一制或薪金比例制，发给被保险人本人用以维持生活的部分，其水平多与本人退休前的工资高低相联系，或与全国（或地区）平均收入相联系。②低收入补贴。欧美一些发达国家都规定有最低收入线，对于退休金收入也规定有最低收入标准，凡符合此标准者均给予低收入补贴。③看护补贴。对于患有重病或因残疾丧失生活自理能力的被保险人，一些国家规定给予看护补贴。例如瑞士规定，可领取相当于最低养老金 20% ~ 80% 的看护补贴。④配偶、未成年子女及其他供养亲属补贴。此项属于基本退休金以外的附加补贴。多数国家都有此项规定，如配偶补贴，美国规定 65 岁以上的无业寡妇可享受其夫养老金的 100%，日本、法国的为 50%，奥地利、葡萄牙的为 60%，比利时、瑞士的为 80%。⑤超龄退休补贴，是指被保险人在超过法定的退休年龄或工龄之后退休时，可领到比原规定更多的养老金。东欧的一些国家有此规定。

（四）养老保险基金的来源

养老保险基金的来源，也叫养老保险基金的筹资渠道，其指向的是指养老保险费的负担主体，养老保险基金的来源是维护养老保险体系的资金支撑，如果没有资金，整个养老保险制度就无从谈起。因此，可以说，养老保险基金的来源是养老保险制度最基础的部分。目前，世界各国在资金来源和风险上形成了养老保险费分担的三种主要模式：①由用人单位和被保险人共同负担。企业（雇主）与个人双方集资的，由双方交纳的保险费金额有相等的情形，也有雇主略高于个人的情形。采取这种方式的有法国、美国、原民主德国、罗马尼亚、菲律宾、印度尼西亚等国家。②由用人单位、被保险人和政府三方按规定的比例负担。国家、企业（雇主）和个人三方集资的，即个人年金由本人自愿投保，企业年金由企业（雇主）按一定比例为职工缴付保险金，公共性年金则完全由国家财政负担。三方之间的比例，可以是相同的，也可以视工资的高低或工资级别实行累进比例制。采取这种方法的有英国、德国、意大利、日本、奥地利等国。③由用人单位与政府共同负担。由政府与企业（雇主）集资的，一般采取税收方式。保险基金全部由国家和企业负担的国家有瑞典、丹麦、挪威等。[1]

三、我国养老保险制度

由于我国仍处于城乡二元经济体制下，现阶段我国的养老保险制度采取了城镇和农村不同的制度模式和管理方式。在城镇，对就业人口按企业、国家机关和事业单位的类别分别实施不同的养老保险制度，党的十七大提出要促进企业、机关、事业单位基本养老保险制度改革，对未就业人口试行城镇居民社会养老保险制度；在农村，以传统的家庭养老为主，在政府的引导下正在积极探索建立新型农村社会养老保险制度。

（一）企业养老保险制度

1953 年修正的《劳动保险条例》对企业职工的退休待遇作了明确规定，主要适用于"有工人职员一百人以上的国营、公私合营、私营及合作社经营的工厂、矿场及其附属单位""铁路、航运、邮电的各企业单位与附属单位""工、矿、交通事业的基本建设单位""国家建筑公司"。1984~1993 年，中央政府推动地方进行企业职工养老保险社会统筹试点。1986 年，国有企业新招的工人一律实行劳动合同制，合同工与固定工在养老金的筹资模式与受益规则上有很大区别。1991 年，国务院在《关于企业职工养老保险制度改革的决定》中，统一了固定工与合同工的缴费标准。1993 年，中共中央发布的《关于建立社会主义市场经济体制若干问题的决定》在社会统筹机制之外，首次肯定了个人账户机制的地位与作用。1995 年在国务院发布的《关于深化企业职工养老保险制度改革的通知》中明确规定，基本养老保险要逐步实行社会统筹和个人账户相结合、行政管理和保险基金管理分开、执行机构和监督机构分设的制度，并提出了两个具体实施办法供各地参考，一些省市还创造了第三种方法。针对各地试点方案不统一、个人账户缴费不一致、企业负担不平等、社会统筹层次比较低等实际问题，国务院于 1997 年颁布了《关于建立统一的企业职工基本养老保险制度的决定》，该决定统一了个人账户规模、记账利率、缴费基数、养老金计发办法、过渡办法、并轨时间等内容。1999 年，基本养老保险的覆盖范围扩大到外商投资企业、城镇私营企业和其他城镇企业及其职工，省、自治区、直辖市根据当地实际情况，可以规定将城镇个体工商户纳入基本养老保险。2002 年，基本养老保险的覆盖范围扩大到城镇灵活就业人员。2001 年以来，中央政府先后在辽宁、吉林和黑龙江三省开展了完善城镇社会保障体系的试点工作。在充分调查、研究和总结东北三省完善城镇社会保障体系试点经验的基础上，国务院于 2005 年 12 月 3 日下发了《关于完善企业职工基本养老保险制度的决定》，明确了改革的目标：坚持覆盖广泛、水平适当、结构合理、基金平衡的原则，完善政策，健全机制，加强管理，建立起适合我国国情，可持续发展的基本养老保险制度。《城镇企业职工基本养老保险关系转移接续暂行办法》于 2010 年 1 月 1 日起施

---

[1] 郭成伟、王广彬：《公平良善之法律规制——中国社会保障法制探究》，中国法制出版社 2003 年版，第 127~128 页。

行，保证了参保人员跨省、自治区、直辖市流动并在城镇就业时基本养老保险关系的顺畅转移接续，促进人力资源合理配置和有序流动。

目前，企业养老保险制度包括基本养老保险、企业补充养老保险、个人储蓄性养老保险三个层次。其中，基本养老保险是社会养老保险的核心和基础，企业补充保险和个人储蓄性保险则是养老保险制度的必要组成部分。

1. 基本养老保险。基本养老保险，也称国家基本养老保险，是政府为保障社会成员在年老退休后能够获得固定的基本生活来源而通过强制性手段实施的一种养老保险。在我国的社会养老保险体系中，基本养老保险是最能体现社会保险性质的养老保险。基本养老保险制度是社会养老保险制度最高层次的养老保险制度，在整个养老保险制度中处于最重要的地位，其他层次的养老保险仅处于补充和辅助的地位。我国现行基本养老保险制度的主要内容包括：

（1）覆盖范围。职工应当参加基本养老保险，由用人单位和职工共同缴纳基本养老保险费。无雇工的个体工商户、未在用人单位参加基本养老保险的非全日制从业人员以及其他灵活就业人员可以参加基本养老保险，由个人缴纳基本养老保险费。在当前及今后一个时期内，要以非公有制企业、城镇个体工商户和灵活就业人员参保工作为重点，扩大基本养老保险的覆盖范围。

（2）筹资模式。基本养老保险实行社会统筹与个人账户相结合。基本养老保险基金由用人单位和个人缴费以及政府补贴等组成。各地要按照建立公共财政的要求，积极调整财政支出结构，加大对社会保障的资金投入。企业缴费比例一般不超过企业工资总额的20%，具体比例由省、自治区、直辖市人民政府确定，单位缴费不再划入个人账户，全部计入基本养老保险统筹基金。个人账户的规模为本人缴费工资数额的8%，全部由个人缴费形成。无雇工的个体工商户、未在用人单位参加基本养老保险的非全日制从业人员以及其他灵活就业人员参加基本养老保险的，应当按照国家规定缴纳基本养老保险费，将其分别计入基本养老保险统筹基金和个人账户。其缴费基数为当地上年度在岗职工平均工资，缴费比例为20%，其中8%计入个人账户，退休后按企业职工基本养老金计发办法计发基本养老金。

【资料链接】

按照国务院办公厅《关于印发降低社会保险费率综合方案的通知》，自2019年5月1日起，降低城镇职工基本养老保险（包括企业和机关事业单位基本养老保险）单位缴费比例。各省、自治区、直辖市及新疆生产建设兵团养老保险单位缴费比例高于16%的，可降至16%；目前低于16%的，要研究提出过渡办法。

（3）征缴与监管。依据《社会保险费征缴暂行条例》的各项规定，执行社会保险登记和缴费申报制度，强化社会保险稽核和劳动保障监察执法工作，努力提高社会保险费的征缴率。凡是参加企业职工基本养老保险的单位和个人，都必须按时足额缴纳基本养老保险费；对拒缴、瞒报少缴基本养老保险费的，要依法处理；对欠缴基本养老保险费的，要采取各种措施，加大追缴力度，确保基本养老保险基金应收尽收。基本养老保险基金要纳入财政专户，实行收支两条线管理，严禁挤占挪用。要制定和完善社会保险基金监督管理

第十四章

的法律法规，实现依法监督。发挥审计监督、社会监督和舆论监督的作用，共同维护社会保险基金的安全。

（4）基本养老金计发办法。基本养老金由统筹养老金和个人账户养老金组成。基本养老金根据个人累计缴费年限、缴费工资、当地职工平均工资、个人账户金额、城镇人口平均预期寿命等因素确定。参加基本养老保险的个人，达到法定退休年龄时累计缴费满15年的，按月领取基本养老金。参加基本养老保险的个人，达到法定退休年龄时累计缴费不足15年的，可以缴费至满15年，按月领取基本养老金；也可以转入新型农村社会养老保险或者城镇居民社会养老保险，按照国务院规定享受相应的养老保险待遇。参加基本养老保险的个人，因病或者非因工死亡的，其遗属可以领取丧葬补助金和抚恤金；在未达到法定退休年龄时因病或者非因工致残完全丧失劳动能力的，可以领取病残津贴。所需资金从基本养老保险基金中支付。个人跨统筹地区就业的，其基本养老保险关系随本人转移，缴费年限累计计算，个人达到法定退休年龄时，基本养老金分段计算、统一支付。《关于完善企业职工基本养老保险制度的决定》实施前已经离退休的人员，仍按国家原来的规定发给基本养老金，同时执行基本养老金调整办法。国家建立基本养老金正常调整机制，根据职工工资和物价变动等情况，适时提高基本养老保险待遇水平。调整幅度为省、自治区、直辖市当地企业在岗职工平均工资年增长率的一定比例。各地根据本地实际情况提出具体调整方案，报劳动保障部、财政部审批后实施。

2. 企业补充养老保险。企业补充养老保险，也称企业年金，是指企业及其职工在依法参加基本养老保险的基础上，自愿建立的补充养老保险制度。补充养老保险既是一种养老保险，同时也是用人单位的一项福利待遇。补充养老保险是社会养老保险的必要组成部分，是我国多层次的养老保险体系中的第二层次的养老保险。国家对用人单位为企业职工办理补充养老保险采取扶持和倾斜政策。国务院《关于完善企业职工基本养老保险制度的决定》第9条规定："发展企业年金。为建立多层次的养老保险体系，增强企业的人才竞争能力，更好地保障企业职工退休后的生活，具备条件的企业可为职工建立企业年金。企业年金基金实行完全积累，采取市场化的方式进行管理和运营。要切实做好企业年金基金监管工作，实现规范运作，切实维护企业和职工的利益。"我国于2004年5月1日起施行的《企业年金试行办法》，2011年5月1日起施行的《企业年金基金管理办法》，对试行多年的企业补充养老保险进行了制度性和在管理方式方法上的改革。

根据《企业年金试行办法》的规定，企业建立企业年金制度必须符合几个基本条件：①依法参加基本养老保险并履行缴费义务，这是企业建立企业年金制度的前提，也是国际惯例；②具有相应的经济负担能力，这是建立企业年金制度最重要或最根本的条件；③已建立集体协商机制，这是保证企业年金制度建立和顺利实施的条件。建立企业年金，应当由企业与工会或职工代表通过集体协商确定，并制定企业年金方案。国有及国有控股企业的企业年金方案草案应当提交职工大会或职工代表大会讨论通过。企业年金方案应当包括以下内容：参加人员范围（企业年金方案适用于企业试用期满的职工）、资金筹集方式、职工企业年金个人账户管理方式、基金管理方式、计发办法和支付方式、支付企业年金待遇的条件、组织管理和监督方式、中止缴费的条件、双方约定的其他事项。企业年金方案应当报送所在地区县级以上地方人民政府劳动保障行政部门。中央所属大型企业企业年金方案，应当报送劳动保障部。劳动保障行政部门自收到企业年金方案文本之日起15日内未提出异议的，企业年金方案即行生效。

企业年金基金实行完全积累，采用个人账户方式进行管理。企业年金所需费用由企业和职工个人共同缴纳。企业年金基金由下列各项组成：①企业缴费。企业缴费每年不超过本企业上年度职工工资总额的1/12。企业缴费应当按照企业年金方案规定比例计算的数额计入职工企业年金个人账户。②职工个人缴费。职工个人缴费可以由企业从职工个人工资中代扣。企业和职工个人缴费合计一般不超过本企业上年度职工工资总额的1/6。职工个人缴费额计入本人企业年金个人账户。③企业年金基金投资运营收益。企业年金基金投资运营收益并入企业年金基金，按净收益率计入企业年金个人账户。职工在达到国家规定的退休年龄时，可以从本人企业年金个人账户中一次或定期领取企业年金。职工未达到国家规定的退休年龄的，不得从企业年金个人账户中提前提取资金。出境定居人员的企业年金个人账户资金，可根据本人要求一次性支付给本人。职工变动工作单位时，企业年金个人账户资金可以随同转移。职工升学、参军、失业期间或新就业单位没有实行企业年金制度的，其企业年金个人账户可由原管理机构继续管理。职工或退休人员死亡后，其企业年金个人账户余额由其指定的受益人或法定继承人一次性领取。

企业年金基金按照国家规定投资运营。建立企业年金的企业，应当确定企业年金受托人，受托管理企业年金。受托人可以是企业成立的企业年金理事会，也可以是符合国家规定的法人受托机构。企业年金理事会由企业代表和职工代表组成，也可以聘请企业以外的专业人员参加，其中职工代表应不少于1/3。企业年金理事会依法独立管理本企业的企业年金事务，不得从事其他任何形式的营业性活动。确定受托人应当签订书面合同，合同一方为企业，另一方为受托人。受托人可以委托具有资格的企业年金账户管理机构作为账户管理人，负责管理企业年金账户；可以委托具有资格的投资运营机构作为投资管理人，负责企业年金基金的投资运营。受托人应当选择具有资格的商业银行或专业托管机构作为托管人，负责托管企业年金基金。受托人与账户管理人、投资管理人和托管人确定委托关系，应当签订书面合同。企业年金基金必须与受托人、账户管理人、投资管理人和托管人的自有资产或其他资产分开管理，不得挪作其他用途。企业年金基金管理应当执行《企业年金基金管理办法》等国家有关规定。

【资料链接】

2017年12月18日，人力资源和社会保障部、财政部公布《企业年金办法》，自2018年2月1日起施行，原劳动和社会保障部2004年1月6日发布的《企业年金试行办法》同时废止。该《办法》规定，企业缴费每年不超过本企业职工工资总额的8%。企业和职工个人缴费合计不超过本企业职工工资总额的12%。具体所需费用，由企业和职工一方协商确定。实行企业年金后，企业如遇到经营亏损、重组并购等当期不能继续缴费的情况，经与职工一方协商，可以中止缴费。不能继续缴费的情况消失后，企业和职工恢复缴费，并可以根据本企业实际情况，按照中止缴费时的企业年金方案予以补缴。补缴的年限和金额不得超过实际中止缴费的年限和金额。

3. 个人储蓄性养老保险。个人储蓄性养老保险，是社会成员为了自己年老后的生活能够获得保障，根据自己的收入情况自愿以储蓄积累所形成的养老保险。它完全实行自愿原则，是否参加由个人决定。储蓄由被保险人根据个人的收入情况予以决定。投保后，由保险经办机构建立储蓄性养老保险基金账户，每次缴费计入该账户，账户上记载的本金及利息完全归个人所有，其与一般商业保险并无差别。个人为养老而进行储蓄，既有利于个人的生活安全，又有利于社会的稳定，并且可以为社会经济建设筹集大量的资金。因此，国家对个人储蓄性养老保险采取鼓励和扶持的政策。个人储蓄性养老保险是我国多层次养老保险体系中的第三层次的养老保险，也是社会养老保险制度的必要组成部分。

（二）国家机关、事业单位养老保险制度

1952 年《各级人民政府工作人员退职处理暂行办法》、1958 年《国务院关于工人职员退职处理的暂行规定》对在国家机关、事业单位工作的职员的退休待遇作了明确规定。1978 年《国务院关于安置老弱病残干部的暂行办法》进一步完善了上述制度，1993 年的国家机关工资制度改革再度提高了退休待遇。目前我国国家机关、事业单位的养老保险制度就是由这一系列规定确立的。这种养老保险制度为现收现付制，养老费用完全由政府财政或单位统包，实行待遇确定型养老金计发办法。职工退休时按照本人退休前最后一个月基本工资的一定比例计发，退休人员养老金调整与在职人员工资调整同步进行。由于国家机关、事业单位养老保险与企业养老保险未进行同步改革，目前各类别单位之间的待遇差别扩大，矛盾突出。2011 年 3 月 23 日《中共中央、国务院关于分类推进事业单位改革的指导意见》提出要逐步建立起独立于单位之外、资金来源多渠道、保障方式多层次、管理服务社会化的社会保险体系。事业单位工作人员基本养老保险实行社会统筹和个人账户相结合，养老保险费由单位和个人共同负担，个人缴费全部记入个人账户。养老保险基金单独建账，实行省级统筹，基本养老金实行社会化发放。实行"老人老办法、新人新制度、中人逐步过渡"的方法，对改革前参加工作、改革后退休的人员，妥善保证其养老待遇水平平稳过渡、合理衔接，保持国家规定的待遇水平不降低。建立事业单位工作人员职业年金制度。统筹考虑企业、事业单位、机关离退休人员养老待遇水平。

【资料链接】

为了统筹城乡社会保障体系建设，建立更加公平、可持续的养老保险制度，2015 年 1 月 3 日，国务院发布《关于机关事业单位工作人员养老保险制度改革的决定》，该《决定》适用于按照公务员法管理的单位、参照公务员法管理的机关（单位）、事业单位及其编制内的工作人员。该《决定》规定，改革现行机关事业单位工作人员退休保障制度，实行与企业相同的社会统筹与个人账户相结合的基本养老保险制度模式和政策，并对基本养老金的计发办法、基本养老金正常调整机制、基金管理和监督、养老保险关系转移接续工作等问题作出了进一步规范。

2015 年 4 月 6 日，国务院办公厅印发《机关事业单位职业年金办法》。该《办法》规定，强制建立职业年金，发挥机关事业单位基本养老保险的补充作用，切实维护制度统一。其适用的范围和缴费基数均与机关事业单位基本养老保险的相关规定一致。该《办法》的实施，意味着我国养老保险改革"破冰"，"双轨制"成为历史，养老"并轨"又向前推进了一步。

（三）新型农村社会养老保险制度

随着农业生产向社会化、市场化发展，农民的生活方式、伦理观念也发生着变化，传统的家庭保障机制被削弱，国家提出了建立农村社会养老保险制度的现实要求。1992 年《县级农村社会养老保险基本方案（试行）》、1995 年《关于进一步做好农村社会养老保险工作的通知》、2007 年《关于做好农村社会养老保险和被征地农民社会保障工作有关问题的通知》等文件，对建立和完善农村社会养老保险作了规定和要求。中共中央、国务院《关于 2009 年促进农业稳定发展农民持续增收的若干意见》明确提出"抓紧制定指导性意见，建立个人缴费、集体补助、政府补贴的新型农村社会养老保险制度"。2009 年开展了新型农村社会养老保险试点，建立了个人缴费、集体补助、政府补贴相结合的新农保制度，标志着我国养老保险制度第一次突破城镇局限向广大农村发展。2010 年，《中华人民共和国社会保险法》颁布，自 2011 年 7 月 1 日起施行，于 2018 年进行了修正。《社会保险法》第 20 条明确规定："国家建立和完善新型农村社会养老保险制度。新型农村社会养老保险实行个人缴费、集体补助和政府补贴相结合。"

1. 新型农村社会养老保险的基本原则。主要有：①从我国农村的实际出发，以保障老年人基本生活为目的；②资金来源于个人缴费、集体补助、政府补贴；③自助与互济相结合，采取储蓄积累形式；④社会养老保险与家庭养老相结合；⑤农村务农、务工、经商等各类人员的社会养老保险制度一体化。

2. 新型农村社会养老保险的主要内容：①保险对象。非城镇户口、不由国家供应商品粮的农村人口，一般以村为单位确认（包括村办企业职工、私营企业职工、个体户、外出人员等）、组织投保。乡镇企业职工、民办教师、乡镇招聘干部、职工等，可以以乡镇或企业为单位确认、组织投保。少数乡镇因经济或地域等原因，也可以先实施乡镇企业职工的养老保险。外来劳务人员，原则上在其户口所在地参加养老保险。②保险资金的筹集。资金筹集坚持个人缴费、集体补助、政府补贴相结合的原则。个人缴费在其中要占一定比例；集体补助主要从乡镇企业利润和集体积累中支付。③养老金支付。新型农村社会养老保险待遇由基础养老金和个人账户养老金组成。参加新型农村社会养老保险的农村居民，符合国家规定条件的，按月领取新型农村社会养老金。养老金的领取从 60 周岁以后开始，保险对象达到规定领取年龄时，根据其个人账户基金积累总额计发养老金。投保人领取养老金，保证期为 10 年。领取养老金不足 10 年身亡者，保证期内的养老金余额可以继承。无继承人或指定受益人者，按农村社会养老保险管理机构的有关规定支付丧葬费用。领取养老金超过 10 年的长寿者，支付养老金直至身亡为止。④基金的管理与保值增值。基金以县为单位统一管理。保值增值主要是通过购买国家财政发行的高利率债券和存入银行的方式实现的，不直接用于投资。基金的使用，必须兼顾当前利益和长远利益、国家利益和地方利益，同时要建立监督保障机制。

3. 与部分现行养老办法的衔接。农民的社会养老保险，是国家在农村建立的基本养老保障制度，适用标准较低，覆盖面大。除此之外，乡村（含乡镇企业）还可根据其经济力量，自办各种形式的补充养老保障，鼓励发展个人的养老储蓄。同时应充分发挥农村已有的各种基层社会保障形式的功能，形成更为完善、具有中国特色的农村社会保障体系。①由保险公司开办的各种保险，可暂时维持现状，但不能再扩大，避免给建立农村社会养老保险制度造成困难。②对于目前一些部门已实行的养老保险和乡（镇）、村或乡镇企业实行的退休办法等，要予以慎重对待。一些以集体经济为基础的现收现支养老办法和其他形式的做法，有的可作为社会养老保险的补充层次而予以保留，有的待工作开展后，进行逐步调整。③对于优抚对象、社会救济对象、五保户、贫困户，维持现行保障政策。

（四）城镇居民社会养老保险制度

2010年，《中华人民共和国社会保险法》颁布，自2011年7月1日起施行，这是我国人民政治、经济和社会生活中的一件大事，在我国社会保障发展史上具有里程碑意义。《社会保险法》明确规定"国家建立和完善城镇居民社会养老保险制度"。2011年，全国人民代表大会通过"十二五"规划纲要，也要求"完善实施城镇职工和居民养老保险制度"。国务院决定，从2011年7月1日起开展城镇居民社会养老保险试点，并印发了《国务院关于开展城镇居民社会养老保险试点的指导意见》，明确了城镇居民社会养老保险的基本原则、制度模式、任务目标。

1. 参保范围。年满16周岁（不含在校学生）、不符合职工基本养老保险参保条件的城镇非从业居民，可以在户籍地自愿参加城镇居民养老保险。对灵活就业人员，应鼓励他们参加职工基本养老保险，缴费确有困难的，可以自愿参加城镇居民养老保险。

2. 基金筹集。城镇居民养老保险基金主要由个人缴费和政府补贴构成：①个人缴费。城镇居民养老保险最低的缴费标准为每年每人100元（该标准与新农保一样），让收入较低的居民也有能力缴费参保；对城镇重度残疾人等缴费困难的群体，地方人民政府为其代缴部分或全部最低标准的养老保险费。考虑到城镇居民的收入水平和缴费能力普遍高于农村居民，为体现多缴多得，因此规定缴费标准从100~1000元设10档（新农保为100~500元设5档）；统一合并实施城乡居民养老保险制度的地区，可以不分城乡，由参保人在多档中选择缴费，有利于适应不同收入水平群体的需求；地方政府还可以根据实际情况增设缴费档次，这为各地的因地制宜留出了空间。②政府补贴。地方政府对城镇居民参保缴费的补贴标准不低于每人每年30元；中央确定的基础养老金最低标准目前为每人每月55元，中央财政按此标准对中西部地区予以全额补助，对东部地区补助一半的金额。③缴费资助。与新农保制度相比，城镇居民没有集体经济组织，因此没有规定"集体补助"的筹资渠道，但是保留了"鼓励其他经济组织、社会组织、个人为参保人缴费提供资助"的筹资形式，作为国家提倡的辅助渠道。

3. 个人账户。城镇居民的个人缴费、地方政府对参保人的缴费补贴及其他来源的缴费资助，全部记入个人账户，进行实账管理。参保人员死亡的，其个人账户中的资金余额，除政府补贴外，可以依法继承；政府补贴余额用于继续支付其他参保人的养老金。个人账户储存额目前参考每年中国人民银行公布的金融机构人民币一年期存款利率计息。城镇居民养老保险基金纳入社会保障基金财政专户，实行收支两条线管理，单独予以记账、核算，按有关规定实现保值增值。

4. 养老金待遇及领取条件。城镇居民养老保险待遇的领取年龄，无论男女，其年龄标准都是60周岁。养老金由基础养老金和个人账户养老金组成。目前中央确定的基础养老金标准为每人每月55元，地方政府可以根据本地实际情况提高基础养老金标准。对长期缴费的参保城镇居民，可适当加发基础养老金，提高和加发部分的资金由地方政府支出。个人账户养老金的月计发标准为个人账户储存额除以139（与职工基本养老保险及新农保个人账户养老金计发系数相同）。城镇居民养老保险制度实施时，已年满60周岁，未享受职工基本养老保险待遇以及国家规定的其他养老待遇的，不用缴费，可按月领取基础养老金；距领取年龄不足15年的，应按年缴费，也允许补缴，累计缴费不超过15年；距领取年龄超过15年的，应按年缴费，累计缴费不少于15年。

【资料链接】

2014年2月21日，国务院发布的《关于建立统一的城乡居民基本养老保险制度的意见》提出，到"十二五"末，在全国基本实现新型农村社会养老保险和城镇居民养老保险制度合并实施，并与职工基本养老保险制度相衔接；2020年前，全面建成公平、统一、规范的城乡居民养老保险制度。该《意见》规定，年满16周岁（不含在校学生），非国家机关和事业单位工作人员及不属于职工基本养老保险制度覆盖范围的城乡居民，可以在户籍地参加城乡居民养老保险。城乡居民养老保险个人缴费标准统一归并调整为每年100元至2000元12个档次，省（区、市）人民政府可以根据实际情况增设缴费档次，参保的城乡居民自主选择缴费档次，多缴多得。在集体补助方面，在原有政策基础上增加了公益慈善组织的资助，以利于进一步拓宽筹资渠道，提高参保人员的待遇水平。在政府补贴方面，《意见》强调对选择较高档次标准缴费的人员适当增加补贴金额，并明确规定对选择500元及以上缴费档次的补贴标准不低于每人每年60元。

2014年2月24日，人力资源和社会保障部、财政部印发了《城乡养老保险制度衔接暂行办法》，首次明确了城乡居民养老保险和城镇职工养老保险之间可以转移衔接。该《办法》适用于参加城镇职工基本养老保险、城乡居民养老保险两种制度需要办理衔接手续的人员。其规定参加城镇职工养老保险和城乡居民养老保险人员，达到城镇职工养老保险法定退休年龄后，城镇职工养老保险缴费年限满15年（含延长缴费至15年）的，可以申请从城乡居民养老保险转入城镇职工养老保险，按照城镇职工养老保险办法计发相应待遇；城镇职工养老保险缴费年限不足15年的，可以申请从城镇职工养老保险转入城乡居民养老保险，待达到城乡居民养老保险规定的领取条件时，按照城乡居民养老保险办法计发相应待遇。

《中华人民共和国2020年国民经济和社会发展统计公报》数据显示，2020年年末全国参加城镇职工基本养老保险人数为45 638万人，比上年末增加2150万人。参加城乡居民基本养老保险人数为54 244万人，增加978万人。

第三节　医疗保险制度

一、医疗保险概述

（一）医疗保险的定义及特点

医疗保险，是指劳动者在因患病或非因工负伤治疗期间，可以获得必要的医疗费资助和疾病津贴的一种社会保险制度。建立医疗保险制度，是为了实现对国民健康的保护。根据世界卫生组织对健康的定义，"健康不仅是没有疾病，而且是一种生理的、心理的和社会适应能力的完好状态"。许多国家都把保障国民的健康规定在宪法中，并提出了理想的健康照顾（health care）目标。医疗保险具有如下特点：

1. 医疗保险具有较强的互济性。医疗保险是通过在较大的群体范围内，集中社会力量，广泛筹集医疗保险基金，由社会保险经办机构统筹并使用，以互助互济的手段向患病的被保险人提供医疗服务和疾病津贴，从而促进被保险人的健康和劳动能力的恢复的保险制度。

2. 医疗保险覆盖面广。在社会保险的各项制度中，医疗保险是涉及面最广的一项保险制度。因为每个人在其一生中都会遇到疾病，有的人还会多次与疾病抗争。每次就医的开支费用也会不尽相同，其所支出的数额高低悬殊，低数额的支出不会影响生活，高数额的支出却足以使患者陷入困境，甚至终生难以偿还。并且，因患病不能工作会使劳动者丧失收入，更进一步影响其生活。因此需要建立医疗保险制度，对人们因患病所产生的医疗费用和收入损失提供物质帮助。

3. 医疗保险法律关系复杂。医疗保险法律关系包括医疗保险经办机构与医疗保险受益人的关系、医疗保险经办机构与医疗服务提供方的关系、医疗服务机构与医疗保险受益人的关系。其中，前两种关系是医疗保险中的主要法律关系，第三种是因医疗服务而产生的辅助法律关系。

（二）医疗保险的作用

1. 能够消除劳动者所遭遇的疾病风险，保障劳动者的基本生活。劳动者在患病期间，需要进行就医和治疗，这需要有额外的费用支出，当劳动者患有严重的疾病时，这笔费用可能就不是劳动者个人所能承受得了的。而且，劳动者在患病期间，由于其不能参加劳动和工作，会失去正常的工资收入，必然影响劳动者的正常生活。建立医疗保险制度，一方面，使劳动者在患病期间支付的医疗费和药费得到补偿；另一方面，对劳动者支付必要的病假工资，这样，能够保证劳动者在其患病后及时获得治疗，并保障其本人及其家属的基本生活，为劳动者解除后顾之忧，促使其尽快恢复健康。

2. 有利于调节公民之间的收入差距，体现社会公平。对于每个人来说，患病是不可预测的，而对于一个社会整体来说，可以通过大数法则来测定人们患病的概率，通过建立社会医疗保险，由社会来分担个人的风险，最终达到化解每个人的风险的目的。医疗保险强调公平性，要求具备条件的劳动者都要参加到医疗保险制度中，并公平分担保险费，通常保险费的设计是劳动者的收入越高，其所要缴纳的保险费也越高，当劳动者患病时，其可以平等地享受医疗给付。

（三）医疗保险的模式

从医疗保险费用的给付方式和医疗保险基金的管理模式来看，医疗保险制度主要有四种模式：

1. 免费型国民医疗保险，典型者如英国、瑞典。英国于1946年制定《国民健康保健法》，对全体国民实行免费医疗。国民保健服务以全民为对象，包括预防、医疗和康复等服务，其没有最低条件的限制。医疗服务由与国民健康服务局签订合同的医生或牙医提供，由国民健康服务局提供费用或由公共医院支付费用。对国民没有任何条件限制，其均可免费享受国民保健服务。

2. 现收现付型医疗保险，典型者如德国、日本。德国现行的医疗保险法律依据是于1989年1月1日起生效的《社会法典》（第5卷）规定的《医疗卫生改革法》，该法主要规定了法定医疗保险制度。德国约 90% 的人口属于法定医疗保险的保障范围，保险费由雇主和雇员来承担，费率大约是雇员工资的 13.5%，由雇主和雇员各承担 50%。保险费实行现收现付，被保险人的年龄、性别和健康状况与其缴费水平无关，其所享受的医疗待遇也不受缴费多少的影响。医疗保险待遇包括：预防疾病、疾病的早期诊断、治疗疾病、医学康复、支付医疗津贴、支付丧葬补贴等。

3. 个人积累型医疗保险，典型者如新加坡。新加坡于 1955 年开始实施中央公积金计划，其中就包括医疗保险。该制度完全实行个人积累的模式，由雇主和雇员按月依工资的一定比例缴纳公积金，并存入不同的账户。公积金分别有三个不同账户：普通账户、医疗储蓄账户和特别账户，其中，医疗储蓄账户的存款最高限额为 19 000 新元，超出限额的缴费自动转入普通账户。医疗储蓄主要用于支付雇员及其家人的住院费用，其中包括病房费、医疗费、手术费、检查费等。

4. 混合型医疗保险，典型者如美国。美国实行国家医疗救助与医疗保险制度相结合的模式，即对一部分人实行国家医疗救助，而对一部分人实行医疗保险制度。具体来说，对在职的雇员实行医疗保险制度，而对 65 岁以上的老年人、贫困者和严重的残疾人员，实行政府资助的国家医疗救助模式。[1]

二、医疗保险法的基本内容

现代意义上的医疗保险立法首先诞生在 19 世纪末的德国。1883 年德国俾斯麦政府颁布的《疾病保险法》是世界上第一部疾病社会保险法，开创了强制性医疗保险立法之先河，其以强制性的方式要求工资收入低于一定数额的工人必须参加到医疗保险中。继德国之后，许多国家也颁布了相关立法，如奥地利、捷克、匈牙利、丹麦、比利时、卢森堡、挪威、英国、瑞士、爱尔兰、意大利、俄罗斯、法国等国都以立法形式实施了医疗保险制度。与此同时，国际劳工组织对推动各国医疗保险制度的实施也做了不懈的努力，制定和颁布了多个有关医疗保险的国际劳动公约，为各国制定医疗保险制度提供相关依据和指导。目前，全世界各国都基本实行了不同模式的医疗保险制度。

（一）医疗保险的范围

对医疗保险范围的界定，是为了更好地保障公民对基本医疗的需求，提高社会成员对卫生服务利用的可能性，又限制对卫生服务的过度利用。这样使社会成员既能公平地享受到基本医疗服务，又能使卫生资源得到更合理、更有效的分配和使用。医疗保险的范围可从两个方面去理解：一是指适用对象占总人口的比例，即被保险人的范围，二是指保险所承保的医疗服务项目，即事故范围。[2]

1. 被保险人的范围。目前，医疗保险覆盖面最广的是北欧、西欧各国以及日本和加拿大。医疗保险的覆盖范围已达 100% 的国家有瑞典、日本、意大利、丹麦、加拿大等国，法国医疗保险的覆盖范围也已达到 99%，可以说是真正的"全民皆保险"。但世界上大部分国家的医疗保险覆盖范围，并没有达到"全民皆保险"的程度，即使是许多发达国家也

〔1〕　林嘉：《社会保障法的理念、实践与创新》，中国人民大学出版社 2002 年版，第 216~217 页。
〔2〕　郭成伟、王广彬：《公平良善之法律规制——中国社会保障法制探究》，中国法制出版社 2003 年版，第 180~181 页。

未能做到，荷兰的疾病保险覆盖面仅为 70%，德国的医疗保险覆盖面为 92%。与此相比，发展中国家的医疗保险覆盖范围更窄，而且主要局限于城市中的劳动者，广大农村和边远地区的疾病保险非常薄弱。

2. 医疗服务项目的范围。医疗保险只能保障被保险人在其自然生病时所需要的基本医疗服务。基本医疗服务以外的医疗服务项目则不属于医疗保险范围，但可通过其他补充疾病保险的形式承保。各国都有关于基本医疗服务项目和基本医疗服务设施的规定。例如，对医疗用药的范围加以限制，属于该范围内的药品费用，才由疾病保险基金支付。基本医疗服务的范围也不是一成不变的，随着科学技术的进步和社会经济的发展，可以调整疾病保险的承保范围。

（二）医疗保险待遇

医疗保险待遇包括两个方面：一是医疗服务，二是现金补助。

1. 医疗服务。医疗服务通常至少包括普通各科门诊治疗、某些住院治疗和必需的药品供给，也有的包括专科治疗、提供范围较广的药品和某些供病人使用的辅助器械等服务。有的国家还将患者的交通和家庭护理等服务项目包括在内。

关于医疗费用的支付办法，目前主要有三种：①由公共组织及其机构按照医疗服务提供者所提供的医疗保健服务量直接向医疗服务提供者支付医疗费用，病人一般与服务提供者很少或不发生经济关系。这是一种传统的且使用最广泛的支付制度，通常称这种费用结算方式为后付制。后付制的最大弊病是，医疗服务费用是以其所提供的医疗服务量为标准，往往会诱使服务提供者提供过量的医疗、保健服务，从而导致医疗保险费用的过快增长。在其后的发展中，这种支付制度有些是与服务提供者或代表他们的团体，如医生协会或医院联合会等签订合同。报酬可采取每次服务时给付一定费用的方式，也可以采取对一个群体提供一切必要的服务并按人头支付费用的方式，或采用发给医务人员工资的办法。②由病人向医疗服务提供者直接支付服务费用，然后由社会保险制度偿还至少一部分费用。有时报销有最高限额的规定，按照报账单的一定百分比或按不同服务项目的规定报销费用的最高限额。这个最高限额可以是对医疗提供者所提供的账单价目的限制，也可以是对申请报销的患者的限制，如是患者申请报销的，可能仅能报销账单中的一小部分。③直接提供医疗保健服务。通常是以社会保障制度或政府自有、自办医疗设施为基础，直接提供医疗保健服务。这些设施大多由领取薪金的职员管理，直接向受保人提供医疗服务。利用直接提供服务方法的国家有时与公共或私人医疗服务提供者签订合同。患者对大部分医疗服务无需支付付费，他们缴纳的保险费的一部分可拨作医疗经费。

2. 现金补助。现金补助的主要内容有：①现金补助的金额。其一般能为员工提供现时平均收入的 50%～75%，大多数国家的疾病现金补助规定有最高限额，或间接规定了有关缴纳保险费和享受补助待遇的收入最高限额。在有些国家，当受益人的住院费用是由社会保险制度支出时，则其享有的疾病现金补助予以核减。②现金补助的等待期。大多数国家的疾病现金补助须有 2～7 天的等待期。等待期的设置意味着只持续几天的疾病是不予补助的；如果劳动者因长期患病而不能工作的，则在其患病的头几天也可能不予补助。但是在某些项目下，如果劳动者丧失劳动能力持续一定时间，通常为 2～3 周，则等待期内可补发补助金。规定等待期可节省行政管理的补助金的开支，因为排除了短期患病或工伤的情形，而在这期间劳动者的收入损失比较小。③现金补助的领取期限。员工患一次病或在 1 年内领取单项疾病现金补助的期限，通常限于 26 周以内。也有一些国家补助金的领取期限很长，甚至没有期限。有些国家授权管理机构可在个别情况下，将补助金的领取期限延长到 39~52 周。大多数国家还规定，当受益人享受疾病现金补助的期限已满但仍不能工作的，准予改发残疾抚恤金。

（三）医疗保险基金的来源

医疗保险费用一般有国家、企业和个人三个基本来源。由于每个来源的比重不同，又将其划分为不同的筹资类型。目前世界上主要的医疗费用筹资类型有：①劳资双方负担。在德国，医疗费基本由劳资双方共同缴纳的保险金支付。1996 年各种保险金收入为 2636 亿马克，占当年法定医疗保险支出的 98%，国家财政只补贴 1%~2%。荷兰的法定医疗保险费用，全部来源于劳资双方折半负担的保险费，国库没有补助。②基本由政府财政负担。加拿大的医疗费用大体上一半来源于州财政，一半来源于中央财政，不征收保险费。英国的医疗保险费用，90% 来源于税收支撑的政府财政，10% 来源于国民保健基金（7%）和个人（3%）。③全部或主要由企业主负担。瑞典的医疗保险费由企业主全部负担。法国的医疗费用由企业主负担 75%，劳动者负担 25%。当医疗费用不足时由财政加以补贴。中国在计划经济体制时期，其劳保医疗也几乎全部由企业承担。④主要由本人负担。美国除了对老年人予以保障外，对劳动者的医疗保障，不论是"住院保险"还是"补充性医疗保险"，费用基本上来源于参保人个人的交费。政府不对"住院保险"提供任何财政援助，仅对"补充性医疗保险"提供一定的财政（来源于社会保障税）补助。[1]

三、我国医疗保险制度

我国传统医疗保障制度主要由机关、事业单位的公费医疗，城镇国有、集体企业的劳保医疗和农村合作医疗三部分组成，其主体部分是面向城镇职工的公费医疗与劳保医疗。自 20 世纪 80 年代以来，我国开始对医疗保险制度进行改革。2009 年《中共中央、国务院关于深化医药卫生体制改革的意见》和 2012 年《"十二五"期间深化医药卫生体制改革规划暨实施方案》提出建立中国特色医药卫生体制，逐步实现人人享有基本医疗卫生服务的目标，加快建立和完善以基本医疗保障为主体，以其他多种形式如补充医疗保险和商业健康保险为补充，覆盖城乡居民的多层次医疗保障体系，到 2020 年，覆盖城乡居民的基本医疗卫生制度基本建立。目前我国医疗保险制度体系主要包括：职工基本医疗保险制度、城镇居民基本医疗保险制度、新型农村合作医疗制度。

（一）职工基本医疗保险制度

1951 年《中华人民共和国劳动保险条例》、1952 年《政务院关于全国各级人民政府、党派、团体及所属事业单位的国家工作人员实行公费医疗预防的指示》建立了劳保医疗和公费医疗制度。1988 年，国家医疗制度改革研讨小组起草了《职工医疗保险制度改革设想（草案）》，选择在部分城市对职工医疗保险制度进行改革试点。1993 年中共中央《关于建立社会主义市场经济体制若干问题的决定》明确提出了"城镇职工养老和医疗保险金由单位和个人共同负担，实行社会统筹和个人账户相结合"的改革方向。国家体改委、财政部、劳动部、卫生部于 1994 年印发了《关于职工医疗制度改革的试点意见》，于 1996

---

[1] 郑秉文、和春雷主编：《社会保障分析导论》，法律出版社 2001 年版，第 161 页。

年印发了《关于职工医疗保障制度改革扩大试点的意见》，至1998年1月，全国先后有40个城市进行了医疗改革试点。1998年12月，在认真总结近年来各地医疗保险制度改革试点经验的基础上，国务院发布《关于建立城镇职工基本医疗保险制度的决定》，在全国范围内进行城镇职工医疗保险制度改革。医疗保险制度改革的主要任务是建立城镇职工基本医疗保险制度，即适应社会主义市场经济体制，根据财政、企业和个人的承受能力，建立保障职工基本医疗需求的社会医疗保险制度。1999年上半年，原劳动和社会保障部与有关部委就医疗保险改革的具体问题制定了一系列操作规则，如《城镇职工基本医疗保险定点医疗机构管理暂行办法》《城镇职工基本医疗保险用药范围管理暂行办法》《城镇职工基本医疗保险定点零售药店管理暂行办法》《关于加强城镇职工基本医疗保险费用结算管理的意见》《关于城镇职工基本医疗保险诊疗项目管理的意见》《关于确定城镇职工基本医疗保险医疗服务设施范围和支付标准的意见》。2000年5月20日，原劳动和社会保障部、财政部又发布了《关于实行国家公务员医疗补助的意见》。

1. 职工基本医疗保险的基本原则。主要有：①基本医疗保险的水平要与社会主义初级阶段生产力发展水平相适应；②城镇所有用人单位及其职工都要参加基本医疗保险，实行属地管理；③基本医疗保险费由用人单位和职工双方共同负担；④基本医疗保险基金实行社会统筹和个人账户相结合。

2. 职工基本医疗保险的主要内容。

（1）覆盖范围。城镇所有用人单位，包括企业（国有企业、集体企业、外商投资企业、私营企业等）、机关、事业单位、社会团体、民办非企业单位及其职工，都要参加基本医疗保险。无雇工的个体工商户、未在用人单位参加职工基本医疗保险的非全日制从业人员以及其他灵活就业人员可以参加职工基本医疗保险，由个人按照国家规定缴纳基本医疗保险费。

（2）筹资模式。基本医疗保险原则上以地级以上行政区（包括地、市、州、盟）为统筹单位，也可以县（市）为统筹单位，北京、天津、上海三个直辖市原则上在全市范围内实行统筹（以下简称统筹地区）。所有用人单位及其职工都要按照属地管理原则参加所在统筹地区的基本医疗保险，执行统一政策，实行基本医疗保险基金的统一筹集、使用和管理。铁路、电力、远洋运输等跨地区、生产流动性较大的企业及其职工，可以相对集中的方式异地参加统筹地区的基本医疗保险。基本医疗保险费由用人单位和职工共同缴纳。用人单位缴费率应控制在职工工资总额的6%左右，职工缴费率一般为本人工资收入的2%。随着经济发展，用人单位缴费率和职工缴费率可作相应调整。国有企业下岗职工的基本医疗保险费，包括单位缴费和个人缴费，均由再就业服务中心按照当地上年度职工平均工资的60%为基数缴纳。参加职工基本医疗保险的个人，达到法定退休年龄时累计缴费达到国家规定年限的，退休后不再缴纳基本医疗保险费，按照国家规定享受基本医疗保险待遇；未达到国家规定年限的，可以缴费至国家规定年限。

（3）费用支付。基本医疗应当保证职工在患病时能够得到目前所能提供给他的、他能支付得起的、适宜的治疗，包括基本药物、基本服务、基本技术和基本费用等内容。符合基本医疗保险要求的药品目录、诊疗项目、医疗服务设施标准以及急诊、抢救的医疗费用，按照国家规定从基本医疗保险基金中支付。参保人员医疗费用中应当由基本医疗保险基金支付的部分，由社会保险经办机构与医疗机构、药品经营单位直接结算。社会保险行政部门和卫生行政部门应当建立异地就医医疗费用结算制度，方便参保人员享受基本医疗保险待遇。应当从工伤保险基金中支付的医疗费用、应当由第三人负担的医疗费用、应当由公共卫生负担的医疗费用，以及在境外就医的医疗费用不纳入基本医疗保险基金支付范围。医疗费用依法应当由第三人负担，第三人不支付或者无法确定第三人的，由基本医疗保险基金先行支付。基本医疗保险基金先行支付后，有权向第三人追偿。要确定统筹基金的起付标准和最高支付限额，起付标准原则上控制在当地职工年平均工资的 10% 左右，最高支付限额原则上控制在当地职工年平均工资的 4 倍左右。起付标准以下的医疗费用，从个人账户中支付或由个人自付；起付标准以上、最高支付限额以下的医疗费用，主要从统筹基金中支付，个人也要负担一定比例；超过最高支付限额的医疗费用，可以通过商业医疗保险等途径解决。统筹基金的具体起付标准、最高支付限额以及在起付标准以上和最高支付限额以下医疗费用的个人负担比例，由统筹地区根据以收定支、收支平衡的原则确定。

【资料链接】

2020 年 9 月 28 日，国家医疗保障局、财政部两部委发布了《关于推进门诊费用跨省直接结算试点工作的通知》。该《通知》规定，为了加快落实异地就医结算制度，稳妥有序推进门诊费用跨省直接结算试点工作，决定在京津冀、长三角、西南 5 省（重庆、四川、贵州、云南、西藏）12 个试点省（区、市）的基础上，稳步扩大试点地区、定点医药机构覆盖范围和门诊结算范围，探索全国统一的门诊费用跨省直接结算制度体系、运行机制和实现路径。据最新统计，截至 2021 年 8 月，31 个省份和新疆生产建设兵团全部启动普通门诊费用跨省直接结算，每个省份至少有一个统筹地区已联网接入，全国门诊费用跨省直接结算超过 500 万人次。

（4）基金管理。基本医疗保险基金由统筹基金和个人账户构成。职工个人缴纳的基本医疗保险费，全部计入个人账户。用人单位缴纳的基本医疗保险费分为两部分，一部分用于建立统筹基金，一部分划入个人账户。划入个人账户的比例一般为用人单位缴费的 30% 左右，具体比例由统筹地区根据个人账户的支付范围和职工年龄等因素确定。个人账户的本金和利息归个人所有，可以结转使用和继承。个人跨统筹地区就业，其基本医疗保险关系随本人转移，缴费年限累计计算。统筹基金和个人账户要划定各自的支付范围，分别核算，不得互相挤占。基本医疗保险基金纳入财政专户管理，专款专用，不得挤占挪用。

3. 完善多层次医疗保障体系。在建立基本医疗保险制度的同时，为了满足不同参保人员的医疗需求，国家应当建立和完善多层次医疗保障体系，减轻参保人员的个人负担。

（1）劳保医疗和公费医疗。病假工资、伤残补助和遗属抚恤按原来的劳保医疗和公费医疗办法实行。离休人员、老红军的医疗待遇不变，医疗费用按原资金渠道解决，支付确有困难的，由同级人民政府帮助解决。离休人员、老红军的医疗管理办法由省、自治区、直辖市人民政府制定。二等乙级以上革命伤残军人的医疗待遇不变，医疗费用按原资金渠道解决，由社会保险经办机构单独列账管理。医疗费支付不足的部分，由当地人民政府帮助解决。

（2）补充医疗保险。为了不降低一些特定行业职工现有的医疗消费水平，在其参加基本医疗保险的基础上，作为过渡措施，允许建立企业补充医疗保险。企业补充医疗保险费在工资总额4%以内的部分，企业可从职工福利费中列支；福利费不足列支的部分，经同级财政部门核准后列入成本。国家鼓励企业为职工建立补充医疗保险，这种保险主要用于减轻企业职工基本医疗保险待遇以外的医疗费用负担。

【资料链接】

2002年5月21日，财政部、原劳动和社会保障部颁布了《关于企业补充医疗保险有关问题的通知》，进一步规范了企业补充医疗保险。该《通知》规定，企业补充医疗保险费在工资总额4%以内的部分，企业可直接从成本中列支，不再经同级财政部门审批。企业补充医疗保险办法应与当地基本医疗保险制度相衔接。企业补充医疗保险资金由企业或行业集中使用和管理，单独建账，单独管理，用于本企业个人负担较重职工和退休人员的医药费补助，不得划入基本医疗保险个人账户，也不得另行建立个人账户或变相用于职工其他方面的开支。

（3）公务员医疗补助制度。国家公务员及原享受公费医疗的事业单位人员，在其参加基本医疗保险的基础上，享受医疗补助政策。实行公务员医疗补助，是保持公务员队伍稳定、廉洁，保证政府高效运行的重要措施。

（二）城镇居民基本医疗保险制度

为实现基本建立覆盖城乡全体居民的医疗保障体系的目标，国务院于2007年7月10日发布《关于开展城镇居民基本医疗保险试点的指导意见》，开展城镇居民基本医疗保险试点。2007年在有条件的省份选择2~3个城市启动试点，2008年扩大试点，争取2009年试点城市达到80%以上，2010年在全国全面开展试点，逐步覆盖全体城镇非从业居民。要通过试点，探索和完善城镇居民基本医疗保险的政策体系，形成合理的筹资机制、健全的管理体制和规范的运行机制，逐步建立以大病统筹为主的城镇居民基本医疗保险制度。

1. 城镇居民基本医疗保险制度的基本原则。主要有：①坚持低水平起步，根据经济发展水平和各方面承受能力，合理确定筹资水平和保障标准，重点保障城镇非从业居民的大病医疗需求，逐步提高保障水平；②坚持自愿原则，充分尊重群众意愿；③明确中央和地方政府的责任，中央确定基本原则和主要政策，地方制订具体办法，对参保居民实行属地管理；④坚持统筹协调，做好各类医疗保障制度之间基本政策、标准和管理措施等的衔接。

2. 城镇居民基本医疗保险制度的主要内容。

（1）参保范围。不属于城镇职工基本医疗保险制度覆盖范围的中小学阶段的学生（包括职业高中、中专、技校学生）、少年儿童和其他非从业城镇居民都可自愿参加城镇居民基本医疗保险。

（2）缴费和补助。城镇居民基本医疗保险实行个人缴费和政府补贴相结合的制度。享受最低生活保障的人、丧失劳动能力的残疾人、低收入家庭60周岁以上的老年人和未成年人等所需个人缴费部分，由政府给予补贴。城镇居民基本医疗保险以家庭缴费为主，政府给予适当补助。参保居民按规定缴纳基本医疗保险费，享受相应的医疗保险待遇，有条件的用人单位可以对职工家属参保缴费给予补助。国家对个人缴费和单位补助资金制定税收鼓励政策。对试点城市的参保居民，政府每年按不低于人均 40 元给予补助，其中，中央财政从 2007 年起每年通过专项转移支付，对中西部地区按人均 20 元给予补助。在此基础上，对属于低保对象的或重度残疾的学生和儿童参保所需的家庭缴费部分，政府原则上每年再按不低于人均 10 元给予补助，其中，中央财政对中西部地区按人均 5 元给予补助；对其他低保对象、丧失劳动能力的重度残疾人、低收入家庭 60 周岁以上的老年人等困难居民参保所需家庭缴费部分，政府每年再按不低于人均 60 元给予补助，其中，中央财政对中西部地区按人均 30 元给予补助。中央财政对东部地区参照新型农村合作医疗的补助办法给予适当补助。

（3）费用支付。城镇居民基本医疗保险基金重点用于参保居民的住院和门诊大病医疗支出，有条件的地区可以逐步试行门诊医疗费用统筹。城镇居民基本医疗保险基金的使用要坚持以收定支、收支平衡、略有结余的原则。要合理制定城镇居民基本医疗保险基金起付标准、支付比例和最高支付限额，完善支付办法，合理控制医疗费用。探索适合困难城镇非从业居民经济承受能力的医疗服务和费用支付办法，减轻他们的医疗费用负担。城镇居民基本医疗保险基金用于支付规定范围内的医疗费用，其他费用可以通过补充医疗保险、商业健康保险、医疗救助和社会慈善捐助等方式解决。

（4）基金管理。要将城镇居民基本医疗保险基金纳入社会保障基金财政专户统一管理，单独列账。试点城市要按照社会保险基金管理等有关规定，严格执行财务制度，加强对基本医疗保险基金的管理和监督，探索建立健全基金的风险防范和调剂机制的办法，确保基金安全。

（三）新型农村合作医疗制度

合作医疗为农民的医疗保障提供了制度支持，从最初的快速发展，到 80 年代的濒于解体，经过 90 年代的恢复重建，再到 21 世纪新型合作医疗制度的建立，合作医疗经过了曲折的发展历程。1978 年宪法增加了"合作医疗"，1979 年卫生部、农业部、财政部等部委下发了《农村合作医疗章程（试行草案）》。1980 年，全国农村约有 90% 的行政村（生产大队）实行了合作医疗。80 年代初家庭联产承包责任制的实施，使家庭重新成为农业生产的基本经营单位，由于取消了政社合一的人民公社，以农业合作社为依托的合作医疗制度出现了滑坡的局面。1985 年，全国实行合作医疗的行政村由过去的 90% 猛降至 5%；1989 年，继续坚持合作医疗的行政村仅占全国的 4.8%。1997 年，中共中央、国务院在《关于卫生改革与发展的决定》中提出要在政府的组织领导下，坚持民办公助和自愿参加的原则，"积极稳妥地发展和完善合作医疗制度"。但大多数地区的农民满意度比较低，其参与意愿不强，除了一些试点项目外，合作医疗制度在 20 世纪 90 年代的重建过程中基本上没有得到恢复。[1] 我国于 2002 年开始建立以大病统筹为主的新型农村合作医疗制度。卫生部等部门先后发布了 2004 年的《关于进一步做好新型农村合作医疗试点工作的指导意见》、2006 年的《关于加快推进新型农村合作医疗试点工作的通知》、2007 年的《关于完善新型农村合作医疗统筹补偿方案的指导意见》、2012 年的《关于推进新型农村合作医疗支付方式改革工作的指导意见》等文件，对新型农村合作医疗工作进行了规范。

新型农村合作医疗制度是由政府进行组织、引导、支持，农民自愿参加，个人、集体

---

〔1〕 陈佳贵主编：《中国社会保障发展报告（1997~2001）》，社会科学文献出版社 2001 年版，第 282~284 页。

和政府多方筹资，以大病统筹为主的农民医疗互助共济制度。

1. 新型农村合作医疗制度的基本原则。主要有：①自愿参加，多方筹资。农民以家庭为单位自愿参加新型农村合作医疗，遵守有关规章制度，按时足额缴纳合作医疗经费；乡（镇）、村集体要给予资金扶持；中央和地方各级财政每年要安排一定的专项资金予以支持。②以收定支，保障适度。新型农村合作医疗制度要坚持以收定支、收支平衡的原则，既保证这项制度能够持续有效地运行，又使农民能够享有最基本的医疗服务。③先行试点，逐步推广。建立新型农村合作医疗制度必须从实际出发，通过试点总结经验，不断完善，稳步发展。随着农村社会经济的发展和农民收入的增加，要逐步提高和增强新型农村合作医疗制度的社会化程度和抗风险能力。

2. 新型农村合作医疗制度的主要内容。

（1）保险对象。其保险对象主要是非城镇户口、不由国家供应商品粮的农村人口。乡镇企业职工（不含以农民家庭为单位参加新型农村合作医疗的人员）是否参加新型农村合作医疗由县级人民政府确定。

（2）筹资标准。新型农村合作医疗制度实行个人缴费、集体扶持和政府资助相结合的筹资机制。农民个人每年的缴费标准不应低于50元，经济条件好的地区可相应提高缴费标准。有条件的乡村集体经济组织应对本地新型农村合作医疗制度给予适当扶持。鼓励社会团体和个人资助新型农村合作医疗制度。地方财政每年对参加新型农村合作医疗的农民的资助人均不低于50元。具体补助标准和分级负担比例由省级人民政府确定。在经济较发达的东部地区，地方各级财政可适当增加投入。中央财政每年对中西部地区除市区以外的参加新型农村合作医疗的农民，通过专项转移支付，按人均10元的标准安排补助资金。农村合作医疗基金中农民的个人缴费及乡村集体经济组织的扶持资金，原则上按年由农村合作医疗经办机构在乡（镇）设立的派出机构（人员）或委托有关机构收缴，存入农村合作医疗基金专用账户；地方财政支持资金，由地方各级财政部门根据参加新型农村合作医疗的实际人数，划拨到农村合作医疗基金专用账户；中央财政补助中西部地区新型农村合作医疗的专项资金，由财政部根据各地区参加新型农村合作医疗的实际人数和资金到位等情况进行核定，向省级财政划拨。中央和地方各级财政要确保补助资金及时、全额拨付到农村合作医疗基金专用账户，并通过新型农村合作医疗试点逐步完善补助资金的划拨办法，尽可能地简化程序，使其易于操作。

（3）支付方式。农村合作医疗基金主要补助参加新型农村合作医疗的农民的大额医疗费用或住院医疗费用。有条件的地方，可实行大额医疗费用补助与小额医疗费用补助结合的办法，既提高农民的抗风险能力又兼顾农民的受益面。对参加新型农村合作医疗的农民，年内没有动用农村合作医疗基金的，要安排对其进行一次常规性体检。当前正在实行新农合支付方式改革，即通过推行按病种付费、按床日付费、按人头付费、总额预付等支付方式，将新农合的支付方式从单纯的按项目付费向混合支付方式转变，其核心是从后付制转变为预付制，充分发挥基本医保的基础性作用，实现医疗机构从补偿机制向激励机制的转换。

（4）基金管理。农村合作医疗基金是由农民自愿缴纳、集体扶持、政府资助的民办公助社会性资金组成的，要按照以收定支、收支平衡和公开、公平、公正的原则进行管理，必须专款专用，专户储存，不得挤占挪用。农村合作医疗基金由农村合作医疗管理委员会及其经办机构进行管理。农村合作医疗经办机构应在管理委员会认定的国有商业银行设立农村合作医疗基金专用账户，确保基金的安全和完整，并建立健全农村合作医疗基金管理的规章制度，按照规定合理筹集、及时审核支付农村合作医疗基金。

【资料链接】

　　为了推进医药卫生体制改革、实现城乡居民公平享有基本医疗保险权益、促进社会公平正义，早在 2013 年 3 月，国务院第一次常务会议就提出"整合城镇职工基本医疗保险、城镇居民基本医疗保险、新型农村合作医疗的职责"，在管理层面实行"三保合一"。在国务院下发的《国务院机构改革和职能转变方案》中，要求当年 6 月底前将城镇职工基本医疗保险、城镇居民基本医疗保险、新型农村合作医疗的职责等，整合成由一个部门承担，但在实现三种医保制度完全并轨的道路上仍有客观障碍。

　　2016 年 1 月 3 日，国务院发布的《关于整合城乡居民基本医疗保险制度的意见》要求，推进城镇居民基本医疗保险和新型农村合作医疗制度整合，逐步在全国范围内建立起统一的城乡居民医保制度，即"两保合一"。随后，全国 20 多个省市对城乡居民医保并轨作出部署或已全面实现整合。

　　2018 年，国家成立医疗保障局，统管全国的医疗保障事业，其管理范围包括城镇职工和城乡居民基本医疗保险，解决了人社部门和卫生部门分别管理的顽疾，进一步推动了我国医疗保险的整合进程。

　　《中华人民共和国 2020 年国民经济和社会发展统计公报》数据显示，2020 年年末参加基本医疗保险人数为 136 101 万人，增加 693 万人。其中，参加职工基本医疗保险人数为 34 423 万人，增加 1498 万人；参加城乡居民基本医疗保险人数为 101 678 万人。

　　根据国务院《关于深化医疗保障制度改革的意见》，我国要坚持和完善覆盖全民、依法参加的基本医疗保险制度和政策体系，职工和城乡居民分类保障，待遇与缴费挂钩，基金分别建账、分账核算。统一基本医疗保险统筹层次、医保目录，规范医保支付政策确定办法。逐步将门诊医疗费用纳入基本医疗保险统筹基金支付范围，改革职工基本医疗保险个人账户，建立健全门诊共济保障机制。到 2030 年，我国要全面建成以基本医疗保险为主体，医疗救助为托底，补充医疗保险、商业健康保险、慈善捐赠、医疗互助共同发展的医疗保障制度体系，待遇保障公平适度，基金运行稳健持续，管理服务优化便捷，医保治理现代化水平显著提升，实现更好保障和病有所医的目标。

第四节　工伤保险制度

一、工伤保险概述

（一）工伤保险的定义

　　工伤保险，是指国家和社会为在生产、工作过程中遭受事故伤害和患职业性疾病的劳动者提供医疗救治、生活保障、经济补偿、医疗和职业康复等物质帮助的一种社会保障制度。

工伤保险以工伤（即职业伤害）为保险事故。广义的工伤，是指劳动者在生产、工作过程中因意外事故所造成的负伤、致残、死亡或患有的职业性疾病。狭义的工伤，仅指劳动者在生产、工作过程中因意外事故所受的伤害，而不包括职业性疾病。

职业病是指劳动者在生产、工作过程中和其他职业性活动中，因接触职业性有害物质而引起的疾病。目前我国法律所确定的职业病有 10 大类，132 种。我国的工伤保险采用广义的工伤概念，将职业病作为工伤保险的一项内容，职业病为工伤保险所吸纳。

（二）工伤保险的特点

1. 工伤保险实行无过错补偿原则。无论职业伤害的责任主要是由雇主或第三人承担还是由本人承担，受伤害者均应得到一定的经济补偿。用人单位的工伤赔偿责任不应以过错为要件，无论其对工伤事故有无过错，都应承担工伤赔偿责任。这是以现代损害赔偿理论为依据的。当存在高度危险来源的场合发生损害事故时，用人单位本身就是高度危险来源的拥有者，其就应该承担赔偿责任，而不必考虑赔偿责任者有无过错。在机器生产和现代化生产条件下，职业危险属于高度危险来源的危险，工伤是以高度危险来源为基础的一种特殊侵权行为。因此，用人单位的工伤赔偿责任不应以过错为要件，而应坚持无过错责任原则。通常用人单位不承担直接补偿责任，而由工伤保险机构统一进行补偿。

2. 用人单位承担全部费用，职工个人无需缴费。这是由工伤的性质决定的，也是工伤保险区别于养老、医疗等其他社会保险的原则之一。职工在工作岗位上生产劳动，从本质上说，用人单位有责任保护职工的生命安全，但由于各方面原因，不可能完全避免事故的发生，这属于职业风险。用人单位因使用机器而获得利润，其也应理所当然地负担起因机器的使用而给劳动者带来的损失，这是用人单位承担全部费用的原因。

3. 工伤保险实行补偿损失的原则。工伤补偿是在工伤者受到职业伤害后，用人单位对经济上造成劳动者的损失所进行的适当补偿。人的肢体、器官和生命是不可能像其他物品一样用金钱来计算其价值的，生命、健康是金钱换不来的。但是职工因工伤而造成其在身体上、经济上的损失，可以根据受伤害职工以前工资收入的一定比例发放工伤待遇，或者一次性计发若干年工资，以此来补偿受伤害职工所遭受的损失。

4. 工伤保险实行补偿与预防、康复相结合的原则。工伤保险除了支付工伤待遇之外，还应该注意促进安全生产，预防伤亡事故，应当做好受伤职工的医疗康复和职业康复工作，把预防、补偿、康复三者有机地结合起来。

（三）工伤保险的作用

工伤保险产生于因工业化进程而导致的职业危险不断增加的严峻现实中，是世界上最早的一项社会保险项目，也是世界各国立法较为普遍、发展最为完善的一项制度。其作用主要有：

1. 保证受伤和患职业病的劳动者得到及时医治。发生职业伤害事故或职业病的劳动者，必须及时得到医疗救治。及时治疗，需要有充分的经济保证。工伤保险可以保证工伤劳动者的治疗需要，而且在有些时候，劳动者可以预支医疗费。即使是发生了由他人所致的意外事故（如交通事故），在责任者逃匿、责任难以追究的情况下，工伤保险也可起到类似补充保险的作用。总之，因为有了工伤保险，才使得因工受伤或患病的劳动者及时得到治疗成为可能，为其早日康复增加了希望。

2. 补偿损失，维持生活。劳动者因工受伤或患病导致其暂时或永久地丧失劳动能力，不仅会使劳动者增加大量的医疗费支出，而且会造成工资损失。劳动者在发生工伤的情况下支出增加但其收入减少或断绝，必然恶化劳动者本人及其所供养的亲属的生活状况。工伤保险及时支付各种保险待遇，可以补偿劳动者所受到的损失，可以满足其维持生活安定之经济需要。

3. 减轻企业负担，稳定保险待遇支付。在没有采取社会保险形式以前，工伤赔偿责任完全落在企业身上。随着工伤事故的增加，企业的负担加重；而且采用企业保险的形式，保险待遇的支付便受企业经济状况所左右。如果企业亏损，无力支付劳动者的工伤保险待遇，则工伤保险目的落空，受伤和患病的劳动者仍然无助。工伤社会保险实现保险基金社会统筹，保险基金在一个较大的范围内予以调剂使用。企业的繁琐负担因此而减轻，劳动者的工伤待遇也因此有了可靠的、安全的保障。

4. 预防职业危害，减少职业伤害和疾病。工伤保险的作用不仅是实现事后消极的补偿或赔偿，还具有积极预防的功能。主要表现在：工伤保险基金的支出项目中包含事故预防费、宣传科研费和安全奖励金，这些支出直接用于促进企业安全卫生事业的发展；在工伤保险基金的筹集上，采用差别费率，事故发生率高的企业要提高收费标准；对于没有发生工伤事故和职业病或发生率低于本行业平均水平的企业，工伤保险经办机构从该企业当年缴纳的工伤保险费中，返还 5%~20% 的费用，用于促进安全生产事业。工伤保险的实施，与用人单位改善劳动条件、建立健全安全生产制度、加强安全教育等措施相结合，有利于保护职工的健康和安全，减少或防止事故伤亡，这对促进安全生产、保护和发展社会生产力有积极作用。

二、我国工伤保险制度的沿革

我国的工伤保险制度建立于 20 世纪 50 年代初。1951 年 2 月政务院颁布的《中华人民共和国劳动保险条例》就包括了有关工伤保险的规定。1953 年，政务院修订颁布了《中华人民共和国劳动保险条例》；同年，劳动部制定了《中华人民共和国劳动保险条例实施细则修正草案》，对工伤保险作了具体规定。此后，在国务院在 1957 年颁布的《关于工人、职员退休处理的暂行规定》和 1978 年 5 月颁布的《关于工人退休、退职的暂行办法》中，先后两次对工伤保险待遇作了调整，提高了工伤保险待遇的标准。1993 年 11 月，中共中央《关于建立社会主义市场经济体制若干问题的决定》明确指出要"普遍建立企业工伤保险制度"。1996 年，原劳动和社会保障部颁布实施了《企业职工工伤保险试行办法》，并进行了多年工伤保险试点。2004 年 1 月 1 日起施行，2010 年 12 月 20 日修订的《工伤保险条例》，推动了工伤保险的发展。

对于职业病伤害问题，1957 年 2 月，卫生部发布了《职业病范围和职业病患者处理办法的规定》，明确将职业病伤害列入了工伤保险的范畴，规定了职业中毒、尘肺、职业性皮肤病等 14 种职业病，以后又陆续有所补充。1987 年，卫生部、原劳动人事部、财政部、中华全国总工会重新颁布了《关于职业病范围和职业病患者处理办法的规定》和《职业病名单》。2002 年 5 月 1 日起施行的《中华人民共和国职业病防治法》。2013 年 12 月，国家卫生计生委、人力资源和社会保障部、国家安全监管总局、全国总工会四部门联合印发《职业病分类和目录》，将职业病分为 10 类 132 种，包括：职业性尘肺病及其他呼吸系统疾病、职业性皮肤病、职业性眼病、职业性耳鼻喉口腔疾病、职业性化学中毒、物理因素所致职业病、职业性放射性疾病、职业性传染病、职业性肿瘤、其他职业病十大类。

工伤保险的立法目的是：①使因工作遭受事故伤害或者患职业病的职工获得医疗救治和经济补偿。职工发生工伤时，用人单位应当采取措施使工伤职工得到及时救治。②促进工伤预防和职业病康复。用人单位和职工应当遵守有关安全生产和职业病防治的法律法规，执行安全卫生规程和标准，预防工伤事故发生，避免和减少职业病危害。③分散用人单位的工伤风险。

国务院劳动保障行政部门负责全国的工伤保险工作。县级以上地方各级人民政府劳动保障行政部门负责本行政区域内的工伤保险工作。由劳动保障行政部门按照国务院有关规定设立的社会保险经办机构具体承办工伤保险事务。

【资料链接】

《国务院关于修改〈工伤保险条例〉的决定》（以下简称《决定》）自 2011 年 1 月 1 日起施行，法制办负责人就《决定》的有关问题回答了记者的提问。

问：请您简要介绍一下《决定》出台的背景。

答：《工伤保险条例》（以下简称《条例》）自 2004 年 1 月 1 日施行以来，对维护工伤职工的合法权益，分散用人单位的工伤风险，规范和推进工伤保险工作，发挥了积极作用。全国参加工伤保险的职工由《条例》实施前的 4575 万人增至 2010 年 9 月的 1.58 亿人，其中农民工 6131 万人；《条例》实施至 2009 年底，认定工伤 420 万人，享受工伤医疗待遇 1080 万人次，享受伤残津贴和工亡抚恤待遇 434 万人。《条例》实施至 2010 年 9 月，工伤保险基金累计收入 1089 亿元，累计支出 649 亿元，累计结余 440 亿元。

随着经济社会的发展，工伤保险制度面临一些新情况、新问题，例如：事业单位、社会团体、民办非企业单位等组织的职工工伤政策不明确；工伤认定范围不够合理；工伤认定、鉴定和争议处理程序复杂、时间冗长；一次性工亡补助金和一次性伤残补助金标准偏低等，这些问题都需要从制度层面加以解决、完善。

问：《决定》对《条例》作了哪些主要修改？

为了解决实践中出现的新问题，健全工伤保险制度，《决定》对《条例》主要作了以下几处修改：一是扩大了工伤保险的适用范围；二是调整了工伤的认定范围；三是简化了工伤认定、鉴定和争议处理程序；四是提高了部分工伤待遇标准；五是减少了由用人单位支付的待遇项目、增加了由工伤保险基金支付的待遇项目等。

问：这次修改为什么要扩大工伤保险的适用范围？2011 年 1 月 1 日新《条例》施行后，哪些用人单位应当参加工伤保险？

答：《条例》规定企业、有雇工的个体工商户及其职工（雇工）应当参加工伤保险，对事业单位、社会团体、民办非企业单位、基金会、律师事务所、会计师事务所等组织的职工的工伤事宜未作规定，而是授权国务院有关部门制定具体办法。2005 年，原劳动和社会保障部、原人事部、民政部和财政部联合发布《关于事业单位、民间非营利组织工作人员工伤有关问题的通知》，对不参照公务员法管理和不属于财政拨款的两类事业单位、社会团体、民办非企业单位等组织的工作人员的工伤待遇作了明确规定，对这两类之外的其他事业单位、社会团体、民办非企业单位以及基金会、律师事务所、会计师事务所等组织的工作人员的工伤待遇问题未作规定，交由省级地方政府规定。目前多数地方对此未作规定，已出台的规定也不统一。

为了解决这部分职工的工伤政策不明确、不统一的问题，《决定》扩大了工伤保险的适用范围，将不参照公务员法管理的事业单位、社会团体，以及民办非企业单位、基金会、律师事务所、会计师事务所等组织也纳入了工伤保险适用范围。这样在 2011 年 1 月 1 日新《条例》施行后，企业、事业单位、社会团体、民办非企业单位、基金会、律师事务所、会计师事务所等组织和有雇工的个体工商户都需参加工伤保险。

三、我国工伤保险的范围

中华人民共和国境内的企业、事业单位、社会团体、民办非企业单位、基金会、律师事务所、会计师事务所等组织和有雇工的个体工商户应当依照规定参加工伤保险，为本单位全部职工或者雇工缴纳工伤保险费。中华人民共和国境内的企业、事业单位、社会团体、民办非企业单位、基金会、律师事务所、会计师事务所等组织的职工和个体工商户的雇工，均有依照规定享受工伤保险待遇的权利。

四、我国工伤认定和劳动能力鉴定

（一）工伤认定的条件

职工有下列情形之一的，应当认定为工伤：①在工作时间和工作场所内，因工作原因受到事故伤害的；②工作时间前后在工作场所内，从事与工作有关的预备性或者收尾性工作受到事故伤害的；③在工作时间和工作场所内，因履行工作职责受到暴力等意外伤害的；④患职业病的；⑤因工外出期间，由于工作原因受到伤害或者发生事故下落不明的；⑥在上下班途中，受到非本人主要责任的交通事故或者城市轨道交通、客运轮渡、火车事故伤害的；⑦法律、行政法规规定应当认定为工伤的其他情形。

职工有下列情形之一的，视同工伤：①在工作时间和工作岗位，突发疾病死亡或者在 48 小时之内经抢救无效死亡的；②在抢险救灾等维护国家利益、公共利益活动中受到伤害的；③职工原在军队服役，因战、因公负伤致残，已取得革命伤残军人证，到用人单位后旧伤复发的。

职工因下列情形之一，导致本人在工作中伤亡的，不得认定为工伤或者视同工伤：①故意犯罪的；②醉酒或者吸毒的；③自残或者自杀的；④法律、行政法规规定的其他情形。

（二）工伤认定的程序

1. 工伤认定申请。职工发生事故伤害或者按照职业病防治法规定被诊断、鉴定为职业病，所在单位应当自事故伤害发生之日或者职工被诊断、鉴定为职业病之日起 30 日内，向统筹地区劳动保障行政部门提出工伤认定申请。遇有特殊情况，经报劳动保障行政部门同意，申请时限可以适当延长。用人单位未按规定提出工伤认定申请的，工伤职工或者其直系亲属、工会组织在事故伤害发生之日或者职工被诊断、鉴定为职业病之日起 1 年内，可以直接向用人单位所在地统筹地区劳动保障行政部门提出工伤认定申请。提出工伤认定申请应当提交下列材料：工伤认定申请表、与用人单位存在劳动关系（包括事实劳动关系）的证明材料、医疗诊断证明或者职业病诊断证明书（或者职业病诊断鉴定书）。工伤认定申请表应当包括事故发生的时间、地点、原因以及职工伤害程度等基本情况。工伤认定申请人提供材料不完整的，社会保险行政部门应当一次性书面告知工伤认定申请人需要补正的全部材料。

2. 社会保险行政部门受理。申请人按照书面告知要求补正材料后，社会保险行政部门应当受理。

3. 社会保险行政部门调查核实。社会保险行政部门受理工伤认定申请后，根据审核需要可以对事故伤害进行调查核实，用人单位、职工、工会组织、医疗机构以及有关部门应当予以协助。对职业病诊断和诊断争议的鉴定，依照《职业病防治法》的有关规定执行。对依法取得职业病诊断证明书或者职业病诊断鉴定书的，社会保险行政部门不再进行调查核实。职工或者其直系亲属认为是工伤，用人单位不认为是工伤的，由用人单位承担举证责任。

4. 工伤认定决定。社会保险行政部门应当自受理工伤认定申请之日起 60 日内作出工伤认定的决定，并书面通知申请工伤认定的职工或者其直系亲属和该职工所在单位。社会保险行政部门对受理的事实清楚、权利义务明确的工伤认定申请，应当在 15 日内作出工伤认定的决定。作出工伤认定决定需要以司法机关或者有关行政主管部门的结论为依据的，在司法机关或者有关行政主管部门尚未作出结论期间，作出工伤认定决定的时限中止。社会保险行政部门工作人员与工伤认定申请人有利害关系的，应当回避。

（三）劳动能力鉴定

职工发生工伤，经治疗伤情相对稳定后存在残疾、影响劳动能力的，应当进行劳动能力鉴定。劳动能力鉴定是指劳动功能障碍程度和生活自理障碍程度的等级鉴定。劳动功能障碍分为十个伤残等级，最重的为一级，最轻的为十级。生活自理障碍分为三个等级：生活完全不能自理、生活大部分不能自理和生活部分不能自理。劳动能力鉴定标准由国务院社会保险行政部门会同国务院卫生行政部门等部门制定。

劳动能力鉴定由用人单位、工伤职工或者其近亲属向设区的市级劳动能力鉴定委员会提出申请，并提供工伤认定决定和职工工伤医疗的有关资料。省、自治区、直辖市劳动能力鉴定委员会和设区的市级劳动能力鉴定委员会分别由省、自治区、直辖市和设区的市级社会保险行政部门、卫生行政部门、工会组织、经办机构代表以及用人单位代表组成。

设区的市级劳动能力鉴定委员会收到劳动能力鉴定申请后，应当从其建立的医疗卫生专家库中随机抽取 3 名或者 5 名相关专家组成专家组，由专家组提出鉴定结论。设区的市级劳动能力鉴定委员会根据专家组的鉴定意见作出工伤职工劳动能力鉴定结论；必要时，可以委托具备资格的医疗机构协助进行有关的诊断。设区的市级劳动能力鉴定委员会应当自收到劳动能力鉴定申请之日起 60 日内作出劳动能力鉴定结论，必要时，作出劳动能力鉴定结论的期限可以延长 30 日。劳动能力鉴定结论应当及时送达申请鉴定的单位和个人。

劳动能力鉴定工作应当客观、公正。劳动能力鉴定委员会组成人员或者参加鉴定的专家与当事人有利害关系的，应当回避。申请鉴定的单位或者个人对设区的市级劳动能力鉴定委员会作出的鉴定结论不服的，可以在收到该鉴定结论之日起 15 日内向省、自治区、直辖市劳动能力鉴定委员会提出再次鉴定申请。省、自治区、直辖市劳动能力鉴定委员会作出的劳动能力鉴定结论为最终结论。自劳动能力鉴定结论作出之日起 1 年后，工伤职工或者其近亲属、所在单位或者经办机构认为伤残情况发生变化的，可以申请劳动能力复查鉴定。

五、工伤保险待遇

（一）工伤医疗待遇

职工因工作遭受事故伤害或者患职业病进行治疗，以及工伤职工工伤复发，确认需要治疗的，享受工伤医疗待遇。

职工治疗工伤应当在签订服务协议的医疗机构就医，情况紧急时可以先到就近的医疗机构急救。治疗工伤所需费用、到签订服务协议的医疗机构进行康复性治疗需要支付的费用，符合工伤保险诊疗项目目录、工伤保险药品目录、工伤保险住院服务标准的，从工伤保险基金支付。职工住院治疗工伤的伙食补助费，以及经医疗机构出具证明，报经办机构同意，工伤职工到统筹地区以外就医所需的交通、食宿费用从工伤保险基金支付，基金支付的具体标准由统筹地区人民政府规定。工伤职工治疗非工伤引发的疾病，不享受工伤医疗待遇，按照基本医疗保险办法处理。工伤职工到签订服务协议的医疗机构进行工伤康复的费用，符合规定的，从工伤保险基金支付。

工伤职工因日常生活或者就业需要，经劳动能力鉴定委员会确认，可以安装假肢、矫形器、假眼、假牙和配置轮椅等辅助器具，所需费用按照国家规定的标准从工伤保险基金支付。

职工因工作遭受事故伤害或者患职业病需要暂停工作接受工伤医疗的，在停工留薪期内，原工资福利待遇不变，由所在单位按月支付。停工留薪期一般不超过 12 个月。伤情严重或者情况特殊，经设区的市级劳动能力鉴定委员会确认，可以适当延长，但延长期限不得超过 12 个月。工伤职工评定伤残等级后，停发原待遇，按照《工伤保险条例》的有关规定享受伤残待遇。工伤职工在停工留薪期满后仍需治疗的，继续享受工伤医疗待遇。生活不能自理的工伤职工在停工留薪期需要护理的，由所在单位负责。

（二）伤残职工待遇

工伤职工已经评定伤残等级并经劳动能力鉴定委员会确认需要生活护理的，从工伤保险基金中按月支付生活护理费。生活护理费按照生活完全不能自理、生活大部分不能自理或者生活部分不能自理三个不同等级支付，其标准分别为统筹地区上年度职工月平均工资的 50%、40% 或者 30%。

职工因工致残被鉴定为一级至四级伤残的，保留劳动关系，退出工作岗位，享受以下待遇：①从工伤保险基金中按伤残等级支付一次性伤残补助金，标准为：一级伤残为 27 个月的本人工资，二级伤残为 25 个月的本人工资，三级伤残为 23 个月的本人工资，四级伤残为 21 个月的本人工资。②从工伤保险基金按月支付伤残津贴，标准为：一级伤残为本人工资的 90%，二级伤残为本人工资的 85%，三级伤残为本人工资的 80%，四级伤残为本人工资的 75%。伤残津贴实际金额低于当地最低工资标准的，由工伤保险基金补足差额。③工伤职工达到退休年龄并办理退休手续后，停发伤残津贴，按照国家有关规定享受基本养老保险待遇。基本养老保险待遇低于伤残津贴的，由工伤保险基金补足差额。职工因工致残被鉴定为一至四级伤残的，由用人单位和职工个人以伤残津贴为基数，缴纳基本医疗保险费。

职工因工致残被鉴定为五级、六级伤残的，享受以下待遇：①从工伤保险基金按伤残等级支付一次性伤残补助金，标准为：五级伤残为 18 个月的本人工资，六级伤残为 16 个月的本人工资。②保留与用人单位的劳动关系，由用人单位安排适当工作。难以安排工作的，由用人单位按月发给伤残津贴，标准为：五级伤残为本人工资的 70%，六级伤残为本人工资的 60%，并由用人单位按照规定为其缴纳应缴纳的各项社会保险费。伤残津贴实际金额低于当地最低工资标准的，由用人单位补足差额。经工伤职工本人提出，该职工可以与用人单位解除或者终止劳动关系，由工伤保险基金支付一次性工伤医疗补助金，由用人单位支付一次性伤残就业补助金。一次性工伤医疗补助金和一次性伤残就业补助金的具体标准由省、自治区、直辖市人民政府规定。

职工因工致残被鉴定为七级至十级伤残的，享受以下待遇：①从工伤保险基金中按伤残等级支付一次性伤残补助金，标准为：七级伤残为 13 个月的本人工资，八级伤残为 11 个月的本人工资，九级伤残为 9 个月的本人工资，十级伤残为 7 个月的本人工资。②劳动、聘用合同期满终止，或者职工本人提出解除劳动、聘用合同的，由工伤保险基金支付一次性工伤医疗补助金，由用人单位支付一次性伤残就业补助金。一次性工伤医疗补助金和一次性伤残就业补助金的具体标准由省、自治区、直辖市人民政府规定。

（三）遗属抚恤

职工因工死亡，其近亲属按照下列规定从工伤保险基金领取丧葬补助金、供养亲属抚恤金和一次性工亡补助金：①丧葬补助金为 6 个月的统筹地区上年度职工月平均工资。②供养亲属抚恤金按照职工本人工资的一定比例发给由因工死亡职工生前提供主要生活来源、无劳动能力的亲属。标准为：配偶每月 40%，其他亲属每人每月 30%，孤寡老人或者孤儿每人每月在上述标准的基础上增加 10%。核定的各供养亲属的抚恤金之和不应高于因工死亡职工生前的工资。供养亲属的具体范围由国务院社会保险行政部门规定。③一次性工亡补助金标准为上一年度全国城镇居民人均可支配收入的 20 倍。

伤残津贴、供养亲属抚恤金、生活护理费由统筹地区社会保险行政部门根据职工平均工资和生活费用变化等情况适时调整。调整办法由省、自治区、直辖市人民政府规定。

（四）工伤保险待遇的限制

工伤职工有下列情形之一的，停止享受工伤保险待遇：①丧失享受待遇条件的；②拒不接受劳动能力鉴定的；③拒绝治疗的。

用人单位、工伤职工或者其近亲属骗取工伤保险待遇，医疗机构、辅助器具配置机构骗取工伤保险基金支出的，由社会保险行政部门责令退还，处骗取金额 2 倍以上 5 倍以下的罚款；情节严重，构成犯罪的，依法追究刑事责任。

（五）工伤保险待遇支付

因工伤发生的下列费用，按照国家规定从工伤保险基金中支付：①治疗工伤的医疗费用和康复费用；②住院伙食补助费；③到统筹地区以外就医的交通食宿费；④安装配置伤残辅助器具所需费用；⑤生活不能自理的，经劳动能力鉴定委员会确认的生活护理费；⑥一次性伤残补助金和一至四级伤残职工按月领取的伤残津贴；⑦终止或者解除劳动合同时，应当享受的一次性医疗补助金；⑧因工死亡的，其遗属领取的丧葬补助金、供养亲属抚恤金和因工死亡补助金；⑨劳动能力鉴定费。

因工伤发生的下列费用，按照国家规定由用人单位支付：①治疗工伤期间的工资福利；②五级、六级伤残职工按月领取的伤残津贴；③终止或者解除劳动合同时，应当享受的一次性伤残就业补助金。

职工所在用人单位未依法缴纳工伤保险费，发生工伤事故的，由用人单位支付工伤保险待遇。用人单位不支付的，从工伤保险基金中先行支付。从工伤保险基金中先行支付的工伤保险待遇应当由用人单位偿还。用人单位不偿还的，社会保险经办机构可以依照《社会保险法》第63条的规定追偿。

由于第三人的原因造成工伤，第三人不支付工伤医疗费用或者无法确定第三人的，由工伤保险基金先行支付。工伤保险基金先行支付后，有权向第三人追偿。

六、我国工伤保险基金

（一）工伤保险基金的构成

工伤保险基金由用人单位缴纳的工伤保险费、工伤保险基金的利息和依法纳入工伤保险基金的其他资金构成。

（二）工伤保险费的征缴

工伤保险费的征缴按照《社会保险费征缴暂行条例》关于基本养老保险费、基本医疗保险费、失业保险费的征缴规定执行。用人单位应当按时缴纳工伤保险费，职工个人不缴纳工伤保险费。用人单位缴纳工伤保险费的数额为本单位职工工资总额乘以单位缴费费率之积。工资总额，是指用人单位直接支付给本单位全部职工的劳动报酬总额。用人单位依照规定应当参加工伤保险而未参加的，由社会保险行政部门责令限期参加，补缴应当缴纳的工伤保险费，并自欠缴之日起，按日加收万分之五的滞纳金；逾期仍不缴纳的，处欠缴数额1倍以上3倍以下的罚款。

（三）工伤保险费的费率

工伤保险费根据以支定收、收支平衡的原则，确定费率。国家根据不同行业的工伤风险程度确定行业的差别费率，并根据工伤保险费使用、工伤发生率等情况在每个行业内确定若干费率档次。行业差别费率及行业内费率档次由国务院社会保险行政部门制定，报国务院批准后公布施行。

统筹地区经办机构根据用人单位工伤保险费使用、工伤发生率等情况，适用所属行业内相应的费率档次确定单位缴费费率。国务院社会保险行政部门应当定期了解全国各统筹地区工伤保险基金收支情况，及时提出调整行业差别费率及行业内费率档次的方案，报国务院批准后公布施行。

（四）工伤保险基金的统筹

工伤保险基金逐步实行省级统筹。跨地区、生产流动性较大的行业，可以采取相对集中的方式异地参加统筹地区的工伤保险。具体办法由国务院社会保险行政部门会同有关行业的主管部门制定。

（五）工伤保险基金的使用

工伤保险基金存入社会保障基金财政专户，用于《工伤保险条例》规定的工伤保险待遇，劳动能力鉴定，工伤预防的宣传、培训等费用，以及法律、法规规定的用于工伤保险的其他费用的支付。工伤预防费用的提取比例、使用和管理的具体办法，由国务院社会保险行政部门会同国务院财政、卫生行政、安全生产监督管理等部门规定。任何单位或者个人不得将工伤保险基金用于投资运营、兴建或者改建办公场所、发放奖金，或者挪作其他用途。单位或者个人违反规定挪用工伤保险基金，构成犯罪的，依法追究刑事责任；尚不构成犯罪的，依法给予处分或者纪律处分。被挪用的基金由社会保险行政部门追回，并入工伤保险基金；没收的违法所得依法上缴国库。

工伤保险基金应当留有一定比例的储备金，用于统筹地区重大事故的工伤保险待遇支付；储备金不足以支付的，由统筹地区的人民政府垫付。储备金占基金总额的具体比例和储备金的使用办法，由省、自治区、直辖市人民政府规定。

七、我国工伤保险争议

职工与用人单位发生工伤待遇方面的争议，按照劳动争议的有关规定处理。

有下列情形之一的，有关单位和个人可以依法申请行政复议；对复议决定不服的，可以依法提起行政诉讼：①申请工伤认定的职工或者其近亲属、该职工所在单位对工伤认定结论不服的；②用人单位对经办机构确定的单位缴费费率不服的；③签订服务协议的医疗机构、辅助器具配置机构认为经办机构未履行有关协议或者规定的；④工伤职工或者其近亲属对经办机构核定的工伤保险待遇有异议的；⑤申请工伤认定的职工或者其近亲属、该职工所在单位对工伤认定申请不予受理的决定不服的。

用人单位分立、合并、转让的，承继单位应当承担原用人单位的工伤保险责任；原用人单位已经参加工伤保险的，承继单位应当到当地经办机构办理工伤保险变更登记。用人单位实行承包经营的，工伤保险责任由职工劳动关系所在单位承担。职工被借调期间受到工伤事故伤害的，由原用人单位承担工伤保险责任，但原用人单位与借调单位可以约定补偿办法。企业破产的，在破产清算时优先拨付依法应由单位支付的工伤保险待遇费用。

职工被派遣出境工作，依据前往国家或者地区的法律应当参加当地工伤保险的，应参加当地工伤保险，其国内的工伤保险关系中止；不能参加当地工伤保险的，其国内的工伤保险关系不中止。

无营业执照或者未经依法登记、备案的单位以及被依法吊销营业执照或者撤销登记、备案的单位的职工受到事故伤害或者患职业病的，由该单位向伤残职工或者死亡职工的近亲属给予一次性赔偿，赔偿标准不得低于《工伤保险条例》规定的工伤保险待遇；用人单位不得使用童工，用人单位使用童工造成童工伤残、死亡的，由该单位向童工或者童工的近亲属给予一次性赔偿，赔偿标准不得低于《工伤保险条例》规定的工伤保险待遇，具体办法由国务院社会保险行政部门规定。伤残职工或者死亡职工的近亲属就赔偿数额与单位发生争议的，以及上述规定的童工或者童工的近亲属就赔偿数额与单位发生争议的，按照处理劳动争议的有关规定处理。

用人单位依照《工伤保险条例》规定应当参加工伤保险而未参加的，由社会保险行政部门责令限期参加，补缴应当缴纳的工伤保险费，并自欠缴之日起，按日加收万分之五的滞纳金；应当参加工伤保险而未参加工伤保险的用人单位职工发生工伤的，由该用人单位按照本条例规定的工伤保险待遇项目和标准支付费用。

【资料链接】

《中华人民共和国2022年国民经济和社会发展统计公报》数据显示，2022年末参加工伤保险人数 29 111 万人，增加 825 万人，其中参加工伤保险的家民工 9127 万，增加 41 万人。2020 年年末参加工伤保险人数为 26 770 万人，增加 1291 万人，其中参加工伤保险的农民工人数为 8934 万人，增加 318 万人。

第五节　失业保险制度

一、失业概述

失业始终是经济增长过程中挥之不去的阴影，其往往被看成是当代社会最为顽固而棘手的问题之一。它造成劳动者收入的中断，不仅影响了劳动者本人的生活，在许多情况下，还影响了由他支撑的整个家庭的生活，使老年、儿童等家庭成员得不到应有的赡养和抚养，而这些弱势群体往往又是社会保障重点关注的对象。大量失业者的存在不仅影响到人们的生活，而且对社会安定构成威胁。

（一）失业的概念

失业是指有劳动能力的劳动年龄人口愿意接受现行的工资水平和工作条件但仍然没有工作的状态。对失业的界定与对就业的界定是一个问题的两个方面。

国际劳工组织对"就业"进行了定义，认为凡在一定年龄范围之内，正在从事有报酬或有收入职业的，属于就业；有职业但因疾病、事故、劳动争议、休假或气候不良、机件损坏等原因而中断工作的，也属于就业；自营职业者以及协助家庭经营企业或农场而没有报酬的家庭成员，其工作时间占正常工作日 1/3 以上者，也属于就业。

但在就业范围之外的情形并不等于就是失业。未就业者包括大量从事家务劳动的人员以及在军队服役和在校学习的劳动年龄人口。按照国际劳工组织对"失业"的定义，一定年龄范围之内的劳动年龄人口，只有其同时满足下述三个条件的才能视为失业：①本人无工作，没有从事有报酬的职业或自营职业；②本人当前具有劳动能力，可以工作；③本人正在采取各种方式寻找工作。这样定义失业的方法就将它与无业以及那些正在服役及学习的劳动年龄人口区分开来。

根据世界上多数国家的规定，一般把 16~65 岁的人口称为劳动年龄人口，所有劳动年龄人口根据其是否就业，不是将其分为两种状态，而是将其划分为三种状态，即就业人口、失业人口、不在劳动力人口。所谓不在劳动力人口是指既非就业、又非失业的人口，即客观上丧失工作岗位，主观上又不愿工作的人口。

（二）我国对失业的界定

1. 我国关于失业的概念。我国在传统计划经济体制下，并不承认社会主义制度会产生失业，因而也没有使用失业的概念，对于已出现的失业问题，我们是以待业概念来予以取代的。直至我国社会主义市场经济的建立，才使用了失业的概念。但在我国的失业统计工作中，沿用的仍是传统计划经济体制下的待业概念。目前，我国的失业是指属于城镇非农业户口的，在劳动年龄内（男为 16~50 岁、女为 16~45 岁）有劳动能力、无业而要求就业，并在当地劳动部门所属的劳动服务公司进行失业登记的人员。

失业的特点：①失业人员仅指城镇非农业户口的劳动者，而不包括农村劳动者，因而，大量进城务工的民工并不在失业人员的统计之列，农民更不存在失业问题；②失业人员的年龄限于男为 16~50 岁、女为 16~45 岁，该年龄的上限比我国法定退休年龄（即男为 60 岁、女为 50 岁）要低；③失业率的统计是以每一日历年的最后一天的失业人数来计算的，而没有采用国际上通行的月度失业率统计方法。从上述方面看，目前我国的登记失业率很难真实地反映失业的状况。

2. 失业与下岗。目前中国面临的城镇失业问题主要表现为两种形式：一是一般意义上的失业，包括因各种原因失去工作的城镇劳动力和无法获得就业机会的城镇新成长劳动力；二是国有企业、城市集体企业及其他公有经济部门的职工"下岗"问题，这是在中国经济体制改革特别是企业改革过程中发生的一种特殊形式的失业。下岗人员事实上已经失去了工作机会，从经济学意义上讲这无疑就是失业，但其仍保持着和原企业的劳动合同关系。

我国针对这两种失业形式，采取了二元失业保障制度体系，即失业保险制度和下岗职工基本生活保障制度。1998 年，基于国有企业分流富余人员的压力加大，而失业保险支撑能力尚显不足的实际情况，中国政府建立国有企业下岗职工基本生活保障制度。有下岗职工的国有企业普遍建立再就业服务中心，为下岗职工发放基本生活费，其标准略高于当地失业保险金标准，中心还为下岗职工缴纳养老、医疗、失业等社会保险费。下岗职工领取基本生活费的期限最长为 3 年；期满后未实现再就业的，可以按规定享受失业保险待遇；家庭人均收入低于当地城市居民最低生活保障标准的，可以按规定申请享受城市居民最低生活保障待遇。从 2001 年开始，实行国有企业下岗职工基本生活保障制度向失业保险并轨，国有企业不再建立新的再就业服务中心；原则上企业新的减员也不再进入中心，而是由企业依法与其解除劳动关系，其按规定享受失业保险待遇。

二、失业保险概述

（一）失业保险的定义及特点

失业保险是社会保险制度中的重要组成部分。它是指国家通过建立失业保险基金，对因失业而暂时中断生活来源的劳动者在法定期间内给予失业保险金，以维持其基本生活需要的一项社会保险制度。[1]

失业保险除具有其他社会保险项目的共同特征外，也有不同于其他社会保险的特征：①失业保险的保障对象是在劳动年龄范围内、具有劳动能力和就业意愿的劳动者。其他社会保险的保障对象多为全体劳动者。②享受社会保险待遇的前提是劳动者失业，而享受其他社会保险待遇的前提是劳动者因暂时或永久丧失劳动能力而失去生活来源。③享受失业保险待遇有一定的期限。超过法定的期限，即使劳动者的失业状态依然持续，也不能享受社会保险待遇。④失业保险不仅向失业者提供基本生活保障，而且为促进失业者重新就业提供服务。其他社会保险项目则不具备促进就业功能。

（二）失业保险的作用

1. 有利于建立社会主义市场经济体制和培育统一的劳动力市场。市场经济的最大特征是通过市场来实现资源的合理配置，建立起发达的生产要素市场，包括资金市场、商品市场和劳动力市场等。企业的生产主要由市场的需求所决定，而市场的波动性也会使得生

---

〔1〕 林嘉：《社会保障法的理念、实践与创新》，中国人民大学出版社 2002 年版，第 183 页。

产对劳动力的需求发生不断的变化，这种变化必然导致对劳动力的需求不足或过剩的情况，这就存在一定比例的失业人员，以适应市场的变化。因此，必须建立起统一的劳动力市场，打破各种所有制之间的限制，使劳动力能够合理流动，为企业生产提供足够的和合格的劳动力。要保证能够长期维持市场运行所需的劳动力结构，必须建立起失业保险制度，使从生产领域游离出来的失业人员得到必要的保障，以适应市场经济对劳动力的需求。

2. 有利于保障失业劳动者的基本生活。竞争机制是市场经济的重要法宝，其通过竞争的优胜劣汰来实现资源的配置。一方面，企业作为市场的主体要参与市场竞争，如果企业的经营方式落后，产品没有竞争力，必然要被市场所淘汰，这些企业的劳动者最终会加入到失业大军的行列。另一方面，伴随劳动力市场的建立，劳动者个人之间也必然形成竞争的机制，竞争就业、竞争上岗，没有良好素质和技术的劳动者也必然遭到淘汰，成为失业人员。劳动者因失业而退出工作岗位，失去了工资收入，使得本人和其家庭陷于生存困难的境地，因此，必须对失业劳动者提供失业保险，保证本人及其家庭的基本生活。

3. 有利于促进失业劳动者的再就业。近年来，世界各国的失业保险制度的目的已从传统的救济失业向促进就业转化。一些国家因失业率长期居高不下，使得失业保险金的支出不堪重负，许多国家开始改变失业救济的办法，如缩短失业人员领取失业金的期限，以促使失业者尽快就业；或者通过颁布立法以改良失业保险的目的，如法国于1967年通过了对失业保护制度进行改革的法令，提出失业补偿的目的应适应技术变革的基础结构的前景，失业人员应增强其专业技能以适应这种变化。日本于1975年颁布了《雇佣保险法》，取代了1947年的《失业保险法》，将促进就业作为失业保险的首要目的。许多国家越来越重视失业保险的预防失业和促进就业的功能。

三、我国失业保险制度

我国的失业保险制度是作为推进国有企业改革的配套措施而构建和发展的。1986年7月，国务院颁布了《国营企业实行劳动合同制暂行规定》《国营企业招用工人暂行规定》和《国营企业辞退违纪职工暂行规定》，随后《中华人民共和国企业破产法》相继出台。实施上述规定后，企业有了用人自主权，职工有了自主择业权。为了配合劳动体制改革，国务院于同年颁布了《国营企业职工待业保险暂行规定》，标志着我国失业保险制度的建立。1993年，《国有企业职工待业保险规定》扩大了保障对象。1998年，建立国有企业下岗职工基本生活保障制度。1999年1月22日施行《失业保险条例》，确定失业保险的目标和功能是保障失业人员在失业期间的基本生活和促进失业人员再就业。2000年，颁布《失业保险金申领发放办法》，建立了失业保险登记制度和缴费申报制度，规范了保险费的征收程序，进一步完善了失业保险制度。从2001年开始，实行国有企业下岗职工基本生活保障制度向失业保险并轨。

（一）失业保险的范围

我国失业保险的覆盖范围是逐步扩大的。1986年《国营企业职工待业保险暂行规定》将待业保险作为当时国有企业推行劳动合同制改革的配套措施，仅适用于四种类型的国有企业职工：宣告破产的企业职工；濒临破产的企业法定整顿期间被精简的职工；企业终止、解除劳动合同的工人；企业辞退的职工。1993年《国有企业职工待业保险规定》将实施对象扩大为七类，增加了按照国家有关规定被撤销、解散企业的职工；按照国家规定停产整顿企业被精简的职工；依照法律、法规或按省、自治区、直辖市人民政府规定，享受待业保险的其他职工。1999年1月22日施行的《失业保险条例》进一步扩大了失业保险的覆盖范围，将城镇事业单位、国有企业、城镇集体企业、外商投资企业、城镇私营企业以及其他城镇企业的职工均纳入失业保险的范围。

《失业保险条例》第2条规定："城镇企业事业单位、城镇企业事业单位职工依照本条例的规定，缴纳失业保险费。城镇企业事业单位失业人员依照本条例的规定，享受失业保险待遇。本条所称城镇企业，是指国有企业、城镇集体企业、外商投资企业、城镇私营企业以及其他城镇企业。"第32条规定："省、自治区、直辖市人民政府根据当地实际情况，可以决定本条例适用于本行政区域内的社会团体及其专职人员、民办非企业单位及其职工、有雇工的城镇个体工商户及其雇工。"

（二）失业保险待遇

1. 失业保险待遇的内容。

（1）失业保险金。失业保险金的标准，按照低于当地最低工资标准、高于城市居民最低生活保障标准的水平，由省、自治区、直辖市人民政府确定。失业人员失业前所在单位和本人按照规定累计缴费时间满1年不足5年的，领取失业保险金的期限最长为12个月；累计缴费时间满5年不足10年的，领取失业保险金的期限最长为18个月；累计缴费时间10年以上的，领取失业保险金的期限最长为24个月。重新就业后，再次失业的，缴费时间重新计算，领取失业保险金的期限可以与前次失业应领取而尚未领取的失业保险金的期限合并计算，但是最长不得超过24个月。

（2）医疗补助金。失业人员在领取失业保险金期间患病就医的，可以按照规定向社会保险经办机构申请领取医疗补助金。医疗补助金的标准由省、自治区、直辖市人民政府规定。

（3）丧葬补助金和抚恤金。失业人员在领取失业保险金期间死亡的，参照当地对在职职工的规定，对其家属一次性发给丧葬补助金和抚恤金。

（4）其他失业保险待遇。如再就业服务、接受职业培训、职业介绍的补贴等。

（5）一次性生活补助。这是适用于农民合同制工人的失业保险待遇。单位招用的农民合同制工人连续工作满1年，本单位并已缴纳失业保险费，劳动合同期满未续订或者提前解除劳动合同的，由社会保险经办机构根据其工作时间长短，对其支付一次性生活补助。补助的办法和标准由省、自治区、直辖市人民政府规定。

2. 失业保险待遇的条件。享受失业保险待遇的条件是：①按照规定参加失业保险，所在单位和本人已按照规定履行缴费义务满1年的；②非因本人意愿中断就业的；③已办理失业登记；④有求职要求。

【资料链接】

依据《实施〈中华人民共和国社会保险法〉若干规定》第13条规定，非因本人意愿中断就业包括下列情形：①依照《劳动合同法》第44条第1项、第4项、第5项规定终止劳动合同的；②由用人单位依照《劳动合同法》第39条、第40条、第41条规定解除劳动合同的；③用人单位依照《劳动合同法》第36条规定向劳动者提出解除劳动合同并与劳动者协商一致解除劳动合同的；④由用人单位提出解除聘用合同或者被用人单位辞退、除名、开除的；⑤劳动者本人依照《劳动合同法》第 38 条规定解除劳动合同的；⑥法律、法规、规章规定的其他情形。

失业人员在领取失业保险金期间有下列情形之一的，停止领取失业保险金，并同时停止享受其他失业保险待遇：①重新就业的；②应征服兵役的；③移居境外的；④享受基本养老保险待遇的；⑤被判刑收监执行或者被劳动教养的；⑥无正当理由，拒不接受当地人民政府指定的部门或者机构介绍的工作的；⑦有法律、行政法规规定的其他情形的。

3. 享受失业保险待遇的程序。

（1）城镇企业、事业单位为失业人员出具终止或者解除劳动关系的证明，告知其按照规定享受失业保险待遇的权利，并将失业人员的名单自终止或者解除劳动关系之日起 15 日内报社会保险经办机构备案。

（2）失业人员持本单位为其出具的终止或者解除劳动关系的证明，及时到指定的公共就业服务机构办理失业登记。

（3）失业人员凭失业登记证明和个人身份证明，到社会保险经办机构办理领取失业保险金的手续。社会保险经办机构为失业人员开具领取失业保险金的单证，失业人员凭单证到指定银行领取失业保险金。失业保险金领取期限自办理失业登记之日起计算。

（三）失业保险基金

1. 失业保险基金的筹资渠道。

（1）城镇企业、事业单位缴纳失业保险费。城镇企业、事业单位按照本单位工资总额的 2%缴纳失业保险费。省、自治区、直辖市人民政府根据本行政区域失业人员数量和失业保险基金数额，报经国务院批准，可以适当调整本行政区域失业保险费的费率。

（2）城镇企业、事业单位职工缴纳失业保险费。城镇企业、事业单位职工按照本人工资的 1%缴纳失业保险费。城镇企业、事业单位招用的农民合同制工人本人不缴纳失业保险费。

（3）政府的财政补贴和失业保险调剂金。省、自治区可以建立失业保险调剂金。失业保险调剂金以统筹地区依法应当征收的失业保险费为基数，按照省、自治区人民政府规定的比例筹集。统筹地区的失业保险基金不敷使用时，由失业保险调剂金调剂、地方财政补贴。失业保险调剂金的筹集、调剂使用以及地方财政补贴的具体办法，由省、自治区人民政府规定。

2. 失业保险基金的管理和使用。

（1）失业保险基金在直辖市和设区的市实行全市统筹，其他地区的统筹层次由省、自治区人民政府规定。

（2）失业保险基金必须存入财政部门在国有商业银行开设的社会保障基金财政专户，实行收支两条线管理，由财政部门依法进行监督。存入银行和按照国家规定购买国债的失业保险基金，分别按照城乡居民同期存款利率和国债利息计息。失业保险基金的利息并入失业保险基金。失业保险基金专款专用，不得挪作他用，不得用于平衡财政收支。

（3）失业保险基金收支的预算、决算，由统筹地区社会保险经办机构编制，经同级劳动保障行政部门复核、同级财政部门审核，报同级人民政府审批。失业保险基金的财务制度和会计制度按照国家有关规定执行。

（4）失业保险基金用于下列支出：①失业保险金；②领取失业保险金期间的医疗补助金；③领取失业保险金期间死亡的失业人员的丧葬补助金和其供养的配偶、直系亲属的抚恤金；④领取失业保险金期间接受职业培训、职业介绍的补贴，补贴的办法和标准由省、自治区、直辖市人民政府规定；⑤国务院规定或者批准的与失业保险有关的其他费用。

（四）失业保险的管理和监督

1. 国务院劳动保障行政部门主管全国的失业保险工作。县级以上地方各级人民政府劳动保障行政部门主管本行政区域内的失业保险工作。劳动保障行政部门管理失业保险工作，履行下列职责：①贯彻落实失业保险法律、法规；②指导社会保险经办机构的工作；③对失业保险费的征收和失业保险待遇的支付进行监督检查。

2. 劳动保障行政部门按照国务院规定设立社会保险经办机构。社会保险经办机构具体承办失业保险工作，履行下列职责：①负责失业人员的登记、调查、统计；②按照规定负责失业保险基金的管理；③按照规定核定失业保险待遇资格，开具失业人员在指定银行领取失业保险金和其他补助金的单证；④拨付失业人员职业培训、职业介绍补贴费用；⑤为失业人员提供免费咨询服务；⑥国家规定由其履行的其他职责。

3. 财政部门和审计部门依法对失业保险基金的收支、管理情况进行监督。

【资料链接】

《中华人民共和国 2022 年国民经济和社会发展统计公报》数据显示，2022 年年末参加失业保险人数为 23 807 万人，增加 849 万人。年末全国领取失业保险金人数为 297 万人。

第六节　生育保险制度

一、生育保险概述

（一）生育保险的定义及特点

生育保险是对于妇女劳动者因生育子女而暂时丧失劳动能力、中断工作所造成的经济损失及增加的额外支出，由国家和社会给予物质帮助的一种社会保险制度。生育保险作为社会保险体系中的一个重要组成部分，生育保险的特点：

1. 享有生育保险的对象主要是女职工。其他的社会保险没有性别和婚姻状况的限制。随着社会进步和经济发展，有些国家和地区在女职工生育后，给予其丈夫一定的假期以照顾妻子，且工资照发。

2. 生育期间的医疗服务主要以保健、咨询、检查为主。与医疗保险提供的医疗服务以治疗为主有所不同，生育期间的医疗服务主要是产前检查以及分娩时的通过医疗手段帮助产妇顺利生产，正常情况下不需要特殊治疗。

3. 生育保险具有特殊的保障劳动力再生产的作用。生育活动得以保障，既有利于妇女劳动者劳动力的恢复，同时也可以确保新一代的正常孕育和生产，为人类社会的发展提供延续不绝的劳动力。

4. 生育保险待遇实行产前和产后都享受的原则。女职工怀孕后，在临产前一段时间，由于行动不便，已经不能或不宜工作；分娩以后，需要休息一段时间以便恢复身体和照顾婴儿，所以，只有实行产前和产后都享受生育保险待遇，才能更好地保护产妇和婴儿的健康，达到生育保险的目的。

（二）生育保险的作用

1. 保护弱者。保护弱者是当代法的重要价值关注之一，其目的是通过法律的矫正和制度的安排，将一定法律部门或法律领域内的主体在法律地位上的应然平等变为实然平等。而妇女在现代社会中依然处于弱者的地位，特别是其还必须面对生育子女、维持劳动力再生产而给其带来的特殊困难及生育所引发的就业困难等问题。而生育保险的确立，使妇女能够安全、健康地度过生育期，为其投入日后的正常工作创造条件。妇女劳动者在怀孕期间及生育时，体力消耗很大，需要一段时间的休养和足够的营养供应。建立生育保险，向她们提供孕期检查、医疗服务、生育津贴和有薪假期，从而保障妇女在生育期内的健康和基本生活。妇女劳动者在产前产后的一段时间内，暂时丧失了劳动能力，不能通过劳动取得报酬以维持基本生活。建立生育保险，能使生育的妇女劳动者获得基本的生活保障，使她们的身体能够得到恢复，解除了生育女性的后顾之忧。

2. 有利于社会劳动力的再生产。社会劳动力的再生产是通过人类繁衍实现的。要使社会得到高素质的劳动力，必须实行优生优育。如果妇女劳动者在生育期间的生活得不到相应的保证，因生活困难而被迫降低必要的保健与营养水平，下一代的生存和健康成长就会遇到困难。生育保险所提供的医疗保健、生育津贴、带薪假期，为优生优育、保证下一代的正常孕育、出生和成长奠定了基础，为社会劳动力素质的提高提供了物质基础。

3. 有利于国家人口政策的顺利贯彻实施。一个国家的人口政策关系到国计民生，对推进或延缓社会发展起着举足轻重的作用。目前，一些发达国家人口出现了负增长，人口出生率很低。在欧洲和澳大利亚、加拿大等国，因人口不足，为鼓励生育，国家采取生得越多、补贴越多、假期越长的优惠政策。例如，波兰、法国、保加利亚规定，生育第一胎的产假为 16~17 周，生育第二胎的产假为 18~21 周，生育第三胎的产假为 26 周。在广大发展中国家，则是采取节制生育的人口政策。往往是孩子越多，母亲享受的补贴越少、假期越短，有的国家甚至规定不按国家计划进行生育的，不能享受生育保险待遇。我国从 20 世纪 70 年代开始，在城乡广泛开展了计划生育工作以控制生育，降低人口增长速度。妇女劳动者要享受生育保险待遇，必须符合计划生育政策。

二、我国生育保险制度的沿革

新中国成立以来，生育保险问题历来受到党和国家的关心和重视。1951 年《中华人民共和国劳动保险条例》对企业的女职工生育保险制度作了明确规定。1955 年《国务院关于女工作人员生产假期的通知》对机关、事业单位女职工的生育保险作了规定。1956 年《工厂安全卫生规程》、1979 年《工业企业设计卫生标准》对女工卫生室、孕妇休息室、托儿园所的女职工福利设施作出具体规定。

国家于 1988 年开始在部分地区推行生育保险制度改革。1988 年颁发了《女职工劳动保护规定》，统一了机关、企业、事业单位的生育保险制度。1992 年《中华人民共和国妇女权益保障法》在全面规定保护妇女的政治、文化教育、劳动、财产、人身、婚姻家庭权益的基础上，针对女职工面临的特殊问题作出规定。2005 年 8 月 28 日第十届全国人大常委会第十七次会议对其作出修正。修正后的《妇女权益保险法》总则第2条规定国家保护妇女依法享有的特殊权益；第四章第26条第2款规定"妇女在经期、孕期、产期、哺乳期受特殊保护"。1995年1月1日起实施的《中华人民共和国劳动法》对女职工实行特殊劳动保护，女职工在生育期间依法享受社会保险待遇。原劳动部于1994年12月14日颁布了《企业职工生育保险试行办法》，使生育保险制度改革在内容、标准、形式等方面得到了初步规范，是我国目前推行生育保险制度的基础性部门规章。1997年10月，原劳动部发布了《生育保险覆盖计划》，这是关于我国职工生育保险制度改革的总体规划。2011年7月1日起施行的《中华人民共和国社会保险法》对生育保险的基本内容进行了规范。2012年4月28日《女职工劳动保护特别规定》公布施行，1988年《女职工劳动保护规定》同时废止。

三、我国生育保险制度的内容

（一）生育保险的范围

目前，我国生育保险制度主要覆盖城镇企业的女职工，部分地区覆盖了国家机关、事业单位、社会团体、企业单位的女职工。

（二）生育保险基金

生育保险根据"以支定收、收支基本平衡"的原则筹集资金。由企业按照其工资总额的一定比例向社会保险经办机构缴纳生育保险费，建立生育保险基金。生育保险费的提取比例由当地人民政府根据计划内的生育人数和生育津贴、生育医疗费等项费用确定，并可根据费用支出情况作适时调整，但最高不得超过职工工资总额的1%。职工个人不缴纳生育保险费。生育保险基金存入生育保险基金专户，由社会保险经办机构负责收缴、支付和管理。

（三）生育保险待遇

用人单位已经缴纳生育保险费的，其职工享受生育保险待遇；职工未就业配偶按照国家规定享受生育医疗费用待遇。所需资金从生育保险基金中支付。

1. 医疗服务。即给妇女劳动者提供的妊娠、分娩和产后的医疗照顾以及必需的住院治疗。从各国生育保险的立法来看，给予生育子女的妇女劳动者的医疗服务通常包括：一般医师治疗、住院及必要的药物供应、专科医师治疗、生育照顾、牙医治疗、病人运送及家庭护理等。我国生育医疗服务包括的项目有：孕期检查、接生、手术、住院药品和生育引起疾病的治疗。女职工生育或者流产的医疗费用，按照生育保险规定的项目和标准，对已经参加生育保险的，由生育保险基金支付；对未参加生育保险的，由用人单位支付。

2. 产假，又称带薪假期。是妇女劳动者在其怀孕、分娩和产后的一定时间内所享有的假期。其宗旨在于使生育女性恢复身体健康、精心照料和抚育新生婴儿。各国生育保险立法对于产假的期限规定不同，但都朝着延长的趋势发展。国际劳工组织大会1952年的《保护生育公约（修订）》规定生育假期至少为12周，现在各国规定的生育假期都已达到国际劳工组织的建议要求。我国女职工产假为98天，其中产前假15天。难产的，增加产假15天。多胞胎生育的，每多生育一个婴儿，增加产假15天。

3. 生育津贴。这是对妇女劳动者因生育子女而造成的收入损失提供的现金补偿，又称为产假工资。关于生育津贴的标准，各国规定不一，多数国家确定为原工资的100%，也有一些国家因为其社会保障体系的其他项目较多或者其待遇偏高，可为生育子女的妇女劳动者提供其他帮助，所以生育津贴低于原工资标准。我国规定，女职工产假期间的生育津贴，对已经参加生育保险的，按照用人单位上年度职工月平均工资的标准由生育保险基金支付；对未参加生育保险的，按照女职工产假前工资的标准由用人单位支付。

4. 劳动权利。用人单位不得因女职工怀孕、生育、哺乳而降低其工资、予以辞退、解除劳动或者聘用合同。女职工在孕期不能适应原劳动的，用人单位应当根据医疗机构的证明，予以减轻劳动量或者安排其他能够适应的劳动。对怀孕 7 个月以上的女职工，用人单位不得延长劳动时间或者安排夜班劳动，并应当在劳动时间内安排一定的休息时间。怀孕女职工在劳动时间内进行产前检查，所需时间计入劳动时间。对哺乳未满 1 周岁婴儿的女职工，用人单位不得延长劳动时间或者安排夜班劳动。用人单位应当在每天的劳动时间内为哺乳期女职工安排 1 小时哺乳时间；女职工生育多胞胎的，每多哺乳 1 个婴儿每天增加 1 小时哺乳时间。

【资料链接】

《中华人民共和国 2022 年国民经济和社会发展统计公报》数据显示，2022 年年末参加生育保险人数为 24 608 万人，增加 825 万人。

2019 年 3 月 6 日，国务院办公厅下发《关于全面推进生育保险和职工基本医疗保险合并实施的意见》，要求各省、自治区、直辖市人民政府和国务院各部委、各直属机构将生育保险逐步并入职工基本医疗保险中，全面推进生育保险和职工基本医疗保险合并实施，通过整合两项保险基金及管理资源，强化基金共济能力，提升管理综合效能，降低管理运行成本，建立适应我国经济发展水平、优化保险管理资源、实现两项保险长期稳定可持续发展的制度体系和运行机制。

第十四章

第十五章

社会救助制度

社会救助制度是社会保障体系的一个重要内容，是国家和社会为不能以其他来源获得足够收入支持的居民或公民所提供的最低收入的保障，以维护其继续生存的权利。它在整个社会保障网络中处于最初级、最基本的层次，它维护的是社会成员基本的生存权利，所以说社会救助是保证社会成员生存权利的最后一道防线，是社会事业不可缺少的重要组成部分。

第一节　社会救助制度概述

一、社会救助的概念

所谓社会救助，是指国家和社会对依靠自身努力难以满足其生存基本需求的公民给予的物质帮助和服务。社会救助的英文为 social assistance，有的人又将其译为社会救济、社会帮助或社会援助。考虑到"社会救济"一词多倾向于接济被救济人而不含有帮助被救济人自力更生并走向独立自强道路的意思；"社会帮助"与"社会援助"皆属深入人心的生活用语，其本身具有自己丰富而独特的含义，将其用于一项制度的名称可能易使人产生误解。而"社会救助"一词既包含帮助被救助人，又包含使被救助人东山再起，最终走向自立的意思，且该词并非原来的生活用词，因此，我们将 social assistance 这种制度称为社会救助制度。[1] 社会救助是社会保障体系中独立的组成部分，具有以下特征：

1. 社会救助的对象具有选择性。社会救助的对象仅限于依自己的能力不能维持生存，而又不能从其他方面获得维持其生存所必需的条件的人，社会救助对象具有选择性。享受社会救助必须基于贫困的事实，有的人因为先天或后天、自然或人为的因素陷于生活困境而不能维持其生存，这时国家和社会不能按照自然竞争的优胜劣汰规律来对待这些处于不利境况的人，而应对其提供一定的救助，以使其能生存下去。社会救助的对象仅限于这些生存面临严重威胁的人，而对那些虽能生存、但生存条件不佳的人，国家和社会可能通过其他制度（如社会福利等）来改善其生活状况，提高其生活水平，但这不属于社会救助的范围。

2. 社会救助的给付是国家的责任。国家建立社会救助制度，承担为公民提供社会救助的基本责任，为开展社会救助提供必要的物质条件和组织保障。社会救助并不要求救助

---

[1]　郭成伟、王广彬：《公平良善之法律规制——中国社会保障法制探究》，中国法制出版社 2003 年版，第 242 页。

对象预先缴纳任何费用，其是国家和社会的一项基本义务，体现国家和社会在保障公民基本生存条件方面的责任和义务。这与社会保险不同，社会保险要求被保障者事前缴纳一定的费用，参加特定的保险，否则被保障者不能享受该项保障，其强调国家、用人单位和个人的共同责任；而社会救助的救助对象事先无需缴纳任何费用，社会救助所需费用完全由国家和社会承担，其强调的是国家和社会的责任。

3. 社会救助的标准是最低层次的。在社会保障体系中，最高层次的是社会福利，其次是社会保险和社会互助，最后才是社会救助。社会福利的目标是保证全体社会成员都能过上尊严、健全和文明的生活，尽可能促进人人全面发展。社会保险和社会互助的目标在于预防社会风险。而社会救助是为了解决陷于生活困境之人的生存问题，其救助水平通常是整个社会保障体系中最低的，仅仅以维持社会成员的最低生活为标准，故其在整个社会保障系统中处于最低层次。

二、社会救助的作用

社会救助制度的建立和发展，是社会进步和文明的体现。目前社会救助制度的发展趋势为救助范围扩大，救助项目增多，救助条件放宽并且救助标准提升。总的来说，建立社会救助制度的作用有如下几点：

1. 有利于保护社会成员的基本生活。社会救助的功能包括济贫和救灾，对于社会上的无劳动能力或无生活来源者，给予适当的救助，以维持其基本生活。而对于遭遇各种灾害的人们来说，通过社会救助，能够帮助他们渡过难关，解决生活的困难。因此，社会救助被认为是变无用为有用、变消费为生产、变贫穷为富有的一项措施。

2. 有利于促进社会经济的发展和繁荣。现代社会救助制度已从传统的消极救济发展为积极救助，促使贫困者自力更生，实现脱贫致富，从而促进社会经济的繁荣。

3. 有利于稳定社会秩序。社会救助完全由政府来举办，其经费来源于政府的财政开支，是国民财富再分配的一种方式，体现为公平的思想，也是缩小社会贫富差距的一项措施。社会救助通过必要的费用开支，对社会上的贫困者和遭遇灾害者给予必要的救助，以解决他们的困难，从而实现社会的安定，维护社会的正常秩序。

4. 有效弥补了社会保险制度的不足。就社会保险制度的设计看，享受社会保险待遇的只是部分或大部分的社会成员。享受社会保险待遇有严格的条件限制，只有被纳入社会保险范围并承担了相应义务的人才能获得社会保险待遇。这必然使得社会上有相当部分的贫困人群因没有参加社会保险或无力支付社会保险费而不能享受社会保险待遇，这就需要通过社会救助制度使他们免去生活之忧。

三、社会救助立法

为了使社会救助发挥其应有作用，必须将其纳入法制化轨道。从世界范围看，社会保障的立法是从社会救助的立法开始的，其标志是英国在 1601 年制定的《济贫法》。但该法所规定的社会救济是惩戒性的。1909 年，英国的一个皇家专门委员会的报告，建议废除惩戒性的济贫法，代之以合乎人道主义精神的社会救助。此后，1935 年美国的《社会保障法》（Social Security Act）将社会救助列为社会保障的三大部分之一。

纵观古今中外的社会救助立法，主要有两种模式：①制定单一的社会救助法，对与社会救助有关的事项进行统一的规定，如英国伊丽莎白女王于 1601 年颁布的《济贫法》（Poor Law），国民党政府于 1943 年 9 月 29 日颁布的《社会救济法》等；②制定统一的社会保障法，将社会救助作为社会保障法的一部分予以规定，如美国在 1935 年制定的《社会保障法》，其内容包括社会保险、公共救助和儿童福利服务三大部分，其中关于公共救助部分的规定即是社会救助的内容。但不论是在哪种立法模式下，仅靠一部社会保障法典或一部社会救助法是不可能将有关社会救助的事项规定无遗的，其仍需其他单行立法或在其他法律中进行规定予以补充。调整国家和社会对不能维持最低限度生活水平的人进行救助而产生的社会救助法律关系的法律规范的总和，便构成了社会救助法。

四、社会救助资金的来源

社会救助资金的来源主要有国家财政拨款、信贷扶贫、社会捐赠、国际援助、社会救助基金增值等。

1. 国家财政拨款。国家财政拨款包括中央财政拨款和地方财政拨款两种，它是社会救助资金最主要的来源。由中央财政和地方财政每年在财政预算中列出一部分资金划入社会救助基金，专门用于社会救助，这不仅可以保证社会救助工作所需的资金来源，也是国家履行其社会救助职能所必需的资金。在我国，国家财政拨款一直是社会救助资金来源的主渠道，中央财政拨款所占比例较大。但在最近几年，由于经济的发展，财政体制的改革，地方财政实力逐渐增强，地方财政在提供社会救助资金方面所做的贡献也在逐步增大。

2. 信贷扶贫。这是指通过金融部门筹集的资金，用于发放低息甚至是无息的贷款，支持贫困地区经济开发，扶持贫困户发展生产，自力更生。信贷扶贫，原来主要是通过专业银行进行。随着金融体制的改革，现在各专业银行已经转化为商业银行。国家的信贷扶贫款主要靠政策性银行来发放，在有的情况下也可委托商业银行予以发放。

3. 社会捐赠。国家提倡和鼓励社会组织和个人支持、发展社会救助事业，为社会救助事业捐赠资金、物资和提供服务，支持以社会救助为目的的公益性社会组织的发展。鼓励自然人、法人或者其他组织（包括国际组织）按照《公益事业捐赠法》《救灾捐赠管理办法》等有关法律、法规的规定进行捐赠和援助。受赠的财产应当按照国家有关公益事业捐赠的规定使用。

4. 国际援助。是指在发生比较大的自然灾害、工业灾难和社会动荡时，由政府通过向国际社会通报灾情、呼吁援助的方式，以期获得联合国和其他国家政府的援助。在国际援助方面，我们应当认识到，社会救助是国家和社会的一项不可推卸的责任。而有时在巨大的自然灾害、工业灾害和社会动荡面前，仅靠一国政府的力量是不能履行或不能很好地履行社会救助这项义务的，这时应积极争取国际社会的援助，这也是国之常情，绝不是什么丢面子的事情，也不要将接受国际援助与社会制度等政治因素混淆在一起，从而束缚了自己的手脚。

这些年的实践证明，利用非政府组织和企业等民间力量，组织和发动社会公众自愿捐助，是充分发挥社会力量参与救助的有效途径，亦是多主体的复合多元的救助体系的重要组成部分。今后，政府应逐渐从捐赠工作中退出，由民间力量来建立和完善经常性的救助捐赠机制。在各级政府的民间组织管理部门和救助主管部门的管理下，可由各民间组织负责建立全国性的救助捐赠服务网络。[1]

5. 社会救助基金增值。社会救助所需资金，由地方各级人民政府列入财政预算，专项管理，专款专用。因社会救助资金的管理和运营而产生的利息及其他增值，也属于社会救助资金的组成部分。

【资料链接】

《中华人民共和国 2022 年国民经济和社会发展统计公报》数据显示，2022 年年末全国共 683 万人享受城市最低生活保障，3349 万人享受农村最低生活保障，435 万人享受农村特困人员救助供养，全年临时救助 1083 万人次。全年资助 8990 万人参加基本医疗保险，实施直接救助 7300 万人次。全年国家抚恤、补助退役军人和其他优抚对象 827 万人。

第二节　我国社会救助制度的基本内容

我国的社会救助以居民最低生活保障为基本内容，并根据实际情况实施专项救助、自然灾害救助、临时救助以及国家确定的其他救助，各项社会救助制度日益完善，对于保障和改善民生、构建社会主义和谐社会而言，发挥了重要作用。

一、自然灾害救助制度

（一）自然灾害救助概述

自然灾害救助，又称"救灾"，是指国家和社会对因自然灾害而面临生存危机的社会成员进行抢救与援助，以维持其最低限度的生活水平，并使其脱离灾难和生活困窘状态的一种社会救助制度。

所谓自然灾害，是指由自然界发生的不以人的主观意志为转移的自然现象所引起的灾害。自然灾害主要有水旱灾害、气象灾害、地震灾害、地质灾害、海洋灾害、生物灾害和森林草原火灾等七大类。自然灾害给人类社会带来的损害很大，严重威胁到人类的生命财产安全。我国是一个自然灾害频发的国家，每年都会发生大大小小、种类不同的自然灾害。2022 年，我国自然灾害以洪涝、干旱、风雹、地震和地质灾害为主，全年各种自然灾害共造成 1.12 亿人次受灾，因灾死亡失踪 554 人，紧急转移安置 242.8 万人次，直接经济损失 2386.5 亿元。2008 年的"5·12"汶川特大地震是新中国成立以来破坏性最强、波及范围最广、救灾难度最大的地震，造成 6.9 万多人遇难，1.8 万多人失踪，37 万多人有不同程度的受伤，1000 多万人因房屋倒塌或严重损毁而无家可归，直接经济损失达 8451 亿元人民币。每次自然灾害都会产生许多缺衣少食、生活水平在贫困线以下的受灾人口，他们都是自然灾害社会救助的对象。

【资料链接】

发生在四川汶川的"5·12"特大地震，给中华民族带来了巨大灾难，顷刻间地动山摇，江河断裂，房倒屋塌，生灵伤亡，有千余万群众的生活受到影响……举国哀悼、全球

---

[1]　孙绍骋：《中国救灾制度研究》，商务印书馆 2004 年版，第 268 页。

同情、八方支援、共克时艰。在这个特殊的环境下，我们忘不了自己的同胞受伤、受苦、受难的悲惨情景，忘不了全国人民捐钱、捐物、捐血的爱心奉献，忘不了党和国家领导人与灾区人民心连心、同呼吸、共命运的救灾情怀，忘不了政府、军队、人民共赴国难、并肩奋战的同生死、共患难、手牵手、向前进的民族精神，忘不了一线医护人员、新闻记者，还有各种各样的志愿者、外国朋友的真心、真情、真奉献的社会良心……[1]

(二) 自然灾害救助立法

在长期的与自然灾害作斗争的过程中，我国已形成了自己的自然灾害救助制度。国家建立了针对突发性自然灾害的应急体系和社会救助制度。政府视人民生命安全为第一，灾害发生时及时抢救、转移受灾群众，灾后引导群众进行生产自救、互助互济，并动员社会各方力量参与，最大限度地减少由灾害造成的人员伤亡和财产损失，确保受灾群众有饭吃、有衣穿、有房住、有病能医。各级政府在财政预算中安排救灾支出，用于储备救灾物资和转移受灾群众。

为了顺利开展自然灾害救助工作，保护受灾人口的利益，发挥自然灾害社会救助制度的作用，我国政府和主管自然灾害社会救助的部门——民政部，先后制定了一系列与自然灾害社会救助有关的法规和规章，对自然灾害社会救助工作进行了系统规范。其内容主要包括自然灾害社会救助的救助范围、社会救助对象、救助资金的筹措、救助的项目及救助的形式等。1997 年 12 月，我国又制定了《中华人民共和国防震减灾法》，该法在第 33~36 条中较为具体地规定了对地震灾区及灾民的救助，包括提供救助物品、资金，帮助尽快恢复生活和生产设施，组织人员开展自救和互救等各项措施。2006 年《国家突发公共事件总体应急预案》和 2007 年《中华人民共和国突发事件应对法》，规范了对包括自然灾害、事故灾难、公共卫生事件和社会安全事件在内的突发事件的预防与应急准备、监测与预警、应急处置与救援、事后恢复与重建等应对活动。2010 年 7 月，国务院颁布了《自然灾害救助条例》，有效地保障了受灾人员救助工作的进行。2014 年国务院《社会救助暂行办法》又进一步对受灾人员救助制度作了专章规定。国务院办公厅于 2016 年 3 月 24 日公布了修订后的《国家自然灾害救助应急预案》，对组织指挥体系、灾害预警响应、信息报告和发布、国家应急响应、灾后救助与恢复重建、保障措施等内容进行了进一步规范和完善。在各方的共同努力之下，我国已初步建立了自然灾害救助法律制度。

(三) 自然灾害救助的主要内容

1. 自然灾害社会救助的对象。是指因自然灾害侵袭而遭受损害的灾民。灾民可分为两种，一种是灾区的灾民，另一种是非灾区的灾民。所谓灾区，是指因遭受自然灾害侵袭而造成较大人身伤亡和财产损失的地区。根据人身伤亡和财产损失的程度，可将灾区划分为轻灾区、重灾区及特重灾区。轻灾区，是指因遭受自然灾害袭击而造成财产损失或工农业生产减产减收在 3~5 成的地区；重灾区，是指因遭受自然灾害袭击而造成财产损失或工农业生产减产减收在 5~8 成，并造成较大人身伤亡的地区；特重灾区，是指因遭受毁灭性自然灾害袭击而造成财产或工农业生产减产减收在 8 成以上，并造成人身重大伤亡的地区。灾区中的灾民和非灾区中的灾民均属于自然灾害社会救助的对象。

---

[1]　柳斌杰："灾难也是大学校"，载《中国出版》2008 年第 6 期。

2. 自然灾害社会救助的形式。《国家突发公共事件总体应急预案》规定，各有关部门要按照职责分工和相关预案做好应对突发公共事件的人力、物力、财力、交通运输、医疗卫生及通信保障等工作，保证应急救援工作的需要和灾区群众的基本生活，以及恢复重建工作的顺利进行。

根据提供救助的时间，自然灾害社会救助可分为灾前救助、灾时救助与灾后救助。灾前救助是指对可能发生的自然灾害进行事先评估预防，采取各种措施提前应对灾害，减少损失。《突发事件应对法》第 44 条规定："发布三级、四级警报，宣布进入预警期后，县级以上地方各级人民政府应当根据即将发生的突发事件的特点和可能造成的危害，采取下列措施：（一）启动应急预案；（二）责令有关部门、专业机构、监测网点和负有特定职责的人员及时收集、报告有关信息，向社会公布反映突发事件信息的渠道，加强对突发事件发生、发展情况的监测、预报和预警工作；（三）组织有关部门和机构、专业技术人员、有关专家学者，随时对突发事件信息进行分析评估，预测发生突发事件可能性的大小、影响范围和强度以及可能发生的突发事件的级别；（四）定时向社会发布与公众有关的突发事件预测信息和分析评估结果，并对相关信息的报道工作进行管理；（五）及时按照有关规定向社会发布可能受到突发事件危害的警告，宣传避免、减轻危害的常识，公布咨询电话。"第 45 条规定："发布一级、二级警报，宣布进入预警期后，县级以上地方各级人民政府除采取本法第四十四条规定的措施外，还应当针对即将发生的突发事件的特点和可能造成的危害，采取下列一项或者多项措施：（一）责令应急救援队伍、负有特定职责的人员进入待命状态，并动员后备人员做好参加应急救援和处置工作的准备；（二）调集应急救援所需物资、设备、工具，准备应急设施和避难场所，并确保其处于良好状态、随时可以投入正常使用；（三）加强对重点单位、重要部位和重要基础设施的安全保卫，维护社会治安秩序；（四）采取必要措施，确保交通、通信、供水、排水、供电、供气、供热等公共设施的安全和正常运行；（五）及时向社会发布有关采取特定措施避免或者减轻危害的建议、劝告；（六）转移、疏散或者撤离易受突发事件危害的人员并予以妥善安置，转移重要财产；（七）关闭或者限制使用易受突发事件危害的场所，控制或者限制容易导致危害扩大的公共场所的活动；（八）法律、法规、规章规定的其他必要的防范性、保护性措施。"

灾时救助的形式主要有：组织力量进行抢救，减少损失；对受伤患病的灾民进行救治；为缺衣少食、无房住的灾民提供基本的生活保障；等等。《突发事件应对法》第 49 条规定："自然灾害、事故灾难或者公共卫生事件发生后，履行统一领导职责的人民政府可以采取下列一项或者多项应急处置措施：（一）组织营救和救治受害人员，疏散、撤离并妥善安置受到威胁的人员以及采取其他救助措施；（二）迅速控制危险源，标明危险区域，封锁危险场所，划定警戒区，实行交通管制以及其他控制措施；（三）立即抢修被损坏的交通、通信、供水、排水、供电、供气、供热等公共设施，向受到危害的人员提供避难场所和生活必需品，实施医疗救护和卫生防疫以及其他保障措施；（四）禁止或者限制使用有关设备、设施，关闭或者限制使用有关场所，中止人员密集的活动或者可能导致危害扩大的生产经营活动以及采取其他保护措施；（五）启用本级人民政府设置的财政预备费和储备的应急救援物资，必要时调用其他急需物资、设备、设施、工具；（六）组织公民参加应急救援和处置工作，要求具有特定专长的人员提供服务；（七）保障食品、饮用水、燃料等基本生活必需品的供应；（八）依法从严惩处囤积居奇、哄抬物价、制假售假等扰乱市场秩序的行为，稳定市场价格，维护市场秩序；（九）依法从严惩处哄抢财物、干扰破坏应急处置工作等扰乱社会秩序的行为，维护社会治安；（十）采取防止发生次生、衍生事件的必要措施。"

灾后救助的形式主要有：采取措施，对灾民进行安置或转移；由政府提供各种物资，为灾民提供口粮、衣被、医疗服务，保障灾民最基本的生活需要；发动和帮助灾民进行生活自救与生产自救；组织和帮助灾民恢复生产，重建家园；等等。《突发事件应对法》第五章对"事后恢复与重建"作了规定：灾区政府应当立即组织对损失进行评估，制定救助、补偿、抚慰、抚恤、安置等善后工作计划并组织实施，尽快恢复生产、生活、工作和社会秩序，制定恢复重建计划，妥善解决因处置突发事件引发的矛盾和纠纷。灾区政府应当及时组织和协调公安、交通、铁路、民航、邮电、建设等有关部门恢复社会治安秩序，尽快修复被损坏的交通、通信、供水、排水、供电、供气、供热等公共设施。国务院根据受突发事件影响地区遭受损失的情况，制定扶持该地区有关行业发展的优惠政策。

【资料链接】

日本于1961年颁布了《灾害对策基本法》，1982年5月由内阁作出决定，将每年的9月1日定为"防灾日"，8月30日~9月5日为"防灾周"，在此期间举办各种宣传普及活动。采取的活动形式有展览、媒体宣传、张贴标语、讲演会、模拟体验等。近年来，商家还推出防灾套装，如出现危险的时候只要几秒钟就能穿戴好基本的生存工具。灾害来临时安全地应对灾难成为人民生活的必要习惯，在东京的街区、中小学、地铁、公园内可看到许多明显的避难场所、消防信号、消火栓等标志。可贵的是，大量有安全标志的场所，都十分细致地考虑了与无障碍环境的协调，如在电梯中不仅有遭遇地震、火灾时的安全对策，还配有为失明残障人士准备的盲文说明。在日本，所有酒店中都有详细的避难空间图示，过道处有十分明显的逃生辅助设备、消防设施、应急照明以及没有任何遮挡物的与外楼梯相通的门。从1964年7月至今，日本已经实施了7个"地震预报五年计划"。日本文部省测地学审议会于1999年8月5日提出"地震预报计划"的建议，继续为提高地震预报的精度而努力。[1]

二、贫困地区救助制度

（一）贫困地区救助概述

贫困地区救助，又称"扶贫"，是指政府通过各种途径有计划地帮助贫困地区的社会成员脱离贫困的社会救助工作。国家确定的贫困地区，主要分布在中西部的深山区、石山区、荒漠区、高寒山区、黄土高原区、地方病高发区及革命老区和少数民族地区。这些地区的共同特点是：地处偏远、交通落后、自然环境恶劣、文化教育落后、生产生活条件极为艰苦。

中国政府在带领广大农民消除贫困的伟大实践中，探索出了一条"政府主导，社会参

---

[1] 戴志勇："日本抗震救灾对汶川地震的启示"，载《南方周末》2008年5月14日。

与，自力更生，开发扶贫，全面发展"，符合中国国情的扶贫开发道路。自 20 世纪 80 年代中期起，因在全国范围内实施有计划、有组织、大规模的扶贫开发，我国的扶贫工作取得了显著的成绩。中国农村的贫困人口已从 1978 年的 2.5 亿下降到了 2004 年的 2600 万。2004 年 5 月于中国上海召开的全球扶贫大会，高度评价了中国的扶贫成就，认为"中国的扶贫成就是一个生动的例子，可以证明人类消除贫困不是遥不可及的目标，中国的例子将改变整个世界关于扶贫争论的悲观基调"[1]。目前，我国合理有序的收入分配格局基本形成，中等收入者占多数，绝对贫困现象基本消除。

（二）贫困地区救助立法

在贫困地区救助法律制度的建设方面，我国也取得了很大的成绩。1984 年，中共中央、国务院发出了《关于帮助贫困地区尽快改变面貌的通知》，开始有步骤地进行扶贫工作。1986 年，国务院贫困地区经济开发领导小组成立，这被视为进行"有组织、有计划、大规模的农村扶贫开发活动"的开端。1994 年，我国又制定和实施了《国家八七扶贫攻坚计划（1994~2000 年）》，成立了中国扶贫基金会。1996 年，中共中央、国务院又作出了《关于尽快解决农村贫困人口温饱问题的决定》，为此，1997 年国务院办公厅又印发了《国家扶贫资金管理办法》。2001 年，我国颁布了《中国农村扶贫开发纲要（2001~2010 年）》。三十余年来，中央扶贫政策几经调整，直至十八大后，"精准"成为扶贫工作的新坐标，以举国之力发起的扶贫攻坚战，到了最后冲刺阶段。经过全国上下的努力，在 2017 年 2 月 21 日进行的中共中央政治局第三十九次集体学习上，习近平表示，党的十八大以来，脱贫攻坚取得显著成绩，在 2013~2016 年的 4 年间，累计脱贫 5564 万人，每年农村贫困人口的减少都超过 1000 万人；贫困发生率从 2012 年底的 10.2% 下降到 2016 年底的 4.5%，下降了 5.7 个百分点。实践证明，党的十八大以来，以习近平为核心的党中央通过调整扶贫政策、加强组织和纪律保障等举措，将扶贫攻坚摆到了"治国理政突出位置"。除此以外，我国主管扶贫工作的民政部也先后制定出台了许多关于贫困地区社会救助的部门规章和规定，明确规定了贫困地区社会救助的范围，扶贫的原则和方式，扶贫资金的筹措、管理和使用，扶贫中的优惠政策等内容。总之，作为我国社会救助制度中重要组成部分的贫困地区扶贫制度已初步建立，在运行过程中已有章可循。2017 年，党的十九大把精准脱贫作为三大攻坚战之一进行全面部署，锚定全面建成小康社会目标，聚力攻克深度贫困堡垒，决战脱贫攻坚。

（三）贫困地区救助的主要内容

1. 扶贫的方式。经过多年探索，我国已走出了一条切实可行的扶贫之路。在我国，扶贫的方式主要有救济式扶贫与开发式扶贫两种。救济式扶贫是指将救助款物提供给救助对象，以帮助其维持最基本的生活的救助方式，是消极地维持贫困人口的最基本生活，又被称作"输血式扶贫"。开发式扶贫是指帮助贫困地区的贫困人口开发经济，发展生产，提高其文化教育水平，以使贫困人口逐步摆脱贫困的救助方式，积极地提高贫困人口的自力更生能力，又被称作"造血式扶贫"。在实践中，开发式扶贫的形式主要有经济扶贫、造福工程和文化扶贫等。经济扶贫，是指根据贫困地区的资源状况，按照市场需求，通过给予贫困地区以资金、技术、人才的支持，帮助贫困地区开发具有竞争力的名优产品，兴

---

[1]　中华人民共和国国务院新闻办公室："2004 年中国人权事业的进展"，载《人民日报》2005 年 4 月 14 日。

办各种实体经济，增进贫困地区与发达地区的经济交流，增强贫困地区的经济实力。造福工程，是指对于世世代代居住在自然条件十分恶劣的穷乡僻壤的人，帮助其迁出该地区以摆脱世代贫困的状态。文化扶贫，是指为了提高落后地区人民的文化水平和教育水平，通过提供各种条件以帮助贫困地区发展文化事业的活动，其具体的方式包括帮助建立希望学校、图书馆、影视文化中心，组织文化活动，提供各种知识的培训等。

2. 扶贫基金和扶贫优惠政策。扶贫基金，是指为解决农村贫困人口的温饱问题、支持贫困地区经济发展而专门筹集的资金。扶贫基金主要来源于国家财政预算拨款和地方政府自筹的资金，另外也包括社会各界的捐款及国际社会的各种援助。国家财政预算拨款用于扶贫工作的资金主要有 5 项：支援经济不发达地区发展资金、农业建设专项补助资金、新增财政扶贫资金、以工代赈资金和扶贫专项贷款。地方各级政府应当根据地方的实际需要及地方财政的实力，增加扶贫投入。省、自治区、直辖市向国家重点扶持贫困县投入的扶贫资金，应当达到国家扶贫资金总量的 30%～50%，非贫困县中零星分散的贫困乡、贫困村和贫困户，由有关地方各级政府自行筹集资金予以扶持。对扶贫资金，应当坚持专款专用、有偿使用原则。扶贫的优惠政策主要有：信贷优惠，如实行贴息贷款；财政税倾斜，如对"老、少、边、穷"地区兴办的企业免征或少征所得税，加大财政支持力度等；经济开发优惠，对资源较好又符合国家产业政策地区的经济开发，实行同等优先原则，重点扶持。

【资料链接】

党的十八大以来，我国现行标准下 9899 万农村贫困人口全部实现脱贫，832 个贫困县全部摘帽，12.8 万个贫困村全部出列，区域性整体贫困得到解决，绝对贫困历史性消除，创造了人类减贫史上的奇迹。脱贫攻坚成效显著，为全球减贫提供了中国方案和中国经验。

三、农村五保供养制度

（一）农村五保供养制度建设

农村五保供养制度，是指根据第一届全国人民代表大会第三次会议通过的《高级农业生产合作社示范章程》和第二届全国人民代表大会第二次会议通过的《全国农业发展纲要》中的有关规定建立起来的一种社会救助制度。它是指由农村基层组织向农村中无法定扶养人扶养、无正常劳动能力、无保障正常生活之经济来源的老人、残疾人、未成年人提供基本的社会救助，以保障其生活不低于当地一般农民的实际生活水平的社会救助制度。早在 20 世纪 50 年代，我国农村已基本建立起对"五保户"的供养制度。1960 年《全国农业发展纲要》也对农村五保供养制度作了规定，进一步明确了五保的内容。党的十一届三中全会以后，党中央和国务院很重视农村五保工作，根据农村普遍实行生产责任制的新形势，又多次作出规定。1982 年《全国农村工作会议纪要》，1985 年中共中央、国务院《关于制止向农民乱派款、乱收费的通知》，1991 年《农民承担费用和劳务管理条例》等一系列规定，为五保工作立法明确了方向、奠定了基础。1994 年，国务院颁布了《农村五保供养工作条例》，并于 2006 年通过了新的《农村五保供养工作条例》。

（二）农村五保供养的主要内容

1. 供养对象。老年、残疾或者未满 16 周岁的村民，无劳动能力、无生活来源又无法定赡养、抚养、扶养义务人，或者其法定赡养、抚养、扶养义务人无赡养、抚养、扶养能力的，享受农村五保供养待遇。

2. 供养内容。农村五保供养包括下列供养内容：①供给粮油、副食品和生活用燃料；②供给服装、被褥等生活用品和零用钱；③提供符合基本居住条件的住房；④提供疾病治疗，对生活不能自理的给予照料；⑤办理丧葬事宜。农村五保供养对象未满 16 周岁或者已满 16 周岁仍在接受义务教育的，应当保障他们依法接受义务教育所需费用。农村五保供养对象的疾病治疗，应当与当地农村合作医疗和农村医疗救助制度相衔接。农村五保供养标准不得低于当地村民的平均生活水平，并根据当地村民平均生活水平的提高适时调整。农村五保供养标准，可以由省、自治区、直辖市人民政府制定，在本行政区域内公布执行，也可以由设区的市级或者县级人民政府制定，报所在的省、自治区、直辖市人民政府备案后公布执行。

3. 供养形式。目前，我国农村五保供养的形式主要有集中供养与分散供养两种形式。农村五保供养对象可以自行选择供养形式，可以在当地的农村五保供养服务机构集中供养，集中供养的农村五保供养对象，由农村五保供养服务机构提供供养服务；也可以在家分散供养，分散供养的农村五保供养对象，既可以由村民委员会提供照料，也可以由农村五保供养服务机构提供有关供养服务。

4. 供养资金。农村五保供养资金由地方人民政府财政预算中安排。有农村集体经营等收入的地方，可以从农村集体经营等收入中安排资金，用于补助和改善农村五保供养对象的生活。农村五保供养对象将承包土地交由他人代耕的，其收益归该农村五保供养对象所有。具体办法由省、自治区、直辖市人民政府规定。中央财政对财政困难地区的农村五保供养，在资金上给予适当补助。农村五保供养资金，应当专门用于农村五保供养对象的生活，任何组织或者个人不得贪污、挪用、截留或者私分。国家鼓励社会组织和个人为农村五保供养对象和农村五保供养工作提供捐助和服务。

四、农村居民最低生活保障制度

从 1997 年开始，有条件的地区本着低标准起步、逐步调整的原则，逐步建立农村居民最低生活保障制度，凡农民家庭年人均收入低于当地县（市、区）农村最低生活保障标准的特困农民都应得到救助。确定了四类农村最低生活救助对象：①家庭成员均无劳动能力或基本丧失劳动能力的无劳户；②家庭主要成员在劳动能力年龄段，但因严重残疾而丧失劳动能力，家庭保障确有困难者；③家庭成员虽在劳动能力年龄段，但因常年有病，基本或大部分丧失劳动能力，家庭保障确有困难者；④家庭主要成员因病、因灾死亡，其子女均未达到具有劳动能力年龄段，生活特别困难者。实施农村最低生活保障制度所需要的资金由各级财政分级负担，其资金基本来源于中央下拨的救灾资金和地方本级财政自然灾害救济事业费。

2007 年，国务院发布了《关于在全国建立农村最低生活保障制度的通知》，决定在全国范围建立农村最低生活保障制度，目标是将符合条件的农村贫困人口全部纳入保障范围，稳定、持久、有效地解决全国农村贫困人口的温饱问题。建立农村最低生活保障制度，实行地方人民政府负责制，按属地进行管理。要与扶贫开发、促进就业以及其他农村社会保障政策、生活性补助措施相衔接，坚持政府救济与家庭赡养扶养、社会互助、个人自立相结合，鼓励和支持有劳动能力的贫困人口生产自救，脱贫致富。农村最低生活保障标准由县级以上地方人民政府按照能够维持当地农村居民全年基本生活所必需的饮食、穿衣、用水、用电等费用确定，并报上一级地方人民政府备案后公布执行。农村最低生活保障标准要随着当地生活必需品价格变化和人民生活水平提高适时进行调整。农村最低生活保障资金的筹集以地方为主，地方各级人民政府要将农村最低生活保障资金列入财政预算，省级人民政府要加大投入。地方各级人民政府民政部门要根据保障对象人数等提出资金需求，经同级财政部门审核后列入预算。中央财政对财政困难地区给予适当补助。地方各级人民政府及其相关部门要统筹考虑农村各项社会救助制度，合理安排农村最低生活保障资金，提高资金使用效益。同时，鼓励和引导社会力量为农村最低生活保障提供捐赠和资助。农村最低生活保障资金实行专项管理、专账核算、专款专用，严禁挤占挪用。

五、城市居民最低生活保障制度

（一）城市居民最低生活保障制度概述

城市居民最低生活保障制度，是指对家庭人均收入低于当地政府公告的最低生活保障标准的人口，由国家给予一定现金资助，以保证该家庭成员基本生活需要的社会救助制度。

对城市里的低收入人口进行社会救助是我国的一种传统做法，但在过去并不称之为最低生活保障制度，其制度内容和具体操作也与最低生活保障制度有所差别。20世纪80年代以来，许多地方开始探索对传统社会救助制度的改革。有的地方采用了最低生活保障制度，一揽子解决社会救助对象的基本生活问题，即根据本地实际情况划定贫困线，对家庭人均收入低于贫困线的人员和家庭，由政府给予相应的补贴，以保证其最低限度的生活。1993年，上海在全国率先建立了最低生活保障制度，此后，全国各城市纷纷效仿。到1996年，最低生活保障制度的建设在全国范围内全面开展。同年年底，全国有116个城市建立了最低生活保障制度，有20万个贫困家庭的基本生活得到了保障。为了保障城市居民的基本生活，1997年9月，国务院下发了《关于在全国建立城市居民最低生活保障制度的通知》，要求各级地方政府高度重视这项工作，采取有力措施，尽快在全国城市中建立起最低生活保障制度。1999年，国务院公布了《城市居民最低生活保障条例》，对居民最低生活保障制度作了具体规定。

（二）城市居民最低生活保障制度的主要内容

1. 城市居民最低生活保障的对象。我国最低生活保障制度的救助对象，是家庭人均收入低于当地政府公告的最低生活保障标准的家庭和居民。简单地说，我国城市居民最低生活保障的对象是与其共同生活的家庭成员人均收入低于当地城市居民最低生活保障标准，且持有非农业户口的城市居民。这里所说的收入，是指共同生活的家庭成员的全部货币收入和实物收入，包括法定赡养人、扶养人或者抚养人应当给付的赡养费、扶养费或者抚养费，不包括优抚对象按照国家规定享受的抚恤金、补助金。

2. 城市居民最低生活保障的标准。最低生活保障机构向救助对象提供救助的标准是由政府根据一定的规则制定并公布的。直辖市、设区的市的城市居民最低生活保障标准，由市人民政府民政部门会同财政、统计、物价等部门制定，报本级人民政府批准并公布执行；县（县级市）的城市居民最低生活保障标准，由县（县级市）人民政府民政部门会同财政、统计、物价等部门制定，报本级人民政府批准并报上一级人民政府备案后公布执行。至于制定最低生活保障标准的依据，则由制定机关按照当地维持城市居民基本生活所必需的衣、食、住费用，并适当考虑水、电、燃煤、燃气费用以及未成年人的义务教育费用确定。需指出的是，城市居民最低生活保障标准一经制定并非是固定不变的，由于经济的发展和社会的变化，居民保持最低生活水平所需费用也是不断变化的，因而，城市居民最低生活保障标准亦应随之调整。需要变化时，仍由前述机关依照前述程序和依据进行调整。

3. 城市居民最低生活保障基金。最低生活保障制度作为社会救助的一种具体制度，是以国家为主体实施的，强调的是国家在保障国民基本生活方面的责任。在最低生活保障基金的筹集上，国家承担最低生活保障制度的责任即表现为城市居民最低生活保障所需资金主要由国家预算解决。具体地说，城市居民最低生活保障所需资金，由地方人民政府列入财政预算，纳入社会救助专项资金支出项目，专项管理，专款专用。国家也鼓励社会组织和个人为城市居民最低生活保障进行捐赠、资助。

4. 城市居民最低生活保障待遇的申领程序。根据我国《城市居民最低生活保障条例》的规定，救助对象取得最低生活保障待遇要按规定程序申请，并经法定机构批准。具体来说，最低生活保障待遇的申领应经以下程序：①申请。符合最低生活保障待遇的居民或家庭申请最低生活保障待遇时，应由户主向户籍所在地的街道办事处或者镇人民政府提出书面申请，并出具有关证明材料，填写《城市居民最低生活保障待遇审批表》。②初审。对于最低生活保障申请，由申请人所在地的街道办事处或者镇人民政府初审，并将有关材料和初审意见报送县级人民政府民政部门审批。③批准。最低生活保障待遇的审批机关是县级人民政府民政部门。管理审批机关为审批城市居民最低生活保障待遇的需要，可以通过人户调查、邻里访问以及信函索证等方式对申请人的家庭经济状况和实际生活水平进行调查核实。申请人及有关单位、组织或者个人应当接受调查，如实提供有关情况。县级人民政府民政部门经审查，对不符合享受城市居民最低生活保障待遇条件的，应当书面通知申请人，并说明理由。管理审批机关应当自接到申请人提出申请之日起的 30 日内办结审批手续。④给付。对县级人民政府民政部门经审查批准享受最低生活保障的居民或家庭，由管理审批机关以货币形式按月发放最低生活保障待遇；必要时，也可以以给付实物的形式发放最低生活保障待遇。至于申领的标准，则应当区分下列不同情况批准其享受城市居民最低生活保障待遇：一是对无生活来源、无劳动能力又无法定赡养人、扶养人或者抚养人的城市居民，批准其按照当地城市居民最低生活保障标准全额享受；二是对尚有一定收入的城市居民，批准其按照家庭人均收入低于当地城市居民最低生活保障标准的差额享受。

5. 城市居民最低生活保障的管理机构。在我国，全国城市居民最低生活保障的管理机构是国务院民政部门，其负责全国城市居民最低生活保障的管理工作。但由于没有建立全国统一的最低生活保障制度，最低生活保障制度是以地方为单位实施的，所以城市居民最低生活保障制度实行地方各级人民政府负责制。在具体工作的管理与实施上，县级以上地方各级人民政府民政部门具体负责本行政区域内城市居民最低生活保障的管理工作；财政部门按照规定落实城市居民最低生活保障资金；统计、物价、审计、劳动保障和人事等部门分工负责，在各自的职责范围内负责城市居民最低生活保障的有关工作。县级人民政府民政部门以及街道办事处和镇人民政府负责城市居民最低生活保障的具体管理审批工作。居民委员会根据管理审批机关的委托，可以承担城市居民最低生活保障的日常管理、服务工作。

六、城市流浪乞讨人员救助制度

1982 年 5 月 12 日，国务院通过发布《城市流浪乞讨人员收容遣送办法》救济、教育和安置城市流浪乞讨人员，以维护城市社会秩序和安定团结。收容遣送对象是指：①家居农村流入城市乞讨的；②城市居民中流浪街头乞讨的；③其他露宿街头生活无着的。收容遣送工作由民政、公安部门负责，在大城市、中等城市、开放城市和其他交通要道流浪乞讨人员多的地方，设立收容遣送站。收容遣送站应当及时了解被收容人员的姓名、身份及家庭住址等情况，安排好他们的生活，加强对他们的思想政治教育，及时把他们遣送回原户口所在地。该办法现已被《城市生活无着的流浪乞讨人员救助管理办法》所废止，但该办法基本奠定了我国城市流浪乞讨人员救助制度的基础。

多年来，我国经济社会发展和人口流动状况发生了很大变化，原来施行的城市流浪乞讨人员收容遣送制度已经不适应新形势的需要。为了从根本上解决城市生活无着的流浪乞讨人员的问题，保障其基本生活权益，完善社会救助制度和相关法规，2003 年，国务院通过了《城市生活无着的流浪乞讨人员救助管理办法》。该办法按照"自愿受助、无偿援助"的原则，对在城市生活无着的流浪乞讨人员给予关爱性的救助管理，根据受助人员的不同情况和需求，为其提供食宿、医疗、通讯、返乡及接送等方面的救助服务。县级以上城市人民政府应当根据需要设立流浪乞讨人员救助站，救助站对流浪乞讨人员的救助是一项临时性的社会救助措施。《城市生活无着的流浪乞讨人员救助管理办法实施细则》规定，"城市生活无着的流浪乞讨人员"是指因自身无力解决食宿，无亲友投靠，又不享受城市最低生活保障或者农村五保供养，正在城市流浪乞讨度日的人员。虽有流浪乞讨行为，但不具备上述规定情形的，不属于救助对象。

【资料链接】

2003 年 3 月 17 日晚，孙志刚在大马路上，因缺少暂住证，被警察送至广州"三无"人员收容遣送中转站收容。次日，孙志刚被收容站送往一家收容人员救治站，受到工作人员以及其他收容人员殴打致死。2003 年 6 月 20 日，在孙志刚一审过后 11 天，国务院公布施行《城市生活无着的流浪乞讨人员救助管理办法》，1982 年国务院发布的《城市流浪乞讨人员收容遣送办法》同时废止。孙志刚以生命为代价推动了中国法治建设进程。

七、廉租住房保障制度

1998 年以来，我国政府积极推进廉租住房制度建设，不断完善廉租住房保障政策。对按政府规定价格出租的公有住房和廉租住房，暂免征收房产税、营业税。各地政府在国家统一政策指导下，结合当地经济社会发展的实际情况，因地制宜建立城镇最低收入家庭廉租住房制度。廉租住房制度以财政预算安排为主，多渠道筹措廉租住房资金，实行以住房租赁补贴为主，实物配租、租金核减为辅的多种保障方式。对住房面积和家庭收入在当地政府规定标准之下的家庭，当地政府按申请、登记、轮候程序给予安排，保障其基本要求。2003 年，全国已有 35 个大中城市全面建立了最低收入家庭廉租住房制度。[1] 我国自 2007 年 12 月 1 日起施行《廉租住房保障办法》，促进廉租住房制度建设，逐步解决城市低收入家庭的住房困难。党的十八大报告提出要建立市场配置和政府保障相结合的住房制度，加强保障性住房建设和管理，满足困难家庭的基本需求。

（一）廉租住房保障对象

廉租住房保障对象是城市低收入住房困难家庭。城市低收入住房困难家庭，是指城市和县人民政府所在地的镇范围内，家庭收入、住房状况等符合市、县人民政府规定条件的家庭。建设（住房保障）主管部门应当综合考虑登记的城市低收入住房困难家庭的收入水平、住房困难程度和申请顺序以及个人申请的保障方式等，确定相应的保障方式及轮候顺序，并向社会公开。

廉租住房保障对象的认定程序如下：①申请廉租住房保障的家庭，应当由户主向户口所在地街道办事处或者镇人民政府提出书面申请。②街道办事处或者镇人民政府应当自受理申请之日起 30 日内，就申请人的家庭收入、家庭住房状况是否符合规定条件进行审核，提出初审意见并张榜公布，将初审意见和申请材料一并报送市（区）、县人民政府建设（住房保障）主管部门。③建设（住房保障）主管部门应当自收到申请材料之日起 15 日内，就申请人的家庭住房状况是否符合规定条件提出审核意见，并将符合条件的申请人的申请材料转同级民政部门。④民政部门应当自收到申请材料之日起 15 日内，就申请人的家庭收入是否符合规定条件提出审核意见，并反馈同级建设（住房保障）主管部门。⑤经审核，家庭收入、家庭住房状况符合规定条件的，由建设（住房保障）主管部门予以公示，公示期限为 15 日；对经公示无异议或者异议不成立的，作为廉租住房保障对象予以登记，书面通知申请人，并向社会公开登记结果。经审核，不符合规定条件的，建设（住房保障）主管部门应当书面通知申请人，说明理由。申请人对审核结果有异议的，可以向建设（住房保障）主管部门申诉。建设（住房保障）主管部门、民政等有关部门以及街道办事处、镇人民政府，可以通过入户调查、邻里访问以及信函索证等方式对申请人的家庭收入和住房状况等进行核实。申请人及有关单位和个人应当予以配合，如实提供有关情况。

（二）廉租住房保障方式

1. 货币补贴。货币补贴是指县级以上地方人民政府向申请廉租住房保障的城市低收入住房困难家庭发放租赁住房补贴，由其自行承租住房。实施廉租住房保障，主要通过发放租赁补贴，增强城市低收入住房困难家庭承租住房的能力。采取货币补贴方式的，补贴额度按照城市低收入住房困难家庭现住房面积与保障面积标准的差额、每平方米租赁住房补贴标准确定。每平方米租赁住房补贴标准由市、县人民政府根据当地经济发展水平、市场平均租金、城市低收入住房困难家庭的经济承受能力等因素确定。其中对城市居民最低生活保障家庭，可以按照当地市场平均租金确定租赁住房补贴标准；对其他城市低收入住房困难家庭，可以根据收入情况等分类确定租赁住房补贴标准。对已经登记为廉租住房保障对象的城市居民最低生活保障家庭，凡申请租赁住房货币补贴的，要优先安排发放补

---

〔1〕 王敬中："《中国的社会保障状况和政策》白皮书"，载《人民日报》2004 年 9 月 8 日。

贴，基本做到应保尽保。

2. 实物配租。实物配租是指县级以上地方人民政府向申请廉租住房保障的城市低收入住房困难家庭提供住房，并按照规定标准收取租金。廉租住房紧缺的城市，应当通过新建和收购等方式，增加廉租住房实物配租的房源。采取实物配租方式的，配租面积为城市低收入住房困难家庭现住房面积与保障面积标准的差额。实物配租的住房租金标准实行政府定价。实物配租住房的租金，按照配租面积和市、县人民政府规定的租金标准确定。有条件的地区，对城市居民最低生活保障家庭，可以免收实物配租住房中住房保障面积标准内的租金。实物配租应当优先面向已经登记为廉租住房保障对象的孤、老、病、残等特殊困难家庭，城市居民最低生活保障家庭以及其他急需救助的家庭。

3. 租金核减。《廉租住房保障办法》第 33 条规定，对承租直管公房的城市低收入家庭，可以参照《廉租住房保障办法》有关规定，对住房保障面积标准范围内的租金予以适当减免。

（三）廉租住房保障资金和房屋来源

廉租住房保障资金采取多种渠道筹措的方式。廉租住房保障资金来源包括：①年度财政预算安排的廉租住房保障资金；②提取贷款风险准备金和管理费用后的住房公积金增值收益余额，应当全部用于廉租住房建设；③土地出让净收益中安排的廉租住房保障资金，土地出让净收益用于廉租住房保障资金的比例，不得低于 10%；④政府的廉租住房租金收入，应当按照国家财政预算支出和财务制度的有关规定，实行收支两条线管理，专项用于廉租住房的维护和管理；⑤社会捐赠及其他方式筹集的资金。对中西部财政困难地区，按照中央预算内投资补助和中央财政廉租住房保障专项补助资金的有关规定给予支持。

实物配租的廉租住房来源主要包括：①政府新建、收购的住房；②腾退的公有住房；③社会捐赠的住房；④其他渠道筹集的住房。

（四）廉租住房保障监督管理

国务院建设主管部门、省级建设（住房保障）主管部门应当会同有关部门，加强对廉租住房保障工作的监督检查，并公布监督检查结果。对城市低收入住房困难家庭的收入标准、住房困难标准等以及住房保障面积标准，实行动态管理，由市、县人民政府每年向社会公布一次。市、县人民政府应当定期向社会公布城市低收入住房困难家庭廉租住房保障情况。建设（住房保障）主管部门应当根据城市低收入住房困难家庭人口、收入、住房等变化情况，调整租赁住房补贴额度或实物配租面积、租金等。

已领取租赁住房补贴或者配租廉租住房的城市低收入住房困难家庭，应当按年度向所在地街道办事处或者镇人民政府如实申报家庭人口、收入及住房等变动情况。街道办事处或者镇人民政府可以对申报情况进行核实、张榜公布，并将申报情况及核实结果报建设（住房保障）主管部门。

市（区）、县人民政府建设（住房保障）主管部门应当按户建立廉租住房档案，并采取定期走访、抽查等方式，及时掌握城市低收入住房困难家庭的人口、收入及住房变动等有关情况。对不再符合规定条件的，应当停止发放租赁住房补贴，或者由承租人按照合同约定退回廉租住房。

城市低收入住房困难家庭有下列行为之一的，应当按照合同约定退回廉租住房：①将所承租的廉租住房转借、转租或者改变用途的；②无正当理由连续 6 个月以上未在所承租的廉租住房居住的；③无正当理由累计 6 个月以上未交纳廉租住房租金的。

对以欺骗等不正当手段，取得审核同意或者获得廉租住房保障的，由建设（住房保障）主管部门给予警告；对已经登记但尚未获得廉租住房保障的，取消其登记；对已经获得廉租住房保障的，责令其退还已领取的租赁住房补贴，或者退出实物配租的住房并按市场价格补交以前房租。

【资料链接】

2013 年 12 月 2 日，住房和城乡建设部、财政部、国家发展和改革委员会联合印发《关于公共租赁住房和廉租住房并轨运行的通知》，规定从 2014 年起，各地公共租赁住房和廉租住房并轨运行，各地廉租住房建设计划调整并入公共租赁住房年度建设计划。2014 年以前年度已列入廉租住房年度建设计划的在建项目可继续建设，建成后统一纳入公共租赁住房管理。各地公共租赁住房和廉租住房并轨运行后统称为公共租赁住房。该《通知》还要求各地整合原有的管理资源，建立统一的申请受理渠道、审核准入程序，以方便群众申请，提高工作效率。各地要根据房源情况，综合考虑保障对象的住房困难、收入水平、申请顺序、保障需求等因素，合理确定轮候排序的规则。

第十五章

第十六章
社会优抚制度

第一节　社会优抚制度概述

一、社会优抚制度的概念

社会优抚制度，是指国家和社会按照法律、政策的有关规定，对法定的优抚对象以提供津贴、服务和安置条件等方式，在就业、入学、救济、贷款、住房等方面给予优厚待遇，以确保其受人尊敬的社会地位和一定生活水平的社会保障制度，是针对军人及其家庭设立的一项特殊的社会保障措施。建立并完善社会优抚制度，对鼓舞军队广大官兵的士气及调动群众参军卫国的积极性，以及保障优抚对象的工作和生活都有巨大的积极作用。

我国《宪法》第 45 条第 2 款明确规定："国家和社会保障残废军人的生活，抚恤烈士家属，优待军人家属。"据此，国务院分别于 1987 年 12 月 12 日和 1988 年 8 月 1 日施行了《退伍义务兵安置条例》和《军人抚恤优待条例》，1999 年 12 月 13 日国务院、中央军委印发了《中国人民解放军士官退出现役安置暂行办法》。为了保障国家对军人的抚恤优待，激励军人保卫祖国、建设祖国的献身精神，加强国防和军队建设，进入 21 世纪以来，我国又颁布实施了在军人优抚方面的多项法规：2001 年发布了《军队转业干部安置暂行办法》《关于自主择业的军队转业干部安置管理若干问题的意见》；2002 年实施了《自主择业的军队转业干部退役金发放管理办法》；2004 年 10 月 1 日施行了国务院、中央军委公布的新修订的《军人抚恤优待条例》（1988 年的《军人抚恤优待条例》同时废止），该条例于 2011 年、2019 年进行了修订；2004 年，民政部会同其他部委下发了《军人残疾等级评定标准（试行）》《优抚对象及其子女教育优待暂行办法》等；2005 年 12 月 21 日，民政部、财政部、原劳动和社会保障部联合下发了《一至六级残疾军人医疗保障办法》；2007 年 8 月 1 日起施行《伤残抚恤管理办法》（1997 年民政部颁布的《伤残抚恤管理暂行办法》同时废止），同时调整了残疾军人、伤残人民警察、伤残国家机关工作人员、伤残民兵民工的残疾抚恤金标准，以及烈属、因公牺牲军人遗属、病故军人遗属的定期抚恤金标准等；2012 年 7 月 1 日实施了《中华人民共和国军人保险法》，对军人伤亡保险、退役养老保险、退役医疗保险、随军未就业的军人配偶保险、军人保险基金、保险经办与监督等方面作了规定。为了加强对英雄烈士的保护，维护社会公共利益，传承和弘扬英雄烈士精神、爱国主义精神，培育和践行社会主义核心价值观，激发实现中华民族伟大复兴中国梦的强大精神力量，2018 年 5 月 1 日起施行了《中华人民共和国英雄烈士保护法》。2019 年修订了《烈士褒扬条例》《伤残抚恤管理办法》，制定出台《境外烈士纪念设施保护管理办法》。2020 年还修订了《光荣院管理办法》；出台了《关于加强退役军人司法救助工作的意见》。2021 年 1 月 1 日实施了《中华人民共和国退役军人保障法》，这是我国退役军人事务领域的第一部专门法律，在我国退役军人工作发展史上具有里程碑意义。2021 年 8 月 20 日，十三届全国人大常委会第三十次会议审议通过新修订的《中华人民共和国兵役法》，国家主席习近平签署第九十五号主席令予以公布，自 2021 年 10 月 1 日起施行。由此可见，我国的社会优抚制度的基本框架得到了进一步的完善。

二、社会优抚的特征

社会优抚除了具有社会保障的一些共同特点外，还有以下独特之处：

（一）优抚对象的法定性

我国《军人抚恤优待条例》第 2 条规定："中国人民解放军现役军人（以下简称现役军人）、服现役或者退出现役的残疾军人以及复员军人、退伍军人、烈士遗属、因公牺牲军人遗属、病故军人遗属、现役军人家属，是本条例规定的抚恤优待对象，依照本条例的规定享受抚恤优待。"同时，该条例第 51 条规定："本条例适用于中国人民武装警察部队。"第 52 条规定："军队离休、退休干部和退休士官的抚恤优待，依照本条例有关现役军人抚恤优待的规定执行。因参战伤亡的民兵、民工的抚恤，因参加军事演习、军事训练和执行军事勤务伤亡的预备役人员、民兵、民工以及其他人员的抚恤，参照本条例的有关规定办理。"由以上规定可以看出，社会优抚的对象是由法律、法规明确规定的。

（二）责任主体的明确性

我国《宪法》第 45 条第 2 款明确规定："国家和社会保障残废军人的生活，抚恤烈士家属，优待军人家属。"之所以由国家和社会承担社会优抚的责任，这是因为军人及其家属在长期革命战争中，不畏艰难困苦，不怕流血牺牲，为建立新中国立下了不朽功勋。在和平年代，为了保卫国家安全和社会稳定，他们也作出了巨大的贡献。因此，国家和社会应对他们的生活提供可靠的保障。《军人抚恤优待条例》也明确规定，军人的抚恤优待，实行国家和社会相结合的方针，国家和社会应当重视和加强军人抚恤优待工作。军人抚恤优待所需经费由国务院和地方各级人民政府分级负担。中央和地方财政安排的军人抚恤优待经费，专款专用。据统计，目前享受国家定期抚恤补助的优抚对象有 892 万人。[1] 退役军人事务部、财政部发出通知，从 2021 年 8 月 1 日起，伤残人员（残疾军人、伤残人民警察、伤残国家机关工作人员、伤残民兵民工）残疾抚恤金、"三属"（烈士遗属、因公牺牲军人遗属、病故军人遗属）定期抚恤金，"三红"（在乡退伍红军老战士、在乡西路军红军老战士、红军失散人员）等人员生活补助，按平均 10% 的幅度继续加以提高，乡老复员军人的生活补助标准在现行基础上每人每月提高 200 元。[2]

（三）优抚内容的综合性

与一般国民的社会保障制度不同，社会优抚制度既不是单纯的社会救助，也不是单纯

---

〔1〕 "全国已有 892 万优抚对象享受国家定期抚恤补助"，载中青在线 http：//news.cyol.com/content/2017−01/26/content_15426918.htm，2017 年 1 月 26 日。

〔2〕 "国家再次提高部分退役军人和其他优抚对象抚恤补助标准"，http：//www.mva.gov.cn/fuwu/xxfw/ydfx/202106/t20210627_48410.html，2021 年 8 月 17 日。

的社会保险或社会福利，而是兼具三种制度的特点：①为军转干部提供的离退休待遇或就业安置，以及对革命烈士家属和伤残人员的抚恤等，具有社会保险的特征；②为有困难的农村籍退伍义务兵和现役军人家属提供的扶持生产、帮困济贫等政策措施，具有社会救助的特征；③为优抚对象提供的乘车、船、飞机等的优惠及优先解决其住房、就业、子女入托入学、医疗、工作调动等特殊待遇，具有社会福利的性质。所以说，社会优抚制度是一个以特殊社会群体为保障对象的综合社会保障体系。

（四）待遇标准的激励性

根据有关立法规定，对军人及其家属的保障待遇要高于对普通国民的保障标准，军转干部的离退休待遇要高于地方同等级别的离退休人员所享受的待遇水平，军人的抚恤标准也要高于一般劳动者的工伤抚恤标准。这与被保障对象为国家所做的牺牲、贡献是密切相关的。这样的待遇标准，对于保障对象来说，其稳定可靠，吸引力大，对加强军队建设有强大的激励作用。

（五）实施措施的规范性

由于对军人及其家属的社会优抚制度自建国时就开始建立，国家制定了专门的法律、法规对保障对象、保障范围、保障标准、保障形式、保障手段、管理体制等方面作出明确规定，各种规章制度相对健全，从而在其具体实施的过程中能够"有法可依，依法办事"。与中国现行社会福利、社会救助乃至社会保险相比，针对军人的社会优抚在实施中显然更具规范性。

（六）保障目标的双重性

社会优抚具有保障目标双重性的特点，具体表现在：一方面，社会优抚为军人及其家属提供基本生活保障，并使他们的生活水平高于当地群众的一般生活水平，因而其具有物质保障性；另一方面，通过群众性的拥军优属活动，又具有褒扬革命军人、对全体国民进行宣传教育，从而进一步促进社会主义精神文明建设的特殊意义，因此其又具有政治褒扬性。正是这二者的结合，使我国的社会优抚制度有了自下而上的广泛的群众基础，激励着军人为国家无私奉献。

三、社会优抚制度的历史沿革

早在第二次国内革命战争时期的 1931 年，中华苏维埃第一次代表大会就通过《中国工农红军优待条例》《红军抚恤条例》，它们标志着我国最早的社会优抚制度的建立。新中国成立后，党和政府一直十分重视社会优抚工作。1949 年《中国人民政治协商会议共同纲领》第 25 条规定："革命烈士和革命军人的家属，其生活困难者应受国家和社会的优待。参加革命战争的残废军人和退伍军人，应由人民政府给以适当安置，使能谋生立业。"根据这一规定，政务院在 1950 年制定了《革命军人牺牲、病故褒恤暂行条例》《革命烈士家属革命军人家属优待暂行条例》《革命工作人员伤亡褒恤暂行条例》《民兵民工伤亡抚恤暂行条例》《革命残废军人优待抚恤暂行条例》等五个条例，以法规形式对社会优抚的对象、方式、标准等方面均作了全面而明确的规定，为社会优抚工作提供了可循的法律依据，也使中国的社会优抚工作步入了统一、规范的制度化管理轨道。

1978 年十一届三中全会以来，党和政府在总结几十年优抚工作经验的基础上，在优抚制度改革方面做了大量工作，使之不断得以完善，逐步走上法制化、社会化的新型保障之

第十六章

路。1982 年《宪法》第 45 条明确规定，国家和社会保障残废军人的生活，抚恤烈士家属，优待军人家属。1984 年通过新的《中华人民共和国兵役法》，该法第十章对现役军人的优待和退役安置作了明确规定。同年，国务院、中央军委批转了民政部、总政治部《关于做好移交地方的军队离休退休干部安置管理工作的报告》，就部队离退休干部的待遇、住房、车辆和管理服务机构等方面都作出了具体规定。根据以上法律法规所确定的原则，国务院于 1987、1988 年分别颁布实施了《退伍义务兵安置条例》《军人抚恤优待条例》等，提出了建立国家、社会、群众三结合的抚恤优待制度，健全了优抚安置的法规体系。近年来，随着我国各项改革事业的进行，我国对《兵役法》《现役军官法》也作了相应修正，并颁布了《中国人民解放军士官退出现役安置暂行办法》（1999 年）、《军队转业干部住房保障办法》（2000 年）、《军队转业干部安置暂行办法》（2001 年）等一系列新的法规，为我国社会优抚工作的进一步开展提供了全面、完善的法律依据。2004 年，国务院新修订的《军人抚恤优待条例》公布实施；同年，民政部会同其他部委下发了《军人残疾等级评定标准（试行）》《优抚对象及其子女教育优待暂行办法》等；2006 年，《一至六级残疾军人医疗保障办法》开始实施；2007 年 8 月 1 日，《伤残抚恤管理办法》开始施行（1997 年民政部颁布的《伤残抚恤管理暂行办法》同时废止），同时调整了残疾军人、伤残人民警察、伤残国家机关工作人员、伤残民兵民工的残疾抚恤金标准和烈属、因公牺牲军人遗属、病故军人遗属的定期抚恤金标准等。为了规范军人保险关系，维护军人合法权益，促进国防和军队建设，2012 年 7 月 1 日，我国实施了《中华人民共和国军人保险法》，对军人伤亡保险、退役养老保险、退役医疗保险、随军未就业的军人配偶保险、军人保险基金、保险经办与监督等方面作了规定。根据党的十九届三中全会审议通过的《中共中央关于深化党和国家机构改革的决定》、《深化党和国家机构改革方案》和第十三届全国人民代表大会第一次会议批准的《国务院机构改革方案》，我国于 2018 年 3 月组建了退役军人事务部，其作为国务院组成部门，贯彻落实党中央关于退役军人工作的方针政策和决策部署，在履行职责过程中坚持和加强党对退役军人工作的集中统一领导。为了加强对英雄烈士的保护，维护社会公共利益，传承和弘扬英雄烈士精神、爱国主义精神，培育和践行社会主义核心价值观，激发实现中华民族伟大复兴中国梦的强大精神力量，2018 年 5 月 1 日起施行了《中华人民共和国英雄烈士保护法》。2019 年修订了《烈士褒扬条例》、《伤残抚恤管理办法》，2020 年制定出台了《境外烈士纪念设施保护管理办法》。为了深入贯彻落实习近平总书记关于退役军人工作重要论述精神，着眼于长远建立优待工作体系，努力让优抚对象受到全社会尊重、让军人成为全社会尊崇的职业，退役军人事务部在充分研究论证、广泛征求意见、对标相关政策、反复修改评估的基础上，经中央领导同志同意，与中央宣传部、国家发展改革委等 20 个部门联合印发了《关于加强军人军属、退役军人和其他优抚对象优待工作的意见》。2020 年 11 月 11 日，十三届全国人大常委会第二十三次会议通过了《中华人民共和国退役军人保障法》，国家主席习近平签署第六十三号主席令公布，自 2021 年 1 月 1 日起施行。这是我国退役军人事务领域的第一部专门法律，是中国特色社会主义法治建设的又一重要成果，在我国退役军人工作发展史上具有里程碑意义。2020 年，修订了《光荣院管理办法》，进一步扩大服务对象，简化申请程序，规范收费办法，更好地为优抚对象提供服务；启动制定修订《退役军人安置条例》《军人抚恤优待条例》《烈士褒扬条例》《优抚医院管理办法》等；会同相关部门出台《关于加强退役军人司法救助工作的意见》，对遭受违法犯罪侵害或者民事、行政侵权，且无法通过诉讼、仲裁获得有效赔偿、补偿而导致其生活面临急迫困难的退役军人给予辅助性救济等。2021 年 8 月 20 日，十三届全国人大常委会第三十次会议审议通过新修订的《中华人民共和国兵役法》，优化了服役待遇保障和退役安置制度，明确了公民入伍时保留户籍、优秀义务兵可以提前选改为军士、调整义务兵家庭优待金等政策，规范了退役军人的安置方式和适用条件等，对社会优抚制度进行了相应完善。这些规范性文件的出台，对确立军人抚恤优待在国家政治、社会生活中的地位，进一步理顺军人抚恤优待与国民经济发展的关系，建立和完善适合我国国情的军人抚恤优待制度有重要意义。

第二节　社会优抚制度的基本内容

一、社会优待

社会优待，是指国家和社会按照法律规定和社会习俗，对军人军属、退役军人和其他优抚对象（以下简称优抚对象）提供资金和服务等优惠措施，提高其生活质量，褒扬其为社会作出特殊贡献的社会优抚制度。

（一）对现役军人及其家属的优待

国家建立义务兵家庭优待金制度。义务兵家庭优待金标准由地方人民政府制定，中央财政给予定额补助，具体补助办法由国务院退役军人工作主管部门、财政部门会同中央军事委员会机关有关部门制定。对现役军人及其家属提供的优待措施主要包括以下几个方面：

1. 义务兵和军士入伍前是机关、团体、事业单位或者国有企业工作人员的，退出现役后可以选择复职复工。

2. 义务兵和军士入伍前依法取得的农村土地承包经营权，服现役期间应当保留。

3. 军人按照国家有关规定，在医疗、金融、交通、参观游览、法律服务、文化体育设施服务、邮政服务等方面享受优待政策。公民入伍时保留户籍。

4. 现役军官和军士的子女教育，以及其家属的随军、就业创业和工作调动，享受国家和社会的优待。符合条件的军人家属，其住房、医疗、养老按照有关规定享受优待。军人配偶随军未就业期间，按照国家有关规定享受相应的保障待遇。

5. 经军队师（旅）级以上单位政治机关批准随军的现役军官家属、文职干部家属、士官家属，由驻军所在地的公安机关办理落户手续。随军前是国家机关、社会团体、企业事业单位职工的，驻军所在地人民政府人力资源社会保障部门应当接收和妥善安置；随军前没有工作单位的，驻军所在地人民政府应当根据本人的实际情况作出相应安置；对自谋职业的，按照国家有关规定减免有关费用。

驻边疆国境的县（市）、沙漠区、国家确定的边远地区中的三类地区和军队确定的特、一、二类岛屿部队的现役军官、文职干部、士官，对其符合随军条件无法随军的家属，所在地人民政府应当妥善安置，保障其生活不低于当地的平均生活水平。

6. 国家兴办优抚医院、光荣院，治疗或者集中供养孤老和生活不能自理的抚恤优待对象。各类社会福利机构应当优先接收抚恤优待对象。

（二）对革命残废军人及其家属的优待

国家对革命残废军人及其家属给予以下优待：

1. 国家对一级至六级残疾军人的医疗费用按照规定予以保障，由所在医疗保险统筹地区社会保险经办机构单独列账管理。具体办法由国务院退役军人事务部门会同国务院人力资源社会保障部门、财政部门规定。

2. 七级至十级残疾军人旧伤复发的医疗费用，已经参加工伤保险的，由工伤保险基金支付，未参加工伤保险，有工作的由工作单位解决，没有工作的由当地县级以上地方人民政府负责解决；七级至十级残疾军人旧伤复发以外的医疗费用，未参加医疗保险且本人支付有困难的，由当地县级以上地方人民政府酌情给予补助。

3. 残疾军人、复员军人、带病回乡退伍军人以及因公牺牲军人遗属、病故军人遗属享受医疗优惠待遇。具体办法由省、自治区、直辖市人民政府规定。

4. 中央财政对抚恤优待对象人数较多的困难地区给予适当补助，用于帮助解决抚恤优待对象的医疗费用困难问题。

5. 在国家机关、社会团体、企业事业单位工作的残疾军人，享受与所在单位工伤人员同等的生活福利和医疗待遇。所在单位不得因其残疾将其辞退、解聘或者解除劳动关系。

6. 残疾军人享受凭《中华人民共和国残疾军人证》优先购票乘坐境内运行的火车、轮船、长途公共汽车以及民航班机，并享受减收正常票价50%的优待；免费乘坐市内公共汽车、电车和轨道交通工具；参观游览公园、博物馆、名胜古迹享受优待，具体办法由公园、博物馆、名胜古迹管理单位所在地的县级以上地方人民政府规定。

7. 残疾军人承租、购买住房依照有关规定享受优先、优惠待遇。居住在农村的抚恤优待对象住房困难的，由地方人民政府帮助解决。

8. 残疾军人子女报考普通高中、中等职业学校、高等学校，在与其他考生同等条件下优先录取；接受学历教育的，在同等条件下优先享受国家规定的各项助学政策。

（三）对烈士、因公牺牲军人、病故军人家属的优待

我国对烈士、因公牺牲军人、病故军人家属的优待是多种多样的。例如，烈士、因公牺牲军人、病故军人的子女、兄弟姐妹，本人自愿应征并且符合征兵条件的，优先批准服现役。

残疾军人、烈士子女、因公牺牲军人子女、一级至四级残疾军人的子女，驻边疆国境的县（市）、沙漠区、国家确定的边远地区中的三类地区和军队确定的特、一、二类岛屿部队现役军人的子女报考普通高中、中等职业学校、高等学校，在与其他考生同等条件下优先录取；接受学历教育的，在同等条件下优先享受国家规定的各项助学政策。现役军人子女的入学、入托，在同等条件下优先接收。具体办法由国务院民政部门会同国务院教育部门规定。

烈士遗属、因公牺牲军人遗属、病故军人遗属承租、购买住房依照有关规定享受优先、优惠待遇。随军的烈士遗属、因公牺牲军人遗属和病故军人遗属移交地方人民政府安置的，享受《军人抚恤优待条例》和当地人民政府规定的抚恤优待。

（四）复员军人的优待

《军人抚恤优待条例》第53条规定"本条例所称的复员军人，是指在1954年10月31

日之前入伍、后经批准从部队复员的人员；带病回乡退伍军人，是指在服现役期间患病，尚未达到评定残疾等级条件并有军队医院证明，从部队退伍的人员。"复员军人生活困难的，按照规定的条件，由当地人民政府民政部门给予定期定量补助，逐步改善其生活条件。另外，《军人抚恤优待条例》还规定，国家兴办优抚医院、光荣院，治疗或者集中供养孤老和生活不能自理的抚恤优待对象。各类社会福利机构应当优先接收抚恤优待对象。

优抚对象为国防和军队建设作出了重要贡献，应当得到国家和社会的优待。为认真贯彻落实习近平总书记关于退役军人工作重要论述精神，扎实做好优待工作，努力让优抚对象受到全社会尊重，让军人成为全社会尊崇的职业，2020年，退役军人事务部等20部门联合发布了《关于加强军人军属、退役军人和其他优抚对象优待工作的意见》，明确了优待工作的指导思想和基本原则，规范了包括荣誉激励、生活、养老、医疗、住房、教育、文化交通等方面的优待内容，建立优待证制度，明确优待目录，完善奖惩措施等。

二、社会抚恤

社会抚恤，是指国家通过发放抚恤金向优抚对象提供生活保障的优抚形式。根据《军人抚恤优待条例》和《伤残抚恤管理办法》，我国社会优抚的主要内容包括死亡抚恤和伤残抚恤。抚恤作为国家对死者家属采取的物质抚慰形式，分为一次性抚恤和定期抚恤两种。

（一）死亡抚恤

现役军人死亡被批准为烈士、被确认为因公牺牲或者病故的，其遗属依照《军人抚恤优待条例》的规定享受抚恤。也就是说，死亡抚恤的对象主要是烈士、因公牺牲、病故军人的遗属。

1. 现役军人死亡，符合下列情形之一的，批准为烈士：①对敌作战死亡，或者对敌作战负伤在医疗终结前因伤死亡的；②因执行任务遭敌人或者犯罪分子杀害，或者被俘、被捕后不屈遭敌人杀害或者被折磨致死的；③为抢救和保护国家财产、人民生命财产或者执行反恐怖任务和处置突发事件死亡的；④因执行军事演习、战备航行飞行、空降和导弹发射训练、试航试飞任务以及参加武器装备科研试验死亡的；⑤在执行外交任务或者国家派遣的对外援助、维持国际和平任务中牺牲的；⑥其他死难情节特别突出，堪为楷模的。

现役军人在执行对敌作战、边海防执勤或者抢险救灾任务中失踪，经法定程序宣告死亡的，按照烈士对待。

批准烈士，属于因战死亡的，由军队团级以上单位政治机关批准；属于非因战死亡的，由军队军级以上单位政治机关批准；属于上述第6项规定情形的，由中国人民解放军总政治部批准。

2. 现役军人死亡，符合下列情形之一的，确认为因公牺牲：①在执行任务中或者在上下班途中，由于意外事件死亡的；②被认定为因战、因公致残后因旧伤复发死亡的；③因患职业病死亡的；④在执行任务中或者在工作岗位上因病猝然死亡，或者因医疗事故死亡的；⑤其他因公死亡的。

现役军人在执行对敌作战、边海防执勤或者抢险救灾以外的其他任务中失踪，经法定程序宣告死亡的，按照因公牺牲对待。

现役军人因公牺牲，由军队团级以上单位政治机关确认；属于上述第5项规定情形的，由军队军级以上单位政治机关确认。

3. 现役军人除上述因公牺牲情况的第 3 项、第 4 项规定情形以外，因其他疾病死亡的，确认为病故。

现役军人非执行任务死亡或者失踪，经法定程序宣告死亡的，按照病故对待。

现役军人病故，由军队团级以上单位政治机关确认。

4. 对烈士遗属、因公牺牲军人遗属、病故军人遗属，由县级人民政府民政部门分别发给《中华人民共和国烈士证明书》《中华人民共和国军人因公牺牲证明书》《中华人民共和国军人病故证明书》。

5. 现役军人死亡被批准为烈士的，依照《烈士褒扬条例》的规定发给烈士遗属烈士褒扬金。

6. 一次性抚恤。《军人抚恤优待条例》规定，现役军人死亡，根据其死亡性质和死亡时的月工资标准，由县级人民政府退役军人事务部门发给其遗属一次性抚恤金，标准是：烈士和因公牺牲的，为上一年度全国城镇居民人均可支配收入的 20 倍加本人 40 个月的工资；病故的，为上一年度全国城镇居民人均可支配收入的 2 倍加本人 40 个月的工资。月工资或者津贴低于排职少尉军官工资标准的，按照排职少尉军官工资标准计算。

获得荣誉称号或者立功的烈士、因公牺牲军人、病故军人，其遗属在应当享受的一次性抚恤金的基础上，由县级人民政府退役军人事务部门按照下列比例增发一次性抚恤金：①获得中央军事委员会授予荣誉称号的，增发 35%；②获得军队军区级单位授予荣誉称号的，增发 30%；③立一等功的，增发 25%；④立二等功的，增发 15%；⑤立三等功的，增发 5%。

多次获得荣誉称号或者立功的烈士、因公牺牲军人、病故军人，其遗属由县级人民政府退役军人事务部门按照其中最高等级奖励的增发比例，增发一次性抚恤金。

一次性抚恤金发给烈士、因公牺牲军人、病故军人的父母（抚养人）、配偶、子女；没有父母（抚养人）、配偶、子女的，发给未满 18 周岁的兄弟姐妹和已满 18 周岁但无生活费来源且由该军人生前供养的兄弟姐妹。

7. 定期抚恤。《军人抚恤优待条例》规定，对符合下列条件之一的烈士遗属、因公牺牲军人遗属、病故军人遗属，发给定期抚恤金：①父母（抚养人）、配偶无劳动能力、无生活费来源，或者收入水平低于当地居民平均生活水平的；②子女未满 18 周岁或者已满 18 周岁但因上学或者残疾无生活费来源的；③兄弟姐妹未满 18 周岁或者已满 18 周岁但因上学无生活费来源且由该军人生前供养的。

对符合享受定期抚恤金条件的遗属，由县级人民政府退役军人事务部门发给《定期抚恤金领取证》。定期抚恤金标准应当参照全国城乡居民家庭人均收入水平确定。定期抚恤金的标准及其调整办法，由国务院退役军人事务部门会同国务院财政部门规定。

县级以上地方人民政府对依靠定期抚恤金生活仍有困难的烈士遗属、因公牺牲军人遗属、病故军人遗属，可以增发抚恤金或者采取其他方式予以补助，保障其生活不低于当地的平均生活水平。

享受定期抚恤金的烈士遗属、因公牺牲军人遗属、病故军人遗属死亡的，增发 6 个月其原享受的定期抚恤金，作为丧葬补助费，同时注销其领取定期抚恤金的证件。

现役军人失踪，经法定程序宣告死亡的，在其被批准为烈士、确认为因公牺牲或者病

第十六章

故后，又经法定程序撤销对其死亡宣告的，由原批准或者确认机关取消其烈士、因公牺牲军人或者病故军人资格，并由发证机关收回有关证件，终止其家属原享受的抚恤待遇。

（二）残疾抚恤

现役军人残疾被认定为因战致残、因公致残或者因病致残的，依照《军人抚恤优待条例》的规定享受抚恤。

1. 残疾抚恤的对象。根据《伤残抚恤管理办法》第 2 条规定，伤残抚恤适用于符合下列情况的中国公民：①在服役期间因战因公致残退出现役的军人，在服役期间因病评定了残疾等级退出现役的残疾军人；②因战因公负伤时为行政编制的人民警察；③因参战、参加军事演习、军事训练和执行军事勤务致残的预备役人员、民兵、民工以及其他人员；④为维护社会治安同违法犯罪分子进行斗争致残的人员；⑤为抢救和保护国家财产、人民生命财产致残的人员；⑥法律、行政法规规定应当由退役军人事务部门负责伤残抚恤的其他人员。

上述所列的第 3、4、5 项人员根据《工伤保险条例》应当认定视同工伤的，不再办理因战、因公伤残抚恤。

2. 残疾等级的评定。评定残疾等级包括新办评定残疾等级、补办评定残疾等级、调整残疾等级。新办评定残疾等级是对《伤残抚恤管理办法》第 2 条第 1 款第 1 项以外的人员认定因战因公残疾性质，评定残疾等级。补办评定残疾等级是指对现役军人因战因公致残未能及时评定残疾等级，在退出现役后依照《军人抚恤优待条例》的规定，认定因战因公残疾性质、评定残疾等级。调整残疾等级是指对已经评定残疾等级，因原致残部位残疾情况变化与原评定的残疾等级明显不符的人员调整残疾等级级别，对达不到最低评残标准的可以取消其残疾等级。

属于新办评定残疾等级的，申请人应当在因战因公负伤或者被诊断、鉴定为职业病 3 年内提出申请；属于调整残疾等级的，应当在上一次评定残疾等级 1 年后提出申请。

申请人（精神病患者由其利害关系人帮助申请，下同）申请评定残疾等级，应当向所在单位提出书面申请。申请人所在单位应及时审查评定残疾等级申请，出具书面意见并加盖单位公章，连同相关材料一并报送户籍地县级人民政府退役军人事务部门审查。没有工作单位的或者以原致残部位申请评定残疾等级的，可以直接向户籍地县级人民政府退役军人事务部门提出申请。

申请人申请评定残疾等级，应当提供以下真实确切材料：书面申请，身份证或者居民户口簿复印件，退役军人证（退役军人登记表）、人民警察证等证件复印件，本人近期二寸免冠彩色照片。

县级人民政府退役军人事务部门对报送的有关材料进行核对，对材料不全或者材料不符合法定形式的，应当告知申请人补充材料。

设区的市级人民政府退役军人事务部门对报送的材料审查后，在《残疾等级评定审批表》上签署意见，并加盖印章。对符合条件的，于收到材料之日起 20 个工作日内，将上述材料报送省级人民政府退役军人事务部门。对不符合条件的，属于《优残抚恤管理办法》第 2 条第 1 款第 1 项人员，根据《军人抚恤优待条例》相关规定上报省级人民政府退役军人事务部门；属于《优残抚恤管理办法》第 2 条第 1 款第 1 项以外的人员，填写《残疾等级评定结果告知书》，连同申请人提供的材料，逐级退还申请人或者其所在单位。

省级人民政府退役军人事务部门对报送的材料初审后，认为符合条件的，逐级通知县级人民政府退役军人事务部门对申请人的评残情况进行公示。公示内容应当包括致残的时间、地点、原因、残疾情况（涉及隐私或者不宜公开的不公示）、拟定的残疾等级以及县级退役军人事务部门联系方式。公示应当在申请人工作单位所在地或者居住地进行，时间不少于7个工作日。县级人民政府退役军人事务部门应当对公示中反馈的意见进行核实并签署意见，逐级上报省级人民政府退役军人事务部门，对调整等级的应当将本人持有的伤残人员证一并上报。

省级人民政府退役军人事务部门应当对公示的意见进行审核，在《残疾等级评定审批表》上签署审批意见，加盖印章。对符合条件的，办理伤残人员证（调整等级的，在证件变更栏处填写新等级），于公示结束之日起60个工作日内逐级发给申请人或者其所在单位。对不符合条件的，填写《残疾等级评定结果告知书》，连同申请人提供的材料，于收到材料之日或者公示结束之日起60个工作日内逐级退还申请人或者其所在单位。

申请人或者退役军人事务部门对医疗卫生专家小组作出的残疾等级医学鉴定意见有异议的，可以到省级人民政府退役军人事务部门指定的医疗卫生机构重新进行鉴定。省级人民政府退役军人事务部门可以成立医疗卫生专家小组，对残疾情况与应当评定的残疾等级提出评定意见。

伤残人员以军人、人民警察或者其他人员不同身份多次致残的，退役军人事务部门按上述顺序只发给一种证件，并在伤残证件变更栏上注明再次致残的时间和性质，以及合并评残后的等级和性质。

致残部位不能合并评残的，可以先对各部位分别评残。等级不同的，以重者定级；两项（含）以上等级相同的，只能晋升一级。多次致残的伤残性质不同的，以等级重者定性。等级相同的，按因战、因公、因病的顺序定性。

3．伤残证件的发放。伤残证件有以下几种：①退役军人在服役期间因战因公因病致残的，发给《中华人民共和国残疾军人证》；②人民警察因战因公致残的，发给《中华人民共和国伤残人民警察证》；③退出国家综合性消防救援队伍的人员在职期间因战因公因病致残的，发给《中华人民共和国残疾消防救援人员证》；④因参战、参加军事演习、军事训练和执行军事勤务致残的预备役人员、民兵、民工以及其他人员，发给《中华人民共和国伤残预备役人员、伤残民兵民工证》；⑤其他人员因公致残的，发给《中华人民共和国因公伤残人员证》。

伤残证件由国务院退役军人事务部门统一制作。证件的有效期：15周岁以下为5年，16~25周岁为10年，26~45周岁为20年，46周岁以上为长期。伤残证件有效期满或者损毁、遗失的，证件持有人应当到县级人民政府退役军人事务部门申请换发证件或者补发证件。伤残证件遗失的须本人登报声明作废。县级人民政府退役军人事务部门经审查认为符合条件的，填写《伤残人员换证补证审批表》，连同照片逐级上报省级人民政府退役军人事务部门。省级人民政府退役军人事务部门将新办理的伤残证件逐级通过县级人民政府退役军人事务部门发给申请人。各级退役军人事务部门应当在20个工作日内完成本级需要办理的事项。

县级人民政府退役军人事务部门应当建立伤残人员资料档案，一人一档，长期保存。

4. 伤残抚恤关系转移。残疾军人退役或者向政府移交，必须自军队办理了退役手续或者移交手续后 60 日内，向户籍迁入地的县级人民政府退役军人事务部门申请转入抚恤关系。退役军人事务部门必须进行审查、登记、备案。审查的材料有：《户口登记簿》、《残疾军人证》、军队相关部门监制的《军人残疾等级评定表》、《换领〈中华人民共和国残疾军人证〉申报审批表》、退役证件或者移交政府安置的相关证明。

伤残人员跨省迁移户籍时，应同步转移伤残抚恤关系，迁出地的县级人民政府退役军人事务部门根据伤残人员申请及其伤残证件和迁入地户口簿，将伤残档案、迁入地户口簿复印件以及《伤残人员关系转移证明》，发送迁入地县级人民政府退役军人事务部门，并同时将此信息逐级上报本省级人民政府退役军人事务部门。迁入地县级人民政府退役军人事务部门在收到上述材料和申请人提供的伤残证件后，逐级上报省级人民政府退役军人事务部门。省级人民政府退役军人事务部门在向迁出地省级人民政府退役军人事务部门核实无误后，在伤残证件变更栏内填写新的户籍地、重新编号，并加盖印章，逐级通过县级人民政府退役军人事务部门发还申请人。各级退役军人事务部门应当在 20 个工作日内完成本级需要办理的事项。迁出地退役军人事务部门邮寄伤残档案时，应当将伤残证件及其军队或者地方相关的评残审批表或者换证表复印备查。

5. 抚恤金的发放。伤残人员从被批准残疾等级评定后的下一个月起，由户籍地县级人民政府退役军人事务部门按照规定予以抚恤。伤残人员抚恤关系转移的，其当年的抚恤金由部队或者迁出地的退役军人事务部门负责发给，从下一年起由迁入地退役军人事务部门按当地标准发给。由于申请人原因造成抚恤金断发的，不再补发。

在境内异地（指非户籍地）居住的伤残人员或者前往我国香港特别行政区、澳门特别行政区、台湾地区定居或者其他国家和地区定居的伤残人员，经向其户籍地（或者原户籍地）县级人民政府退役军人事务部门申请并办理相关手续后，其伤残抚恤金可以委托他人代领，也可以委托其户籍地（或者原户籍地）县级人民政府退役军人事务部门存入其指定的金融机构账户，所需费用由本人负担。

伤残人员本人（或者其家属）每年应当与其户籍地（或者原户籍地）的县级人民政府退役军人事务部门联系一次，通过见面、人脸识别等方式确认伤残人员领取待遇资格。当年未联系和确认的，县级人民政府退役军人事务部门应当经过公告或者通知本人或者其家属及时联系、确认；经过公告或者通知本人或者其家属后 60 日内仍未联系、确认的，从下一个月起停发伤残抚恤金和相关待遇。伤残人员（或者其家属）与其户籍地（或者原户籍地）退役军人事务部门重新确认伤残人员领取待遇资格后，从下一个月起恢复发放伤残抚恤金和享受相关待遇，停发的抚恤金不予补发。

伤残人员变更国籍、被取消残疾等级或者死亡的，从变更国籍、被取消残疾等级或者死亡后的下一个月起停发伤残抚恤金和相关待遇，其伤残人员证件自然失效。

6. 供养与安置。退出现役的一级至四级残疾军人，由国家供养终身；其中，对需要长年医疗或者独身一人不便分散安置的，经省级人民政府退役军人事务部门批准，可以集中供养。

对分散安置的一级至四级残疾军人发给护理费，护理费的标准为：①因战、因公一级和二级残疾的，为当地职工月平均工资的 50%；②因战、因公三级和四级残疾的，为当地职工月平均工资的 40%；③因病一级至四级残疾的，为当地职工月平均工资的 30%。退出现役的残疾军人的护理费，由县级以上地方人民政府退役军人事务部门发给；未退出现役的残疾军人的护理费，经军队军级以上单位批准，由所在部队发给。

残疾军人需要配制假肢、代步三轮车等辅助器械，正在服现役的，由军队军级以上单位负责解决；退出现役的，由省级人民政府退役军人事务部门负责解决。

三、安置保障

复员退伍军人安置工作是为军队建设服务的，是国防建设的一个组成部分，直接关系到国家的政治稳定、经济建设和社会发展。我国政府十分重视复员退伍安置工作。1950年6月，人民革命军事委员会、政务院发布的《关于人民解放军1950年的复员工作的决定》第4条指出："复员军人是人民功臣。除由中央人民政府另议颁发革命战争纪念章以志功绩外，地方人民政府人民团体对复员军人，应给以应有的尊重和政治待遇，并根据其具体情况，尽量吸收其参加各项会议和工作，使能成为我地方建设中的骨干。"

1955年5月31日，国务院全体会议第十次会议通过的《国务院关于安置复员建设军人工作的决议》指出：复员建设军人一般都有较高的社会主义觉悟和坚强的组织性、纪律性；许多复员建设军人都经过了长期革命战争的锻炼和考验，并有很大一部分编入了人民解放军的预备役。妥善地安置他们，使他们各得其所，在各个工作岗位和生产战线上发挥积极作用，这是国家的一项长期重要政策，也是各级政府和全体人民群众的一项经常性的光荣的政治任务。安置复员建设军人的工作同国家的经济建设和国防建设密切相关，做不好这项工作，就会对推行义务兵役制度、加强国防力量和保卫社会主义建设发生很不利的影响。新的历史时期，特别是在计划经济向社会主义市场经济过渡时期，国务院、中央军委根据社会的发展和实际情况，每年都要发出通知，要求各部门、各级人民政府做好复员退伍军人的安置工作；同时加强了复员退伍军人安置法律法规建设工作。

1981年，国务院、中央军委联合下发了《关于军队干部退休的暂行规定》；1984年，国务院、中央军委批转民政部、总政治部发布了《关于做好移交地方的军队离休退休干部安置管理工作的报告》；1987年，国务院发布了《退伍义务兵安置条例》；1999年，国务院、中央军委联合下发了《中国人民解放军士官退出现役安置暂行办法》；2001年，中共中央、国务院、中央军委发布了《军队转业干部安置暂行办法》；2004年，中共中央办公厅、国务院办公厅、中央军委办公厅下发了《关于进一步做好军队离休退休干部移交政府安置管理工作的意见》；2006年，民政部、解放军总政治部联合下发了《军队离休退休干部移交政府安置交接工作办法》；为了做好军队离休退休干部服务管理工作，根据国务院、中央军委有关规定，民政部于2014年制定了《军队离休退休干部服务管理办法》；为了推进该办法贯彻落实，进一步加强移交政府安置的军队离休退休干部服务管理机构的全面建设，细化职责任务，丰富内容形式，提高能力水平，确保军休干部各项待遇有效落实，民政部于2015年根据国家相关政策规定，制定《军队离休退休干部服务管理机构工作指引》；为了加强退役军人保障工作，维护退役军人合法权益，让军人成为全社会尊崇的职业，2020年11月11日第十三届全国人民代表大会常务委员会第二十三次会议通过《中华人民共和国退役军人保障法》，自2021年1月1日起施行。2021年，我国还修订了《中华人民共和国兵役法》。这些规范性文件的发布，使我国复员退伍军人的安置工作有法可依。

复员退伍军人安置工作与其他工作相比，具有鲜明的特点：[1]

1. 双重从属性。早在新中国成立之初，毛泽东、周恩来就指出：复员工作的总原则，是服从国家经济建设与国防建设的需要，并使二者结合起来。所以，复员退伍安置工作不仅是地方政府的任务，而且是国防建设的一部分，并通过国防的巩固来推进经济建设。

2. 范围的广泛性。因为复员退伍安置是军人（包括伤病残军人）向社会普通公民的身份转化，必然涉及户籍、就业、上学、生产、生活和医疗等诸多方面的问题，也必然涉及国家许多部门，而且军人的生活也联系着无数的家庭。这一特点决定了复员退伍军人的安置工作是人民政府的工作，需要各有关部门的密切协作才能完成。

3. 政策的严肃性。安置政策牵动着军心、民心，直接关系到军心稳定及社会安宁。所以，对于安置政策的制定与执行，要严肃认真，既要考虑国防建设，又要考虑国家的经济、社会发展情况，还要考虑复员退伍军人的合法利益；同时，需要适应客观形势要求，积极稳妥地开拓创新。

4. 明显的时空性。复员退伍安置有着较强的空间和时间效力。在空间上，在国家制定的安置政策基础上，各地可以根据实际情况制定有关的配套细则方案，在时间上，安置工作有非常强的时间性，年度工作阶段性明显，从接收到安置，循环往复。

根据相关法规，我国的安置保障主要分为退役安置和离退休安置。

（一）退役安置

退役安置是国家和社会向退出现役的军人提供就业及其他安置所需的资金和服务，以保证其尽快适应社会、实现安居乐业的社会保障项目。目前的法律依据有《退伍义务兵安置条例》《中国人民解放军士官退出现役安置暂行办法》《军队转业干部安置暂行办法》《中华人民共和国退役军人保障法》等。

1. 退役安置的对象。退役安置的对象是退役军人，包括转业军官、退伍的义务兵和复员的志愿兵。安置的目的是充分发挥退役军人为社会工作和劳动的能力，使其在为国家服完兵役后有一个稳定的归属。

2. 退役安置方式。

（1）对退出现役的军官，国家采取退休、转业、逐月领取退役金、复员等方式予以妥善安置；其安置方式的适用条件，依照有关法律法规的规定执行。

（2）对退出现役的军士，国家采取逐月领取退役金、自主就业、安排工作、退休、供养等方式予以妥善安置。军士退出现役，服现役满规定年限的，采取逐月领取退役金方式予以妥善安置。军士退出现役，服现役满12年或者符合国家规定的其他条件的，由安置地的县级以上地方人民政府安排工作；待安排工作期间由当地人民政府按照国家有关规定发给生活补助费；根据本人自愿，也可以选择自主就业。军士服现役满30年或者年满55周岁或者符合国家规定的其他条件的，对其作退休安置。因战、因公、因病致残的军士退出现役的，按照国家规定的评定残疾等级采取安排工作、退休、供养等方式对其予以妥善安置；符合安排工作条件的，根据本人自愿，也可以选择自主就业。军士退出现役，不符合第54条第2款至第5款规定条件的，依照本法第53条规定的自主就业方式予以妥善安置。

第十六章

（3）对退出现役的义务兵，国家采取自主就业、安排工作、供养等方式予以妥善安置。义务兵退出现役自主就业的，按照国家规定对其发给一次性退役金，由安置地的县级以上地方人民政府接收，根据当地的实际情况，可以对其发给经济补助。国家根据经济社会发展，适时调整退役金的标准。

服现役期间平时获得二等功以上荣誉或者战时获得三等功以上荣誉以及属于烈士子女的义务兵退出现役，由安置地的县级以上地方人民政府安排工作；待安排工作期间由当地人民政府按照国家有关规定发给生活补助费；根据本人自愿，也可以选择自主就业。因战、因公、因病致残的义务兵退出现役的，按照国家规定的评定残疾等级采取安排工作、供养等方式予以妥善安置；符合安排工作条件的，根据本人自愿，也可以选择自主就业。

（4）退休、转业、逐月领取退役金、复员、自主就业、安排工作、供养等安置方式的适用条件，按照相关法律法规执行。

（5）转业军官、安排工作的军士和义务兵，由机关、群团组织、事业单位和国有企业接收安置。对下列退役军人，优先安置：①参战退役军人；②担任作战部队师、旅、团、营级单位主官的转业军官；③属于烈士子女、功臣模范的退役军人；④长期在艰苦边远地区或者特殊岗位服现役的退役军人。

机关、群团组织、事业单位接收安置转业军官、安排工作的军士和义务兵的，应当按照国家有关规定给予编制保障。

国有企业接收安置转业军官、安排工作的军士和义务兵的，应当按照国家规定与其签订劳动合同，保障相应待遇。

上述用人单位依法裁减人员时，应当优先留用接收安置的转业和安排工作的退役军人。

（6）以逐月领取退役金方式安置的退役军官和军士，被录用为公务员或者聘用为事业单位工作人员的，自被录用、聘用下月起停发退役金，其待遇按照公务员、事业单位工作人员管理相关法律法规执行。

（7）国家建立伤病残退役军人指令性移交安置、收治休养制度。军队有关部门应当及时将伤病残退役军人移交安置地人民政府安置。安置地人民政府应当妥善解决伤病残退役军人的住房、医疗、康复、护理和生活困难。

军人退役安置的具体办法由国务院、中央军事委员会制定。

（二）离退休安置

离退休安置是指国家和社会依法向直接从军队现役中离退休的军人提供资金和服务，以保证其安度晚年的社会保障项目。

1. 离退休安置的对象。其对象是离退休军人，包括离休、退休的军队干部，落实政策改退休的原军队干部，退休的志愿兵，退休的军队无军籍职工。其中，离休干部的一部分由军队安置，其他的全部由民政部门接收安置。

2. 军人离、退休的条件。

（1）军队干部离休条件。军队现役干部，凡1949年9月30日以前参加中国共产党领导的革命军队的，或新中国成立后入伍、新中国成立前在解放区参加工作并脱产享受供给制待遇的，或新中国成立后入伍、新中国成立前在敌占区从事地下革命工作的，或1948年底以前在解放区享受当地人民政府制定的薪金制待遇的，达到军队干部退休年龄条件的，均可享受离休待遇。

（2）军队干部退休条件。军队现役干部，男年满55周岁，女年满50周岁，或因公致残，积劳成疾，基本丧失工作能力的，可办理退休手续。已达上述年龄的专业技术干部以及其他干部，因工作需要，身体又能坚持正常工作的，退休时间可以推迟。

（3）落实政策的原系军队干部和原属部队系统的在编和非编单位的职工，经平反纠正后，丧失工作能力，符合退休条件的，由部队按照地方干部、职工退休条件的规定，改办退休。

（4）志愿兵退休条件，是指志愿兵因公致残、积劳成疾，由部队医院出具诊断证明，并经师以上卫生部门鉴定确认，基本丧失劳动能力的，或年满55周岁的，或服现役满30年的，可予以退休。

3. 离、退休待遇。

（1）生活待遇。离、退休保障的具体项目包括离（退）休金、医疗费、护理费、补助费等现金支付和相应的物质帮助。离休干部还享有较高的政治待遇，如能浏览相应级别的文件，可安排荣誉职位等。

（2）安置去向。中央规定，军队离、退休干部的安置要从实际出发，有的可以就地安置，有的可以回本人或配偶的原籍地安置，有的可以到配偶、子女、父母居住地区安置。从外地到北京、上海、天津等地安置的要从严掌握。自愿回农村安置的给予鼓励。

（3）家属子女的安排。易地安置的离、退休干部，其配偶、未成年和待业子女，可随同前往，易地后身边无子女照顾的，可准许调一个已工作的子女随迁。有工作的配偶、子女，随迁后由安置地区的人事或劳动部门负责分配。退休干部和家属户口，由安置地区民政部门开具证明，公安部门办理落户手续。家属原为市镇户口的，包括随离、退休干部到农村安置的，随迁后不改变，仍吃商品粮，一切都按当地市镇户口办理。

（4）其他待遇。为了加强对军队离、退休人员的接收和服务管理工作，各县（市）在军队离退休干部居住点设立干休所，直接为军队离、退休干部提供服务。另外，国家还为干休所配备相应的服务管理人员和车辆，建立党的基层组织，组织离退休人员参加政治活动和其他有意义的社会活动。

4. 对军休人员安置管理。《民政事业发展第十三个五年规划》提出发展目标：改进办法、简化流程，推动实现军休干部（含退休士官）、复员干部和无军籍退休退职职工移交安置良性循环。协调提高军休安置管理经费标准，加大中央财政投入力度。大力推进军休服务管理机构规范化建设，继续提升军休人员服务管理水平，拓展服务内容、创新服务方式、增强服务效能。积极发挥军休人员作用，做好"老有所为"服务工作，通过组织引领、搭建平台、典型带动等方式，鼓励和支持军休人员继续为党和人民事业增添正能量。开展《退休军官安置条例》立法调研，明确退休条件、安置方式和去向、政治和生活待遇、住房和医疗保障、机构设置和服务管理等内容，依法开展安置管理，依法维护军休干部权益。

四、退役军人的教育培训

退役军人的教育培训应当以提高就业质量为导向，紧密围绕社会需求，为退役军人提供有特色、精细化、针对性强的培训服务。国家采取措施加强对退役军人的教育培训，帮助退役军人完善知识结构，提高思想政治水平、职业技能水平和综合职业素养，提升就业创业能力。

国家建立学历教育和职业技能培训并行并举的退役军人教育培训体系，建立退役军人教育培训协调机制，统筹规划退役军人教育培训工作。

退役军人在接受学历教育时，按照国家有关规定享受学费和助学金资助等国家教育资助政策。高等学校根据国家统筹安排，可以通过单列计划、单独招生等方式招考退役军人。

退役军人未达到法定退休年龄需要就业创业的，可以享受职业技能培训补贴等相应扶持政策。

军人退出现役，安置地人民政府应当根据就业需求组织其免费参加职业教育、技能培训，经考试考核合格的，发给相应的学历证书、职业资格证书或者职业技能等级证书并推荐就业。

五、鼓励和扶持退役军人就业创业

各级人民政府应当加强对退役军人就业创业的指导和服务。县级以上地方人民政府退役军人工作主管部门应当加强对退役军人就业创业的宣传、组织、协调等工作，会同有关部门采取退役军人专场招聘会等形式，开展就业推荐、职业指导，帮助退役军人就业。

服现役期间因战、因公、因病致残被评定残疾等级和退役后补评或者重新评定残疾等级的残疾退役军人，有劳动能力和就业意愿的，优先享受国家规定的残疾人就业优惠政策。

公共人力资源服务机构应当免费为退役军人提供职业介绍、创业指导等服务。

国家鼓励经营性人力资源服务机构和社会组织为退役军人就业创业提供免费或者优惠服务。

退役军人未能及时就业的，在人力资源和社会保障部门办理求职登记后，可以按照规定享受失业保险待遇。

机关、群团组织、事业单位和国有企业在招录或者招聘人员时，对退役军人的年龄和学历条件可以适当放宽，同等条件下优先招录、招聘退役军人。退役的军士和义务兵服现役经历视为基层工作经历。退役的军士和义务兵入伍前是机关、群团组织、事业单位或者国有企业人员的，退役后可以选择复职复工。

退役军人服现役年限计算为工龄，退役后与所在单位工作年限累计计算。

县级以上地方人民政府投资建设或者与社会共建的创业孵化基地和创业园区，应当优先为退役军人创业提供服务。有条件的地区可以建立退役军人创业孵化基地和创业园区，为退役军人提供经营场地、投资融资等方面的优惠服务。

退役军人创办小微企业，可以按照国家有关规定申请创业担保贷款，并享受贷款贴息等融资优惠政策。

退役军人从事个体经营，依法享受税收优惠政策。

用人单位招用退役军人符合国家规定的，依法享受税收优惠等政策。

六、国家建立退役军人荣誉激励机制

国家对在社会主义现代化建设中做出突出贡献的退役军人予以表彰、奖励。退役军人服现役期间获得表彰、奖励的，退役后按照国家有关规定享受相应待遇。

退役军人安置地人民政府在接收退役军人时，应当举行迎接仪式。迎接仪式由安置地人民政府退役军人工作主管部门负责实施。

地方人民政府应当为退役军人家庭悬挂光荣牌，定期开展走访慰问活动。

国家、地方和军队举行重大庆典活动时，应当邀请退役军人代表参加。被邀请的退役军人参加重大庆典活动时，可以穿着退役时的制式服装，佩戴服现役期间和退役后荣获的勋章、奖章、纪念章等徽章。

国家注重发挥退役军人在爱国主义教育和国防教育活动中的积极作用。机关、群团组织、企业事业单位和社会组织可以邀请退役军人协助开展爱国主义教育和国防教育。县级以上人民政府教育行政部门可以邀请退役军人参加学校国防教育培训，学校可以聘请退役军人参与学生军事训练。

县级以上人民政府退役军人工作主管部门应当加强对退役军人先进事迹的宣传，通过制作公益广告、创作主题文艺作品等方式，弘扬爱国主义精神、革命英雄主义精神和退役军人敬业奉献精神。县级以上地方人民政府负责地方志工作的机构应当将本行政区域内下列退役军人的名录和事迹，编辑录入地方志：①参战退役军人；②荣获二等功以上奖励的退役军人；③获得省部级或者战区级以上表彰的退役军人；④其他符合条件的退役军人。

国家统筹规划烈士纪念设施建设，通过组织开展英雄烈士祭扫纪念活动等多种形式，弘扬英雄烈士精神。退役军人工作主管部门负责烈士纪念设施的修缮、保护和管理。

国家推进军人公墓建设。符合条件的退役军人去世后，可以安葬在军人公墓。

七、社会优抚的资金

（一）资金来源

1. 预算内资金。这是指由国家和地方财政根据国民经济的发展水平和优抚保障工作的实际情况，按照预算原则所拨给的资金。这是优抚保障资金的主要来源，其使用范围包括：死亡军人抚恤金，伤残抚恤金，复员、退伍、转业、离退休军人的安置费、生活补助费或生活费，优抚事业单位经费，烈士纪念建筑物管理维修费等费用。

2. 预算外资金。这是指由优抚保障管理机构，根据党的方针政策和国家财政制度，按照国家指定的收支范围，自收自支、单独结算、自我管理的资金。这是优抚保障资金的必要补充。其主要包括：①城乡基层政权或群众性自治组织筹集的，用于优抚保障的统筹资金；②国内外有关组织、社会团体、个人对我国优抚保障事业捐助、捐赠的资金；③优抚保障事业单位在政策范围内开展各种经营活动并按规定向优抚保障管理机构上缴的管理费、利润分成等资金。

（二）资金管理

优抚保障资金的管理是一项政策性强、涉及面广、内容复杂的工作。管理好、使用好优抚保障资金，有利于促进部队建设和维护社会的安定团结。因此，在优抚保障资金的管理中，必须坚持以下原则：

1. 坚持专款专用原则。优抚保障资金是国家用于优抚保障的专项资金，必须按照规定的范围使用，实行专款专用。如果挪用优抚保障资金就会触犯法律，受到法律的追究和制裁。

2. 坚持重点使用原则。优抚保障资金除专项资金外，其他的各项优待、补助经费应当贯彻重点使用原则，重点用于老革命根据地、经济不发达地区、集体经济力量薄弱、对落实优待政策有困难的贫困地区或乡村的发展。各项优待、补助经费保证重点用于生活最贫困的优抚对象身上，保障他们的生活水平，扶持生产、脱贫致富。

3. 坚持走群众路线原则。优抚保障管理机构要经常向人民群众宣传优抚保障的方针政策，宣传优抚保障资金的管理和使用规定，发挥群众的监督作用，防止在资金发放和使用过程中偏亲厚友、平均分配的弊端。

八、社会优抚的管理体系

优抚安置涉及军队和地方的关系，因此为了使优抚安置工作顺利开展，我国建立了军队和地方分工协作的管理体系。

（一）军队系统管理机构

军队系统的优抚安置管理机构主要由政治部门和后勤部门组成。政治部门主要负责现役军人的各种优抚待遇的评定工作；后勤部门主要负责优抚保障的资金和服务保障工作。

（二）地方系统管理机构

根据党的十九届三中全会审议通过的《中共中央关于深化党和国家机构改革的决定》、《深化党和国家机构改革方案》和第十三届全国人民代表大会第一次会议批准的《国务院机构改革方案》，我国于 2018 年 3 月组建了退役军人事务部，是国务院组成部门，为正部级。

退役军人事务部贯彻落实党中央关于退役军人工作的方针政策和决策部署，在履行职责过程中坚持和加强党对退役军人工作的集中统一领导。主要职责是：①拟订退役军人思想政治、管理保障和安置优抚等工作政策法规并组织实施，褒扬彰显退役军人为党、国家和人民牺牲奉献的精神风范和价值导向；②负责军队转业干部、复员干部、离休退休干部、退役士兵和无军籍退休退职职工的移交安置工作和自主择业、就业退役军人服务管理工作；③组织指导退役军人教育培训工作，协调扶持退役军人和随军随调家属的就业创业；④会同有关部门制定退役军人特殊保障政策并组织落实；⑤组织协调落实移交地方的离休退休军人、符合条件的其他退役军人和无军籍退休退职职工的住房保障工作，以及退役军人医疗保障、社会保险等待遇保障工作；⑥组织指导伤病残退役军人的服务管理和抚恤工作，制定有关退役军人医疗、疗养、养老等机构的规划政策并指导实施，承担不适宜继续服役的伤病残军人相关工作，组织指导军供服务保障工作；⑦组织指导全国拥军优属工作，负责现役军人、退役军人、军队文职人员和军属优待、抚恤等工作；⑧负责烈士及退役军人荣誉奖励、军人公墓管理维护、纪念活动等工作，依法承担与英雄烈士保护相关的工作，审核拟列入全国重点保护单位的烈士纪念建筑物名录，承办境外我国烈士和外国在华烈士纪念设施保护事宜，总结表彰和宣扬退役军人、退役军人工作单位和个人先进典型事迹；⑨指导并监督检查退役军人相关法律法规和政策措施的落实，组织开展退役军人权益维护和有关人员的帮扶援助工作；⑩完成党中央、国务院和中央军委交办的其他任务。

在退役军人事务部的内设机构中，与社会优抚直接相关的有：思想政治和权益维护司——承担退役军人思想政治、舆论宣传、总结表彰、荣誉奖励和信访工作，配合做好指导退役军人党建工作，监督检查与退役军人相关的法律法规和政策措施的落实情况，承担退役军人权益维护和有关人员的帮扶援助工作。规划财务司——拟订退役军人事业发展规划、年度计划和退役军人管理保障基础设施建设标准，指导和监督退役军人事业资金管理，承担机关财务、资产管理、内部审计和退役军人事务系统信息化建设、统计等工作。移交安置司——拟订计划分配的军队转业干部、符合条件的退役士兵的年度安置计划并组织实施，承担中央单位计划安置和计划外选调工作。就业创业司——拟订自主择业军队转业干部、复员干部、自主就业退役士兵的就业创业年度计划并组织实施，组织开展就业创业促进和教育培训等工作，指导开展有关中介服务工作，组织协调落实退役军人社会保险等待遇保障工作。军休服务管理司——负责移交地方的军队离休退休干部、无军籍退休退职职工的移交安置和服务管理工作，组织协调落实移交地方的离休退休军人、符合条件的其他退役军人和无军籍退休退职职工的住房保障工作，管理军休保障单位。拥军优抚司——承担协调指导全国拥军优属工作，指导做好地方支持军队的相关工作，承担现役军人、退役军人、军队文职人员和军属优待、抚恤等工作；承担不适宜继续服役的伤病残军人的相关工作，组织协调落实退役军人的医疗保障工作，拟订有关退役军人医疗、疗养、养老等优抚保障机构以及军供保障机构的规划政策并指导实施；协调指导随军随调家属就业创业。褒扬纪念司（国际合作司）——承担烈士褒扬、纪念设施管理保护工作，依法承担与英雄烈士保护相关的工作，拟订军人公墓建设规划、管理维护等政策并指导实施，承担中央和国家机关负责的烈士评定和全国烈士备案事项，指导开展英雄烈士纪念活动，负责退役军人事务的国际交流与合作，承担境外我国烈士和外国在华烈士纪念设施保护及活动的组织管理工作等。

第十六章

参考文献

1. 贾俊玲主编：《劳动法学》，北京大学出版社 2009 年版。

2. 王全兴：《劳动法》，法律出版社 2004 年版。

3. 王全兴：《劳动法》，法律出版社 2008 年版。

4. 冯彦君：《劳动法学》，吉林大学出版社 1999 年版。

5. 郭捷主编：《劳动法与社会保障法》，法律出版社 2008 年版。

6. 郭捷主编：《劳动法学》，中国政法大学出版社 2007 年版。

7. 曾湘泉主编：《劳动经济学》，中国劳动社会保障出版社、复旦大学出版社 2005 年版。

8. 黄越钦：《劳动法新论》，中国政法大学出版社 2003 年版。

9. 关怀主编：《劳动法》，中国人民大学出版社 2001 年版。

10. 林嘉：《社会保障法的理念、实践与创新》，中国人民大学出版社 2002 年版。

11. 黎建飞主编：《社会保障法》，中国人民大学出版社 2006 年版。

12. 郭继严、王永锡主编：《2000—2020 年中国就业战略研究》，经济管理出版社 2001 年版。

13. 王益英主编：《社会保障法》，中国人民大学出版社 2000 年版。

14. 种明钊主编：《社会保障法律制度研究》，法律出版社 2000 年版。

15. 蒋月：《社会保障法概论》，法律出版社 1999 年版。

16. 王东进主编：《中国社会保障制度》，企业管理出版社 1998 年版。

17. 郑功成等：《中国社会保障制度变迁与评估》，中国人民大学出版社 2002 年版。

18. 张彦、陈红霞编著：《社会保障概论》，南京大学出版社 1999 年版。

19. 成思危主编：《中国社会保障体系的改革与完善》，民主与建设出版社 2000 年版。

20. 方乐华编著：《社会保障法论》，上海世界图书出版公司 1999 年版。

21. 周长征：《劳动法原理》，科学出版社 2004 年版。

22. 劳动部劳动科学研究所编：《中国劳动科学研究报告集：1994~1996 年度》，中国劳动出版社 1998 年版。

23. 王昌硕主编：《劳动法学》，中国政法大学出版社 1999 年版。

24. 李景森、贾俊玲主编：《劳动法学》，北京大学出版社 2001 年版。

25. 覃有土、樊启荣：《社会保障法》，法律出版社 1997 年版。

26. 法律出版社法规中心编：《中华人民共和国劳动合同法典：应用版》，法律出版社 2015 年版。

27. 常凯主编：《劳动法》，高等教育出版社 2011 年版。

28. 台湾劳动法学会编：《劳动基准法释义——施行二十年之回顾与展望》，新学林出

参考文献

版股份有限公司 2005 年版。

29. Deirdre McCann，"Working time laws：A global perspective"，ILO，2005.

30. Sangheon Lee，etc，"Working time around the world：trends in working hours, laws and policiesin a globe comparative perspective"，ILO，2007.

31. Jean YvesBoulin，etc，"Decent working time：new trends and new issues"，ILO，2006.

32. Dr. Jorn McMullen and Martin Brewer edit，"Working time：Lawand Practice"，Sweet & Wales，England，2001.

33. ［日］清正宽、菊池勇夫编：《劳动法》，日文原文，有斐阁株式会社 2005 年版。

34. ［日］西谷敏：《劳动法》，日文原文，日本评论社 2013 年版。

35. ［日］荒木尚志：《劳动法》，日文原文，有斐阁株式会社 2009 年版。

36. ［日］东京大学劳动法研究会：《注释劳动基准法（下）》，日文原文，有斐阁株式会社 2003 年版。

37. ［日］菅野和夫：《劳动法》，日文原文，弘文堂株式会社 2012 年版。

参考文献

图书在版编目（ＣＩＰ）数据

劳动法与社会保障法 / 谢德成主编. —6版. —北京：中国政法大学出版社，2023.12
ISBN 978-7-5764-0472-2

Ⅰ.①劳…　Ⅱ.①谢…　Ⅲ.①劳动法－中国－高等学校－教材②社会保障法－中国－高等学校－教材　Ⅳ.①D922.5

中国版本图书馆CIP数据核字(2023)第254851号

出 版 者	中国政法大学出版社	
地　　址	北京市海淀区西土城路 25 号	
邮　　箱	fadapress@163.com	
网　　址	http://www.cuplpress.com (网络实名：中国政法大学出版社)	
电　　话	010－58908435(第一编辑部) 58908334(邮购部)	
承　　印	保定市中画美凯印刷有限公司	
开　　本	787mm×1092mm　1/16	
印　　张	24.5	
字　　数	596 千字	
版　　次	2023 年 12 月第 6 版	
印　　次	2023 年 12 月第 1 次印刷	
印　　数	1~5000 册	
定　　价	69.00 元